제5판

범죄학

이윤호 · 이승욱

Criminology

박영사

제5판 머리말

CRIMINOLOGY

무려 1,000페이지에 달하는 방대한 분량으로 출간했던 지금의 범죄학이라고 할 수 있는 형사정책을 출간하였다가, 출판시장에서 학문적 정체성을 바로잡고자 하는 마음으로 개명을 위한 전투 아닌 전투를 벌인 끝에 600페이지에 이르는 범죄학을 처음으로 세상에 내놓은 지도 벌써 거의 30년에 가까워진다. 책의 제목처럼 형사정책과 초기 범죄학에는 범죄의 현상, 원인, 그리고 대책론으로 크게 구성하여 대책론에는 심지어 경찰과 교정분야까지도 담고 있었다.

한 번 더 학문적 정체성을 바로잡겠다는 의지로 대책론에서 경찰과 교정을 배제하고 예방론을 강화하여 분량을 약간 줄이기도 하였다. 여기서부터 나름 학문적 정체성에 가장 가까워진 범죄학이 시작되었다. 그러나 범죄학의 영역으로 아직도 충분하게 다루어지지 않지만 중요한 분야인 범죄피해자 분야를 추가하여 기존의 한국 형사정책이나 범죄학 교재와는 사뭇 다른 구성으로 개정, 증보판을 내게 된다. 이로써 학문적 기본서로서 범죄학은 적어도 그 구성면에서는 어느 정도 마무리가 된다.

그러나 범죄학이란 학문의 발전에 따라 새롭게 등장하거나 진화하는 분야를 추가하는 것 또한 필자의 사명이라 생각하여 문화 범죄학, 환경 범죄학 등 범죄학의 새로운 발전 추세들을 담아내는 노력도 마다하지 않았다. 여기에 만족하지 않고 이번 제5판에서는 적어도 최첨단 정보와 지식을 담아야 한다는 의지로 High Tech범죄 부분을 과감히 도려내고 최근 문제시되고 있는 사이버(Cyber) 범죄로 대체하였으며, 이번 개정판에 걸맞도록 가장 최근의 범죄이론인 상황적 행동이론을 추가하였다.

지난 30년 가까이 꾸준하게 격려와 응원을 보내준 동료 선후배 제위와 독자분들에게 언제나 감사한 마음 가득하며, 이 감사함을 앞으로도 지속적으로 개정하고 보완하여 더 나은 책으로 보답하고자 한다. 필자의 거의 모든 교재를 출판해준 박영사 임직원 여러분과 저술에 전념할 수 있게 해준 고려사이버대학교, 그리고 영원한 응원부대인 우리 목멱사문과 가족에도 감사드린다.

2024년 6월 화사한 삼청동 고려사이버대학교 연구실에서
저자 이 윤 호

증보판 **머리말**

　　부족한 저술임에도 연구자와 학습자들의 관심과 응원으로 다시 한 번 증보판을 선보이게 되었다. 역사학이나 철학과 같이 대부분의 인문학이 그런 것처럼 범죄학을 비롯한 일부 사회과학도 첨단과학기술분야와는 달리 변화의 속도나 범위가 그리 빠르고 크지 않아서 이번 증보판도 사실 크게 바꾸거나 변화를 시도하기보다는 범죄학의 발전적 추세를 가미한 것이라고 하는 것이 옳을 것 같다.

　　범죄학을 거의 반세기 공부하고 연구하고, 30여 년 이상 가르치고 있는 필자는 수 년 전부터 범죄학에 대한 새로운 관심을 갖게 되었다. 다름 아닌 "범죄학의 대중화"이다. 범죄학이 더 이상 마치 외계인들의 외계언어같이 범죄학자들만의 언어로만 통용되는 특수문자가 아니라 일반 대중 누구나 이해하고 소통할 수 있는 대중언어가 되어야 한다는 소신을 갖게 된 것이다. 범죄학자들만의 학문인 "학술범죄학(academic criminology)"에 그치지 않고 이제는 대중들의 학문인 "대중범죄학(popular criminology)"이 되어야 한다는 믿음이다. 그런 측면에서 이번 증보판은 범죄학의 대중화, 대중범죄학의 시작과 안내를 위한 첫 시도로서 왜 대중범죄학이 필요하고, 대중범죄학이란 과연 어떤 범죄학인지 소개하는 내용을 보완하였다.

　　언제나처럼 본 증보판이 나오기까지 여러 사람들의 도움이 있었기에 지면으로나마 감사의 인사를 전한다. 먼저 필자의 연구와 학문을 이어갈 수 있는 기회를 제공해 준 고려사이버대학교 법인과 김진성 총장께 감사를 전한다. 또한 10여 권이 넘는 필자의 거의 모든 학술적 저술을 출판해 준 도서출판 박영사의 안상준 대표를 비롯한 임직원 여러분, 그리고 언제나처럼 온갖 지지와 지원을 아끼지 않고, 특히 저자의 Digital Divide 간극을 줄여주려고 애쓰는 동국대학교 경찰사법대학의 전용재 박사후보자와 박시영 석사후보자에게 고마움을 전하며, 학문적 성취 크게 이루기를 기원하는 바이다. 끝으로 필자의 존재와 노력의 이유 중 하나인, 그래서 더욱 노력하여 더 좋은 남편, 더 좋은 아버지가 되도록 자극하고 응원해주는, 특히 본 저술의 표지 일러스트를 그려준 아내 박진숙 작가와 미국 기업에서 구매와 물류 전문가로서의 경험과 역량을 키

워가는 큰 아들 창욱과 아버지를 이어 범죄학자의 길을 걸어 이제는 University of Southern Indiana 교수가 된 둘째 아들 승욱에게도 감사하는 바이다.

2020년 11월 삼청동 연구실에서

저자 이 윤 호

제3판 **머리말**

사실 인문사회과학 분야의 공통된 특징이기도 하지만 지금까지 순수 사회과학임을 자처하고 또 자부해 온 범죄학 역시 이와 크게 다를 바 없다. 말씀인즉, 하루가 다르게 변하고 바뀌고 새로운 발견이나 발명이 이루어지는 자연과학과는 달리, 범죄학에서는 새로운 사실의 발견보다는 기존 사실과 이론에 대한 보완이나 같은 사실에 대한 접근방법을 달리하는 시도들이 일부 있었을 뿐이라고 할 수 있을 것이다.

그럼에도 불구하고, 지난 30여 년을 범죄학 또는 범죄와 관련된, 혹은 형사정책이나 형사사법분야의 학문을 연구하고 가르쳐 온 저자의 생각과 눈에는 몇 가지 새로운 변화와 시도가 보이기 시작하였다. 그 첫째는 범죄학이라는 학문의 성격이나 정체성이 변화하고 있는 추세와 움직임이 보인다는 것이다. 더 이상 범죄학도 순수과학(pure science)으로서가 아니라 이제는 응용과학(applied science)으로서의 변신이 필요하며, 적어도 응용과학적 접근이 보완되어야 한다는 것이다. 순수 사회과학으로서 범죄학이 그동안 범죄문제의 분석과 이해에 기여해 왔음은 불문가지일 것이지만, 그 해결에 있어서는 만족스럽지 못한 것 또한 사실이다. 순수 사회과학으로서 범죄학이 닦아 놓은 분석과 이해를 토대로 그야말로 이론(theory-based)과 증거에 기반한(evidence-based) 범죄의 해결이라는 과제는 과학기술(science & technology)의 몫이기 때문이다. 여기서 저자는 본 제3판에 "범죄학(criminology)과 범죄과학(crime science)"을 기술하고, 그리고 "해악학(zemiology)이라는 새로운 영역을 추가로 발굴, 소개하였다. 즉 범죄과학으로 범죄학의 영역과 연구방법을 확장하고, 해학학을 통하여 새로운 범죄학의 영역으로 확장하고자 했다.

두 번째로, 그동안 형사사법에서 완전히 잊혀지거나 경시되던 피해자(forgotten being)에 대한 내용을 더욱 강화하였다. 범죄를 보다 정확하게 이해하기 위해서는 지금까지 가해자학으로서 범죄원인론, 즉 동기이론(motivation theory)에 국한되어서도, 그렇다고 피해자학적 관심에서 피해자화(victimology)의 원인을 찾으면서 범죄발생의 상황, 즉 기회에 대한 이해만으로도 불가능하다는 사실에 대한 반성으로서 가해자의 범행동기라는 동기이론과 범죄피해자화라는 범행기회이론(opportunity theory)의 통합이 강력하게 요청되고 있다는 것까지는 이미 기술하였다. 이번 제3판에서는 이를 좀 더 구체적으로 설명하기 위하여 기회이론이 범죄원인론으로서도 기여할 수 있음을 설명하였다. 이와 더불어 얼핏 범죄자와 그 피해자는 전혀 다른 부류의 사람일 것이라는 것이 상식적 추론이었으나 그동안의 연구결과가 가해자와 피해자가 전혀 다른 세상과 세계의 사람(heterogeneous)이 아니라 동질적(homogeneous) 집단이라는, 적어도 소년범죄에 있어서는 더욱 분명한 가해자와 피해자의 중첩(overlap between offender and victim)도 한 꼭지 추가하였다.

2019년 햇볕이 너무나 따스한 4월 초 어느 날
목멱산 연구실에서
이 윤 호

제 2 판 **머리말**

1982년 미국으로 건너가 범죄학을 공부하고 1987년 다시 한국으로 돌아왔을 때, 국내에는 '범죄학'이라는 학문자체가 생소한 것이었을 뿐 아니라 마땅한 대학교재가 없던 시절이었다. 그나마 당시의 범죄학 자체도 법학자 중심의 법률적 범죄학 혹은 형사정책의 이름으로 연구되던 시기였으므로 범죄학 교재에 대한 아쉬움은 매우 컸다. 하지만, 30여 년 가까이 지난 지금 범죄학은 더 이상 소수의 전문가들만이 연구하는 특수한 전문적 학문이라기보다는 시민 누구나 가깝게 느낄 수 있을 정도로 범죄학이 대중화되었다는 사실이 격세지감을 느끼게 한다.

강단에서 학생들을 가르치며 초판의 아쉬움이 많았다. 일단, 한 학기 강의분량으로 지나치게 많은 내용을 담고 있어, 교수와 학생 모두 버거운 것이 사실이었다. 또, 학계에서 새롭게 조명을 받고 있는 최신이론들에 대해 소개할 기회가 없어 아쉬운 점도 있었다. 이러한 부족한 점을 해소하기 위한 노력으로 개정판에서는 많은 내용을 과감하게 도려내고, 새로운 내용을 일부 추가하여 범죄학 강의교재로서의 성격에 부합하도록 하였다.

최신의 범죄학이론을 반영하기 위한 노력으로 제 3 편 범죄학이론의 제 6 장 범죄이론의 발전추세를 새롭게 정리하여 발전범죄학, 환경범죄학, 문화범죄학, 평화주의 범죄학 등을 소개하였으며, 비판범죄학의 새로운 분파로 여성주의 범죄학, 재소자 범죄학, 뉴스생산 범죄학 및 대중범죄학도 제시하였다. 아직 국내 범죄학 교재에서는 본격적으로 소개되지 못한 것을 정리하였다는 점에서 매우 뿌듯하게 생각한다. 한편, 최근 GIS 등 지리정보기술이 발전함에 따라 지리적 공간에 따른 범죄연구가 활발해진 것을 반영할 필요가 있었다. 이에 물리적 환경과 구분되는 범죄의 환경요소로 지리적 공간을 고려한 내용을 제 1 편 범죄현상론 파트에 '지리적 공간과 범죄'로 구성하였다.

새로운 내용의 추가보다 더 어려운 것이 기존의 교재를 콤팩트하게 만드는 작업이었다. 교재의 구성 내용 가운데 중요하지 않은 것이 없으나, 그 우선순위를 고려하여 초판의 '범죄통제론'과 '범죄대책론' 전체를 정리하였다. '범죄대책론'의 경우 『교정학』을 통해 충분히 설명이 가능하다고 보았기에 아쉽지만 개정판에서는 제외하였다. 또, '범죄통제론'의 내용도 제외하여, 다른 교재를 통해 보다 본격적인 논의를 준비하고자 한다.

범죄학 연구에 반평생 이상을 몰두해온 결과를 하나씩 정리해 나가는 기분으로 『범죄학』 개정작업을 하였다. 사실, 2006년부터 『경찰학』, 『교정학』, 『피해자학』 등 전공교재를 집필하였고, 『현대사회와 범죄』와 『범죄, 그 진실과 오해』 등을 출간하여 전공서적과 대중서적을 넘나드는 결과물로 이 분야의 학문발전에 미력이나마 기여하고자 하였다. 『범죄학』 개정판은 그 사이 변화된 학계의 연구성과와 학문추세를 반영한 것으로 후학 및 동료학자들에게 도움이 되기를 바란다. 다만, 최근의 학문동향은 사회의 변화만큼이나 급속히 변화한다는 점에서 여전히 미흡한 점이 많다는 점을 고백하지 않을 수 없다. 이 부분은 다음의 기회에 보다 세심히 살펴 보완할 것을 약속한다.

초판에서와 같이 개정판에서도 많은 이들의 도움이 있었다. 우선, 본 개정판을 처음 계획단계부터 초고의 집필과 수정, 보완에 이르기까지 어느 한 곳 빠지지 않고 혼신을 다해 준 전주대학교 김연수 교수에게 존경과 감사를 동시에 전하고 싶다. 작은 오탈자 하나라도 더 잡아내서 독자들의 작은 불편이라도 허락하지 않으려고 몇 번에 걸친 교정작업을 꼼꼼하게 완벽하게 해 준 동국대학교 대학원 박사과정의 조상현 조교와 석사과정의 임하늘 조교도 고생 많았다고 등 두드려주고 싶다. 또한 내용 이상으로 멋진 책으로 만들기 위해 모든 것을 아끼지 않은 박영사 관계자 여러분, 특히 안상준 상무와 강상희 과장에게도 고마움을 전한다.

2015년
남산을 바라보는 연구실에서 저자 이윤호 씀

통계적으로는 범죄문제가 그리 악화되고 있지는 않다고 하지만 우리들이 피부로 느끼는 체감치안은 그렇지 않은 것 같다. 그리고 우리가 그렇게 느끼는 한 가지 중요한 이유는 어떠한 범죄이건 간단하게 치부할 수 없는 반드시 해결되어야 할 중요한 사회문제이기 때문일 것이다. 사소한 범죄일지라도 피해자에게는 심리적·신체적 또는 재산상의 손상과 손실을 초래하며, 국가와 사회에 많은 형사사법경비를 요구하게 되어 시민들에게는 또 다른 비용을 부담지우게 된다. 더욱이 사회가 풍요로워질수록 사람들에게는 그들 자신의 신체와 재산에 대한 안전의 욕구가 점점 커지게 마련이어서 범죄 문제는 사회의 주요 관심사요 사회문제의 하나로 자리할 수밖에 없으며, 또한 동시에 반드시 해결하여야 할 과제가 아닐 수 없는 것이다.

따라서 우리에게는 이러한 사회문제의 해결을 위해서는 당연히 그 문제에 대한 올바른 이해가 전제되어야 한다. 즉, 문제의식을 가지고 그 대안을 찾기 위해서는 문제의 실상부터 파악해야 하는데, 범죄의 실상이란 누가, 누구에게, 어떤 범행을, 언제, 어디서, 어떻게, 얼마나 하였는가를 밝히는 것으로서, 바로 이것이 범죄현상론이다. 또한 범죄현상을 알기 위해서는 먼저 범죄란 무엇인가가 정의되어야 할 것이며, 이렇게 규정된 범죄는 어떻게 파악하고 연구할 것인가를 밝혀야 하는데, 이 부분이 범죄의 개념 및 범죄학의 연구방법에 해당된다. 이처럼 범죄의 실상을 파악한 후에는 문제의 해결을 위해서 왜 이들 범죄자가 범행을 하는가라는 진단이 나와야만이 그에 맞는 처방을 할 수 있는데, 이것이 곧 범죄원인론이다. 다음은 이렇게 진단된 결과에 따라 그에 맞는 적절한 처방전을 제시해야 하는데, 이를 범죄대책론이라고 한다. 이러한 범죄대책은 의당 범죄의 예방이 우선이고, 그 다음이 범죄자에 대한 처리와 처우로 짜여져야 한다. 그런데 지금까지의 형사정책이 범죄의 원인과 대책을 주로 일반적으로 제시하였다는 비판의 소지를 안고 있기 때문에, 즉 아무리 좋은 약이라도 하나의 약으로 모든 질병을 치료할 수 없듯이 하나의 이론으로 모든 범죄의 원인을 설명할 수 없고, 한 가지 대책으로 원인과 형태와 방법이 각각 다른 모든 범죄에 다 대처하기란 어려운 일이므로 범죄의 유형에 따른 원인과 특성 및 그에 상응한 각각의 대책이 필요한데, 이 점을 고려한 것이 바로 범죄유형론이다. 그러나 전통적 형사정책에서 비교적 잘 다루어지지 않는 것이 있다면 범죄피해자에 대한 배려일 것이다. 무릇 범죄라는 것은 심지어 피해자 없는 범죄까지도 알고 보면 피해자가 없을 수 없는데, 전통적 범죄야 가해자가 있으면 당연히 피해자도 있게 마련이다. 따라서 범죄현상에 있어서 피해자와 가해자의 관계 또는 피해자와 가해자의 역할에서부터 피해자에 대한 배려에 이르기까지 그 동안 전통적 형사정책에서 소외되었던 피해자에 관한 논의를 비교적 폭넓게 다루었으며, 특히 형사정책의 새로운 대안으로 등장하고 있는 회복적 사법이론이 보완되었는데 이것이 범죄피해자론에 해당된다. 본서는 이러한 주제들을 토대로 개론적 개념정의에서부터 최신 이론의 경향에 이르기까지 소개하고자 한다.

따라서 본서는 기존의 형사정책에 비해서 범죄피해자론이나 범죄유형론 등 몇 가지가 추가되어 구성되었다는 특징을 갖고 있다. 그러나 더 중요한 본서의 특징은 아마도 기존의 형사정책서가 대부분 형사법을 전공한 규범학자들에 의해서 쓰여진 반면, 본서는 규범학이 아닌 사회과학적 입장에서 접근하고 기술되었다는 점일 것이다. 물론 범죄학은 당연히 종합과학으로서 다양한 학문이 동원되는 학제간의 연구가 되어야 하나, 본 저자가 사회과학적 교육을 받은 관계로 주로 사회과학적 접근을 시도하였음을 밝혀 둔다. 따라서 어쩌면 본서가 법률적 접근이 부족한 면도 있을 수 있으나, 이 점에 대해서는 기존의 형사정책으로써 보완될 수 있을 것으로 생각한다. 그렇다고 본서가 전적으로 사회학적 관점에서만 기술된 것은 아니다. 범죄원인의 규명에 있어서는 생물학적 관점도 고려되었으며, 범죄를 정의함에 있어서는 법률적 규정을 중심으로 다루는 등 범죄와 관련된 다양한 학문적 관점이 조금씩이나마 원용되었음을 동시에 밝혀 둔다. 다만, 한 가지 본서가 충분하게 다루지 못한 부분이 있다면 형사정책기관과 제도에 대한 깊이 있는 논의를 하지 못했다는 사실이다. 형사정책의 사두마차라고 할 수 있는 경찰, 검찰, 법원 그리고 교정에 대해서 보다 구체적이고 체계적이며 깊이 있게 다루지 못한 점을 안타깝게 생각한다. 그러나 이보다 더 깊이 있는 논의는 기존의 경찰행정학 서적을 참고할 수 있으며, 특히 교정분야에 대한 지식은 본 저자가 집필하여 박영사에서 출간한 졸저 「교정학」을 참조하기 바란다. 그래도 부족한 면이 있다면 그것은 차후 저자가 보충하고 해결해야 할 과제로 남기고, 기회가 되는 대로 보완할 것을 약속드리는 바이다.

한편 본서에서는 현대사회의 범죄현상이 과거에 비해 보다 복잡하고 다양한 원인과 환경에 기인한다고 보고 범죄현상의 인구사회학적 특성에 대한 요인들을 좀더 다양화시켰고 범죄유형론에 있어서도 기존의 범죄유형 이외에 최근 사회적 관심을 모으고 있는 표적범죄, High Tech 범죄 및 사이버 범죄, 환경범죄 등을 추가하였다. 뿐만 아니라 범죄학이론편에서는 범죄학의 새로운 경향으로 설명되고 있는 문화범죄학, 환경범죄학, 발전범죄학에 대한 소개를 덧붙였다. 마지막으로 범죄피해론편에서는 새로운 피해자학의 출현에 대한 소개와 더불어 회복적 사법이론에 대해서도 다루었다.

끝으로, 본서가 세상에 나오기까지는 주변의 많은 도움이 있었다. 우선 출판과 편집을 맡아 준 박영사와 자료의 수집과 원고의 정리는 물론이고 교정에 이르기까지 온갖 노력을 아끼지 않은 동국대학교 대학원 경찰행정학과 박사과정의 김순석 군, 김대권 군, 박보라 양, 석사과정의 정연대 군, 김우준 군에게도 진심으로 감사하고 싶다. 끝으로 평생 자신의 일만 알고 가정에는 소홀할 수 밖에 없어도 가족이란 이름으로 큰 힘이 되어 준 아내와 두 아들 창욱, 승욱에게도 마음으로나마 고마움을 전하고 싶다.

2007년 여름
목멱산 기슭 연구실에서
이 윤 호

제1편 범죄현상론

제1장 범죄학 연구의 필요성

제2장 범죄 및 범죄학의 정의

제 6 장   범죄현상의 인구사회학적 특성

제 2 편　범죄유형론

제 1 장　전통적 범죄

제 2 장　특수범죄

제 3 편 범죄학이론

제 1 장 범죄학이론의 개관

제 2 장 범죄학이론의 기초

제 3 장 생물학적 원인론

제 4 장　심리학적 원인론

제 6 장   범죄이론의 발전추세

제 4 편   범죄피해론

제 1 장   범죄피해론의 개관

제 2 장   범죄피해자학의 이론적 기초

제 3 장   범죄의 피해자

제 4 장   피해자에 대한 배려

범죄현상론

CRIMINOLOGY

제1장
범죄학 연구의 필요성

　사회문제란 사람들이 사회에 대한 위협으로 인식하는 사회현상을 말한다.[1] 특히 이러한 사회현상 중의 하나인 범죄는 대다수의 사람들에게 있어서 공포와 두려움의 대상이 되고 있으며, 그로 인한 인적·물적 피해 또한 심각하여 정부에서도 '범죄와의 전쟁'을 선포하기에 이른 것이다. 물론, 어느 정도의 범죄가 사회에 위험을 초래하는가에 대한 객관적인 측정치가 정확한 것은 아니지만 일반시민이 범죄에 대하여 상당한 공포를 느끼고 있다는 사실만은 분명하다. 미국의 경우, 범죄가 지역사회의 중요한 관심사항 중 하나가 되고 있음이 많은 연구결과 밝혀지고 있다.[2]

　실제로 전국적인 조사연구에 의하면, 조사된 미국시민의 43%가 밤길을 혼자 걷는 것을 두려워하고 있으며, 심지어 10%는 야간에 자신의 집 안에 있는 것조차도 불안하다고 느끼고 있으며,[3] 시민의 4명 중 1명은 자신이 강도당할 것을 염려하고, 6명 중 1명꼴로 심지어 자신이 살인 피해자가 되는 것을 염려하고 있다고 한다.[4] 시민들이 느끼는 이러한 범죄에 대한 공포가 실제 발생하는 범죄와 동일한 것은 아니며, 또한 시민이 범죄에 대한 공포를 느끼는 이유나 동기도 여러 가지 있을 수 있으나, 이처럼 대다수의 시민이 범죄를 두려워하고 있기 때문에 감수해야 하는 부담 또한 상당할 수밖에 없다. 우선 사람들이 범죄에 대해 갖게 되는 공포심으로 인해 자신들의 생각과 활동을 바꾸게 된다. 실제로 미국시민의 64%가 범죄에 대한 공포 때문에 야간외출을 삼가고 있으며,[5] 범죄에 대한 공포가 외출을 줄이는 가장 중요한 이유라고 대답하고 있다.[6] 그리고 4명 중의 1명은 야간외출시 호신장비를 지니고 다니고 3명 중 1명은 외출시 다른 사람과 동행하고 있는 것으로 조사되었다.[7] 또한 범죄로부터 자신의 집을 보호하기 위해서 여러 가지 방범장비를 설치하고 있는 것으로 나타났다.[8]

　일찍이 Durkheim과 Mead는 범죄가 지역사회를 통일시키고 강화시킨다는 범죄의 순기능을 논하기도 했지만,[9] 그보다는 부정적인 결과를 더 많이 초래하는 것으로 이해함이 마땅하다. 사람들이 범죄를 두려워한다는 것은 곧 타인에 대한 두려움을 야기시키고, 나아가 타인에 대한 불신을 갖게 되어 사회가 해체되고, 결과적으로 비공식적 사회통제기제가 약화되는 결과를 초래하게 된다. 또한 사람들이 범죄에 대한 두려움을 가짐으로써 자신의 안전을 확보하기 위해서 상당수의 방범장비를 구입·설치하게 되고, 때에 따라서는 피해복구를 위한 보험에 가입해야 하며, 심지어는 경비원을 고용해야 하기도 하여 상당한 액수의 경제적인 부담을 지지 않을 수 없게 되었다. 이러한 개인적인 부담 외에도 실제 범죄로 인한 직접적인 물질적·정신적 피해는 막대한 것이며, 이에 대처하기 위해서 미국에서는 2021년도 형사사법활동에 무려 1,350억 달러 이상의 막대한 예산을 투입한 것으로 나타났다.[10]

　　이 밖에도 범죄에 대한 공포 그 자체로 인하여 시민 스스로 행동에 대한 자유를 제한하기도 하며, 범죄방지를 위한 공식적인 노력들이 때로는 적법절차 위반으로 인하여 시민들의 많은 권리가 제한당하기도 한다. 이처럼 범죄가 초래하는 직접적인 물적·인적 피해나 사람들이 느끼는 간접적인 공포로 인한 경제적인 비용의 부담, 권리의 침해 등을 볼 때 범죄는 중요한 사회문제로서 연구되어야 한다.

CRIMINOLOGY　**참고문헌**

1　Joseph F. Sheley, America's *"Crime Problem": An Introduction to Criminology*, Belmont, CA: Wadsworth Publishing Company, 1985, p.15.

2　Timothy J. Flanagan and Kathereen Maguire(eds.), *Sourcebook of Criminal Justice Storistics − 1989*, U.S. Department of Justice, 1990, p.126.

3　George Gallup Jr., The Gallup Report. Report nos, 282~283, March/April 1989, p.155.

4　Research and Forecasts, Inc., The Figgie Report on Fear of Crime: America Afraid, Willoughby, OH: A−T−O Inc., 1980.

5　"The Plague of Violent Crime," *Newsweek*, March 23, 1981, pp.46~54.

6　James Garofalo, *Public Opinion About Crime: The Attitudes of Victims and Non−victims in Selected Cities*, Washington, D.C.: U.S. Government Printing Office, 1977, p.84.

7　Research and Forecasts, Inc., *op. cit.*

8　*op. cit.*, Newsweek; Research and Forecats, Inc., *op. cit.*,; Cambridge Report. Inc., An Analysis of Attitudes towards Handgun Control, 1978.

9　E. Durkheim, *The Division of Labor in Society*, 1933; G. H. Mead, "The Psychology of Punitive Justice," *American Journal of Sociology*, 1918, 23:577~602.

10　Urban Institute, Criminal Justice Expenditures: Police, Corrections, and Courts, https://www.urban.org/policy−centers/cross−center−initiatives/state−and−local−finance−initiative/state−and−local−backgrounders/criminal−justice−police−corrections−courts−expenditures, 2024, 5, 22 검색.

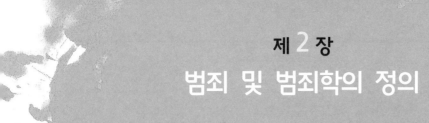

제 2 장
범죄 및 범죄학의 정의

1절 범 죄

　범죄문제를 체계적으로 연구하기 위해서는 범죄가 무엇인지를 알 필요가 있다. 왜냐하면 범죄에 대한 정의가 곧 범죄학연구의 범위와 내용을 규정하기 때문이다. 그러나 범죄가 지나치게 협의로 정의되면 연구되어야 할 많은 부분이 연구의 대상에서 제외되고, 반면에 지나치게 광의로 정의되면 거의 모든 것이 연구의 대상이 되기 때문에 무의미해진다. 따라서 범죄문제의 연구를 위해서는 무엇보다도 먼저 범죄가 무엇인지를 정확하게 정의하여야 한다.

1. 범죄의 상대적 특성

　범죄라는 것은 어디까지나 상대적인 것이지 절대적일 수는 없다. 즉, 범죄는 시간과 공간적으로 상대적인 개념으로 파악되어야 한다. 시간적으로 볼 때, 세금포탈이나 마약 등과 같이 과거에는 범죄가 되지 않던 것이 오늘날에는 범죄로 취급되거나, 반대로 과거에는 미국에서처럼 흑인을 가르치는 것이 범죄로 규정되었으나 현재는 범죄로 다루어지지 않는 경우가 그것이다. 마찬가지로 범죄의 공간적 상대성이란 것은 특정 사회나 지역에서는 범죄에 해당되는 행위가 다른 지역이나 사회에서는 범죄가 되지 않거나 또는 그 반대의 경우를 두고 일컫는 것이다. 예를 들어, 미국의 대부분의 주에서는 복권이나 경마 등의 몇 가지 경우를 제외하고는 도박이 금지되고 있으나, 네바다주에서는 이것이 합법적으로 인정되고 있다.[1]

2. 범죄의 법률적 정의

형사사법분야에서는 범죄를 불법행위로 인식하여 순전히 법률적으로 이해하는 반면, 혹자는 사회의 통상적인 규범으로부터 크게 일탈되는 행위로 보거나 종교인들처럼 원죄로 이해하는 경우도 있다. 그러나 범죄학분야에서 사용되고 있는 범죄라는 용어는 대체로 법률적으로 규정되는 것으로 보인다. 즉, 어떠한 행위이건 그것이 범죄가 되기 위해서는 형법 등의 법률을 위반했을 경우여야 한다는 것이다. 법 없이는 공식적으로 인지된 범죄란 있을 수 없는 것이다. 범죄에 대한 법률적 정의는 그래서 법이 요구하는 행위를 고의적으로 하지 않거나 법이 금지하는 행위를 고의적으로 한 행위라고 할 수 있다. 2) 그런데 이렇듯 범죄에 대한 법률적 정의는 법의 생성과 기원에 따라서 그 의미를 달리하고 있는데 법의 기원을 사회적 합의에 두는 것이 그 하나요, 사회적 갈등을 법의 기원으로 보는 것이 또 다른 하나이다.

(1) 합의론적 관점

법의 기원을 사회적 합의에서 찾는 입장은 사회학의 구조기능주의로 거슬러올라간다. 3) 이들 구조기능론자들은 사회의 다양한 부분들이 하나의 통합된 구조로 조직되고, 어느 한 부분이나 제도의 변화가 다른 부분에 대하여 상당한 영향을 미친다고 본다. 그래서 완벽하게 통합된 문화에서는 사회적 안정성이 존재하고 사회의 구성원들이 규범·목표·규칙 그리고 가치에 대해서 일종의 합의나 동의를 이루게 된다. 동시에 사회의 구성원들은 자신들의 생활과 활동을 지도하는 가치와 규칙을 가지게 된다. 따라서 그 사회의 법률은 바로 이렇게 일반적으로 합의된 행위규범을 반영하는 것이다. 이러한 관점에서 볼 때 Seagel이 법을 단순히 관습의 산물로 이해하고 있는 것처럼 4) 법이란 사회 상호작용의 비공식적 규칙에 의한 산물인 것이다.

이처럼 구조기능론적 관점에서 법은 우리 사회의 가치·신념 그리고 의견의 주류를 반영하는 것이며, 범죄는 이러한 법률의 위반인 동시에 사회의 전체 요소에 모순되는 행위로 규정되고 있다. 즉 어떠한 행위가 법률에 의해서 금지되어야 하며, 범죄로 간주되어야 하는가에 대하여 다수 시민에게 있어서 일반적인 합의가 있다는 것이다.

이러한 합의론적 관점에서의 범죄관이 대다수 범죄학자들에 의해서 일반적으로 수용되고 있으나 범죄와 도덕성의 관계 등 상당한 논란의 여지가 있다. 범죄와 비도덕성 모두가 옳고 그름에 대한 사회의 일반적 원칙을 위반하는 것이기 때문에 범죄를 하나의 비도덕적 유형으로 간주할 수도 있다. 그러나 때로는 법률적으로 범죄행위일지라도 어떤 상황에서는 지극히 합법적이고 도덕적인 경우도 있으며 반대로 법률적으로는 범죄행위가 성립되지 않더라도 지극히 비도덕적인 행위가 있을 수도 있다. 예를 들어서, 도박을 범죄로 규정하고 있음에도 가족 간의 오락으로서 화투나 카드놀이는 꼭 불법적이거나 비도덕적이라고 여기지 않으며, 인종차별이나 지나친 이기주의 등은 사회적으로 지탄받아야 하는 비도덕적인 행위임에도 불구하고 그것을 범죄로 규정하고 있지 않다. 다시 말해서 모든 범죄행위가 다 비도덕적일 수도 없으며, 그렇다고 모든 비도덕적인 행위가 다 범죄행위일 수도 없다는 것이다.[5]

(2) 갈등론적 관점

우선 갈등론자들은 법의 기원을 매우 선별적인 과정으로 보고 있다. 이들은 사회를 상호갈등적인 다양한 집단의 집합으로 보고 이들 집단 중에서 자신들의 정치적·경제적 힘을 주장할 수 있는 집단이 자신들의 이익과 기득권을 보호하기 위한 수단으로서 법을 만들어 냈다고 보고 있다. Turk는 법이란 영향력 있는 집단의 이익을 보호하기 위한 하나의 무기라고 주장했으며,[6] Chambliss와 Seidman은 법을 지배집단이 자신들의 우월성을 보장하기 위한 행위규범이라고 규정하고 있다.[7] 따라서 이러한 관점에서는 법과 도덕성의 관계는 도덕성의 집행이 선별적이고, 집행된 도덕성은 피지배집단을 대상으로 지배집단의 이익을 도모하기 위한 것이기 때문에 부분적일 수밖에 없다. 예를 들어, 절도와 같이 피해가 상대적으로 크지 않은 재산범죄자에 대해서는 강력한 처벌을 하면서도 범죄의 피해 정도가 훨씬 큰 기업범죄에 대해서는 오히려 가벼운 처벌을 하는 것이 하나의 단적인 예로서 지적될 수 있는 것이다.

이처럼 갈등론자들은 범죄의 개념을 도덕적 합의나 사회의 붕괴를 통제하기 위해서가 아니라, 부와 권력 또는 지위를 지키기 위해서 생견난 것으로 인식하기 때문에 이들의 관점에서 본 범죄는 법률적이라기보다는 오히려 사회경제적이고 정치적인 색채가 짙다. 그래서 Doleschal과 Klapmuts는 범죄란 실제 행위의 위해(危害) 여부와는 아무런 관계도 없는 사회세력에 의해서 유지된다고 보고 있으며,[8] Quinney는 인간행위에 대한 법률적 정의로서의 범죄는 정치적으로 조직된 사회에서 지배계급에 의해 만들어지기 때문에 범죄의 정의도 지배계급의 이익과 갈등을 초래하는 행위로 이루어진다고 주장하고 있다.[9] 결국 갈등론자들은 범죄를 피지배집단을 대상으로 지배집단의 지위와 권한을 보호하기 위해 고안된 정치적 개념으로 파악하고 있는 것이다.

하지만 살인이나 강간과 같은 범죄는 모든 종류의 집단과 계급에 의해서 가장 중요한 범죄로 받아들여지는 것이지 지배집단이나 특정 계급의 이익을 보호하기 위한 것은 아니라는 점에서 갈등론의 결점이 지적된다. 그러나, 갈등론자들에 의하면 살인과 강간도 엄격한 의미에서는 지배집단의 기득권이 보호되는 차원에서 다루어지고 있다는 것을 알 수 있다. 즉 흑인을 살해하거나 강간한 백인보다 백인을 살해하거나 강간한 흑인이 훨씬 무거운 처벌을 받고 있다는 사실을 볼 때 갈등론자들의 주장이 전혀 근거 없는 것이라고만 비판할 수는 없다.

3. 범죄에 대한 비법률적 정의

　　범죄에 대한 법률적 정의가 상당한 타당성이 있기에 범죄를 정의하는 가장 보편적인 관점이 되었지만, 많은 학자들이 비판하고 있는 것 또한 사실이다. 예컨대, 나날이 변화하고 복잡해지는 현대사회에서 인간의 사회적 행위 또한 마찬가지로 복잡해지고 다양해지며 변화하고 있기 때문에 이 모든 인간의 행위를 법률적으로 규정할 수 없음은 분명한 것이다. 이와 관련하여 인간의 행위를 법으로 규정하기 위하여 많은 법률이 새로이 제정되어 결국에는 인간행위를 지나치게 범죄화(overcriminalization)[10]하게 되고 급기야는 대부분의 사회구성원을 범죄인화하는 경우를 야기시킬 수 있는 가능성도 배제할 수는 없다.

　　또한 법률적으로만 범죄를 정의하게 되면 형사사법기관의 불완전성으로 인하여 인지되지 않고 숨겨지는 범죄문제가 범죄연구의 대상에서 제외되어 편견적인(biased) 범죄현상과 원인의 연구에 불과하게 된다. 더군다나 법률적 정의는 비록 법에 의해 특별히 금지되지는 않았지만, 사회에 대한 위해를 초래할 수 있는 행위들을 등한시하고 있다.[11] 이러한 견지에서 많은 학자들이 다양한 종류의 비법률적 정의를 주장하고 있는데 여기서는 그중 대표적인 몇 가지 관점을 소개한다.

(1) 사회-법률적 접근(the socio-legal approach)

　　Sutherland는 법률적 정의의 범주를 넓혀서 다양한 반사회적 행위에까지 관심을 기울일 것을 주장하였다. 그러나 여기서도 사회적으로 위해(危害)한 행위에 대한 법률적 기술과 그 행위에 대한 처벌의 법률적 제공이라는 두 가지 범주에 의해 법률적으로 정의된 범죄성이 강조된다는 점이 지적되고 있다. 이러한 그의 시도는 상위 계층에 의한 경제범죄에 대해 범죄학적 연구의 중요성을 강조하였으나, 어떤 행위가 범죄적인 것으로 정의되는 과정에 대하여는 등한시하였다는 비판을 받고 있다.[12]

(2) 비교문화적 접근

Sellin에 의하면, 모든 집단은 행위규범이라고 일컬어지는 고유의 행위기준을 가지고 있으나, 이 기준이 반드시 법으로 규정되는 것은 아니라고 주장한다. 물론 모든 사람에게 있어서 자신이 속한 집단의 관점에서 볼 때 분명히 옳고 그름이나 집단의 사회가치에 따른 규범이 있게 마련이지만, 모든 문화적 집단에 걸쳐서 동일한 보편적인 행위규범도 있다고 주장하면서 바로 이 보편적인 행위규범이 범죄연구의 적절한 초점이라는 것이다. 그러나 수많은 인류학적 연구결과에 의하면, 행위의 규범은 상당히 다양한 것이며 인간행위의 보편성은 일상생활의 자질구레한 필요성에 지나지 않는 것들밖에 없었다. 따라서 보편적이면서도 중요한 행위규범은 사실상 찾아보기 힘들다고 볼 수 있다.[13]

(3) 통계적 접근

Wilkins는 특정 사회에서 일어나는 다양한 행위의 발생빈도에 초점을 맞추어, 발생빈도가 높은 것은 정상이며 발생빈도가 낮은 것은 일탈적인 것으로 보고 있다. 종형의 정상적인 빈도분포표 중에서 가운데 다수는 정상적인 행위이며, 양극단은 중요범죄행위와 성스러운 행위이다. 이러한 Wilkins의 시도는 범죄와 일탈의 변량적 특성을 이용한 것이 특징이나 지나치게 단순하다는 것이 단점으로 지적되고 있다. 물론 발생빈도가 낮은 행위를 일탈행위로 보는 것도 하나의 방법은 될 수 있지만 발생빈도가 낮은 행위로부터 범죄행위를 뽑아내는 데 있어서 사회집단의 역할을 무시하고 있다. 분명히 발생빈도가 낮은 모든 행위가 다 범죄적이거나 일탈적인 것으로 볼 수는 없는 것이다.[14]

(4) 낙인적 접근

Becker에 의하면, 일탈자란 일탈이라는 낙인이 성공적으로 부착된 사람이며, 일탈행위는 사람들이 그렇게 낙인찍은 행위라는 것이다. 즉, 문화집단의 구성원으로서 다른 사람들이 일탈적인 것으로 반응하지 않는 한 어떤 행위라도 일탈적인 것이 되지 않는다는 것이다.[15] 그러나 Bordua는 이러한 낙인적 정의가 범죄와 일탈을 일탈적인 자극이 아니라 모든 사회적 반응으로만 만들고 있다고 비판하고 있다.[16] 즉, 낙인적 접근은 특성적으로 반응함에 있어서 거의 또는 전혀 역할을 못하는 수동적인 주체를 가정하고 있으나 대부분의 경우는 그렇지 않다고 비판하고 있다.[17]

(5) 인권적 접근

Schwendinger부부에 따르면, 모든 사람은 행복(well-being)을 위한 기본적인 전제조건뿐 아니라, 약탈적 개인이나 억압적이고 제국주의적인 사회지도층으로부터의 안전을 보장받아야만 하는데, 바로 이러한 것들이 형법이 보장하고 보호해야 하는 권리라는 것이다. 따라서 범죄로 간주되어야 하는 것은 바로 이러한 권리의 부정을 야기시키는 조건이라는 것이다. 즉 인간의 기본적 권리, 인권(Human Rights)을 침해하는 행위가 곧 범죄가 된다는 것이다. 그러나 이러한 정의는 제국주의나 인종주의 등을 비난하려는 열성 때문에 범죄의 가정된 원인과 우리가 연구하고자 하는 행위를 혼돈하고 있다.[18]

(6) 이상향적인 무정부주의자적 접근(utopian-anarchist approach)

Taylor, Walton, Young의 「신범죄론」을 보면, 범죄와 일탈을 '인간의 다양성(human diversity)'으로 재정의하고 있다. 그들에 따르면, 일탈은 목적을 갖고 사회적 부정의를 수정하고 항거하기 위한 정상적인 시도로 보고 있다. 이에 대한 반응으로서, 사회는 이러한 행동에 가담한 행위자를 범죄화함으로써 이들의 도전을 억압하려고 한다는 것이다. 다시 말해서, 범죄는 억압자와 피억압자의 갈등의 소산이고 그 해결책은 이러한 상황의 역전이라는 것이다. 물론 재산범죄나 정치범죄 등 일부 범죄에 대해서는 이러한 정의가 유용한 것일 수 있으나 강간 등과 같은 대부분의 중요 범죄까지도 이러한 관점에서 보는 것은 다분히 이상론적이라고 할 수 있다.[19]

범죄의 법률적 정의에 대한 비판과 불만에서 다양한 종류의 비법률적 정의를 주장하는 사람들의 노력의 결과로 단순한 법률적 정의에 비해 연구의 대상과 범위가 확대된 것만은 사실이다. 그러나 이러한 비법률적 정의는 범위와 대상을 확대한 장점이 있는 반면, 지나치게 애매모호하다는 비판을 받고 있다.

반대로 법률적 범죄관에 대한 부적절한 점이 없지는 않으나, 다수의 학자들은 범죄를 법률적으로 정의하고 있다. 우선 우리가 범죄를 연구함에 있어서 중요한 수단으로 삼는 범죄통계가 경찰에 인지된 법률위반행위라는 것이다. 즉, 아무리 비규범적이고 반사회적인 행위일지라도 법률에 위배되지 않는 한 범죄로 기록되지 않는다. 또한 아직까지는 무엇이 반사회적 행위를 구성하는가에 대해서 분명한 합의가 없으며, 무엇을 위반하면 범죄적 특성의 비규범적 행위를 구성하게 되는 규범인지에 대해서도 일반적인 합의가 없는 등의 이유로[20] 현재까지는 범죄를 법률적으로 규정하는 것이 대부분이다.

2절 범죄학

1. 범죄학의 특성

범죄학이란 '사회현상으로서의 비행과 범죄에 대한 지식의 체계'로서,[21] 범죄행위와 그에 대한 사회의 반응에 관한 연구의 과학적 접근을 일컫는다.[22] 그래서 범죄학은 다른 여타의 학문과는 상이한 학문적 관점을 가진 다양한 학자들에 의해서 또는 다양한 이들 학자간의 공동연구를 통해서 연구되는 학문분야이다. 물론 사회학이 범죄학연구의 선두주자로 인식되어 왔지만 생물학자와 의학자들은 범법행위를 유발하는 것으로 여겨지는 특성을 구분하기 위해서 범법자의 신체적 특성을 연구해 왔으며, 심리학자와 다른 정신건강분야의 전문가들은 폭력행위를 유발하는 것으로 생각되는 정신적 과정에, 역사학자나 정치경제학자들은 법의 역사나 범죄개념의 진화 등에 초점을 두고 연구해 왔다. 그 외에 정치학자, 경제학자, 교육학자 그리고 심지어 일부의 자연과학자까지도 자신들의 학문적 관점에서 범죄를 연구하고 있다. 그러나 범죄학연구의 주류를 이루는 것은 사회학적 연구이며, 이들 다양한 학문분야의 어느 하나가 범죄학분야를 지배하고 있지는 않다. 따라서 범죄학은 다양한 학문분야가 자신의 학문적 관점에서 독립적으로 관계하는 복수의 학제로 그리고 때로는 이들 복수의 학제가 공동으로 관계하는 종합과학적 특성을 가지고 있다.

그러나 이러한 범죄학의 다양하고 이질적인 특성으로 인하여, 범죄학이 과연 하나의 독립적 학문분야인가 아니면 사회학이나 심리학과 같은 이미 학문적 체계를 이루고 있는 더 넓은 학문분야의 일부로 간주되어야 하는가에 대한 논란을 야기시키기도 한다.[23] 비판적 입장에서는 범죄학이 아직은 독립된 학문분야가 되지 못하며, 다양한 대상으로부터의 다양한 생각과 정보들의 합성물에 지나지 않는다고 주장하고 있다.

그러나 Wolfgang과 Ferracutti는 범죄학은 연구에 있어서 과학적인 방법, 이해를 위한 과학적인 접근, 그리고 과학적인 태도를 활용하는 이론적 개념화와 일련의 조직적 자료를 집합해 왔다는 점에서 여러 분야로부터 지식을 통합한 하나의 독립된 학문분야라고 반박하고 있다.[24] 또한 Webb과 Hoffman도 범죄학분야가 범죄와 범죄인이라는 고유의 주제를 가지고 있고 자율적이고 구별되는 지식의 체계를 가지고 있다는 점에서 범죄학을 독립된 하나의 학문분야로 보고 있다.[25]

2. 범죄학의 역사

Sutherland와 Cressey는 '범죄율과 범죄행위에 대한 체계적인 연구는 오히려 최근의 발상'이라고 주장하고 있다.[26] 그러나 범죄학은 19세기 중반에 시작하여 지난 4반세기 동안 급속하게 발전해 왔으므로 범죄학의 역사도 무려 100년 이상이 되는 셈이다.

(1) 유럽범죄학의 출현

① 고전학파

현대범죄학의 뿌리는 Beccaria와 Bentham의 영향으로, 18세기 후반에 발전한 소위 '고전학파(Classical School of Criminology)'로 거슬러올라간다. 이들은 범죄를 예방하고 범죄자를 제지하기 위해 필요한 그 이상도 이하도 아닌 범죄에 상응한 처벌을 주장한다. 이러한 주장의 근거는 범죄행위도 결국은 상대적인 위험과 이득에 대한 합리적인 계산의 결과로 선택된 행위라는 것이다. 따라서 처벌이란 범죄로 인한 위험성은 받아들일 수 없게 하지만 불필요한 고통을 야기시킬 정도로 그 이상 확대되어서는 안 된다는 것이다.[27]

② 초기의 과학적 범죄연구의 선구자 – 제도학파

관찰, 기술 그리고 측정이 과학의 주춧돌에 속한다는 점에서 본다면, 현대범죄학의 뿌리는 벨기에와 프랑스 등의 통계학자와 사회학자들이 공헌한 바가 크다. 그중에서도 벨기에의 수학자이며 사회학자였던 Quetelet는 통계학적 방법이 범죄의 연구에 적용될 수 있음을 알고 처음으로 범죄학연구에 있어서 계량적 기술을 도입하였다. 그는 장기간의 시간을 두고 지켜본 결과, 통계표를 통해 범죄현상의 규칙성이 존재하고 있음을 밝혔다.[28]

③ 실증주의학파

범죄학에서의 실증주의학파는 사회문제의 연구에 과학적인 방법을 적용하였던 19세기의 실증철학에서 따온 것이다. Lombroso, Garofalo, Ferri와 같은 학자들은 범죄자와 비범죄자에 대한 통제된 조사의 중요성을 강조함으로써 범죄자에 대한 연구를 과학적인 것으로 만들 수 있었다. 물론 그들의 연구가 잘 통제되고 과학적이었다고는 할 수 없지만 최소한의 과학적인 기준에 입각하여 범죄행위의 원인을 밝히려고 노력했기 때문에, 이들은 범죄에 대한 과학적인 이해라는 현대 범죄학연구의 새로운 전통을 세웠다.[29]

④ 평   가

Matza에 의하면, 실증주의범죄학은 연구의 초점으로서 형법보다는 범죄자를 우선시하고 있다. 고전학파는 인간이 여러 가지 대안 행위 중에서 어떠한 행위를 선택하는 데 있어서 자신의 자유의사를 활용한다고 가정하는 데 반하여, 실증주의학파는 인간의 행위가 과학적으로 설명될 수 있는 방식으로 결정된다고 가정하였다. 실증주의학파는 범죄자가 비범죄자와는 근본적으로 다르며, 그러한 차이점의 발견이 곧 실증주의 학파의 과업이라는 것이다.[30]

이들 두 학파는 각 학파가 출현한 시대의 특성에서 차이점을 보이고 있다. 즉, 고전학파는 18세기에 원시적인 법률제도를 개혁하기 위한 시도로써, 그리고 피의자에 대한 정부의 임의적이고 가혹한 처벌로부터 피의자를 보호하기 위한 노력으로써 발전되었다. 뿐만 아니라 하나하나의 모든 범죄에 대하여 명확하게 계산된 처벌을 함으로써 범죄에 상응한 처벌을 강구하려고 노력하였다. 반면에, 19세기의 실증주의학파는 범죄자의 연구를 위하여 과학적인 방법을 적용하기 위한 시도로써 발전되었으며, 특정의 범죄자에게 상응한 개별화된 처우와 더불어 범죄자로부터 사회의 보호를 동시에 강조하였다.

(2) 미국범죄학의 발달 – 사회학파

초기단계의 미국범죄학은 실증주의의 영향을 많이 받았다. 미국 범죄학의 실증주의적 뿌리는 아동지도상담소(child-guidance clinic)에서 찾아볼 수 있다. 이들은 주로 청소년비행의 개별 사례에 대해 그 주요 원인을 찾아내기 위한 일련의 임상팀(Clinician Team)을 중심으로 사례연구적 접근에 기초하였다.[31]

그런데 이러한 미국범죄학은 Park, Burgess 그리고 Thomas와 같은 1920년대 시카고대학의 사회학자들을 중심으로 응집력을 가지고 발전하게 되었다. 즉 시카고학파는 1930년대 Shaw와 McKay가 Park와 Burgess의 동심원이론을 이용한 사회해체에 초점을 맞춘 생태학적 범죄연구를 시작으로 그 꽃을 피우게 되었으며, Thrasher가 자신의 청소년 갱연구를 통해 심층현장조사(fieldwork)의 중요성을 일깨워 주기도 하였다.[32] 이러한 시도들을 시작으로 미국의 범죄학은 사회학이 지배하는 실증주의학문으로서 사회의 환경이 범죄를 유발한다고 주장하였다. 그리고 이를 과학적으로 증명하려는 노력을 중심으로 발전하게 되었다.

즉 미국의 범죄학은 문화적 갈등이론, 긴장이론, 부문화적 긴장이론 등의 사회구조의 모순과 문제점에서 범죄와 비행의 원인을 찾았던 사회구조이론과 사회학습이론, 사회통제이론, 그리고 낙인이론 등의 사회과정을 중시하는 사회과정이론, 그리고 범죄의 원인을 사회의 갈등에서 찾는 갈등이론을 축으로 그 발전을 계속해 왔다.

그러나 1960년대 후반부터 일기 시작한 범죄의 원인에 대한 과학적인 규명과 예측의 어려움,

그리고 이에 따른 범죄자의 교화개선 효과에 대한 의문의 제기 등으로 인하여 1980년대 후반에 이르러 다시 복고적 경향을 띠고 고전주의적 범죄관에 입각한 선별적 구금(selective confinement)이나 무능력화(incapacitation) 등이 대두되었다.

(3) 현대의 범죄학

1970년대 후반에서 1980년대 초를 기점으로 범죄학 분야에서는 자유주의적 성향에서 보수주의적 성향으로 이념적인 변화를 맞게 되었다. 예를 들자면, 범죄학자들이 범죄를 억제하기 위해서 형사처벌을 어떻게 해야 가장 좋을 것인가 하는 등의 문제가 주요 관심사로 떠오르게 되었으며, 또한 직업적 범죄자를 가려내서 그들을 우리 사회로부터 격리시킬 것을 주장하게 되었다. 과거 1960년대의 비판범죄론이나 1970년대의 자유주의적 범죄학에서는 범죄를 유발하는 사회적 요인을 규정하고자 했었다. 그러나 1980년대 이후의 보수주의적 범죄학은 무엇이 범죄를 유발하는가보다는 범죄를 예방하기 위해서는 무엇을 할 것인가에 더 많은 관심을 표하고 있다. 결과적으로 범죄자에 대한 처우의 방법을 계획하고 그들의 범인성에 대한 대안을 제공하는 것보다는 상습적인 범죄자를 가려내어 그들을 통제하는 수단을 개발하는 데 더 관심을 보이게 된 것이다.

그러나 이처럼 범죄학의 이념은 어느 정도 변하고 있지만, 아직도 다수를 차지하고 있는 자유주의적 이념가들은 범죄를 유발하는 요인은 개인이 통제할 수 없는 것이며, 따라서 범죄율이 감소되기 위해서는 개인을 처벌하는 것보다 학교, 가족, 지역사회 등의 개선이 더 중요하다고 주장하고 있다. 결국 1980년대는 범죄학의 이념적 복수성을 경험하였다고도 볼 수 있다.

한편, 최근 들어 이와는 별도로 지금까지는 철저하게 형사사법으로부터 배제되었던 피해자에 대한 관심이 격증하고 있다. 1980년대 유럽을 중심으로 범죄문제에 대한 피해자의 역할이 점점 강조되었다. 이러한 추세는 형사정책의 보수화성향과 성범죄피해에 대한 관심의 고조, 그리고 가해자중심의 형사정책에 대한 반성에 힘입은 바 크다. 그러면서 범죄피해에 대한 가능성과 두려움에 관한 연구가 성행하고, 피해자조사를 통한 범죄피해자통계가 범죄율과 추세를 연구하는 중요한 방법이 되었으며, 피해자와 가해자의 관계가 범죄연구의 초점이 되었고, 범죄발생의 방법과 그에 대한 사회의 반응을 평가하기 위해서 범죄자와 피해자의 개인적 특성이 중시되기도 하며, 심지어 범죄발생에 있어서의 피해자의 책임성 여부도 다루어지고 있어서 가히 피해자학의 홍수를 이루고 있는 듯하다.

또한 지난 20여 년 동안 범죄학은 사회의 선별된 구성원에 대하여 범죄적 정의를 조장하고 적용하는 과정을 분석하는 데 관심을 보여왔다. 그리고 범죄학이 전반적으로 범죄와 범죄자에 대한 과학적인 연구임과 동시에 사람을 대상으로 하는 인본주의적 학문으로 자리잡아가고 있다. 그래서 현대의 범죄학은 범죄·범죄자 그리고 그 해결책을 밝히는 사회과정에 대한 과학적이고 인본주의적인 연구를 추구하고 있다.[33]

3. 범죄학의 새로운 영역

(1) 범죄학(criminology)과 범죄과학(crime science)

과학기술이 범죄를 포함한 거의 모든 것을 변화시킨다. 새로운 형태의 범죄, 전통적 범죄이지만 새로운 범행의 수법, 그리고 이런 변화에 대응하려는 경찰을 비롯한 형사사법의 변화를 가져오기 때문이다. 예를 들어, 사기, 아동 포르노, 그리고 신분도용 등과 같은 전통 범죄가 인터넷을 통해 새로운 형태를 취하고, 번성하게 되는 완전히 다른 새로운 환경을 만들어 내고 있다. 여기에다 새로운 과학기술의 산물이라고도 할 수 있는 국제화, 세계화(globalisation) 또한 자금세탁, 신용카드위변조, 그리고 테러리즘과 같은 조직범죄를 위한 엄청난 새로운 기회의 문을 열게 만들었다. 당연히 과학기술이 초래한 범죄현상의 변화는 범죄통제에도 새로운 방법을 필요로 하게 만들었다.[34]

과학기술의 발전은 범죄와 범죄통제에만 변화를 일으키는데 그치지 않고 범죄와 범죄통제를 연구의 주요 대상으로 하는 범죄학에도 혁신적 함의를 갖게 한다. 범죄학이 옆으로 밀려나지 않고 부적절한 학문이 되지 않으려면 범죄학자들 또한 단순히 연구주제의 초점을 다시 잡는 이상의 훨씬 더 크고 많은 변화를 실천해야만 한다. 과학기술의 발전과 그로 인한 변화에 맞게 범죄학의 사명, 범죄통제에 보다 직접적으로 상응한 학문이 되도록 하는 집합적 결과를 가져다 줄 이론과 방법론을 강구해야 하는 것이다. 전통 범죄학이 이런 변화에 대응하지 못한다면 범죄학을 대신하여 범죄과학(crime science)이 그 자리를 대신할 것으로 예견되고 있다.

1) 범죄과학의 이해

범죄과학은 그래서 '순수과학(pure science)'과는 구분되며, 광범위한 것으로 규정된다. 군이 자신을 범죄과학자로 규정하지 않아도 범죄과학에 기여할 수 있으며, 실제로 범죄에 관한 초점을 공유하여 범죄과학은 전통적 학문적 경계를 확장하였다. 광범위한 학제간 또는 다학제적 연구가 바로 범죄와 범죄통제의 선천적 복잡성을 대변하고 있다. 범죄과학이라는 용어가 2001년 처음 공식화되었지만, 그 뿌리는 훨씬 오래 전으로 거슬러 간다. 범죄학 내에서도 환경범죄학과 실험범죄학과도 중첩되는 부분이 있어서 방법론뿐만 아니라 이론도 일상활동, 합리적 선택, 그리고 범죄유형 이론과 같은 범죄기회이론에 기반을 두고 있다. 범죄가 따라서 원칙적으로 무작위적이지 않고(non-random), 개인적 기질과 범죄사건을 촉발, 용이, 그리고 조장하는 환경적 요인 둘 다의 영향을 받는 것으로 개념화된다.

범죄과학자들은 전형적으로 범죄가 줄어들고, 발각되고, 붕괴되기 위해서는 문제가 특정되어야만 한다고 주장한다. 예를 들어, 강도를 예방하려면 강도의 다양한 유형으로 나눠져야 하고 그에 따라서 개입도 표적화되어야 한다는 것이다. 은행강도의 통제는 노상강도와는 전혀 다른 접근이 요구되는데, 그것은 범죄를 예방하기 위해서는 그 범죄에 맞게 예방법을 설계하는 것이 가장 효과적이기 때문이다. 여기서 전통범죄학과 범죄과학의 중요한 차이점 하나가 발견되는데, 그것은 바로 범죄과학은 범법자보다 오히려 범행 자체를 표적으로 한다는 점이다. 즉, 자동차절도가 범법자들의 특성을 다루거나 억제함으로써 해결될 수 있다는 증거는 없고 오히려 기계적, 기술적 변화나 개선 등으로 기회를 박탈하는 편이 더 효과적이라는 연구결과가 이를 증명하고 있다. 결론적으로 범죄과학이 전통범죄학과 구분되는 핵심 관점은 범죄과학이 범죄성(criminality)이 아니라 범죄, 그리고 범법자(offender)가 아니라 범행(offense)에 초점을 맞춘다는 점이다.[35]

범죄과학의 또 다른 한 가지 특징은 범죄과학은 전형적인 응용과학으로서, 궁극적 목표가 결과보다 성과를 중시하는데, 이러한 실용적 관점이 범죄과학을 순수과학과 구별시킨다고 한다. 대신에, 범죄과학의 초점은 범죄로 인한 해악(harm)을 줄이는데 두는 것이다. 그래서 범죄과학에서는 감축(reduction)이 예방(prevention)보다 선호되는데 이는 범죄과학이 범죄에 대한 결정적인 종결이라는 이상적이지만 궁극적으로는 비현실적인 추구보다는 범죄를 관리하려는 노력을 함축하기 때문이다.[36]

2) 범죄과학의 배경

비록 범죄과학이 2001년에서야 이름이 붙여졌지만 그 뿌리는 환경설계를 통한 범죄예방(CPTED)이나 나아가 환경범죄학(environmental criminology), 그리고 범죄분석(crime analysis)의 발전과 그 궤를 같이할 정도로 더 오래 전으로 거슬러 올라간다. 즉, 범죄가 발생하는 즉각적인 환경(상황)이 범죄에 영향을 미치고 그래서 범죄를 통제하는데 있어서 범법자의 개인적인 특성보다 더 중요하다는 것이다. 이들은 범행의 기회가 범죄발생의 필요충분조건이며, 따라서 지금까지 대부분이 효과적이지 않다고 알려진 범죄자의 체포, 처벌 등에 의존하지 않고 기회구조를 제한하거나 통제하거나 아니면 변경시킴으로써 범죄를 줄일 수 있다는 것이다.[37]

3) 범죄과학과 범죄학

범죄과학과 범죄학, 특히 환경범죄학과 실험범죄학이 특별하게 밀접한 관련을 가지고 있어서 범죄학과 범죄과학의 구별을 어렵게 할 수도 있다. 그러나 매우 단순한 관점에서도 범죄과학을 전통 범죄학으로부터 구별해주는 것으로 간주되는 요소가 몇 가지 있는데, 대표적으로 범죄과학은 물리적, 생물학적, 그리고 컴퓨터와 공학은 물론이고 사회과학을 포함하는 매우 폭 넓은 분야의 과학에서 따오며, 범죄자와 범인성(criminality)보다는 범죄에 초점을 맞추고, 범죄를 설명하고 대처하는데 있어서 '기회'에 핵심적인 중요성이 주어지며, 장기적 개혁보다는 즉각적인 범죄 감소에 관심을 가지고, 순수연구보다 응용연구를 일반적으로 선호한다는 것 등을 포함하고 있다.

전통적으로 범죄학은 범죄를 이해하고 설명하는데 주된 관심을 가졌다. 그러나 불행하게도 범죄와 범죄자를 이해하는 것만으로는 심각한 사회문제가 된 범죄로부터 시민과 공동체사회, 더 나아가 국가를 보호하고 범죄의 공포로부터 자유로운 안전을 담보하기 어렵게 되었다. 특히 테러리즘이 전 세계에 심각한 위협이 된 지금, 단순히 범죄를 설명하고 이해하는 것만으로는 충분치 못하다. 당연히 범죄학의 사명 또한 범죄를 통제하는 방법을 찾는데 도움이 되는 데 초점을 맞추어야 한다. 이는 곧 범죄학자들이 더 이상 스스로를 순수 사회과학자에 안주해서는 안 되고 이제는 응용과학자로서의 역할과 사명을 다해야 한다는 것을 뜻한다.

뿐만 아니라, 전통 범죄학은 범죄를 이해하기 위하여 범죄의 원인을 원격요인, 즉 사회구조와 같은 범행의 동기에서 찾으려고 하였고 대부분의 원인이론이 그래서 동기이론이라고 할 수 있다. 그러나 불행하게도 동기이론에 기초한 범죄문제의 해결은 그것이 예방이건 대응이건 결코 성공적이지 못한 것으로 간주되고 있다. 그것은 아마도 범죄의 동기는 너무나 다양하고 복잡하며, 사회구조와 같은 원인은 누구도 쉽게 개선하기 어려운 문제이며, 아마도 따라서 동기를 가진 잠재적 범죄자는 언제나 존재하였기에 동기를 억제하거나 원인을 해소하여 범죄를 통제하려던 목적은 이루어지기 어려웠던 것이다. 이를 교훈으로, 그리고 과학기술의 도움으로, 이제는 원인과 동기중심의 범죄통제보다는 범행의 동기가 범죄행위로 실현되지 않도록 범행의 기회를 줄이거나 제거하여 범죄를 예방하고 통제하자는 주장이 대두되고 있다.

표 2-1   범죄학과 범죄과학의 강조점의 차이[38]

구분	범죄학	범죄과학
사명(mission)	범죄자의 이해 장기적 사회개혁 범죄적 낙오자의 부조 '순수'과학 이론-주도 정책 회피	범죄의 이해 즉각적 범죄감축 피해자에 대한 손상 축소 '응용'과학 문제-주도 정책 포용
이론	원격 요인 중심 기회 부차적 범죄 병리적 범죄는 왜(why) 범죄적 기질 범죄적 동기 아노미, 부문화, 갈등이론	근접 요인 중심 기회 중심적 범죄 보편적 범죄는 어떻게(How) 범죄적 선택 범죄의 보상 일상활동, 합리적 선택
연구방법	Cohort 연구 범죄경력 회귀분석 자기-보고식 비행 무작위 통제 시도 장기적 심층 연구	범죄유형 다발지역 범죄지도 피해자조사 범죄 특정 사례 연구 신속한 평가 기법
응용과 청중	일반적 범죄와 비행 양형/처우/사회적 예방 사회사업가/보호관찰관 사회정책입안가 학술적 논문 학계 종사	특정 범죄와 무질서 문제 구금/억제/상황적 예방 경찰, 기획과 보안 산업 기업과 경영 정책보고서 예방/보안/경찰 종사

　　범죄이론 또한 범죄통제라는 범죄학의 사명에 도움이 되지 못한다면 폐기되어야 마땅하다는 것이다. 특히 범죄가 차별이나 빈곤 등 불리함의 산물이라고 규정하는 이론들은 그 중요성이 상당부분 훼손될 수밖에 없다. 과학기술의 발전은 새로운 유형의 범죄를 만들었고, 특히 인터넷범죄는 주로 불리한 조건의 비행청소년의 행위라기보다는 오히려 유리한 조건의 비행청소년들의 비행이었고, 경제적 호황기의 범죄나 화이트칼라범죄 그리고 중산층 비행의 증대는 원격 요인들로는 설명될 수 없는 것이다. 오히려 합리적 선택과 일상활동 등을 포함하는 '일상생활의 범죄학(criminology of everyday life)'이 형사정책에 더 큰 도움이 된다는 것이다. 특히, 첨단 과학기술의 시대일수록 과학기술자나 공학자들의 도움이 더욱 커질 수밖에 없다는 것이다. 즉, 범죄

를 분석하고 이해하는 데 범죄학이 기여했다면 문제의 해결은 대부분 과학기술이 담당해야 하고, 따라서 범죄이론도 변화할 수밖에 없다는 것이다.

만약 범죄의 예방과 통제가 핵심목적이라면, 당연히 연구의 주제도 왜(why)범죄가 발생되는지 보다는 범죄가 어떻게 일어나는지에 더 크고 많은 관심의 초점이 주어져야 한다. 다시 말해서, 범행 과정의 단계를 이해하고, 범행을 쉽게 만드는 조건들을 이해함으로써, 범죄를 좌절시키기 위하여 어디서, 어떻게, 언제 개입할 것인가를 알 수 있게 해준다는 것이다. 따라서 연구의 방법에도 변화가 있어야 하는데, 전통적으로 우리는 범죄가 아니라 범죄자에 초점을 맞추었기에 Cohort나 범죄이력 연구 등이나 자기－보고식 조사와 회귀분석 등 특정한 연구방법이 지배해왔다. 그러나 피해예방 등의 분야에서는 오히려 피해자조사, 범죄유형 분석, 범죄 다발지역과 범죄지도 분석이 더욱 유용해졌으며, 언젠가는 현재의 통계적 분석만큼이나 범죄지도분석이 범죄학 연구의 핵심적 도구가 되리라고 관측되고 있다.

이처럼 범죄통제에 더 많은 초점을 맞춘다는 것은 범죄학자들로 하여금 형사사법제도에 있어서 양형이나 교정보다는 경찰단계로 관심의 초점이 이동하게 됨을 의미한다. 주요 과제나 주제가 아마도 범죄자를 인지하고 체포하는 데 있어서 경찰의 효과성이나 효율성으로 바뀔 수 있다는 것이다. 한편, 주로 기업과 산업분야가 과학기술분야의 중심이 되었고, 우리들의 일상생활 속으로 과학기술을 가져왔기에 범죄와 범죄통제에 있어서도 그 역할이 점증할 것으로 기대된다. 기업과 산업분야가 그들이 발전시킨 과학기술로 인하여 새로운 범죄를 만들기도 하고, 동시에 그 해결에도 기업과 산업분야가 핵심적인 역할을 할 수밖에 없기 때문이다.

(2) 해악학(zemiology)

해악학은 범죄에 대한 관습적인 법률적 개념을 넘어, 우리 사회와 개인에게 깊은 영향을 미치는 재정적, 물리적, 신체적, 사회적, 심리적인 사회적 해악에 대한 관심을 끌려는 시도이다. 범죄를 통제하기 위한 어떠한 균형 잡힌 시도나 전략이라도 범죄에 대한 사회, 문화, 경제적인 저변의 원인을 적정하게 이해함으로써 지지되어야할 필요가 있다.[39) 그런데 여기서 말하는 해악(harm)이란 범죄행동과 비범죄적 행동 양자를 다 포함하는 개념이고 따라서 사회적, 환경적 문제와 같은 복잡한 쟁점들을 검토하는 데 훨씬 좋은 도구라고 할 수 있다. 「범죄학을 넘어(beyond criminology)」라는 저서에서 저자들은 학문으로서의 범죄학은 물론이고, 그 후원자로서의 형사사법제도의 여러 가지 실패를 기술하고, 그 대안으로서 해악학을 제안하였다. 그들의 주장은 심각한 해를 끼치는 다수의 사건과 사고가 형법의 부분이 아니거나 설사 형법으로 다루어질 수 있어도 형법에 호소하지 않은 채 다루어지거나 애초에 무시되고 있다는 것이다. 그러나 범죄를 해악으로 재규정함으로써 유책인정, 처벌, 그리고 배제를 당연시 하는 범죄사건으로서 보다는 협상, 중재, 그리고 자의성을 담보로 하는 갈등과 문제로 고통, 아픔, 그리고 손상을 다룰 수 있는 가능성의 문을 열어준다는 것이다.[40]

1) 해악(harm) - 범죄학의 방치된 개념

범죄통제분야에서 비교적 새로운 시도 중 하나는 회복적 사법(restorative justice)일 것이다. 회복적 사법은 따라서 전통적으로 형사사법제도의 비판과 한계에 대한 하나의 대응으로서 이해되고 있다. 초기 형태는 당연히 폭력, 절도, 그리고 보다 일반적으로는 반사회적 행위와 같은 범죄적 해악을 극복하는 것이었다. 당연히 범죄학에서는 이 사회적 해악에 대한 의문과 관심을 갖지 않을 수 없게 되었다. 범죄학은 자신의 렌즈를 확대하고 다수 시민의 삶의 질에 영향을 미치고 손상을 가하는 광범위한 사회적 해악에 초점을 맞추게 된 것이다. 전형적으로 범죄학이 연구하는 사회적 해악으로는 부상, 질병, 차별, 불평등, 빈곤, 그리고 국가의 학대 등이 있다.[41]

전통적으로 범죄학의 핵심적인 목표는 범죄의 원인을 확립하는 것이었다. 그러나 기회이론(opportunity theory)과 상황적 범죄예방(situational crime prevention)의 발전과 함께, 범죄원인이 아니라 범죄사건(crime event)으로 관심이 확대되었다. 범죄피해자에 대한 관심과 범죄통제정책의 기초로서 해악에 대한 증대된 흥미에도 불구하고, 범죄학은 물론이고 그 어떤 관련된 사회과학도 범죄에 대한 인지된 심각성, 범죄의 비용, 또는 피해자화의 영향과 별도로 상이한 유형의 범죄활동과 관련된 해악을 체계적으로 파악하고, 평가하고, 비교하기 위한 도구나 수단을 마련하지 않았다. 해악은 물리적, 사회적으로, 개인, 환경, 제도에 의해서, 전 사회에 걸쳐 일어날 수 있고, 기능적 진정성, 물질적 이익, 명성, 그리고 사생활의 침해 등을 포함한 다양한 형태를 취할 수 있다.

2) 범죄통제정책에 있어서 해악의 지위

형법이론에서는 범죄활동에 의해서 야기된 해악은 몇 가지 일부 예외를 제외하고는 그러한 활동에 대한 직접적인 범죄화와 형벌의 부과를 정당화하는데 있어서 대단히 중요한 것으로 간주되고 있다. 그것은 범죄통제정책을 비롯한 광범위한 정책당국에서 정책목표로서 해악감소(harm reduction)로 관심을 돌렸기 때문이다. 이들에게 있어서 해악은 우리가 현재 범죄라고 부르는 유일한 이유가 아니라면, 대부분의 행동이 범죄화(criminalization) 되는 이유를 구성하고 있어서, 범죄행동과 형사제재 사이의 지레받침 역할을 한다는 것이다.

그래서 유럽을 중심으로 여러 나라에서 이 '해악'을 범죄예방활동에서 우선시하고 표적으로 하는 기초로 간주하고 있다. 영국에서는 이런 추세를 반영하듯 조직범죄통제전략의 우선적인 목표가 조직범죄에 의하여 야기되는 해악의 유형적이고 지속적인 감축을 성취하는 것이라고 명시하고 있다. 유럽연합에서도 그동안 조직범죄를 조직범죄와 강력범죄를 종합한 것으로 강조점을 이동시킨 것은 강력범죄가 암묵적으로 또는 구체적으로 범죄가 야기하는 기초로 파악되는 것으로 여겨지는 해악과 궤를 같이하는 것이다.

1970년대 이후, 미국과 유럽 모두의 범죄피해자에 대한 언론의 지대한 관심과 광범위한 피해자 대책과 입법이 말해 주듯이 범죄로 인하여 해악을 겪은 사람들에 대한 관심이 크게 일기 시작하였다. 이런 정치적, 법률적, 문화적 변화를 반영하여, 피해자학 또한 엄청나게 확대되었다. 이런 발전과는 대체로 큰 관련 없이, 일부 비판범죄학자들은 이 정도를 넘어 범죄의 개념이 사회적 해악의 개념으로 대체되어야 하고, 단순히 범죄통제가 아니라 사회적 해악의 감축이 광의의 사회정책의 핵심 목표가 되어야 한다고 주장한다. 그와 같은 입장을 암묵적으로 또는 구체적으로 반영하여 다른 범죄학자들도 이 해악의 개념을 국가범죄, 그리고 녹색범죄학(green crimi-nology)이라는 새로운 분야에서 아직은 완전하게 또는 아예 범죄화되지 않은 환경과 동물에 해악이 되는 다양한 활동에 적용하기 시작하였다. 또한 일부 국가에서는 해악-감축 프로그램을 국가적인 약물통제전략으로 추진하여 공급(supply-oriented)보다 수요-지향(demand-oriented)의 약물정책에 초점을 맞추기 시작하였다.

3) 해악학(zemiology)의 탄생

해악학이란 사회적 해악의 연구이며, 범죄의 개념과 범죄학의 비판으로서 시작되었다. 절도와 같이 개인에 기초한(individual-based) 해악과는 대조적으로, 사회적 해악이나 사회적 부상의 개념은 정부국가와 기업에 의한 해악도 함축하고 있다. 이러한 시각으로 인하여 실업, 빈곤과 같이 거의 범죄화 되지 않았거나 범죄로 간주되지 않는 개인의 삶에 영향을 미치는 해악들을 연구하는 범죄학과는 별도로 독립된 분야의 연구를 추구하는 마르크스주의나 여성해방주의자들과 같은 비판적 학계로부터 증대된 관심을 끌었다.

범죄학에 대한 이들의 비판은 범죄란 존재론적 사실성이 없다는 것이다. 즉, 범죄는 사회적 판단에 기초하여 구성된 사회적 현실이기에 범죄의 개념에 어울리는 핵심적인 성질이나 특성이 없으며, 따라서 범죄라고 하는 것이 시간과 공간에 따라 매우 다양할 것이라고 한다. 당연히 범죄학은 범죄에 대한 통념(myth)을 영속화하고, 범죄학은 개념의 사회적 구성을 적절하게 다루지 못하는 범죄의 개념에 기초하게 되고, 따라서 범죄학이 범죄의 개념을 지속적으로 사용하는 것은 범죄가 별개의 사회적 현상으로 이해될 수 있는 별개의 행동이라는 통념을 영속화한다는 것이다. 범죄는 대부분의 경우 피해자가 감내하는 해악이 아주 미미한 경미한 사건들로 이루어지기 때문에 형법에서의 범죄의 규정은 가장 심각하고 유일한 반사회적 행위를 제대로 반영하지 못한다고 한다. 그러나 범죄는 다수의 심각한 해악을 배제하게 되어, 심각한 해악을 초래한 다수의 사건과 사고가 형법에서 무시되거나 형법 외의 방법으로 다루어지고 있다. 반면에 범죄로 규정된 사건에 대한 지나칠 정도의 관심은 오염이나 빈곤과 같은 더 심각한 해악으로부터 관심을 앗아간다.

　뿐만 아니라, 범죄통제의 접근과 방법도 대체로 실패하였으며 따라서 효과적이라고 할 수 없다. 형사사법제도는 범죄자를 개선하거나 목표를 성취하는 데 성공적이지 못하였다. 사법제도는 범죄통제에 대한 유일한 해결이 실형(교도소의 수용)이라고 하지만 우리 사회에서 과연 교도소가 범죄문제를 해결하는지 의문스럽다는 것이다. 그럼에도 흥미로운 것은, 범죄가 범죄통제의 팽창과 확대에 정당성을 부여한다는 사실이다. 형법은 범죄 발생 여부를 결정하기 위하여 범행의 의사, 즉 mens rea를 적용하지만 이는 다분히 주관적인 판단에 의존하여 객관적이지 못하다고 비판한다. 이는 부작위와 조직에 의한 범죄는 범행의사를 판단조차 하기 어려운 것이고 따라서 조직에 의한 해악은 거의 범죄화되지 않는 것이다. 그리고 범죄화(criminalization)와 형벌은 고통을 부과한다. 형벌이라는 직접적인 고통은 물론이고 형사사법절차와 과정에서 야기되는 부수적, 이차적 고통도 무시할 수 없다. 그러면서도 피해자에 대한 고통과 피해는 회복되고 치유되지 않는다.

　결과적으로 형사사법제도는 사법제도를 거치는 사람들에게 심각한 고통은 부과하면서도 범죄적 해악으로부터 사람들을 보호하지는 못하고 있다. 사법제도에 의한 이러한 해악들이 때로는 원래 범죄로 인한 해악을 능가하기도 한다. 그럼에도 불구하고 대부분의 국가에서 기존의 사법정책은 사회문제를 다루기 위한 수단으로서 교도소의 활용을 권장하는 형편이다. 하지만 지금까지의 경험은 교도소가 범죄문제를 해결하는 최선의 수단이 아니라는 것을 낮아질 줄 모르는 재범률이 입증해주고 있다. 이런 점들을 고려할 때 최근의 회복적 사법과 관련하여 사회적 해악으로 범죄와 범죄학의 관심을 확장, 이동하고, 그래서 해악이 범죄통제의 핵심요소가 되어야 한다는 것이다.

4) 범죄학과 해악학의 관계

범죄학은 '어떻게 그리고 왜 특정한 행동/사건은 범죄로 규정되지 않는 반면에 다른 행동/사건은 범죄로 규정되는가'라고 할 수 있는 범죄화(criminalization)의 과정을 연구하는 대신에 원인과 대책의 강구에 스스로를 제한하고 있다. 이런 형식의 연구는 처벌과 형벌을 범죄에 대응하는 대책의 형태로 취급하는 반면에, 해악학은 범죄화와 형벌은 사회적 해악을 부과할 수 있음을 보여주며, 형사사법제도가 법법자를 규정하고, 분류하고, 공표하고, 처분하고, 처벌하는 별개의 방식으로 고통을 부과할 수 있는 다양한 단계를 가지고 있다고 주장한다. 바로 이 점에서 범죄학과 해악학은 서로 다른 접근을 하고 있음을 보여주고 있다.[42]

범죄학이 아마도 형벌의 부과를 통하여 두려움을 심어줌으로써 즉각적으로 법법자를 수정하고 교정하는 도구로 행위하는 반면에, 해악학의 접근은 장기적으로 도움이 되는 해악의 근본 원인을 제거하려는 것이지만, 즉각적인 행동이나 원래대로 되돌려 놓기 위해서는 범죄학이 선전하는 행동, 아마도 형벌이 필요해질 수 있다. 바로 이런 점에서 해악학은 범죄로 이어지는 다양한 사회적 해악의 제거와 근원에 초점을 맞추고 범죄학은 범죄행동에 대한 즉각적인 수정에 기여하여 범죄학과 해악학이 상호의존적이라고 할 수 있다.[43]

초기엔 둘의 관계가 애매해 보였으나, 점점 범죄학의 분야로 자리잡아가고 있는 것으로 보인다. 비판범죄학이나 해악학 모두 사회문제에 대한 인식과 대응 수단으로서 형사사법제도의 문제적 활용을 알아야 한다는 점을 일깨우기 위한 것이었다. 이처럼 해악학이나 범죄학 둘 다 해악의 원인을 밝히고 책임을 적절하게 할당하기 위한 관심에서 시작되었다. 이처럼 해악학은 필연적으로 범죄나 형사사법제도의 폐지를 주창하기보다는 오히려 보다 광범위한 구조적 해악이 인지되고 다루어져야 파악될 수 있는 개인적 해악의 행동에 대한 대응을 위하여 보류하자는 것이다.

해악학은 새로운 연구 분야로서 현재 중요하고도 급속하게 팽창하고 있는 비판범죄학의 하나의 변형이라고 다양하게 기술되고 있다. 물론 해악학이 비판범죄학 내부에서의 발전인지 아니면 그 대안인지 의문의 여지는 있다. 일부에서는 비판범죄학의 아류나 일부로 보는 반면에, 다른 일부에서는 범죄와 형사사법제도에의 접근에 대한 새로운 관점을 제시하는 것으로 간주한다. 한편 보다 극단적으로는 해악학이 아무런 문제도 없이 그렇게 간단하게 범죄학 속으로 포함될 수 없을지도 모른다는 견해도 있다.

어떤 시각에서 보던지 범죄학과 해악학의 상호적 긴장을 엿볼 수 있다. 해악학의 입장에서는 범죄학이 특별한 문제적 방식으로 해악을 구성하고, 형사사법제도를 구체화하며, 기존의 자유주의적 개인주의 인과모형과 책임성을 재강화한다고 지적한다. 한편, 범죄학의 관점에서는 해악학이 비판 범죄학 내에서 기존의 주제와 접근을 식민화하고 해악학이라고 특이한 것으로 재포장하며, 의미있는 사회변화에 영향을 주는데 있어서 형사사법제도와 나아가 범죄학의 역할을 부정하고 있으며, 사회문제에 대한 자신의 이론화와 대응에 대한 분명한 대안적 기초를 마련하지 못했다고 문제를 지적한다.

CRIMINOLOGY **참고문헌**

1 Henry W. Mannle and J. David Hirschel, *Fundamentals of Criminology*(2nd ed.), Englewood Cliffs, NJ: Prentice Hall, 1988, pp.3~4.

2 Martin R. Haskell and Lewis Yablonsky, *Criminolgy: Crime and Criminality*(3rd ed.), Boston, MA: Houghton Mifflin Company, 1983, p.4.

3 Jon Shepherd, *Sociology*, St. Paul, MN: West Publishing Co., 1981, p.11.

4 William Seagel, *The Quest for Law*, New York: Knopf, 1941, p.33.

5 Larry J. Siegel, *Criminology*(2nd ed.), St. Paul, MN: West Publishing Company, 1986, p.15.

6 Austin T. Turk, "Law as a Weapon in Social Conflict," *Social Problems*, 1976, 23:276~291.

7 William Chambliss and Robert Seidman, *Law, Order, and Power*, Reading, MA: Addison–Wesley, 1971.

8 Eugene Doleschal and Nora Klapmuts, "Toward a New Criminology," *Crime and Delinquency*, 1973, 5 : 607.

9 Richard Quinney, *Criminology*, Boston, MA: Little Brown, 1975. pp.37~41.

10 Novel Morris and Gordon Hawkins, *The Earnest Polittician's Guide to Crime Control*, Chicago, IL: University of Chicago Press, 1969, pp.5~6.

11 Richard Quinney and John Wildeman, *The Problem of Crime*, New York: Harper and Row, 1977, p.8.

12 Edwin Sutherland, "Is 'White–Collar Crime' Crime?" *American Sociological Review*, 1945, 10:132~139.

13 Thorsten Sellin, *Culture Confict and Crime*, New York, Social Science Research Council, 1938, p.30.

14 Leslie Wilkins, *Social Deviance*, London: Tavistock, 1964, pp.46~47.

15 Howard Becker, *Outsiders: Studies in the Sociology of Deviance*, New York Free Press, 1963, p.9.

16 David Bordua. "Recent Trends: Deviant Behavior and Social Control," *Annals of the American Academy of Political and Social Sience*, 1969, 369:149~163.

17 John Hagan, "Labeling and Deviance:A Case Study in the 'Sociology of the Interesting'," *Social Problem*, 1973, 20(4):448~458.

18 Herman and Julia Schwendinger, "Defenders of Order or Guardians of Human Rights?" in I. Taylor, P. Walton, and J. Young(eds.), *Critical Criminology*, London: Routledge & Kegan Paul, 1975, pp.145~148.

19 Ian Taylor, Paul Walton, and Jock Young, *The New Criminology For a Social Theory of Deviance*, London: Routledge & Kegan Paul. 1973, p.282.

20 Martin R. Haskell and Lewis Yablonsky, *Criminology: Crime and Criminality*(3rd ed.), Beston, MA: Houghton Mifflin Company, 1983, p.5.

21 Edwin H. Sutherland and Donald R. Cressey, *Criminology*(9th ed.), Philadelphia, PA: J. B. Lippincott Company, 1974, p.3.

22 J. E. Hall Williams, *Criminology and Criminal Justice*, London: Butterworths, 1982, p.1; Larry J. Siegel, *op. cit.*, p.4.

23 Larry J. Siegel, *Ibid.*, p.5.

24 Marvin Wolfgang and Franco Ferracuti, *The Subculture of Violence*, London: Social Science Paperbacks, 1967, p.20.

25 Vincent Webb and Dennis Hoffman, "Criminal Justice as an Academic Descipline," *Journal of Criminal Justice*,

1978, 6:349.

26 Edwin H. Sutherland and Donald R. Cressey, *Criminology*(10th ed.), Philadelphia, PA: J. B. Lippincott. 1978, p.54.

27 Williams, *op. cit.*, p.9.

28 John Hagan, *Modern Criminology: Crime, Criminal Behavior, and Its Control*, New York: McGraw—Hill Book Company, 1988, p.16.

29 *Ibid.*, p.19.

30 David Matza, *Delinyuetlcy and Drift*, New York: Wiley, 1964, pp.3~12.

31 Walter C. Reckless, *The Crime Problem*, New York: Appleton—Century—Crofts, 1973, Appendix B.

32 Hagan, *op. cit.*, pp.26~27.

33 Henry W. Mannle and J. David Hirschel, *Fundamentals of Criminology*(2nd ed.), Englewood Cliffs. NJ: Prentice Hall, 1988, p.8.

34 R. V. Clarke, "Technology, Criminology and Crime Science," *European Journal on Criminal Policy and Research*, 2004, 10:55~63.

35 G. Farrell, Tseloni, A., Mailley, J. and Tilley, N., "The crime drop and the security hypothesis," *Journal of Research in Crime and delinquency*, 2011, 48(2); pp.147~175.

36 G. Laycock, "Defining crime science," pp.3~24 in M. Smith and Tilley, N.(eds.), *Crime Science: New Approach to Preventing and Detecting Crime*, Cullompton: Willan, 2005.

37 R. V. Clarke, "Situational crime prevention: Its theoretical basis and practical scope," *Crime and Justice*, 1983, 4:225~256.

38 Clarke, op cit.

39 J. Treadwell, Criminology: The Essentials, London: Sage Publications Limited, 2012, p.6.

40 S. Tombs and Hillyard, P., "Beyond Criminology?" pp.10~29 in S. Tombs, Hillyard, P. and Gordon, D.(et al.), *Beyond Criminology: Taking Harm Seriously*, London: Pluto Press, 2004; R. H. Burke, *An Introduction to the Criminological Theory*, Devon, England: Deer Park Publications, 2005, p.181.

41 S. Green, Johnston, G. and Lambert, C., "What harm, whose justice?: excavating the restorative movement," *Contemporary Justice Review*, 2013, 16(4):445~460.

42 R. Khare, "Benefits that Zemiological approach can bring to the study of global crime and insecurity," *International research Journal of Social Sciences*, 2016, 5(5):30~32.

43 *Ibid.*

제3장
범죄학 연구의 목적과 범죄

Sutherland와 Cressey는 범죄학이 "법의 제정과정과 범법의 과정 및 범법에 대한 반응"을 연구의 대상으로 하며, 대체로 ① 법의 기원과 발달에 관한 법사회학, ② 범죄의 원인을 규명하는 범죄병리학, ③ 범죄에 대한 사회적 반응인 행형학으로 구성된다고 하였다.[1] 또한 Gibbons도 범죄학을 형법의 제정과정과 범법행위에 대한 대응체제인 형사사법제도, 법의 기원, 범죄량과 그 분포, 범죄의 원인을 연구하는 학문이라고 정의하고 있다.[2] 따라서 이들을 종합해 볼 때, 범죄학은 그 사회가 경험하고 있는 범죄의 실태를 파악하여 어떠한 종류의 범죄가 어떠한 사람과 물질을 대상으로 어떠한 사람에 의해서 어떠한 방법으로 무슨 이유와 동기, 그리고 어떤 원인으로 범행을 하는가를 이해하고 범죄에 대처하기 위해서 우리는 어떻게 예방하고 조치할 것인가를 강구하고자 함을 연구의 목적과 범위로 한다고 볼 수 있다.

1. 범죄실태의 파악

현대범죄학에 있어서 가장 중요한 것은 범죄를 이해하고 설명하는 것인데, 이를 위해서는 먼저 범죄를 정의하고 측정하는 것부터 시작해야 한다. 즉, 범죄의 현상과 실태를 파악하기 위해서는 우선 무엇이 범죄인지 규정되어야 한다.

그런데 앞에서도 언급은 했지만 범죄를 정의하는 다양한 접근이 있지만 현재로서는 범죄를 법률적으로 정의하는 경향이 주를 이루고 있다. 따라서 범죄행위를 규정하는 법이란 과연 어떻게 기원되었으며 어떻게 발전하였는가가 연구되어야 한다.

이처럼 무엇이 범죄행위인지 규정되면 그 다음은 이러한 법률위반행위가 과연 어느 정도나 발생하고 있는지가 관심의 대상이 되어야 한다. 그러므로 범죄가 사회계층별·연령별·성별·지역별 또는 기타 범죄와 관련이 있는 사회적 제변수별로 어떻게 분포되고 있는가 그 실태를 역학적으로 연구하는 것이 필요하다.

이와 더불어, 새로이 범죄학의 관심을 끄는 것 중의 하나는 대부분의 시민이 범죄에 대하여 많은 공포를 느끼고 있기 때문에 대체로 어떤 유형의 사람이 무슨 범죄에 대하여 어떠한 조건하에서 어느 정도의 공포를 느낄 것인가 하는 것이다. 이것이 바로 범죄학을 연구하는 중요한 대상이며, 목적의 하나가 되고 있다.[3]

2. 범죄원인의 분석

인간의 병을 치유하기 위해서는 그 병의 원인이 진단되어야 하듯이 범죄문제의 해결을 위해서도 무엇보다도 범죄의 원인이 규명되지 않으면 안 된다. 지금까지 생물학적이거나 심리학적으로 개인적 속성에서 그 원인을 찾기도 하였고, 사회화과정과 사회학습 또는 사회통제라는 관점에서 원인을 규명하려고 하기도 했으며, 또 다른 일부에서는 비판적 관점으로 범죄를 보는 새로운 범죄관도 있었다. 그러나 현재로서는 범죄의 원인에 대한 많은 이론들 중 그 어느 것도 범죄원인을 완전하게 규명해 줄 수 없으며, 단지 다양한 개인적 속성과 사회적 환경의 상호작용적인 산물로서 범죄의 일부만을 규명할 수밖에 없는 부분적 이론일 뿐이다. 그래서 최근에는 이런 이론의 설명력을 보다 높이려고 현재의 다양한 이론을 하나의 패러다임으로 통합하는 경향이 두드러지고 있다.[4]

범죄원인의 규명에 있어서 또 하나 유념해야 할 것은 범죄 및 범죄자유형별 범죄원인의 특성과 다양성이 고려되어야 한다는 것이다. 물론, 범죄를 법률적으로 규정하는 한 모든 범죄는 법률의 위반행위이고 범죄자 또한 법률을 위반한 사람이라는 점에서는 크게 다를 바 없다. 하지만 소년비행자와 그들의 비행, 그리고 지능범과 그들에 의한 고등범죄는 범행의 동기·성격·수법 그리고 범죄자의 속성 등 거의 모든 면에서 많은 차이가 있기 때문에 범죄의 원인을 규명함에 있어서도 이처럼 일반론뿐만 아니라 특정 범죄자의 특정 범행을 규명할 수 있는 개별적인 범죄원인의 규명까지도 뒤따라야 할 것으로 보인다.

3. 범죄통제 방안의 강구

범죄통제를 위한 사회적 대책은 범죄문제의 발생을 사전에 예방하는 것과 이미 발생한 범죄사건에 대한 사후대응이라고 볼 수 있다. 그런데 범죄의 사전예방은 예측을 통한 범죄의 통제를 강구하는 것이다. 범죄자 개인에 관한 각종 특성들은 그들이 장래 범죄에 가담할 가능성을 예측할 수 있게 해 준다는 가정에서 시작한다. 즉, 특정인에 의한 미래범행의 가능성을 예측하고 이들에게 요망되는 처우를 결정하여 행함으로써 이들에 의한 장래의 범행을 사전에 예방하자는 것이다. 범죄피해에 따른 과다한 비용, 피해회복의 불가능, 그리고 범죄자의 처리와 개선의 비용과 어려움 등을 고려할 때 범죄의 통제는 사전예방이 우선시되어야 한다는 점에서 범죄예방대책의 강구는 범죄학 연구의 주요한 대상이자 목적이 되는 것이다.

그런데 최근의 범죄사회학의 영향에 따른 사회환경론적 범죄원인론에 기인하여 범죄를 유발 또는 조장한다고 고려되는 사회환경의 예측과 그 개선을 통한 범죄의 예방이 강조되고 있어서 이 또한 범죄학이 연구하여야 할 부분이기도 하다. 또한 개선을 통한 범죄예방의 하나로서 사회정의의 실현을 주장하는 신범죄학 또는 비판범죄학도 범죄학연구의 대상이 되어야 함은 물론이다.

그러나 예방적 노력에도 불구하고 범죄는 항상 있기 마련인데, 이에 대한 형사사법적 대응도 중요한 범죄학의 연구대상이며 목적이다. 그런데 이미 발생한 범죄에 대한 사법적 대응은 사법정의의 실현이라는 측면과 범죄자의 개선을 통한 예방과 통제의 의미를 동시에 포함하고 있다. 범죄자에 대한 처벌과 그에 의한 사법정의의 실현 그리고 범죄동기의 억제 및 이것으로 인한 미래범행의 통제로서 우리는 범죄를 예방할 수 있다. 따라서 범죄자에 대한 교화개선에 의한 범죄예방은 어쩌면 범죄와 관련된 가장 중요한 정책분야인지도 모른다. 그러므로 경찰, 검찰, 법원 그리고 교정기관과 같은 형사사법기관의 절차와 과정 및 관행, 그리고 이들 기관과 제도 등 범죄에 대한 국가와 사회의 반응 및 대처양식에 대한 연구도 중요한 범죄학의 영역이다.

4. 범죄피해자의 연구

범죄학이 가장 최근에야 관심을 갖게 된 부분이 바로 범죄피해자에 관한 분야이다. 전통적인 범죄학과 형사정책이 대부분 가해자를 중심으로 한 것이었으나 범죄현상은 언제나 상대적인 것으로서 가해자가 있다면 피해자 또한 있기 마련이다. 물론, 마약이나 매춘 등을 우리는 피해자 없는 범죄(victimless crime)라고 하지만 사실 피해자가 없는 것이 아니고 자신이 가해자인 동시에 피해자이거나 피해자가 불특정 다수인인 경우이므로 엄격히 말해서는 피해자가 없다고 할 수 없다. 그럼에도 불구하고 지금까지의 범죄학은 피해자를 고려하지 않는 일방적인 가해자학에 지나지 않았다. 즉 범죄의 한 상대인 피해자에 관한 고려와 연구 없이는 범죄학이 완전한 것일 수 없다는 것이다.

이러한 견지에서 피해자학은 범죄행위가 이루어지는 과정에 있어서 피해자의 역할과 책임을 규명하고 범죄의 종류와 범행의 수법과 범죄자의 특성을 파악할 수 있다. 그리고 피해자학은 피해자의 특징과 피해상황을 분석하는 첫 번째 부분과, 피해자에 대한 배려와 보상의 두 번째 부분, 그리고 마지막으로 형사사법절차와 과정에 있어서 피해자의 참여를 보장하는 부분으로 나누어 볼 수 있다.

CRIMINOLOGY **참고문헌**

1 Edwin Sutherland and Donald Cressey, *Criminolofy*(9th ed.), Philadelphia, PA: J. B. Lippincott. 1974, p.3.

2 Don C. Gibbons, *The Criminological Enterprise: Theories and Perspectives*, Englewood Cliffs, NJ: Prentice Hall, 1979, pp.6~7.

3 범죄에 대한 공포에 관해서는, 이윤호, "범죄에 대한 사회심리학적 분석," 현대사회연구소, 「현대사회」, l989년 3월호, 통권 33호, pp.153~170과 Lee Yoon Ho, "Fear of Crime among a Foreign Group in a University Setting," MS Thesis, Michigan State University, 1985를 참조할 것.

4 이론의 통합에 관해서는 이윤호, "한국소년비행연구의 이론적 구조,"「한국청소년비행론」, 법문사, 1991, 제3장, pp. 41~59: 이윤호, "비행의 통합적 설명" 그 이론적합성, "한국형사정책학회, [형사정책]," 1988. 3:95~114; Lee, Yoon Ho, "Integrated Causal Path Models of Delinquency: The Case of Selected Korean High School Boys," Ph. D. Dissertation, Michigan State University, 1987, pp. 21~27; Lee, Yoon Ho, "Integration and Elaboration of Theories to Explain Delinquency among Korean High School Boys," *International Journal of Comparative and Applied Criminal Justice*, 1990, 14(1):25~40을 참조할 것.

제 4 장
범죄학의 연구방법

제1절 서 론

　범죄학을 비롯한 제반 사회과학에 있어서의 연구방법은 두 가지 철학적 전통을 배경으로 하고 있다. 그 하나는 역사적·직관적 또는 관찰적 접근을 반영하는 것으로서 자연과학과 사회과학은 그 특성상 상이하며 따라서 사회과학에 있어서 현실의 이해를 위해서는 질적인 접근 (qualitative approach)이 강조되어야 한다는 입장이다.

　그리고 다른 한 주장은 자연과학적 접근인 실증주의(positivism)로서 경험적 성향을 강조하여, 사회과학에 있어서도 물질적 실체를 설명하고 연구하기 위해 똑같은 접근이 가능하다고 주장하는 부류로서, 양적 접근(quantitative approach)을 전통으로 하는 이들은 형사사법 실체와 현실을 측정하는 데 관심을 두고 있다.

　그러나 그것이 순수연구이든 응용연구이든 또는 질적 연구이든 양적 연구이든 간에 연구를 위한 자료의 수집과 출처에 따라서 다양한 연구방법이 범죄를 연구하는 데 이용된다. 이에 본 장에서는 다양한 형태의 자료수집방법에 따라 보편적으로 널리 이용되고 있는 여러 가지 종류의 범죄학연구방법을 소개하기로 한다.

2절 실험연구

집단의 등가성(the equivalence of groups) 확보, 사전과 사후조사(pre and posttest), 실험집단과 통제집단(experimental and control group)이라는 세 가지 특징을 통하여, 실험은 범죄연구에 있어서도 강력한 방법으로 인식되고 있다. 실험연구방법은 연구의 내적 타당성(internal validity)에 영향을 미치는 요인들을 통제하는 데 가장 유리한 방법으로서 비교적 빨리 그리고 적은 비용으로 쉽게 계량화할 수 있는 자료를 확보할 수 있다. 즉 연구자 자신이 자극·환경·처우시간 등을 통제함으로써 스스로 관리할 수 있다는 것이다. 반면에 외적 타당성(external validity)을 확보하기 위한 변수의 통제로 인한 인위성(artificiality)의 위험성은 자연조건상의 모집단에 일반화할 수 있는 가능성을 저해하며, 연구자가 변수를 적절히 조작할 수 있는 환경이나 여건과 실험대상을 확보하기가 쉽지 않다는 어려움이 따른다. 따라서 실험은 내적 타당성에 관련된 요인들의 통제는 쉬우나, 외적 타당성에 관해서는 약점을 가지고 있다.

결국 어떠한 측면에서도 실천적 방법이 범죄연구의 최선의 방법은 될 수 없으며, 단지 다른

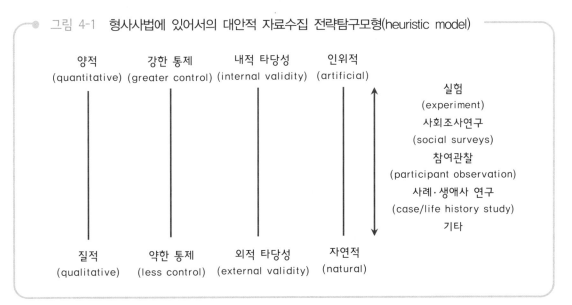

그림 4-1 형사사법에 있어서의 대안적 자료수집 전략탐구모형(heuristic model)

출처: Frank E. Hagan. Research Method in Criminal Justice and Criminology, New York: McMillan, 1982, p.44, Figure 3. 1.

연구방법을 비교할 수 있는 기준으로 이해할 수 있다. 또한 모든 연구주제가 다 실험이 가능한 것도 아니기 때문에 주제에 따라서 다양한 자료수집의 방법이 적절하며, 상황에 따라서는 필요한 때도 있다.

[그림 4-1]을 보면, 실험은 양적인 자료를 얻을 수 있는 방법으로 통제를 많이 할 수 있기 때문에 내적 타당성을 확보하는 대신 인위적이기 쉽다. 그림의 화살표 방향으로 내려갈수록, 즉 조사연구, 참여관찰, 사례·생애연구, 기타의 순으로 갈수록 일반적으로 양적이지 않으며, 외적 타당성을 확보할 수 있으나 약한 통제를 한다. 반면에 위로 올라가면 내적 타당성을 확보할 수 있지만, 인위적인 환경과 조건에 더 근접함을 알 수 있다.

제 3 절   조사연구

일차적 자료수집의 좋은 도구로서 조사연구(survey)는 기술적 연구(descriptive study)나 추론적 연구(inferential study)를 위한 양적 자료를 수집하고, 인과성문제(causality issues)를 다루기 위한 좋은 도구로 사용된다. 조사연구를 위한 자료를 수집하는 주요 방법은 설문서, 면접 또는 전화접촉 등이 있다. 현재 형사사법분야에서는 분석도구로 범죄통계가 많이 이용되고 있는데, 조사연구에서는 자료수집 이후 분석단계 등에서 경쟁적 인과요인을 통제하기 위해 이용되기도 한다. 이러한 통제는 사전통제 못지않은 효과가 있는 것으로 밝혀지고 있다. 최근에는 범죄학분야에서의 조사연구가 주로 범죄피해, 범죄에 대한 공포, 경찰이나 형사사법제도와 기관에 대한 태도 등을 측정하는 데 활용되고 있다.

그러나 조사연구는 표현된 태도나 주장된 행위를 기록하는 것이지 행위 그 자체를 기록하는 경우는 거의 없다. 즉, 보고된 행위가 필연적으로 실제 행위와 동일하지는 않다는 데 문제가 있다. 더구나 부정확한 보고, 연구설계와 도구의 잘못된 사용, 부적절한 연구환경과 대상이라는 등의 비판을 받기도 한다. 그럼에도 불구하고 많은 연구결과들은 조사연구의 신뢰성과 타당성을 입증해 주고 있다.

14 절 참여관찰과 사례연구

그동안 형사사법분야의 연구는 설문서, 면접 그리고 실험 등의 인위적 요소에 지나치게 의존해 왔다는 비판을 받고 있다. 즉, 이들 연구방법들이 지나치게 인위적이라는 것, 태도와 행위의 관련성을 잘못 판단하거나 또는 지나치게 믿고 있다는 것, 그리고 연구결과의 상당수가 실제 발견이라기보다는 연구방법에 기인한다는 사실 등이 비판을 받고 있는 것이다. 따라서 이런 비판의 한 대안으로 참여관찰이나 사례연구가 주장되는 경우가 있다.

1. 참여관찰(participant observation)

인류학자들이 즐겨 사용하는 조사도구인 참여관찰은 연구자가 집단의 활동에 참여함으로써 집단을 관찰하여 자료를 수집하는 방법이며, 참여의 정도에 따라 다양한 형태가 있다. 보다 관찰적 형태의 연구가 보다 양적일지라도 참여나 관찰의 정도가 매우 다양하고 참여관찰을 자료수집의 주요 수단으로 결정하는 경우의 대부분은 일반적으로 보다 질적인 면을 강조한다. 대개의 경우 범죄학연구가 공식통계나 시설수용자를 이용하는 데 지나치게 의존해 왔는데, 참여관찰은 검거되지 않았거나 성공적인 범죄자를 연구하는 등 앞으로 범죄학연구에 있어서 꼭 필요한 연구방법이라고 할 수 있다. 참여관찰의 대표적인 예로서는 Ianni의 '조직범죄에 대한 연구(Study of Organized Crimes, 1972),' Polsky의 '사기꾼(Con Artists, 1967),' Klockars의 '전문적 장물아비(Professional Fences, 1974),' Yablonsky의 '약물중독자(Drug Addicts, 1965)' 등이 있다.[1]

2. 사례·생애사 연구(case/life history studies)

앞의 [그림 4-1]에서도 볼 수 있었듯이, 특정한 사례를 연구하여 자료를 수집하는 사례연구나 특정인의 생애를 연구하여 자료를 수집하는 생애사연구는 질적인 자료의 수집에 주력하고 있다. 물론 양적인 연구가 거시범죄학적(macro criminological) 관점이나 주제에 대한 큰 그림을 제공하고자 하는 반면, 사례·생애사연구는 미시범죄학적(micro Criminological) 관점이며 하나 또는 몇 개의 대상에 대한 깊이 있는 정밀조사를 목표로 한다. 생애사연구를 위해서는 일기, 편지,

자서전 그리고 전기 등이 분석되고 있다. 따라서 사례연구의 주요 장점은 깊이 있는 질적 자료의 수집에 있다. 그러나 단점으로는 분석을 위해 선택된 사례의 부정형성이나 연구자의 편견이 개입될 소지가 있다는 것 등이 있다.

　　이러한 사례연구의 대표적 예로는 Sutherland의 '직업절도범(The Professional Thief, 1937),' Thraser의 '갱(The Gang: A Study of 1313 Gangs in Chicago, 1927),' Shaw의 '잭 롤러(The Jack Roller, 1930)' 등이 있고, 생애사연구의 대표적인 사례는 Mass의 '발라치 페이퍼(The Valachi Papers, 1968)'와 Teresa와 Renner의 '마피아에서의 내 인생(My Life in the Mafia, 1973)' 등이 있다.[2]

제5절 기   타

　　여기서 소개하고자 하는 자료의 수집방법은 연구대상이 자신이 연구되고 있다는 사실을 모르게 정보를 수집하는 방법들이다. 이처럼 연구대상자들이 자신이 연구되고 있다는 사실을 알지 못함으로써 조사대상자의 왜곡반응을 제거할 수 있다. 즉, 관찰자는 관찰되고 있는 실제 사건으로부터 제한되고, 조사대상자 또한 자신이 관찰, 연구되고 있는 것을 모르기 때문에 연구되는 행동이 인위적 행위나 왜곡행위가 아닐 수 있다는 것이다.

　　이러한 방법의 자료수집은 대개 출판물이나 대중매체의 주제를 체계적으로 분석하고 분류하여 자료를 수집하는 내용분석(content analysis)과 공식통계 등 타인에 의해서 이미 수집된 자료를 재분석하는 이차분석법(secondary analysis)이 대표적인 것이다.

CRIMINOLOGY   **참고문헌**

1 Francis A. Ianni, *A Family Business: Kinship and Social Control in Organized Crime*, New York' Russel Sage, 1972; Ned Polsky, Hustlrls, Beats, and Others, Chicago, IL: Aldine, 1967; Carl B. Klockars, *The Professional Fence*, New York: Free Press, 1974; Lewis Yablonsky, *The Tunnel Back: Synanon*, New York: Macmillan, 1965.

2 Edwin H. Sutherland, *The Professional Thief*, Chicago, IL: Univ. of Chicago Press, 1937; Frederick M. Thraser, The Gang A Study of 1313 Gongs in Chicago, Chicago, IL: Univ. of Chicago Press, 1927; Clliford Shaw, *The Jack-Roller*, Chicago, IL: Univ. of Chicago Press, 1930; Peter Mass, *The Valachi Papers*, New York: Bantam Books, 1968; Vincent Teresa Thomas C. Renner, *My Life in the Mafia*, Greewich, Conn.: Fawcett Publications, 1973.

제 5 장
범죄현상의 파악

'누가? 무엇을? 언제? 얼마나 자주? 누구에게?'라는 의문이 범죄에 관한 중요한 물음이지 않을 수 없다. 왜냐하면 범죄학의 주요한 목적이고 대상 중의 하나가 범죄행위의 정도와 특성을 측정하는 것이기 때문이다. 즉, 범죄행위의 추세를 정확하게 파악하지 않고서는 형사사법기관에서 범죄에 효과적으로 대응하지도 못하며 범죄학자 또한 효과적인 각종 범죄정책의 수립과 평가를 내릴 수 없기 때문이다.

따라서 범죄현상의 정확한 판단은 형사사법기관의 즉각적인 의사결정을 위해서도 꼭 필요한 것이다. 특정 지역에서 특정 시간에 특정 종류의 범죄가 많이 발생한다면 그에 상응한 경찰력의 배치가 필요하다. 마찬가지로 출소자에 대한 자료는 교정기관으로 하여금 어떤 유형의 출소자가 외부세계에서 성공할 확률이 많은가를 예견하게 해 줄 것이다. 이러한 자료는 경찰이 자원을 확보하고 경찰력을 배치하는 데 유용하게 쓰여질 것이다. 또한 교정당국이 성공가능성이 가장 높은 재소자를 선택하여 조기석방시킬 수 있도록 하는 데 유용한 자료가 될 것이다.

마찬가지로 모든 문제에 대한 대책은 그 문제에 대한 근본적인 원인이 규명되어야만 하듯이 범죄문제의 해결을 위해서도 범죄의 뿌리가 되는 원인이 밝혀져야만 한다. 이를 위해서는 범죄율에 대한 정확한 지표가 만들어지고 성별이나 나이 등 범죄자에 대한 개인적 특성이 수집되지 않는다면 불가능한 일이다. 따라서 누가 어디서 얼마만큼의 범죄를 범하는가를 알아야만 왜 범죄가 발생하는가를 알 수 있게 될 것이다.

그래서 범죄학자들이 범죄현상을 정확히 파악함으로써 범법자의 특성을 이해하고 형사사법 프로그램의 효과를 평가하며, 형사사법기관의 의사결정을 도울 수 있다는 세 가지 주요한 목표를 가지고 있다. 따라서 본장에서는 범죄학자들이 범죄와 관련된 자료들을 수집하고 범죄의 추세를 분석하기 위하여 활용하는 몇 가지 방법에 대해서 알아보고자 한다.

1절 공식 범죄통계 자료의 이용

이는 경찰, 검찰, 법원 및 교정기관 등 형사사법기관의 공식통계를 이용하여 범죄와 범죄자 및 범죄피해와 피해자에 관한 제반사항을 조사·연구하는 방법이다. 그런데 범죄통계란 숫자로 표시된 범죄수 또는 범죄자수에 관한 통일된 자료로서 공식기관에서 나온 자료이며, 도표화된 항목들의 관계를 확립하기 위하여 분류·분석된 것으로, 매년 또는 정기적으로 통일된 양식으로 출판된 것이라고 규정되고 있다.[1] 우리나라의 경우에는 현재 대검찰청에서 발행하는 「범죄분석」, 분기별로 나오는 「범죄분석」을 1년 단위로 집적하여 법무연수원에서 발간하는 「범죄백서」, 그리고 여성가족부에서 매년 발행하는 「청소년백서」 등이 대표적인 공식범죄통계자료들이다.

범죄학자들은 범죄율과 범죄자의 특성을 파악하기 위해서 이러한 공식통계를 이용하고 있다. 그러나 범죄통계는 범죄척도로서의 가치에 대해서 많은 논란거리가 되고 있는 것이 사실이다. 즉, 통계표상의 숫자는 실제 범죄량에 접근하는 하나의 지표일 뿐이지, 우리 사회에서 일어나고 있는 실제 범죄량(prevalence of crime)이라고 볼 수는 없기 때문에 범죄통계가 우리 사회의 정확한 실제 범죄현상을 나타내는 것이라고 할 수 없다는 것이다. 그런데 하나의 지표로서의 범죄통계는 범죄 시점으로부터 멀어질수록 유실되어 줄어들기 때문에 범죄발생과 가까울수록 실제 범죄발생량에 근접한 통계라고 볼 수 있다. 즉, 체포되지 않거나, 체포되어도 무죄판결을 받거나 유죄판결을 받아도 집행유예로 풀려나는 등의 이유로 범죄 자체로부터 멀어질수록 가치가 떨어지게 된다는 것이다.[2]

물론 범죄통계가 처음부터 범죄학연구를 위해서 시작된 것은 아니지만 보편적으로 우리는 범죄를 법률적으로 정의한다는 면에서 볼 때, 여러 가지 가치 있는 자료로 이용됨에는 틀림없다. 그러나 공식범죄통계가 범죄를 통제하는 기관과 그 구성원들의 다양한 재량권을 행사하는 사회적 활동의 결과라는 점에서 보면 상당한 한계와 문제가 있는 것도 사실이다. 즉, 우리가 통상적으로 말하는 범죄율이라는 것이 대개는 인구 10만 명당 범죄발생건수를 뜻하는데, 이러한 범죄율은 경찰에서의 범죄분류정책, 일선경찰관의 범죄보고행태, 시민의 범죄신고 등이 상호작용하여 만들어지는 것이기 때문에[3] 이들의 재량권이 개입될 수밖에 없고, 따라서 범죄행위임에도 범죄로 취급되지 않거나, 발견되지 않고 숨은 범죄로 남는 경우 그리고 신고되지 않거나 신고되더라도 기록되지 않는 것 등이 문제로 지적되고 있다.[4] 즉, 범죄통계의 가치한계로서 대다수의 경제범죄와 같은 지능범죄와 공무원범죄 등은 발견되지 않거나 사적으로 처리되며, 일반인의 지식을 벗어나는 경우도 많고, 경찰에 인지된 사건 중에서도 기록되지 않고, 범행의 종류가 애매하게 규정되고 다양하게 기록되어 범죄율을 계산하는 기초가 부적절한 경우 등이 지적되는 것이다.[5)]

위에서 언급한 문제점 외에도 범죄통계와 관련한 보다 일반적인 문제들이 지적되어야 한다. 우선, 통계의 신빙성은 작성기관의 능력 여하에 달려 있는 것이기 때문에 범죄통계를 수집하는 정책기관의 능력 정도가 중요한 변수로 작용한다는 것이다. 또한 경찰관서의 정책만큼이나 일선 경찰관도 범죄통계에 지대한 영향을 미친다. 이 경우 경찰관의 개인적인 편견이나 부패가 중요한 변수로 고려되어야 한다.

다음으로 지적되어야 할 문제는 피해자나 목격자가 신고하지 않아서 기록되지 않는 범죄이다. 성폭행 등의 경우가 신고율이 매우 낮다. 물론 범죄유형별로 다르지만 대체로 실제사건의 50~70%가 기록되지 않는다면 놀라운 사실이 아닐 수 없다.[6)] 피해자가 신고하지 않는 이유는 강간의 경우처럼 피해자 자신의 명예가 손상될까봐,[7)] 경찰을 믿을 수 없기 때문에, 신고해 봐야 소용이 없다고 생각해서, 또는 보복이 두려워서 등 다양하다. 목격자가 신고하지 않는 이유는 자신이 범행을 목격하고 있다는 사실을 모르거나, 그것을 개인적인 문제로 생각하거나, 경찰이나 검찰 등에 출두해야 되는 등 불편을 초래할까 염려하여 또는 보복이 두려워서 신고하지 않는다고 볼 수 있다.

또한 신고율은 범죄의 유형과 가해자의 특성에 따라서도 달라진다. 살인은 신고율이 높은 반면, 매춘이나 마약 등 피해자 없는 범죄가 신고율이 낮으며, 가해자가 친인척인 경우나 조직범죄단원인 경우 신고율이 떨어진다는 것이다.[8)] 한편, 대인범죄 등 범죄가 중범인 경우가 재산범 등의 경범인 경우보다 신고율이 높아진다.[9)]

또 다른 측면에서의 범죄통계의 한계는 범죄율과 관련하여 살펴볼 수 있다. 즉, 통상적으로 범죄율이라고 하면 인구 10만 명당 범죄발생건수를 말하는 것인데 이것은 범죄의 종류에 따라 모순이 있다는 것이다. 강간의 경우는 인구 10만 명당 몇 건이 아니라 여자 10만 명당 몇 건이 되어야 하고, 자동차절도는 인구가 아니라 자동차 10만 대당 몇 건으로, 방화나 침입절도의 경우는 주택이나 가옥 또는 건물 몇 채당 몇 건으로, 공무원범죄는 공무원 몇 명당 몇 건 등으로 계산되어야 한다는 것이다. 재산범의 경우도 단순히 인구 10만 명당 몇 건이라는 수치보다는 피해 정도도 동시에 통계화하는 것이 바람직할 것이다.

2절 비공식 조사자료의 이용

공식통계는 공식적으로 낙인찍힌 범죄자들의 범죄행위만 기록되고,[10] 공식통계에 의한 낙인의 가능성이 사람에 따라 다르다는 점에서 공식통계는 범죄를 과소평가하고 있다. 따라서 공식통계는 실제 범죄자와 범죄행위를 대표한다고 볼 수 없다는 것이다. 이러한 공식범죄통계의 한계와 문제점을 인식한 많은 범죄학자들이 이들 문제점을 해결하려는 노력으로 범죄량을 측정할 수 있는 다른 방안을 모색하게 되었고, 이러한 노력의 대표적인 것이 자기보고식 조사(self-report survey)와 피해자조사(victim survey)이다. 또한 비록 공식통계가 정확한 것이라고 하더라도 범죄자의 개인적인 행위, 태도, 인격특성 등에 관한 자료는 없으며, 동시에 범죄의 상대적 빈도와 같은 포괄적인 자료는 되어도 인격특성과 범죄행위의 관계와 같은 구체적인 이론적 문제에는 무관한 것이어서 실제 범죄 정도를 파악하고, 타당한 이론을 개발하고 그것을 검증하며, 효과적인 정책을 입안하는 데도 도움이 된다는 면에서도 이러한 비공식적인 조사자료의 가치가 있다.[11]

1. 자기보고식 조사(self-report survey)

공식통계에 대한 대안으로 가장 빈번히 사용되는 것 중의 하나가 자기보고식 조사이다. 위에서 언급된 바와 같이, 우리가 실제의 범행에 가까울수록 범죄에 관한 자료가 향상된다면, 범죄자에게 직접 자신의 범법에 관한 정보를 밝히도록 호소하는 것보다 더 좋은 방법은 없을 것이다. 공식통계의 문제가 숨은 비행과 재량적 편견이라고 지적되어 온 점을 감안할 때, 범법자 자신에게 직접 범행의 여부 등을 물음으로써 이렇게 보고되지 않거나 기록되지 않은 또는 누락된 범죄까지도 파악할 수 있다는 데서 자기보고식 조사를 공식통계상 기록되지 않은 '범죄의 암수'를 파악하는 좋은 기회라고 할 수 있으며[12] 다음과 같은 장점을 지니고 있다.

구체적으로 자기보고식 조사는 암수범죄나 범죄통계상의 선별성으로 인한 누수범죄까지도 파악할 수 있으므로 실제 범죄량과 빈도를 평가할 수가 있다. 그래서 우리 사회의 범죄분포에 관한 포괄적인 이해가 가능하고 범죄성과 범죄통계상 존재할 수 있는 계급적 편견을 파악할 수 있다. 또한 대체로 자기보고식 조사에서는 범죄에 관련된 사항뿐만 아니라 기타 피조사자의 인격특성, 가치관, 태도, 환경 등도 동시에 조사하기 때문에 범죄이론을 검증할 수 있고, 범죄의 원인이라고 사료되는 요인도 파악할 수 있으며, 나아가 범법자와 준법자, 누범자와 초범 또는 폭력범과 비폭력범 등을 비교할 수 있는 요인을 파악할 수도 있게 해 준다.[13]

또 하나 자기보고식 조사가 범죄학연구에 기여하고 있는 것은 공식통계가 오로지 범법자와 비범법자라는 이분법적인 인위적 구분만을 하고 있으나, 사실 범죄성이라는 것은 이처럼 사람이 완전범죄자가 아니면 완전준법자라기보다는 모든 사람을 완전범죄성과 완전준법성의 사이에 위치시키는 척도로서 파악되어야 하며, 범죄나 비행은 사람을 분류하는 것이 아니라 그 사람에 대한 변수로 고려되어야 한다는 사실을 일깨워 주고 있다는 것이다.[14]

그러나 이와 같은 많은 장점과 공헌이 있음에도 불구하고 자기보고식 조사가 전혀 문제점과 단점이 없는 것은 아니다. 우선, 가장 빈번하게 논란의 대상이 되고 있는 것은 조사대상자의 정직성과 진실성의 문제로 인한 타당성 여부이다. 즉, 조사대상자들이 진실한 답변을 함으로써 그들에게 얻어지는 것도 없는데 그들로부터 진실한 답변을 기대한다는 것은 무리라는 것이다. 범죄가능성이 가장 높은 피조사자일수록 자신의 범행을 숨기거나 속이기 쉬운 반면, 반대로 자신의 비행을 허위로 과장하는 경우도 있을 수 있다. 그렇기 때문에 타당성 검증을 위한 과학적인 방법이 있는 것은 아니지만 거짓말탐지기를 이용하거나,[15] 공식기록과 비교하거나,[16] 친구나 가족에게 확인하거나[17] 또는 재조사를 하는 등의[18] 방법으로 자기보고식 조사가 타당하다는 사실을 주장하고 있으며, 지금까지의 연구결과도 대체로 자기보고식 조사가 어느 정도는 타당하다고 지적하고 있다.[19]

다음으로는 설문조사 자체의 문제이다. 우선 자기보고식 조사가 대표성이 없어서 연구결과의 일반화가 곤란하다는 지적이다.[20] Jensen과 Rojek은[21] 대표성이 있다고 주장하지만 대개의 경우, 조사의 대상이 되는 범행이나 비행의 종류가 지나치게 가벼운 일탈이 주로 조사되고 중요한 범죄행위는 조사되지 않으며, 다양한 종류의 범행과 비행행위를 전부 조사할 수 없어서 조사되는 범행의 대표성이 의문시된다고 지적하였다.[22] 또한 조사대상자도 조사자의 편의와 설문조사의 속성 및 조사항목의 특성상 주로 청소년층의 비행을 조사하는 데 사용되었기 때문에 성인들이 조사되지 않고 있으며, 대개의 경우 학교 등에서 집단적으로 조사되기 때문에 학교에 다니지 않거나 직업청소년 또는 아무것도 하지 않는 청소년 등 오히려 비행의 위험성이 가장 높은 부류의 청소년들이 조사에서 제외되기 쉽고, 따라서 조사대상자의 대표성 또한 의문이 제기되고 있다.[23] 한편, 대개의 자기보고식 조사가 특정한 시기에 특정한 지역에서 특정한 표본을 추출하여 조사하는 것이 대부분이어서 전국적인 조사나 계속적인 조사가 되지 못한다는 점도 자기보고식 조사의 대표성과 일반화에 어려움을 더해 주고 있다.[24]

그 외에 조사대상자들의 기억력과 정확성의 문제, 조사별 상이한 기억기간의 설정,[25] 조사항목의 중복,[26] 애매모호한 응답지[27] 등도 문제점으로 지적되고 있다. 물론, 대개의 경우는 지난 1년 동안에 있었던 자신의 비행을 답하도록 요구하고 있지만, 어떤 경우에는 6개월이나 3개월을 조사하고 어떤 경우에는 2년간의 비행을 조사하기도 하여 연구결과의 상호비교가 곤란해지는 경우가 있다. 많은 경우 하찮은 일탈과 비행을 위주로 약간의 중요 비행이 조사되기 때문에 비행항목이 중복조사되는 경우가 있어서 비행의 빈도가 부풀려지는 경우가 있다. 또 설문서상 주어지는 응답지가 경우에 따라서 '여러 번,' '가끔,' '종종' 등의 애매하고 불분명한 표현 때문에 이에 대한 피조사자의 주관적 평가와 해석이 상이해질 수 있고 따라서 자료의 가치가 떨어질 수도 있다는 것이다.

자기보고식 조사의 또 다른 중요한 한계는 조사자료의 처리와 해석의 문제이다. 피조사자의 범인성 정도를 알기 위해서는 그 사람의 비행의 빈도뿐만 아니라 비행의 종류와 죄질도 고려되어야 함에도 불구하고 대부분의 조사에서는 비행의 종류가 무시되고 단순히 비행의 빈도로써 그 사람의 비행성 정도를 측정하고 있다. 그래서 조사대상자의 비행성 정도를 파악하기 위해서는 이처럼 죄질과 빈도가 동시에 고려되어야 하지만 아직은 이 문제를 해결하기 위한 합의된 대안이 없는 실정이다.

결론적으로 자기보고식 조사로는 해결되지 않는 몇 가지 문제점이 있다는 것은 틀림없지만, 공식통계와 더불어 우리 사회의 범죄성을 측정할 수 있는 또다른 하나의 방법으로서 가치가 있는 것이며, 특히 다음에 기술된 피해자조사와 함께 사용될 때 공식통계의 한계인 보고되지 않는 범죄를 측정할 수 있는 유용한 수단이 됨에도 틀림없다.

2. 피해자조사(victim survey)

공식통계가 숨은 범죄의 문제를 안고 있기 때문에 실제 범죄의 피해자는 공식적으로 보고되고 기록된 것보다 많을 것이라는 가정하에,[28] 가해자가 아닌 피해자를 통하여 범죄를 파악하고자 하는 방법이 바로 피해자조사이다.

1967년 미국의 법집행과 형사사법행정에 관한 대통령위원회(President's Commission on Law Enforcement and Administration of Justice)가 수도 워싱턴에서의 연구를 지원한 이래,[29] 다양하게 활용되고 있는 범죄현상 파악방법으로서 적정수의 가구를 임의로 추출하여 조사원이 직접 방문하여 가족들의 범죄피해에 관해서 면접조사하는 것이다.[30] 따라서 공식통계와 자기보고식 조사가 가해자 중심의 통계인 반면, 피해자조사는 피해자가 조사의 초점이요, 단위이다.[31] 피해자조사가 공식통계의 숨은 범죄를 간접적으로나마 추정할 수 있게 해 준다는 것에 대해서는 두말할 필요도 없다. 피해자조사가 범죄학에 가장 크게 기여한다고 고려되는 것은 역시 지금까지의 범죄학이 주로 가해자 중심이었던 데 비해 피해자 중심의 통계를 이용한 범죄현상의 파악과 연구를 가능케 한다는 것이다. 우선 가해자보다는 피해자가 자신이 경험한 범죄를 보고할 가능성과 의향이 더 높고, 공식통계처럼 가해자가 보고하도록 기다리지 않고 찾아나선다는 점에서 피해자조사가 숨은 범죄의 해결과 더 정확한 범죄현상을 파악할 수 있게 해 준다.

또한 범죄피해의 유형과 빈도에 관해서 보다 믿을 만한 자료를 많이 얻을 수 있으며, 어떠한 특성의 사람이 어떠한 상황에서 어떠한 종류의 범죄피해를 주로 경험한다는 사실과 범행에 있어서의 피해자의 역할을 비롯한 범죄발생과정을 밝혀 줌으로써 범죄예방, 특히 피해의 축소와 범행기회의 제거라는 측면에서 매우 유용한 자료가 된다.

특히 범죄의 양 당사자인 가해자와 피해자를 동시에 고려하고 피해의 상황변수까지도 참고하기 때문에 범죄문제에 대한 보다 완벽한 자료를 제공해 줄 수 있고, 따라서 범죄문제의 해결에도 많은 도움이 될 수 있다는 것이다. 한편, 피해자조사는 대개의 경우 전국 규모의 조사이기 때문에 공식통계나 자기보고식 조사보다 대표성 있는 자료가 수집된다. 따라서 공식통계의 '어두운 부분(dark area)'이 밝혀질 수 있고 더 정확한 범죄현상을 파악할 수 있게 해 준다.[32]

그러나 이러한 공헌에도 불구하고 피해자조사도 다음과 같은 한계와 문제점이 있다. 우선 피해자조사는 범죄의 피해가 발생했을지 모르는 범죄피해에 대한 추정일 뿐이지 실제로 그 범죄가 반드시 발생했다는 것을 의미하는 것은 아니라는 점이 피해자조사의 가장 근본적인 문제이다. 즉, 피해자가 생각하는 피해가 실제 발생한 범죄의 피해일 수도 있고 아닐 수도 있어서 피조사자가 대답하는 피해가 반드시 범죄의 발생을 의미하는 것은 아니라는 것이다.[33]

또 다른 중요한 문제는 조사내용상의 한계이다. 대부분의 피해자조사는 보편적으로 전통적인 통상범죄를 주로 조사대상으로 하고 있어서 상당한 종류의 범죄가 조사되지 않기 때문에 우리 사회의 전체범죄를 파악하는 데는 불충분하다는 지적이다. 피해자조사가 주로 사람을 중심으로(person-centered) 실시되는 조사이므로[34] 사람과 그 사람의 재산에 대한 범죄피해가 주로 조사되고 있어서 상사나 기업 등 조직에 의한 범죄나 조직을 대상으로 한 범죄의 피해가 조사되지 않고 있고, 또한 사람에 의한 사람에 대한 범죄일지라도 마약과 도박 및 매춘 등 일부 가해자가 동시에 피해자인 범죄(이를 피해자 없는 범죄, 즉 victimless crime이라고 함)와 일부 화이트칼라범죄는 조사되기 어려우며, 살인범죄는 피해자가 사망한 관계로, 강간 등은 피해자의 수치심과 명예

의 손실 때문에 사실상 조사가 어렵거나 조사의 효과가 의문시된다는 것이다.[35]

한편, 피해자조사의 결과가 공식통계와 직접 비교할 수 없다는 맹점도 지적되고 있다. 우선 피해자조사가 공식통계상의 모든 범죄유형을 다 조사하지 못한다는 점과 동종의 범죄라도 조사 시 서로 다르게 규정되고 있다는 점, 공식통계는 범죄발생지역을 중시하는 반면, 피해자조사는 지역적 의미를 부여하지 않는다는 점, 공식통계는 피해자의 연령을 고려하지 않는 반면, 피해자 조사는 대개 12세 이상자의 피해를 조사한다는 점 등이 공식통계와 피해자조사를 직접 비교할 수 없게 하는 요인이다.[36] 또한 범행건수를 계산하는 데도 공식통계에서는 가해자를 중심으로 하는 반면, 피해자조사는 피해자를 중심으로 조사하기 때문에 같은 사건의 경우에도 서로 다른 결과가 나올 수 있다는 것이다. 즉, 가해자가 한 사람이고 피해자가 두 사람인 경우 공식통계에 는 하나의 사건으로 기록되나 피해자조사에서는 두 개의 사건으로 기록된다는 것이다.

그리고 피해자조사 그 자체가 대부분 전국적인 대규모조사를 요하기 때문에 조사가 복잡하 고 시간과 인력 및 경비를 많이 필요로 한다는 점도 지적되고 있다. 또한 이보다 더 중요한 방 법론상의 문제로서 과소보고(under-reporting)와 과대보고(over-reporting)의 문제를 지적하지 않을 수 없다.

우선, 과소보고의 주요한 원인은 피해자가 피해사실을 잊어버렸거나 기억하지 못하고 피해 자체를 알지 못하는 경우와 가해자의 피해를 염려하거나 자신의 명예가 실추될까봐 두려워서 보고하지 않는 경우가 있다. 과대보고의 경우는 범죄로 인한 피해가 아닌 것을 범죄피해로 오해 하고 보고하는 경우, 면접자나 조사자에 대한 지나친 친절과 협조로 인한 과장과 허위보고 등에 기인하는 것으로 지적되고 있다. 또한 조사자나 면접자 또는 자료정리자의 편견과 실수도 과소 나 과대보고를 유발할 수 있는 요인이 되고 있다.[37]

이들을 종합하면, 첫째로 대인범죄와 가정범죄에 있어서 실제 범죄율은 과대평가하는 피해 자조사와 과소평가하는 UCR(uniform crime report)의 중간쯤일 것이다. 둘째로 직장, 상사 그리고 공공질서범죄는 피해자조사와 UCR 모두가 범죄를 과소평가하고 있다. 셋째로 단점에도 불구하 고 피해자조사는 범죄와 기타 중요한 형사정책 문제에 대한 필요한 몇 개의 독립적인 평가임을 알 수 있다.[38]

CRIMINOLOGY 참고문헌

1　Thorsten Sellin, "The Measurement of Criminality in Geographical Areas," *Proceedings of the American Philosophical Society*, 1953, 97(April).

2　Thorsten Sellin, "The Basis of a Crime Index," *Journal of Criminal Law & Criminology*, 1931, 22:343.

3　Joseph F. Sheley, America's *"Crime Problem": An Introduction to Criminology*, Belmont, CA: Wadsworth Publishing Company, 1985, p.74.

4　Edwin H. Sutherland and Donald R. Cressey, *Criminology*(9th ed.), Philadelphia, PA: J. B. Lippincott Company, 1974, p.25.

5　John Hagan, *Modern Criminology: Crime, Criminal Behavior, and Its Control*, New York: McGraw−Hill Book Company, 1988, p.94.

6　U.S. Department of Justice, *Criminal Victimization in the United States−1980*, U.S. Government Printing Office, 1982, p.76.

7　Fred J. Cook, "There's Always a Crime Wave," in Donald R. Cressey(ed.), *Crime and Criminal Justice*, Chicago, IL: Quadrangle Books, 1971, p.27.

8　Henry W. Mannle and J. David Hirschel, *Fundamentals of Criminology*(2nd ed.), Englewood Cliffs, NJ: Prentice Hall, 1988, p.38.

9　Wesley G. Skogan, "Crime and Crime Rates," in Wesley G. Skogan(ed.), *Samplesurveys of the Victims of Crime*, Cambridge, MA: Ballinger, 1976, p.108.

10　Delbert S. Elliott, Suzane S. Ageton, David Huizinga, Brian A. Knowles, and Rachelle J. Canter, *The Prevalence and Incidence of Delinquent Behavior: 1976~1980*, Boulder, CO: Behavioral Research Institute, 1983, p.2.

11　Larry J. Siegel, *Criminology*(2nd ed.), St. Paul, MN: West Publishing Company, 1986, p.66.

12　*Ibid.*, p.66.

13　Charles W. Thomas and John Hepburn, Crime, *Criminal Law*, and Criminology, Dubuque, IW: WM. C. Brown Company Publishers, 1983, p.109.

14　Roger Hood and Richard Sparks, *Key Issues in Criminology*, New York: McGrew−Hill, 1970, p.46.

15　J. P. Clark and L. L. Tifft, "Polygraph and Interview Validation of Self−reported Deviant Behavior," *American Sociological Review*, 1996, 31:516~523; R. L. Akers, J. Massey, and W. Clarke, "Are Self−reports of Adolescent Deviance Valid? Biochemical Measures, Randomized Response, and the Bogus Pipeline in Smoking Behavior," Social Forces, 1983, 62:234~251.

16　D. S. Elliott and H. Voss, *Delinquency and Dropout*, Lexington, MA: Lexington Books, 1974; T. Hirschi, Causes of Delinquency, Berkeley, CA: University of California Press, 1969.

17　M. Gold, "Undetected Delinquent Behavior," *Journal of Research in Crime & Delinquency*, 1966, 13:27~46.

18　R. A. Dentler and L. J. Monroe, "Social Correlates of Early Adolescent Theft," *American Sociological Review*, 1961, 26:733~743; D. P Farrington, "Self−reports of Deviant Behavior:Predictive and Stable?" *Journal of Criminal Law and Criminology*, 1973, 64:99~110.

19　D. J. Hardt and S. Peterson−Hardt, "On Determining the Quality of the Delinquency Self−report Method," *Journal of Research in Crime and Delinquency*, 1979, 14:257~261; D. S. Elliott and S. S. Ageton, "Reconceiling

Race and Class Differences in Self—reported and Official Estimates of Delinquency," *American Sociological Review*, 1980, 45:95~110; M. J. Hindelang, T. Hirschi, and J. G. Weis, "Correlates of Delinquency: The Illusion of Discrepancy Between Self—reported and Official Measures," *American Sociological Review*, 1979, 44:995~1014; D. P. Farrington, "Longitudinal Research on Crime and Delinquency," in N. Morris and M. Tonry(eds.), *Criminal Justice:An Annual Review of Research*, vol.1, Chicago, IL:University of Chicago Press, 1979, pp.289~348.

20 Elliott and Ageton, *op. cit.*

21 G. F. Jensen and D. G. Rojek, *Delinquency: A Sociological View*, Lexington, MA: D. C. Heath & Company, 1980, p.95.

22 Hindelang *et al.*, *op. cit.*; G. Nettler, *Explaining Crime*(3rd ed.), New York: McGraw—Hill, 1984; T. Hirshci, M. J. Hindelang and J. G. Weis, "The Status of Self—reported Measures," in M. W. Klein and K. S. Teilmann(eds.), *Handbook of Criminal Justice Evaluation*, Beverly Hills, CA: Sage, 1980, pp.473~484.

23 Thomas and Hepburn, *op. cit.*, pp.112~115; Siegel, *op. cit.*, p.69.

24 Mannle and Hirschel, *op. cit.*, p.40.

25 *Ibid.*, p.40.

26 D. S. Elliott, "A Review Essay on Measuring Delinquency by M. J. Hindelang, T. Hirschi, and J. G. Weis," *Criminology*, 1982, 20:527~537; Hirschi *et al.*, 1980, *op. cit.*

27 R. F. Sparks, H. G. Genn, and D. J. Dodd, *Surveying Victims*, Chichester: Wiley, 1977.

28 Maynard L. Erickson, Jack P. Gibbs, and Gary F. Jensen, "Conventional and Special Crime and Delinquency Rates," *Journal of Criminal Law & Criminology*, 1977, 68:440~453.

29 A. D. Biderman, L. A. Johnson, J. McIntyre, and A. W. Weir, *Report on Victimization and Attitudes Toward Law Enforcement*, Washington, D.C.: U.S. Government Printing Office, 1967.

30 U.S. Department of Justice, *Criminal Victimization in the United States—1987*, 1988, p.119.

31 Albert Biderman, "Sources of Data for Victimology," *Journal of Criminal Law & Criminology*, 1981, 72:789~817.

32 Sheley, *op. cit.*, pp.86~88; Thomas and Hepburn, *op. cit.*, pp.96~104.

33 Siegel, *op. cit.*, p.74.

34 Albert Reiss, "Foreward Toward a Revitalization of Theory and Research on Victimization by Crime," *Journal of Criminal Law & Criminology*, 1981, 72:704~713; John Hagan, Victims Before the Law, Toronto: Butterworth, 1983.

35 Siegel, *op. cit.*, p.75; Hagan, *op. cit.*, p.100; Mannle and Hirschel, *op. cit.*, p.39.

36 Sheley, *op. cit.*, p.88 ; Robert Lehnen and Wesley G. Skogan, *The National Crime Survey: Working Papers I*, U.S. Government Printing Office, 1981; Robert Lehnen and Wesley G. Skogan, *The National Crime Survey: Working Papers II*, U.S. Government Printing Office, 1984; A. Booth, D. R. Johnson, and H. M. Choldin, "Correlates of City Crime Rates: Victimization Surveys versus City Crime Rates," *Social Problems*, 1977, 25:187~197; Thomas and Hepburn, *op. cit.*, pp.104~105.

37 Siegel, *op. cit.*, p.75; Wesley G. Skogan, *Issues in the Measurement of Victimization*, U.S. Government Printing Office, 1981.

38 Hagan, *op. cit.*, p.100.

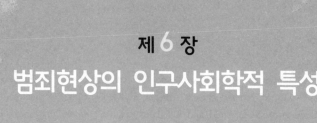

제 6 장
범죄현상의 인구사회학적 특성

　범죄의 원인을 사회통제(social control)와 관련시키는 학자는 사람이란 누구나 일탈할 수 있는 잠재력이 있다고 지적하고 있으며, 실제로 많은 자기보고식 조사(self-report survey)의 결과도 거의 모든 사람이 법률을 위반하고 있음을 보여 주고 있다. 그러나 우리는 여러 가지 변수에 따라서 법률위반의 유형과 빈도가 서로 다르다는 것을 쉽게 알 수 있다. 즉, 중요한 대인범죄(personal crime) 또는 재산범죄(property crime)의 대부분이 젊은 하류계층의 사람들에 의하여 범해지는 반면, 대다수의 지능범죄는 중상류층에 의해서 범해지고 있음이 그 단적인 예가 될 수 있다는 것이다.

　물론 대부분의 공식통계에 의하면 특정 집단이나 부류의 사람들이 상대적으로 보다 범인성이 높음을 보여 주고 있으나, 이를 분석하고 이해하기 위해서는 보다 신중을 기해야 한다. 우선 공식통계상의 범인성의 차이가 실질적인 범인성의 차이가 아닌 인위적인 것일 수도 있다는 것이다. 즉, 형사사법기관의 선별적 통제 등으로 인하여 통계상의 차이가 사실이 아니며 형사사법기관의 편견의 산물이며, 조작된 것일 수도 있기 때문에 인구사회학적 특성별 범인성의 관계를 규명하기 위해서는 바로 이러한 가설이 먼저 검증되어야만 한다는 것이다.

　또한 다양한 집단의 구성원들이 범행을 하지만 특정 부류의 사람들이 보다 철저히 감시되고 특정 유형의 범죄가 보다 쉽게 발각되어 공식통계상의 범인성의 차이가 실질적인 것이 아니라 이러한 발각될 가능성의 차이에서 오는 것일 수도 있다는 것이다. 즉, 보다 철저히 감시받고 있거나 쉽게 발각될 수 있는 범죄를 주로 범하는 부류의 집단이 감시를 덜 받거나 쉽게 발각되지 않는 종류의 범죄를 범하는 집단보다 통계상 당연히 더 많은 범행을 하는 것으로 나타날 수도 있다는 것이다. 그러나 만약에 공식통계상 나타난 집단별 분명한 범인성의 차이를 형사사법기관의 편견과 가시적 범죄와 숨겨진 범죄에 기인한 것이라고 확증할 수 없다면, 공식통계상 나타난 집단별 범인성의 차이가 사실이어서 특정 집단이나 부류의 사람이 상대적으로 더 많은 범행을 할 수도 있다는 사실을 가정할 수밖에 없는 것이다. 즉, 우리 사회의 다양한 집단에 따라 그들의 사회경제적 지위와 문화적 관점 등이 상이하기 때문에 집단에 따라서 범행에 대한 유인의 정도가 다를 수 있고, 범행에 대한 제재의 정도가 다르고 범행에 필요한 기회와 기술 또한 다르기 때문에 집단별 범행의 정도도 다를 수 있다는 것이다.[1]

1절 성별(gender)과 범죄

범죄와 관계되는 거의 모든 변수 중에서 가장 일관적인 관계를 보여 주는 것이 성별일 것이다. 그 특성상 대부분이 여성범죄인 매춘과 믿을 만한 통계자료가 거의 없는 다수의 피해자 없는 범죄(victimless crime)를 제외한 거의 모든 범죄행위에 있어서 남성이 여성보다 높은 범죄율을 보여 주고 있다. 이러한 공식통계상의 범인성의 성차는 대부분의 자기보고식 조사에서도 확인되고 있다. Sarri는 경미비행의 경우는 남녀 간 비행률이 비슷하지만 중요비행은 남녀 간의 차이가 분명히 있다고 주장하고 있고,[2] Hindelang도 몇 가지 비행을 제외한 거의 모든 비행의 경우 남자의 비행률이 높음을 발견하였으며,[3] 미국에서의 전국적인 청소년조사에서도 소년은 소녀보다 더 많은 비행을[4] 보다 빈번하게[5] 범한다는 사실을 알 수 있었다. 그래서 공식통계상 나타난 범인성의 성차보다는 적을지라도 자기보고식 조사에서도 범인성의 성차를 발견할 수 있으며,[6] 또한 피해자조사의 경우에도 공식통계와 유사한 범인성의 성차가 발견되었다.[7] 결론적으로 남성이 여성보다 더 많은 범행을 한다고 할 수 있다.

그런데 이처럼 여성범죄가 남성에 비해 적은 것은 실제로 여성이 남성보다 범죄성이 약하기 때문일 수도 있고, 반면에 남녀 간의 범죄성은 큰 차이가 없으나 범죄통제의 선별성으로 인해서 여성범죄가 통계상 적은 것처럼 보일 뿐이라는 주장도 있다. 우선 여성범죄가 남성범죄보다 실제로 적다고 보는 견해는 여성의 성역할(sex role)과 본성이 여성의 범인성을 적게 하고 범행의 기회를 제한하기 때문이라는 것이다.[8] 즉, 여성은 대체로 극히 공격적인 행위를 할 수 없을 정도로 수동적인 성격을 가지고 있으며, 남을 공격할 수 있을 정도로 신체적 조건이 용이치 않기 때문에 여성범죄가 적다는 논리이다. 여성의 성역할도 여성답게 자라서 주부로서 가정을 꾸리고

자녀를 양육하도록 사회화되어 온 이러한 여성상은 범죄와는 너무나 동떨어진 것이고, 이에 맞
는 여성의 사회적 역할은 범죄와의 접촉과 범죄의 유혹 및 기회를 제한할 수밖에 없기 때문에
여성범죄가 적다는 것이다. 또한 여성이 범한 상당수의 범죄가 공식적으로 인지되지 않거나 인
지되기 어려운 범행인 경우가 많고 비록 공식적으로 인지되더라도 남성에 비해 상대적으로 적
게 처벌받기 때문에 공식통계상 여성범죄가 적을 수밖에 없다는 주장이다.

그러나 1970년대 이후 여성운동의 성장과 그로 인한 여성활동에 대한 관심은 여성범죄의
유형과 정도를 변화시켰고, 이에 대한 상당한 관심과 연구가 이루어지기 시작하였다. 그 결과
성별간 범죄율의 상대적인 격차는 줄었으나, 절대적인 격차는 오히려 커졌다.[9] 남녀 간 범죄성
의 간격은 변화하는 여성의 성역할과 자아개념(self-concept), 그리고 보다 일반적으로 말한다면
여성운동의 결과로 상당히 좁혀진 것으로 지적되고 있다.[10] 여성해방과 더불어 여성이 직업세
계로 뛰어들게 되고 따라서 횡령과 같이 직업적으로 관련된 범죄를 범할 기회를 더 많이 갖게
된다는 것이다.[11]

또한 여성 자신이 스스로를 단순히 여성근로자로만 생각하지 않고 전통적으로 남성에 의해
서만 행해지던 것으로 생각되었던 행위까지도 할 수 있다고 생각하게 되었다는 것이다.[12] 특히
이러한 여성운동의 영향을 많이 받게 되는 젊은 여성일수록 더욱 자신을 무엇이든 할 수 있는
존재로 생각하기 쉽다는 것이다.[13] 이러한 사실은 ① 체포된 범죄자 중 여성의 비율이 증가하
고, ② 기타 범죄보다 강력범죄로 체포된 여성의 증가가 더 높고, ③ 강력범죄로 체포된 여성의
증가율이 여성의 재산범죄참여에 의한 것이라는 등으로 여성범죄가 남성범죄와 닮아가는 것으
로 보여질 수 있다.[14]

그러나 여성범죄의 변화와 관련된 이러한 주장은 많은 비판의 대상이 되고 있다. 우선 비교
적 최근까지도 여성범죄에 대한 관심조차 없었고 따라서 상당수의 여성범죄가 발견되지 않았으
며, 설사 발견되더라도 처벌받지 않거나 가벼운 처벌을 받아서 실제보다 적은 것처럼 보이던 것
이, 형사사법기관의 여성범죄인식으로 보다 많은 관심을 보이게 되었고 더 많은 여성범죄를 인
지하고 처벌하게 되었다. 그래서 통계상으로 그 수치는 증가하였을지 모르지만 실질적으로는 증
가하지 않았다는 주장이다.

실제로 성별 공식체포율이 자기보고식 조사의 범행별 성비율보다 높은 것으로 나타났으며,
확실히 자기보고식 조사의 성별 비율이 공식통계표의 성별 비율보다도 훨씬 낮다는 사실이 이
를 증명해 주고 있다. 물론 여성범죄가 통계적으로도 증가하고는 있지만 그것이 남성범죄의 증
가에 비해 절대적으로 많은 것은 아니라는 입장이다. 여성범죄의 증가는 대체로 전통적으로 여

성범죄에 속하는 유형인 반면, 살인과 같은 강력범죄의 경우는 남성범죄에 비해 그 증가율이 월등히 낮은 것으로 나타나고 있다.[15] 즉, 여성범죄의 증가는 주로 재산범죄에 치우쳐 있으며, 여성범죄가 증가하고는 있지만 많은 강력범죄는 아직도 전적으로 남성의 범죄라는 것이다. 그리고 이러한 결과는 피해자조사의 경우와 마찬가지임이 Hindelang의 연구결과 밝혀졌다.[16]

이러한 견지에서 많은 사람들이 새로운 여성범죄현상을 실질적이라기보다 환각적으로 만들어진 현상이며, 더욱이 여성해방운동(women's liberation movement)과는 아무런 관계가 없다고 보고 있다.[17] 여성의 사회적 지위나 역할이 주요한 여성범죄의 유형을 바꿀 정도로 변화하지 않았으며, 비록 많은 여성이 일을 하고 있지만 대부분이 단순노동에 지나지 않고, 이들 직업여성은 지금도 주부로서 그리고 어머니로서의 역할을 수행하고 있으며,[18] 성역할에 대한 학교교육 또한 크게 변하지 않았다는 것이다. 따라서 아직은 여성이 구조화된 범죄기회를 충분히 가지지 못했다고 보는 것이다.

따라서 최근의 여성범죄의 변화를 하나의 환각으로 보고 이러한 새로운 여성범죄의 환각이 여성범죄에 대한 시민신고율의 증대, 여성범죄자에 대한 형사사법기관에서의 처벌경향, 그리고 기록의 정확성 등에 기인하는 것으로 설명하고 있다.[19] 결론적으로 남성이 대부분의 경우 여성보다 범죄성이 강하며, 여성범죄가 증가하고 있긴 하지만 남성범죄 또한 증가하고 있다고 할 수 있다. 뿐만 아니라 여성범죄의 증가가 단순한 통계상의 가공인지 사실인지는 확실치 않으나 그것이 사실이라면 주로 전통적인 여성범행이 증가한 것이며 여성운동과 성역할의 변화가 여성범죄의 변화에 영향을 미쳤는지 여부는 확실치 않다고 할 수 있다.

1. 여성범죄의 원인

여성범죄에 관한 초기의 이론들은 여성범죄자를 신체적·감정적 또는 심리적 탈선의 결과로 보았다. 1895년 Lombroso는 그의 저서 「The Female Offender」에서 여성은 남성에 비해 수동적이며 범죄성이 약하지만 경건함, 모성애, 저지능 그리고 약함 등 여성의 전형적인 특질이 부족한 소수의 여성범죄집단이 있다고 주장하였다. 여성은 남성보다 진화가 덜 되었으며, 보다 어린애 같으며, 덜 감성적이며, 지능이 낮다고 한다. 즉, 예를 들어 범죄를 범하는 여성은 몸에 털이 많이 나는 등 신체적 특성으로 정상적인 여성과 구별될 수 있다는 것이다. 이러한 신체적 특성뿐 아니라 감정적인 면에서도 다른 여성보다 비행여성은 범죄적 또는 비범죄적 남성과 더 가까운 것으로 보인다고 주장하였다.[20] 이러한 Lombroso의 주장을 우리는 남성성 가설(masculinity hypothesis)이라고 한다.

이러한 주장은 Freud의 글에서도 찾아볼 수 있는데, 여성범죄인은 남성에 대한 자연적인 시기심을 억제할 수 없어서 규범으로부터 일탈한 것으로 간주하고 있다.[21] 따라서 이는 여성범죄인을 병약자처럼 취급하여 지금도 대부분의 여성범죄인 교정의 기초가 되고 있다.[22]

그러나 Otto Pollak은 여성범죄를 기본적인 자연적 여성성향으로부터의 일탈로 보지 않고, 자연적으로 범죄지향적인 성향이 있다고 보고 있다. 여성이 남성보다 더 일탈적이고, 약으며, 생리적이고, 사회적으로 어떤 유형의 범죄에 대해서는 더 용이하다는 것이다. 따라서 여성이 남성에 못지 않는 범죄를 하지만 단지 여성의 범죄는 은폐되거나 편견적인 선처를 받기 때문에 통계상 적은 것으로 보일 뿐이라는 것이다.[23] Pollak의 이러한 주장을 기사도정신 가설(chivalry hypothesis)이라고 하는데, 여성이 남성에 의해 이용되기보다는 그들의 남성동료로 하여금 범죄를 수행하도록 남성을 이용한다고 보고 있다.

1970년대에 들어서는, 여성범죄의 원인에 대한 새로운 주장이 등장하였다. 여성의 사회적 역할의 변화와 그에 따른 여성범죄율의 변화의 관계에 초점을 맞추고 있다. 전통적으로 여성범죄율이 낮은 이유를 여성의 사회경제적 지위가 낮기 때문이라고 보고 여성의 사회적 역할이 변하고 생활형태가 남성의 생활상과 유사해지면서 여성의 범죄활동도 남성의 그것과 닮아간다는 주장이다.[24] 이러한 주장을 우리는 신여성범죄자(new female criminal)로 지칭하고 있으며, 최근의 여성범죄의 증가로 인하여 많은 설득력을 얻기도 하였다.

2. 여성범죄의 특징

여성범죄의 특징 중에서 가장 대표적인 것이 은폐된 범죄성(masked criminality)일 것이다.

여성이 주로 범하는 범죄의 유형이 가시적이지 않아서 인지되기가 힘들고 여성범죄자가 자신을 은폐하기도 쉽기 때문이다. 또한 여성범죄의 대부분은 우발적이거나 상황적(situational) 범죄이며, 배후에서의 공범으로 가담하는 경우가 많다는 것이다. 즉, 합리적이고 이지적이지 못하며, 정에 끌리기 쉬운 여성의 특성 때문에 우발적으로 범죄에 가담하게 되거나, 주변남성의 암시나 유혹에 따라 본인보다는 그 남성을 위하여 범행하게 되는 경우가 많다는 것이다. 그리고 여성은 대개 자신이 잘 아는 사람을 주로 범행의 대상으로 삼고 있으며, 범행의 수법도 독살 등 비신체적 수법을 택하는 경우가 많고, 경미한 범행을 반복해서 자주 행하는 것이 특징이다. 여성범죄의 동기가 여성의 성적 위기감과 모성애의 발로에 기인하는 경우도 있다고 한다.

제 2 절   연령과 범죄

사람은 자신의 나이에 따라 신체생리조건과 정신심리상태가 변화하고 사회적 생활환경과 양식도 달라지게 되며, 나아가 이것이 그 사람의 범죄성과도 관계가 되리라는 것은 쉽게 생각할 수 있다. Sutherland와 Cressey는 여러 나라의 범죄통계를 분석한 결과, 대체로 범죄성이 최고인 시기(the age of maximum criminality)는 사춘기 또는 그 직전의 시기이며, 이를 정점으로 꾸준히 감소한다는 사실을 발견하였다.[25]

대부분의 공식범죄통계는 20세 전후의 젊은층이 가장 많은 범죄를 범하고 있음을 보여 주고 있고, 상당수의 자기보고식 조사와 피해자조사의 결과도 이를 뒷받침해 주고 있다. Hirschi와 Gottfredson은 "나이가 모든 면에서 범죄와 관련된다. 범죄에 대한 나이의 영향은 범죄에 대한 다른 어떤 인구학적인 상관관계에도 구애받지 않는다"고 주장하고 있다.[26] 즉, 사회·경제적 지위, 결혼관계, 성별 등에 관계없이 젊은 사람이 나이든 사람보다 많은 범행을 한다는 것이다.

이처럼 젊은층의 범죄율이 높은 것에 대해서는 여러 가지 이유와 해석이 있을 수 있다. 범죄는 모든 연령층에 의해서 행해질 수 있지만 젊은 사람이 보다 많은 감시를 받기 때문에 더 많이 체포될 수도 있다. 또한 연령층에 따라 상이한 종류의 범죄를 범한다고도 볼 수 있는데, 대체로 노인층에서는 숨겨진 범죄(hidden crimes)를 주로 범하는 반면, 젊은층에서는 가시적인 범죄(visible crimes)를 주로 범하기 때문일 수도 있다.

그리고 젊은층일수록 자신의 동료집단과 접촉하기 쉽고 따라서 그들의 범죄는 대개 집단적으로 이루어지기 때문에 주로 단독으로 범행하는 나이든 사람들보다 같은 범행건수일지라도 더 많은 사람이 검거되는 데 기인할 수도 있다.[27] 그러나 일부에서는 대부분의 청소년범죄자들이 대체로 경미한 범행으로 검거되었으며, 심지어 자기보고식 조사에서도 대부분의 범행이 본래 강력범죄가 아닌 것들이라는 점에서 청소년에 의한 강력범죄의 대부분은 아주 적은 수의 상습적인 누범자들에 의해서 이루어진다고 주장하여 연령과 범죄를 고려함에 있어서 신중을 기해야 할 것을 지적하고 있다.[28]

한편, Rowe와 Tittle은 범죄행위에 참여할 가능성에 대한 스스로의 추정인 '범죄적 성향(criminal propensity)'을 연구한 결과, 이 범죄적 성향이 연령에 따라 점차적으로 감소하는 것을 알았다. 물론 이에 대한 분명한 설명은 없었지만, 그들은 청소년들이 성인보다는 보다 모험적이며 동시에 보다 자유롭게 일탈할 수 있으며, 직업과 가족에 대한 책임감의 부담이 없는 등 아직은 관습적인 행동이 덜 개발되었으며, 범죄로 체포되어도 잃을 것이 적고, 범죄의 결과를 충분히 이해할 만큼 성숙하지 못했기 때문일 것이라고 지적하고 있다.[29] 또한 범행의 기회도 이러한 연령별 차이를 초래할 수도 있다. 청소년들이란 대체로 전통적인 노상범죄를 제외한 직업적인 고등범죄 등을 할 기회는 적다. 신체적 조건도 연령집단별 범죄율의 차이를 초래하는데, 강력범죄일수록 어느 정도의 신체적인 힘을 필요로 하기 때문에 이에 대한 노인층의 범행이 적을 수밖에 없는 것이다.

분명한 것은 나이가 들어 갈수록 범죄율이 감소되고 있는데, 그 이유 중에서 가장 대표적인 것이 소위 말하는 성장효과(maturation effect)[30] 또는 노쇠화(aging out),[31] 정착과정(settling down process)[32]이다. 변화하는 사회적 역할과 사회화의 결과로, 청소년이 성장함으로써 직업과 가정에 대한 책임감과 이를 충족시키기 위한 욕구 때문에 범행을 위한 동기와 기회가 줄어들게 된다는 것이다. 그 외에는 범행의 결과 체포되어 장기간 교정시설에 복역하고 있어서 범행의 기회를 잃게 되고, 또는 교도소의 고통을 경험한 결과 범행을 하지 않거나 교정의 결과 범행을 하지 않을 수도 있어서 나이가 많은 집단의 범죄율이 낮아질 수도 있다는 것이다.

제 3 절 계층과 범죄

전통적으로 범죄는 주로 하층계급의 현상으로 여겨져 왔고, 사실 형사사법기관에 체포되고 구금되는 사람 중에는 이들 하층계급에 속하는 사람들이 많으며 통속범죄 또한 주로 하층계급에 속하는 사람들에 의해서 주로 범해지는 반면, 경제범죄 등의 지능범죄는 중상류층에 의해서 범해지고 있다는 각종의 범죄통계가 계층과 범죄의 관련성을 잘 대변해 주고 있다.

이러한 주장의 이면에는 크게 두 가지 논거가 있음을 알 수 있다. 첫째는 범죄성의 계층별 차이를 하층계급에 대한 보다 많은 체포·구금·처벌을 형사사법기관의 편견과 차별의 소산으로 보는 것이고,[33] 둘째는 실제로 하류계층이 좋지 않은 경험과 기회의 불공평한 분배 등 범인성 요인을 더 많이 가지고 있다는 것이다. 형사사법기관에서는 통상적으로 하류계층의 범죄로 간주되고 있는 유형의 범죄에 주력하고 있어서 하류층이 더 많은 감시의 대상이 되며 범행의 결과가 인지되고 체포될 확률이 더 높아지는 것이다. 또한 자신을 보호할 능력이나 사회적 영향력도 적기 때문에 처벌받을 가능성과 처벌의 정도도 높아서 통계적으로 이들의 범죄가 많게 보일 수밖에 없다는 주장이다.[34]

한편, 하류계층의 사람이 범인성요인이 많다는 논리는 우선 이들이 범행에 대한 유인요인을 많이 가지고 있다는 것이다. 원하는 물품과 봉사를 관습적인 방법을 통해서는 얻을 수 없게 되어 결국에는 불법적인 방법에 호소하여 획득하게 된다는 주장인데, 이러한 범죄를 도구적 범죄(instrumental crimes)라고 한다. 또한 가난하게 사는 사람들은 자신을 강인하고 나쁜 사람으로 인식함으로써 긍정적인 자아상을 개발할 수 없기 때문에 자신의 분노와 좌절감을 표현하는 수단으로서 폭력이나 강간과 같은 폭력성의 표출적 범죄(expressive crimes)를 많이 범한다는 것이다.[35] 또 다른 요인으로서 하류계층의 사람들의 퇴폐적이고 무질서한 생활습관과 이들의 높은 실업률, 열악한 생활환경, 높은 문맹률 등 문화적 약점이 범죄를 유발하는 요인으로 작용하기 때문이라는 주장도 있다.[36]

그러나 사회계층과 범죄의 관계가 이처럼 간단한 것이 아니며 지금까지도 많은 논쟁의 대상이 되고 있다. 물론 통계적으로는 하류계층의 범죄가 상대적으로 많이 기록되고 있지만, 그것은 편견이 개입될 수 있는 등의 문제점이 지적되고 있는 공식통계에 기초한 현상이라는 것이며, 이 또한 대체로 청소년비행을 중심으로 분석되는 경우가 많다는 지적이다. 이로 인하여 사회계층과 범죄의 관계를 규명하고자 자기보고식 조사가 광범위하게 활용되기도 하였으나 상반된 결과만을 얻을 수 있었다. Short와 Nye는 사회경제적 계층과 청소년범죄에 대해 직접적인 관계를 밝히지 못했다.[37] 이들은 사회계층이나 저소득층과 관계있는 불건전가정 등의 요인이 실제범행과는 직접적인 관계가 없으며 단지 형사사법기관에서의 처리과정에서만 관계가 있다고 보고하였다. Nye와 그의 동료들[38] Dentler와 Monroe[39] 등도 이와 유사한 결과를 얻은 바 있으나, 반대로 Elliott 등의 연구에서는 범죄의 계층별 차이가 있다고 밝혀지기도 하였다.[40] 또한 피해자조사의 결과는 하류계층이 상대적으로 많은 범죄피해를 경험하는 것으로 밝혀지고 있는데, 상류계층에서 하류계층을 대상으로 범행한다기보다는 하류계층 상호 간의 범행이라고 볼 때 하류계층의 범죄가 많다고 유추할 수도 있다.[41]

그럼에도 불구하고 상당수의 자기보고식 조사결과는 범죄와 사회경제적 계층이 무관함을 주장하고 있다.[42] Tittle과 그의 동료는 35개의 자기보고식 연구를 분석한 결과, 사회경제적 지위와 범죄는 직접적인 관계가 없다고 주장하였다.[43] 그러나 모든 사람이 이에 동의하는 것은 아니다.

Hindelang 등은 대부분의 자기보고식 조사가 그 표본이 지나치게 적기 때문에 일반화하기가 곤란하며, 비행자와 비비행자에 대한 임의적 구분, 주로 가벼운 일탈을 조사대상으로 하며, 주로 1년으로 되어 있는 범행의 시기가 비현실적이라는 등의 이유로 사회경제적 지위와 범죄의 관계는 모든 면에서 결론적일 수 없다고 주장하기도 하였다.[44]

한편, Elliott 등의 연구에서도 가벼운 비행의 경우에는 사회경제적 지위에 따라서 아무런 관계가 없었으나 강력범죄에 있어서는 하류계층의 범행이 더 많다는 것을 알 수 있었다.[45] Braithwaite 는 자기보고식 조사에 대한 가장 포괄적인 문헌조사결과 사회경제적 지위와 범죄는 무시할 수 없을 정도의 관계가 있다고 밝혔으며,[46] Hindelang 등도 유사한 입장을 취하고 있다.[47]

Thornberry와 Farnworth도 동일 시기 탄생집단(cohort)조사의 결과 사회경제적 지위가 청소년의 경우에는 약한 관계만이 있었으나 성인의 경우에는 상당한 관계가 있음을 알았다.[48] 그런데 이처럼 계급과 범죄의 관계가 불분명한 것에는 몇 가지 이유가 있다고 할 수 있다. 즉, 범죄학에 있어서 계층과 범죄의 개념에 대한 합의가 이루어지지 않았기 때문에 계층과 범죄의 관계가 애매해진다고 볼 수 있다. 예컨대 사회경제적 지위에 따른 계층, 하류계층, 근로자계층 등이 다양하게 조작화되고(operationalized) 있기 때문일 것이다. 또한 계층뿐만 아니라 범죄의 규정도 특히 자기보고식 조사에서 통일된 조작화가 불가능하다.[49] 종합적으로 볼 때, 아직까지 사회경제적 지위와 범죄의 관계를 결론 내리기에는 성급하다고 할 수 있으며, 이 부분은 아직도 많은 논쟁의 여지를 남기고 있다고 할 수 있다.

제 4 절 가정과 범죄

물론 청소년비행과 더 관계가 깊은 것이지만, 범죄의 사회적 특성을 설명하기 위해서 빼놓을 수 없는 것 중의 하나가 가정에 관한 것이다. 아이들이 가정에서 성장해 가면서 경험하게 되는 것 이상으로 아이들의 행동에 영향을 미치는 것은 많지 않기 때문이다. 그런데 범죄와 비행에 관계되는 것으로 이해되고 있는 요소는 대체로 결손가정, 훈육과 통제 그리고 상호작용과 응집도와 가족 내의 범죄성과 부도덕성에 초점을 두고 있다.

1. 결손가정(broken home)

결손가정이란 부모의 사별·별거·이혼·장기부재 등에 기인한 가정의 결손을 뜻하는 것으로서 이 결손의 결과 자녀에 대한 훈육·통제 그리고 보호에 차질이 생기게 되는 것을 의미하며, 이러한 결손가정이 특히 청소년의 비행을 유발하는 요인이라고 이해되고 있어서 이의 연구에 많은 관심을 가져왔던 게 사실이다. 대부분의 연구결과는 비비행소년에 비해 더 많은 비행소년이 결손가정출신임을 밝히고 있다.

물론 결론적인 것은 못 되지만 결손가정이 청소년의 비행을 유발하는 데 어느 정도 영향을 미치고 있음에는 이론의 여지가 없는 것 같다. 그런데 이러한 주장의 저변에는 가정의 결손이 청소년들에게 불안감은 물론이고 물리적·심리적 약탈을 경험하게 하며, 이러한 경험이 이들 청소년에게 심각한 영향을 미칠 것이라고 이해하고 있다. 즉, 결손의 결과는 경제적 빈곤, 감정적 상실, 사회화에 필요한 역할모형의 상실, 통제의 약화와 그에 따른 비행적 교우관계의 발전 등에 기인하여 결손가정이 비행을 유발하는 한 요인으로 작용한다는 주장이다.[50]

그러나 결손가정이 비행을 유발하는 데 상당한 작용을 한다는 많은 연구결과에도 불구하고, 이론(異論)이 없는 것은 아니다. 우선, 위에서 예로 든 연구결과의 대부분이 공식통계자료에 의존하고 있다는 사실이 지적되고 있다. 소년형사사법제도와 기관이 이들 결손가정출신의 비행소년에 대해서 편견을 가지고 처리하고 있기 때문에 그 관계가 사실보다 강조되고 있다는 것이다. 즉, 결손가정과 비행의 관계는 어쩌면 형사사법기관에 의해서 인위적으로 만들어진 것인지도 모른다는 우려이다.[51]

한편, 지금까지의 연구가 단순히 결손가정 자체에만 관심을 가졌을 뿐이며 가정의 결손과 가정의 부조화(discord)간의 상호관련성은 등한시했다고 지적할 수 있다. 다시 말해서 실제로 가정이 결손되기까지는 가정의 해체·갈등 그리고 분열을 경험하게 될 수밖에 없다.

따라서 결손 이전에 많은 부정적인 요소가 존재하기 때문에 결손 그 자체는 비행에 영향을 미치는 주요한 요인이 아닐 수도 있다. 즉, 공식적인 결손을 초래하게 한 많은 문제와 갈등이 실제 원인이며, 궁극적인 결손 그 자체는 오랫동안의 분열적 활동의 마지막 연결고리일 뿐이라고 할 수 있다.

사실 일부 연구의 결과는 결손가정과 비행은 거의 또는 전혀 관계가 없다는 사실을 보여 주고 있다. 즉, 비행소년이 결손가정 출신인 경향은 있으나 매우 미약한 정도에 지나지 않는다는 것이다.[52]

그렇다면 결손가정과 비행에 관해서 우리는 어떠한 결론을 내릴 수 있는가? 대답은 결손가정의 유형과 비행의 유형에 따라서 그 관계가 달라진다는 것이다.[53] 대체로 남자보다는 여자가 결손가정의 영향을 더 많이 받게 되고, 결손을 어린 나이에 일찍 경험할수록 더 큰 영향을 받게 되며, 어머니보다는 아버지의 결손이 더 많은 영향을 끼치고, 미혼부모나 유기·수형·별거 등으로 인한 결손이 사별·이혼·질병 등에 의한 결손보다 더 많은 영향을 미치며, 경미범죄보다는 강력범죄와 더 큰 관계가 있다는 것이 보편적인 사실이다. 그러나 이러한 주장도 결손가정과 관련된 다른 요소와의 상관관계에서 고려되어야 할 것으로 추측된다.

2. 훈육과 통제(discipline and control)

훈육의 결함이나 건전한 훈육의 부재는 비행성조기예측표에 포함될 정도로 청소년비행에 있어서 중요한 요인으로 간주되고 있다. 이러한 논리는 대체로 아버지의 역할에 초점을 두면서 동시에 어머니에 의한 소년의 감시도 고려하고, 또한 극단적으로 느슨하거나 철저한 통제 등의 부적절한 훈육을 중시하고 있다.

대체적으로 자녀에 대한 부모의 무관심, 부모의 신체적·도덕적·지적 결함으로 인한 훈육의 불가, 훈육에 대한 부모의 의견불일치 그리고 지나치게 엄격하거나 부족한 훈육이 훈육결함에 해당되는 것으로 파악되고 있다. 이를 종합하면, 훈육이란 일반적으로 훈육의 일관성, 강도 그리고 질에 의해서 특징 지어지는 것으로 볼 수 있다.[54]

Nye에 따르면 극단적으로 엄격한 부모에 의한 권위주의적인 훈육은 청소년으로 하여금 자유롭게 또래집단과 상호작용할 수 없게 하여 청소년의 또래집단관계에 지장을 초래하게 된다는 것이다. 반대로 지나치게 관대한 훈육은 청소년의 행동을 지도할 준거점(reference point)이 될 수 있는 통제와 한계를 마련해 주지 못한다.[55] Glueck부부는 느슨하거나 일관적이지 못한 훈육이 매우 엄격한 훈육방법보다 비행과 더 높은 관계가 있었으며, 확고하지만 친절한 훈육방법은 비비행소년과 더 많은 관련이 있었고, 훈육방법으로서의 체벌은 비비행소년보다 비행소년의 부모에 의해서 더 자주 사용된다는 것을 발견하였다.[56]

McCord부부와 Zola는 청소년에 대한 훈육의 방법을 여섯 가지로 구분하였다. 합리성이 동원되고 특전과 보상을 보류하는 등의 방법으로 처벌하는 사랑지향적 훈육(love-oriented discipline), 체벌을 이용하며 분노·공격성 그리고 위협이 내재되는 처벌적 훈육, 부모의 어느 한쪽도 충분한 통제를 하지 않는 느슨한 훈육(lax discipline), 부모의 어느 한쪽이 사랑지향적인 데 반하여 다른 한쪽에서는 느슨하거나 두 가지 유형을 왔다갔다하는 무원칙적인 훈육(erratic discipline), 부모 모두가 사랑지향적 훈육과 느슨한 훈육 및 처벌적 훈육을 모두 활용하는 무원칙적인 훈육, 한쪽 부모는 처벌적이고 다른 부모는 느슨한 경우 또는 양쪽 부모 모두가 왔다갔다하는 무원칙적인 훈육이 그것이다. 이들은 느슨하거나 처벌적 방법을 포함하는 무원칙한 훈육이 비행과 매우 상당한 관계가 있으며, 처벌적이든 사랑지향적이든 일관적인 훈육이 비행을 예방할 수 있는 훈육방법이라고 주장하였다. 따라서 무원칙한 훈육이 비행을 유발하는 중요한 요인이라고 볼 수 있으며, 결론적으로 훈육의 유형보다는 훈육의 일관성이 비행에 있어서 더 중요한 요인이 된다고 보는 것이다.[57]

3. 가족의 결집성과 상호작용

Glueck부부가 소년비행의 연구에 있어서 가정의 중요성을 강조한 것은 널리 알려진 사실이지만, 일찍이 Shaw와 McKay는 비행유발요인으로 작용하는 것이 가족구성원의 공식적 결손이 아니라 오히려 내적인 긴장(tension)과 부조화(discord)라고 주장한 바 있다.[58]

Abrahamsen은 가정의 긴장상태가 청소년비행에 상당한 관계가 있다고 믿고 있으며, 비행소년의 가정에서 흔히 존재하는 이러한 긴장상태는 증오, 적대, 언쟁 등에 기인하는 것으로 이해하고 있다.[59] 장기간의 긴장상태는 가족 간의 응집을 해치고 만족스러운 자녀양육과 가족문제 해결을 위한 분위기를 제공하지 못하게 되기 때문이라는 것이다.[60] 그런데 Andry에 의하면 비행소년의 가정 내 긴장은 형제간의 싸움을 통해서도 나타난다고 한다.[61]

McCord부부와 Zola는 긴장과 적의(hostility)가 존재하는 가정은 곧 미래비행의 온상이라고 주장한다. 가정 내에 상당한 긴장과 적의가 존재하면 청소년들은 가족환경 외부의 집단으로부터 마음의 평화를 찾지 않을 수 없게 된다. 가족 내의 끊임없는 싸움과 언쟁으로부터 탈출구를 찾아서 그들은 종종 길거리로 나서서 피난처를 찾게 된다.[62] McCord부부와 Zola에 의하면, 싸우기 좋아하고 유기하는 가족이 영구적인 가족의 해체보다도 더 높은 비행률을 보여 주고 있어서, 가족 내의 갈등과 유기가 아동을 범죄에 노출시키고 있다는 것이다.[63]

이처럼 부모간에 분열적이고, 싸움이 잦고, 긴장을 양산하는 관계가 결혼관계뿐만 아니라 가족 전체를 분열시키게 된다.[64] 바로 이 가족 전체의 분열이 비행에 기여하거나 심지어 비행을 유발하게 된다는 것이다. Aichhorn은 자신이 접촉한 대부분의 비행청소년의 가족은 가족관계에 있어서 어떤 유형의 갈등과 장애를 받고 있었다고 밝혀 이를 뒷받침해 주고 있다.[65] DeVoss는 일본과 이탈리아에서의 연구결과 가족의 응집력이 부족한 가정일수록 많은 비행소년

이 발생한다는 사실을 밝힌 바 있다.[66]

　Rutter는 빈번하고 지속적인 가족 간의 싸움, 불화, 적개심, 부정적 감정의 표현 그리고 자녀를 거부하는 태도 등이 비행에 기여하고 있으며, 이 중에서도 부정적이고 좋지 못한 가정의 분위기가 가장 중요한 요소라고 주장하고 있어서[67] 가족구성원간의 상호작용과 관계가 가족의 외적 구조보다 더 중요하다는 사실을 알 수 있다.

　비행과 관계되는 가정적 요인 중 다음으로 중요한 것은 부모와 자식 간의 관계이다. 비행소년이 비비행소년보다 부모로부터 강하고 개방적인 사랑을 적게 받고 있다는 Andry의 연구결과가 이를 대변해 주고 있다.[68] Nye의 연구에 의하면, 비행의 정도가 부모와 자식간의 수용(acceptance)과 거부(rejection) 정도에 비례하며, 부모가 자식을 거부하는 것은 직접적으로 비행과 관련되고 있으나 부모자식간의 수용은 낮은 비행의 확률과 관계되는 것으로 나타났다. 그런데 부모가 자식을 거부하는 것은 자식이 부모를 거부하는 것보다 더 중요한 것으로 이해되고 있다.[69]

　가정에서 부모로부터 감독과 지원, 사랑과 애정을 받지 못하고 거부되거나 유기된 청소년은 종종 가정 밖의 집단에 의존하게 되는데, 이들 집단이 대개는 비행적 성격을 지닌 집단이기 쉽다. 적대적이고 거부하는 부모는 청소년의 감정적 복지나 필요한 지도와 지원의 제공에 관심이 없다. 비행소년의 부모가 비비행소년의 부모보다 자녀를 거부하거나 자녀에 대한 애정이 적을 확률이 높다는 Bandura와 Walters의 연구결과가 이를 증명해 주고 있다.[70]

　이렇게 이런 부모와 자녀와의 관계는 대부분의 사회통제이론가들에 의해서 중시되고 있는 변수 중의 하나가 되고 있다. Hirschi에 따르면, 부모와 자녀의 관계가 비행에 상당한 관련이 있어서 비행은 부모와 자녀간 대화의 부족, 부모의 자녀에 대한 동정심과 감독의 부족 그리고 성인역할모형의 부재로 인하여 증가한다고 주장하였으며,[71] Hindelang과 Johnson 등이 이를 경험적으로 증명한 바 있다.[72] 즉, 부모와의 관계가 좋지 못할수록 자녀가 비행할 확률이 높아진다는 사실을 고려할 때[73] 부모와 자녀 사이의 관계의 질이 비행을 이해하는 데 중요한 변수라는 것이며,[74] Gibbons는 이를 "부모의 거부와 공격적 행위의 연계는 비행에 관계되는 보다 확고히 정립된 가설 중의 하나"라고 결론짓고 있다.

4. 가족의 부도덕성과 범인성

　전통적으로 가족구성원의 무규범성, 부도덕성 그리고 범인성이 다른 가족, 특히 청소년에게 미치는 영향에 대해서 많은 연구가 되어 오고 있다. 즉, 지나친 음주의 문제, 마약의 복용, 가족

간의 폭력성, 법제도와의 충돌 등 부모와 형제자매를 비롯한 가족구성원이 겪고 있는 이들 문제가 다른 가족의 비행성과 범인성에 상당한 영향을 미치는 것으로 밝혀지고 있다.

이러한 사회적인 어려움을 겪고 있는 가정에서는 자녀의 올바른 성장에 필요한 훈육과 보호가 불가능하고 오히려 비행과 범인성의 역할모형을 구체화시켜 줄 따름이기 때문이다.

Canter는 이러한 가정의 무규범성이 남녀를 막론하고 여타의 다른 가족과 가정에 관계된 변수보다 모든 유형의 비행에 더 많은 영향을 미치고 있음을 자신의 경험적 연구로 증명한 바 있다.[75]

일찍이 Sutherland와 Cressey는 비행소년이 양육되는 가정은 상당한 경우 비행유형이 존재하는 상황이라고 결론내리고 있다.[76] West와 Farrington의 연구결과도 아버지가 범죄자인 소년이 그렇지 않은 소년에 비해 더 많은 비행기록을 갖게 되는 것으로 나타났다.[77] 최근에는 Fagan 등이 가정에서 아동이 폭력을 경험하거나 목격하게 되면 자신이 성인이 되었을 때 폭력적으로 행동할 확률이 높다고 주장하고 있으며,[78] Hartstone과 Hansen은 자신들이 연구한 비행소년의 30%가 자신의 가정 내에서 배우자폭행, 아동학대 그리고 성학대 중 적어도 한 가지 이상을 경험하였으며, 40%의 소년은 그들의 아버지가 체포된 경험이 있었고, 58%의 소년은 자신의 형제자매가 체포된 경험이 있었다고 밝히고 있다.[79]

한편, 가정 내의 범죄성뿐만 아니라, 부모의 부정적 행동, 신체적으로 공격적인 부모[80] 그리고 알코올중독[81] 등도 자녀의 비행에 기여하는 것으로 연구결과 밝혀지고 있다. 따라서 비행에 밀접한 관련이 있는 것으로는 가정의 범죄성뿐만 아니라 가정 내의 지속적인 여러 가지 사회적 어려움, 병리적 행동 그리고 사회적·제도적 행동능력의 부재 등이 있으며 이런 요소들이 복합적으로 비행에 영향을 미치는 것으로 보여진다.

이처럼 가정의 범죄성·무규범성 그리고 문제성 등이 자녀의 비행에 상당한 영향을 미치는 것은 대체로 확실하나, 범죄성이 전해지는 정확한 기제는 아직 애매하다고 할 수 있다.

West와 Farrington은 가족범죄성의 특성이 스스로 영구화되는 사실을 무시할 수 없다고 결론짓고 있다.[82] 즉, 아버지가 자녀에게 범죄기술을 지도한다거나, 사회에 대한 적대적인 태도를 의사전달하거나 기타 자녀의 양육에 관계되는 어떠한 요인으로도 설명할 수 없다는 것이다. 그렇다고 그것이 필연적으로 이들 가족과 자녀가 경찰의 철저한 감시·감독을 받고 쉽게 처벌받는 등의 관행의 결과라고도 할 수 없다. 그러나 한 가지 분명한 것은 이들 가정의 자녀들이 적절히 통제되고 감독받지 못하며, 가정에서의 건전한 역할모형을 찾을 수 없고, 부모에 대한 반감이 반사회적 성격을 형성케 할 수도 있다는 것이다.

5. 종합과 평가

지금까지의 단편적인 연구결과들을 보다 면밀히 분석한다면 가족의 구조와 특성이 가족구성원의 비행과 범죄성에 대하여 복합적으로 영향을 미치고 있다는 주장들을 찾아볼 수 있었다. 즉, 가족과 비행의 관계는 가족에 관한 어느 하나의 변수가 아니라 관련된 여러 변수가 상호복합적으로 작용하여 영향을 미치는 것으로 이해되어야 한다는 것이다.[83]

이러한 주장을 뒷받침해 주는 또 하나의 사실은 가족특성이 비행에 미치는 영향이 특정 상황과 특정 유형의 비행에 대해서는 약화된다는 것이다. 즉, 위에서도 언급한 바와 같이 어느 특정의 가족 특성이 비행에 미치는 영향은 다른 요인들에 따라 그 효과가 달라지며,[84] 가정은 강력비행보다 청소년의 지위비행(status delinquency)에 더 많은 영향을 미친다는 것이다.[85] 물론 절대적인 것은 아니지만 대체로 가정적 요인은 경미비행에 있어서 남자보다는 여자에게 더 많은 영향을 미치는 반면, 강력비행에 대해서는 여자보다 남자비행의 예측에 더 중요한 요인인 것으로 이해되고 있으며, 또한 어린 나이의 청소년에게 더 큰 영향을 미치는 것으로 간주되고 있어서,[86] 이 점 또한 비행에 대한 가정의 복합적 작용을 의미한다고 볼 수 있다.

그런데 우리가 가정과 범죄의 관계에서 볼 때 가정이 범인성 예측의 가장 중요한 변수라는 주장에서부터 약간의 실증적 관계가 존재할지라도 둘 사이의 직접적인 관련성을 보여 주는 어떠한 기초도 없다는 주장에 이르기까지 다양한 가설과 연구결과가 있었다고 할 수 있다. 그럼에도 불구하고 지금까지는 가정과 범죄의 관계가 사실 이상으로 약간은 과장되거나 강조된 느낌을 가질 수 있다.[87]

가정과 범죄의 관계가 그리 중요한 것이 아니라고 생각하는 사람들은 공식비행소년의 가정이 형사사법기관과 전혀 접촉이 없는 청소년의 가정과 비교되기 때문에 가정과 범죄의 관계가 편견적일 수 있다는 것이다. 즉, 비행소년이 자신의 가정특성으로 인하여 체포될 수도 있기 때문이라는 것이다.[88] 이러한 문제를 피하기 위해서 이용되는 자기보고식 연구의 결과는 비행이 가족특성과 관계가 있지만 그 정도는 약한 것으로 나타나고 있다.

따라서 아직은 가정이 전적으로 비행성을 결정하는 유일한 변수도 아니고 그렇다고 가정을 비행의 원인으로서 완전히 무시할 수도 없다. 다만 가정과 범죄의 관계에 있어서 가정의 역할이 실제 연구의 결과보다는 대중적인 신념에 의해서 더 많은 영향을 받고 있다는 사실이다.

5절 물리적 환경과 범죄

1. 물리적 환경의 요소

잠재적 범법자와 심지어 거주자까지도 합리적 관점에 의해서 영향을 받는다는 가정은 입지나 위치가 범죄나 범죄관련 문제에 보다 저항적일 수 있게 만드는 네 가지 접근 또는 요소를 암시하고 있다. 그 첫 번째 요소는 주거단지의 설계나 구역의 배열(housing design or block layout)이다. 주거단지의 설계나 구역의 배열이 범죄의 발생을 더 어렵게 할 수 있는 것은 주로 세 가지 이유로 가능한 것으로 이해되고 있다. 우선, 범죄의 대상이나 표적의 존재 자체를 줄임으로써 범행을 더욱 어렵게 할 수 있다는 것이며, 다음으로 진행중인 범행이나 잠재적 범법자를 쉽게 발각할 수 없도록 하는 장애물을 제거함으로써 범행을 더 어렵게 하고, 끝으로 범행에 대한 물리적 방해물을 증대시킴으로써 범행을 더 어렵게 할 수 있다는 것이다.

두 번째로 물리적 환경이 범행을 더 어렵게 할 수 있는 가능성은 부지의 이용과 인구나 차량 등의 유동의 유형(Land use and circulation pattern)을 이용하는 방법이다. 이는 범죄의 대상이나 표적에 대한 잠재적 범법자의 일상적인 노출을 줄임으로써 지역의 공간을 보다 안전하게 이용할 수 있도록 만들기 때문이다. 예를 들어서, 보도, 통로, 이면도로, 교통소통 형태, 그리고 공공시설과 공간 운영의 시간과 위치에 대한 보다 세심한 관심을 통하여 잠재적인 범법자가 범죄 대상이나 표적에 접근하기 어렵게 할 수 있을 것이다. 이러한 전략들은 미시적 수준에서의 영역행위(territorial behavior)와 표지의 가용성을 보다 증대시키는 광범위한 변화를 가져올 수도 있다. 예를 들어, 특정한 여건하에서 도로를 폐쇄하거나 통행형태를 변경함으로써 차량의 통행량을 줄이게 되어 거주자로 하여금 인도나 보도를 주택 가까이 유지할 수 있고 따라서 감시기능을 강화하게 되어 자신이나 주택에 대한 범행을 더욱 어렵게 하기 때문이다.

물리적 환경이 범행을 더욱 어렵게 하는 세 번째 가정은 영역의 특징(terriroeial features)에 관한 것이다. 이는 그 지역이 방심하지 않고 경계하는 주민들이 살고 있다는 것을 암시하는 표적이나 표식을 강화하자는 것이다. 예를 들어, 환경미화 경시나 대청소 등을 후원하는 것이다. 이러한 전략은 주로 소규모 구역 단위에서 가장 바람직한 것으로 알려져 있다. 이러한 노력은 특정 지역에 대한 감시성을 제고하고 지역주민의 참여도를 과시할 수 있기 때문이다. 물론, 이와 같은 전략이 범죄에 직접적으로 영향을 미친다고는 검증되지 않았지만 적어도 주민들의 범죄에 대한 공포에는 밀접한 관계가 있는 것으로 알려져 있다.89)

물리적 환경이 범죄에 영향을 미칠 수 있다는 마지막 요소는 특정 지역의 물리적 환경의 퇴락이다. 이는 물리적 환경의 퇴락을 방지하고 퇴락된 환경을 개선함으로써 특정 지역이 범죄에 취약하며, 주민들이 두려움 때문에 범죄문제와 관련하여 어떠한 조치나 대응도 하지 않을 것이라는 잠재적 범법자의 인식을 줄이기 때문이다. 물리적 환경의 개선은 취약성의 징표를 줄이고, 반면에 보호활동에 대한 주민들의 전념과 참여를 진작시킬 수 있다는 논리이다. 물리적 환경의 퇴락은 잠재적 범법자의 인식과 행위에 영향을 미칠 뿐만 아니라 주민들이 어떻게 행동하며 다른 주민들을 어떻게 생각하는가에도 영향을 미친다고 한다.

그런데, 이와 같이 좋지 못한 물리적 환경이나 무질서의 징조에 초점을 맞추는 것은 위의 세 번째 요소인 영역특징과는 다르다. 우선, 규모상의 차이로서 물리적 환경의 퇴락을 줄이는 것은 대체로 영역에 초점을 맞추는 경우에 비해 더 광범위하고 규모가 큰 물리적 문제를 대상으로 한다. 따라서 물리적 환경의 퇴락을 줄이고 그것을 개선하는 것은 더 이상 퇴락하지 않도록 빈집이나 공간을 정비하거나 관리 단속하고 외관을 참신하게 하며 주택의 가격이 떨어지지 않도록 하거나, 빈 공간이나 지역의 방치된 차량이나 쓰레기 등을 치우거나, 상업지역의 보도를 새로 깔거나, 흉물스럽게 된 빈집은 정리하거나 헐어 버리는 등의 노력을 가하는 것이다.90) 그런데 이러한 노력들은 공공기관이나 민간개발업자들의 적극적인 참여를 필요로 한다. 그러나 시민이나 지역주민들도 이러한 노력을 시작하고 협조하는 데 중요한 역할을 할 수 있다. 영역특징에 초점을 맞추는 전략은 소규모 주민통제의 공간이나 주민을 중심으로 하는 역동성을 강조하는 반면 물리적 환경의 퇴락에 초점을 맞추는 전략은 보다 포괄적이다. 물론, 이 전략이 주민에 미치는 영향에 지대한 관심을 가지고 있지만 주거지역은 물론이고 비주거지역에서도 가능한 전략이다.

한편, 물리적 환경이 범죄에 영향을 미칠 정도로 퇴락하였다면 보편적으로 주민집단으로는 관리하기가 지나치게 광범위하고 심각하다. 주민들이 지역 내 빈집이 늘어나지 못하게 방지하고 건물 등의 외벽에 그린 낙서를 방지하거나 지우는 데 아무런 책임이 있을 수 없다. 오히려 주민들은 지역의 물리적 환경이 퇴락한 것은 공공의 문제라고 인식하게 된다.91)

또한, 영역에 기초한 접근은 거주민의 참여를 바탕으로 하는 노력을 강조하는 반면 환경의 퇴락을 기초로 하는 접근은 대규모 지역적 무질서를 중시한다. 그러나 물리적 환경의 퇴락을 줄이려는 것은 거주민에 의한 영역적 표식과 표지에 기초한 개선전략을 보완할 수 있으며, 대규모 물리적 환경의 문제를 줄이고자 하는 전략은 표지와 표식을 권장할 수도 있다.

이와 같은 네 가지 접근방법은 개별적으로 또는 집합적으로 상호 다른 접근법을 강화시켜 줄 수 있다. 예를 들어, 물리적 환경의 퇴락을 줄임으로써 건물의 설계와 배열을 보완해 줄 수 있다. 만약 특정 구역 내에서 마약거래 장소로 이용되는 두 채의 빈집이 헐리게 되면, 잠재적 범법자의 수도 줄어들게 될 것이다. 네 가지 접근방법이 이처럼 맞물리게 된다는 점은 일부 가능한 경우에는 실무자들이 각각의 접근방법이 어떻게 얼마나 상호 도움이 될 수 있을 것인가를 고려하게 된다는 것을 의미한다. 다양한 개입의 시점이나 수준이 안전성이나 안전감을 제고하는 물리적 개선을 장려하거나 실제로 물리적 환경을 개선시키게 된다.

지금까지 많은 연구와 평가결과가 물리적 설계나 재설계가 범죄나 범죄관련 문제를 개선하는 데 상당한 기여와 공헌을 할 수 있었음을 입증하고 있다. 다음은 이러한 물리적 환경의 설계와 재설계 등을 통한 범죄대책의 성공적인 예이다.

> ▸ 안전한 공공주택단지의 설계: 출입구별 아파트 수를 줄이고, 층수도 줄이며, 그리고 외부를 더 잘 볼 수 있게 함으로써 주민들의 범죄피해율과 공포의 정도를 낮추는 것으로 알려져 있다.[92]
> ▸ 장애물의 설치와 통행형태의 변경: 지역을 통과하여 마약을 사고 팔려는 사람을 감소시켜서 그 결과 차량절도와 폭력 등이 기타 지역에 비해 급속히 줄어들었다.[93]
> ▸ 규제된 출입구의 활용을 통한 건물, 학교, 공원, 공공주택단지, 그리고 문제지역의 출입통제: 신분증의 요구와 이용시간의 제한, 차량의 지정된 출입구로의 전환, 금속탐지기의 설치 등[94]
> ▸ 보다 안전한 공동 공간의 설치: 공원의 지나치게 우거진 나무와 초목의 제거, 마약거래, 기물손괴 등을 억제하기 위한 근린공원의 야간 조명 강화[95]

2. 주택설계특징과 구간배치

주택설계와 구간배치로 주민들을 보다 안전하게 느끼고 범죄에 취약하지 않게 할 수 있는가? 원래는 감시가 용이하게 되고 공동 공간과 사적 공간의 윤곽을 구분하고 외부공간을 소규모 집단으로 통제되는 지역으로 분리하며 활용도가 높은 지역과 가깝게 함으로써 주민중심의 비공식적 통제를 강화시키며, 그 결과 비행, 공포, 그리고 범죄피해가 줄어든 것으로 보고되었다. 1980년 Newman의 1세대 이론을 발전시킨 2세대 이론들이 나오기 시작하여, 물리적 환경의 특징이 범죄피해와 공포에 미치는 영향이 지역 내 사회적·문화적 특징에 의하여 어떻게 영향을 받는가를 보다 면밀히 고려하게 되고 영역적 행위와 인식에 관한 보다 현실적인 가정을 내놓게 되었다.

이러한 방어공간이론(defensible space theory)은 공공주택, 주거지역 도로구역 등에 관한 연구결과 상당한 지지를 받기도 하였다.[96] 이들 연구결과에 의하면, 더 많은 방어공간적 특징을 가지고 있는 위치, 지역, 장소일수록 거주자들이 외부공간을 더 잘 통제하였으며, 범죄에 대하여 공포를 적게 느끼고 실제 범죄피해도 적었다고 한다.

이러한 연구결과는 곧 다수의 지역에서 실제로 응용되게 되었다. 예를 들어, 비상구나 통로의 외곽벽이 유리로 되어 있는 주차장이 만들어지고 공공주택에서는 사적 공간이 분명하게 분리되고, 사적 공간과 공적 공간이 분명한 경계가 있고 전망이나 외관이 좋은 저층으로 건설되기도 하였다.

그러나 방어공간의 설계를 확대하는 데는 몇 가지 한계가 따르기도 하는데, 그중에서도 잠재적 범법자가 물리적 특징들을 어떻게 조망하고 이용하는가에 대한 연구가 부족하다는 것이다. 최근 학자들은 방어공간에 대한 논의를 조망(prospect), 은신처(refuge), 그리고 탈출구(escape)라는 세 가지 물리적 특징으로 구분하고 있다.[97]

은신하기가 쉽고 은신처가 많은 입지일수록 잠재적 범법자들의 은폐와 은신을 많이 제공하고, 조망이 좋고 용이할수록 합법적인 이용자들로 하여금 보다 넓은 지역을 관찰할 수 있게 해 주며, 탈출구가 많고 탈출이 용이할수록 합법적 이용자들로 하여금 범죄로부터 쉽게 탈출할 수 있게 해 준다는 것이다. 방어공간에 관한 이와 같은 관점은 특정위치에서의 잠재적 범법자와 잠재적 피해자의 역동성에 특히 초점을 맞추고 있다. 연구결과도 잠재적 범법자들에게 은신이나 은닉을 쉽게 해 주는 대신 합법적 이용자들에게는 조망이나 탈출구를 많이 제공하지 못하는 지역이나 위치일수록 범죄에 대한 공포가 더 높은 것으로 나타나고 있다.

이 밖에도 방어공간의 특징의 효과성은 부분적으로는 그 지역의 사회적·문화적 여건에 따라 좌우될 수 있다는 사실도 방어공간의 한계라고 할 수 있다. 즉, 방어공간이 이러한 사회적·문화적 여건에 따라서는 방어되지 못하고 남겨질 수도 있다는 것이다. 따라서 방어공간 특징이 보다 효과적으로 거주자에 기초한 통제를 지원할 수 있는 사회적·문화적 여건의 속성과 특성에 대한 보다 많은 이해와 지식을 요한다는 것이다.[98]

3. 토지이용과 유동유형

주거지역의 내부배치, 경계특징, 그리고 교통통행형태 등은 상이한 범죄유형을 용이하게도 할 수 있고 반대로 억제할 수도 있다. 실제로 교통통행형태, 토지이용, 그리고 경계 등을 변화시킴으로써 잠재적 범법자와 이용자 모두에게 영향을 미치게 되어 범죄율을 낮출 수도 있고 높일 수도 있는 것이다. 즉, 이러한 변화가 다소간 잠재적 범법자의 활동궤도에 영향을 미칠 수 있기 때문에 잠재적 범법자에 대한 노출을 변화시킬 수 있다는 것이다.

주거지의 경우, shopping과 같은 외부인을 유인할 수 있는 비주거용 토지이용과 유인시설, 그리고 도로 통행량을 높이는 등 주거지의 유동성을 높임으로써 더 많은 사람들이 주거지역으로 이동해 들어오게 되고 더 많은 사람들이 그 지역을 통행하게 한다는 것이다. 이러한 주장에 대한 연구결과도 이들 물리적 특징과 범죄정도의 강력한 관련성을 암시하고 있다. 예를 들어, 범죄율이 낮은 지역의 내부배치(internal layout)는 일방통행이 많고 협소하며, 도로가 많이 나지 않는 등, 침투성이나 투과성이 범죄율이 높은 지역에 비해서 더 낮은 것으로 보고되고 있다.[99] 최근 연구에 의하면, 상업지구에서의 크게 증대된 강도율은 위험성의 중요한 예측인자로 밝혀졌으나,[100] 공공주택의 존재는 강·절도나 폭력 등의 범죄율의 변화에 크게 관련되지 않는 것으로 알려졌다. 이처럼 내부유동형태나 경계에 대한 물리적 변화는 범죄율을 저하시킬 수 있는 것으로 간주되어 많은 도시계획자들이 물리적 변화를 통하여 범죄와 범죄관련 문제를 분석하고 그것을 낮추려고 노력하고 있다.

한편, 이러한 계획된 변화는 지역의 사회적·조직적 역동성도 요하는 경우가 있다. 물론 관측된 결과가 부분적으로는 물리적 설계의 변경 그 자체에 의한 것일 수도 있으나 사회적·조직적 영향을 전혀 무시할 수는 없는 것이다. 토지의 이용, 내부배치나 배열, 교통 등의 변화나 변경을 고려할 때는 사회적·조직적 조건이 중요하지 않을 수 없다. 예를 들어, 지역의 주요 이익집단에 어떠한 악영향도 미치지 않고 계획을 수립하기 위해서는 당연히 기업인과 상인, 지역 민간단체, 거주민 등의 참여가 필수적이기 때문이다. 그런데 이와 같은 지역의 참여는 합리적이고 이익을 극대화할 수 있는 변화를 위해서는 물론이고 실제로 범죄를 줄일 수 있는 재설계를 위해서도 중요한 전제조건이어야 한다. 지역사회의 동원이 포함된 방식으로의 변경은 부분적이나마 일부 범죄의 감소를 가져온 것으로 연구결과 제시되기도 하였다. 그러나 지역사회참여의 범죄예방적 이익은 지역사회의 참여와 동원이 쇠퇴하면 약화되는 것으로 알려져 있다.

도로구역(street block)에 있어서는 비거주 부지의 이용과 교통량의 증대는 주민들이 구역 내

활동을 관리하고 지역주민을 인식할 수 있는 능력을 방해하게 된다. 교통량이 많은 구역에 거주하는 사람일수록 자신의 앞마당의 이용빈도가 낮으며 이웃으로부터 자신을 격리하는 경향이 강한 것으로 알려져 있다. 근처의 상업용 또는 산업용 부지의 이용과 관련되지만 보행인의 통행이 많은 것도 마찬가지의 결과를 초래한다고 알려져 있다. 비거주용 부지의 이용도와 그로 인한 교통과 보행인의 통행량 증대는 주민 상호 간 인지도를 저하시키고 따라서 잠재적 범법자와 주민을 구분하는 것을 어렵게 만든다. 한 마디로 비거주용 부지의 활용은 주민에 의한 비공식적 통제를 어렵게 하고, 차량과 보행인의 통행 증대는 주민에 의한 비공식통제의 지리적 범위를 축소시키게 된다.[101)]

  결과적으로, 비거주용 토지이용이 높은 구역에 거주하는 주민일수록 자신의 안전에 대한 관심과 우려가 더 높으며 의심스러운 일을 목격했을지라도 개입할 가능성이 훨씬 낮아서, 범죄피해를 더 많이 경험하게 되고 경찰을 부르는 경우가 더 빈번하다고 알려지고 있다. 특히, 술집과 같이 비거주용으로 부지를 많이 이용하는 것은 거주구역에 많은 문제를 초래한다고 여겨지고 있으며, 이러한 주장에 대해서 실제 연구결과 입증되고 있다.[102)] 그러나 동시에 일부 경우에는 특정 구역 주변이나 구역 내의 사람의 수를 증대시킴으로써 비공식적 감시를 향상시키고 따라서 일부 범행을 줄일 수도 있다고 한다. 또한, 이는 구역 내 경제적 개발과 발전과 같은 지역의 기타 목적을 이루는 데도 기여할 수 있는 것으로 알려져 있다. 그리고 설계와 관리를 잘 함으로써 시설주변의 범죄의 위험을 어느 정도 줄일 수도 있을 것이다.

  이러한 주장과 연구결과는 어떻게 실무적으로 활용될 수 있는가? 위와 같은 사실이 가게나 업소가 주거지역에서 제거되어야 함을 뜻하지는 않는다. 사실, 범죄예방 목적을 위한 부지활용 계획이 주민들이 이들 시설과 서비스에 의존해야 하기 때문에 경제개발과 같은 지역 내 다른 목표와 상충될 수도 있다. 더구나, 이들 가게나 업소의 소유주나 경영주가 오래 그 지역에 거주하였고 문화적으로 지역주민들과 유사하다면 노상생활의 안전과 질서에 상당한 기여도 할 수 있다고 한다.

  그러나 만약 주민과 사업자가 상호 무시 못할 간극을 보여준다면 문제가 될 수 있다. 많은 경우, 특히 오래된 시가지에서는 한인사업자와 흑인거주자와 같이 주민과 사업자가 상이한 민족이며, 따라서 상이한 문화를 가지고 있다. 이 경우 서로 상대방의 행동을 이해하기가 쉽지 않으며, 이는 곧 사업자가 그 지역 내에서 일어나는 사건에 대한 비공식적 통제에 기여할 수 없게 만든다. 그래서 이들 사업자들이 그 지역에 의미 있는 기여를 할 수 있도록 지역주민조직이나 경찰의 대민관계 부서가 만들어지고 발전되어야 한다.

4. 주민시도의 영역표지(territorial signage)

주민들이 상호 돌보고 염려하고 있다는 표시는 곧 지역 내에서 일어나는 일에 대하여 방심하지 않고 경계하고 있으며, 무슨 일이 일어났을 때 필요하다면 개입할 의사가 있다는 것을 외부인과 다른 주민들에게 알리는 것이다. 그래서 잠재적 범법자까지도 그 지역에서의 범행을 억제하게 된다는 논리이다. 그러나 현재까지의 연구는 이러한 영역적 관점은 범죄예방 그 자체보다는 오히려 범죄에 대한 공포를 줄이는 데 더 적절한 것으로 주장하고 있다. 이론적으로 구역의 역동성에 초점을 맞추고 영역기능이 어떻게 기존의 주민들의 행동에 영향을 미치는가를 설명하고자 한다. 주민은 물론이고 외부인도 마찬가지로 이러한 영역표시(territorial marker)를 주민들이 상이한 상황에서 어떻게 반응할 것인가에 대한 단서로서 해석한다. 주민들은 강력한 표지가 더 안전한 환경을 뜻하는 것으로 여긴다. 따라서 환경이 더 많이 위협받을수록 주민들이 더 안전하게 느끼도록 하기 위해서는 더 많은 징표가 필요하다고 한다.[103]

이러한 내용은 어떻게 실용화되고 있는가? 방어공간 이념에 따라 설계자나 기획자들은 주민들에 의하여 쉽게 관찰될 수 있는 경계가 정해진 공적 공간에 준하는 공간으로 만들고자 한다. 요즘 도심의 유휴지역에 도시정원을 꾸미는 것이 유행하는 것이 주민들이 관리할 수 있도록 허가된다면 주어진 공간을 어떻게 할 것인가를 제시해 주는 사례라고 할 수 있다. 정원 자체가 주민들로 하여금 지역을 주시하게 하고 지역에 더 많이 참여하도록 만드는 이유를 제공한다.

한편, 관리들도 주민들에 의한 영역적 전략(territorial strategies)을 권장하는 지역적 발의를 공개적으로 지지한다. 다수의 지방 지역사회 집단들이 이미 환경미화와 대청소 등의 활동에 지역주민들이 적극 참여하도록 권장하기 위한 집중적인 노력을 경주하고 있다. 그러나 지방 관료들은 이러한 지역 주민들의 노력과 활동을 넘겨받기를 원치 않는다. 그럼에도 불구하고 지방 주민단체나 주민들은 지역의 안전을 도모하기 위한 자신의 공헌과 노력을 지방 관료들이 이해하고 지원한다면 감사해 마지않을 것이다.

한편 무질서 등과 관련한 영역적 접근은 범죄문제와 관련하여 세 가지 면에서 한계가 있다. 우선, 예를 들어 범죄에 대한 공포가 영역적 기능(territorial functioning)을 어떻게 방해하고 우려의 증대와 관할구역의 약화라는 과정에의 개입을 좌절시키는지 알려지지 않고 있다. 그리고 영역적 기능에 대한 사회적·인지적 부분의 상대적 기여도를 영역적 징표로부터 파생되는 물리적 요소로부터 분리하기가 어렵다. 끝으로 이러한 영역적 표지에 대하여 잠재적 범법자들이 어떻게 반응하는가에 대해서도 분명치 않다.

5. 물리적 퇴락과 무질서의 통제

1970년대 Wilson은 실제로 도시인들을 불안하게 만들고 자신의 안녕을 염려하게 하는 것은 비단 자신이 보고 듣는 범죄뿐만 아니라 눈에 보이는 사회의 붕괴를 암시하는 주변의 사회적·물리적 징표라고 주장하였다.[104] Hunter는 이러한 징표를 비시민성, 무례함의 표시(signs of in-civility)라고 이름한 바 있다.[105] 이는 그러한 징표들이 질서유지를 책임지고 있는 기관과 공무원들이 그러한 문제를 처리하는 능력이 없거나 관심이 없다는 것을 암시하기 때문에 사람들로 하여금 불안하게 만드는 것이라는 주장에 근거하고 있다. Wilson과 Kelling은 이 무례(incivility)의 개념을 시계열적으로 틀을 짜서 잠재적 범법자들이 이러한 무례(incivility)에 어떻게 반응하는가를 고려한 경우가 있다. 그들은 이러한 역동성을 바로 지역사회 경찰활동(community po-licing)이라는 관점에서 논의하였는데, 그것이 바로 유명한 깨어진 창(Broken windows)이라는 용어로 기술되었다.[106]

건물의 파손이나 낙서의 만연, 그리고 쓰레기가 쌓이는 등의 물리적 퇴락은 오래된 도심지역에서는 통상적으로 있을 수 있는 일이나 만약 담당 공무원이나 기관에서 그에 대하여 어떠한 조치나 대처도 하지 않는다면 주민들이나 상인들은 점차 취약하게 느끼게 된다. 자신의 안전에 대하여 점점 염려하게 됨으로써 이들은 공공장소의 질서유지에 점점 관여하지 않게 되고, 빈둥거리거나 떠들고 소란스럽게 다니거나 싸움질을 하는 청소년들이나 성인들을 말리거나 못하게 하지 않게 된다. 가로나 노상의 감시의 눈이 이처럼 없어지거나 줄어들게 되어[107] 지역의 일탈적이거나 비행적인 10대들은 더욱 대담하고 더욱 빈번하게 기물을 손괴하거나 사람들을 희롱하게 된다. 그러한 행동에도 불구하고 아무런 제재도 받지 않고 그냥 넘어가게 된다면 이러한 행동에 대하여 비행소년들은 점차 둔감화될 것이고, 더 많은 경미한 범죄에 노출되며 더욱 난폭하게 변모할 수 있다. 일부 청소년들이 이처럼 더욱 문제스럽고 난폭하게 되었다는 것을 느끼게 되는 주민들은 지역 내 공공장소를 더욱 멀리하게 되고 자신의 신체와 재산을 보호하는 데 더 많은 염려를 하게 된다. 바로 이 시점이 되면, 심지어 지역 바깥의 잠재적 범법자들까지도 그 지역이 취약하다는 것을 느끼고 그들은 그 지역에서 행해지는 범죄는 발각될 가능성도 낮고 또 그에 대한 반응도 거의 없기 때문에 그 지역으로 몰려들게 되어 궁극적으로 그 지역의 범죄율이 격증하게 된다는 것이다. 한편 이러한 일련의 현상은 또한 주민들을 외곽으로 이동하게 만들어서 그 지역을 더욱 쇠퇴시키게 된다.[108]

이러한 주장은 몇 가지 한계에도 불구하고 이론가나 실무자들로부터 많은 관심을 얻게 되었다.[109) 무질서의 징표, 범죄, 그리고 범죄에 대한 공포에 관한 연구는 이용된 척도와 분석의 단위에 따라 상이한 결과를 보여주고 있다.[110) 비시민성, 무례함(incivility)에 대한 주민의 인식을 이용한 연구는 물리적 특징에 대한 실사에 기초한 연구에 비해 보다 일관적인 영향이 있었음을 보여주고, 일반적으로 가로나 도로의 구역을 기준으로 한 연구가 이웃을 단위로 한 연구보다 일관된 결과를 낳고 있다.[111) 그 외, 많은 연구들이 물리적 퇴락과 사회적 비시민성, 무례함 (incivility)에 대한 인식을 범죄에 대한 공포와 기타 지역적 현안과 연계시키고 있다.[112) 예를 들어, Skogan은 지역사회의 빈곤, 안정성, 그리고 소수집단의 신분 등을 통제할 경우 비시민성, 무례함(incivility) 지표가 범죄문제의 인식, 야간 범죄에 대한 공포, 그리고 강도피해에 영향을 미친다고 하였다.[113) 그리고 Covington과 Taylore도 비시민성, 무례함(incivility)에 대한 현지실사와 인식조사 모두가 주민들의 개인적 안전에 서로 독립적으로 영향을 미친다고 주장하였다. 이는 광범위한 물리적 퇴락은 주민들이 문제에 대하여 걱정이나 관심을 표명하지는 않을 때에도 주민들을 더욱 불안하게 할 수 있다는 것을 뜻한다.[114)

한편, 물리적 퇴락과 사회적 무질서에 대한 간접적 지표의 영향도 연구되었는데, 주택의 외관과 가치는 물론이고 사회적 안정의 유지와 관계된 주택소유율은 범죄율이 크게 영향을 미치지 못하였으나, 방화나 청소년비행 등의 기타 지역사회 퇴락의 지표들은 적지 않은 영향을 미치는 것으로 밝혀졌다. 지역사회의 무질서와도 유관한 것으로 알려진 가족빈곤은 폭력의 위험성과 강도의 위험성을 예측하는 데 중요한 변수인 것으로 알려지기도 하였다.[115) 그런데 물리적 변화는 범죄의 변화에 선행하는 것으로 보이는데, 실제로 로스엔젤레스의 인구센서스를 이용하여 수년간 연구한 결과 이러한 주장이 입증되기도 하였다.[116) 결론적으로 지역사회의 여건과 기타 요소에 따라서는 물리적 퇴락과 물리적 퇴락을 부분적으로 암시하는 간접적 지표들이 주민들의 범죄에 대한 공포의 정도와 범죄율의 변화와 연관이 있는 것으로 여겨진다.

지역사회나 이웃뿐만 아니라 가로나 도로구역 단위에서는 무례(incivility)와 범죄관련문제의 인식에 더 강력한 연관성이 있는 것으로 알려져 있다. 물리적 퇴락의 평가가 범죄와 사회문제의 인식에 상당한 영향을 미치는 것으로 실제 연구결과 밝혀지기도 하였다. 결국 이웃 단위나 가로구역 단위에서의 연구결과들은 물리적 퇴락, 이들 물리적 퇴락과 관계되는 것으로 여겨지는 특징, 또는 퇴락에 대한 인식이 범죄관련문제, 범죄, 그리고 범죄의 변화 등은 상당한 관계가 있는 것으로 보인다.

따라서, 이러한 연구결과에 기초하여 실제로 형사정책에 응용되기도 하는데, 예를 들어 지역 관계자나 공직자 또는 기획자들이 특정 지역이 아주 높은 범죄율을 경험하고 있는 위험성이 있다고 판단하면 물리적 퇴락과 방치 등을 예방하기 위하여 주택관계자, 교통 및 도로 등 도시계획 관계자 또는 위생환경 관계자 등과 공조할 수도 있을 것이다.

그러나 문제나 한계가 없는 것도 아니다. 우선, 물리적 퇴락과 무례(incivility)의 변화가 지역의 구조적 변화와 별도로 일어나는지 또는 단순히 지역의 구조적 변화를 반영하는 것인지 분명치 않다. 어느 지역이나 생태학적 과정과 사회, 정치, 경제적 요소로 인하여 세 가지 방법으로 변한다. 즉, 사회경제적 지위가 높아지거나 또는 낮아지고, 주택의 소유와 임대 비율을 반영하는 지역의 안정성이 변하며, 그리고 인종적 또는 연령별 구성이 변한다는 것이다.[117] 따라서 물리적 무례(incivility)가 이러한 구조적 변화를 단순히 반영하는 것인지 아니면 물리적 변화가 이들 구조적 변화와 별도로 나타나는 것인지 의문의 여지가 생긴다. 이에 대한 대답은 매우 중요한 이론적 그리고 실질적 중요성을 가지는데, 예를 들어서 만약 물리적 무례(incivility)가 단순히 사회경제적 지위의 변화를 반영하는 것이라면 주거환경의 개선보다는 주민에 대한 직업알선이 장기적 범죄예방의 목적에 더욱 부합된 정책일 것이기 때문이다.

그리고 물리적 환경의 퇴락은 어느 시점에서라도 기타 지역특징과 밀접하게 연관되지 않을 수 없다. 예를 들어, 대부분 무례(incivility)가 심한 지역이나 구역일수록 비주거용 시설의 활용 비율이 훨씬 높으나, 지역공간을 어떻게 활용하는가가 물리적 퇴락의 정도보다 범죄의 증대에 더 큰 영향을 미치는지도 분명하게 알 수 없는 것이다.

더불어, 이 깨어진 창(broken windows) 이론의 가장 중요한 관점인 잠재적 범법자가 이러한 물리적 무례(incivility)를 어떻게 읽는가, 즉 이해하고 해석하는가에 대해서도 알려진 것이 없다. 아마도 외부에서 온 잠재적 범법자들은 물리적 퇴락의 정도를 파악하고 그 지역을 침투할 것인가를 바로 그러한 특징들에 기초하여 결정하는 것으로 가정해 볼 수 있다. 그러나 잠재적 범법자들이 이러한 물리적 퇴락에 얼마나 관심과 주의를 기울이는지는 알지 못한다.

한편, 물리적 퇴락을 억제하고 물리적 환경을 개선하는 것이 반드시 좋은 것만도 아니다. 실제로, 물리적 환경의 개선이 잠재적 범법자들로 하여금 그 지역이 잠재적으로 좋은 범죄의 대상이나 표적물이 많이 있다고 여길 수 있게 한다는 것이다. 그런데 이 논쟁에 있어서 가장 중요한 영향을 미치는 사항은 대규모 동기가 부여된 잠재적 범법자 집단이 지역 인근이나 주변에 또는 내부에 얼마나 존재하는가 하는 사실이다.[118]

6절 지리적 공간과 범죄

1. 공간의 개념

공간이라는 말은 장소, 위치, 주소, 지역, 관할구역, 혹은 도시 전체 등의 말과 혼용하여 사용되고 있다. 하지만, 이들 용어 사이에 미묘한 의미의 차이가 있음을 간과해서는 안 될 것이다. 이상에 제시한 지역 또는 위치를 설명하는 수많은 용어들은 크게 장소(place)와 공간(space)으로 구분된다.[119] 장소는 가정집, 상가, 학교, 개별 주소, 길거리 모퉁이, 또는 개개의 위치를 포함한다. 장소는 공간보다는 훨씬 작은 개념이고, 공간 안의 한 지점을 의미하는 것으로 이해된다. 공간(space)은 근린, 인구조사 표준지역, 기타 보다 광범위한 영역들을 아우르는 개념이다.

실질적인 공간의 경계는 다양한 방법으로 형성될 수 있는데, 경찰이 관할구역을 임의로 수 개의 작은 지리적 영역으로 나누는 것이 그 예가 된다. 이 관할구역은 경찰의 신고접수시 출동 반경이 되기도 하고, 각종 범죄데이터의 수집단위가 되기도 한다. 또, 경찰의 관할구역은 지구대 나 파출소 단위의 관할구역에서부터 경찰서, 지방경찰청 단위의 관할구역으로 그 영역이 넓게 형성되기도 한다. 이러한 공간의 구분은 경찰에 의해서만 만들어지는 것은 아니다. 광역시도뿐 아니라 시·군·구의 경우에도 경계지점에 "동대문구에 오신 것을 환영합니다"나 "여기서부터 구 리시입니다"와 같은 표지판을 두어 공간의 경계를 만들어낸다. 이와 같은 행정구역에 따른 공간 구분은 단순히 시민들에게 지리감을 주기 위한 것일 수 있지만, 실생활에서 큰 영향을 미친다. 즉, 행정구역을 중심으로 초등학생이나 중·고등학생의 학군이 형성되고, 그에 따라 학생들의 생 활영역이 달라지는 것이다. 하지만, 이상의 공식적 경계구역은 비공식적 경계구역과 반드시 일 치하는 것은 아니다. 특히, 공식적 경계구분과 비공식적 영역구분이 불일치할 때 다양한 문제들 이 발생하게 된다.

공간의 개념은 보다 개인적 차원에서 정의되기도 한다. 등굣길이나 출근길에 거리의 특징을 이정표로 삼는 것은 어떤 개인에게는 매우 중요한 것일 수 있지만, 모두가 그런 것은 아니라는 점이다. 따라서 공간 개념은 개인의 인지지도에 따라 달리 정의될 수 있다. 한편, 공간은 그 자체 로 생명을 갖는 특징이 있다. 공간은 개별 장소들의 합 그 이상이 되는 것이다. 젊은이들로 넘쳐 나는 홍대나 외국인들이 붐비는 이태원 거리를 생각해보면, 개별적인 주점, 클럽, 음식점 등이 모여 있지만, 그곳의 광경, 흘러나오는 음악소리, 심지어 냄새까지 그곳의 공간적 특성을 나타낸다.

2. 공간과 범죄의 이론적 설명

다양한 연구를 통해 범죄가 특정 장소에 집중되는 경향이 있음이 확인되고 있다. 여기에서는 범죄이론을 두 가지로 유형화하여 설명해보고자 한다. 먼저, 적절한 목표물이나 동기화된 범죄자와 같은 범죄유발 내지 범죄활동 유인으로서 시공간을 고려하는 환경범죄학(environmental criminology)과 일상활동이론(routine activity theory)을 생각해 볼 수 있다. 또, 범죄를 촉진하는 기제로서 사회적·경제적 조건을 주로 강조하는 사회해체이론(social disorganization theory)의 관점이 있다.

먼저, 초기의 범죄에 대한 공간연구는 1830년대 Quetelet와 Guerry의 관심에서 출발한다. 초기연구자들은 프랑스 지역을 대상으로 빈곤이나 교육수준과 같은 사회적 요인과 체포율 사이의 관계를 탐구하였다. 그 결과 재산범죄는 빈곤한 지역보다 부유한 지역에서 그 발생률이 더 높았다. 프랑스의 절도범은 값비싼 목표물이 풍부한 부유한 지역을 범행대상지로 삼는다는 것이다. 1930년대 Chicago 대학의 연구자들(일명 시카고학파)은 일리노이즈 주의 Cook 카운티지역에서 발생한 청소년비행패턴 연구를 위해 개별 소년비행사건의 주소를 지도에 핀으로 표시하는 연구를 시도했다. 이러한 연구방법으로 이후 Shaw & McKay(1942)는 도시의 특정 지역에서 인구의 인종적 구성변화에도 불구하고 수십 년간 높은 소년비행 발생률이 지속되는 결과를 확인하게 되었다. 범죄가 도시의 특정지역에 집중되어 발생하고, 이러한 경향이 안정적이라는 사실은 범죄학 영역에서 꽤나 일관된 연구결과중 하나이고, 공간과 범죄의 관계의 연구가 태동할 수 있는 기초가 되었다.

이상과 같은 범죄학자들의 연구와 관심은 장소 또는 공간이 범죄에 미치는 영향을 설명하기 위한 이론의 발전으로 이어졌다. 예를 들어 대표적인 이론으로 일상활동이론에서는 약물이나 알코올이 있는 유흥가 지역과 이웃 상호 간에 감시하는 경향이 덜한 곳에서 범죄피해 위험은 고조된다고 설명한다. 이 경우 피해자와 잠재적 범죄자는 특정 시공간에 공존하게 됨으로써 범죄기회를 창출하게 된다. 한편, 환경범죄학을 주창하는 사람들은 피해자보다 범죄자에 관심을 두고 잠재적 범죄자의 일상생활이 고려할 가치가 있다고 주장한다. 즉, 범죄자가 생활하고, 일하며, 쉬는 공간들이 지리적 범죄패턴을 설명할 수 있다고 본다. 어떤 경우든 다양한 행동과정의 비용과 효용을 저울질하는 합리적 범죄자는 직접적으로 접하는 환경에 따라 의사결정을 내리게 된다. 사실 일부 연구자들은 합법적인 기회가 차단된 범죄자 집단 내에서는 마약판매가 오히려 합리적인 것으로 간주되고 있음을 설명하기도 한다.[120]

한편, 장소가 범죄에 영향을 미치는 방법으로 범죄자나 피해자의 개인적 차원의 설명보다 다소 큰 틀에서 설명하는 것도 가능하다. 즉, 특정 장소에 나타나는 사회경제적 성격으로 '위험한 이웃'의 성격에 관심을 두고 연구한 학자들도 있다. 범죄가 집중되는 이웃이란 빈곤율, 주거불안정성, 인구이질성, 가족해체수준 등에 의해 전형적으로 구분된다.[121] 이 지역에서는 Sampson과 그 동료들이 말한 소위 '집합효율성(collective efficacy)'의 결핍으로 설명될 수 있다. 집합효율성이란 이웃 상호 간 신뢰수준이나 자신의 이웃 및 외부에서 온 사람에 대해 적극적으로 개입하려고 하는 성향 등으로 설명되는데, 범죄가 집중되는 곳은 이러한 집합효율성이 낮게 나타난다는 것이다. 이 지역의 이웃들은 사회적 응집성이 거의 없고 나뒹구는 쓰레기, 버려진 공가나 폐가, 심한 낙서 등 물리적 무질서가 만연해 있다. 또, 이러한 성격을 갖는 지역들이 대부분 범죄다발지역, hot-spots으로 확인된다.

hot-spots이란 지역 내에서 일정규모의 공간 내에 범죄피해 위험이 높고, 유사한 면적의 타 지역에 비해 범죄건수가 상대적으로 훨씬 집중되는 지리적 경계구분이 가능한 공간을 뜻한다.[122] hot-spots은 통상 도시계획상의 지구(상업지구나 주택지구 등)보다는 작은 규모를 갖고 있고, 블록이나 거리들의 결합으로 공간이 구분된다. hot-spots을 확인한 초기 연구들 가운데 Sherman, Gartin, 그리고 Buerger의 연구에 따르면 미네아폴리스 지역의 거리나 교차로 가운데 3.3%에서 전체 경찰출동 건수의 50.4%가 집중되고 있다고 한다. 유사한 연구결과는 다른 지역에서도 쉽게 찾아볼 수 있었다.[123]

많은 연구들이 도시 내 특정 hot-spots에 범죄가 집중되는 것을 설명하고 있지만, 사실 보다 중요한 것은 hot-spots 지역의 발달과 존속에 영향을 미치는 사회적 특성을 탐색하는 것이다. 가장 일관되는 특징은 hot-spots 지역이 중심상업지역에 위치하고 있다는 점이다. 예를 들어 Roncek과 Maier는 클리블랜드의 도시구역 내 선술집이나 여행자대상 숙박업소의 숫자와 지표범죄 사이에 강력한 긍정적 상관관계가 있다고 보고하고 있다. 특히, 선술집의 이용객이 외지인이거나 외지인이 왕래하는 곳에 위치한 경우 상호감시기능은 약화되고, 범죄발생의 가능성은 높아진다. 실제 Sherman 등(1989)의 연구에서 상위 10곳의 hot-spots 가운데 5곳이 주점이었다. 마찬가지로 약물관련 사건의 hot-spots은 불법주점이나 쇠락한 상가지역 또는 빈곤과 여성가장 비율이 높은 지역에 집중하는 경향이 있다.[124]

제7절 사회환경과 범죄

1. 매스컴과 범죄

　　20세기의 많은 사회적 일탈은 만화, 영화, 잡지, 소설, 대중음악, 텔레비전, 그리고 광고 등의 대중매체에 많은 영향을 받은 바가 적지 않다고 지적되어 왔다. 텔레비전을 비롯한 이들 대중매체에 의한 폭력성의 표현이 범죄를 비롯한 많은 사회적 일탈을 야기시키는 주요한 사회적 문제로 인식되고 있는 것이다.

　　즉, 이들 대중매체가 주요한 사회적 문제로 인식될 정도로 다양한 방법으로 사회적 일탈에 영향을 미치고 있는 것이다. 물론 유용한 정보의 전달과 사회적 갈등의 해소 그리고 범죄자에 대한 사회적 징벌과 범죄의 예방교육 및 반범죄분위기의 조장에 의한 사회의 통제와 통합 등 범죄와 관련된 대중매체의 긍정적인 측면도 부인할 수 없지만 부정적인 영향 또한 이에 못지 않음을 간과할 수는 없는 것이다.

　　우선 대중매체의 외설(obscenity)은 그 자체가 범죄이며, 특정 일탈행위를 전파시키는 도구로서 작용하기도 한다. 또한 어떠한 매체에 지나치게 노출되는 것도 파괴적인 활동을 잉태시킬 수 있으며 이것을 우리는 흔히 '텔레비전중독(television intoxication)'이라고 이름하고 있다.[125] 즉, 대중매체의 폭력성보도에 많이 노출된 사람일수록 범죄에 가담할 확률이 높다는 고전적 주장이 그것이다.

　　대중매체는 범죄사건을 광고하고 과장하기 때문에 범죄를 조장하고 있으며, 이를 통한 언론재판 또는 여론재판을 유도하여 형사사법을 방해하며, 시청자들을 지나치게 범죄에 노출시킴으로써 범죄에 무관심하게 하고 때로는 공포에 떨게 하여 법집행과 범죄의 예방을 어렵게 한다. 또한 언론이 특정 범죄자를 미화하여 범죄집단에서의 지위를 격상시켜 주며 따라서 이들의 범죄는 당연히 일반 시민의 범죄를 충동하게 된다.[126]

　　그럼에도 불구하고, 이러한 결론을 내리기에는 보다 신중을 기할 필요가 있다. 일부에서는 우리 사회의 폭력성과 폭력행위에 초점을 두는 연구는 대체로 대중매체가 폭력행위의 주요한 근원이 아니라고 주장하고, 반면에 대중매체와 폭력성에 초점을 맞춘 연구는 대체로 대중매체의 부정적 영향을 지적하는 경향이 있다. 즉, 대중매체와 폭력성의 인과관계를 주장하는 사람들은

미국 '의무감(surgeon general)의 과학자문위원회'의 연구결과를 인용하는데, 이 위원회의 보고서
는 텔레비전의 폭력시청과 공격적 행위의 인과관계에 대해 이미 공격적인 아동과 특정한 여건
하에서만 있을 수 있는 잠정적인 암시에 지나지 않는다고 밝히고 있다.

　　또한 텔레비전폭력의 지나친 시청과 폭력적이거나 공격적인 행위는 둘 다 다른 공통적인 요
소가 결합한 산물이라는 것이다.[127] 실제로 영국에서의 실험결과, 비행소년과 비비행소년의 텔
레비전시청 유형이 서로 다르지 않았으며,[128] 공격적인 10대와 비공격적인 10대의 텔레비전시
청과 선호도에 있어서도 중요한 차이점을 발견하지 못했다.[129] 그래서 텔레비전 등의 대중매체
가 어떠한 유형의 폭력행위에 대한 주요한 기여요인 또는 인과요인이라고 주장하기에는 문제가
있으며, 사실 대중매체가 우리 사회의 범죄수준에 지대한 영향을 미쳤다고는 할 수 없다. 즉, 소
수의 병리적 사람의 경우를 제외하고는 대중매체가 폭력의 단일 원인이 절대로 될 수 없으며,
기껏해야 미미한 정도로 우리 사회의 폭력성에 기여한다고 할 수 있을 것이다.

　　그러나 범죄에 대한 대중매체의 영향을 전혀 무시할 수만은 없다. 언론에 의한 범죄의 미화
와 조장은 우리 사회의 범죄중심문화(crime centered culture)를 양산하고, 그 결과 우리 사회의
실제 범죄보다 범죄가 더 많은 것같이 보이게 하며,[130] 이는 대다수 시민이 실제 이상으로 범죄
에 대한 공포(fear of crime)를 느끼고 있다는 사실로서 알 수 있다. 물론 이러한 주장이 경험적
증거로 증명된 경우는 드물지만, 사람들이 신문을 읽고 텔레비전을 보면서 우리 사회의 범죄에
대해 그 특성과 정도에 관한 자신의 관점에 많은 영향을 받을 수 있다고 충분히 가정해 볼 수
있다. 실제로 사회의 범죄유형과 정도에 관한 시민들의 추정은 경찰의 공식통계보다는 신문보도
와 더 가까운 것으로 나타나기도 한다.

　　결론적으로 말해서, 특정한 조건에 있는, 특정한 사람의 관심을 끌 수 있는, 특정한 범죄사
건에 대한 특정 언론의 보도만이 그 사람에게 일정한 영향을 미칠 수 있다고 보는 것이 가장 바
람직하게 여겨진다.

　　그런데 이처럼 지금까지의 연구결과만 가지고 범죄와 대중매체의 인과관계를 분명히 할 수
는 없는데, 바로 다음과 같은 이유가 있기 때문이다. 우선, 전통적으로 이 분야의 연구를 함에
있어서 범죄의 시작, 공격성의 증대, 태도의 변화 등이 개념화되고 있는데, 이러한 것들이 우리
사회의 특성, 커뮤니케이션의 과정, 폭력과 언론에 대한 우리의 부적절한 이해에 기초하고 있다
는 것이다. 따라서 대중매체가 범죄에 영향을 미치기는 하지만 지금까지의 전통적인 연구가 지
적해 온 것과는 다르다는 것이다. 둘째로, 국가와 사회에 따라 언론의 범죄보도의 양과 특성이
상이하고 이것을 받아들이는 것 또한 상이함에도 불구하고 무시되었다는 지적이다. 셋째로, 지

금까지의 연구는 이론적·개념적 그리고 방법론적 입장에서도 비판을 받고 있다. 특히 폭력성이
나 공격성과 같은 주요 개념의 사용이 일관성과 명확성이 결여되어 있다는 지적이다.

2. 경제와 범죄

　1960년대 미국에서 범죄문제를 비롯한 제반 사회문제의 근원을 빈곤이라는 경제적 문제에
기인하는 것으로 간주하고, 이의 해결을 위한 빈곤과의 전쟁(war on poverty)이 선포되었을 정도
로 범죄사회학이 발전됨에 따라 더불어서 경제적 환경과 범죄의 관계가 더욱 폭넓게 논의되어
왔다. 이러한 논의는 범죄문제와 경제의 관계를 대체로 빈곤과 실업(unemployment)의 관점으로
나누어 살펴보고 있다.

(1) 빈곤과 범죄

　경제적 빈곤이 범죄성의 요인이 된다는 주장은 대체로 다음 두 가지 논거에 기초하고 있다.
　계층과 범죄편에서 이미 상술하였지만, 많은 연구결과 수형자를 비롯한 범죄 및 비행자집단
중에서 빈곤계층이 차지하는 비율이 지나치게 높다는 사실이 그 하나이며, 경제적으로 빈곤한
지역이 그 반대의 지역보다 범죄율이 훨씬 높다는 사실이 그 두 번째 논거이다.

　그러나 개인의 경제적 상태나 지위와 범죄와의 관계성은 이미 계층과 범죄를 다루면서 논의
되었기 때문에 여기서는 경제적 빈곤지역과 범죄의 관계를 중심으로 논의하고자 한다. 일찍이
Ogburn, Shaw, McKay는 범죄의 지역적 비교를 통해서 빈곤과 범죄의 상관성을 발견하였으며,
영국에서도 Morris는 비행지역(delinquency area)이 과밀가정(overcrowded home)의 비율에 정비
례하는 반면, 중류가정의 비율과는 반비례한다는 사실을 밝혀서 빈곤지역과 범죄의 유관성을 간
접적으로나마 암시하였다.[131]

　이러한 연구의 결과와 사실들을 놓고 본다면, 빈곤이 범죄에 기여하는 바 적지 않음을 알
수 있다. 그런데 이러한 유관성은 빈곤으로 인한 각종의 관습적 기회와 수단의 차단 내지는 제
한이라는 구조적 측면, 범죄적 부문화에 가까운 빈곤문화(subculture of poverty)적 입장 그리고
상대적 빈곤(relative poverty)과 그에 따른 상대적 박탈감(relative deprivation)이라는 세 가지 관점
에서 설명될 수 있을 것이다.

　첫번째 주장은 경제적 빈곤으로 인한 교육기회의 부족과 그에 따른 기회와 수단의 부족이라
는 우리 사회의 구조적 모순이 이들로 하여금 비관습적 수단과 기회에 호소하게 한다는 주장이

다. 반면에 빈곤계층의 사람들은 게으름이라든가 단기쾌락의 추구 등 범죄적 부문화에 가까운 그들만의 독특한 빈곤의 문화가 범죄를 조장한다는 것이 두 번째 주장이다. 그리고 세 번째는 이러한 절대적 빈곤 그 자체도 물론 범죄와 유관한 것이지만 사람들이 느끼는 상대적 빈곤감이 범죄의 충동감을 느끼게 할 수도 있다고 보는 관점이다.

(2) 경기변동과 범죄

일반적으로 국가의 경제상태가 그 사회의 여러 분야에 영향을 미치고 있기 때문에 범죄문제와도 무관하지 않으리라는 것은 쉽게 추정해 볼 수 있다. 1922년 미국에서 경제활동지표와 형사제재율의 관계가 처음 보고된 이래,[132] 20세기 전반 경제주기에서 경제활동수준이 낮을 때 재산범죄가 현저히 많았음을 알 수 있다.[133] 1960년대에 미국의 경제학자인 Fleisher는 소득수준과 비행의 관계를 면밀히 분석한 결과, 일반적인 경제조건이 비행에 영향을 미친다는 결론을 내린 바 있다.[134]

그리고 이에 유엔사회방위연구소(UN Social Defense Research Institute)에서는 경기변동이 범죄에 미치는 영향을 죄종별로 분석하기도 하였다.[135] 자동차절도 등은 범행기회의 증대로 인하여 오히려 호경기에 많이 일어나는 반면, 대부분의 경제범죄와 음주 등은 경제적 공황기에 증가하는 것으로 나타났다.[136] 세계 여러 나라의 경제지표와 범죄에 관한 시계열분석의 결과도 범죄의 증가와 경제의 침체가 강력한 관련이 있음을 보여 주고 있다.[137]

이처럼 경기변동과 범죄는 상당한 관계가 있는 것으로 보이지만 이 관계를 보다 확실히 하기 위해서는 몇 가지 신중을 기해야 한다. 우선 이런 종류의 연구 대부분이 부적절한 척도를 사용하거나 집합적 자료만을 이용하는 등 미비하거나 시대에 뒤지는 연구방법에 의존하고 있을 수 있다는 지적이 있다. 그리고 이 두 변수의 관계가 반드시 인과관계를 나타내지는 않는다는 것도 지적되고 있다. 즉, 경제적 불황이 범죄율의 변화를 선행하지만 그것이 단순한 동행을 의미하지는 않아서 상대적 박탈감(relative deprivation)과 같은 다른 변수와의 연계기제가 고려되어야 한다는 주장이다. 따라서 경기변동으로 인한 범죄율의 변화라는 인과관계가 어느 정도는 사실이지만 다른 요소들과 복합적으로 고려되어야 하는 복잡한 관계라고 결론지을 수 있다.[138]

(3) 실업과 범죄

일찍이 Mannheim은 범죄의 동향은 실업률의 증감과 거의 정확하게 일치한다는 사실을 주장하면서, 그러나 이 관계는 다른 요인에 따라 변할 수 있기 때문에 실업률과 범죄에 대한 총체적인 척도에 의존하지 말 것을 권고하였다.[139) 그 이후 이 분야의 많은 연구가 이루어졌으나 그 결론은 매우 다양하였다. 일부에서는 이들 두 변수의 관계는 무시해도 좋을 정도로 미미한 것이라고 주장하였고, 반면 또 다른 일부에서는 실업이 범죄를 유발하는 주요 요인이라고 주장하기도 하였다. 그러나 대다수의 연구는 이들 두 극단의 중간 정도에 위치하고 있는 것으로서, 이들은 실업이 범죄에 영향을 미치고 있음은 틀림없지만 그것은 오로지 다른 많은 요인 중의 하나에 불과하다는 입장이다.

이처럼 실업과 범죄의 관계에 대한 확실한 결론을 내릴 수 없는 데는 몇 가지 이유가 있다.

우선 두 변수의 인과관계가 존재한다는 어떤 연구결과가 다른 연구상황에서는 호환적으로 이루어지지 않는다는 점을 문제삼을 수 있다. 즉, 바로 그 연구는 한 상황에서만 해당하는 것이지 다른 상황에서는 적용될 수 없다는 것이다. 그러나 이보다 더 중요한 이유는 상이한 연구방법이 이용되기 때문에 결과나 결론 또한 당연히 이용된 연구방법에 따라 달라질 것이라는 지적이다. 예를 들자면 실업과 범죄를 측정하는 방법이 지역과 시간에 따라 상이하며 분석을 위한 통계적 기술 또한 상이할 수밖에 없다는 것이다. 또한 우리는 종종 범죄율과 범죄자를 혼동하고 있다. 즉, 특정 지역의 범죄율과 실업률 사이에 아무런 관계가 없을지라도 개별적으로는 고용된 사람보다 실업자가 범죄를 범할 확률이 더 높을 수 있다는 것이다.

끝으로 대부분의 연구가 지역 간 범죄율과 실업률을 비교하는 횡단적 연구라는 사실도 실업과 범죄의 관계에 대한 분명한 결론을 도출해 낼 수 없게 하는 요인의 하나이다.

그러나 실업과 범죄와의 관계에서는 이와 관련되는 다른 요인들의 역할이 중요하다는 것도 함께 고려되어야 한다. 우선 연령의 문제로서 연령별로 분석되지 않는 한, 실업과 범죄의 관계는 불분명할 수밖에 없다는 것이다. 실제 연구의 결과도 이처럼 나이에 따른 실업의 범죄에 대한 영향을 분석함으로써 두 변수 간의 관계가 더욱 명확하게 나타났다. 즉, 실업이 가장 많은 영향을 미치는 집단은 중년층이었다는 것이다. 청소년층의 경우는 아직은 직업전선에 뛰어들 나이가 아니기 때문에 직접적인 영향을 받지 않는다는 것이다.[140)

그러나 Gibbs는 자신의 연령층의 대다수 사람들이 직업전선에 뛰어들지 않는다면 실업이 그 연령집단의 문화적 목표를 성취하기 위한 개인의 수단을 약탈하지 않기 때문에 범죄에 크게 영향을 미치지 않는다는 소위 '지위통합(status integration)'이라는 말로서 이를 설명하고 있다.[141)

또한 실업과 범죄의 관계는 사회적 여건에 따라서도 달라질 수 있다. 실업은 연령에 관계없이 특히 재산범죄에 더 큰 영향을 미치며,[142) 실업을 많이 경험한 가정의 자녀가 범행할 확률이 더 많다는 것이다.[143)

　　결론적으로 실업이 범죄에 영향을 미치는 것은 사실이나 범행에 가장 많이 노출된 범죄지향적인 사람에게 가장 큰 영향을 미친다는 사실을 고려할 때 실업 그 자체가 법을 기본적으로 준수하는 사람에게는 범행을 야기시키는 영향을 적게 미칠 것으로 보인다.

　　따라서 현재로서는 실업이 범죄에 기여하는 요인임에 틀림없으나 인과관계가 그리 간단하지 않다는 것이다. 실업이 범죄가 확산되는 사회조건을 결정하는 주요한 요인이지만 실업의 해결이 범죄의 해결을 의미한다고 할 수 없으므로 실업이 범죄의 유일한 원인은 아님이 분명하다.

CRIMINOLOGY   참고문헌

1 Joseph F. Sheley, America's "Crime Problem": *An Introduction to Criminology*, Belmont, CA: Wadsworth, Inc., 1985, pp. 141~144.

2 Rosemary Sarri, "Gender Issues in Juvenile Justice," *Crime and Delinquency*, 1983, 29:381~397.

3 Michael Hindelang, "Age, Sex, and the Versatility of Delinquent Involvement," *Social Problems*, 1971, 18:522~535.

4 Delbert S. Elliott *et al.*, *The Prevalence and Incidence of Delinquent Behavior: 1976~1980*, Boulder, CO: Behavioral Research Institute, 1983.

5 Stephen Cerncovich and Peggy Giordano, "A Comparative Analysis of Male and Female Delinquency," *Sociological Quarterly*, 1979, 20:131~145.

6 R. J. Canter, "Sex Differences in Self–Report Delinquency," *Criminology*, 1982, 20:373~393; D. H. Smith and C. Visher, "Sex and Deviance/Criminality: An Empirical Review of the Quantatative Literature," *American Sociological Review*, 1980, 45:691~701.

7 Michael J. Hindelang, "Sex Differences in Criminal Activity," *Social Problems*, 1979, 27:143~156; Michael J. Hindelang, "Variations in Sex–Race–Age–Specific Incidence Rates of Offending," *American Sociological Review*, 1981, 46:461~474.

8 N. Wilson and C. Rigsley, "Is Crime a Man's World? Issues in the Exploration of Criminality," *Journal of Criminal Justice*, 1975, 3:131~140; D. Steffensmeier and R. Cook, "Sociocultural vs. Biological/Sexist Explanations of Sex Differences in Crime: A Survey of American Criminology Textbooks, 1918~1965," *American Sociology*, 1980, 15:246~255.

9 D. Steffensmeier, "Crime and Contemporary Woman: An Analysis of Changing Levels of Comale Property Crime, 1965~1975," *Social Forces*, 1978, 57:566~584.

10 Freda Adler, Sisters in Crime, New York: McGraw–Hill Book Company, 1975, pp.19~20; Nancy Koser Wilson, "The Masculinity of Violent Crime–Some Second Thoughts," *Journal of Criminal Justice*, 1981, 9:111~123.

11 D. Klein and J. Kress, "Any Women's Blues: A Critical Overview of Women, Crime and the Criminal Justice System," *Crime and Social Justice*, 1976, 75:34~49; R. J. Simon, Woman and Crime, Lexington, MA: D. C. Heath & Company, 1975.

12 A. R. Harris, "Sex and Theories of Deviance: Toward a Functional Theory of Deviance Type–Script," *American Sociological Review*, 1977, 42:3~16; C. Bruck, "Women Against the Law," Human Behavior, 1975, 12:24~33.

13 S. Datesman, F. Scarpitti, and R. Stephensen, "Female Delinquency: An Application of Self and Opportunity Theories," *Journal of Research in Crime & Delinquency*, 1975, 12:107~123; G. W. Noblit and J. M. Burcart, "Women and Crime: 1960~1970," *Social Science Quarterly*, 1976, 56:651~657.

14 Simon, *op. cit.*

15 D. H. Smith and C. Visher, "Sex and Diviance/Criminality An Empirical Review of the Quantitative Literature," *American Sociological Review*, 1980, 45:691~701.

16 Hindelang, *op. cit.*, 1979, p.152.

17 Darrell Steffensmeier and Renee Hoffman Steffensmeier, "Trends in Female Delinquency," *Criminology*, 1980, 18:62~85; Idem, "Crime and Contemporary Women: An Analysis of Changing Levels of Female Property Crime,

1960~1975," *Social Forces*, 1978, 57:566~594 ; Joseph Weis, "Liberation and Crime The Innovation of New Female Criminal," *Crime and Social Justice*, 1976, 1:17~27; Carol Smart, "The New Female Offender Reality or Myth," *British Journal of Criminology*, 1979, 19:50~59; Steven Box and Chris Hale, "Liberation/Emancipation, Economic Marginalization or Less Chivalry," *Criminology*, 1984, 22:473~478.

18 S. W. Coverman, "Gender, Domestic Labor Time, and Wage Inequality," *American Sociological Review*, 1983, 48:623~637.

19 D. Steffensmeier and M. J. Cobb, "Sex Differences in Urban Arrest Patterns, 1934~1979," *Social Problems*, 1981, 29:37~50 ; C. Visher, "Gender, Police Arrest Decisions, and Notions of Chivalry," *Criminology*, 1983. 21:5~28.

20 Cesarc Lombroso, *The Female Offender*, New York: Appleton Publishers, 1920, pp.51~52 passim, 122.

21 Simon, *op. cit.*, pp.2~9.

22 C. Smart, "Criminological Theory: Its Ideology and Implications Concerning Women," *British Journal of Sociology*, 1977, 28:89~100.

23 Otto Pollak, *The Criminality of Women*, Philadelphia, PA:University of Pennsylvania Press, 1950.

24 Freda Adler, *Sisters in Crime*, New York: McGraw-Hill, 1975; Rita J. Simon, *The Contemporary Women and Crime*, Washington, D.C.: U.S. Government Printing Office, 1975.

25 Edwin Sutherland and Donald Cressey, *The Principles of Criminology*(7th ed.), Philadelphia, PA: J. B. Lipincott Company, 1974, pp.121~126.

26 Travis Hirschi and Michael Gottfredson, "Age and the Explanation of Crime," *American Journal of Sociology*, 1983, 89:552~584, p.581.

27 Sheley, *op. cit.*, p.151.

28 John W. C. Johnstone, "Social Class, Social Areas, and Delinquency," *Sociology and Social Research*, 1978, 63:491~492; Michael Hindelang, "Variation in Sex-Race-Age-Specific Incidence Rates of Offending," *American Sociological Review*, 1981, 45:461~474.

29 A. R. Rowe and C. R. Tittle, "Life Cycle Changes and Criminal Propensity," *Sociological Quarterly*, 1977, 18:223~236.

30 D. Matza, *Delinquency and Drift*, New York: John Wiley and Sons, 1964, p.22.

31 Larry J. Siegel, *Criminology*(2nd ed.), St. Paul, MN: West Publishing Company, 1986, p.85.

32 W. C. Reckless, *The Crime prolem*(5th ed.), Englewood Cliffs, NJ: Prentice-Hall, 1973, pp.81~82.

33 이에 대한 자세한 논의는 Jeffery Reiman, *The Rich Get Richer and the Poor Get Prison: Ideology, Class, and criminal Justice*(3rd ed.), New York: McMillan Publishing Company, 1990, pp.80~141를 주로 참조할 것.

34 Henry W. Mannle and J. David Hirschel, *Fundamentals of Criminology*(2nd ed.), Englewood Cliffs, NJ: Prentice-Hall, 1988, pp.159~160.

35 Sigel, *op. cit.*, p.82.

36 Sheley, *op. cit.*, p.155.

37 James Short and F. Ivan Nye, "Reported Behavior as a Criterion of Deviant Behavior," *Social Problems*, 1958, 5:207~213.

38 F. Ivan Nye, James Short, and Virgil Olsen, "Socioeconomic Status and Delinquent Behavior," *American Journal of Sociology*, 1958, 63:381~389.

39 Robert Dentler and Lawrence Monroe, "Social Correlates of Early Adolescent Theft," *American Sociological Review*, 1961, 63:733~743.

40 Delbert S. Elliott and Suzanne Ageton, "Reconceiling Race and Class Differences in Self-reported and Official

Estimates of Delinquency," *American Sociological Review*, 1980, 45:95~110; Delbert Elliott and David Huizinga, "Social Class and Delinquent Behavior in a National Youth Panel 1976~1980," *Criminology*, 1983, 21:149~177.

41 U.S. Department of Justice, *Criminal Victimization in the United States−1989*, Washington, D.C.: U.S. Government Printing Office, 1991, p.5.

42 Richard Johnson, "Social Class and Delinquency," *Criminology*, 1980, 18:86~93; Terrence Thornberry and Margaret Farnsworth, "Social Correlates of Criminal Involvement: Further Evidence of the Relationship between Social Status and Criminal Behavior," *American Sociological Review*, 1982, 47:505~518.

43 Charles Tittle and Wayne Villemez, "Social Class and Criminality," *Social Forces*, 1977, 56:475~502; Charles Tittle, Wayne Villemez, and Douglas Smith, "The Myth of Social Class and Criminality: An Empirical Assessment of the Empirical Evidence," *American Sociological Review*, 1978, 43:643~656.

44 Michael Hindelang, Travis Hirschi, and Joseph Weis, "Correlates of Delinquency: The Illusion of Discrepancy between Self−report and Official Measures," *American Sociological Review*, 1979, 44:995~1014.

45 Elliott and Ageton, *op. cit.*; Elliott and Huizinga, *op. cit.*

46 John Braithwaite, "The Myth of Social Class and Criminality Reconsidered," *American Sociological Review*, 1981, 46:35~58.

47 Michael Hindelang, Travis Hirschi, and Joseph Weis, *Measuring Delinquency*, Beverly Hills, CA: Sage, 1981, p.196.

48 Thornberry and Farnsworth, *op. cit.*

49 John Braithwaite, "The Myth of Social Class and Criminality Reconsidered," in Joseph F. Sheley(ed.), *Explaining Crime: Readings in Criminology and Criminal Justice*, Belmont, CA: Wadsworth Publishing 1987, pp.246~254.

50 Joseph H. Rankin, "The Family Context of Delinquency," *Social Problems*, 1983, 30(4), p.466.

51 Robert C. Treojanowicz and Merry Morash, *Juvenile Delinquency: Concepts and Control*(4th ed.), Englewood Cliffs, NJ: Prentice−Hall, Inc., 1987, p.97; W. R. Gove and R. D. Clutchfield, "The Family and Juvenile Delinquency," *Sociological Quarterly*, 1982, 23:301~319.

52 Rachelle J. Canter, "Family Correlates of Male and Female Delinquency," *Criminology*, 1982, 20(2):149~167; Michael Hennesy, Pamela Richards, and Richard Berke, "Broken Homes and Middle−class Delinquency: A Reassessment," *Criminology*, 1978, 15(4):505~527.

53 Rankin, *op. cit.*, p.477.

54 Martin R. Haskell and Lewis Yablonsky, *Juvenile Delinquency*(3rd ed.), Boston, MA: Houghton Mifflin Company, 1982, p.117.

55 F. Ivan Nye, *Family Relationship and Delinquent Behavior*, New York: John Wiley and Sons, Inc., 1958, pp.79~80.

56 Sheldon Glueck and Eleanor Glueck, *Unraveling Juvenile Delinquency*, Cambridge, MA: Harvard University Press, 1950, p.261.

57 William and Joan McCord and Irving Zola, *Origins of Crime*, New York: Columbia University Press, 1959, pp.76~78.

58 Clliford R. Shaw and Henry D. Mckay, "Social Factors in Juvenile Delinquency," in Report on the Cause of Crime, *National Commission on Low Observance and Enforcement*, 1931, vol. 11, no. 13, p.285.

59 David Abrahamsen, *The Psychology of Crime*, New York: Columbia University Press, 1960, p.43.

60 *Ibid.*, p.46.

61 Robert G. Andry, *Delinquency and Parental Pathology*, London: Methuen and Co. Ltd., 1960, p.64.

62 August Aichorn, *Delinquency and Child Guidance*, New York: International Universities Press, 1969. p.164.

63 William and Joan McCord and Irving Zola, *Origins of Crime*, New York: Columbia University Press, 1959, p.83.

64 Hyman Rodman and Paul Grams, "Juvenile Delinquency and the Family: A Review and Discussion," *Task Force Report: Juvenile Delinquency and Youth Crime*, Washington, D.C.: U.S. Government Printing Office, 1967, p.198.

65 Aichhorn, *op. cit.*, p.33.

66 G. DeVoss, "Delinquency and Minority Status: A Psycho−cultural Perspective," in G. R. Newman(ed.), *Crime and Deviance: A Comparative Perspective*, Beverly Hills, CA: Sage, 1980, pp.130~180.

67 M. Rutter, "Separation, Loss, and Family Influence," in M. Rutter and H. Giller(eds.), *Juvenile Delinquency: Trends and Perspective*, New York: Penguin Books, 1983, pp.47~73.

68 Andry, *op. cit.*, pp.40~41.

69 F. Ivan Nye, *Family Relationship and Delinquent Behavior*, New York: Penguin Books, 1983.

70 Albert Bandura and R. H. Welters, *Adolescent Aggression*, New York: Ronald, 1959, pp.153~155.

71 Travis Hirschi, *Causes of Delinquency*, Berkeley, CA: University of California Press, 1969.

72 Michael J. Hindelang, "Causes of Delinquency: A Partial Replication and Extention," *Social Problems*, 1973, 20:471~487; Richard E. Johnson, *Juvenile Delinquency and Its Origins: An Integrated Theoretical Approach*, Cambridge, MA: Cambridge University Press, 1979.

73 J. Hagan and J. H. Simpson, "Ties that Bind: Conformity and the Social Control of Student Discontent," *Sociology and Research*, 1978, 61:520~538; R. Conger, "Social Control and Social Learning Models of Delinquency: A Synthesis," *Criminology*, 1976, 14:17~40; J. R. Hepburn, "Testing Alternative Models of Delinquency Causation," *Journal of Criminal Law And Criminology*, 1979, 67:450~460; R. Agnew, "Autonomy and Delinquency," *Sociological Perspectives*, 1984, 27:219~240; M. D. Krohn and J. Massey, "Social Control and Delinquent Behavior:An Examination of the Elements of The Social Bonds," *Sociological Quarterly*, 1980, 21:529~543.

74 G. F. Jensen and D. G. Rojek, *Delinquency: A Sociological View*, Lexington, MA: D. C. Heath. 1980; L. T. Empey, *American Delinquency: Its Meaning and Construction*(2nd ed.), Homewood, IL: Dorsey, 1982.

75 R. J. Canter, "Family Correlate of Male and Female Delinquency," *Criminology*, 1982, 20:149~167.

76 Edwin H. Sutherland and Donald R. Cressey, *Criminology*(9th ed.), Philadelphia, PA: J. B. Lippincott, 1974, p.206.

77 L. Robins, P. A. West, and B. L. Herjanic, "Arrest and Delinquency in Two Generations: A Study of Black Urban Families and Their Children," *Journal of Child Psychology and Psychiatry*, 1975, 16:125~140.

78 J. Fagan, D. Stewart, and K. V. Hansen, "Violent Men or Violent Husbands, Background Factors and Situational Correlates," in D. Finkelhor, R. J. Gelles, G. T. Hotaling, and M. A. Straus(eds.), *The Dark Side of Families*, Beverly Hills, CA: Sage, 1983.

79 Eliot Hartstone and Karen V. Hansen, "The Violent Juvenile Offender An Empirical Portrait," in R. Mathias. P. DeMuro, and R. S. Allinson(eds.), *Violent Juvenile offenders: An Anthology*, San Francisco, CA: National Council on Crime and Delinquency, 1984, pp.83~112.

80 G. D. Welters and G. E. Grusec, *Punishment*, San Francisco, CA: Freeman, 1977.

81 National Council on Alcoholism, *Annual Report−1967*, New York, 1988, p.6.

82 D. J. West and D. P. Farrington, *Who Becomes Delinquent?* London: Heinemann, 1973, p.111.

83 John W. C. Johnstone, "Delinquency and Changing American Family," in David Shichor and Delos H. Kelly(eds.), *Critical Issues in Juvenlie Delinquency*, Lexingtion, MA: Lexington Books, D. C. Heath and Company, 1980, p.89 ; Gerald R. Patterson, *Coercive Family Process*, Eugene, OR: Castalia Publishing Company, 1982, p.298.

84 John W. C. Johnstone, "Juvenile Delinquency and the Family: A Contextual Interpretation," *Youth and Society*, 1978, vol. 9, no. 4, p.305.

85 Johnstone, "Delinquency and the Changing American Family," *op. cit.*, p.92.

86 Martin Gold and Richard J. Petronio, "Delinquent Behavior in Adolescence," in Joseph Adelson(ed.), *Handbook of Adolescent Psychology*, New York: Wiley−Inter−science Publication, 1980, pp.495~535.

87 Johnstone, "Delinquency and the Changing American Family," *op. cit.*, p.83.

88 Josefina Figueira−McDonough and Elaine Selo, "A Reformulation of the 'Equal Opportunity' Explanation of Female Delinquency," *Crime and Delinquency*, 1980, 26(4):333~343.

89 Ralph B. Taylor, *Human Territorial Functioning*, Cambridge: Cambridge University Press, 1988, Chapter 4 참조.

90 Wesley Skogan, *Disorder and Decline: Crime and the Spiral of Decay in American Cities*, New York: Free Press, 1990 참조.

91 A. Hunter, "Symbols of incivility," *Paper presented at the Annual Meeting of American Society of Criminology*, 1978, Dallas, Texas.

92 Oscar Newman and Karen Franck, "The effects of building size on personal crime and fear of crime," *Population and Environment*, 1982, 5:203~220.

93 C. Ycaza, "Crime rate drops in shores," *The Miami Herald*, May 17, 1992.

94 D. L. Weisel, C. Gouvis, and A. V. Harrell, "Addressing community decay and crime: Alternative approaches and explanations," *Final Report to the National Institute of Justice*, Washington, D.C.: The Urban Institute, 1994.

95 Weisel *op. cit.*; J. Knutsson, "The Vassapart Project," *Paper presented at the Environmental Criminology and Crime Analysis Conference*, Rutgers University, Newark, New Jersey, June 1994 recited from Taylor and Harrell *op. cit.*, p.5.

96 D. D. Perkins, J. W. Meeks, and Ralph B. Taylor, "The physical environment of street blocks and resident perceptions of crime and disorder: Implications for theory and measurement," *Journal of Environmental Psychology*, 1992, 12:21~34; Ralph B. Taylor, S. D. Gottfredson, and S. Brower, "Block crime and fear:Local social ties and territorial functioning," *Journal of Research in Crime and Delinquency*, 1984, 21:303~331.

97 Bonnie Fisher and Jack L. Nasar, "Fear of crime in relation to three exterior site features: Prospect, refuge, and excape," *Environment and Behavior*, 1992, 24:35~65.

98 S. E. Merry, "Defensilble space undefended:Socail factors in crime control through environmental design," *Urban Affairs Quarterly*, 1981, 16:397~422.

99 S. W. Greenberg, J. R. Williams, and W. R. Rohe, "Safety in urban neighborhoods: A comparison of physical characteristics and informal territorial control in high and low crime neighborhoods," *Population and Environment*, 1982, 5:141~165; G. F. White, "Neighborhood permeability and burglary rates," *Justice Quarterly*, 1990, 7:57~68.

100 Harrell and Gouvis, *op cit*.

101 A. Baum, A. G. Davis, and J. R. Aiello, "Crowding and neighborhood mediation of urban density," *Journal of Population*, 1978, 1:266~279; Ralph B. Taylor, *op cit.*, 1988, Chapter 8 참조.

102 E. Kurtz, B. Koons, and Ralph B. Taylor, "Nonresidential land use, informal resident−based control, physical deterioration, and calls for police service," *Paper presented at the Annual Meeting of the Academy for Criminal Justice Science*, March 1995, Boston, Maryland; D. D. Perkins, P. Florin, R. C. Rich, A. Wandersman, and D. M. Chavis, "Participation and social and physical environment of residential block: Crime and community context," *American Journal of Community Psychology*, 1990, 18:83~115;D. W. Roncek and R. Bell, "Bars, blocks, and crime," *Journal of Environmental Systems*, 1981, 11:35~47; D. W. Roncek and D. Faggiani, "High schools and crime: A replication," *The Sociological Quarterly*, 1985, 26:491~505.

103 S. Brower, K. Dockett, and Ralph B. Taylor, "Resident's perceptions of site—level features," *Environment and Behavior*, 1983, 15:419~437; P. E. Greenbaum and S. D. Greenbaum, "Territorial personalization: Group identity and social interaction in a Slavic—American neighborhood," *Environment and Behavior*, 1981, 13:574~589.

104 W. J. Wilson, *Thinking about Crime*, New York: Basic, 1975 참조.

105 A. Hunter, "Symbols of incivility," *Paper presented at the Annual Meeting of the American Society of Criminology*, Dallas, Texas, 1978.

106 J. W. Wilson and George Kelling, "Broken windows," *Atlantic Monthly*, 1982, 211:29~38.

107 J. Jacobs, "Community on the city streets," pp.74~93 in E. D. Boltzel(ed.), *The Search for Community in Modern America*, New York: Harper and Row, 1968.

108 Wesley Skogan, "Fear of crime and neighborhood change," in A. J. Reiss, Jr. and M. Tonry(eds.), *Crime and Justice: A Review of Research*, Vol. 8, Chicago: University of Chicago Press, 1986, p.203; Wesley Skogan, *Disorder and Decline: Crime and the Spiral of Decay in American Cities*, 1990, p.2.

109 Jack Greene and Ralph B. Taylor, "Community—based policing and foot patrol: Issues of theory and evaluation." pp.195~224 in Jack Greene and Steven Mastrofski(eds.), *Community Policing:Rhetoric or Reality?*, New York: Praeger, 1988.

110 T. Miethe, "Fear and withdrawal form urban life," *Annals of the American Academy of Political and Social Science*, 1995, 539:14~27.

111 Ralph B. Taylor, S. A. Schumaker, and S. D. Gottfredson, "Neighborhood—level links between physical features and local sentiments: Deterioration, fear of crime, and con—fidence," *Journal of Architectural Planning and Research*, 1985, 2:261~275; Ralph B. Taylor and S. A. Schumaker, "Local crime as a natural hazard:Implications for under—standing the relationship between disorder and fear of crime," *American Journal of Community Psychology*, 1990, 18:619~642.

112 D. A. Lewis and M. G. Maxfield, "Fear in the neighborhoods: An investigation of the impact of crime," *Journal of Research in Crime and Delinquency*, 1980, 17:160~189.

113 Wesley Skogan, *Disprder and Decline: Crime and the Spiral of Decay in American Cities*, New York: Free Press, 1990, pp.193~194.

114 J. Covington and Ralph B. Taylor, "Fear of crime in urban residential neighborhoods: Implications of between and within—neighborhood sources for current models," *The Sociological Quarterly*, 1991, 32:231~249.

115 Skogan, *op. cit.*; Harrell and Gouvis, *op. cit.*

116 L. Schuerman and S. Kohrin, "Community careers in crime," pp.67~100 in A. J. Reiss, Jr. and M. Tonry(eds.), *Crime and Justice: A Review of Research*, Vol. 8, Chicago: University of Chicago Press, 1986.

117 Ralph B. Taylor and J. Covtington, "Neighborhood changes in ecology and violence," *Criminology*, 1988, 26:553~589.

118 A. E. Bottoms and P. Wiles, "Housing tenure and residential community crime careers in Britain," pp.101~162 in A. J. Reiss, Jr. and M. Tonry(eds.), *Crime and Justice: A Review of Research*, Chicago: University of Chicago Press, 1986; J. Covington and R. B. Taylor, "Gentrification and crime: Robbery and larceny Changes in appreciating Baltimore neighborhoods in the 1970's," *Urban Affairs Quarterly*, 1989, 25:142~172.

119 R. Block and C. Block, "Space, place and crie: Hot spot areas the hot places of liquor—related crime," in J. Eck & D. Weisburd(Eds.) *Crime and Place*, Monsey, NY: Willow Tree Press, 1995, pp.145~184.

120 B. A. Jacobs, *Dealing Crack: The Social World of Streetcorner Selling*, Boston, MA: Northeastern University Press, 1999.

121 R. J. Sampson and B. Groves, "Community Structure and Crime: Testing Social—Disorganization Theory," *American Journal of Sociology*, 1989, 94:918~924.

122 John E. Eck, "Crime Hot Spots: What They Are, Why We Have Them, and How to Map Them," in J. E. Eck, S. Chainey, J.G. Cameron, M. Leitner and R.E. Wilson(eds) *Mapping Crime: Understanding Hot Spots*, Washington, DC: US Department of Justice, National Institute of Justice, 2005.

123 G. Pierce, S. Spaar, and L. Briggs, *The Character of Police Work: Strategic and Tactical Implications*, Boston, MA: Center for Applied Social Research, Northeastern University, 1988; L.W. Sherman, *Policing Domestic Violence: Experiments and Dilemmas*, New York: Free Press, 1992; D. Weisburd and L. Green, "Policing Drug Hot—Spots: The Jersey City Drug Market Analysis Experiment", *Justice Quarterly*, 1995, 12:711~735.

124 J. Cohen, W. Gorr, and A. Olligschlaeger, "Modeling Street—level Illicit Drug Markets," *working paper* 93~64. Pittsburgh: H. John Heinz. Ⅲ. School of Public Policy and Management, Carnegie Mellon University, 1993.

125 Charles Winick, "Deviance and Mass Media:Introducing a Volum," in Charles Winick(ed.), *Deviance and Mass Media, Beverly Hills*, CA: Sage, 1978, pp.7~9.

126 Sutherland, op. cit., pp.245~246.

127 Surgen General's Scientific Advisory Committee, Television and Growing up: The Impact of televised violence, Washington, D.C.: Department of Health, *Education and Welfare*, 1972.

128 J. D. Halloran, *et al.*, Television and Delinquency, Leicester: Leicester University Press, 1970.

129 D. Howitt and R. Dembo, "A Subcultural account of media effect," *Human Relations*, 1974, 27(1):25~41.

130 Marshall Clinard, Sociology of Deviant Behavior, New York: Holt, Reinhart, and Winston, 1963, p.177.

131 W. F. Ogburn, "Factors in the Variation of Crime among Cities," *Journal of the American Statistical Association*, 1935, 30:12~34; Clifford R. Shaw and Henry D. McKay, Juvenile Delinquency and Urban Areas, Chicago, IL:University of Chicago Press, 1942, p.141; Terrence Morris, The Criminal Area, London Kegan Paul, 1958, p.169.

132 W. F. Ogburn and D. S. Thomas, "The Influence of the Business Cycle on Certain Social Conditions," *Journal of the American Statistical Association*, 1922, 17:305~340.

133 A. F. Henry and J. F. Short, *Suicide and Homicide*, Glencoe: Illinois Press, 1954.

134 B. M. Fleisher, "The effect of unemployment on juvenile delinquency," *Journal of Political Economy*, 1963, 71:543~555.

135 United Nation Social Defense Research Institute, *Economic Crisis and Crime*, Rome: UNSDRI, 1976.

136 L. T. Wilkins, "What is crime?" *New Society*, 1963, 2:15~16.

137 Harvy M. Brenner, "Time Series Analysis—Effects of Economy on Criminal Behavior and the Administration of Criminal Justice," in UN Social Defense Research Institute, *Economic Crisis and Crime*, Rome, 1976.

138 Ian Crow, Paul Richardson, Carol Riddington, and Francis Simon, Unemployment, Crime and Offenders, London: Routledge, 1989, p.3.

139 H. Mannheim, "Crime and unemployment" in W. G. Carson and P. Wiles(eds.), Crime and Delinquency in Britain, London: Martin Robertson, 1971.

140 D. Glaser and K. Rice, "Crime, age, and employment," *American Sociological Review*, 1959, 24:679~686.

141 J. P. Gibbs, "Crime, unemployment, and status integration," *British Journal of Criminology*, 1966, 6(1):49~58.

142 Fleisher, *op. cit.*

143 F. H. McLintock, "The Beeson Report: Delinquency and unemployment in the North—East of England," in UN Social Defense Research Institute, op. cit.

제 2 편

범죄유형론

CRIMINOLOGY

제 1 장
전통적 범죄

제1절 살 인

　살인이란 타인에 의한 죽음을 의미한다. 그러나 그것이 반드시 불법적인 것만은 아니다. 우선 상해의 의향이 존재하지 않는 사고와 같이 용서 가능한 살인행위(excusable homicides)가 있고, 경찰관이 도주하는 강도범을 사살하거나 시민이 자기방어를 위하여 사람을 죽이는 경우와 같이 죽일 의향이 있더라도 어쩔 수 없는 것으로 받아들여질 수 있는, 정당화할 수 있는 살인행위(justifiable homicides)도 있다. 그리고 여기서 우리가 관심의 대상이 되는 특정인에 대한 타인에 의한 불법적 죽임인 범죄적 살인행위(criminal homicides)가 있다.[1]

　한편, 살인을 포함한 기타 폭력행위에 대해서 그것이 합법적인지 아닌지, 혹은 그것이 사회적으로 지탄을 받는 일인지 지지를 받는 일인지, 그리고 그것이 계산된 것인지 아닌지에 따라서 서로 다른 의미를 가질 수 있다. 우선 병사가 전쟁터에서 조국을 위하여 적을 살해하거나 경찰관이 법집행의 과정에서 있을 수 있는 살해행위 등과 같이 합법적이면서 사회적으로 용인되고 지극히 계산된 살인행위가 있다. 그리고 남편이 부정한 아내를 살해하거나 자신의 명예를 욕되게 하는 사람을 살해하는 것 등의 살인행위는 사회적으로도 어느 정도 용인될 수 있고, 계산된 행동이지만 법률적으로는 불법이라고 규정되는 경우이다. 그리고 어쩌면 가장 보편적인 살인유형으로서 자신의 재정적 이득을 위하여 타인을 살해하는 것을 들 수가 있는데, 이 경우에는 사회적으로도 지탄받아 마땅하며 법률적으로도 당연히 불법적인 행위로 규정되지만, 매우 계산적인 살해행위일 수도 있고 불특정인에 대한 무차별 살해일 수도 있다. 특히 불특정인에 대한 무차별 살해는 사회적으로 지탄의 대상이며 전혀 계산적이지 못한 살해행위일 수도 있다.[2]

　이러한 구분에도 불구하고 전통적으로 범죄학의 주요 관심의 대상이 되었던 것은 역시 범죄적 살인(criminal homicides)으로서 이것은 그 행위가 계산된 것이든 아니든 또는 사회적으로 지탄받을 행위이든 아니든 법률적으로 불법적인 살해행위였음에는 재론의 여지가 있을 수 없다.

　통계적으로 살인범죄의 사례는 교통사고로 목숨을 잃는 경우보다 훨씬 적음에도 불구하고 우리들이 살인범죄에 대해서 가장 두려워하고 그것을 가장 강력한 범죄행위로 다루고 있는 이유는 무엇인가? 그것은 물론 살인은 사람의 생명을 앗아가는 생명에 대한 위협뿐만 아니라 살인의 결과 초래되는 피해가 영원히 원상회복될 수 없으며, 더불어 살인으로 인한 피해가족들에 대한 여러 가지 피해도 그 비용이 엄청난 것이기 때문이다. 따라서 살인범죄의 특성을 분석하며, 살인범죄의 원인을 설명해 주는 이론을 규명하는 것은 살인범죄의 심각성이라는 측면에서는 물론이고 범죄원인론의 유형화와 특수화라는 관점에서도 가치 있는 일일 것이다.

　일반적으로 우리는 낯선 사람으로부터의 공격과 살해위협에 대해서 많은 두려움을 갖고 있다. 그러나 대부분의 범죄와는 달리 살인은 낯선 사람에 의해서 가해지는 경우가 극히 희박하며 오히려 많은 경우 안면 있는 사람에 의해 이루어지고 있는 것이 특징이라고 할 수 있다. 통상 신체적 상해가 적은 범죄일수록 낯선 사람에 의해서 행해질 확률이 높은 반면, 신체적 상해가 큰 범죄일수록 낯선 사람에 의해서 저질러질 확률이 오히려 낮은 것으로 분석되고 있다.[3] 실제로 80% 이상의 살인범죄가 안면이 있는 사람에 의해서 이루어지고 있으며, 그중에서도 상당수는 가족 간의 살인으로 밝혀지고 있다. 즉, 물질적 취득이 주요한 동기인 강도살인과 같은 경우를 제외하고는 대부분의 살인사건에 있어서 가족 등 근친관계를 통해서 이루어지고 있다.[4] 그 이유는 가족 간에는 대부분의 시간을 가까이서 보내고 있기 때문에 이들 가까이 있는 사람들이 즐거움의 주요 근원인 동시에 때로는 좌절과 상처의 주요 근원이 되기 때문이다.[5] 따라서 통상 대단한 감정을 요하는 살인에 있어 아무런 감정을 못 느끼거나 갖지 못하는 낯선 이방인을 살해하는 경우는 비교적 많지 않다고 할 수 있다.[6] 이런 점에서 Thio는 살인을 '가족문제(family affair)'라고 칭했다.[7]

　한편, 일반적으로 사람들은 가해자보다 살인피해자에게 더 많은 동정심을 갖기 마련이다. 이는 대부분의 살인피해자들이 연약할 뿐 아니라 강하고 공격적인 가해자에 의해서 살해되는 것으로 간주하기 때문이다. 그러나 이러한 일반적 가정들이 항상 옳은 것은 아니다. 왜냐하면 보편적으로 살인사건에 있어서 4건 중 1건은 피살자가 먼저 궁극적 살인범을 공격한 결과이기 때문이다. Wolfgang은 이를 '피해자 유발살인(victim-precipitated homicides)'이라고 칭한 바 있는데, 그는 자신의 필라델피아연구에서 26%의 살인사건이 사실상 피해자에 의해 예견된 것이었다고 하였다.[8] 그리고 Luckenbill은 자신의 캘리포니아연구에서 전체 살인사건의 무려 63%가 피해자에 의해서 시작된 것이었다고 추정하였다.[9] 살인피해자들이 다른 사람으로 하여금 자신을 살해하게끔 하였기 때문에 Wolfgang은 사실 이렇게 스스로 자초한 살인피해자는 암묵적으로 자신들이 살해당하기를 원했을지도 모를 일이라고 가정하였다. 이러한 의미에서 살인을 피해자에게 일종의 호의를 베푸는 것으로 표현하기도 한다(doing the victim a favor).[10] 그러나 이러한 자살욕구(suicide wishes)의 가정이 옳을지도 모르지만, 그렇다면 왜 그들 스스로 자살하지 않는가라는 의문이 야기될 수 있다.

살인에 대한 비상식 같은 상식의 하나는 살인이 사소한 다툼을 이긴 결과의 소산이라는 것이다. 즉, 살인이란 극단적으로 매우 심각한 인간행동이지만 살인의 동기는 의외로 매우 사사로운 것에 지나지 않는다는 것이다. 부부·친구·동료 사이 등의 말다툼이 살인으로 끝나는 경우가 이를 대변해 주고 있다. 다시 말해서 살인이란 약자로 하여금 사사로운 논쟁을 가장 쉽게 이길 수 있는 빠르고 효과적인 방법이라고 할 수 있는 것이다. 예를 들어 부유한 사람은 논쟁에 이길 수 있는 많은 능력을 가질 수 있지만 가난한 사람은 부자를 이길 수 있는 수단이 주어지지 않는 것이다. 또한 신체적으로 강인한 사람은 죽이지 않고도 상대를 이길 수 있는 힘이 있지만 약자는 그렇지 못하다. 더구나 부자나 강자에게는 사사로운 논쟁이 약자와 가난한 사람에게는 훨씬 심각한 것으로 받아들여질 수도 있다.

또한 이들은 사회적으로도 존경받거나 대우받지도 못한다. 결과적으로 이들은 자신의 자존심과 명예 그리고 존중심이 땅에 떨어진 상태에서 더 명예롭게 살기 위해 자신의 명예와 자존심을 더욱 중시하게 되는 것이다. 물론, 자신보다 매우 강력한 권력을 가진 사람들에게 그들 자신의 자존심과 명예를 내세울 수는 없겠지만 자신과 유사한 입장의 사람들 앞에서는 그럴 수 있게 되는 것이다. 따라서 그들로부터 모욕을 받게 되면 곧 자신의 모든 명예를 위협하는 것으로 받아들여 자신의 위협되고 침해된 명예를 회복하고자 살인의 위험까지도 무릅쓰게 된다는 것이다.[11]

끝으로 살인을 억제되지 않은 열정(undeterred passion)으로 특징짓기도 한다. 이에 대한 극단적인 예가 바로 사형제도가 존재함에도 불구하고 살인이 억제되지 않는다는 사실이다. 즉, 살인을 열정의 범죄로 보는 단적인 증거가 되는 것이다. 구체적으로 미국의 경우 사형제도가 폐지된 주의 살인사건 발생률이 사형제도가 존치된 주보다 오히려 더 높다는 사실이 사형에 의한 억제효과가 기대보다 적거나 없다는 것을 의미하는 것이다. 더구나 동일한 주에서 사형제도가 있었던 때와 폐지되었던 때, 그리고 다시 존치된 시기별로도 살인사건의 발생률에는 큰 변화와 차이가 없었다. 따라서 사형제도가 결코 살인범죄를 억제하지 못한다고 할 수 있다. 또한 만약 사형이 살인범죄를 억제하는 효과가 있다면 당연히 사형집행 직후에 살인사건의 발생률이 현저히 낮아야 하는데, 현실적으로는 사형집행의 전후에 따라 큰 변화가 없다. 이 또한 사형에 의한 살인범죄의 억제효과를 의심스럽게 하는 요인이 되고 있다. 물론, 사형집행 직후에는 약간의 극히 단기적 효과가 있기도 하지만 장기적으로는 큰 효과가 발견되지 않는다. 따라서 상당수 살인범죄자는 사회의 이목이 집중된 사형집행 직후에 어느 정도 일시적인 억제영향을 받게 될지도 모르지만 그럼에도 불구하고 궁극적으로는 살인을 범하게 된다는 것이다.[12] 이처럼 사형조차도 살인범죄를 억제하지 못하는 이유는 바로 살인범죄가 대부분의 경우 계산된 행동의 산물이 아니기 때문이다. 다시 말해서 살인범죄의 대부분은 폭발적인 감정의 압박에 의해 저질러지는 열정의 범죄이기 때문인 것이다.[13]

그렇다면 이와 같은 특징의 살인범죄는 왜 발생하는가? 즉, 살인범죄의 원인은 어떻게 설명되고 있는가? 일반적으로 이 물음을 설명해 주는 이론에는 살인의 원인이 어디에 있는가에 따라 생물학적(biologic) · 심리학적(psychogenic) 그리고 사회학적(sociogenic)인 것으로 구분할 수 있다. 물론, 생물학적 설명은 살인의 원인을 인체 내부에서 찾으려고 하고, 심리학적 설명은 인간의 정신에서 그리고 사회학적 설명은 인간의 신체와 정신이 아닌 외부의 사회적 환경에서 찾으려고 한다.

우선 생물학적 설명은 두 가지 이론으로 나눌 수 있다. 그 첫 번째가 인종학(ethological)적 이론으로서 인간은 생물학적으로 다른 동물보다 살인본능이 강하다는 것이다. 즉, 위험한 동물이더라도 동족을 살해하는 경우가 거의 없지만 인간만이 서로를 죽인다는 사실에 의해 증명되는 주장인 것이다. 그렇다면 왜 인간은 같은 동족 간 공격성이 다른 동물에 비해 강한가? 그것은 다른 동물은 살해본능을 금하는 본능이 내재되어 있지만 인간은 그렇지 못하기 때문이라고 설명하고 있다. 그러나 그 이유는 무엇인가? 예를 들어 설명하자면 사자와 같이 다른 사자를 죽일 수 있는 신체적 조건과 능력을 무장하고 있지 않은 인간은 다른 사람을 죽이고자 하는 살해본능을 금하는 제도적 기제가 필요 없기 때문에 인간은 살해본능이 강하다는 것이다. 따라서 인간은 사자와 같은 동물의 신체에 내재된 무기보다 훨씬 위험한 가공의 무기를 개발했는데, 이러한 무기의 개발이 너무나 갑작스러운 것이었기 때문에 살해본능을 금지하는 기제가 인간에게 개발되지 못하였고, 인간은 종종 자신이 개발한 가공적 무기를 이용하여 다른 사람을 죽이기도 한다는 것이다. 그러나 이 주장은 모든 사람이 동일한 발전적 과거를 겪었고, 동일한 살해본능을 가지고 있으며, 동일하게 살해본능을 금하는 기제가 부족함에도 불구하고 모든 사람이 전부 다 사람을 죽이는 것이 아니라는 지적을 받고 있다.[14]

생물학적 설명 중 두 번째의 이론은 유전학적(genetic) 이론으로서, 대부분의 정상인은 23개씩의 X와 Y염색체를 가지고 있으나 극히 일부는 남성염색체인 Y염색체를 하나 더 가지고 있는데, 이 Y염색체가 남성을 강인하고 공격적으로 만들기 때문에 이들 XYY염색체를 가진 남성은 통상적으로 공격적인 경향을 가질 확률이 높다는 것이다. 따라서 Y염색체가 이들 XYY남성을 살인과 같은 범죄를 범하도록 이끌게 된다는 주장이다. 이러한 주장은 재소자에 대한 연구결과 정상인에 비해 높은 비율의 재소자가 XYY염색체를 가진 것으로 밝혀지기도 하여 검증된 바 있다. 그러나 이러한 주장은 우선 검증의 자료가 시설에 수용된 사람으로 제한되어 있었으므로 수용되어 있지 않던 대부분의 XYY범죄자를 고려해 볼 때 편견적인 것이었다. 한편, 일부 살인범이 XYY염색체를 가지고 있으나 대부분의 살인범은 XYY염색체를 가지고 있지 않으며, XYY염색체가 폭력성의 잠재요인은 될 수 있을지언정 결정인자는 아니라는 점도 지적할 수 있다. 따라서 오히려 사회문화적 요인이 이 잠재적 요인의 표출을 결정하는 것으로 사료되는 등의 문제점과 한계가 지적되기도 한다.[15]

살인의 원인에 대한 두 번째 이론은 심리학적인 것으로서, 심리분석학적 이론과 좌절−공격성(frustration−aggression)에 관한 이론이 그것이다. 심리분석학자들에 의하면 우리의 심리상태는 인간의 기본적 욕구인 id, 욕망을 성취하는 방법을 학습한 결과 얻어진 지식이라고 할 수 있는 ego 그리고 인간의 자기만족 또는 자기희열(self−enjoyment)에 대한 한계인 양심이라고 할 수 있는 superego로 구성되어 있다. 그런데 감정적이고 비이성적인 id와 superego는 욕구를 만족시키고자 하는 요구와 그것을 제한하는 갈등관계에 있게 마련이다.

그러나 이러한 갈등관계를 인간 마음의 이성적 부분인 ego가 해결해 주고 있다. 즉, superego를 거역하지 않고 id를 만족시키거나 id를 좌절시키지 않고 superego를 따르는 방법을 중재해 주는 것이다. 그런데 ego가 이러한 역할을 제대로 하지 못하여, 즉 id를 만족시키지 못하거나 superego를 거역했을 때 불행해지거나 죄의식을 갖게 되고 나아가 정신적 질병을 앓게 되어 결국 살인과 같은 폭력으로 이끌리게 된다는 것이다.[16]

그런데 ego는 또 다른 하나의 문제를 갖고 있다고 한다. 인간은 삶의 본능뿐만 아니라 죽음의 본능까지도 갖고 태어나는데, 이 죽음의 본능은 부분적으로 자기지향적이라기보다 타자지향적인 특성이 있다. 우리의 superego는 이 본능까지도 억제하고자 하기 때문에 여기서도 ego가 이를 조정하게 된다. 그러나 아동기에 있어서 사랑을 박탈당하고 잔인한 공격의 대상이 되었던 사람은 이 공격적 본능이 지나치게 비이성적이기 때문에 ego가 이를 극복하지 못하게 되는 것이다. 그 결과 우리는 극단적으로 폭력적인 살인에 가담하게 된다.[17]

반면에 부모가 심지어 자녀의 사소한 공격성의 표현까지도 심하게 처벌하여 선행을 지나치게 강요한다면 너무나 강력한 superego를 갖게 되고 공격성욕구를 완전히 억제하여 정상적인 해소방법이 없을 때 그것을 폭발시키게 되는 것이다. 바로 이 점이 아주 선한 사람이 믿을 수 없는 갑작스러운 살인까지 하게 되는 경우라고 한다.[18] 그러나 정신분석학적 이론은 정신질환자에 의한 살인이 전체 살인의 겨우 5%에 지나지 않기 때문에 그 적용가능성과 범위에 한계가 있다. 더욱이 그것조차도 id, ego, superego 등 관찰하기 힘든 것이어서 경험적으로 검증하기가 어렵기도 하다.[19]

한편, 살인에 관한 가장 보편적인 심리학적 이론으로 좌절과 폭력성의 관계를 들고 있는데, 이는 공격성은 항상 좌절의 결과라는 가정에서 시작한다.[20] 여기서 좌절이란 목표성취 시도의 봉쇄를 의미한다. 물론 공격성이 좌절의 결과라고 하지만 좌절감이 항상 공격성을 야기하지는 않는다. 즉, 좌절감이 인간을 공격적으로 행동하도록 하는 가능성을 증대시킬지는 모르지만,[21] 인간이 좌절감을 느낄 때마다 항상 공격적으로 대응하지는 않는데, 바로 이 점이 비판의 대상이 되고 있다. 살인에 대한 사회학적 설명은 대체로 외적 제재(external restraint)와 폭력의 하위문화(subculture of violence)이론을 들 수 있다. 위의 좌절－공격성이론은 공격성이 좌절감의 결과라고 주장하였지만 좌절이 어떤 종류의 공격성을 초래하는지 또는 왜 좌절감이 여타의 공격성이 아닌 살인을 유발하는지를 설명하지 못하는 맹점이 있었다. 그런데 Henry와 Short의 외적 제재이론은 살인이 좌절감의 결과라는 이유를 제공해 준다.[22] 그들에 의하면 자살과 살인 모두가 공격적 행동이라는 점에서 동일한 것이나, 자살이 자신을 향한 내부지향적 공격성인 반면, 살인은 타인을 향한 외부지향적 공격성이라는 점에서 차이가 난다는 것이다. 그런데 만약 약한 외적 제재를 경험한다면 자기지향적 공격성, 즉 자살을 택하고 반면에 강력한 외적 제재로 고통받는다면 타인지향의 공격성, 즉 살인을 선택한다는 것이다. 여기서 논의되는 외적 제재의 강도는 타인의 기대감과 요구에 동조하는 정도, 즉 자신의 자유와 행동범위를 제한하기 위해서 자신에게 주어진 사회적 통제의 정도이다. 따라서 사회적 통제를 많이 받는 사람은 그들의 좌절감에 대해 남을 합법적으로 탓할 수 있기 때문에 자살보다는 살인을 지향하게 된다는 것이다.[23] 한편, Gold는 이를 사회화과정과 연관시켜 아동기의 공격적 사회화과정에 있어서 육체적으로 처벌받은 경험이 있는 사람은 좌절되었을 때 살인을, 심리적으로 처벌받은 경험이 있는 사람은 좌절시 자살을 택한다고 주장하였다.[24]

살인을 설명하기 위한 폭력성의 하위문화이론은 Wolfgang의 연구를 기초로 하고 있다. 그는 필라델피아에서의 살인에 관한 자료를 분석한 결과 대인적 폭행을 나쁘다거나 반사회적이라고 규정하지 않는 폭력의 하위문화가 있으며, 그 하위문화에서는 신체적 공격에 대한 즉각적인 호소가 사회적으로 용인되고 있었고 또한 그것이 어떤 자극에 대해 기대되는 부수물이라고 주장하였다.[25] 따라서 이 폭력의 하위문화가 바로 빈곤지역과 흑인밀집지역에서의 높은 살인율의 원인이 된다고 이론화하였다.

그런데 이들 하류계층지역에서의 폭력적 하위문화는 실제로 그 사회의 지배문화 중 일부로 보고 있다. 따라서 이들 폭력하위문화의 구성원들은 모든 상황에서 필연적으로 폭력을 표현하지는 않는다.

만약 모든 구성원들이 항상 폭력성을 표출한다면, 그 사회의 폭력성 하위문화 그 자체도 존재할 수 없기 때문이다. 그러나 지배사회의 구성원보다 이들 빈곤계층의 구성원들이 폭력성 하위문화의 영향을 더 많이 받고, 폭력성 행위에 더 많이 가담하는 이유는 그들이 폭력성 모형과 자신을 동일시하고 접촉하는 과정을 겪음과 동시에 지배사회의 비폭력적 대체모형을 답습하지 못했기 때문이다. 결국 폭력성이 그들의 생활의 일부가 되고 대인간 문제의 해결방법이 되었기 때문이다.[26]

이런 이유에서 Wolfgang은 대부분의 살인자는 폭력을 비도덕적인 것으로 여기며 자신의 공격성에 대하여 죄의식을 느끼는 사람이라고 하였다. 따라서 Wolfgang은 그들이 감정적으로 문제가 있는 것이 아니라 지극히 정상적인 사람들이라고 판단하였다.

그러나 이러한 Wolfgang의 주장은 범죄다발지역의 사람과 살인범이 일반인과 비살인범에 비해 훨씬 폭력성에 유착되어 있다는 것을 지나치게 강조하고 있다. 즉, 이 점에 대해서는 많은 조사연구 결과 폭력가담자라고 해서 그렇지 않은 사람보다 폭력성에 더 많은 가치를 두고 있지 않았으며, 재소자 중 살인범이 기타 재산범에 비해 폭력을 더 가치 있게 평가하지도 않는다는 사실로 입증되고 있다.[27] 한편, 살인범죄의 발생률이 높은 지역의 주민이라고 해서 발생률이 낮은 지역의 주민보다 폭력을 더 가치 있게 생각하지도 않는다.[28] 이들 연구결과를 종합해 볼 때, 폭력성 하위문화가 결코 하류계층의 지역사회에 국한된 것은 아니라고 할 수 있다. 즉, 폭력성 하위문화는 모든 계층의 모든 사람에게 똑같은 영향을 미치는 것으로 판단된다.

그럼에도 불구하고 하류계층의 빈곤한 사람들이 부유한 사람에 비해 살인범죄에 더 많이 연루되는 이유는 부유한 사람들이 자신의 폭력성을 보다 문명적으로, 그리고 비공격적으로 표출할 수 있는 여러 가지 방법과 대안이 있는 반면, 하류계층은 그런 것들을 박탈당했기 때문이다. 이러한 관점을 혹자는 세력이론(power theory)이라고도 부른다.[29] 그런데 상류계층의 세력집단은 하류계층의 피지배계층에 비해 사회로부터 비교적 통제를 적게 받기 때문에 세력집단에 의한 살인이 사실은 하류계층의 살인보다 훨씬 팽배해 있음에도 이들 세력집단의 문명화된 살인보다 하류계층의 비문명화된 전형적 살인에 더 많은 관심을 가지게 된다. 즉, 이것은 세력집단의 문명화된 살인이 하류계층의 살인에 비해 그 방법이 잔인하지 않고 가시적이지 않으며, 폭력이 개입되거나 감정이 내재된 경우가 적기 때문이다. 결국, 세력집단에 의한 사회적 통제의 허술함과 미약함, 그리고 불공정성이 세력집단의 문명화된 살인을 부추길 수도 있다는 것이다.[30]

2절 강 간

강간이란 강력범죄의 하나로서 상대방의 동의 없는 성교행위라고 할 수 있다. 이 범죄는 최근 점차로 많이 증가하고 있음을 각종 통계수치로도 확인할 수 있지만, 범죄의 특성상 신고되지 않는 경우가 신고되는 경우보다 훨씬 많다. 그러나 강간은 이처럼 수적으로, 질적으로 가장 심각한 범죄 중의 하나로 인식되고 있음에도 불구하고 살인과 같은 다른 강력범죄와 동일하게 취급되지 않는 면이 있다.

물론 강간에는 여러 가지 유형이 있을 수 있으나 여기서 우리의 관심을 끄는 것은 역시 집단적 성폭행인 윤간(multiple rape)과 강간에 대한 시각의 차이, 즉 강간을 피해자가 촉발한 것으로 볼 수 있는지 아니면 전적으로 가해자의 책임이므로 피해자를 옹호하고 동정해야 하는지 하는 것들이다.

우선 윤간에 있어서 가장 중요한 사실은 대부분의 윤간이 주로 10대 청소년들에 의해서 저질러지고 있다는 사실이다. 임상심리학자들은 이러한 집단강간을 동료강간범들이 상호 간 무의식적 성욕을 느끼는 잠재적 동성애의 표출이라고 해석한다. 실제로 동료집단에게 자신이 어린아이가 아니라는 것을 입증하고자 하는 청소년들은 집단윤간을 통해서 성적 욕구보다는 사회적 욕구를 충족시키는 것으로 알려져 있다.[31] 이들 집단강간범들도 일반 단독강간범들과 마찬가지로 평판이 좋지 않은 여성 등 일종의 취약여성들을 선택한다는 점에서는 별 차이가 없다.

한편, 이처럼 피해자의 선택이라는 관점 때문에 강간범죄에 있어서 가장 논란의 대상이 되는 것은 역시 피해자와 가해자의 역할과 책임이라는 상황논리이다. 즉, 하나는 피해자책임론이

요, 또 다른 하나는 피해자동정론인 것이다.

실제로 미국에서의 한 연구에 의하면 조사된 전체 강간사건 중에서 19%가 피해자에 의해 촉발된 것으로 밝혀졌다. 즉, 강간의 피해자가 된 것은 우연한 결과가 아니라 피해자의 행위와 태도가 강간을 촉진시켰기 때문이라는 것이다. 이러한 피해자비난 또는 촉발강간은 대체로 다음과 같은 경우에 해당되는 것으로 보인다. 우선 피해여성들이 다른 여성에 비해 성적으로 개방되었거나 평이 좋지 않은 여성, 혹은 그들의 옷차림과 행동거지가 남성들로 하여금 충동을 느끼게 한 경우라고 할 수 있다. 즉, 그들 스스로 강간을 자초한다는 것이다. 그러나 피해자가 강간을 유발 내지 촉발했다는 피해자비난적 시각은 강간범죄의 정확한 기술이라기보다 잘못된 여성의 성역할과 문화적 전통에 기초한 남성들의 편향된 시각이라고 할 수 있다.[32]

이러한 관점에서 강간범죄의 피해자를 비난하기보다는 옹호해야 할 대상으로 보는 시각이 보다 정확한 인식으로 보인다. 우선 상황이나 이유가 어찌되었든 여성이 강간의 피해자임에는 틀림없다. 물론 살인사건에 있어서는 정당화될 수 있는 살인도 있을 수 있으나 강간에 있어서는 어떠한 경우에도 정당화될 수 있는 경우가 없다. 피해자촉진살인은 살인피해자가 대부분 가해자보다 강한 사람이라는 사실에서도 알 수 있듯이 결과적인 피해자가 살인을 촉발한 경우로 볼 수 있으나 강간의 경우는 처음부터 피해자인 여성이 가해자인 남성보다 강하지 않다는 점에서 피해자촉진과 그로 인한 비난보다는 가해자에 대한 책임과 피해자에 대한 옹호가 더 적절한 인식인 것 같다.

그런데 이러한 논쟁의 기저에는 강간에 대한 잘못된 인식 또는 강간에 대한 잘못된 통념이 깔려 있음을 알 수 있다. 우선 남성은 통제할 수 없는 성적 욕구를 가지고 있기 때문에 여성이 남성의 성욕을 자극하고 애태우게 했다면 그로 인한 강간의 남성책임은 없다는 인식이다. 그러나 대부분의 강간이 폭력을 수반하고 있고 계획된 것이라는 사실을 고려한다면 강간이 남성의 통제할 수 없는 성욕에 의해 무의식적으로 이루어졌으며, 따라서 단순한 성적 행위에 지나지 않는다는 주장은 옳지 않다. 강간에 대한 또 하나의 잘못된 통념은 여성의 피학음란증에 관한 주장이다. 강간을 통한 고통과 학대라는 메조키즘적 경험을 통해서 쾌락을 얻기 때문에 강간은 피해자에게 즐거움을 주는 일종의 피해자 없는 범죄(victimless crime)라는 시각이다. 그러나 성에 관한 모든 것이 부끄러운 것이며 그들에게 책임을 추궁하는 사회에서는 있을 수 있을지 모르나 성이 개방된 사회에서는 믿기 어려운 가설일 수밖에 없다.

끝으로 강간사건의 대부분이 신고되지 않는 것을 보면 강간에 있어서 여성의 책임과 남성의 정당화를 암시해 주는 사실이라고 주장할 수도 있다. 그러나 강간사건의 대부분이 신고되지 않는 이유는 여성의 책임이 크고 남성의 책임이 없어서가 아니라 보복의 공포와 수치심의 발로 그리고 자기비난의 감정과 인간관계의 파괴에 대한 두려움 때문이므로 이 주장은 잘못된 인식이지 않을 수 없는 것이다. 더불어 거의 모든 피해자연구에 있어서 여성들이 가장 두려워하는 범죄 중의 하나가 강간과 성폭행이라는 사실은 이 모든 여성촉진적 또는 비난적 시각이 잘못되었음을 단적으로 보여 주는 증거라고 할 수 있다.

그런데 여성들이 성범죄를 가장 두려워하는 것은 성범죄의 피해가 그만큼 심각하기 때문일 것이다. 따라서 강간이 그 피해자에게 미치는 영향을 이해하는 것이 강간의 특성을 이해하는 중요한 방법이 될 수 있기에 강간이 피해자에게 어떠한 영향을 미치는가를 알아보기로 한다.

일반적으로 강간이 피해자에게 미치는 영향은 강간을 전후한 피해자의 인식과 경험이 중요한 변수로 작용하고 있다.[33] 강간피해의 결과에 영향을 미치는 변수 가운데 첫째는 강간에 대한 취약성(vulnerability)이다. 대부분의 아동에 대한 성폭행 등은 면식범에 의해서 이루어지는데, 이는 가해자와의 면식 여부에 따라 피해의 결과도 달라진다. 즉, 친·인척 등 면식범에 대해서는 저항하기도 어려우며, 피해를 극복하기도 더 어렵다는 점에서 더욱 강간피해에 대해 취약해지기 때문에 대개는 면식범에 의한 경우가 피해자에게 더 큰 영향을 미치는 것으로 설명되고 있다. 두 번째 변수는 강간 전의 인생경험으로서 강간 전에 세상을 안전하게 여겼던 사람이 그렇지 못한 사람에 비해 강간의 영향을 더 크게 받는다. 세 번째는 배신감의 문제로서 사회와 세상을 믿을 만한 곳으로 생각했던 사람은 그만큼 배신감이 크고 따라서 강간의 영향도 그만큼 더 받게 된다는 것이다. 네 번째는 강간범과의 관계인데, 강간범과의 관계가 가까울수록 배신감이 더 커지고 따라서 가까운 사람으로부터 강간당했을 때 영향이 더 크다는 것이다. 다섯 번째 변수는 강간에 대한 노출의 산물로서 강간의 결과 자신의 신체가 영구적으로 망가졌다고 생각하는 사람일수록 피해의 결과가 크다는 것이다. 여섯 번째는 강간이 비밀스럽게 저질러진 경우일수록 피해자에게 미치는 영향이 크다는 것이다. 끝으로 강간을 속으로 삭히느냐 밖으로 표출하느냐에 따라서도 결과가 달라질 수 있는데, 속으로 삭히는 사람에게 더 큰 영향을 미친다.[34]

그렇다면 강간의 피해는 구체적으로 어떻게 나타나는가? 강간의 영향은 매우 다양하지만 대체로 폭력의 정도, 피해자의 나이, 피해자의 사회적 계층이나 문화적 배경 그리고 과거의 성적 경험 등에 따라 다르게 나타난다. 비교적 폭력적으로, 어린 나이에, 중상류층 출신으로서, 과거 성적 경험이 없는 경우에 가장 영향이 큰 것으로 알려지고 있다.

그렇지만 대부분의 강간피해자는 정상적으로 생활할 수 있을 정도로 회복되기 전에 대체로 2단계의 해체과정을 거치는 것으로 알려지고 있다.[35] 초기 며칠에서 몇 주까지는 극단적인 공포·충격·자기비난 또는 노여움 등을 겪게 되는데, 이는 강간범에 의해 직접적으로 야기되기도 하고 때로는 조신한 여자라면 절대 강간당할 일은 없을 것이라는 사회의 성차별적 인식의 팽배로 인하여 간접적으로 야기되기도 한다. 이 기간이 지나면 대부분의 피해자는 다음과 같은 공포적 반응을 오랫동안 보이게 된다. 침실에서 당한 여성에게는 실내에 대한 공포가 발견되고 집 밖에서 당한 여성에게는 외부에 대한 공포를 야기시키며, 거의 모든 피해자가 혼자 있는 것을 두려워하게 된다. 또한 대부분의 피해자가 군중에 대한 공포를 가지며, 많은 사람이 외출시 뒤를 따라 걷는 사람에게 공포를 가지게 되며, 약혼자·남자친구 또는 남편과의 인간관계가 혼선을 빚게 되며, 성적 만족감 또한 감퇴하게 된다.[36) 더불어 정상인에 비해 더 우울해 하며, 일상 생활의 즐거움을 적게 느끼고 보다 긴장하고 피곤해 하며, 더 많은 대인관계상의 문제를 갖는 것으로 알려지고 있다.[37)

이처럼 강간의 피해자들이 공통적으로 느끼는 공포, 우울 그리고 불안 등의 감정들은 내향적(inward-directed)인 데 반해, 분노와 복수 등 이들 피해자가 느끼는 외향적(outward-directed)인 감정도 없지 않다. 그 대표적인 예가 반강간조직을 구성하여 활동하는 것처럼 강간에 적극적으로 대항하는 것이다. 그런데 이러한 외향적 노력은 활발한 여성운동 등으로 인하여 장래 더욱 강하게 나타날 것으로 보인다.

이와 같이 강간의 피해는 그 영향이 지대한 관계로 거의 모든 사회에서 가장 강력한 범죄 중의 하나로 지목하고 대처하고 있으나, 그 한편에서는 여성을 알게 모르게 폭행하도록 조장하는 강간의 숨겨진 문화(hidden culture of rape)가 있다는 사실도 간과할 수 없는 현실이다. 이러한 현실은 대체로 여성에 대한 태도와 신념 그리고 여성과 남성에 대한 성역할을 통해서 표출되고 있다.

강간의 숨겨진 문화를 조장하는 첫 번째 이유는 여성을 남성의 소유물(women as men's property)로 보는 시각이다. 표면적으로는 강간에 관한 법이 여성의 이익을 보호하는 것처럼 보일지 모르나, 실제로는 오히려 남성의 이익을 보호한다는 사실이다. 이는 과거 우리 사회의 여필종부와 같이 여성은 단지 아버지나 남편 등 남성들의 소유물 중 하나에 지나지 않는 것으로 취급되고 있기 때문이다. 그래서 법은 여성을 성적 착취로부터 보호하기보다는 장래의 신붓감으로서 젊은 처녀의 시장가치를 보전하는 데 도움을 주는 것에 지나지 않는다.[38) 이의 단적인 예가 남편이 자신의 부인을 강간한다고 비난받지 않는다는 사실이다. 즉, 이는 자신이 소유하고 있는 재물을 자신이 스스로 훔칠 필요도 없고 훔칠 수도 없다는 논리이다. 전통적으로 강간이란 한 남성이 다른 남성의 여성을 대상으로 범하는 것으로 인식되고 있다.[39) 더구나 이러한 시각은 한 여성이 강간당했을 때 그 여자는 파멸되었다고 생각하며, 자신의 부인이 강간당했을 때 남편은 자신의 부인이 가치가 떨어진 것으로 간주하는데, 이는 남성이 여성을 손괴된 재물의 하나로 인식하기 때문이다. 이러한 사고는 여성을 성의 대상으로 판단하기 때문에 어떠한 물건이 많이 사용될수록 중고품이 되어 가치가 떨어진다고 보는 관점인 것이다. 또한 가난한 사람이나 흑인을 강간한 경우보다 부유층이나 백인을 강간한 경우에 더 큰 처벌을 받는 것도 여성을 하나의 재물로 보기 때문이다. 이러한 시각의 극단적인 예가 여성에 대한 성의 상품화라고 할 수 있다.

한편, 남성다움을 과시하는 경쟁의 대상으로서 여성을 대하는 시각도 강간의 숨겨진 문화를 조장하는 것으로 알려지고 있다. 경쟁사회에 있어서 남성의 소유물인 한 여성을 소유하기 위한 경쟁에 남성이 가담하지 않을 수 없으며, 이러한 경쟁의식이 남성으로 하여금 여성에 대한 성적 폭력까지도 쉽게 행사할 수 있게 한다는 것이다.[40]

또한 강간에 대한 가장 보편적인 오해 중의 하나로서 여성은 강간당하고 싶어하는 비밀욕구를 가지고 있다는 인식이다. 이러한 주장의 예는 옷을 야하게 입는 등 여성이 성폭행을 자초했거나 적어도 촉진 또는 유발했기 때문에 피해자에게도 책임이 있다는 피해자비난의 시각이 바로 그것이다.[41] 이보다 더 심각한 예는 강간사건의 경우 강간범은 자신의 유죄가 확정될 때까지 무죄추정을 받는 반면에, 피해여성은 강간을 유발하거나 촉진하지 않았다는 것을 증명할 때까지 오히려 자신이 강간사건의 재판을 받는 꼴이 되고 만다는 사실이다.

강간에 대한 숨겨진 문화를 조장하는 마지막 이유는 여성에게는 전형적인 여성적 역할만을 강요한다는 사실이다. 이러한 문화와 관련하여 여성을 잠재적 강간피해자로 만드는 두 가지 경향이 있는데, 그 하나는 수동적이고, 부드러우며, 연약하고, 경제적으로 남성에 종속적인 여성적(feminine) 경향이며, 다른 하나는 남성에 대한 순종이다. 여성다움이란 복장이나 행동거지가 남성에게는 매력적으로 보이지만 남성에 대항하여 자신을 방어하기는 어렵게 만들고 있다.[42] 그리고 남성에 대해 순종적일 것을 강요하는 것은 남성에 의해 공격당할 때도 소리지르거나 반항하지 않아야 하는 것으로 치부하는 것이다.[43]

지금까지 강간의 특성과 피해자에 대한 영향, 그리고 강간의 저변에 깔린 숨겨진 문화를 중심으로 강간범죄를 이해하려고 시도하였다. 그렇다면 이러한 특징의 강간범죄는 왜 발생하는 것일까라는 그 원인을 설명할 필요가 있을 것이다. 물론 다양한 학문분야에서 왜 특정인들이 강간범죄를 범하며 왜 특정 집단이나 사회에 강간범죄가 많이 발생하는가를 다양한 방법으로 설명하고 있지만, 대체로 다음의 네 가지 설명으로 요약할 수 있다.

첫 번째 설명은 성적 부적절성의 문제로서 심리학자나 심리분석가들은 강간범들은 대체로 감정적 혼란과 인성결함으로 고통받고 있는 것으로 보고 있다. 실제로 이 분야에 대한 연구를 종합하면, 강간범들은 다음과 같은 심리적 문제를 가지고 있는 것으로 보고되고 있다. 강간범들은 거세감정이나 성적 부적절성을 느끼고 있어서 과다하게 공격적인 성행위를 통하여 자신의 그러한 감정을 숨기려고 한다는 것이다. 그리고 내적 갈등, 내적 부조화, 사회적 소외의 문제를 안고 있는데, 성적 공격에 대해서 자신에게 덤비는 여성에게서 성적 흥분을 느끼며, 자신의 오이디프스 콤플렉스로 인하여 만약 자신이 어머니를 공격했을 때와 같이 저항하는 여성을 범하고 싶어하며, 어린 시절 어머니에 의해서 과다하게 성적으로 자극된 경우가 많았다.[44] 물론 이들 징후들이 서로 다른 특성같이 보일지 모르나 사실은 하나의 유형이라고 할 수 있다. 즉, 바람직하지 못한 어린 시절의 경험으로 인해 성적 부적절성이라고 일컬어지는 인성결함이 생겼으며 이것이 자신을 여성과 적절하게 관계 짓지 못하는 원인이 되는 것이다. 이러한 성적 부적절성을 표출하는 가장 보편적인 방법이 성적 환상에 젖어서 여성을 강간하는 것인데 그렇게 함으로써 자신의 환상을 행동으로 표현하는 것이다. 그러나 이 설명은 대부분의 강간범이 인성적 결함의 소유자라고 보기는 어렵기 때문에 적용상의 한계가 있다.

다음은 폭력의 하위문화로서 폭력적 부문화를 가진 하류계층의 흑인이 가장 높은 강간범죄율을 보인다는 사실에 기초하고 있다. Amir에 의하면 하류계층의 흑인 하위문화는 공격적 행동이나 성적 착취를 통한 쾌감추구를 중시하며, 남성다움에 사로잡혀 강간 등을 행하는 것을 남성스럽다고 여기는 것이다. 또한 사회적·성적 생활에 있어서 대인폭력과 용맹성을 이상화하며, 성의 조기허용과 조기성경험을 통해 동료집단에서의 지위를 얻고자 한다.[45] 이러한 주장은 강간범 자신은 정상이지만 단지 강간을 조장하는 폭력적 하위문화에 의해 기대되는 바가 범죄적 양상을 띤 행동으로 표출된 것이라고 보는 것이다. 그래서 성적 부적절성으로 설명하는 것보다 더 넓게 적용할 수도 있으나, 그럼에도 불구하고 하류계층의 흑인이 전형적인 강간범이란 가정을 전제로 하기 때문에 적용상의 한계는 남아 있다.

세 번째 설명은 상대적 좌절감의 문제로서 성적 제한이 심한 사회와 같이 혼외 성관계의 기회부족으로 인해 강간이 유발된다고 볼 수도 있다. 그러나 사실은 가장 개방적인 사회, 즉 성적 기회가 많은 사회일수록 더 많은 강간사건이 발생하고 있다. 즉, 이것은 바로 성적 기회에 대한 상대적 좌절감 때문이라는 것이다. 구체적으로 성이 개방되고 성적 기회가 많은 사회에서 성적 기회를 갖지 못하는 사람은 성의 폐쇄로 인해 기회가 적은 사회에서 성적 기회가 적은 사람보다 더 많은 좌절감을 느낀다는 것이다. 따라서 개방된 사회에서 상대적 좌절감을 느끼는 사람이 많

은 것이고, 따라서 강간범죄도 더 많이 발생한다는 논리이다. 즉, 폐쇄된 사회에서는 여성에 의
한 성적 거부를 남성 개인의 탓이 아니라 폐쇄적 사회 때문이라고 자위하여 자신의 자아를 지킬
수 있지만, 개방된 사회에서는 이러한 합리화가 불가능하기 때문에 자신에 대한 여성의 거부를
개인의 탓으로 돌릴 수밖에 없는 것이다. 따라서 성적 좌절감을 느끼게 되어 강간에 호소하며
그것으로서 해결하게 된다는 것이다.[46] 그러나 폐쇄적 사회에서도 강간은 일어나고 있으며 성
적 좌절감보다 비성적 좌절감이 강간과 더 많은 관련성을 가지고 있는 것으로 보아 실제로 개방
적 사회가 성적 좌절감을 유발하고 그것이 강간을 야기시키는지는 명확하게 알 수 없다.

　　강간에 대한 네 번째 설명은 차별적 통제의 문제이다. Levine은 Kenya의 Gusii인들에 대한
성적 규범과 행위를 분석한 결과, 남성에 비해 여성에게 혼외 성적 활동의 제한을 더 많이 가하
고 남성보다 여성에게 성적 금기를 더 강하게 부과하는 사회라는 것을 알 수 있었다. 따라서 그
지역의 강간범죄가 많이 발생한다고 주장하였다. 즉, 양성 모두에게 성적 제한이 동일하게 가해
진다면 성적 금욕이 팽배할 것이고 반대로 양성 모두에게 성적으로 제한되지 않는다면 성적 난
잡함이 난무할 것이나, 여성에게만 제한이 가해지고 남성에게는 개방적이기 때문에 강간이 많이
일어날 수밖에 없다는 논리인 것이다. 이것을 바로 차별적 통제(differential control)라고 한다.[47]

　　강간을 설명하기 위한 다섯 번째 주장은 남녀성비의 불균형에서 강간의 원인을 찾는 것이
다. 즉, 그 사회의 성비가 여자에 비해 남자가 월등히 많은 경우 성적 배출구가 부족하게 되고
따라서 성적 상대를 찾는 데 있어서 사회적 긴장이 고조되므로 이에 강간이 성행한다는 단순한
논리이다.[48]

　　끝으로 Thio는 강간의 원인을 자신의 세력이론(power theory)으로서 설명한 바 있다. 지금까
지 살펴본 대로 강간은 기본적으로 세력의 표현에 가까운 것으로 인식된다. 예를 들어 강간범
중에서도 세력이 많거나 큰 사람일수록 그렇지 못한 사람에 비해 강간을 범하기도 더 쉬울 뿐
아니라 처벌받지 않고 빠져 나가기도 쉽다는 사실이다. 즉, 상류계층의 사람은 사실상 강간임에
도 공식적으로 인지되지 않은 강간을 범하기 쉬운 반면, 하류계층의 사람은 공식적으로 인지된
강간을 범하는 경향이 강하다. 이것은 상류계층의 세력집단에 의한 강간은 하류계층 강간범보다
강간피해자와 면식관계에 있는 경향이 많은데, 이것은 상류계층 세력집단에 대한 사회적 통제가
적기 때문으로 이해된다. 이는 또한 상호면식관계에 있는 사람간의 강간은 대체로 숨겨지기 쉬
우며, 상류계층의 사람은 자신의 성적 충동을 표출할 수 있는 기회와 방법이 많은 데 비하여 하
류계층의 사람들은 그렇지 못하기 때문에 하류계층 사람들의 강간이 더 많은 것으로 비쳐지게
한다. 한편, 하류계층의 강간은 폭력이 개입될 확률이 많아서 잔인하게 보여지고, 이 때문에 공

중의 시선이 집중되어 경찰의 법집행이 집중되는 경우가 많다. 그러나 상류계층의 강간은 물리적 폭력이나 잔인성보다는 자신의 지위를 이용한 회유와 협박 등의 방법이 동원되기 때문에 강간으로 치부되지 않거나 공식적으로 인지되지 않는 경우가 많고, 그 결과 상류세력집단은 사실상 강간의 기회는 더 많은 반면, 사회적 통제는 적게 받는다. 즉, 그들의 강간은 인지되지 않고 숨겨지며, 처벌받지 않는 경향이 많아서 상류계층의 강간을 지속적으로 부추기는 경우가 된다는 것이다.[49]

제3절 강 도

대개 범죄유형을 대인범죄와 대물범죄, 즉 재산범죄로 구분하고, 강도를 재산범죄로 분류하지만 법집행가들은 강도를 폭력범죄의 하나로 간주한다. 이는 강도가 피해자에 대한 폭력과 폭력의 위협을 가하는 동시에 재물을 취하는 두 가지 특성을 가지기 때문이다. 이 점은 피해자를 공포에 떨게 하거나 폭력과 무력의 사용과 위협으로 타인의 가치 있는 물품을 빼앗는 것으로 강도를 정의하는 데서도 강도의 폭력성을 암시하고 있다. 이러한 이유 때문에 강도범죄는 재산범죄의 측면과 폭력범죄의 측면에서 동시에 고려되어야 한다.

우선, 재산범죄로서의 강도를 보자. 재산범죄로서의 강도는 비교적 이성적이고 계산된 행위이다. 따라서 강도에 있어서는 다음과 같은 세 가지 연속적인 의사결정을 내포하고 있는 것이다. 첫째는 재물의 필요성에 의해 강도하고자 하는 동기, 즉 마음의 결정을 내리는 것이다. 물론 재물이 모든 강도범에게 유일한 동기는 아니지만 대부분의 강도범은 재물의 필요성을 범행의 동기로 가장 먼저 들고 있다.[50]

강도범이 강도를 결심하게 되면 그 다음은 목표물 또는 대상물을 선택하는 결정을 해야 한다. 그런데 목표선정은 일반적으로 취득가능한 재물의 양, 체포의 위험 그리고 피해자가 될 사람의 취약성 등을 고려하여 결정되고 있다.[51] 대부분의 강도가 대상의 선정에 있어서 가능한 한 많은 것을 취할 수 있으면서도 체포될 위험이 적고 잠재적 피해자의 저항이 약한 대상을 목표로 선정한다.

한편, 이렇게 강도의 대상이 결정되면, 다음은 어떻게 강도할 것인가의 방법론이 결정되어야 한다. 물론 상당수의 강도가 무작위적이고 계획되지 않은 경우도 있지만, 반대로 대부분의 강도는 계획적으로 이루어지는 것이다. 그런데 이러한 계획을 결정하는 것은 목표와 대상의 선정에 크게 좌우되고 있다. 예를 들어 노약자가 대상인 경우보다 경비가 철저한 은행강도가 더 많은 계획을 요하는 것이다. 강도방법의 계획과 결정은 탐색과 역할분담이라는 두 가지 주요한 요소를 내포하고 있다. 우선, 강도는 범행 전에 대상물을 조심스럽게 조사하고 관찰하며 연구하게 되는데, 이는 강도 중 있을 수 있는 방해나 저항 또는 장애를 최소화하기 위한 것이다. 사전 탐색을 한 다음은 그 결과에 따라 집단강도의 구성원 각자에게 특정 임무를 부과하게 된다.[52]

적지 않은 강도사건의 경우 적지 않은 폭력이 수반되고 있다는 점에서 강도를 폭력범죄의 하나로 보는 시각도 있다는 것은 익히 지적한 바와 같다. 이와 같은 강도의 범행상 특성 외에도 강도를 폭력성범죄로 보게 하는 것은 대부분의 강도범들이 폭력범죄의 전과 경력이 많은 사람이기 때문이라는 사실이다. 또한 범행시 피해자의 저항이 있을 경우는 항상 폭력이 동원될 가능성을 내포하고 있으며, 폭력의 위협은 강도를 용이하게 하는 효과도 있기에 강도가 폭력적이거나 적어도 폭력의 잠재성은 항상 존재한다고 보는 것이 타당할 것이다. 이러한 연유로 강도를 폭력범죄로 본다면, 따라서 강도에 있어서 실제 폭력성과 잠재적 폭력성을 구분할 필요가 있을 것이다.

먼저 강도에 동원된 실제 폭력은 개인적 무기라고 할 수 있는 물리적 힘의 사용 그 자체가 개인적 무기와 같은 기능을 하여 피해자를 위협함으로 강도를 성공적으로 수행하는 경우이다. 상식적으로 물리적 힘을 사용하는 것은 타인의 재물을 취하기 위한 필수불가결한 행위일지도 모른다. 한편, 대부분의 강도범은 무기를 사용치 않을 경우 피해자들이 위협을 적게 받기 때문에 더 많은 저항을 할 확률이 높다고 예견하여 폭력을 사용하는 경우가 있다. 그런데 이처럼 강도에 있어서 실제 폭력이 사용되는 경우는 무장강도의 경우보다 비무장강도의 경우에 흔히 볼 수 있는데, 그것은 위에서 언급한 바와 같이 비무장일 경우 피해자의 저항이 거셀 것으로 판단하여 강도의 성공적 수행을 위하여 물리적 힘을 사용하기 때문이다.[53]

따라서 폭력이 실제로는 거의 실행되지 않고 단지 폭력으로서의 위협적 영향을 미치게 하는 잠재적 폭력은 무장강도의 경우가 대부분을 차지하고 있다. 총기와 같은 무기의 사용은 잠재적으로 도구적 기능(instrumental function)과 표출적 기능(expressive function)의 두 가지 기능을 하는 것으로 알려지고 있다.[54] 도구적 기능이란 흉기가 강도의 성공적 수행을 가능케 하는 직접적인 도구로 사용된다는 것을 의미하며, 표출적 기능이란 흉기가 피해자를 위협하고 통제함으로써 피해자를 지배해야 할 심리적 필요성을 성취시켜 주는 기능을 의미한다. 실제 강도상황에 있어서는 실제로 흉기가 사용된 경우는 많지 않으며 대부분의 경우 재물을 탈취하기 위한 수단으로서 흉기를 보여 주거나 흉기에 관해 언급하는 정도이다. 그런데 흉기의 도구적 기능은 구체적으로 네 가지의 기능을 한다. 우선, 흉기가 피해자와 강도범 사이의 완충지대(buffer zone)를 제공한다. 흉기를 가짐으로써 넓은 지역을 대상으로 많은 피해자를 동시에 통제할 수 있기 때문이다. 무기의 두 번째 기능은 피해자를 위협하는(intimidate) 것으로 무기가 가지는 바로 이 기능 때문에 강도가 폭력에 호소할 필요성을 없게 해 준다. 사실, 많은 강도가 폭력의 필요성을 회피하기 위해서 무기를 사용하는 이유가 여기에 있다. 세 번째 기능은 단순한 위협으로 효과가 없을 때 말을 듣지 않으면 정말로 폭력을 사용할 수밖에 없다는 것을 경고하기 위해서 총기로 피해자를 친다거나 하는 행위이다. 마지막으로 네 번째 기능은 범행 후 도주를 담보하기 위해서 피해자, 목격자 또는 경비원 등을 통제하는 것이다.[55]

다음으로 강도의 유형을 보자. McClintock와 Gibson은 전문적 강도(professional robbers)와 아마추어강도(amateur robbers)로 구분하였고,[56] Conklin은 다시 아마추어강도를 첫째, 기회주의강도(opportunist robbers), 둘째, 약물남용강도(addict robbers), 셋째, 알코올중독강도(alcoholic robbers)로 분류하였다.[57]

먼저, 전문적 강도는 자신의 범행을 사전에 조심스럽게 계획하여 한 명 또는 그 이상의 공범자들과 함께 기술적으로 범행하여 고가의 재물을 챙긴다는 데 특징이 있다. 이들 전문적 강도범들은 생활비의 충당방법으로서 범죄에 상당히 전념한다. 그리고 낭비적이고 쾌락적인 생활방식을 유지하기 위해서 일련의 큰 사건을 추구한다. 즉, 이들이 강도에 전념하는 이유는 적은 노력으로 큰 소득을 올릴 수 있으므로 그들의 경비가 많이 드는 생활을 즐길 수 있기 때문이다. 따라서 그들은 큰 액수의 금전을 취할 수 있는 상업시설 등을 대상으로 삼는데, 이들 시설에는 방범장비와 시설 등 사전예방과 감시조치가 철저하기 때문에 더 많은 사전준비와 기술을 연마하게 된다.

한편, 아마추어강도로서 기회주의강도는 아마도 가장 보편적인 강도의 형태일 것이다. 전문적 강도와는 달리 이들은 강도에 대해 그렇게 오래 전념하지는 않은 사람이기 때문에, 소매치기나 절도 등에 비해 강도는 그렇게 빈번하게 범하지 않는다. 이들은 상업시설보다 개인을 범행의 대상으로 삼고, 대상선정시 재물의 크기보다는 접근의 용이성과 상당한 취약성을 중시한다. 또한 이들은 취약성을 대상선정의 주요한 범주로 고려하기 때문에 무기사용의 필요성을 느끼지 않는 편이며, 오히려 이들은 주로 집단적으로 강도하기 때문에 집단 자체가 일종의 피해자를 위협할 수 있는 무기로 작용하게 된다.

　마약중독강도범은 마약을 복용하고 그 환각상태에서 강도를 저지르게 되는 것을 말한다. 이들은 기회주의자와 마찬가지로 계획하지 않는 편이며 따라서 소액강도를 주로 범하게 된다. 그리고 범행시 무기를 거의 사용하지 않는다. 그러나 마약비용이 과다한 관계로 많은 금전이 필요하기 때문에 기회주의자들보다는 재산범죄를 더 많이 범한다. 따라서 마약중독강도는 그 동기가 마약습관을 유지하기 위해서라고 할 수 있다.

　마지막으로 알코올중독 아마추어강도는 위에서 언급한 다른 유형의 강도에 비해 강도에 대한 전념의 정도가 가장 약하며 경찰에 가장 잘 잡히는 강도이다. 이들은 범행을 계획하지도 않으며, 취약한 대상을 상대로 범행을 쉽게 하려고도 시도하지도 않는다. 반면에 예기치 않게 강도를 하게 되는 상황에 가담하게 되어 범행하게 된다. 다른 강도가 대부분 금전을 목적으로 하는 동기를 가지고 있으나 이들은 자신이 취했기 때문에 강도를 하게 된다.

　지금까지 강도범죄와 범죄자에 대한 특성 등을 기술하였는데, 그렇다면 왜 사람들이 강도를 범하는가 그 원인을 알아보기로 한다. Conklin과 Gould가 제시한 강도의 이유를 중심으로 설명하고자 한다.

　강도의 원인으로서 가장 먼저 제시되는 설명이 상대적 박탈감(relative deprivation)이다. 상대적 박탈론은 경쟁적 자본주의사회에서는 어쩔 수 없는 빈부의 격차에서 빚어진 것으로서 이때 하류계층의 덜 가진 사람들이 상대적 박탈감을 느끼게 되어 범행을 저지른다는 논리이다. 즉, 지위상승에 대한 기대는 증대되었으나 이를 실현할 기회가 제한되거나 차단되기 때문에 범행을 통하여 자신의 기대감을 성취한다는 것이다. 이 주장은 사회생활의 향상과 하류계층에 의한 강도의 증대라는 관계에서 도출된 것으로, 사회가 발전할수록 하류계층이 상대적 박탈감을 더 많이 느끼게 되어 그만큼 더 많은 강도를 행하게 된다는 논리이다. 즉, 하류계층의 절대적 생활향상은 상류층과 동일한 지위의 생활을 누릴 것을 기대하도록 유도되지만 이러한 기대감을 실현하지 못할 때에는 대단한 좌절감을 경험하게 되어 강도를 행하게 된다는 것이다.[58] 그러나 경제적 성공의 기회가 제한되거나 차단되어 자신의 기대감을 실현하지 못한 모든 사람이 강도행위를 하지는 않는다는 사실을 보면 이 주장도 한계가 있는 것으로 보여진다.

　강도에 대한 또 다른 하나의 설명은 경제적 풍요로움에서 강도의 원인을 찾는 것이다. 상대적 박탈감도 중요한 요인이기는 하지만, Gould는 오히려 경제적 풍요로움이 재산범죄의 발생률에 더 큰 영향을 미친다고 주장한다. 자신의 연구결과, 경제공항기에는 재산범죄가 비교적 낮은 수준을 유지하였으나 호황기에는 오히려 발생률이 증대되었다는 것이다. 이 현상에 대해서 그녀는 상대적 박탈감과 범행대상의 증대와 그로 인한 범행의 용이함을 이유로 들고 있다. 즉, 경제적 풍요는 재물을 소유하지 못한 사람들에게 오히려 상대적 박탈감을 증대시키는 동시에 이들이 남의 재물을 쉽게 취할 수 있는 기회도 증가시키기 때문에 아마추어강도가 증가한다는 것이다.59) 그러나 경제적 호황기에는 곤궁범죄보다 이욕범죄가 더 많을 수 있기 때문에 경제적 호황기에 아마추어강도가 증가한다는 주장과 일면 상충되는 면이 있으며, 상대적 박탈감을 느끼는 사람보다 열심히 노력하는 사람이 더 많다는 사실은 경제적 풍요로움과 강도의 관계에 대한 이론적 주장의 한계라고 할 수 있다.

한편, 지금까지 논의된 이론은 대체로 하류계층의 강도에 집중되었으나, Thio는 하류계층 못지않게 많은 강도가 상류계층의 세력집단에 의해서 범해지고 있다고 주장하였다. 즉, 상류층의 기술적인 지능강도, 소위 말하는 화이트칼라범죄의 증대를 주시하여 자신의 세력이론과 결부시키고 있다. 그런데 이들의 강도는 기술적이고 지능적이며 그 피해자가 불특정 다수인이어서 잘 인지되지 않고, 수법상 거의 폭력성이 배제된 재산범죄의 속성을 지니기 때문에 일반의 인식과 관심을 끌지 못한다는 특성을 갖는다. 그러나 그 건수와 피해의 정도에 있어서 전통적 강도에 못지않은 것으로 알려지고 있다. 이처럼 상류층의 지능적 강도가 성행하는 사회에서는 법의 공정성과 권위가 침해되어 하류계층의 범죄동기를 조장하고 그들의 범행을 정당화하는 구실을 제공하게 되어 하류계층의 범행까지도 증대시키게 된다. 그런데 하류계층의 범행이 증대되면 상류계층은 위험을 느끼게 되어 자신의 지위를 확고히 하기 위해 더욱 지능적이고 기술적인 범행을 저지르게 된다. 그리고 이것이 하류계층의 범행동기와 정당화의 구실을 다시 제공하게 되어 강도를 증대시키는 악순환적 연쇄작용을 일으키게 되는 것이다.

CRIMINOLOGY 참고문헌

1 Henry W. Mannle and J. David Hirschel, *Fundamentals of Criminology*(2nd ed.), Englewood Cliffs, NJ: Prentice－Hall, 1988, pp.109~110.

2 Martin R. Haskell and Lewis Yablonsky, *Criminology: Crime and Criminality*(3rd ed.), Boston, MA: Houghton Mifflin Co., 1983, pp.207~209.

3 Alex Thio, *Deviant Behavior*(2nd ed.), Boston, MA: Houghton Mifflin Co., 1983, p.107.

4 Donald J. Mulvihill, Melivin M. Tumin, and Lynn A. Curtis, *Crimes of Violence*, Staff Report to the National Commission on Causes and Prevention of Violence, vol. 11, Washington, D.C.: U.S. Government Printing Office, 1969, p.217.

5 *Ibid.*, p.218.

6 Ken Levi, "Becoming a Hit Man: Neutralization in a Very Deviant Career," *Urban Life*, 1981, 10:47~63.

7 Thio, *op. cit.*, pp.107~108.

8 Marvin E. Wolfgang, *Patterns in Criminal Homicide*, Philadelphia, PA: University of Pensylvania Press, 1958, p.254.

9 David F. Luckenbill, "Criminal Homicides as a Situated Transaction," *Social Problems*, 1977, 25:179.

10 Thio, *op. cit.*, p.109.

11 Thio, *op. cit.*, pp.111~113.

12 David P. Phillips, "The Deterrent Effect of Capital Punishment: New Evidence on an Old Controversy," *American Journal of Sociology*, 1980, 86:139~148.

13 William J. Chambliss, *Crime and the Legal Process*, New York: McGraw－Hill, 1969, pp.360~378.

14 Thio, *op. cit.*, pp.116~117.

15 이 부분에 대한 보다 구체적인 논의는 제2편 범죄원인론의 생물학적 원인론을 참조하기 바람.

16 이에 대한 자세한 논의는 심리학적 범죄원인론의 심리분석학적 이론편을 참조하기 바람.

17 Sigmund Freud, *Civilization and Its Discontents, trand. and ed. by James Strachey*, New York: Norton, 1961, p.66.

18 Thio, *op. cit.*, pp.119~120.

19 Wolfgang, *op. cit.*, p.314.

20 John Dollard, Neal E. Miller, Leonard W. Doob, O. H. Mowrer, and Robert R. Sears, *Frustration and Aggression*, New Haven: Yale University Press, 1939, p.1.

21 Leonard Berkowitz, "The Frustration－Aggression Hypothesis Revisited," in Berkowitz(ed.), *Roots of Aggression*, New York: Atherton, 1969, p.2.

22 Andrew F. Henry and James F. Short Jr., *Suicide and Homicide*, New York: Free Press, 1954 참조.

23 *Ibid.*, p.17.

24 Martin Gold, "Suicide, Homicide, and the Socialization of Aggression," *American Journal of Sociology*, 1958, 43:651~661.

25 Wolfgang, *op. cit.*, p.329.

26 Marvin E. Wolfgang and Franco Ferracuti, *The Subculture of Violence: Towards an Integrated Theory in Criminology*, London: Tavistock, 1967, pp.158~161.

27 Sandra J. Ball－Rokeach, "Values and Violence: A Test of the Subculture of Violence Thesis," *American*

Sociological Review, 1973, 38:739, 743; Howard S. Erlanger, "The Empirical Status of the Subculture of Violence Thesis," *Social Problems*, 1974, 22:280~292.

28 Colin Loftin and Robert H. Hill, "Regional Subculture and Homicide: An Examination of the Gastil—Hackey Thesis," *American Sociological Review*, 1974, 39:714~724.

29 범죄원인을 설명하기 위한 시도로서의 권력이론에 대한 자세한 논의는 Thio, *op. cit.*, pp.83~96을 참조하기 바람.

30 Thio, *op. cit.*, pp.125~126.

31 A. Nicholas Groth and H. Jean Birnbaum, *Men Who Rape: The Psychology of the Offender*, New York: Plenum, 1979, p.115.

32 Camille E. LeGrand, "Rape and Rape Laws: Sexism in Society and Law," *California Law Review*, 1973, 61:929~930.

33 Gail Ryan, "Concequences for the Victim of Sexual Abuse," in Gail Ryan and Sandy Lane(eds.), *Juvenile Sexual Offending: Causes, Concequences, and Correction*, Lexington, MA: Lexington Books, 1991, pp.163~174.

34 *Ibid.*, pp.164~167.

35 Sandra Sutherland and Donald J. Scherl, "Patterns of Reponses among Victims of Rape," *American Journal of Orthopsychiatry*, 1970, 40:503~511.

36 Ann Wolbert Burgess and Lynda Lytle Holmstrom, "Rape Trauma Syndrome," *American Journal of Psychiatry*, 1974, 131:984.

37 Elizabeth M. Ellis, Beverly M. Atkeson, and Karen S. Calhoun, "An Assessment of Long—Term Reaction to Rape," *Journal of abnormal Psychology*, 1982, 90:263~266.

38 LeGrand, *op. cit.*, p.925.

39 Susan Griffin, "Rape: The All—American Crime," *Ramparts*, 1971, 10:6~7.

40 Thio, *op. cit.*, p.144.

41 Michael A. Robinson and Joel A. Johnson, "Social Perception of the Rape Victims' Culpability," *Human Relations*, 1981, 34:225~237.

42 Kurt Weis and Sandra S. Borges, "Victimology and Rape:The Case of the Legitimate Victim," *Issues in Criminology*, 1973, 8:81~85; Griffin, *op. cit.*, p.6.

43 Weis and Borges, *op. cit.*, p.83.

44 Norman S. Goldner, "Rape as a Heinous But Understudied Offense," *Journal of Criminal Law, Criminology and Police Science*, 1972, 63:405.

45 Menachem Amir, *Patterns in Forcible Rape*, Chicago: University of Chicago Press, 1971, pp.327~331.

46 Duncan Chappell, Gilbert Geis, Stephen Schafer, and Larry Siegel, "Forcible Rape: A Comparative Study of Offenses Known to the Police in Boston and Los Angeles," in James Henslin(ed.), *Studies in the Sociology of Sex*, New York: Appleton—Century—Crofts, 1971, pp.175~177.

47 Robert A. LeVine, "Gusii Sex Offenses: A Study in Social Control," *American Anthropologist*, 1959, 61:987.

48 Kaare Svalastoga, "Rape and Social Structure," *Pacific Sociological Review*, 1962, 5(1):48~53.

49 Thio, *op. cit.*, pp.156~157.

50 Floyd Feeny and Adrianne Weir, "The Prevention and Control of Robbery," *Criminology*, 1975, 13:104.

51 John E. Conklin, *Robbery and The Criminal Justice System*, Philadelphia: Lippincott, 1972, pp.87~92.

52 Thio, *op. cit.*, pp.165~167.

53 Conklin, *op. cit.*, p.113.

54 Thio, *op. cit.*, p.168.

55 Conklin, *op. cit.*, pp.110~112.

56 F. H. McClintock and Everlyn Gibson, *Robbery in London*, London: McMillan, 1961, pp.14~16.

57 Conklin, *op. cit.*, pp.59~78.

58 Conklin, *op. cit.*, pp.12~58.

59 Leroy C. Gould, "The Changing Structure of Property Crime in an Affluent Society," *Social Forces*, 1969, 48:51~58.

제 2 장
특수범죄

제1절 조직범죄

1. 조직범죄의 개념

영화나 소설 등의 작품을 통해서 또는 대중매체의 보도를 통해서 조직범죄라는 용어를 쉽게 그리고 빈번하게 접촉해 왔음에도 불구하고, 대부분 과장되거나 구체적이지 못한 경우가 많아서 조직범죄에 대한 일반의 인식과 학문적 연구를 오히려 어렵고 복잡하게 하는 경우가 많다. 그러나 조직범죄에 대한 일반의 인식은 이들 흥미본위의 대중적 접근으로 인하여 부정적인 면보다 오히려 신격화되는 경우가 있다. 따라서 현재 더욱더 조직화하며 그 규모와 영역에 있어서도 확대일로에 있는 조직범죄에 대한 이해의 깊이와 폭을 심화해야 할 필요가 있다.

그런데 조직범죄의 이해를 위해서는 무엇보다도 조직범죄란 무엇이며, 조직범죄의 특성은 어떤 것이고, 조직범죄의 활동범위와 대상은 무엇이며, 조직범죄에 가담하는 조직범죄자들은 어떠한 특성의 소유자이며, 왜 이들이 조직범죄를 하는가 그 이유는 무엇인지를 알 필요가 있을 것이다.

무엇이 조직범죄인가라는 물음에 대한 대답은 조직과 그들의 범죄활동의 특성이라는 두 가지 관점에서 규명되어야 한다. 그러나 조직범죄란 그 규모와 형태 그리고 활동영역이 매우 다양하여 조직범죄에 대한 명확한 정의를 내리기가 쉽지 않을 뿐더러, 극단적으로는 조직범죄에 대해 일관성 있는 어떠한 합의점도 없다고 지적되고 있다.[1] 그런데 지금까지의 연구결과를 종합하면, 조직범죄는 대개 법집행기관을 중심으로 하는 공식적 입장과 사회학자들을 중심으로 한 학계의 입장으로 대별되고 있음을 알 수 있다.

우선, 조직범죄에 대한 공식적 견해는 미국의 '법집행과 형사사법행정에 관한 대통령위원회 (President's Commission on Law Enforcement and Administration of Justice)'의 정의를 근간으로 하고 있다. 위원회의 보고서에 따르면 조직범죄는 미국국민과 정부의 밖에서 활동하려는 사회이며, 여기에는 일반 대기업의 구조만큼이나 복잡한 구조 내에서, 합법적 정부의 법률보다 더 엄격하게 집행되는 법규를 따르며 움직이는 수천 명의 범죄자가 소속되어 있다. 그리고 그들의 활동은 충동적이라기보다 얽히고 설킨 음모의 결과이며, 거대한 이익을 챙기기 위해서 전 분야에서 통제력을 행사하고 있다. 이들의 목표는 권력과 돈으로 요약되고, 이를 위하여 그들은 불법적 사업뿐만 아니라 합법적 사업에까지 관여하고 있다.[2] 이보다 더 구체적인 공식견해로서 미국의 '형사사법기준 및 목표에 관한 국가자문위원회(National Advisory Committee on Criminal Justice Standard and Goals)'는 "조직범죄는 강탈행위에 관여하고 적절한 경우에는 복잡하게 얽힌 금융조작에도 개입함으로써 불법적 이익과 권력을 추구하기 위하여 형법을 위반하는 활동을 주로 하는 사람들의 집단"이라고 정의한 바 있다.[3]

즉, 조직범죄에 대한 공식적 입장이 조직범죄의 조직성에 초점을 맞추고 있기 때문에 이를 어느 정도 확대해석하는 경향도 엿볼 수 있을 정도로 조직범죄를 아주 견고한 전국적 규모의 조직으로 파악하고 있으나, 바로 이 점 때문에 비판의 대상이 되기도 한다. 예를 들어 Morash는 이들 공식적 견해가 마피아와 같은 전형적 범죄조직을 지나치게 의식한 정의라고 비판하고 있다.[4]

따라서 이들 공식적 견해에 대한 대항논리가 학계를 중심으로 개진된 바 있는데, 학계의 비공식적 견해에 따르면, 마피아는 존재하지도 않으며, 조직범죄란 기껏해야 동일한 또는 서로 다른 도시에서 독립적으로 활동하는 전문범죄자들의 느슨하고 비공식적인 동맹에 불과한 것으로 정의되고 있다. 이들은 조직범죄를 기능적 관점에서 이해하려고 한다. 기능면에서 본 조직범죄는 사회의 주요한 한 부분이지만 단지 그것이 사회적 해악이라는 데 문제가 있는 것으로 이해되고 있다. 이들 중에는 경제적 기능이라는 측면에서 조직범죄가 그 활동상 소비자가 필요로 하는, 즉 소비의 수요가 있는 재화와 용역을 공급하는 일반적 경제활동과 다를 바 없지만 문제는 조직범죄의 활동이 불법적인 경우가 많으며, 이들에 의한 불법적 판매수익이 공무원의 매수와 기득권보호를 위한 또 다른 불법적 활동에 이용된다는 점이다. 한편, 범죄학계에서는 "조직범죄는 불법적 또는 합법적 활동에 참여함으로써 이득과 권력을 확보할 목적으로 구성원 상호 간 긴밀한 상호작용을 하는 위계적 근거로 조직된 사람들의 비이념적 사업"으로 해석하고 있다.[5]

조직범죄에 대한 두 견해의 차이는 결국 범죄조직의 존재 여부라기보다는 범죄조직이 얼마나 견고하게 또는 느슨하게 조직되는가에 달려 있다. 즉, 공식적 입장에서 조직범죄란 견고하게 조직화된 범죄조직이지만, 학계의 입장에서는 조직범죄가 아주 느슨하게 조직되어 조직이라고까지 할 수 없다고 보는 것이다.

이와 같은 두 가지 입장차이를 고려하지 않고 조직범죄관련 각종 문헌에서 조직범죄를 정의하기 위해 사용된 조직범죄의 특성들을 분석한 바에 의하면, ① 조직적 위계질서의 지속, ② 범죄를 통한 이성적 이익의 취득, ③ 이를 위한 무력사용이나 위협, ④ 면책유지를 위한 매수, ⑤ 용역에 대한 공공수요 등이 조직범죄를 정의하기 위해서 가장 빈번히 동원된 특성들로 나타났다.[6] 이를 종합하면 조직범죄는 상당한 대중적 수요가 있는 용역에 대하여 범죄적 방법으로 이성적 이득을 얻는 위계질서가 있는 집단의 범죄행위이다. 또한 무력을 사용하거나 위협하고 공무원을 매수하는 등의 방법에 의해 그들의 범죄행위를 용이하게 하거나 지속하는 것으로 정의할 수 있을 것이다.[7]

2. 조직범죄의 유형

위와 같이 조직범죄를 정의한다면 조직범죄의 활동영역과 범위 및 그 형태도 매우 다양하다는 것을 쉽게 알 수 있다. Albini는 조직범죄를 네 가지 기본형태로 파악하고 있다. 그에 따르면 조직범죄의 첫 번째 유형은 사회적인 것으로 테러나 과격한 사회운동과 같은 정치적 범죄활동이며, 두 번째는 금전추구 위주의 약탈적인 것으로 주로 갱과 같은 집단범죄이며, 세 번째는 심리적 만족을 주요 목적으로 삼는 폭주족 갱과 같은 집단내부지향적 조직범죄이며, 마지막으로 조직범죄의 일반적 이해와 정의에 가장 적합한 조직범죄가 있다. 이는 무력이나 위협을 통하여 불법활동에 참여하는 지속적 집단이나 조직으로서 공공의 수요가 큰 불법용역을 제공하며 정치적 부패를 통해 면책을 확보하는 신디케이트범죄(syndicate crime)이다.[8] 그리고 Albanese는 조직범죄활동을 고리대금업이나 매춘 등과 같은 불법적 용역의 제공, 마약이나 장물과 같은 불법적 재화의 공급 그리고 노조관련 이익갈취행위와 오물수거나 자판기사업관련 불법인수와 강탈 등의 합법적 사업에의 침투로 대별하였다.[9]

그런데 대부분의 조직범죄는 고전적 형태인 뇌물공여나 강탈과 폭행 등의 전략·전술적 범죄로부터 도박과 고리대금업, 매춘 그리고 마약과 같은 불법적 사업을 거쳐 운수업이나 오물처리와 수거 또는 유흥업, 건설업 등 합법적 사업에 침투하고 이어서 금융, 건설, 유흥, 보험, 부동

산 등 거대기업에의 참여와 활동의 관계로 발전·이행하는 것으로 해석되기도 한다.

한편, Morash는 조직범죄의 발전단계에 있어서 후기단계라고 할 수 있으나, 현대조직범죄의 보편적 추세이자 특성인 합법적 사업이나 기업에 침투하는 방법으로서 ① 전초기지(front)를 제공하는 등 불법적 경제활동을 지원하는 기업활동, ② 보호비용을 요구하는 등 약탈적 착취, ③ 경쟁을 제한하기 위해 전매나 카르텔을 형성하고, ④ 공무원을 매수하거나 노조를 이용하여 불공정한 이점을 확보하고, ⑤ 주식 등의 합법적 장치에 대한 불법적 이용 등의 다섯 가지를 제시하였다.[10]

3. 조직범죄의 특성

그렇다면 왜 조직범죄의 일탈적 또는 불법적 기업활동이 성행하고 이를 가능케 하는 것은 무슨 이유인가? 이에 대해 Haskell과 Yablonsky는 다음과 같이 설명하고 있다. 특정 용역, 재화 그리고 활동에 대한 공중의 상당한 욕구와 수요가 사회의 잠재적 소비자를 양산하게 되지만 우리 사회가 그러한 욕구와 수요를 만족시킬 합법적 수단을 제공하지 못하게 될 때, 조직범죄집단이 이들 용역, 재화 그리고 활동을 제공할 의향을 가지고 준비하기 때문이라는 것이다.[11]

위와 같은 내용의 활동을 주요 영역으로 하는 조직범죄는 전통적 범죄와는 다른 일련의 특성이 있을 것으로 간주될 수 있을 것이다. 물론 조직범죄의 정의나 활동영역의 다양성으로 인하여 조직범죄의 특성을 정확하고 명확하게 기술할 수는 없겠지만 그중 가장 보편적이고 일반적인 특성은 고려될 수 있을 것이다. 우선 공식적 입장에서 전술한 '형사사법의 기준과 목표에 관한 국가자문위원회'의 보고서는 다음과 같은 특성을 제시하고 있다. 첫째, 조직범죄는 불법적 수단에 의한 합법적 목표의 추구나 불법적 행동의 계획과 집행에 있어서 많은 사람의 공조를 요하는 음모적(conspiratorial) 활동이다. 둘째, 조직범죄는 물론 권력과 신분의 확보도 동기요인이 되겠지만, 불법적 재화와 용역의 독점을 통한 경제적 이득의 확보에 조직범죄의 주요 목적이 있다. 셋째, 그러나 조직범죄의 활동이 불법적 용역의 제공에 국한되지는 않는다. 넷째, 조직범죄는 위협·폭력·매수 등 약탈적 전술을 구사한다. 다섯째, 경험, 관습 그리고 관행상 조직범죄는 조직구성원, 관련자, 피해자 등에 대한 훈육과 통제가 매우 즉각적이고 효과적이다.[12]

한편, Abadinsky는 여덟 가지 포괄적 특성을 제시하였는데, 그 첫 번째가 조직범죄는 정치적 목적이나 이해관계가 개입되지 않으며, 일부 정치적 참여는 자신들의 보호나 면책을 위한 수단에 지나지 않는 비이념적인 특성을 가지고 있다는 것이다. 두 번째 특성은 조직범죄가 매우 위계적·계층적이라는 사실이며, 세 번째는 조직범죄의 조직구성원이 매우 제한적이며 배타적이라는 것이다. 네 번째는 조직범죄는 조직활동이나 구성원의 참여가 거의 영구적일 정도로 영속적이며, 다섯 번째로 목표달성을 쉽고 빠르게 하기 위해서 조직범죄는 불법적 폭력과 뇌물을 활용한다. 그리고 여섯 번째로 전문성에 따라 또는 조직 내 위치에 따라 임무와 역할이 철저하게 분업화되고 전문화되었으며, 일곱 번째로 조직범죄는 이익을 증대시키기 위해서 폭력을 쓰거나 관료를 매수하는 등의 방법으로 특정 지역이나 사업분야를 독점하는 것이다. 끝으로 합법적 조직과 마찬가지로 조직의 규칙과 규정에 의해 통제된다는 특성을 들 수 있다.[13]

또한 Haskell과 Yablonsky는 아래와 같은 다섯 가지를 조직범죄의 특성으로 제시하였다. 우선, 조직범죄는 대기업이나 군대와 유사한 계층구조를 가지고 있다. 일반적 범죄집단이 구성원 상호가 파트너로서 기능하는 것과는 다른 면이 있다. 두 번째 특성은 조직범죄는 통상 무력을 사용하거나 무력으로 위협하며, 셋째, 기업운영, 인사관리, 정치인과 경찰과의 관계 그리고 이익배분 등에 관한 철저한 계획을 한다. 넷째, 조직범죄는 비교적 형사처벌로부터 면책되는 경우가 많다. 이것은 법집행관에게 직접 뇌물을 공여하거나 보호비용을 지불함으로써 경찰이 특정 범죄활동에 간섭하지 않게 하거나, 범죄활동을 보호하기 위한 정치적 압력을 가하는 것, 조직범죄의 기업에 경찰관이 직접 참여하는 등의 방법이 있다. 다섯째, 조직범죄는 관련된 집단의 지도자들끼리 상호 맞물려 있는 특징도 가지고 있다.[14]

4. 조직범죄의 원인

그렇다면 이와 같은 조직범죄는 왜 발생하는가? 일반적으로 이에 대한 대답, 즉 조직범죄의 원인을 대체로 다음과 같이 두 가지 측면에서 구하고 있다. 먼저, 조직범죄에 관해 가장 대중적으로 많이 알려진 것은 소위 외래적 음모이론(alien-conspiracy theory)이다. 이는 정부 등 공식적 입장의 시각으로서 조직범죄란 Siciclian-Italian의 산물로서 마피아에 의해 결국 미국으로 들어오게 되었다는 주장이다.

그러나 대부분의 사회학자들은 조직범죄가 미국사회의 산물이지 결코 외부로부터 유입된 것이 아니라고 반박하고 있다. 그중 가장 보편적인 것이 바로 Daniel Bell의 '이동성이라는 이상한 사다리(a queer ladder of mobility)'라는 것이다. 그는 조직범죄를 도심 노후지역의 이민자 등 가난하지만 야망이 있는 사람들의 미국식 생활방식으로 간주한다.[15] 앞에서 언급한 학계의 기능적 시각처럼, 그도 조직범죄가 가난하지만 야심적인 사람들에게 성공을 이룰 수 있게 해 주는 긍정적 기능을 하기 때문에 존재한다고 이해하였다. 이는 범죄란 그 역기능뿐만 아니라 순기능적 역할도 가지고 있기 마련인데 조직범죄도 미국생활의 사회적 이동성이라는 이상한 사다리의 하나에 해당되는 것으로 주장하는 것이다.[16) Bell뿐만 아니라 많은 사회학자들도 조직범죄가 다양한 하류계층 인종집단에게 American dream을 실현시킬 수 있는 기회를 제공했다고 동의하고 있다. 예를 들어 Ianni는 조직범죄가 사회경제적 이동성을 위한 쉽고도 빠른 길을 제공했다고 Bell의 주장에 동조한다.[17) 더군다나 Bell은 미국사회에서 사회적 이동성의 사다리를 오르기 위해서 폭력에 호소하는 것이 결코 새로운 것은 못된다고 주장하였다. 그러나 그의 주장과 논리는 조직범죄자가 전적으로 가난한 하류계층 출신도 아니며 오히려 중하류계층 출신자들이 대부분이라는 점을 고려해 볼 때 조금은 불충분하다. 뿐만 아니라 조직범죄집단의 지도자는 대부분 중상류계층 출신자들이라는 사실적 자료로 인하여 많은 비판을 받기도 하였다.

한편, Block은 조직범죄를 기존의 미국체계(American system)를 반영하는 느슨하게 구조화된 사회체계로 설명하려 했다. 즉, 사회체계로 간주하여 조직범죄가 외래−음모설 또는 유입설이 아닌 내생설로 조직범죄를 설명하고자 하였다. 그에 따르면 조직범죄의 "사회체계는 전문적 범죄자, 정치인, 법집행자 그리고 다양한 기업인을 묶어 주는 관계성으로 구성"되는 반면, 조직범죄의 사회세계는 경쟁 집단 간의 끝없는 세력투쟁으로 인하여 때로는 혼돈스럽다. 그는 전문적 범죄인의 세계를 정치적 경제에 의해 형상화된 것으로 간주하였다.

즉, 조직범죄는 유럽전통을 수행하는 소수민족에 의해 지배되는 것으로서 견고하게 짜여진 통일된 카르텔이 아니라 사회세력에 의해 형성된 준경제적 기업으로 이해한다. 따라서 그는 조직범죄는 범죄인과 손잡은 재계지도자, 정치인 그리고 노조지도자에 의해서 지배되는 것으로 간주한다.[18)

제 2 절   화이트칼라범죄

1. 화이트칼라범죄의 개념

일찍이 Edwin Sutherland가 White-collar Crime이라는 용어를 사용한 이래 범죄학자는 물론이고 일반시민의 입에까지 빈번하게 오르내리게 되었을 정도로 이는 중요한 사회문제가 되었다. 화이트칼라범죄가 그만큼 빈번하게 발생하고 있으며, 그 영향 또한 적지 않기 때문일 것이다. 물론, 화이트칼라범죄의 정도와 그 영향이 어느 정도인지 정확하게 평가하기는 어렵다. 그렇지만 경제적 손실만 하더라도 많은 전문가들은 어떤 종류의 전통적 범죄보다 훨씬 더 심각하다고 믿고 있다. 더욱 심각한 것은 이러한 금전적 비용 외에도 신체와 생명의 손상 그리고 사회적 비용의 낭비 또한 적지 않다는 사실이다. 그래서 Gilbert Geis는 화이트칼라범죄가 핵물질이나 화학물질의 불법매립이나 누출되었을 때 가능한 결과를 상상한다면 노상범죄보다 훨씬 더 심각하다는 사실을 쉽게 상상할 수 있을 것이라고 설파한 바 있다.[19] 따라서 Sutherland는 화이트칼라범죄의 재정적 비용은 일상적으로 범죄문제로 치부되어 온 모든 범죄의 재정적 손실보다 몇 배가 될 것이라고 했다. 그리고 이러한 재정적 손실 그 자체도 심각하지만 사회관계에 대한 해악이 더욱 심각할 것이라고 하였다. Sutherland는 기타 다른 범죄는 사회제도와 조직에 그다지 큰 영향을 미치지 않는데, 화이트칼라범죄는 신뢰를 파괴하고 따라서 불신을 초래하며, 대규모적인 사회해체를 유발하고 사회적 도덕을 저하시킨다고 주장하였다.[20]

그럼에도 불구하고 일반적으로 화이트칼라범죄가 살인이나 강간과 같은 범죄보다 위험하지 않은 것으로 인식되고 있다는 사실이 더욱 큰 문제로 중요성을 더하고 있다. 그것은 대부분의 화이트칼라범죄가 쉽게 인지되지 않으며, 겉으로 드러나지 않고 피해자가 불특정 다수인이거나 피해 자체를 쉽게 느낄 수 없는 특징을 갖기 때문이다. 또한 때로는 피해가 장기적으로 나타나기도 한다. 한편으로는 화이트칼라범죄자가 그들의 지위나 신분상 일반범죄자에 비해 위험하지 않은 것으로 잘못 생각하고 있기 때문에 더욱 심각한 사태를 초래하는 이유가 되는 것이다. 더군다나 화이트칼라범죄의 피해당사자는 범죄자를 형사적으로 처벌되기 바라는 것보다 그들의 손실을 만회하거나 회복하는 데 더 관심을 가지기 때문에 대부분의 사건이 민사적으로 취급되어 전통범죄학의 주요한 연구대상이 되지 못한 면도 없지 않다.

그러나 시민의식의 고양과 시민운동의 활성화 등에 힘입어 화이트칼라범죄의 심각성이 제기되면서부터 화이트칼라범죄의 통제 등 적극적인 대책이 강구되기 시작했다. 그 한 예로 미국에서 범죄의 심각성에 대한 전국적 조사를 들 수 있는데, 그 조사에 따르면 미국 국민들은 환경범죄가 흉기로 다른 사람을 찌르거나 해치는 것보다 더 심각하다고 인지하고 있었다는 사실이다.[21] 그럼에도 불구하고 아직도 화이트칼라범죄자의 기소는 비교적 희박한 사건이며, 심지어 기소되더라도 그들에게 자유형이 부과되는 경우는 더욱 희박하여 대부분 벌금형으로 끝나는 경우가 많다.

그렇다면 화이트칼라범죄는 과연 어떤 범죄를 두고 일컫는 것이며, 어떻게 정의되어야 하는가? 화이트칼라범죄는 1939년 Sutherland가 부유한 사람과 권력 있는 사람들의 범죄활동을 기술하기 위해 처음 사용한 용어이다. 그는 높은 사회적 지위를 가지고 존경받고 있는 사람이 자신의 직업과정에서 범하는 범죄로 정의하였다. 따라서 비록 상류계층에 의해서 범해질지라도 살인 등은 직업적 절차의 일부라고 볼 수 없기 때문에 화이트칼라범죄라고 할 수 없다는 것이다. 반면 지하세계의 부유한 구성원에 의한 범행도 그들이 사회적 지위가 높거나 사회적 추앙을 받는 사람이 아니기 때문에 화이트칼라범죄의 범주에는 들지 않게 된다.[22]

이를 종합해 볼 때 그는 화이트칼라범죄는 하류계층보다 사회적 지위가 높으며 비교적 존경받는 사람이 자신의 직업과정에서 수행되는 직업적 범죄라고 정의하고 있다.

그러나 이러한 규정은 많은 비판을 초래하였는데, 그중에서도 중요한 것은 화이트칼라범죄자가 보편적 범죄자와는 달리 자신을 범죄자로 생각하지도 않으며 범죄적 기질도 가지고 있지 않다는 것이다. 때문에 실질적으로 범죄자라고 볼 수 없다는 목소리가 높아지게 되었다.

한편, 화이트칼라범죄는 범죄라기보다 단지 이윤을 추구하는 기업세계의 정상적인 한 부분이라고 보는 것이다. 따라서 하나의 영악한 관행에 지나지 않는다는 비판도 제기되고 있다.

다른 한편에서는 어떤 경우라도 그가 법정에서 유죄가 확정되지 않는 한 화이트칼라범죄자라고 할 수 없다고 이의를 달기도 하였다.

그런데 알고 보면 이러한 비판들은 범죄와 범죄자를 하류계층의 사람들과 결부시키는 대중적 태도에 기인하는 것으로 보인다.[23]

어쨌거나 오늘날 화이트칼라범죄의 존재와 현실을 부정하는 사람은 없으나, 대체로 초기 Sutherland의 정의보다는 그 의미를 확대해석하여 화이트칼라범죄의 개념과 적용범위를 넓게 보는 경향이 있다. 즉, Sutherland의 정의가 사회적 지위와 직업적 과정이라는 두 가지 특성으로 화이트칼라범죄를 특징지었던 것을 중심으로 새롭게 개념을 재정립하게 되었다.

구체적으로 화이트칼라범죄가 반드시 사회적 지위가 높은 사람에 의해서 범해지는 것만은 아니라는 사실이다. 예를 들어 기업조직의 하급지위자가 주로 범하게 되는 고용자절도나 횡령 등이 바로 그것이다. 따라서 이러한 유형의 범죄는 하류계층의 사람에 의해서도 범해질 수 있기 때문에 Conklin은 화이트칼라범죄라고 하지 않고 기업범죄(business crime)라고 이름하였다. 그럼에도 불구하고 Conklin의 정의가 화이트칼라범죄의 범주에 속한다고 볼 수 있는 것은 그가 이들 범죄의 직업적 특성을 고려했기 때문이다.[24] 물론 Conklin은 사회적 지위의 높고 낮음을 중시하지는 않았지만, 일부 학자들은 전혀 무시하지 못하여 화이트칼라범죄라는 용어 대신에 상사범죄(corporate crime)라는 말로 표현하기도 하였다.[25]

결과적으로 오늘날의 화이트칼라범죄에 대한 정의는 폭넓은 상황을 함축하게 되어, 대체로 자신의 범죄활동을 목적으로 시장을 이용하는 개인의 범죄적 행동, 즉 조세범죄, 신용카드범죄 등과 정부나 기업에서의 자신의 지위를 이용한 횡령범죄 등도 이에 포함되게 된다. 따라서 횡령 이나 뇌물수수와 같은 범죄 그리고 의료사기와 같이 일반대중을 가해할 목적으로 처음부터 기업을 만드는 행위 등까지 현대적 의미에서는 화이트칼라범죄에 포함시키고 있다.

더불어 이처럼 개인행위로서의 화이트칼라범죄 외에 자신의 기업이윤이나 시장점유를 확대하기 위해서 범죄적 음모에 가담하는 등의 조직적 범죄행위, 즉 기업범죄까지도 화이트칼라범죄의 범주에 포함된다. 따라서 화이트칼라범죄는 모든 사회계층 사람들이 자신의 직업적 과정에서 범행하는 직업지향적 법률위반을 지칭한다고 정의할 수 있다.

그러나 대부분의 화이트칼라범죄는 Sutherland가 규정한 바와 같이 '사회적 지위가 높은 사람에 의한 직업적 범죄'로 볼 수 있기 때문에 Sutherland의 개념정의가 아직은 상당한 비중을 가질 수밖에 없다. 물론 이러한 그의 정의는 현실을 정확하게 기술하기 위한 개념정의라기보다 일반적으로 전통적 범죄학에서 벗어나 새로운 영역의 범죄에 대한 관심을 불러일으키기 위한 의도가 많이 포함된 것이기 때문에 그의 정의는 학문적 지칭이라고 보기에는 약간의 어폐가 있다. 따라서 범죄적 기질을 가지거나 비하류계층에 의한 다양한 위반 및 일탈행위에 대한 관심을 표현한 것으로 이해하는 것이 정확할 것이다.

2. 화이트칼라범죄의 폐해

화이트칼라범죄가 우리 사회에 미치는 영향이나 결과에 대해서는 정확한 추정 혹은 계산이 현실적으로 어려운 일이다. 그러나 모든 노상범죄에 비해서 그 폐해가 더 크다는 사실에는 전혀 이의가 없는 것으로 이해되고 있다.

그 이유는 화이트칼라범죄가 통상 범죄에 비해 경제적 손실 외에도 신체적 손상 그리고 심지어는 사회적 폐해도 엄청나기 때문이다. 더구나 화이트칼라범죄는 그 정도가 어느 정도인지 완전히 파악될 수 없고, 설사 파악되더라도 피해의 정도나 범위가 명확하지 않으며 범죄나 피해 자체가 알려지지 않는다. 또한 다양한 유형의 범행에 따라 문제의 성격과 정도가 다르기 때문에 정확한 영향을 추산할 수 없게 만들고 있다.

화이트칼라범죄의 경제적 비용은 위에서 언급한 바와 같이 정확한 추정은 힘든 일이나 단지 일반범죄의 경제적 손실보다 몇 배 이상 되리라는 짐작만 할 뿐이다. 그러나 1967년 미국의 사법행정과 법집행에 관한 대통령위원회는 화이트칼라범죄의 경제적 손실이 일반재산범죄의 피해보다 27배에서 42배에 이를 것으로 추정한 바 있다.[26] 즉, 최근의 수치로 추정해 보았을 때 일상범죄의 연간 경제적 피해가 30~40억 달러인 점으로 미루어 화이트칼라범죄는 그 경제적 피해가 약 500억 달러에 상당할 것으로 평가하고 있다.[27]

뿐만 아니라 이보다 더 중요한 사실은 전체적인 피해규모 외에도 개별사건의 피해규모 또한 엄청나게 크다는 것이다. 특히 컴퓨터 이용의 확산으로 컴퓨터를 이용한 횡령 등의 화이트칼라범죄가 발생하는데, 이는 단일사건일지라도 그 피해규모가 더욱 증대되고 있는 실정이다. 또한 소비자사기사건의 피해를 입은 노약자나 가난한 사람들의 예에서 알 수 있듯이 개별피해자의 입장에서도 엄청난 경제적 손실의 과부담을 강요당하고 있는 것이다. 이는 일반재산범죄가 지갑 속의 현금을 강취하는 데 그치는 반면, 화이트칼라범죄는 일생 동안 저축한 전재산을 사취할 수도 있기 때문이다.

한편, 화이트칼라범죄의 피해가 큰 이유 중 하나는 직접적인 피해자뿐만 아니라 대부분의 다른 사람들에게도 그 영향이 미치기 때문이다.

예를 들자면 금융사기사건 피해가 일반예금주의 피해나 주식소유자의 피해를 강요하게 되고 세금포탈의 경우는 일반시민의 납세액을 상승시키게 되며, 가격담합은 소비자로 하여금 더 많은 부담을 안겨 주게 된다는 사실들을 지적할 수 있다. 그러나 이러한 경제적 손실은 대부분 피해자 자신도 모르고 있다는 사실이 화이트칼라범죄의 피해를 심각하게 하는 요인이 되고 있다.

화이트칼라범죄의 폐해 중 경제적 손실보다 더 중요한 폐해는 예측할 수 없는 사회적 손실 또는 비용일 것이다. 화이트칼라범죄의 사회적 비용 중 대표적인 것은 우리 사회의 윤리적 조직을 붕괴시킨다는 사실이다. 즉, 믿을 만한 사람을 믿지 못하고 특권계층을 부정직한 사람으로 보게 된다.

그 결과 화이트칼라범죄는 곧 자신의 한층 나은 생활의 영위를 위해 더 좋은 기회를 가진 사람이 타인의 재물을 취하는 능력으로 비쳐지게 되는 것이다. 따라서 다른 범죄와는 달리 사회의 윤리적 조직을 의심케 만든다. 즉, 세력이론이 주장하는 바와 같이 화이트칼라범죄의 증대는 강도 등 하류계층의 노상범죄동기를 자극하게 되고 나아가 사회의 부도덕성 내지는 법의식의 둔감증을 초래하게 되어 무규범의 사회를 조장할 수도 있게 한다. 또한 신뢰감을 파괴하고 불신감을 조장하여 사회윤리를 저하시키며 사회해체를 조장하여 범죄발생의 온상 내지는 원인을 제공하게 된다.

예를 들어 가격담합이나 뇌물공여 등의 화이트칼라범죄는 시장경쟁원리를 조작하게 되어 경제를 왜곡하는 결과를 초래하기도 한다. 더불어 이러한 불공정 경쟁은 물질만능주의와 기회주의를 살찌게 하여 건전한 근로정신을 해치기도 한다. 또한 뇌물성 헌금이나 뇌물공여 등은 정부나 정치권에 영향을 미치게 되고, 이는 다시 부도덕한 기업이나 개인에 대한 특혜를 제공하게 되어 결과적으로 일반시민의 비용으로 남게 된다.

그러나 이보다 더 중요한 사실은 화이트칼라범죄가 청소년비행과 기타 하류계층 범인성의 표본이나 본보기가 된다는 사실이다. 사회적 지위가 높은 사람이 범행을 저지름으로써 일반대중이나 청소년들에게 정직하기를 강요할 수 없게 되고, 오히려 일탈할 수 있는 동기와 빌미를 제공하게 되는 것이다.[28]

끝으로 화이트칼라범죄의 결과가 어떤 면에서는 위에서 언급한 경제적 비용과 사회적 비용에 그치는 것으로 보이지만, 사실은 노상범죄와 마찬가지로 상당한 신체적 손상을 야기시키기도 한다. 예를 들어 변질된 음식이나 유독한 약품의 생산과 판매는 상해 심지어는 살인의 위험성까지도 야기시킬 수 있다.

더욱이 환경오염은 더 큰 신체적 손상을 초래할 수도 있으며, 결함 있는 자동차를 생산해 냈다면 그로 인해 수많은 사람이 생명을 잃을 수도 있다는 사실을 알아야 한다. 이런 것들을 살펴볼 때 우리는 화이트칼라범죄의 신체적 비용도 만만치 않다는 사실을 알 수 있다.

그런데 살인이나 강간 등 전통적 대인범죄와 달리, 화이트칼라범죄의 폭력성은 투명하게 눈에 잘 띄지 않으며 훨씬 더 복잡한 형태이다. 그리고 그 피해가 천천히 오래 지속되며, 그 원인이나 가해자를 직접적으로 추적하기 쉽지 않기 때문에 그 피해가 확산되고 심화될 수 있다는 점이 문제시되고 있다. 바로 이런 점에서 화이트칼라범죄의 폭력성을 '지연된 폭력(postponed violence)'이라고 한다. 물론 이들 화이트칼라범죄의 폭력성이 의도적이지 않을 수도 있다. 하지만 기업이나 경영자가 불안전한 제품을 생산·판매하고 종업원의 안전한 작업환경이나 시설을 제공하지 않아 많은 사람들에게 신체적 손상을 입혔다 하더라도 그 행위가 종업원이나 소비자를 해치고

싶어서 의도적으로 행해졌는지는 쉽게 알아낼 수가 없는 것이다.[29]

3. 화이트칼라범죄의 특성

화이트칼라범죄가 일반범죄와 구별되는 것은 무언가 화이트칼라범죄만의 특성이 있기 때문일 것이다. 즉, 대표적인 특성이 바로 범행의 합리성(rational execution)과 그 결과 초래되는 높은 이익이라는 것은 익히 지적된 바 있다. 그러나 그 외에 화이트칼라범죄의 특징이라고 할 수 있는 것은 피해자의 무의식적 협조, 사회의 무관심 그리고 범죄자의 비범죄적 자기인상을 들 수 있다.[30]

우선 화이트칼라범죄를 상당수의 피해자 없는 범죄(victimless crime) 테두리에 넣을 수 있다는 사실이 일반범죄와는 다르게 가해자와 피해자의 관계 및 역할을 규정지어 준다. 즉, 그것은 화이트칼라범죄가 피해자의 무의식적 협조를 전제로 가능하기 때문이다. 이렇게 피해자의 협조가 무의식적인 이유는 그것이 피해자의 부주의와 무지에 기초하고 있기 때문이다. 예를 들어 피해자가 자신이 피해를 입게 될지도 모르는 상황에 대해 그 사실의 특성을 알고자 하더라도 그것은 매우 어려운 일이기 때문에 그들은 예견하지 못했던 피해를 입게 된다.

또한 피해자의 무지와 부주의가 피해자로 하여금 범죄자와 무의식적으로 협조하게 하는 반면, 화이트칼라범죄에 대한 사회의 무관심은 화이트칼라범죄자에게 의식적으로 주어진 하나의 축복이다. 우선, 피해자 스스로가 피해사실을 모르거나 느끼지 못하고 피해자가 불특정 다수인인 경우가 많아서 범죄 자체가 인지되지 않는 경우가 많고, 인지되는 경우에도 범죄자가 체포되고 강력한 처벌을 받는 경우가 많지 않다. 또한 화이트칼라범죄자는 경제적으로 또는 정치적으로 그 세력이 매우 크기 때문에 일반시민은 물론이고 정부까지도 화이트칼라범죄와의 강력한 전쟁을 벌이지 못하고 있다.

이처럼 피해자의 무의식적 협조와 사회의 무관심 속에서 화이트칼라범죄자는 자신을 범죄자로 보지 않고 존경의 대상으로 보아 자신들의 비범죄적 인상을 유지할 수 있게 된다. 이들은 자신의 비범죄적 인상을 몇 가지 합리화를 통해서 표현한다. 예를 들어 물가담합의 주범이 자신의 행위로서 물가를 안정시켜 국가경제에 기여했다고 자신을 합리화시키며, 횡령범은 자신의 범행을 훔친 것이 아니라 잠시 빌렸을 뿐이라고 묘사하고 있다.

4. 화이트칼라범죄의 유형

화이트칼라범죄는 그 유형이 너무나 다양하기 때문에 일관성 있게 분명히 구분하기가 어렵다. Thio는 범죄의 피해자가 누구인지를 기초로 나누었으며,[31] Edelhertz는 범행의 수법·목적 등 가해자를 중심으로 분류하기도 하였다.[32] 그리고 Moore는 순전히 범행수법을 기준으로 구분하기도 하였다.[33]

먼저 Edelhertz의 분류에 의하면 화이트칼라범죄를 다음의 네 가지 유형으로 분류하고 있다. 즉, 복지연금사기나 세금사기 등 일련의 삽화적 사건으로서 개인적 이득을 위해 범해지는 특별위반(ad hoc violation), 횡령이나 뇌물수수 등 조직 내에서 신뢰할 만한 위치에 있는 사람이 조직에 대해서 범하는 신뢰남용(abuses of trust), 공정거래위반 등 기업의 이익을 확대하기 위해 기업조직에 의해서 범해지는 방계적 기업범죄(collateral business crime) 그리고 토지사기처럼 고객을 속이기 위한 목적으로 범해지는 사기수법(con game)이 바로 그것이다. 이러한 Edelhertz의 분류는 화이트칼라범죄의 다양한 특성을 간파할 수 있게 해 줄 뿐만 아니라 어떻게 하여 개인과 조직이 가해자 및 피해자가 되는지도 알 수 있게 해 준다.

한편, Thio는 피해자가 누구인가를 기준으로 회사에 대한 범죄, 고용원에 대한 범죄, 고객에 대한 범죄 그리고 일반시민에 대한 범죄로 분류하고 있다. 회사에 대한 범죄는 고객이나 종업원이 회사를 피해자로 하여 범행하는 것으로 이에는 고용인절도와 횡령 및 날치기 등이 해당된다. 그런데 이들 범죄는 Sutherland의 개념규정에 의해서 볼 때 결코 화이트칼라범죄라고 하기 곤란한 점이 많다. 하지만 그들 스스로 자신을 범죄자로 보지 않으며, 특히 고용인절도의 경우 절도범이 대개 중상류층 출신이라는 점에서 화이트칼라범죄자의 특성 중 일부를 공유하고 있다고 할 수 있다. 더구나 고용인절도나 횡령은 직업적 과정에서만 가능한 범죄라는 점도 그 의미를 확대하고 있는 현대적 의미의 화이트칼라범죄에 포함시키고 있는 것이다.

물론 기업이나 회사마다 산업안전과 무재해를 목표로 근로자들의 안전에 대해 더 많은 신경을 쓰고 있긴 하지만 아직도 근로자의 안전에 대한 회사측의 경시태도는 여전한데, 이로 인한 산업재해나 직업병의 발생을 두 번째 유형인 고용원에 대한 범죄라고 한다.

그런데 이렇게 회사측이 근로자의 안전과 건강을 도외시하는 이유는 다음과 같다. 첫째, 기업은 이익의 극대화에 가장 큰 관심을 가지기 때문이며, 둘째로 기업구조의 특성상 경영자는 단기적 성공이나 결과를 중시하기 때문에 산업안전에 대한 투자를 꺼리며, 셋째로 이들 범죄를 억제하고자 하는 정부의 강력한 의지가 결여되었기 때문이다.

고객에 대한 범죄는 그 유형이 다양한데, 가장 대표적인 것은 위험한 음식, 불안전한 제품, 소비자사기, 허위광고 그리고 가격담합과 같은 것이 있다. 마지막으로 회사나 기업이 일반시민을 대상으로 범하는 화이트칼라범죄로서 가장 대표적인 것이 기업의 환경오염이라고 할 수 있다. 폐기물의 불법매립이나 폐수의 불법방출 등으로 인한 대기와 수질오염은 일반시민 모두에게 영향을 미치는 것이기 때문이다.

한편, Moore의 분류는 다음의 일곱 가지 요소로 되어 있다. 그가 분류한 첫 번째 유형은 상품의 방문판매에서 어음사기에 이르기까지 다양한 사기사건과 같은 신용사기/사취(stings/swindles)이며, 두 번째는 계량기의 속임이나 부당한 요금청구 등 규칙적으로 소비자나 고객을 속이는 사취(chiseling)이며, 세 번째는 자신의 사회적 지위를 이용하여 그 조직 내의 권한을 개인적인 이익을 위해 남용 및 착취(exploitation of institutional position)하는 것으로서 소방검정시 업주로부터 검증허가의 대가로 금품을 요구하는 것, 기업체의 물품구매시 금품의 수수 등이 이에 속한다.

네 번째는 조직 내 자신의 지위를 이용하여 조직의 재물을 자신을 위하여 횡령하는 범죄로서 횡령과 고용인사기가 이에 속하며, 조직의 하부에서 상층부에 이르기까지 어느 단계에서나 가능하다. 이의 대표적인 유형이 신종범죄로서의 컴퓨터범죄이다.

다섯 번째 유형은 고객사기로서 보험사기, 신용카드사기, 복지관련사기, 의료사기 등 고객이 조직을 상대로 하는 일종의 절도이다.

여섯 번째는 기관의 중요한 위치에 있는 사람이 그 기관의 활동을 예측하거나 활동에 영향을 미치고 싶어 하는 사람에게 권력, 영향력 또는 정보를 파는 행위로서 '정보판매와 뇌물(influence peddling and bribery)'이라고 하며 정부와 기업 분야 모두에서 가능한 범죄이다. 마지막 유형은 기업범죄로 일컬어지는 범죄로서 경제, 정치, 정부기관의 행위를 규제하는 규칙을 의도적으로 어기는 행위인데, 예를 들어 가격담합이나 불공정거래 및 환경범죄 등이 여기에 속한다.

5. 화이트칼라범죄의 원인

화이트칼라범죄의 원인을 설명하고자 하는 시도는 화이트칼라범죄의 종류만큼이나 다양한 것으로 알려지고 있다. 그러나 일반적으로 범죄원인론에서 기술된 이론들과 결부시켜 본다면, 화이트칼라범죄도 대체로 심리적 소질론, 차별적 접촉론 그리고 중화이론을 이용하여 설명될 수 있다.

먼저, 화이트칼라범죄에 대한 심리적 소질론은 화이트칼라범죄가 기본적으로 정직한 기업세계의 극히 일부인 '썩은 사과(rotten apples)'를 대표하는 희귀한 현상으로 보고 있다. 따라서 화이트칼라범죄자도 비범죄자와 다른 심리학적 기질을 가지고 있다고 주장한다. 구체적으로 그들은 기회만 주어진다면 남을 속이려는 타고난 소질을 가지고 있으며, 법을 위반할 의향이나 유혹에 대한 저항이 낮은 인성을 갖는다.

또한 화이트칼라범죄는 만약 내재화되거나 억압되었을 때 의료적 또는 임상병리적 문제를 유발할 수 있는 긴장이나 불안감의 외향적 표현으로 파악되기도 한다. 즉, 기업범죄자가 어린 시절 부모의 끝없는 사랑을 갈망하는 데서 기인하여 경쟁자를 이기고 돈을 벌고자 하는 극도의 신경증적 욕구를 가진 사람들로 진단되기도 하는 것이다. 그러나 이러한 심리학적 주장들은 말 그대로 주장에 불과하지 그 주장을 뒷받침할 확실한 증거가 있지 못하다. 그러나 일부 화이트칼라범죄자 중에서 죄책감이 결여된 사람들을 볼 때 이들의 주장이 전혀 터무니없는 것은 아니라고 할 수 있다.[34]

Sutherland는 화이트칼라범죄나 일반범죄가 다를 바 없다고 보고 자신의 차별적 접촉이론을 이용하여 화이트칼라범죄를 설명하려 하였다. 즉, 화이트칼라범죄자도 화이트칼라범죄행위를 부정적으로 규정하는 정직한 기업인들보다 그것을 긍정적으로 규정하는 다른 화이트칼라범죄자와 더 많은 접촉을 가졌기 때문에 그 범죄행위를 학습하게 된다고 보았다. 그의 이러한 주장은 하류계층범죄자가 법을 준수하는 하류계층의 사람들보다 법을 어기는 하류계층의 사람들과 더 많은 접촉을 한다는 사실처럼 화이트칼라범죄자도 마찬가지일 것이라는 가정에서 시작한다. 그런데 그는 여기서 그치지 않고 화이트칼라범죄의 원인은 하류계층범죄의 원인과 아주 다른 점이 있다는 사실을 함축하는 새로운 개념, 즉 차별적 사회조직(differential social organization)을 제시하였다. 즉, 기업조직은 법규나 규정의 위반을 위한 조직이지만, 정부조직은 기업규정의 위반에 강력히 대항하지 못하고 있기 때문에 범죄를 유발하는 차별적 접촉의 학습과정을 더욱 용이하게 한다는 것이다. 다시 말해 기업의 잠재적 범법자들은 그들의 동료나 상사에 의해서 직·간접적으로 화이트칼라범죄를 범하도록 압력을 받고 있으나, 정부나 일반시민들은 화이트칼라범죄를 강력하게 비난하거나 강력한 법집행을 시행하지도 않기 때문에 범죄적 학습과정을 용이하게 한다는 주장이다. 종합한다면 화이트칼라범죄는 부정직한 기업인과의 차별적 접촉을 통한 범죄의 학습과 부정직한 기업관행을 통제하고자 하는 사회적 노력의 부족에 기인하는 것으로 볼 수 있다.[35]

화이트칼라범죄에 대한 중화이론적 설명은 횡령의 경우처럼 자신은 돈을 훔친 게 아니라 잠시 빌렸을 뿐이라고 합리화시킬 수 있을 때, 그 가정을 화이트칼라범죄에 확대적용한 것이다. 그런데 화이트칼라범죄자가 자신의 범죄를 정당화 내지 합리화하는 방법은 대체로 다음과 같다. 우선 그들은 자신의 범죄로 인한 피해를 부정한다. 예를 들어 종업원이 회사의 기물을 훔치더라도 보험으로 보상되기 때문에 회사에는 실제 아무런 피해를 주지 않는다는 합리화이다. 두 번째 합리화는 피해를 당연시하는 것으로, 예를 들어 종업원절도시 그들은 회사가 근로자와 고객을 착취하기 때문에 손실을 입어도 괜찮다는 식의 합리화이다. 그리고 세 번째 합리화는 비합법적이거나 불공정한 법은 어겨도 괜찮다는 식의 합리화이다. 이는 기업범죄자에게 가장 보편적인 것으로, 정부의 각종 기업규제가 곧 자유기업경영체제(free enterprise system)에 대한 위반이기 때문에 그것은 공정치 못하고 어길 수밖에 없다는 논리이다.[36] 또 다른 합리화는 다른 기업이나 기업인도 다 법을 어기기 때문에 자신들의 행위도 그리 나쁘지 않다는 논리이다. 예를 들어 세금을 포탈하지 않고는 돈을 벌 수 없다든지 또는 돈만 쓰면 안 되는 일이 없다는 등의 주장처럼 모든 사람이 다 세금을 포탈하고 모든 사람이 다 뇌물을 주고받기 때문에 안 하는 사람이 바보일 뿐이라는 것이다.

3 절　정치범죄 ─ 정부에 의한 범죄를 중심으로

1. 정치적 범죄의 개념

정치적 범죄(political crimes)는 다양한 형태의 범죄가 정치적 동기로 범해지기 때문에 그 개념화가 매우 어려운 편이다. 하이재킹이나 테러와 같은 일부 정치적 범죄는 매우 심각한 중대범죄의 형태를 가지는 반면, 허가 없는 집회나 시가행진 등 자신의 관점을 시위하는 것과 같은 사소한 정치적 범죄도 있다. 그러나 이들 모두가 정치적으로 이유 있는 범죄라는 공통점을 가지고 있음은 분명하다.

그러나 이처럼 정치적 이유에 의한 범죄가 정치적 범죄라고 개념화할 수 있더라도 간첩행위와 같은 몇 가지 행위를 제외하고는 일반적 법률체계로서 정치적 특성의 범죄를 분명하게 규정하고 있지 못하고 있다. 바로 이 점이 문제로 지적되는 것이다. 이와 더불어 범죄를 규정하는 모든 법규가 사실상 정치적 과정의 산물이라는 점에서도 모든 법률위반이 사실상 정치적일 수밖에 없다는 것이다. 이 점 또한 정치적 범죄를 개념화함에 있어 어려움을 더해 주는 요인이 되고 있다.[37]

따라서 정치적 범죄는 다양한 형태로 규정되어질 수밖에 없다. Ingraham은 정치적 질서를 엮고 있는 사람이나 원리에 대한 충성의 배반(betrayal of allegiance)을 포함하는 것으로 보이는 행위, 그리고 정치적 권위에 대한 도전과 방해(challenge to or hindrance of political authority)를 포함하는 것으로 보이는 행위로 이를 구분짓고 있다.[38]

그리고 Van den Haag는 권력을 얻기 위해서, 권력을 행사하기 위해서, 권위에 도전하기 위해서 그리고 권위를 집행하기 위해서 이용되는 법률위반으로 정치적 범죄를 규정하고 있다.[39]

한편, Roebuck과 Weber는 단순히 정부에 의한 범죄(crimes by government)와 정부에 대한 범죄(crimes against government)로 크게 나누기도 하였다.[40] 또한 Haskell과 Yablonsky는 정치적 범죄를 세 가지 형태로 분류하는데, 그 첫째는 테러나 혁명세력과 같이 정치적·사회적 제도의 변화에 영향을 미칠 목적으로 형법을 위반하는 행위나 형법에 규정된 의무를 다하지 않는 행위이며, 둘째는 정치권력을 유지하기 위한 목적으로 행해지는 범죄로서 정치적 반대세력을 정부권력으로서 대항한다거나 정치권력에 도전하는 사람에 대한 불법적 체포, 불법선거자금의 사용 등이 이에 속한다. 마지막으로 셋째는 불법적 정치자금의 수수, 뇌물수수와 같이 선거에 의해 선출되거나 정치적으로 임명된 공직을 이용하여 개인적 이득을 취하는 행위로 구분하였다.

그러나 이를 권력 내부의 정치적 범죄(in−power political crimes)와 권력 외부의 정치적 범죄(out−power political crimes)로 대별하였다.[41]

이들을 종합하면 결국 정치적 범죄는 그 동기가 정치적이거나 정치적 지위와 권한을 이용하여 정치적 권위에 저항하거나 도전하는 행위라고 볼 수 있다. 그리고 이를 크게 나누어 정부에 의한 법률위반행위와 정부에 대한 범죄행위로 양분할 수 있다.

그런데 이 두 가지 유형의 정치적 범죄는 상당한 차이가 있다. 먼저 권력 외부, 즉 주로 정부에 대한 범죄는 권력을 갖지 못한 사람에 의한 범죄로서 이들 정치적 범죄자는 제도의 변혁에 영향을 미치기 위한 노력에 있어서 상당한 장애와 방해를 직면하게 되는 반면, 권력 내부 또는 정부에 의한 범죄는 그러한 장애와 방해를 받지 않는다는 사실이다. 정부에 대한 권력 외부의 범죄는 자원의 한계가 있으며, 자신이 체포되리라는 것을 기대하며 행하는 불법적 시위 등이 있고, 이는 정치제도의 변화를 위해서 투쟁하는 것이 보편적인 현상이다. 여기에는 킹목사와 같은 인권운동가 그리고 그들의 활동이나 해방군 같은 준군사적 집단 및 급진적 정치적 반대자와 테러리스트가 이에 해당된다. 반면 정부에 의한 범죄는 정부의 모든 권력을 소유하고 통제하고 있는 정부 내부에 의해서 이루어지고 있다.

그리고 정부에 대한 범죄는 대체로 정부에 대한 저항운동이나 테러행위가 그 대상이 되고 있는 것으로서, 이들 현상은 불법적인 것으로 규정되고 취급되지만 사실은 도덕적인 면이 강하다. 반면에 정부에 의한 범죄는 부도덕한 행위로 볼 수도 있지만 불법적으로 취급되지 않을 수도 있다.

즉, 정부에 대한 범죄보다 정부에 의한 범죄가 그 폐해와 영향을 미치는 범위와 대상이 훨씬 더 심각함에도 불구하고, 정부에 대한 범죄는 대부분 사법적으로 처리되지만, 정부에 의한 범죄는 숨겨지거나 비호되는 등 사법적으로 처리되지 않는 경우가 많다. 따라서 여기서는 정부에 의한 범죄를 중심으로 논하고자 한다.

정치적 범죄로서 정부에 의한 범죄는 정부가 기본적인 제도적·사회적 가치를 위반했을 때 가능한 것으로 이해되고 있다. 이러한 범죄는 대체로 정치권력에 대한 반대자나 테러리스트에 대한 정부의 과잉반응(overreaction to dissenters and terrorists), 정치적 부패 그리고 개인적 이득을 위한 공직자의 정치적 범죄 등이 있다.[42] 이러한 정부에 의한 정치적 범죄는 여기서 지적한 세 가지 대체적 유형과 유사한 세 가지 목적, 즉 공직자가 개인적 이득을 얻기 위해서, 정부가 권력을 유지하기 위해서 그리고 일반시민에 대한 오만과 과시를 위해서 이루어지는 것으로 분석되고 있다.[43]

우선 정부에 의한 정치적 범죄의 목적을 보면, 정부에 의한 범죄의 첫 번째 목적은 공식석 시혜를 얻기 위한 뇌물수수 등 돈이나 기타 재정적 이익을 취할 목적으로 이루어지는 것이다. 두 번째 목적은 체제 내의 정치적 반대집단에 의해서 도전받거나 체제 외의 의견을 달리하는 집단에 의해 위협받을 때 정치권력을 유지하기 위한 목적으로 행해지는 경우이다.

이 경우에 속하는 대표적인 범죄는 선거법 위반행위로서 불법적인 정치헌금의 모금이나 선거자금의 불법적 사용 등을 들 수 있다. 그런데 이 경우 대부분은 현재 정치권력을 지배하고 있는 현직자들에 의해서 주로 이루어지고 있기 때문에 정부에 의한 정치적 범죄라고 할 수 있다.

한편, 정치권력을 유지할 목적으로 행해지는 또 다른 유형의 정치적 범죄는 정부와 의견을 달리하는 권력엘리트 외부의 반정부집단으로부터 그들의 의견을 달리할 헌법적 권리를 약탈하는 것이다. 가장 대표적인 예로 반정부저항운동이나 인권운동 등에 대한 탄압활동이다. 정부에 의한 정치적 범죄의 세 번째 목적은 정부나 공직자가 자신의 지위와 권한을 과시하기 위한 것으로 자신이 시민의 공복이 아니라 시민에 군림하는 사람으로 행세하는 데서 비롯되는 각종의 권력남용과 오용행위가 이에 속한다.[44]

2. 정치적 범죄의 유형

그런데 지금까지 살펴본 정부에 의한 정치범죄의 목적에서 어느 정도 알 수 있듯이 이러한 정치적 범죄는 대체로 정치적 부패(political corruption)와 정부의 과잉반응(governmental over‐reaction)으로 대별할 수 있다. 우선 정치적 부패는 뇌물 등의 개인적 이득을 위한 권력남용, 선거부정 등이 대표적인 예이다. 개인적 이득을 위한 정치적 범죄는 공직자가 반대급부를 기대하고 제공되는 뇌물을 수수하는 것과 공직자가 특혜를 팔아서 금전을 챙기는 경우가 있을 수 있다. 그런데 이러한 범죄는 대중의 신의에 기초한 공직자의 지위를 부여받았음에도 불구하고 그 신의를 저버린다는 점에서 사회체계와 정부를 파괴하기 때문에 중대한 범죄행위로 간주되고 있다. 이러한 형태의 정치적 범죄는 대개 정부를 위한 재화와 서비스의 구매, 공공용지의 처분, 세금의 평가와 수납, 공금관리, 상업활동규제, 도시구획, 입법과정 그리고 법집행 등의 공공활동상 나타나는 범죄이다.[45]

그런데 이러한 정치적 부패, 즉 관료부패는 "공직자가 개인적 이익을 위해서 공직에 부수되는 공권력을 남용하거나 공직에 있음을 기회로 그 영향력을 직·간접적으로 행사함으로써 법규를 위반하는 경우 및 의무불이행 또는 부당행위를 일삼아 규범적 의무를 일탈하는 경우"[46]로 볼 수 있다. 그리고 이를 보다 쉽게 규정하자면 "관료가 자신의 직무와 직·간접적으로 관련된 권력을 부당하게 행사하여 사익을 추구하거나 혹은 공익을 침해한 경우"[47]라고 할 수 있다. 이렇게 볼 때 관료부패는 '영향력의 불법적 형태'[48]의 하나로 생각할 수도 있는 것이다.

한편, 선거부정은 시민이 스스로 자신들의 지도자를 뽑을 권리가 있으나 그 권리가 종종 지도자가 되고자 하는 사람들에 의해서 적절하게 주어지지 않는다는 데 기인한다. 특히 집권자가 자신의 권력을 유지하기 위해서 불법적이거나 적어도 비윤리적인 방법을 동원하여 선거에 임하는 경우가 그것이다. 이 경우 처음부터 국민의 대표선출권이 제한되기도 하고 선거시 불법적 투표, 허위등록 그리고 매수와 매표 등의 행위가 행해지며, 불법적이거나 비윤리적인 선거운동이 행해지는 경우가 대표적인 선거부정행위에 속한다.

다음은 정부의 과잉반응문제로서 공권력을 동원한 반정부세력이나 집단 또는 심지어 일반시민에 대해 국가와 사회의 방위라는 미명하에 자신의 권력을 유지하기 위한 인권유린, 기본권 제한 등의 과잉반응을 말한다. 물론 정부 스스로는 이러한 정부의 폭력에 대해 국가 및 사회의 법과 질서를 보호·유지하기 위한 불가피한 합법적 행위라고 간주하고 있다. 이러한 정부의 폭력행위에는 먼저 경찰 등 법집행기관의 과잉진압이나 지나친 무력사용 등으로 인한 인명손상을 들 수 있다.

또한 자신과 반대되는 정치적 성향의 소유자나 정치적 반대세력 또는 반대정파에 대한 사찰과 억압을 두 번째 예로 꼽을 수 있다. 물론 이 경우는 행정부뿐만 아니라 입법부에서도 이들을 통제하기 위한 법률을 제정하며, 사법부에서도 이들에 대한 정치적 재판을 행함으로써 행정부와 마찬가지의 정치적 범죄를 범하고 있는 것이다.

즉, 이 모든 행위가 개인의 권익에 대한 침해임에도 불구하고 그것이 국가안보라는 미명하에 정당화되고 있는 것이다.

3. 정치적 범죄의 중화

정부는 정부에 의한 정치적 범죄에 대해 그것을 숨기기 위한 대단한 노력을 아끼지 않고 있다. 예를 들어 심지어 정부에 의한 범죄행위가 행해졌음에도 불구하고 정부나 공직자는 자신들의 죄를 인정하지 않고 오히려 자동적으로 그들의 범죄를 다양한 방법을 통해 중화시키려고 한다. 그들의 범죄를 중화하려는 의도 중 첫 번째 방법은 현실이 어떻게 되었는지 또는 분명한 사실임에도 불구하고 어떠한 잘못이 행해졌는지조차 그 사실을 부정하는 것이다. 또한 때로는 특정 행위에 정부가 개입되었다는 사실은 시인하더라도 그것이 불법적인 범죄행위는 아니었다고 주장한다.

다음으로 범죄 자체를 무시하는 것으로서 만약 범죄가 공직자 개인에 의해서 사적으로 행해진 것이라면 언론과의 접촉을 차단하거나 아무런 대응도 하지 않는 등 범죄를 무시해 버리기도 한다. 그리고 이러한 개인적 범행에 대해서 정부가 어떠한 조치를 취하도록 요구받을 때는 정부의 개입을 요할 만한 충분한 사실이나 근거가 없다는 식으로 사건을 흐지부지하게 처리하려고 한다.

한편, 이러한 공직자 개인의 사적인 범행의 경우 때로는 자신의 범행을 폭로한 언론에 대해서 명예훼손 등의 명목으로 소송을 제기하거나 또는 위협하는 등 자신의 범죄를 비난하는 사람을 오히려 비난함으로써 자신의 범죄를 중화시키려 하는 경우도 있다. 물론 이러한 소송에 이기기는 힘든 일이지만 소송을 제기함으로써 시민의 관심을 다른 곳으로 돌릴 수 있고 자신의 범행을 희석시킬 수 있기 때문이다. 이러한 중화노력은 공직자 개인의 사적 범죄뿐만 아니라 정부에 의한 범죄의 경우에도 마찬가지 행태를 보일 때도 있다. 그리고 경우에 따라 정부에 의한 특정 범죄행위에 대해 무엇인가 강력한 조치를 요하는 압력이 있을 때에 정부에서는 공개적으로 사건에 대해서 철저히 수사하거나 조사하여 확실한 조치를 취하겠다고 약속하기도 하지만, 막후에서는 사실상 철저한 수사를 수행하지 않는다. 끝으로 지금까지 제시한 여러 가지 방법을 적용하기 곤란한 경우에는 어쩔 수 없이 자신의 잘못을 대충 인정하기도 한다. 그러나 그 행위는 국가안보 및 국가와 사회의 더 큰 목적을 위해서 부득이하게 범할 수밖에 없었다고 정당화한다.[49]

4. 정치적 범죄의 원인

그렇다면 이러한 정부에 의한 정치적 범죄의 원인은 무엇인가? 정부에 의한 정치적 범죄는 그 형태가 상당히 다양하지만 여기에서는 가장 보편적이고 광범위한 현상인 정부관료에 의한 부패행위를 중심으로 정치적 범죄의 원인을 기술하고자 한다.

그런데 정부관료에 의한 부패행위를 설명하는 여러 주장들은 일반적으로 다음과 같이 나누어 볼 수 있다. 즉, 정부에 의한 정치적 범죄가 기본적으로 다른 여러 가지 원인에 기인한다는 주장, 정부권한의 비대에 기인한다는 주장, 정부조직특성에 기인한다는 주장 그리고 국가의 사회문화적 특성과 합리적 선택의 산물이라는 주장으로 대별해 볼 수 있는 것이다.

먼저 정부에 의한 범법행위가 그 형태의 다양성만큼이나 그 원인도 다양하다는 주장은 미국의 법무장관이었던 Lieberman이 자신의 조사결과 정부에 의한 법률위반행위의 원인은 매우 다양했다는 사실에 기초한 것으로 그는 일반적 무법성(general lawlessness), 간과(oversight), 애매한 법률의 과다(superabundance of ambiguous law), 실수를 인정하지 못함(inability to admit mistakes), 부패(corruption), 정치적 압력(political pressure), 어리석음(stupidity), 자원의 결여(lack of resources), 무감각(insensitivity), 실수와 무시(mistakes and ignorance), 전문성의 결여(lack of professionalism), 시키는 대로 실천하지 못함(inability to practice what one preaches), 국가적 위기(national crisis) 그리고 법률의 불합리성(absurdity of the laws) 등 열두 가지를 지적하였다.[50]

물론 그가 제시한 열두 가지의 원인 중 대부분은 비논리적이거나 또는 정부 내외의 비범죄활동과 정부범죄를 구별할 수 없기 때문에 정부범죄의 원인이라고 간주되기 쉽지 않다. 그러나 그중 위에서 기술한 정부범죄의 형태나 개념 또는 정부범죄를 중화하려는 정부의 의도 등을 고려할 때 애매한 법률의 과다(superabundance of ambiguous laws)와 실수를 인정하지 못하는 것 (inability to admit mistakes)은 어느 정도 정부범죄를 설명할 수 있는 요인으로 보인다. 먼저 애매 모호한 법률의 과다는 정부행위를 통제하기 위한 분명한 법률의 결여로서, 그 결과 정부관료가 그들의 직무를 수행할 때 자신의 판단에 의존하기 쉬워진다. 바로 이러한 현상을 '자유재량의 황무지(discretionary wilderness)'라고 한다. 결국 이처럼 많은 재량권으로 인해 공직자들이 법규 를 어기거나 악용하게 되며 교묘히 법을 이용하게 되는 것이다.[51] 그리고 정부범죄를 설명할 수 있는 또 다른 요인은 정부의 실수를 시인할 수 없다고 보는 정부의 태도와 정신성이다. 즉, 정부는 실패하거나 실수하지 않는 것처럼 보이려고 하며, "실수하는 것이 민간이다"라는 격언을 믿지 않으려는 것처럼 행동하는 태도 때문에 대통령을 비롯한 정부관료들은 스스로가 법보다 위에 있다고 느끼게 된다. 그리고 이러한 느낌은 다시 정부관료를 통제하기 위한 확고한 법률이 결여됨에 따라 가능해지는 것이다. 다시 말해서 명확한 법률의 결여와 결코 실수를 용인할 수 없다는 정부의 태도가 정부범죄를 유발시키는 원인이 되는 것이다.[52]

한편, 정부범죄가 정부의 권한이 확대된 결과라는 주장도 있다. Douglas는 관료일탈의 증대 를 '복지국가혁명(welfare state revolution)'에 기인한 것으로 보고 있다. 그에 따르면 복지국가혁명 으로 인하여 권력·규제 그리고 관료제의 거대한 증대로 특징지어지는 거대정부(big government) 를 탄생시켰고, 그 결과 필연적으로 정부관료의 수적 증대는 물론이고 통치과정을 위한 규율의 증대가 일어났으며, 그로 인해 관료일탈의 증대가 발생되었다는 것이다.

즉, 정부가 비대해질수록 정부가 집행하고자 하는 규율은 많아지고 어쩔 수 없이 관료의 일 탈도 그만큼 증대될 수밖에 없다는 주장이다.[53] 이러한 현상은 법률이 많아질수록 법률의 불명 확성 때문에 관료에게 법해석상의 재량권을 넓혀 줄 수밖에 없었다. 따라서 앞에서 언급한 Lieberman의 논리에 의해서도 많은 법률은 많은 일탈을 조장할 수밖에 없다고 보여지고 있다.

한편, 정부에 의한 범죄가 정부의 조직특성에 기인한다는 주장은 대체로 다음과 같은 조직 의 특성에서 그 원인을 찾고 있다. 그런데 관료부패의 근원에 대해 조직차원에서 논하는 경우 정부의 정책과정 성격과 밀접한 연관성을 가지게 된다. 즉, 관료부패의 원인을 정부의 정책과정 과 연결시키는 것은 부패한 영향력의 존재를 전제로 하고 있는데, 부패한 영향력의 존재는 수요 와 공급의 불균형으로 인한 공급을 초과하는 특혜의 요구가 있기 때문에 가능한 것이다. 더불어 시민에게 주어질 수 있는 특혜는 정부에 의해 독점되고, 정부에 의한 특혜나 제재는 관료제의 계층적 특성으로 인하여 많은 시간과 비용을 요하며, 그 결과도 불확실하기 때문에 부정부패한 영향력은 항상 존재할 수밖에 없는 것이다.[54] 예를 들어 경제활동에 있어서 공공부문이 차지하는 비중이 높고 따라서 규제가 많을수록 경제활동과 정책이 정책적 이슈가 되기 쉽게 된다. 따라서 그만큼 부패의 소지도 많아진다는 것이다.

그 외에 특히 관료부패를 설명하는 노력으로서 부패에 호의적인 사회의 문화적 특성과 감독자와 행위자 및 고객이라는 거래관계에서의 이성적 선택의 관점에서 원인을 찾고자 하는 주장도 있다. 우선 관료부패의 원인인 부패를 문화적 특성에서 찾는 사람들은 대체로 저개발국가와 선진개발국의 관료부패 차이를 부패를 수용하는 태도에 기인한다고 보고 있다. 즉, 저개발국가는 부패에 대하여 긍정적·호의적인 태도를 보인다는 것이다. 이러한 주장은 Myrdal이 서아시아국가와 서구사회의 관료부패를 비교하여 주장한 것으로, 이들 국가간의 부패 정도 차이는 바로 다음과 같은 것들이 있다고 하였다. 저개발 서아시아국가에서는 부패로 인해 기소되는 경우도 적으며, 비교적 많이 인정되고 있으며, 심지어 관료부패가 규범의 일부로 인식되는 상이한 가치관의 소산을 갖고 있었다는 것이다.[55] 이처럼 부패가 비교적 쉽게 용인되는 사회에서는 인간관계와 인정이 중시되는 문화적 풍토 또한 관료부패를 만연시키는 한 요인으로 작용한다. 이 경우 관료들이 자신의 업무에 있어서 공사의 구분이 명확치 않고 개인적 인간관계와 그로 인한 인정에 많이 좌우되기 때문에 관료부패가 그만큼 용이한 것이다. 즉, 이렇게 부패를 비교적 관대하게 취급하기 때문에 많은 관료부패를 겪게 된다는 것이다.[56]

다음으로 관료부패를 분석하기 위한 유용한 분석의 틀 중 하나는 관료부패에 대한 경제적 접근이라고 할 수 있다. 즉, 관료 자신이 부패의 결과 얻어질 수 있는 가능한 이익이 부패로 인한 잠재적 비용을 능가할 것이라고 판단할 때 그 관료는 부패하게 되는 것이다. 마찬가지로 고객은 뇌물이나 불법행위의 결과 얻어지는 이익이 잠재적 비용보다 클 때 뇌물의 공여 등에 가담하게 된다. 관료에게 주어진 선택이 부패하느냐 아니냐라면, 부패하지 않을 경우 그는 정상적인 임금과 더불어 부패하지 않은 것에 대한 도덕적 만족감을 얻게 될 것이다. 반대로 부패한다면 그는 정상적 임금 외에 뇌물을 받게 되나 부패로 인한 도덕적 비용 또한 부담하게 된다. 여기서 도덕적 비용은 자신의 종교적·윤리적·문화적 기준에 따라 다르며 또한 동료의 행태와 자신의 부패로서 획득한 뇌물의 크기에 따라 달라질 수 있다.

그리고 그 외의 부패를 범하는 경우 도덕적 비용 외에 부패로 인한 형사처벌이라는 추가비용도 부담하게 된다. 따라서 만약 뇌물에 대한 도덕적 비용, 발각되어 처벌될 확률, 부패로 인한 불이익 등이 부패하지 않음으로써 얻게 되는 만족감과 정상적인 임금의 합을 능가할 때 관료는 부패하게 되는 것이다. 이를 도식으로 나타낸다면 다음과 같다.

> 뇌물크기 – 부패함으로써 부담하게 되는 도덕적 비용 – (부패로 인한 형사처벌의 가능성×부패로 인한 직장에서의 불이익 등 처분) 〉 정상임금–부패하지 않음으로써 갖게 되는 만족감

4절 피해자 없는 범죄(victimless crimes)

강도나 강간 등 전통적 범죄가 통상 가해자와 피해자가 분명한 상대방으로서 존재하는 데 비해 피해자 없는 범죄는 이들 전통적 범죄와는 달리 피해자와 가해자의 관계가 분명치 않다는 점에서 피해자가 없는 것으로 간주하는 것이다. 그리고 전통적 범죄와 구별하기 위해서 이를 통칭하여 피해자 없는 범죄라고 칭하고 있다. 그러나 엄격한 의미에서는 어떠한 종류의 범죄일지라도 피해자가 없는 범죄는 있을 수 없다. 즉, 범죄행위란 어떠한 경우일지라도 범행의 실행주체로서의 가해자가 있다면 그 범행의 대상인 피해자가 존재하는 것은 당연한 예이다. 이런 견지에서 봤을 때 피해자 없는 범죄란 원칙적으로 있을 수 없으며, 단지 그 피해자가 전통적 범죄의 피해자와는 다른 성격을 가진다는 것이다. 다시 말해서 가해자와 피해자와의 관계에서 볼 때 동일범죄의 가해자가 동시에 피해자가 되어 전통적 가해자와 피해자의 상대적 관계가 형성되지 않는다거나 또는 범죄의 피해자가 특정인이 아닌 불특정 다수인이어서 가해자와의 관계가 분명치 않은 경우를 일컬을 수 있다. 그런데 가해자가 동시에 피해자인 범죄는 대개 개인적 차원의 범행이며, 반대로 불특정 다수인이 피해자인 경우는 대체로 기업차원의 범죄라고 볼 수 있다. 따라서 본장에서는 개인적 차원의 범죄로서 범죄의 가해자와 피해자가 동일인인 경우와 기업범죄로서 기업이 범죄의 가해자인 반면 그 피해자는 불특정 다수인인 경우로 나누어 기술하고자 한다.

1. 피해자와 가해자가 동일인인 범죄—개인범죄

(1) 매   춘

매춘의 역사는 인류의 역사만큼이나 길다. 하지만 매춘에 대한 정확한 정의는 찾기가 쉽지 않다. 가장 쉬운 표현으로 우리는 매춘을 돈을 받고 성을 파는 행위라고 정의하지만, 이것으로 만족하지 않는 비근한 예로서 돈을 목적으로 하는 결혼도 돈을 받고 성을 파는 행위라고 볼 수 있다. 이런 경우는 우리가 일반적으로 매춘이라고 하지는 않기 때문이다. 따라서 매춘을 명확하게 정의한다는 것은 불가능한 일인지도 모르기 때문에 우리는 종종 모든 사람이 동의할 수 있는 조작적 정의, 즉 매춘부가 하는 일의 속성을 가지고 정의하곤 한다. 이 경우 감정적 관계나 성적인 보상이 개입되지 않고 단지 재물이나 금전을 목적으로 하는 성적 교환을 매춘으로 정의할 수 있다.[57] 그러나 이와 같은 정의가 논리적으로는 이해가 되지만, 법률적·실제적 입장에서는 더 정확하게 정의되어야 할 필요가 있다. 즉, 남자도 돈을 받고 자신의 성을 팔 수 있으며 남성 및 동성 매춘도 존재하지만[58] 역사적으로 매춘은 여성이 물질적 보상을 받고 남성에게 자신의 성을 파는 것이었다. 그렇지만 이 경우에도 선물을 받고 성적으로 활동적인 여성도 그들 자신의 자기인상(self-image)을 고려할 때 전통적 의미의 매춘이라고 할 수 없다.[59] 이는 매춘이란 성과 돈의 교환을 자신의 직업으로 간주하는 거래관계로 보기 때문이다. 따라서 여기서 매춘은 직업으로서 또는 일로서 돈을 받고 성을 교환하는 여성에게 한정하고자 한다.

그런데 매춘에 대한 정의가 까다로운 만큼이나 매춘에 대한 올바른 인식과 이해도 쉽지 않다. 즉, 우리가 상식적으로 가지고 있는 매춘에 대한 인식이 상당수 꾸며지거나 거짓된 것이기 때문이다. 첫째, 많은 사람들이 매춘부를 납치되거나 꼬임에 빠져서 매춘을 강요받게 된 여성이라고 생각하고 있다는 사실이다. 그러나 가출미성년자가 생존을 위해 동정심을 비치는 포주에게 넘어가거나 가난한 나라의 부모에 의해 팔려가는 어린 소녀가 매춘부가 될 가능성이 높다. 물론 실제로 가끔 인신매매되는 경우도 있지만, 적어도 성인매춘에 있어서 이러한 경우는 많지 않다고 한다. 즉, 매춘은 여성 자신의 선택이 더 중요한 요인이라는 견해가 그것이다. 매춘에 대한 두 번째 논란은 매춘부는 색광(nymphomaniac)이기 때문에 매춘부가 되었다는 주장이다. 물론 이것이 사실인 경우도 있을 수 있으나, 대부분의 매춘부는 자신의 남자친구와의 성관계는 즐겨도 고객과의 성관계를 즐기지는 않는다. 그리고 대부분의 매춘부가 매춘은 죽음보다 더 나쁜 운명이라고 생각하며 자신을 후회한다고 보는 것도 잘못된 인식이다. 물론 매춘부들이 매춘 외에는 자신의 생계를 책임질 다른 묘안이 없기 때문일 수도 있다. 하지만 그들로서는 매춘만큼의 소득을 올릴 수 있는 직업을 가질 수 없다고 인식을 하기 때문일 수도 있지만 대부분의 매춘부는 결코 후회하지 않는다고 한다.[60]

한편, 여타의 직업과 마찬가지로 매춘도 나름대로의 직업적 이념을 가지고 있다고 한다. 첫째, 일부 매춘부들은 매춘이 있음으로써 그 사회의 성범죄를 예방하는 데 도움이 된다고 믿고 있다는 사실이다. 그들은 일반적으로 사람들이 낯선 사람에게 자신의 고민을 더 잘 토로하기 때문에 가정적으로 문제 있는 남성들로 하여금 자신의 문제를 말로써 배설하게 함으로써 어떠한 결혼상담가보다 더 많은 이혼을 막아 주었다고 주장한다.[61]

또한 그들은 많은 사회지도층 인사들이 부정직한 반면, 자신들은 근본적으로 정직한 사람이라고 주장한다. 돈 때문에 결혼하는 많은 사회지도층 여성들도 자신이 스스로를 매춘부로 간주할 만큼 정직하지 않을 뿐이지 실제 매춘부와 마찬가지라고 공박한다. 그뿐 아니라 사회의 지도층인 남성고객들도 공개적으로는 매춘을 성토하지만 사적으로는 매춘부를 찾는 위선자라고 주장한다. 따라서 그들은 관습적 사회의 추앙받는 부정직한 지도층 남성과 여성보다 자신들이 더 도덕적으로 우월하다고 주장한다.[62]

그렇다면 지금 언급한 매춘에 대한 두 가지 직업적 이념을 그들 매춘부는 정말 믿고 있는가? 대답은 "아니오"이기 쉽다. 그 이유는 자신의 직업을 자랑스럽게 여기지 않으며, 자신의 신분을 자랑스럽게 공개하기도 꺼려하고, 그들 중 다수는 어느 정도 돈을 벌면 매춘의 세계에서 벗어나고 싶어 한다. 즉, 이러한 것들을 볼 때 그들의 주장은 그들의 진실된 신념이라기보다는 자신에 대한 합리화라고 하는 설이 옳을 것이다.[63]

그러면 이러한 매춘의 원인은 무엇인가? 이 물음에 대한 대답은 대체로 두 가지 측면에서 찾을 수 있다. 그 하나는 지금 매춘을 하고 있는 매춘여성들이 왜 매춘부가 되었는가를 설명하려는 것이고, 다른 하나는 심지어 거의 모든 사회에서 매춘을 추방하려고 노력하고 있음에도 불구하고 매춘이 존재하는 이유를 설명하고자 하는 입장이다. 첫 번째 입장을 사회·심리학적 이론이라고 한다면, 후자의 입장은 사회학적 또는 기능주의적 이론이라고 할 수 있다.

우선 왜 일부 여성이 매춘부가 되는가라는 의문에 대해서 매춘부는 근본적으로 잘못된 사람이라고 간주하는 주장이 있다. 즉, 매춘부는 일반인에 비해 색광이라든가 선천적으로 동성애적이라든가 아니면 남자를 증오하는 사람으로 지적되고 있다. 그러나 이러한 주장을 뒷받침하는 충분한 과학적 증거가 없고, 오히려 일부 연구결과에서는 매춘부에게서 아무런 특이성도 발견하지 못하고 있다.[64]

이러한 심리분석적 동기 외에 일부 여성이 매춘부가 되는 이유를 Benjamin과 Masters는 소인적 요소(predisposing factors), 유인적 요소(attracting factors) 그리고 촉진적 요소(precipitating factors)의 세 가지로 설명하고 있다. 그들에 따르면 소인적 요소는 결손가정, 부모의 난잡함, 매춘을 관용하거나 허용하는 근친사회의 분위기 그리고 정신장애를 유발할 수 있는 노이로제 등이 매춘부의 배경요소이며, 유인적 요소는 많은 소득, 쉬운 생활, 흥미로운 생활, 성적 만족과 쾌감의 기대 등 다른 여성과 직업에 비한 매춘부의 상대적 장점이다.

촉진적 요소는 경제적 압박, 바람직한 결혼기회의 부재, 포주로부터의 유혹, 불행한 사랑행각, 좋은 기회 등을 의미한다.[65]

구체적으로 소인적 요소로서 가장 많이 지적되는 요인은 부모의 학대와 태만 그리고 가정파괴 등이 있다.[66] 유인적 요소로는 직업으로서의 매춘이 갖는 독립성, 경제성, 모험, 성적 만족 등이 있다.[67] 그리고 여성이 매춘을 최종적으로 택하도록 동기지우는 촉진적 요소는 매우 다양하지만 대체로 경제적 압박과 유혹이라고 할 수 있으며, 이 점에 대해서는 매춘부들이 자신의 매춘이 강요에 의한 것이 아니라는 연구결과로 잘 뒷받침되고 있다.[68]

Benjamin과 Masters는 매춘의 원인을 더 구체적으로 설명하기 위하여 매춘부를 자발적(voluntary) 매춘부와 강제적(compulsive) 매춘부로 나누고 있다. 자발적 매춘부란 비교적 합리적 기초나 자유선택의 결과로 매춘부가 된 경우이다. 반면에 강제적 매춘부는 대체로 그들의 심리병질적 충동과 욕구에 의해서 매춘부가 된 경우로서 자발적 매춘부에 비해 보다 무기력하며, 지능이 떨어지는 것으로 알려지고 있다. 이러한 차이로 인하여 유인적 요소는 자발적 매춘부에게 더욱 큰 영향을 미치며, 소인적 요소는 강제적 매춘부에 더 큰 영향을 미치게 된다. 그리고 촉진적 요소는 거의 비슷하게 영향을 미친다고 한다.[69]

Benjamin과 Masters는 자발적 매춘부가 더 많다는 점에서 이들에게 더 큰 영향을 미치는 유인적 요소를 강조하고 있다. 즉, 일부 여성들을 매춘부로 만드는 이들 유인적 요소에 대해 다음과 같이 지적하고 있다.

즉, 선량한 다수 여성에 대해 확실한 이점이라고 보이는 것들로는 우선 다른 여성직종에 비해 높은 소득을 올릴 수 있다는 것, 다른 직종의 여성에 비해 더 많은 흥분, 모험, 화려함이 있는 생활 그리고 아무런 기술 없이도 쉽게 돈을 벌 수 있다는 점 및 성적 활동을 충족스럽게 즐길 수 있다는 점 등이라고 알려지고 있다.[70]

반면에 Greenwald는 여성들의 매춘원인으로서 소인적 요소를 더 강조한다. 그는 여성들이 매춘을 선택하는 데 영향을 미치는 많은 심리적·사회적 요소가 있다고 하였는데, 이는 Benjamin

과 Masters가 말하는 소인적 요소와 아주 유사한 것으로 보인다. 그가 제시한 소인적 요소를 보면 대부분의 매춘부가 결손가정이나 부모 사이의 애정과 사랑이 결핍된 가정출신이며, 그들은 가정으로부터 거부당하거나 버려져서 외로움을 받았다고 한다. 또한 그들은 자신이 가치 없다는 생각을 갖고 있고, 부모에 대해서 증오심을 갖고 있으며, 어른에게 성적 쾌감을 제공함으로써 일말의 관심과 감정을 얻을 수 있다고 어릴 때부터 생각했던 사람으로 본다. 물론 경제적 요인도 매춘의 원인으로서 중요한 요소임에는 틀림없으나 경제적 요인은 매춘의 선택에 대한 원인이라기보다 자기합리화에 가깝다고 반박한다.[71]

그런데 일부 여성이 처음 매춘의 길로 들어선 이유에 대해서 지금까지 세 가지 요소를 중심으로 살펴보았지만, 매춘의 선택이 어떤 이유에서였든 일단 그들이 매춘을 선택한 다음에는 일련의 과정을 거치면서 매춘을 직업으로서 전념하게 된다. 이러한 과정, 즉 자신이 매춘부라고 보게 되어 일탈적 동일체가 형성되는 과정은 대체로 성적 난잡함에서부터 혹은 성폭력을 당하거나 납치되어 자포자기하게 되면서부터 매춘을 직업으로서 전문화하게 된다고 한다.[72]

한편, 매춘에 대한 기능주의적·사회학적 이론은 지금까지 왜 일부 여성들이 매춘부가 되는가라는 사회-심리학적 원인론과는 달리 매춘이 용납되지 않고 제거하려고 함에도 아직도 매춘이 광범위하게 존재하는 이유가 무엇인가에 초점을 두고 있다. Davis는 일부 여성들이 매춘을 선택하는 이유보다는 매춘이 아무런 기술 없이도 쉽게 많은 돈을 벌 수 있음에도 불구하고 왜 대부분의 여성은 매춘을 선택하지 않는가에 관심을 가졌다.[73] 물론 그 해답은 매춘의 결과가 반드시 노동·자본·기술에 대한 보상이 아니라 사회적 지위의 상실에 대한 보상이기 때문이라는 것이다. 즉, 대부분의 여성은 매춘의 사회적 낙인 때문에 제지되고 일부 여성만이 매춘을 선택한다는 것이다. 다시 말해 우리 사회의 도덕체계가 매춘의 경제적 보상보다 더 강력하다는 것인데, 바로 이 강력한 도덕체계가 매춘을 야기시킨다는 것이다. 우리 사회에서 성욕도 의미 있는 사회관계의 일부이지만, 매춘은 아무런 의미 없는 성적 활동에 지나지 않는 것으로 간주되는 것이다. 따라서 매춘이 쉽게 가능해진다는 것이다.

그러면서도 바로 이 매춘이 가정을 보호하고 여성을 존경받는 시민으로 지켜 주는 등 우리 사회의 도덕체계에 영향을 미치며 때로는 그것을 강화하기도 하는데, Davis는 이것을 기능주의 이론이라고 하였다. 즉, 매춘이 있음으로 남성들이 선량한 여성들을 유혹하여 성생활을 문란케 하는 대신 자신의 성욕을 매춘부에게서 해결함으로써 이들 선량한 여성을 보호할 수 있다는 것이다. 결론적으로 우리 사회의 도덕체계가 매춘을 권장하기 때문에 존재하며, 매춘은 다시 우리 사회의 도덕체계를 보전하는 중요한 기능을 행한다는 것이다.[74]

(2) 약물남용

약물범죄는 대체로 불법약물의 사용이나 제조와 판매, 그리고 비록 합법화된 약물이라 할지라도 그러한 약물의 불법사용이나 제조·판매하는 행위를 말한다. 그런데 피해자 없는 범죄의 한 전형으로서 약물남용을 들고는 있지만, 엄격히 말하자면 불법적 약물과 관련된 모든 범죄, 즉 불법약물의 제조·공급·판매 등도 피해자 없는 범죄(victimless crime)의 유형으로 볼 수 있다. 불법약물의 사용 또는 약물의 불법사용은 사용자 스스로가 가해자이고 피해자라는 입장에서 당연히 피해자 없는 범죄의 범주에 속하는 것이고, 약물의 불법제조·재배·공급·판매자도 일종의 피해자라고 할 수 있는 사용자가 신고하지 않고 불특정 다수인이 피해자일 수 있다는 면에서 피해자 없는 범죄의 하나라고 할 수 있는 것이다.[75]

그러나 범죄유형론의 일부로서 다루어지고 있는 피해자 없는 범죄에서는 가해자와 피해자가 동일인인 경우보다 전형적인 의미에서의 피해자 없는 범죄를 파악하고 있다. 따라서 약물의 불법제조와 판매, 불법약물의 제조·판매행위는 사실상 피해자의 신고가 없을 뿐이지 사실은 엄연히 피해자가 있으며, 그들의 불법행위도 여타의 범죄행위와 크게 다를 바 없기 때문에 여기서는 약물의 불법사용 또는 불법약물의 사용이라는 측면에 초점을 맞추어 기술하고자 한다.

그런데 이처럼 약물관련범죄를 사용자 측면에만 국한시키더라도 약물의 불법적 사용을 의미하는 용어만 하더라도 약물의 남용·의존·중독·오용 그리고 단순한 사용 등 매우 다양하게 이용되고 있고, 약물관련범죄에 사용된 약물 또한 인간의 행위에 영향을 미칠 수 있는 거의 모든 약물을 다 포함하고 있기 때문에 그 범위가 상당히 넓다고 할 수 있다. 따라서 사용자 입장에서만의 약물관련범죄라 할지라도 그 범위와 대상이 지나치게 광범위함을 알 수 있다.

일반적으로 약물관련범죄를 말할 때 우리는 주로 약물남용(drug abuse)이란 용어를 사용하고 있으나 사실은 이 용어 자체가 잘못 사용되고 있는 것이다. 즉, 우리가 말하는 약물남용은 단순히 불법약물의 사용을 지칭하는 것일 뿐, 합법적 약물의 사용이나 오용을 뜻하지는 않는다. 즉, 사회적으로 용인되지 않거나 불법적인 약물의 단순한 이용을 말하는 것이며, 이런 면에서 약물남용이란 용어는 과학적이거나 객관적이라기보다 사회적이고 주관적인 개념이다.

그렇다면 불법적 약물은 어떻게 규정되는가? 특정 약물에 대한 불법성 규정은 약물 자체의 위해로 인한 특성보다 정치적 과정에 의존되는 바 크다. 예를 들어 담배라는 것이 적어도 마리화나만큼 위해함에도 불구하고 담배의 사용과 판매는 합법적인 반면, 마리화나의 소지나 판매는 엄격히 불법으로 규제되고 있다. 마리화나는 불법이면서도 사실상 사용자에 대한 부정적 낙인이 없는 편이지만, 흡연은 합법적이면서도 적지 않은 부정적 반응을 불러일으키고 있다. 따라서 약물의 불법성 규정은 특정 약물에 대한 사회의 인식과 그 인식을 바탕으로 한 법률적 지위에 의해 결정되는 것이다.[76] 그러므로 불법약물의 규정과 개념은 시간적·공간적 차이를 가지며 가변적인 것으로 이해되어야 한다.

1) 불법약물의 유형과 그 영향

약물남용이 용어상 매우 복잡한 개념이었던 이유 중의 하나는 약물남용과 관련된 약물의 종류가 인간의 행위에 영향을 미치는 거의 모든 것이라고 할 수 있을 정도로 다양하기 때문이기도 하다. 약물의 종류가 다양하다는 것은 약물의 효과나 영향이 사용되는 약물과 사용하는 사람이나 상황에 따라 다를 수 있다는 것을 의미하기도 한다. 즉, 술이 사람이나 술의 종류 그리고 술 마시는 상황이나 기분에 따라 취하는 속도와 정도가 다른 것과 같은 이치인 것이다. 또한 술에 취하면 어떤 사람은 조용히 잠을 자지만 일부는 난폭해지기도 하는 것처럼 약물남용의 결과가 사용자에게 미치는 영향도 다를 수 있다. 따라서 약물남용의 영향을 이해하기 위해서는 약물의 종류, 사용자 그리고 상황 등을 함께 고려함이 마땅하다. 그러나 Erick Goode는 약물의 효과에 영향을 미치는 것으로 알려진 주요 변수로 대체로 다음의 일곱 가지로 요약하고 있다.[77]

① 정체성(identity): 자신이 복용한 약물을 무엇이라고 또는 어떻게 생각하는가?
② 복용량(dose): 일반적으로 많이 복용할수록 보다 극단적인 효과가 있다.
③ 효능과 순도(potency and purity): 약물의 순도와 효능이 높고 클수록 그 효과도 크다.
④ 혼용(mixing): 약물을 따로따로 복용하는 것보다 다수 약물을 한꺼번에 복용하는 것이 더 효과가 크다.
⑤ 복용방법(route of administration): 흡입, 흡연, 마심, 삼킴 등 복용의 방법에 따라 같은 약물이라도 그 효과가 다르다.
⑥ 습관성(habituation): 지속적인 복용은 내인성을 강화시켜서 점점 더 많은 양의 복용을 요하게 된다.
⑦ 상황(set and setting): 기대감, 기분, 피로감, 불안감 등 복용자를 특징짓는 다양한 주관적 요소와 복용하는 장소에 따라 그 효과가 다르다.

결국 약물복용은 그 자체만으로 특정한 영향을 미친다기보다 약물의 화학적 성분, 사용자의 신체적이고 정신적인 조건 그리고 복용상황 등이 복합적으로 작용하여 나타나는 결과라고 할 수 있다. 그러나 중요한 것은 약물의 종류에 따라 그 성능과 효과도 다를 뿐 아니라 복용자에게 있어서도 그 미치는 영향에 차이가 있다는 점이다.

여기서는 가장 많이 남용되는 불법약물을 약물의 신경증적 특성과 그 영향에 기초하여 중앙신경계통 자극제(central nervous system stimulants), 중앙신경계통 진정제(central nervous system depressants), 환각제(hallucinogens) 기타(마리화나 등)로 분류하여 살펴보겠다.[78]

중앙신경계통 자극제는 사람을 항상 깨어 있게 하고 경계하게 만드는 약물로서 니코틴, 카페인, 암페타민(amphetamines), 코카인 등이 이에 속하는 것으로 알려져 있다. 이 중 니코틴이나 카페인은 전혀 불법약물이 아니며 암페타민의 경우도 의사의 처방에 의해 합법적으로 사용될 수도 있다. 그러나 문제시되는 것은 이 약물의 불법사용과 코카인이다. 우선, 암페타민의 지속적인 사용은 식욕억제로 인한 탈수와 영양실조를 야기시킬 수 있으며, 한꺼번에 많은 양을 복용하면 매우 흥분하기 쉽고 폭력적 위험성을 가질 수 있다. 물론 암페타민이 물리적 의존성은 야기치 않지만, 지속적 사용은 내성과 심리적 의존성의 잠재성을 갖게 될 수 있다.

미국을 비롯한 많은 나라에서 코카인은 최근 가장 빠른 속도로 사용이 증대되고 있는 약물로서 의학적으로는 local anesthetic(마취제)로서 이용되었으나 심장박동을 증대시키고, 혈압을 높이며, 체온을 높이는 기능을 한다. 복용자의 표현에 의하면, 코카인은 기분을 들뜨게 해 주고, 자신감을 높여 주며, 에너지를 증대시키고, 피로를 억제시켜 준다고 한다. 그러나 코카인은 물리적 중독보다 심리적으로 중독되는 것이 더 유해하며 그 중독도 용이하다. 즉, 기분이 들떠 있다가 가라앉으면 깊은 우울함에 빠지게 되는데, 이 경우 더 많은 코카인밖에는 해결책이 없는 것이다. 이러한 코카인은 장기간 지속적으로 복용하거나 한꺼번에 다량을 복용하는 경우 불면증, 무력증, 극단적 불안감, 편집증 등 정신병 증상을 야기시킬 수도 있다.[79]

중앙신경계통 진정제란 일종의 진통제(analgesics)로서 아편(opiates)과 몰핀(morphines)이 마취제로서 사용된 것은 오래전의 일이다. 이러한 마취제 또는 진정제에는 아편, 몰핀, 헤로인 그리고 합성제재 등 다양한 종류가 있다. 빈번하게 사용하게 되면 물리적으로 의존적이고 내성이 생기게 되어 효과를 얻기 위해서 점점 더 많은 양을 필요로 하게 되며 어떠한 수단을 통해서든지 지속적으로 사용하려고 한다. 그런데 그 습관성을 충족시킬 정도로 충분한 헤로인을 사용하지 못하게 되면 불안감, 감정적 우울증, 신경쇠약 또는 복통과 같은 심한 금단현상을 야기시킨다.[80]

환각제(hallucinogens)로서 가장 널리 사용되고 있는 약물은 그 제조가 쉽고 가격이 비교적 저렴하며 적은 양으로도 큰 효과를 얻을 수 있는 LSD(lysergic acid diethylamide)이다.

LSD는 사용자의 표현에 의하면, 사용자의 인식과 기분에 극단적인 영향을 미쳐서 의식을 크게 방해하지 않고도 감각을 왜곡시킬 수 있다고 한다. LSD는 때로 환각을 불러일으키기도 하고 때로는 정신병적 행동을 야기시키기도 한다. 물론 환각제가 신체적 의존성이나 중독성을 갖고 있는 것은 아니지만 일종의 내성은 지니게 되므로 같은 효과를 얻기 위해서는 점점 더 많은 양을 사용하게 된다.[81]

마리화나(marijuana)는 오락적으로 가장 많이 사용되는 불법약물로서 그 효과가 다양하다고 한다. 도취감에 빠지고, 시간감각이 둔해지며, 집중력이 떨어지고, 생각의 초점이 흐려지고, 많은 대상을 우스운 것으로 여기는 성향이 생기는 등의 효과가 발생한다고 한다. 마리화나는 중독성이 없으며, 내성이나 물리적 의존성을 야기시키지도 않는다. 그러나 장기적으로 빈번하게 사용하면 뇌손상, 유전적 이상 등의 생리적 조건을 야기시킬 수 있다고 한다.[82]

2) 약물남용자의 보편적 특성

약물남용자는 대체로 대도시거주자가 많고 여성보다는 남성이 많다. 그리고 부모가 음주와 흡연 등 합법적 약물을 복용하는 경우가 많은 것으로 밝혀져 있다. 이들은 대개 부모로부터 합법적 약물복용을 배우며, 친구로부터 약물남용을 배우는 경우가 많다. 따라서 약물남용습관의 지속은 친구들의 약물남용에 따라 크게 좌우되는 것으로 알려져 있다. 또한 약물남용자는 학교, 가정, 교회 등 3대 사회화기관과 제도에 강한 유대를 가지지 못하는 것으로 밝혀져 있다. 그러나 이러한 일반적 특성은 약물남용이 점차 농어촌지역으로 확대되고, 여성남용자도 증대되고 있으며, 정상적인 가정의 정상적인 사람들까지도 남용에 가담하는 등 그 특성이 희석되고 있는 실정이다. 즉, 이는 약물남용도 이제는 일반화·대중화·아마추어화하고 있음을 암시해 주고 있다.

한편, 범죄와 관련하여 약물남용자는 비남용자에 비해 범죄를 범하는 확률이 높은 것으로 지적되고 있다. 물론 약물남용 이전부터 법에 저촉되는 문제를 야기시키는 경우가 많지만 약물남용 후에도 지속적으로 범죄행위에 가담하는 것으로 알려져 있다. 그런데 약물남용자가 범죄를 지속하는 것은 대부분의 경우 약물남용을 지속하는 데 필요한 재원을 마련하기 위한 것으로 밝혀져 있다.[83]

한편, 한국에서도 현재 교정시설에 수용된 약물남용범죄자를 대상으로 한 조사결과 연령별로는 20~30대가 가장 많고, 학력은 고졸 이하가 대부분이었다. 그리고 직업별로는 판매·서비스업 종사자와 무직자가 대다수를 차지하며, 부모나 형제가 같이 살지 않는 경우가 많은 것으로 나타났다.[84]

3) 약물남용의 원인

일반적으로 약물남용의 원인은 심리학적 관점과 사회학적 관점에서 다루어지고 있다. 심리학적 관점에서는 약물남용자가 인성장애(personality disorder) 혹은 정신이상(psychic trouble)에 의한 탈출수단으로 약물에 호소하는 정신적 결함자(defective person)로 보고 있다. 이러한 심리학적 접근으로는 정신분석학, 사회학습이론 또는 행태주의이론을 들 수 있다.

반면 사회학적 관점에서는 대부분의 약물남용자들이 정상적인 비남용자와 크게 다른 점이 없다는 점에서 심리학적 주장을 거부하고 있다. 위에서 언급한 바와 같이 약물남용의 일반화·대중화추세를 고려한다면 약물남용에 대한 심리학적 설명보다는 이를 거부하는 사회학적 이론이 보다 타당한 것으로 여겨진다. 그런데 이러한 사회학적 이론으로는 아노미이론, 인지접촉(cognitive association)이론, 낙인이론, 차별적 기회이론, 하위문화이론, 사회학습이론, 차별적 접촉이론 그리고 사회통제이론을 들 수 있다.

먼저 약물남용에 대한 심리학적 논의를 살펴보기로 하자. 우선 심리학자들은 약물남용을 개인의 충족되지 않은 여러 가지 감성적 욕구에 대한 반응양식으로 이해한다. 즉, 약물남용자는 여러 가지 요인에 기인하는 인성결함자로서 가족관계의 문제, 적절치 못한 재강화, 건전한 역할모형의 부재 등에 의하여 형성될 수 있는 중독성 인성(addictive personality)을 가지고 있기 때문이라는 것이다.

정신분석학에 의하면 인간은 성장단계에 따라 충족되거나 통제되어야 할 욕구가 충족되지 못했거나 통제되지 못했을 때 성인기에 들어서 약물을 남용하게 된다고 주장한다. 예를 들어 구순기(oral stage)에서의 부모의 애정이 결핍되면 자기애(narcissism)가 지배하는 인성을 갖게 되어 성인기에 약물을 남용함으로써 충족되지 않은 자기존중과 모성애를 갖고자 한다는 것이다. 또한 항문기(anal stage)의 배설충동과 통제의 결함은 성인기의 정신병리를 야기시키게 되며, 이때 각종 신경안정제와 진정제를 복용하게 되어 자기가학적 충동과 파괴적 충동을 조정·통제하려는 것이다. 성기기에 있어서는 오이디푸스 콤플렉스로 인해 겪게 되는 우울함과 패배감을 해결하지 못한 성인에게 향정신성 약물(psychoactive drugs)은 좋은 해결책이 되는 것이다.[85]

학습이론이나 행태주의이론에 의하면, 인간의 행위는 자극에 대한 반응으로서 이해된다. 따라서 약물남용도 약물이 제공하는 보상에서 그 원인을 찾고 있다. 즉, 약물은 다른 어떤 보상 등의 재강화(reinforcement)보다 쉽게 더 큰 보상을 제공하는 재강화로 남용된다는 것이다.[86] 구체적으로 헤로인을 남용하여 무력감을 극복하려 하며, 코카인을 복용하여 분노로부터 해방되려고 하는 것 등을 예로 들 수 있다.

결국 이들 심리학적 이론은 대체로 왜 특정한 사람이 처음으로 약물을 사용하게 되었는가라는 약물남용의 최초 원인을 설명하기보다는 약물남용자가 약물을 계속해서 남용하는 이유를 설명해 주는 데 더 가까운 것으로 여겨진다.

다음으로 약물남용의 원인에 대한 사회학적 이론을 보자. 우선 아노미이론에 의하면 사회문화적으로 수용되는 성공의 목표와 그것을 합법적으로 성취할 수 있는 수단의 괴리가 생기면 일탈이 초래된다고 한다. 이러한 문화적 목표와 제도화된 수단의 괴리에 대해서 사람들은 동조, 혁신, 의례, 은둔, 반항 등의 양식으로 반응하는데, 약물남용은 바로 은둔형(retreatism)의 반응양식이라는 것이다. 즉, 문화적 목표와 제도화된 수단을 모두 수용하지 못하는 일종의 사회로부터의 탈출기제인 은둔적 반응(retreatist reaction)의 결과로 마약을 남용한다는 것이다. 다시 말해서 합법적 수단에 의한 지속적인 실패와 내재화된 금지로 인한 불법적 수단의 이용불능으로 목표와 수단 모두를 포기하게 되며 목표와 수단의 갈등과 괴리를 해결하게 된다는 것이다.[87]

한편, Cloward와 Ohlin은 범죄활동에 가담할 의사가 없는 약물남용자가 있다는 사실을 인정하므로 아노미이론을 지지하였지만, 대다수 약물남용자는 약물을 남용하기 전부터 비행하던 청소년들이었다는 점을 강조하며 아노미이론을 일부 수정하였다. 즉, 이들의 약물남용 이유는 그들이 범행의사가 없기 때문에 범죄 등의 불법적 수단에 호소하지 않고 은둔하여 약물을 남용하는 것이 아니라 합법적 방법으로 성공을 성취할 기회가 주어지지 않듯이 범죄적 방법으로 성공을 성취할 기회마저도 주어지지 않기 때문에 은둔하여 약물을 남용한다는 것이다. 즉, 이들은 관습적 수단과 범죄적 수단 모두에 의해서도 성공을 성취하지 못한 사람들로서 이들을 이중실패자(double failure)라고 하며, 이 이론을 이중실패이론(double failure theory)이라고 한다.[88] 그러나 많은 하류계층의 마약중독자들은 사실 이중실패자가 아니라 불법적으로 돈을 벌고 있다. 따라서 불법약물을 획득하기도 하는 이들을 이중성공자라고 하여 이중실패이론을 비판하기도 한다.[89]

약물남용에 대한 사회학습적 접근은 대부분의 이론이 왜 사람들이 약물을 남용하는가라는 물음에 심리학적 동기나 탈출, 회피욕구 등에서 그 해답을 찾으려고 했던 것과 달리 사람들이 처음 약물을 경험하게 되는 것은 특별한 동기나 욕구보다 호기심이나 기회 등에 따라 우연히 이루어지는 경우가 많다고 보고 있다. Becker에 의하면 일탈적 동기가 일탈행위를 유발하기보다는 일탈행위가 일탈적 동기를 유발하는 것으로 보아야 하며, 따라서 애매한 자극과 욕구 — 약물남용의 경우는 약물이 제공할 경험의 종류에 관한 호기심이 가장 빈번한 경우이다 — 는 그 자체가 애매한 신체적 경험에 대한 사회적 해석을 통하여 한정된 행위유형으로 전이되는 것이다.[90] 물론 단순히 마리화나를 시도한다고 규칙적인 사용자가 된다는 것을 말하는 것은 아니다. 이에 대해서 Becker는 새로운 경험자가 기회가 주어졌을 때 쾌락을 위하여 약물을 사용하게 하는 3단계 모형을 제시하였다. 그 첫 단계로서 그는 마리화나를 흡연하는 방법을 배워야만 하고, 두 번째로 마리화나의 효과를 인식할 수 있도록 배워야 하며, 셋째로 그 효과를 즐기는 것을 배워야 한다는 것이다.[91]

　　이러한 Becker의 주장은 결국 약물남용도 다른 행위와 마찬가지로 학습의 결과라는 것을 함축한다. 따라서 여타의 학습이론과 마찬가지로 동료집단의 영향력이 학습의 중요한 것임을 고려할 때 특히 차별적 접촉이론이 약물사용의 경험, 재강화, 정의 그리고 모방을 위한 기초를 설명하는 데 적절한 것으로 알려져 있다.[92] 그리고 이 점에 대해서는 친구들의 약물남용이 그 사람의 약물남용가능성을 예측하는 가장 중요한 예측변수라는 많은 연구결과가 이를 증명해 주고 있다.[93]

　　구체적으로 사회학습이론적 관점에서 본 약물남용은 차별적 접촉이론과 행태주의이론, 그리고 모방이론 및 하위문화이론을 통합하여 설명하고자 한다. 그들에 의하면 인간의 행위는 행동 이후의 강화조건에 의해서 학습되는데, 즉 약물남용은 약물남용을 긍정적으로 평가하는 집단과의 접촉을 통하여 약물남용을 학습하게 된다는 것이다. 그러면 약물남용의 동기는 자신이 접촉하는 집단의 영향과 집단과의 상호작용에 의한 사회적 지지와 보상을 통해서 제공되는 것으로 정리될 수 있을 것이다. 즉, 약물남용집단과의 접촉을 통해서 약물남용을 학습하고, 약물남용을 긍정적으로 규정하는 집단과의 상호작용을 통해서 약물남용의 부정적인 반작용보다 긍정적인 면을 많이 접하게 되어 약물남용자가 되기 쉽다는 것이다.

2. 피해자가 불특정 다수인인 범죄 — 기업범죄

　　피해자 없는 범죄의 두 번째 유형은 피해자가 다수인 관계로 피해자의 규명이 명확치 않은 범죄이다. 즉, 이러한 범죄로는 주로 기업에 의한 범죄(corporate crimes)를 들 수 있다. 이러한 기업범죄 중에서도 엄격한 의미에서 피해자 없는 범죄에 해당된다고 볼 수 있는 것은 대체로 소비자가 피해자인 경우와 일반시민대중이 피해자인 경우가 있다. 소비자가 피해자인 기업범죄에는 독과점과 같은 공정거래위반 관련범죄(antitrust violations)와 허위광고(false advertising), 위험물질의 생산과 판매 등이 있으며, 일반시민대중을 피해자로 하는 기업범죄에는 환경범죄와 안전 위해범죄가 있다. 이러한 구분은 기업에 의한 불법행위의 피해자를 기준으로 한 유형화라고 할

수 있다.[94]

　　우선 독과점은 자본주의경제하에서의 주요한 원칙의 하나인 자유경쟁이 침해되는 행위로서 그 결과 소비자는 선택의 자유를 제한받게 되고 더 나아가서 생산량의 조작을 통한 가격의 조작으로 피해를 입게 된다. 가격담합은 특정 상품의 판매자들이 그 상품에 대하여 통일된 가격을 매기기로 합의하는 것을 말한다. 이러한 가격담합의 목적은 물론 가격경쟁을 제거하고 시장을 안정화시키며, 관련 기업의 이익을 증대시키기 위함이다. 그 결과는 물론 소비자가격의 상승과 그만큼의 소비자부담의 증대일 것이다.

　　다음은 허위광고로서 가장 문제시되는 것은 소비경제가 대량화하면서 그만큼 경쟁도 치열하게 되어 허위 · 과대광고를 통한 소비자의 심리조작, 가격조작을 꾀하는 것이다. 이러한 기업의 전략은 결국 소비와 시장을 증대시키는 범죄행위를 범하게 되는 것이다. 결국 소비자는 과장되거나 거짓으로 광고된 상품에 대하여 실제 가치 이상의 가격을 부담하게 되며 필요 이상의 소비를 함으로써 소비자의 소득을 낭비하게 되는 것이다.

　　유해물질의 제조와 판매는 농약으로 기른 콩나물의 판매라든가 유해물질을 첨가한 식 · 음료품의 제조판매, 안전장치에 결함이 있는 상공품의 제조판매 등의 경우로서 소비자에게 신체와 생명에 위험을 부담시키게 된다. 이는 대체로 기업이 생산비절감을 위하여 불량재료를 사용하거나 제품의 개발과 검사 등의 비용을 줄이기 때문이다.

　　한편, 일반시민을 피해자로 하는 기업범죄로서 가장 대표적인 것이 환경공해범죄라고 할 수 있다. 이는 생산단가를 줄이기 위하여 유해위험물질의 처리를 불법으로 처분하거나 공해방지시설을 하지 않거나 가동시키지 않는 등의 이유로 일어나는 범죄이다. 이러한 환경공해범죄는 일반시민들에게 질병이나 부상 또는 생명의 위협 등 위험성을 초래시키게 된다.

　　그렇다면 이러한 기업에 의한 각종 피해자 없는 범죄의 원인은 무엇인가? 이에 대한 시도는 앞의 조직범죄에서 다룬 화이트칼라범죄의 일부로서 이미 기업 및 상사범죄의 원인을 다루었기 때문에 일면 중복될 수도 있으나 본장에서는 특히 기업범죄 중에서도 기업의 피해자 없는 범죄행위에만 국한하여 이의 설명에 가장 적합한 몇 가지 이론과 설명을 기술하고자 한다.

　　먼저 기업문화라는 관점에서 기업 내에서 지나치게 강조되면 기업의 불법행위에 기여할 수 있도록 만드는 특정 기업의 태도나 동기가 있다고 한다. Stone은 이를 이익, 확장 그리고 권력을 향한 욕망, 안전의 욕구, 실패의 공포 그리고 기업목표에 대한 동일시와 집단충성이라고 지적한다.[95] 이와 유사한 입장으로 Clinard와 Yeager도 기업범죄에 가장 크게 기여하는 것은 역시 기업지도자의 도덕관이라고 주장한다.[96] 예를 들어 미국에서는 제약업계가 다른 업종에 비해 법규의 위반을 많이 한다고 하는데 이는 심각한 경쟁, 약품제조와 사용에 관련된 위험 그리고 심한 규제와 감독 등 제약업계의 고유한 기업문화에 기인한다는 것이다. 이를 종합하면 결국 Merton이 주장했던 것과 같이 기업이 목표는 지나치게 강조하면서도 합법적 수단의 이용에 대해서는 충분할 정도로 강력하게 주장하지 않기 때문에 일탈행위를 유발하는 사회구조와 마찬가지로 기업문화와 구조를 갖게 된다는 것이다.

한편, 이와 관련된 주장으로서 혹자는 자본주의경제구조가 기업범죄에 기여하는 바 적지 않다고 한다. 자유시장경제하에서 기업이념이란 이윤을 최고의 목표로 삼게 되어 합법직 수단이 제한된 상태에서 이를 극대화하기 위하여 불법적인 방법까지 동원한다는 것이다. 즉, 이러한 기업의 '경쟁의 문화'는 살아남기 위해서 어쩔 수 없다고 받아들여지게 되는 것이다.

때로는 경쟁상대의 제거를 전제하게 되어 현재 미국의 자동차 3사와 같이 일종의 공룡기업에 의해 시장이 지배되며 가격담합과 같은 피해자 없는 기업범죄까지도 행하게 된다는 것이다. 더구나 일반적으로 기업범죄의 결과 얻어질 수 있는 잠재적인 이익에 비해 위험성과 비용은 턱없이 낮기 때문에 이러한 시도는 끊이지 않게 된다.[97]

마지막으로 기업범죄를 부추기는 또 다른 이유는 일반적인 낙인이론과는 달리 기업범죄에 대해서 공개적으로 벌하지 않거나 그 처벌이 경미하기 때문이라는 사실이다. 즉, 기업은 자신의 불법행위로 인한 부정적 평판을 가장 두려워하기 때문에 기업범죄에 대해 가장 억제효율이 높은 방법임에도 불구하고 사회적인 공개처벌을 하지 않기 때문에 기업범죄가 존재한다는 것이다.

다시 말해서 기업범죄는 기업의 생활방법으로 행해진 것이 아니며, 격정범죄도 아니다. 따라서 기업범죄는 순수히 계산된 합리적 선택이기 때문에 억제이론의 공리적 가정에 기초한 정책을 통해서 충분히 억제될 수 있다고 보는 것이다.[98] 그럼에도 불구하고 이들 기업범죄에 대해 법을 엄격하게 집행하지 않기 때문에 처음부터 기업범죄의 위험성과 비용보다 잠재적 소득이 지나치게 커지는 결과를 낳게 되는 것이다. 따라서 기업범죄를 부추기게 되고, 특히 이들 기업범죄에 대한 도덕적 분개를 중화시키거나 때로는 합법화시키기도 한다. 즉, 결론적으로 기업범죄의 주원인은 바로 기업범죄를 범죄로 규정하지 않고 있기 때문인 것이다. 또한 기존의 규정과 법이 엄격하게 집행하지 않기 때문이라는 이유도 이에 가세하고 있다. 그런데 이처럼 기업범죄가 규정되지 않고 법규가 제대로 집행되지 않는 이유는 기업 자체가 아주 견고하게 조직되어 있고 정부와도 밀접하게 연관되어 있기 때문이다.

5 절 표적범죄(target crimes)

1. 증오범죄(hate crimes)

(1) 증오범죄의 기원과 정의

증오범죄가 최근에 나타난 현상은 아니다. 지금까지 역사를 통하여 인종, 종교, 신체적 장애, 성별, 그리고 정치적 신념 등으로 인하여 다른 사람을 위협하고 폭력을 행사하는 행위를 범하는 수많은 사람들과 사례들이 있어 왔다. 로마에서의 기독교인에 대한 박해에서 유태인에 대한 나치의 최후의 해결에 이르기까지, 그리고 최근에는 보스니아에서의 인종청소에서 르완다에서의 대량학살에 이르기까지 증오범죄가 존재해 왔고, 때로는 국가의 역사를 규정하기도 하였다.[99]

증오범죄가 미국과 같은 나라에서는 주로 흑인에 대한 백인 우월주의자들의 공격을 기술하는 데 가장 빈번하게 쓰여지고 있지만, 독일에서는 우익폭력이나 외국인을 증오하는 폭력으로 알려지고 있으며, 영국이나 프랑스에서는 단순히 종교적 폭력으로 다루어진다.[100] 물론, 우리의 경우는 딱히 증오범죄를 분명하게 규정하기는 쉽지 않지만 대체로 그 동기나 원인이 종교적 갈등이나 집단적 갈등 또는 개인적 원한에 의한 폭력쯤으로 이해될 수 있을 것이다.

아마도 증오범죄라는 말이 사전이나 어휘록에 등재된 것은 미국의 경우 흑인뿐만 아니라 동성애자, 회교도, 로스엔젤레스에서의 한국인에 대한 폭동 등에 이르기까지 다양한 집단을 대상으로 가해지는 범행들을 모두 다룰 수 있을 정도로 광범위하기 때문이라고 할 수 있다. 미국에서 1990년에 제정되어 공포된 '증오범죄통계법'에서는 "경우에 따라서는 살인, 치사, 강간, 폭력, 위협, 방화, 그리고 재물의 파괴나 손괴 등의 범죄를 포함하는 인종, 종교, 성적 성향, 또는 민족에 기초한 편견의 증거가 분명한 범죄"라고 증오범죄를 규정하고 있다. 이를 기초로 미국의 코네티컷주에서는 신체적 장애가 있는 사람도 증오범죄의 피해자로 취급하게 되었으며, 일리노이주에서는 피부색, 종교적 강령, 조상, 그리고 신체적, 정신적 장애를 포함시키고 있고 로드아일랜드 주에서는 장애와 성별을 포함시키는 반면 펜실베이니아 주에서는 성적 성향을 피해자 분류에서 제외시키기도 하였다.[101]

그러나 보편적으로 편견에 의하여 동기부여된 범죄라고도 할 수 있는 증오범죄를 피해자의 종교, 인종, 성적 성향, 민족, 또는 국적 등에 기초한 피해자에 대한 증오에 의하여 동기부여된 범행이라고 정의할 수 있을 것이다. 물론 이러한 정의가 증오범죄를 규정하고 판단하는 것이 매우 단순한 것처럼 보이게 할 수 있으나, 편견에 의하여 동기지워진 범죄행위는 헌법으로 보장된 표현의 형태와 쉽게 혼동될 수 있다. 즉, 특정인의 편견으로 인하여 동성애와 동성애자를 증오한다고 주장할 수도 있고, 또 그것을 공공연히 주장할 수도 있으나 아직은 증오범죄의 수준이나 단계까지는 이르지 않는 경우도 있고 반면에 건물에 나치의 십자기장을 그리고 살인을 하는 것은 확실한 증오범죄로 규정될 수도 있는 것이다.

(2) 증오범죄의 이해

미국 FBI자료에 의하면, 대부분의 증오범죄는 백인의 흑인에 대한 범행이며, 이들 범행은 대다수 단순 폭행이나 위협을 내포하는 것으로 보고되었다. 또한, 약 60%가 인종적 편견에 의해서 18%는 종교적 편견에 의하여 그리고 12%가 성적 성향에 대한 편견으로 인하여, 10%가 국적이나 민족성에 대한 편견으로 동기부여된 것으로 조사되었다.

대부분의 전통적 대인범죄가 가족구성원이나 지면이 있는 사람에 의하여 범해지는 데 비해, 증오범죄는 낯선 사람에 의하여 주로 범해지고 있다. 그리고 증오범죄는 주로 청소년이나 청장년층에 의하여 주로 범해지는 것으로 알려져 있다. 전국적으로 약 1/4 정도가 20세 이하의 사람들에 의한 범죄인 반면, 증오범죄의 경우는 약 절반 정도가 이들 집단에 의해서 범해지는 것으로 보고되고 있다.

증오범죄의 특징 중 하나는 신체적 폭력을 동반하는 경우가 많다는 사실이다. 역사적으로 약 10% 정도의 범죄가 사람에 대한 폭력범죄인 반면, 증오범죄의 경우는 1/3 이상이 폭력범죄로 보고되고 있다. 또한, 증오범죄가 신체적 폭력을 동반하는 경우가 많기 때문에 많은 경우 피해자에게 신체적 부상을 유발하게 된다. 결과적으로 증오범죄는 상당히 잔인하며 통상적인 범죄의 공격에 비해 매우 심각한 부상을 초래하게 된다.

물론, 미국에서의 증오범죄는 대부분 백인이 흑인에 대하여 범하고 있어서 흑인들이 주로 피해자이고 범행의 대상이 되고 있다. 그러나 최근 아시아계 미국인에 대한 범죄가 급증하고 있으며, 동성애자에 대한 증오범죄도 증가하고 있어서 동성애자 또한 증오범죄의 주요 대상이 되고 있고, 모든 종교 중에서도 특히 유태인들이 편견에 의한 증오범죄의 주요 대상이 되고 있다.

사람들로 하여금 자신의 편견으로 인하여 범행하도록 하는 그러한 분위기 또는 환경이나 여건을 조성하는 몇 가지 요소가 있다. 즉, 경제여건의 악화, 영화나 텔레비전 등에서 인종차별적 편견, 증오로 가득찬 정치광고, 인종적 편견을 내포하는 언어의 사용, 그리고 개인적 경험 등이 그것이다. 이들 요소에 의하여 특정의 분위기가 조성되면, 하나의 사고가 곧 일련의 연속적인 증오범죄의 물결을 초래할 수 있다. 예를 들어, 경제적 상황이 악화되어 여러 가지 어려움을 겪게 되자 이를 외국과의 경쟁 때문으로 인식하게 되었고, 이민의 증대로 인종적 구성이 변하게 되고 이를 달갑지 않게 생각하는 사람들이 생기게 되었는데, 이 모두가 증오범죄의 분위기를 조성하는 요소로 작용하게 되었다.

　이렇게 증오범죄의 분위기가 조성되면, 예민하고 센세이션한, 소위 말하는 촉발적 사건(trigger incident)만이 있으면 일련의 보복적 사고나 분규까지도 유발할 수 있게 된다. 예를 들어, 로스엔젤레스에서 있었던 백인 경찰관에 의한 흑인 운전자에 대해 무자비한 폭력을 행사한 비디오가 텔레비전에 방영되어 흑인사회를 흥분시켰으며 이것이 증오범죄의 분위기를 조성하였다면, 촉발적 사건(trigger incident)은 곧 이 사건에 대하여 법원에서 백인 경찰관들에게 무죄를 선고한 사건이며, 이를 계기로 시내 일대에서 폭동이 일어나게 되었다.

　한편, 증오범죄는 외부의 영향도 적지 않게 받게 되는데, 예를 들어 80년대 일본 자동차와 가전제품이 미국시장을 석권하게 되자 일본인에 대한 공격이 증가하였고 걸프전쟁시에는 아랍계 미국인에 대한 공격이 증가하였다. 이는 복수심이 내재되기 때문이며, 하나의 사건이 일어나면 사람들은 소위 본전을 찾으려고 하기 때문에 보복하게 된다. 이는 일면 청소년 갱과 유사한 특성이기도 한다.

　일부 전문가들은 증오범죄가 경제적 불확실성의 시기에 증가하는 경향이 있다고 주장한다. 실제로 일부에서는 경제상태에 대한 일반 사람들의 인식과 증오범죄의 정도는 일반적 상관관계가 존재하는 것으로 주장하고 있다. 사물이나 상황에 대한 인식이 때로는 현실보다 더욱 중요한 경우도 있기 때문이다. 물론, 경제적 불확실성과 증오범죄의 증가의 상관관계가 일면 지나치게 과장된 것일 수도 있지만, 증오범죄가 경제적 불확실성의 시기에 증가하였던 것은 사실이다. 이러한 경제적 곤궁기에는 소수집단 등이 경제적 곤경의 원인으로 취급되기 쉽고 이러한 분위기가 곧 일종의 희생양을 제공하게 된다.

　이러한 증오범죄는 그렇다고 집단에 의하여 집단적으로만 이루어지지는 않는다. 오히려 집단보다는 개인적으로 더 많이 행해지는 것으로 밝혀져 있다. 이들 개별적 증오범죄자 중에는 소수집단의 구성원을 무작위로 폭력과 증오의 대상으로 삼는 스릴(thrill) 추구자와 세상에서 일부 인지된 악을 제거해야 할 임무가 있다고 믿는 포교범죄자(mission offenders)가 있다. 한편, 대다수 증오범죄자인 수동적 관망자(passive observer)는 인종적·종교적·민족적 전형(streotypes)을 믿고 알코올이나 마약 등의 영향으로 순간적으로 행동하는 증오범죄자이다.

통계상으로는 증오범죄가 다른 범죄에 비해 적게 나타날지 모르지만, 증오범죄의 통계는 통계 이상으로 큰 비중을 가진다. 편견에 의하여 동기부여된 공격이나 위협은 바로 그 공격과 위협의 대상을 피해자화할 뿐 아니라 그 피해자가 속한 집단의 모든 구성원도 피해자화할 수 있기 때문이다. 이는 증오범죄가 전 지역에 걸쳐 공포와 불안을 광범위하게 전할 수 있는 힘을 가지고 있기 때문이다. 이러한 특징은 폭력적인 증오범죄는 전달하고자 하는 메시지나 이 메시지가 표적 집단의 구성원들에게 미치는 영향을 고려할 때 가장 전염성이 강한 범행이기 때문이다. 폭력적 증오범죄는 종종 보복을 수반하고 또 그 보복에 대한 보복을 유발하여 다른 집단에게도 확대되고 나아가 전 지역에 퍼지게 될 수 있다. 이것이 바로 증오범죄가 통계 이상의 비중을 가지는 중요한 범죄로 다루어져야 할 필요성이라고 할 수 있다.

(3) 증오집단의 역할

미국에서는 1995년 오클라호마주의 연방건물에 대한 폭탄테러 이후 대부분 백인우월주의자이지만 일부 조직화된 증오집단의 일부 이념적 관점을 공유하는 것으로 보이는 점증하는 반정부 운동에 초점을 맞추고 있다. 물론, 이들 국내 테러리스트들이 자신의 영감이나 명령을 과격한 의용군 또는 시민군 집단(militia groups)이나 소위 '애국자' 집단으로부터 받고 있는지는 아직도 논쟁의 대상이지만, 증오범죄를 추적하는 법집행기관이나 국가집단에서는 국내적 테러의 위협이 최근에 급증하고 있다는 데 동의하고 있다. 그 결과, FBI에서는 1995년을 '테러리스트의 해'로 규정하고 국제 및 국내 테러를 연구하기 위하여 분석가를 추가로 채용하기도 하였다.

일부 전문가들은 극단주의자 집단이 반드시 그 규모나 수적으로 증가하고 있지는 않지만, 단파방송과 상업방송의 주파수, 인터넷, 그리고 지하 서적, 잡지, 그리고 음악 등을 통하여 그들의 영향력을 증대시켜 온 것은 사실이라고 주장하고 있다.

전통적으로 그리고 역사적으로 증오범죄는 주로 백인우월주의자를 연상케 하고 그들의 외관은 십자가를 두르고 횃불을 들고 이상한 두건 같은 것을 둘러쓰고 있으며 삭발한 채 문신을 한 사람으로 비추어지고 있다. 이러한 외관은 격리와 위협이라는 분명한 메시지를 보내기 위하여 신중하게 고안된 것이며, 때로는 법집행기관과 대치하는 전략을 편다는 것은 잘 알려진 사실이다. 그러나 최근 조직화된 증오집단은 보다 미국의 중산층의 구미에 맞는 인상을 심어주려고 하고 있다. 동시에 그들은 보다 많은 주류사회의 구성원들에게 자신들의 메시지를 전달할 수 있는 새로운 커뮤니케이션의 방법과 전략들을 찾고 있다. 즉, 그들은 과거의 인종차별주의를 중시하지 않고 대신 시민들의 불안과 분노에 초점을 맞추고 있다. 지나친 세금부과와 규제로 시민의 권리를 빼앗아 가고 때로는 시민의 생명까지도 위협하는 정부에 대한 분노와 공포에 호소하고 있다. 그 결과, 이들의 메시지를 접한 수많은 중산층 시민들이 그들의 주장에 공감하고 급기야는 여러 가지 이유로 정부를 증오하게 되고 실제 활동에 동참하게 된다.102

이러한 새로운 전략하에서, 이들 증오집단은 폭력에 대한 정당성을 제공하기 위해서 존재하게 된다. 집단 구성원들에게 특정한 폭력을 행사하도록 요구하여 사법적 처벌을 감수하도록 하는 대신 자신들의 메시지만을 내보내고 있다. 결과적으로 특정 증오집단에 단지 부분적으로 또는 아주 미미하게만 연결된 일부 사람들이 범행을 하게 되는 것이다.103) 또한 전문가들은 국내적 테러에 대한 영감과 이념적 정당성을 제공해 줄 수 있는 전통적 증오집단과 과격하고 극단적인 반정부 집단의 결합을 목격하기도 하였다.

또 다른 하나의 새로운 전략은 소위 '지도자 없는 저항(leaderless resistance)'의 개념이다. 기업이나 의용군 조직 등이 선호하는 전통적인 피라미드 구조로 조직하는 대신 일부 증오집단은 마치 마약밀매 조직과 같이 비밀스러운 점조직으로 재조직하여 그들을 발각하고 통제하고 침투하기 어렵게 만들고 있다. 따라서, 공인된 또는 인지된 지도가 없고 어떠한 중앙의 통제나 방향도 제시되지 않은 채 점조직으로 운영되기 때문에 노출의 위험성이 없이 심지어 다른 점조직이 노출되더라도 그들의 활동을 지속할 수 있게 된다.104)

증오집단의 영향력의 증대와 과거에는 서로 이질적이었던 집단 간의 결합으로 인하여 증오범죄와 테러리즘의 구분이 흐려지기 시작하였다. 사실 증오집단의 증대된 영향력과 국내적 테러 행위의 증대로 일부에서는 인종, 국적, 성별, 성적 선호, 그리고 종교 때문이 아니라 그들의 소속이나 직업 때문에 사람에 대한 증오에 의하여 동기부여된 범죄를 포함하는 등 증오범죄에 대한 새로운 정의를 부르짖기도 하였다.

동성애자에 대한 폭력적인 10대 집단의 폭력은 증오범죄로 수사되고 기소되고 기록되는 것은 의심의 여지가 없지만, 특정한 정부부처나 기관의 공무원에 대한 반정부 애국주의자들의 공격이 편견에 의하여 동기부여된 범죄로 고려될 가능성은 현재의 증오범죄에 대한 정의에 의하면 거의 희박하다고 할 수 있다.

그러나 1995년 미국 오클라호마주의 연방건물에 대한 폭탄테러와 같은 연방공무원에 대한 공격은 일부에서는 일종의 증오범죄로 간주되고 있다. 이러한 추세에 따라 증오범죄의 규정이 더욱 확대될 필요성이 제기되고 있다. 동시에 일부 전문가들은 테러와 증오범죄의 관계를 파악하려고 노력하고 있으며, 심지어 테러와 증오범죄의 개념을 모두 함축하는 편견에 의하여 동기부여된 활동이나 행동을 규정하려고 노력하고 있다.

혹자는 테러와 증오범죄는 둘 다 이념적으로 연계된다는 점에서 유사한 것으로 보고 있으나, 일부에서는 증오범죄와 테러가 동기를 범행의 요소로 포함시키는 것으로 보고 있다. 전통적으로 테러에 있어서의 동기는 단지 기소와 재판에 있어서만 고려되고 있다는 점을 지적하기도 하고, 또한 다른 일부에서는 이러한 개념의 규정과 정의는 이념적으로 정당화된 어떠한 행동도 다 포함될 수 있다고 주장하고 있다.

결국, 테러와 증오범죄는 상호 중복되는 병리와 행위자를 공유하고 있다는 사실에는 동의할 수 있으나, 증오집단 추종자와 편견에 의하여 동기지워진 범죄를 범하는 일부 사람들의 차이점을 밝히거나 증오집단 추종자들이 인종차별주의적이거나 반정부주의적인 이념을 거부하도록 하는 데 필요한 행동이 무엇인지를 알아내는 데 최선의 노력을 집중하는 것이 더욱 중요하다고 학자들에 의하여 주장되고 있다. 따라서 우리는 왜 사람들이 집단에 가담하고 집단 내에서 무엇을 하며 왜 그들이 집단을 떠나는지를 이해해야만 한다.

(4) 증오범죄에 대한 법률적 대처

증오범죄를 퇴치하기 위한 법률적 접근에 있어서 대체로 특정의 위협적 행동을 금하고 편견에 의하여 동기지워진 일반적 행위를 금하며, 그리고 편견에 의하여 동기부여된 범죄행동에 대한 처벌을 요하는 세 가지 기본적 접근방법을 취하고 있다. 이에 따라 미국의 일부 주에서는 종교적 장소에서의 의도적 방해나 기물파손과 같은 특정한 장소에서의 특정한 활동을 금하고 있으며, 일부에서는 심지어 십자가를 불태우거나 위협할 의도로 타인의 재물에 표식이나 상징을 부착하는 등의 행동을 금하기도 한다. 또한 일부에서는 편견에 의하여 동기부여된 어떠한 행동도 처벌하는 법률을 제정하기도 하는데, 이들 법률은 대부분 범죄행위와 그 동기를 하나의 범행으로 처벌한다. 그래서 뉴욕의 증오범죄법은 편견에 의하여 동기부여된 차별이나 희롱을 금하며, 피해자의 선택이라고 할 수 있는 표적활동(targeted activity)이 증오범죄의 중심적 부분이 되고 있음을 알 수 있다. 기타 범죄행위에 대한 동기가 편견에 의한 것이라면 그 처벌을 강화하는 법률도 제정되기도 한다. 예를 들어 피의자가 인종, 종교, 피부색, 장애, 성적 성향, 국적, 또는 조상 등의 요인 때문에 피의자를 의도적으로 선택하는 경우에는 그 범행에 대하여 법이 허용하는 최고의 형으로 처벌하도록 하고 있다.

그런데 이들 증오범죄에 관한 법률들은 다른 법률과 중요한 공통적 요소를 가지는 경우가 있다. 예를 들어 성별 편견을 포함하고 있는 증오범죄법은 가족구성원이나 배우자 등에 대한 범죄행위에 대한 처벌을 요하는 것과 같이 가정폭력에 관한 법률과 중복되는 내용도 있을 수 있다. 그래서 이처럼 유사한 행위를 규제하는 법률이 다수인 경우는 피해자의 관점에서는 병과처분을 할 수 있는 기회를 만들어 사건에 대한 만족스러운 결론을 얻을 가능성을 제고하게 된다. 그러나 이러한 법률의 중복은 매우 정치적이고 예민한 사건에 대해서 어떠한 처벌을 할 것인가에 관한 갈등의 소지를 만들 수 있다.

증오범죄에 관한 규제나 법률은 개인의 언론과 표현의 자유를 규제하는 국가의 권한을 제한하는 헌법을 위반할 수도 있다는 점에서 도전받게 된다. 증오범죄에 관한 법률에 반대하는 사람들은 편견 때문에 행해진 범죄에 대해서 그 범죄자를 특별히 중벌한다면 그것은 그 사람의 사상을 처벌하는 것이고 언론과 표현의 자유를 위반하는 것이라고 반박한다. 그래서 이들은 증오범죄에 관한 법률을 일종의 관점의 차별(viewpoint discrimination)이라고 주장하며, 이러한 법률은 단순히 사변적이라고 비판한다. 이들은 처벌의 중과는 범죄가 편견에 의한 것일 때 사회에 대한 폐해가 더 크기 때문에 정당화될 수는 없다고 주장한다. 이들은 증오범죄에 대해서는 보복범죄가 증대할 수밖에 없다는 주장을 보복하지 못하는 종교집단이나 장애인에 대한 증오범죄가 결코 보복범죄를 잘 초래하지 않는다는 점을 근거로 반박하고 있다. 또한 이들은 증오범죄뿐만 아니라 거의 모든 범죄가 피해자는 물론이고 사회에 대해서도 손상을 초래하기 때문에 증오범죄만을 중벌하는 것은 옳지 않다고 주장한다.

그러나 증오범죄에 관한 법률을 찬성하는 사람들은 이 법률이 표현의 자유를 행사한다고 사람을 처벌하는 것이 아니라 범죄의 경중을 평가할 때 종종 고려되는 요소인 범죄활동에 가담하는 동기 때문에 처벌하는 것이어서 결코 표현의 자유와 관련된 헌법과 아무런 충돌이나 갈등이 있을 수 없다고 반박한다. 이들 주장자들은 특정 범법자가 편견적 동기를 가지면 피해자와 사회에 대한 폐해가 지대하기 때문에 보다 엄중한 처벌을 요할 수밖에 없다고 주장한다. 개인의 정체성(identity)의 핵심이 공격받는다면 그 사람에 대한 비인간화와 자위약화는 더욱 심각해지며, 그 외에 감정적·심리적 문제들이 추가로 초래되기 쉽다고 한다. 그리고, LA 폭동과 같이 증오범죄가 발생하면 거의 대부분 보복범죄의 가능성이 증대하게 된다고 주장한다.

(5) 증오범죄에 대한 기타 대처

현재 거의 대부분 아시아 국가들이 겪고 있는 경제위기는 곧 대량해고를 피할 수 없고, 반면에 미국을 비롯한 선진국가들의 경제적 호황은 경제적 어려움을 피하기 위한 이민을 증대시킬 수밖에 없다. 물론 아직은 아니지만 바로 얼마 전까지만 하더라도 우리 사회도 많은 외국인 근로자를 필요로 하였다. 이러한 상황들이 앞으로 편견에 의하여 동기부여된 각종 범죄행위의 증대를 예견케 하고 있다. 나아가 하나의 편견에 의해 동기부여된 단일 사건이라도 대규모 폭력과 파괴 사태의 도화선이 될 수도 있다. 그래서 문화적·인종적 갈등 등에 대한 이해를 증진시키고 각종 증오범죄문제를 측정하고 예방하며, 편견에 따라 범행하는 범법자들을 사법절차에 회부하고, 피해자에게는 지원과 지지를 제공해 줄 수 있는 새로운 전략을 수립하도록 요구받고 있다.

미국의 경우, 1995년 현재 39개 주에서 각종 편견으로 동기부여된 폭력이나 위협을 규제하는 법을 제정하였고, 19개 주는 증오범죄에 관한 자료의 수집을 의무화하는 법안을 만들기도 하였다. 한편, 일부 법집행기관에서는 주로 경찰장 협회(International Association of Chiefs of Police)가 제시한 모형에 기초하여 증오범죄에 관한 새로운 전략과 정책을 입안하기도 하였다. 또한 의회에서도 증오범죄와 폭력에 대처하기 위한 방안을 강구하였는데, 예를 들어 각 주의 비행예방 프로그램은 증오범죄에 대처하기 위한 부분을 포함하도록 요구하였으며, 증오범죄의 가해자와 피해자 그리고 범행 자체의 특징을 파악할 수 있는 방안을 강구하도록 요청하기에 이르렀다.

그 밖에 미국 교육부에서는 증오범죄를 감축하고 예방할 수 있는 혁신적인 전략을 개발하고 집행하는 데 200만 달러를 계상하였고 법무부에서도 청소년에 의한 증오범죄의 처우와 예방을 위한 학교교육과정을 개발하고 증오범죄에 관련된 경찰관이나 법집행관과 피해자 지원전문가들의 증오범죄에 대한 대처를 증진시키기 위한 훈련교범을 개발하는 데 연구비를 책정하였다. 또한 1994년에는 증오범죄의 양형에 관한 법이 만들어져서 미국 양형위원회로 하여금 증오범죄에 대한 처벌을 강화하도록 요구하였고, 한 연구 프로젝트는 각급 법집행 기관으로 하여금 증오범죄에 관한 자료와 정보를 최대한 수집할 것을 제안하기도 하였다.

미국에서는 지난 수년 동안 각종 공익단체나 조직들이 정부기관과 손잡고 또는 독자적으로 증오범죄에 관한 법을 제정하고 기존법이 집행을 향상시키며, 증오범죄 사건을 추적하여 기소하고, 그리고 더 이상의 증오범죄의 확대를 예방하기 위하여 힘써 왔다. 반명예훼손연맹(Anti-Defamation League)에서는 다양한 유형의 증오범죄 교육 프로그램을 개발하여 운영하였으며, 한편으로는 각급 법집행 기관의 전문가들에 대한 교육모형을 개발하기 위하여 노력하였고, 정부와 의회로 하여금 이들 교육훈련 프로그램에 대한 재정적 지원을 촉구하기도 하였다.

거의 모든 사회문제에 대해서도 마찬가지이지만, 증오범죄 문제에 있어서도 종교집단의 노력과 영향력이 적지 않았다. 이들 종교집단에서는 인종적 또는 문화적 차이와 그로 인한 상호 간의 이해와 인내의 필요성을 인식하고 교회에 기초한 문화적 다원주의를 설명하고 종교인들로 하여금 인종 간의 갈등을 이해하도록 촉구하였다.

한편, 일부에서는 증오범죄에 대처하기 위한 연계망(Network)의 구성을 제의하였다. 이들은 증오범죄를 해결하기 위해서는 정부, 기관, 그리고 각종 단체가 연합회, 또는 협회 등을 조직하여 자원, 권리, 그리고 서비스 등에 관한 정보를 종합적으로 제공하는 기능을 다해야 한다고 주장하였다. 그 한 예로서 캘리포니아주에서는 공공인간관계기관협의회(Association of Official Human Relations Agencies)를 구성하여 증오범죄에 대처하고 있다.

증오범죄의 해결을 위해서는 무엇보다고 증오범죄에 대한 정확한 이해가 중요하며, 이를 위해서는 증오범죄에 대한 통계와 자료의 철저한 수집과 관리가 필요하다. 미국에서 이러한 노력을 가장 많이 하고 있는 뉴저지주는 편견에 의한 폭력을 밝혀내고 증오범죄에 관한 법을 집행하기 위하여 두 가지 접근법을 쓰고 있다. 주 경찰에서는 해마다 군별 자료를 수집하여 매년 편견에 의한 사건 보고서를 발간하고 법집행기관에게는 증오범죄의 수사와 기소에 필요한 교육훈련과 같은 도움을 제공한다.

한편, 다른 거의 대부분의 범죄사건에서도 마찬가지이지만 증오범죄에서도 신고된 사건에 대한 즉각적이고 효과적인 출동이나 대처가 중요하지 않을 수 없다. 즉, 즉각적인 경찰의 출동은 경찰이 증오범죄의 신고를 신중하고 심각하게 다루고 있음을 지역사회에 보여주는 것이기 때문이다. 이는 바로 잠재적인 피해자나 기존의 다른 피해자에게는 신고를 권장하게 되고 잠재적인 가해자에게는 일종의 경고가 될 수도 있기 때문이다. 그러나 증오범죄는 피해자가 보복을 두려워하거나 당황하여 신고를 머뭇거리게 된다. 이를 보완하기 위하여 지역 사회 내 공익단체 등이 일종의 연계망을 형성하여 피해자를 지원하고 신고를 독려하고 있다.

현재 우리 사회의 참여연대의 사법감시활동과 같이 증오범죄에 대한 사법감시가 필요하다. 일반 시민들이 사법부의 편견적인 재판과 판결을 철저하게 지켜보아야 한다는 것이다. 규칙적으로 각급 법원이나 판사들의 재판결과를 검토, 분석하여 그 결과를 공개하고 그에 대한 공청회 등을 개최하여야 한다. 그러나 이러한 감시활동이 효과적이기 위해서는 편파적이어서는 안 되며 특정 사건의 결과가 아니라 법원이나 판사에 대한 전반적인 평가가 되어야 한다.

증오범죄가 신고되지 않고 있다는 사실이 증오범죄 그 자체만큼이나 좋지 않은 것으로 인식되고 있다. 우선 신고되지 않음으로써 증오범죄의 실상을 파악할 수 없게 되고 범법자들로 하여금 그들의 범죄활동을 지속하게 되며 다른 사람들이나 동료들에게는 유사한 행위를 하도록 부추길 수 있다. 그러나 법집행관들이 증오범죄로 규정하고 이에 대처하고 그 결과를 기록할 수 있도록 보고하게끔 훈련된다면 증오범죄가 실제로 더 많이 파악되고, 대응하게 되며, 기소되는 결과를 초래할 것이다. 특히 악명높거나 널리 알려진 증오범죄가 신고된다면 다른 피해자와 목격자도 신고하도록 자극하게 되어 더 많은 증오범죄가 보고되는 일종의 세류효과(trickle up effect)를 가져다준다. 이러한 세류효과는 바로 경찰관으로부터 시작되는 것이다. 경찰이 증오범죄를 파악하고 그렇게 규정하여 적절하게 대처하고 보고한다면 검찰에서도 기소를 위하여 더욱 강력히 대처하게 되고 법원에서도 그에 상응한 양형을 선고하도록 많은 감시와 눈초리를 피할 수 없게 된다. 잠재적인 증오범죄자가 이러한 체계적이고 효과적인 처리지침이나 절차 또는 체계와 널리 알려진 사건이 엄중하게 처벌되는 것을 안다면 증오범죄는 더 많이 신고되고 처리될 것이며 따라서 더 많이 예방되거나 억제될 수 있을 것이다.

따라서 편견에 의한 범죄의 정보와 자료를 수집하고 적절하게 대응하는 것은 피해자로 하여금 자신의 문제에 대하여 다른 사람들이 알고 있다고 느끼게 하며, 피해자 부조를 받을 수 있는 기회를 만들게 되며, 과거 같으면 경찰에 신고하지 않을 사람들까지도 신고하도록 하며, 조기개입이 가능하도록 경찰에게는 잠재적인 위험지역에 관한 정보를 제공해 주고, 일반 시민들의 인지정도를 높여주기도 한다.

2. 스토킹(stalking)

(1) 스토킹의 개념

스토킹이라 함은 개별행동이라기보다는 일반적으로 개별적으로 취해진다면 합법적일 수 있는 일련의 행동으로 이루어진 범죄활동의 형태라고 할 수 있다. 예를 들어 꽃을 보낸다거나 연애편지를 보내고, 그리고 직장 밖에서 기다리는 것은 그 각각의 행동이 그 자체만으로는 범죄적이지는 않다. 그러나 이들 행동이 공포감이나 부상을 심어 줄 의도와 결합하게 되면 불법적인 행위의 유형이 될 수도 있는 것이다.

스토킹(stalking)이 여성이 남성과의 관계를 끝내고 그 남자를 떠나려고 할 때 발생하는 것이 전형적이라고 한다. 즉, 여성의 거절을 받아들이고 용납할 수 없으며, 여성을 떠나게 할 의사가 없는 남성이 여성의 뒤를 추적하고 위협하며, 괴롭히거나 폭행하기 시작한다. 이 경우, 소위 말하는 '결별폭행(separation assault)'이라는 말이 이러한 행위를 설명하는 데 이용되기도 한다.[105]

1990년 미국에서 처음 스토킹금지법이 제정되기 전에는 법집행기관에서 미행자나 추적자들에 의해서 위협당하던 여성들을 돕기 위한 노력에 많은 지장을 받는 것으로 느꼈다. 범법자가 실제로 여성에게 무엇인가를 할 때까지는 상처로부터 여성을 보호할 수 있는 적절한 법이 없었기 때문이다. 그러나 여성에 대한 폭력의 심각성과 특성을 이해함으로써 여성에 대한 폭력을 금지하는 법률이 제정되고 따라서 미행 또는 추적범죄라고 하는 범죄행위까지도 관심의 대상이 되고 법으로 규제하게 되었다. 물론, 가정폭력의 경우와 마찬가지로 성별과 무관한, 즉 남녀 모두가 가해자도 피해자도 될 수 있지만 아직은 대부분의 경우 스토커, 추적자 또는 폭력자가 남성이고 그 피해자가 여성인 것으로 논의되고 있다.

이 표적범죄가 일반의 관심을 끌게 된 것은 물론 미국의 여배우인 Rebecca Schaffer가 그녀를 추종하던 남성 팬에 의하여 살해된 사건이 계기가 되었다. 이 사건으로 거의 모든 대중매체가 스토킹(stalking)범죄와 그 무서운 결과, 피해자가 겪게 되는 무시무시한 무력감 등을 기사화하면서 세상의 관심을 끌기 시작하였지만, 이 범죄의 피해자가 결코 유명인만이 아니라 거의 모든 여성이 해당되고, 이러한 범죄는 가학적인 남성과의 관계를 끝내려는 거의 모든 계층과 직업의 여성에게 공통적인 문제라고 할 수 있다. 일부에서는 80% 이상이 가정에서 발생한다고 주장한다.[106] 그러나 어느 정도의 경우 가해자와 피해자가 근친관계였는지 폭력피해자 등 가정폭력피해 여성의 어느 정도가 사건 전에 미행당하고 추적당하였는지 또는 어느 정도의 미행이나 추적범죄가 가정폭력과 중복되는지 등에 관해서는 아직 자료의 미비로 분명치는 않다.

(2) 스토킹 또는 추적범죄의 법률적 논점과 특성

아주 최근까지만 해도 경찰은 합법적이지만 위협적인 방법으로 행동하는 사람을 체포할 권한이 거의 없었다. 심지어 용의자가 피해자의 뒤를 따라가고 증오하는 우편물을 보내고 또는 위협적인 방법으로 행동할지라도 경찰에서는 별다른 법률적 수단을 갖고 있지 못하였다. 그러나 오늘날 법집행관리들은 용의자를 체포해야 할 것인가를 결정하는 데 도움이 되는 스토킹방지법규를 활용할 수 있게 되었다. 이와 함께, 스토킹행위에 대한 범죄화는 법집행관리들로 하여금 스토킹행위에 내재된 위협의 정도나 수준을 평가하는 데 도움이 되는 기술의 발전을 자극하게 되었다.

1) 스토킹과 스토커의 특성

물론 모든 스토킹범죄가 상이하고 동일한 사건의 내용들도 다양하지만, 한 가지 분명한 것은 스토커의 행위가 시간이 갈수록 그리고 횟수가 늘어날수록 점점 더 위협적이고 심각하며 폭력적으로 되는 것이 전형적이라고 한다. 스토킹은 일반적으로 초기에는 성가시고 약을 올리는 정도지만 합법적인 것에서 시작하여 위협적이고 위험하며 폭력적이고 잠재적으로는 치명적인 행동 수준까지 상승하게 된다.

① 현재 또는 과거의 근친관계 : 관련된 당사자들이 현재 결혼관계에 있거나 이혼한 부부, 현재 또는 과거의 동거자인 경우이며 대부분 가정폭력의 이력을 갖고 있기 쉽다. 실제로 한 조사 결과에 의하면, 보고된 사례의 대부분이 과거 근친관계에 있었던 사람끼리 일어난 것이었다.[107]

② 친지 등 아는 사이 : 스토커와 피해자가 서로 잘 알고 있거나 공식 또는 비공식적으로 관련이 있는 경우이다. 예를 들어 몇 번의 데이트를 한 사이라든가 또는 서로 이야기를 주고받았던 적이 있거나 또는 직장동료이거나 과거 직장동료 등이 여기에 속한다.

③ 낯선 사람 : 스토커와 피해자가 서로 전혀 알지 못하는 낯선 관계이다. 유명인사나 공인을 대상으로 하는 경우가 대부분 여기에 해당된다.[108]

그렇다고 가해자와 피해자의 관계가 스토킹에 대하여 사법적으로 어떻게 처리할 것인가를 결정하는 데는 크게 작용하지 못한다. 그것은 양자의 관계에 상관없이 스토킹이 법으로 규제되는 행위이기 때문이다. 그럼에도 불구하고 양자의 관계가 의미를 가지는 경우가 있는데, 그것은 경찰이나 검찰 또는 변호인 측에서 사건을 진행하게 될 때이다. 예를 들어 과거 가정폭력의 전과가 있는 과거의 근친관계가 있는 사람 간에 일어난 경우는 피해자요구나 안전에 보다 세심해져야 할 필요가 있는 것이다.

한편, 스토킹의 동기는 접촉과 통제하려는 욕구, 망상이나 강박관념, 시기와 질투, 그리고 분노 등 다양하며, 가해자와 피해자의 관계도 사실적이거나 또는 상상의 관계에서 일어난다. 가해자가 피해자에 대해서 극단적인 증오나 매력을 느낄 수 있는 것이다. 경찰에 따르면 대부분의 사건이 경찰을 접하게 되면 중단하게 되나, 상당수는 쉽게 그치지 못하는 경우가 있는데 이들은 대부분 강박관념적, 망상적 행동과 같은 인성장애를 가지고 있어 정상적인 직장을 가지거나 정상적인 인간관계를 유지하는 등의 정상적인 일상을 가질 수 있는 능력에 중대한 장애를 받고 있는 사람들이라고 한다. 이들은 상당한 시간을 자신이 표적으로 하는 사람에게 쪽지나 편지를 쓰고 피해자의 행동이나 생활을 추적하며, 피해자를 대면하거나 직면하기 위하여 여행을 하는 데 보낸다고 한다.[109]

2) 스토킹의 법률적 요소

① 행위의 연속성 : 스토킹이 법률적으로 고려되기 위해서는 일회성 또는 단발성이 아닌 일련의 스토킹이 연속적으로 이루어져서 종횡적으로 보아 일정한 행동유형을 보여주는 것을 전제로 하고 있다. 물론 여기서 스토킹을 원치 않는 대화 등 구체적인 행동에서 희롱 등의 보다 포괄적인 행동에 이르기까지 다양하게 규정하고 있지만 이러한 행위들이 최소한 두 번 이상 연속적으로 행해질 때 미행범죄로 규제한다는 것이다.

② 위협의 요건 : 대부분의 경우는 스토커가 피해자에게 합리적인 사람이라면 누구나 두려움을 느끼게 되는 정도나 방법으로 행동하거나 위협을 가할 것을 요하고 있다. 그러나 이러한 위협의 요건이 반드시 문서나 구두로 이루어지는 것만은 아니다. 예를 들어 피해자에게 검은 장미를 보내고 손으로 권총을 겨냥하거나 집 앞에 동물의 시체를 배달시키는 등으로도 위협을 가할수 있다. 일부에서는 위협을 한 다음 그 이상의 행동에 가담할 것을 요하기도 한다.

③ 스토커의 의도 : 스토커가 형사처벌되기 위해서는 피해자에게 공포를 야기하려는 범죄적의사, 즉 범의가 있어야 한다. 스토커의 행동이 반드시 의도적이고 목적이 있으며, 의식적이고인지적이어야 한다. 그러나 공포를 초래한 행동을 할 의사가 있었다면 공포를 야기할 의사가 있었다는 것을 증명할 필요는 없다. 일반적으로 용의자의 행동으로 피해자가 어느 정도 공포나 두려움을 갖게 된다면 그것으로 범죄의 의사라는 요소는 있는 것으로 간주되고 있다.

6절 사이버 범죄(Cybercrimes)와 사이버 범죄학(Cybercriminology)

1. 사이버 범죄(Cybercrime)의 개념과 정의

(1) 사이버 범죄의 개념

인터넷이 우리의 삶을 크게 바꾸었고, 이제는 우리는 가상공간, 사이버 공간에서의 삶을 살고 있다. 과학기술이 우리의 삶을 편리하게도 해주만, 동시에 악용과 남용될 여지 또한 없지 않아서 인터넷도 예외일 수 없을 것이다. 과학기술과 사회의 발전과 변화는 언제나 새로운 유형과 방식의 범죄를 초래하기 마련이다. 과학기술, 여기서는 인터넷이 범법자들에게 새로운 형태로 다양한 범죄 활동을 수행할 수 있는 새로운 무대를 제공하는 것이다. 과학기술이 인터넷의 익명성 보호막이라는 특징과 함께, 범법자들이 오프라인 범죄 시나리오보다 훨씬 더 신속한 형식으로 피해자들을 괴롭힐 수 있도록 도움을 주게 된 것이다.[110]

정보통신기술의 발달과 인터넷 사용자의 확산은 사이버 범죄가 점증적으로 기술적으로 진전되고, 가장 빠르게 성장하는 유형의 범죄가 되게 만들었다는 것이다. 실제로 순수하게 사건의 수만 봐도 사이버 범죄가 전통적 유형의 재정적, 폭력적 범죄를 초월하였고, 재정적 결과도 마약이나 사람을 불법으로 거래하는 범죄에 있어서 조직범죄에 의한 것을 능가하고 있으며, 놀랍게도 영국에서는 이미 모든 발각된 범죄의 절반을 사이버 범죄가 차지하는 것으로 추정될 정도라는 것이다.[111]

가상공간이 생활의 주요 무대요 공간이 된 현재, 이 가상공간, 사이버 공간의 결과로 유발된 새로운 특징의 범죄를 우리는 사이버 범죄로 알고 있다. 여기서 "사이버 범죄"라는 용어는 다양한 수준의 특수성을 가진 다수의 상이한 개념을 기술하는 데 이용되어 왔다. 그런데 사이버 범죄를 정의하려면 정보와 통신 기술이 우리 사회에 미친 영향과 세상을 어떻게 바꾸었는지를 이해할 필요가 있다고 한다. 사이버 공간은 그 독특한 특징을 통하여 범죄자들이 범행할 새로운 기회를 만든다고 한다. "변형의 열쇠(transformative keys)"라고 불리는 이들 특징은 범법자들에게 관습적인 경계를 넘어서는 새로운 기회를 제공하는 "세계화(Globalization)", 피해자화에 대한 새로운 기회를 조성하는 "분산된 망(Distributed network)", 피해자에 대한 감시 능력을 원격으로 강화하는 "Synopticism과 Panopticism", 범죄자가 신원, 신분 절도를 범할 새로운 기회를 창출하는 "자료의 흔적(Data trails)"으로 요약할 수 있다고 한다.[112]

그런데 인터넷이 어떻게 범죄자들이 이 새로운 사이버 범죄를 범할 새로운 기회를 창출하는지 완전하게 이해하기 위하여, Wall은 각 유형의 범죄가 가능하게 하는 상이한 수준의 기회를 보여주는 사이버 범죄 행렬(matrix)을 작성하였다고 한다. 이를 이용하여 그는 인터넷이 범죄 기회와 범죄행위에 미치는 세 가지 수준의 영향을 보여주고 있다. 먼저, 인터넷이 원격 통신 시스템 해킹(phreaking), 사기, 스토킹과 같은 전통적 범죄에 대한 더 많은 기회를 창출하였다는 것이다. 이런 유형의 범죄는 이미 현실 세계, 물리적 세계에 존재하였지만 인터넷이 이들 범죄의 발생률과 정도를 증대시켰다는 것이다. 조직범죄집단이 위험은 더 낮지만 더 효율적으로 사기나 자금세탁을 하기 위하여 인터넷을 활용하는 것이 하나의 좋은 예가 될 수 있다. 두 번째로, 인터넷의 영향이 Cracking이나 Hacking과 같이, 전통적 범죄에 대한 새로운 기회를 창출한다는 것으로, 범죄자들이 불법 음란 영상을 불법으로 저장하는 경우가 이에 해당되는 사례라고 할 수 있다. 세 번째로, 인터넷의 영향이 너무나 커서 스팸이나 지적 재산권 침해와 같은 새로운 유형의 범죄가 일어날 새로운 기회로 이어졌다는 것이다. 이와 함께, 범죄행위에 미친 인터넷의 영향과 관련해서는 유해한 무단침입(harmful trespass)과 같은 진정성-관련(integrity-related), 취득절도나 기만(acquisition/deception)과 같은 컴퓨터-관련(computer-related), 외설(obscenity)과 같은 내용-관련(content-related), 그리고 폭력과 같은 내용-관련(content-related)이라는 4가지 유형의 범죄가 있다고 한다. 그리고 이들 각 유형의 범죄에 대해서 각각 상.중.하의 세 가지 수준의 해(harm)가 발생할 수 있다는 것이다.[113]

(2) 사이버 범죄란 무엇인가

한때 영국의 경찰위원회 위원장 Hogan-Howe는 사이버 범죄의 특징이기도 하고 심각성을 강조한 것 같기도 한 말을 했다고 하는데, 그가 주장하기로는 "범죄자들이 예를 들어 붙잡힐 위험성은 무장 강도에 비해 훨씬 떨어지는 반면에, 온라인 사기로 거두어지는 엄청난 보상이 따른다는 것을 학습했다"는 것이다. 하나의 지리적 장소에서 범행되는 전통적 범죄와는 달리, 사이버 범죄는 온라인상에서 일어나고, 종종 어떠한 지리적 장소에도 분명하게 연계되지 않는다는 것이다. 이는 곧 물리적인 경계를 초월하여 국경도 넘나든다는 것을 의미하며, 그래서 이 사이버 범죄에 대한 국제적으로 공조된 대응이 요구된다는 것이다. 바로 여기서 사이버 범죄를 규정하는 것이 어렵다는 점을 알 수 있다. 다수 범죄학적 관점들은 범죄를 사회적, 문화적, 물질적 특성에서 규정하는데, 이러한 범죄 정의는 그러나 사이버 범죄가 일어나는 환경이 지리적 장소, 구별되는 사회적, 문화적 집단에 정확하게 조준될 수 없기 때문에 사이버 범죄에까지 이어질 수 없다고 한다. 이에 대한 가장 분명한 이유는 인터넷은 '반-공간적(anti-spatial)'이기 때문이다. 특히 공간적 구별에 기초한 전통적 범죄이론이나 관점은 아무런 소용이 없게 된다는 것이다.[114]

범죄학은 범죄자의 동기를 범죄자의 사회적 특성과 그들의 공간적 위치를 분석함으로써 이해할 수 있게 해준다. 만약에 빈곤 지역이 범죄 발생률이 높거나, 높은 비율의 범죄자가 빈곤한 배경 출신이라면, 우리는 빈곤이 범죄의 원인으로 고려하는 것과 같다. 범죄학은 왜 사회적, 경제적, 또는 교육적으로 주변인과 같은 특정한 특성을 가진 사람들이 더 많은 범죄를 범하는지 그 이유를 이해하는 데 도움을 주고 있는 것이다. 그러나 사이버 범죄의 경우에는, 그와 같은 논리가 통하지 않는다는 것이다. 우선 범행 기회의 전제라고도 할 수 있는 인터넷에의 접근이 범죄학에서 사회적으로 소외되고 그래서 범죄를 저지를 개연성이 높은 것으로 간주되는 주변부화된(marginalized) 사회 집단들에게는 불균형적으로 낮아서 그만큼 그들에 의한 범죄는 오히려 적다는 것이다. 더구나 대부분의 사이버 범죄는 그 실행을 위하여 상당한 지식과 기술을 필요로하기 마련인데 전통적 유형의 범죄자들은 오히려 그들의 교육 수준이 낮다는 것이다. 결과적으로 사이버 범죄자들은 평균적인 사람들에 비해서 상대적으로 우월한 위치에 있고, 그래서 범죄기회와 관련된 인터넷에서의 접근, 범행 수법과 관련된 지식과 기술 수준이 더 높아서 전통적범죄에서의 가정이나 주장이 맞지 않으며, 전통적 범죄학 설명의 측면에서는 사이버 범죄자들이오히려 상당히 이례적이라고 할 수 있는 것이다. 결과적으로 주변성(marginality)과 사회적 배제(social exclusion)를 범죄에 연결시키는 기존 전통 범죄학의 관점은 사이버 범죄 저변의 동기나원인을 설명하는 데는 별 소용이 없다는 것이다.[115]

전통적으로 특히 컴퓨터가 관련되는 사이버 범죄는 세 가지 범주로 분류가 된다. 먼저, website가 DDoS의 피해자가 되거나 컴퓨터 자체를 도난당하는 등 컴퓨터 자체가 범죄 활동의표적이 되는 경우, 문서나 자금을 훔치려는 해킹을 위하여 컴퓨터가 도구로 이용되는 컴퓨터가중간 매개체(intermediary medium)가 되거나, 그 자체는 범죄가 아니지만 범죄와 관련된 활동을위하여 컴퓨터를 이용하는 중간 촉진제(intermediary facilitator)로서 컴퓨터가 이용되는 경우로 분류되고 있다. 도구(medium)로서 컴퓨터가 범죄자의 범행 수법으로 작용하거나, 매개, 중개자(intermediary)로서 어떻게 범행이 이루어지는가에 영향을 미치는 피해자와 범죄자 사이의 완충제(buffer)로서 작용하거나, 촉진제(facilitator)로서 거의 동시간대에 국제적으로 접근이 가능한 공간에서 범법자들 간의 소통, 통신을 가능하게 해준다는 것이다.[116]

한편, 이처럼 전통 범죄학적 이론의 사이버 범죄 설명을 위한 적용 가능성의 문제에도 불구하고, 일부에서는 기존 범죄학 이론을 차용하여 컴퓨터 범죄란 무엇인가를 명확히 하려는 시도도 있었다. 그러한 시도의 가장 대표적인 것 중 하나가 생활 유형 일상 활동 이론이라고 한다. 대부분 일상 활동 이론으로 부르고 있는 이 생활 유형 일상 활동 이론은 범죄는 적정한 표적, 그것을 지키고 보호하는 유능한 보호의 부재, 그리고 동기가 부여된 범법자의 존재가 모두 충족될 때 일어난다고 설명하는 이론으로서, 컴퓨터 범죄가 언제 일어나는지를 결정하기 위해서 이이론을 활용한 것이다. 이들의 해석에 따르면, 컴퓨터 범죄는 컴퓨터의 이용자, 즉 후견인, 보호자(guardian)가 범죄 행동을 발각하거나 예방하는 능력, 지식, 기술을 소지하지 못하고 있다고짐작하여, 범죄적 목적을 성취하거나 컴퓨터를 범죄의 도구나 수단으로 이용하려고 컴퓨터 시스템을 침해, 침입할 기회를 인식하는 범법자의 결과, 산물이라는 것이다.[117]

(3) 사이버 범죄 규정상의 쟁점

과연 사이버 범죄는 완전 새로운 범죄 유형으로 개념화되어야 하는가, 아니면 새로운 매체로 추구되는 전통적 범죄로 개념화할 것인가? 사이버 범죄학을 외치는 사람이라면 당연히 전혀 새로운 범죄 유형으로의 개념화를 고수하고, 사이버 범죄를 현실 공간에서 범해지는 범죄들의 기저를 이루는 탐욕, 성욕, 그리고 분노와 같은 동일한 기본적인 인간의 감정이 동기가 된 범죄라고 간주할 것이다. 이러한 사고와 궤를 같이하여, "불법적이거나 또는 일부 당사자들이 사회 통념상 어긋나거나 위법적이라고 고려하고, 국제적인 전기적 연결망을 통하여 수행될 수 있는 컴퓨터-매개(computer-mediated)의 활동"으로 사이버 범죄를 규정하고 있다. 그러나 다른 일부에서는 많은 사이버 범죄가 범죄의 전통적 모형에서 벗어난다고 주장한다. 이들은 사이버 범죄를 컴퓨터-지원(computer-assisted)과 컴퓨터-초점(computer-focused)이라는 양면적(two-pronged) 이해를 제안한다. 이들은 컴퓨터-지원 범죄를 신용카드 사기와 사이버 테러와 같이 정보통신기술을 이용하여 범해질 수도 있지만 아직도 전통적 방법을 통해서도 행해질 수 있는 범죄로, "새 술병의 옛날 와인(old wine in new bottles)"으로 비유하고 있다. 반면에 해킹이나 웹사이트 파손과 같은 컴퓨터-초점의 범죄는 정보통신 기술이 없었다면 범죄 자체도 존재하지 않을, 그래서 정보통신 기술을 반드시 필요로 하는, 전통적 범죄 관점에서 견줄 수 없는, 사상 유례가 없는 새로운 범죄를 대변한다는 것이다.[118]

사실상 사이버 범죄학을 처음으로 제안한 Jaishankar는 사이버 범죄를 새로운 형태의 범죄로 보아, 다음과 같이 설명하고 있다. 비록 일부에서는 사이버 범죄를 "새 술병의 옛 와인(old wine in new bottles)", "다양하고 유동적인 모양의 병에 든 옛 와인(old wine in bottles of varying and fluid shape)", 또는 "병이 없는 새 술(new wine in no bottle)"로 다양하게 정의하고 있지만 사이버 범죄는 여전히 물리적 공간에서의 범죄와는 다르다. 그것은 물리적 공간에서의 범죄와 사이버 공간에서의 범죄 사이에는 분명한 경계선이 있으며, 그 경계는 가상의 사이버 매체의 개입(involvement of virtual cyber medium), 지리적 경계의 결여(lack of geographical boundaries), 그리고 주로 시-공간적 경계의 붕괴, 다수 대 다수의 연결성(many-to-many connectivity), 그리고 온라인상 신분의 익명성과 가소성에 기인한 유동적이고, 진화하고, 널리 퍼지고, 시공간적으로 해체된 환경(spatiotemporally disorganized environment)에서의 발생이라는 데에 놓여있다고 한다. 일상 활동 이론으로 사이버 범죄를 분석한 뒤에, 사이버 범죄는 새롭고 구별되는 형태의 범죄이며, 전적으로 새로운 형태의 범죄라고 주장한 것이다.[119]

(4) 사이버 범죄의 분류와 유형

일반적으로 우리는 범죄를 살인이나 성폭력과 같은 사람에 대한 범죄(crimes against person), 절도와 사기 등 재물에 대한 범죄(crimes against property), 그리고 도박이나 매춘과 같은 사회에 대한 범죄(crimes against society)로 구별, 구분하고 있다. 이는 미국 FBI의 공식 범죄 통계인 'Uniform Crime Report(UCR)'에서 적용하고 있는 범죄 분류이기도 하다. 이를 바탕으로, 컴퓨터 범죄도 컴퓨터가 표적(Target)인 범죄, 컴퓨터가 범죄의 도구인 범죄, 그리고 컴퓨터가 부수적인 범죄라는 세 가지 범주로 나누고 있다. 비록 보편적으로는 범죄 행위가 일어났음을 주장할 때, 살인은 그 방법에는 무관하게 그 자체가 살인인 것처럼 도구성(instrumentality)을 고려하지 않지만 사이버 범죄에는 이 도구성이 중요한 구별이 되고 있다는 것이다.120)

그런데 여기서 보다 더 세심한 주의와 관심이 필요한 관점도 있다. 바로 지나친 범죄화의 우려이다. 사이버 범죄를 정의하거나 논할 때면, 지나친, 과도한 범죄화(excessive criminalization)의 위험을 주의할 필요가 있다는 경고가 많다. 예를 들어, "제2의 인생(Second life)"과 같이 전적으로 가상 환경 안에서 일어나는 '가상 강간이나 살인(virtual rape or homicide)'과 같은 소위 "공상 범죄(Fantasy crime)"는 오로지 현실 세상의 해악이 실현되었을 때만 범죄 행위로 취급되어야 하고, 단순한 생각만으로는 범죄화하지 않아야 한다는 것이다.121)

사이버 범죄를 규정하는 또 다른 하나의 접근은 유사한 특성을 가진 범행들을 전통 범죄 분류와 유사한 적절한 집단으로 연계시키는 분류 체제를 개발하는 것이라고 한다. 컴퓨터 범죄에는 능동적인 것과 수동적인 것, 단 두 가지 일반적 범주만 있을 뿐이라는 주장이 있다. 적극적 컴퓨터 범죄는 해킹처럼 보증된 컴퓨터 환경이나 텔레커뮤니케이션 도구에 접근을 할 때와 같이 범죄를 범하기 위해서 누군가가 컴퓨터를 이용할 때라고 한다. 반면에 소극적 컴퓨터 범죄는 약물 용의자가 약물 수송과 이익을 추적하기 위하여 컴퓨터를 이용하는 것과 같이 불법 활동을 진전시키거나 지원하려고 컴퓨터를 이용할 때 일어난다고 한다.122)

지금까지의 문헌에 따르면, 컴퓨터 범죄는 범죄에 대한 컴퓨터의 관계에 따라 사이버 범죄를 4가지 일반적 형태로 범주화한다. 첫째는 표적으로서 컴퓨터로, 지적 재산권이나 영업 정보의 절도, 의료 정보 등에 기초한 협박 문자나 전자 우편 등이 이에 해당되며, 두 번째는 범죄의 수단, 도구로서 컴퓨터로, 현금 자동 인출 카드의 기만적 이용, 신용카드 사기 등이 이에 속한다. 세 번째 컴퓨터가 다른 범죄에 대한 부수적인 경우로, 자금세탁이나 불법 은행 거래 등을 포함하고, 마지막으로 컴퓨터의 범람과 관련 범죄로서, 소프트웨어 해적이나 위조, 컴퓨터 프로그

램의 저작권 침해 등이 여기에 포함된다고 한다.[123]

또 다른 한편에서는, 특정한 범행에 초점을 맞추기보다는 다양한 행위와 활동에 초점을 맞추어 유해한 활동의 4가지 분야로 사이버 범죄를 세분하고 있다. 이러한 분류나 유형화에는 해킹이나 바이러스 분포와 같은 사이버-무단침입(cyber-trespass), 온라인 금융계좌 습격과 같은 사이버 기만과 절도(cyber-deceptions and thefts), 몸캠이나 외설적 영상물의 제작과 유포와 같은 사이버 외설(cyber-pornography), 그리고 사이버 스토킹이나 따돌림과 괴롭힘과 같은 사이버-폭력(cyber-violence)이 있다는 것이다. 이에 더하여, 국가 기밀의 공개나 첩보, 테러와 같은 국가의 인프라를 보호하는 법률을 위반하는 활동들을 일컫는다고 할 수 있는 '국가에 대한 범죄(crimes against the state)를 추가하기도 한다.[124]

(5) 사이버 범죄의 특성

1) 인터넷의 역할

인터넷이 범행을 용이하게 하는 정도에 따라 사이버 범죄를 사이버-지원(cyber-assisted) 범죄, 사이버가 범행을 가능하게 한다는 의미의(cyber-enabled) 범죄. 그리고 사이버-의존(cyber-dependent) 범죄로 유형화하는 경우가 있는 것처럼 사이버 범죄에 있어서 인터넷의 역할은 매우 중요하다고 할 수 있다. cyber 대신에 internet이라고 하여 약간의 용어상의 차이는 있지만 이와 유사한 유형화로서, 사이버-가능(cyber-enabled)과 같은 인터넷이 가능(internet-enabled)하게 하는 범죄, 사이버-의존과 같은 인터넷-특정(internet-specific) 범죄, 그리고 가상 인간에 대한 범죄(crimes against virtual person)로 나누기도 한다. 그러나 두 가지 유형화에서 공통적인 유형인 사이버(인터넷)가 범행을 가능하게 한 범죄(cyber/internet-enabled)와 사이버/인터넷이 없다면 불가능한 범죄(cyber/internet-dependent)의 두 가지 유형만 인정하는 것이 보편적이라고 한다.[125]

인터넷 사용의 비약적인 증가는 인터넷과 클라우드가 증가하고, 중앙집중화된 피해자와 범행을 하고 발각과 기소를 피할 수 있는 기회를 제공함에 따라 인터넷과 클라우드를 활용하는 범행 건수의 증대와 무관하지 않다고 한다. 이처럼 사회 언론 기술 이용의 급증은 한 사람의 범법자가 수많은 피해자에게 다다를 수 있고, 사이버 범행에 요구되는 비용과 기술 수준은 낮아진다는 것을 뜻한다. 이는 곧 사람들이 사이버 범죄를 더 큰 규모로, 더 쉽고, 더 싸게 범하게 된다는 것이다.[126]

2) 사이버 범죄의 인간 요소

보편적으로, 컴퓨터 보안에 있어서 가장 취약한 부분이 바로 컴퓨터 이용자인 인간이며, 사이버 범죄의 유형에 따라 인간의 취약점이 피해자를 그들 자신의 피해자화의 도구로 만들어서 다양한 방식으로 착취될 수 있다는 것이다. 물론 이용자를 착취하는 수단은 사회 학습과 속임수, 인식, 지각된 긴박함 또는 권위와 웹사이트 이용, 내려받기, 비밀번호 사용과 사회적 또는 직업적 네트워킹과 관련되는 예측할 수 있는 습관의 활용을 통한 의사결정 과정의 조종을 포함하는 것이다. 이런 점에서, 때로는 피해자가 재정적 손실이나 명예와 직업에 대한 손상과 같은 잠재적으로 엄청난 결과에 더하여 자기 스스로를 비난하거나 다른 사람으로부터의 비난을 겪기도 한다는 것이다. 피해자들은 대부분 기피증에서 우울증, 불면증, 불안과 공항 발작에 이르는 감정적 영향을 받는다고 한다. 피해자들은 또한 자신의 사생활의 침해로 인하여 수치심과 유린당했다는 것을 느낀다고도 한다. 그래서 피해자들은 물리적 건강과도 관련되는 PTSD를 포함하는 장기적인 심리적, 감정적 영향으로 고통을 받거나 재정적 손실, 유출된 정보, 성 착취, 또는 로맨스 스캠의 결과로 관계의 붕괴도 겪게 된다고 한다.[127]

비록 대부분의 인터넷 이용자가 사이버 범죄의 두려움 정보 보안과 사생활에 대한 관심과 우려의 중요성을 보고하지만, 소수의 이용자만이 심지어 피해를 당한 뒤에도 실제 예방적 행위로까지 이행한다는 것이다. 이와 같은 개인정보, 사생활에 대한 태도와 행위의 차이를 흔히 '사생활 역설(privacy paradox)'이라고 한다. 컴퓨터 보안에 대한 잘못된 인식과 소프트 웨어에 대한 지나친 의존에서 파생되는 것으로 알려지고 있지만, 보안 대책을 도입하는 것이 오히려 피해자화의 위험을 증대시킨다는 것이다. 즉, 보안 프로그램에만 의존하여 오히려 보안에 대한 주의와 관심을 기울이지 않게 되기 때문이라는 것이다. 여기에 대해서, 때로는 현실 세계와의 분리와 가상 세계의 불가시성과 익명성에 기인하는 것으로, 인터넷 이용자가 오프라인에서보다 온라인에서 자신의 정보를 더 많이, 더 쉽게 유출하는 것으로 보인다는, 소위 '온라인 탈억제 효과(online disinhibition effect)'가 이런 현상을 설명하는 데 도움이 된다고 한다. 바로 이러한 온라인에서의 지나친 공유 경향이 개인정보가 잠재적 사이버 범죄자들에게 더 쉽게 제공되게 만든다는 것이다.[128]

이러한 분리적 익명성과 유독성 억제(toxic disinhibition)라고 하는 그 결과적인 온라인과 오프라인 행위의 차이가 바로 온라인 반사회적 행위, 일탈, 범죄 그리고 폭력의 증가로 확대시킨다는 것이다. 전통적 범죄와 비교하자면, 사이버 범죄는 공격자가 온라인상의 자기 신분이나 정체성을 가장, 위장하고 심지어 새로운 인물을 가정할 수 있게 하는 다수의 방법을 가지는 상당한 정도의 보호적 익명성(protective anonymity)을 제공한다는 것이다. 이와 같은 정체성, 신원의 분리는 부분적으로는 피해자에 대한 줄어든 근접성(proximity)으로 죄의식이나 보복의 두려움을 낮추어주어, 오프라인 상황에서의 정도만큼 행위적 억제를 경험하지 않게 한다는 것을 의미한다는 것이다. 이와 관련된 것으로, 사이버 범죄자들은 당국에 의하여 검거될 위험성과 결과적인 제재의 위험성을 상대적으로 낮게 인식하게 하는데, 이는 곧 이러한 유형의 범죄에 대한 억제력이 약하다는 것을 의미한다는 것이다. 비로 이러한 적절한 억제의 결여가 동기 요인들과 결합하여 사람들을 사이버 범죄를 하도록 조장한다는 것이다.[129]

3) 사이버 범죄자의 특성

지금까지 알려진 바로는 특히 해커와 같은 사이버 범죄자들은 생각했던 만큼 동질적인 집단이 아니라고 한다. 실제로 사이버 범죄의 유형이 많아지면서 그만큼 사이버 범죄자도 그들의 범행 동기, 수법, 능력에 있어서 다양성을 보인다는 것이다. 물론, 사이버 범죄자들의 익명성이라는 특징이나 그와 관련된 암수 범죄와 검거의 어려움으로 자료의 대표성이 담보되지 않아서 사이버 범죄자의 이질성과 다양성을 검증하기란 어렵다고 할 수 있다. 그럼에도, 한 가지 분명한 것은 이들 확인된 사이버 범죄자들의 알려진 인구 사회학적 특성은 전통적 범죄자들의 인구 사회학적 특성과는 몇 가지 점에서 다르다고 한다. 교육 수준이나 취업과 고용이 전통적 범죄 범행의 낮은 위험성과 관련이 있다고 하지만, 사이버 범죄와 관련해서는 그만큼 유의미한 관계가 존재하지 않는다는 것이다. 그러나 상식적으로는 특별히 정보 기술과 관련된 취업과 교육 수준은 사이버 범죄 범행의 위험성 증대와 상당한 관계가 있을 수 있다고 한다. 아마도 범죄 발생의 필요충분조건의 하나가 될 수 있는 범행 기술과 관련된 것으로 정보 통신 기술이나 컴퓨터, 인터넷 경험이 많고 기술 수준이 높을수록 범행의 기회도 많아지고 범행의 실행도 용이해질 수 있기 때문일 것이다.[130]

4) 사이버 범죄의 동기

① 범행의 사회적 동기

지적 도전과 호기심이 보안 체계를 해킹하는 가장 강력한 동기요인으로 알려지고 있지만, 실제 해킹 빈도와는 관련되지 않는 것으로 밝혀지고 있어서 자기 – 보고(self – report)의 신뢰성에 의문을 갖게 한다. 이는 진정한 개인적 동기보다 오히려 문화적으로 인정된 동기를 반영하는 것으로 이해되고 있다. 문헌에서 밝히는 두 번째로 강한 동기요인은 또래, 동료의 인정과 존경으로서, 동료로부터 존중과 인정을 더 높이 받을수록, 더 빈번하게 보안 체계를 기만할 시도를 한다는 것이다. 해킹은 주로 표적의 높은 가시성으로 동기를 부여받는다고 하며, 실제로 존중과 인정은 가시성이 높은 표적을 공격함으로써 제공되는 것이기 때문에 해킹 부문화 내에서 명성과 지위의 추구가 강력한 동기요인의 하나라는 것이다. 이러한 의도에서의 범죄자들은 자신의 범행이 자랑스럽고, 다른 사람들이 자신이 범행했음을 알아주기를 바란다는 것인데, 이는 아마도 인정받는 것이 더 나은 온라인 집단과 해킹 사이트의 문을 열어주고, 그래서 더 큰 자원과 특전을 가져다주기 때문이라고 한다.[131)

② 범행의 다른 동기

다른 일부 사이버 범죄자들은 재정적 이득의 약속에 기인하여 사이버 범죄에 가담하는 것으로 알려지고 있는데, 실제 연구에서도 금전적 보상이 가상 절도(virtual theft)와 온라인 신분 절도의 범행에 대한 가장 중요한 동기의 하나로 밝혀졌다고 한다. 이와는 반대로 다른 일부 연구에서는 돈은 해커와 소프트웨어 그랙커에게 가장 작은 동기요인이었다는 것이다. 그리고 재미와 오락도 신분 절도와 해킹 범죄의 중요한 동기요인으로 밝혀졌다고 한다. 범행의 이유가 해커들이 보안 체계를 깨는 것이 장난, 팀 플레이, 지적 도전으로 받아들이기 때문이라는 것이다. 그래서 해커들은 해킹이 힘들고 어려울수록 그 만큼 더 즐거운 경험이라는 것이다. 또 다른 일부에서는 억제의 결여와 범행의 쉬움이 해킹의 동기라고 주장한다.[132)

2. Cybercriminology

(1) 사이버 범죄학의 정의, 역사, 진화

가상공간에 대한 연구가 많은 학문 분야에서 이루어졌지만, 유독 범죄학에서는 이 공간, 영역을 탐구하고, 사이버 범죄라고 불리는 새로운 형태의 범죄성을 다루는데 조금은 늦게, 그리고 충분하지 않게 다루는 데 그쳤다는 목소리가 적지 않다. 결과적으로 아직도 사이버 범죄학은 주류 범죄학으로부터 대체로 경시당하고 도외시되거나 주변부화되고 있으며, 많은 범죄학자들도 이 사이버 범죄학이라는 중요하고도 미래–지향적인 논의를 삼가고 있는 실정이라고 한다.[133)

성공적인 범죄 통제는 범죄와 그 특성에 대한 깊이 있는 지식에 기반한 적절한 범죄 예방 전략이 좌우하는데, 사이버 범죄는 전통 범죄에 비하여 이해하고 설명하기가 보다 더 어렵다고 한다. 비록 얼마나 많은 사이버 범죄가 발생하고, 그로 인한 피해나 사이버 공간 사용자들에 대한 위협의 심각성이 지적되고 있음에도 불구하고, 사이버 범죄가 실제 얼마나 되는지 정확한 정도는 결과의 무형적 특성, 가해자들의 기술적으로 정교한 활동, 피해자 신고의 불충분, 즉 지나친 암수 범죄로 인하여 아직도 제대로 알려지지 못하고 있는 실정이라고 한다.[134]

　범죄학적 관점에서도 사이버 범죄의 상황, 맥락과 원인의 설명과 관련하여 문제가 발생한다는 것인데, 그것은 잘 알려진 전통 범죄학적 설명들이 사이버 범죄의 원인이나 피해자화를 이해하고 설명하는 데 완전하게 적용될 수 없다는 것이다. 당연히 범죄학의 하위 분야 중에서도 많은 간극과 설명되지 않은 주제로 특징지어지는, 가장 짧고 가장 최근의 분야라고 할 수 있는 사이버 범죄학은 바로 그러한 쟁점들에 대한 대응, 반응으로서 발전하였던 것이다.[135]

　범죄학 분야에서는 사이버 범죄의 명료화와 설명에 두 가지 접근방법이 있다고 한다. 하나는 새로운 범죄학 이론의 정교화를 요구하는 새롭고 근본적으로 다른 유형의 범죄로 사이버 범죄를 보는 시각으로, 사이버 공간에서 범죄가 발생하는 이유와 물리적 공간에 미치는 영향에 초점을 맞추는 것이다. 범죄학의 이 새로운 하위 영역은 소위 "공간 전이 이론(Space Transition Theory)"이라고 하는 기본 가정을 기초로 하고 있다. '공간 전이 이론'의 가정은 이렇다. 먼저, 1) 자신의 물리적 환경에서 범행을 지향하는 경향을 억제하는 개인이 사이버 공간에서 일탈 행위를 보이는 경향이 있으며, 2) 개인들은 사이버 공간에서의 억제 요인의 결여와 익명성, 정체성의 유연성으로 인하여 범행을 범할 수 있고, 3) 범죄 행위가 물리적 환경에서 사이버 공간으로 이동하였으며, 4) 사이버 공간의 특성으로 가해자들이 쉽게 숨거나 도피할 수 있으며, 5) 자신의 물리적 환경에서 범행을 하는 개인들의 집단이 종종 사이버 공간에서 형성되며, 6) 종종 '안면이 있는 사람들', '아는 사람'들이 사이버 범죄에 책임이 있는 집단을 형성하고, 7) 폐쇄적인 사회 출신의 개인들이 사이버 공간에서 더 빈번하게 범죄행위를 범하며, 8) 물리적 환경의 규범과 가치와 사이버 공간의 규범과 가치 사이의 갈등이 종종 사이버 범죄로 이어진다는 것이다.[136]

　이와는 대조적으로, 두 번째 접근법은 사이버 범죄가 단순히 잘 알려진 범죄 행동의 변장일 따름이고, 이는 왜 범죄에 대한 기존의 설명도 사이버 범죄의 해석에 활용될 수 있는가 그 이유이기도 하다는 것이다. 사이버 범죄에 대한 이와 같은 범죄학적 접근은 사이버 범죄라는 현상을 탐구하려는 비교적 상대적으로 새로운 시도이고, 따라서 확산형 의견은 놀라울 것이 아니라는 주장이다. 일부 범죄학 개념은 사이버 범죄의 극적이고 기하급수적인 성장에 대한 이유를 설명하는 데 부분적으로 적용될 수 있다는 것이다. 일상 활동 이론과 몰개성화 탈개인화의 사회심리학 개념이 사이버 범죄의 성장에 동시대적으로 기여하는 요소들을 설명해 준다는 것이다. 일상

활동 이론은 범죄의 실현은 동기 부여된 범법자, 잠재적 표적, 그리고 보호의 부재가 충족되어야 하는데, 사람들 간의 시간과 거리가 그 형체가 없는 사이버 공간의 특성을 고려할 때 물리적 시간과 공간의 개념은 그 의미가 없으며 오히려 범법자의 동기와 잠재적 피해자의 존재가 원격적이고 국제적인 접근의 가능성, 피해자와의 물리적 접촉의 부재, 정체성, 신분의 유동적 특성, 광범위하고 대중적인 사이버 공간의 이용, 그리고 극도로 빠른 정보의 전송과 같은 인터넷 자체와 기술의 특성에 의해서 강하게 영향을 받는다고 할 수 있을 것이다.[137]

결국, 다양한 논의와 제안들을 검토하고 종합하여, 사이버 범죄학 발전의 선구자라고 할 수 있는 Jaischnkar는 사이버 범죄학을 "가상공간에서 일어나는 범죄의 원인과 물리적 공간에서의 영향의 연구"라고 정의한다. 이러한 관점에서 보면, 사이버 범죄학은 인터넷 과학과 컴퓨터 과학, 그리고 범죄학이 결합된 다학제적 학문(multidisciplanary)이라고 할 수 있다고 한다.[138]

(2) 사이버 범죄학의 주요 이론

1) 공간 전이 이론(Space Transition Theory)

사이버 공간에서의 범죄행위를 분석해서 인도의 범죄학자 Karupannan Jaishankar는 사이버 공간에서 일어나는 범죄의 원인, 인과성, 인과관계를 설명하는 '공간전이 이론'을 제안하였다. 그의 이론은 하나의 공간에서 다른 하나의 공간으로의 사람의 이동, 움직임, 특히 여기서는 물리적 공간에서 사이버 공간으로의 이동에 관한 것이다. 그에 따르면, 사람들은 하나의 장소에서 다른 하나의 장소로 옮길 때 장소에 따라 다르게 행동한다는 것이다. 이 이론의 기본 원리는 이렇다. 자신의 지위와 신분 때문에 물리적 공간에서 범죄행위를 하지 못하거나 않도록 억눌려진 사람이 사이버 공간에서 범죄를 범하는 경향이 있다고 가정한다. 사이버 공간에서의 신상, 신분의 익명성과 유연성, 느슨함과 억제재(deterrent)의 결여가 범죄자에게 사이버 공간에서 범행할 기회를 주며, 사이버 공간에서의 범죄자의 범죄 행위는 물리적 공간으로 유입되는 동시에 물리적 공간에서 사이버 공간으로 전해질 수도 있다. 사이버 범죄자들의 행동과 사이버 공간의 역동적인 공간적－시간적 특성이 사이버 범죄자들이 사법기관에 의하여 발견되지 않을 기회를 제공하며, 서로 다른 국가의 범죄자들이 물리적 공간에서 범행하기 위하여 사이버 공간에서 접촉할 수 있는데, 물리적 공간에서의 범죄자들의 접촉은 사이버 공간에서 범행하기에 적합하다. 폐쇄된 사회의 사람들은 개방된 사회의 사람들보다 사이버 공간에서 범죄를 범할 개연성이 더 높으며, 물리적 공간의 규범과 가치와 사이버 공간의 규범과 가치의 갈등이 사이버 공간에서의 범행

을 결정한다고 가정하고 있다.[139]

2) 기술이 가능하게 한(Technology enabled) 범죄, 경찰 활동, 보안의 이론

이 이론은 우리 사회에 왜 정보와 통신 기술 혁신의 도움으로 사이버 범죄가 발전했는지 설명하는 것이다. 더구나 이 이론은 사이버 범죄의 인과성, 인과관계와 정보통신 기술의 발전에 관한 기존의 이론들을 보완하기도 한다. 정보통신 기술의 혁신적 이용이 새로운 형태의 범죄로 이끌었고, 처음에는 이들 새로운 형태의 범죄가 범죄의 복잡성으로 인하여 법집행기관에서 특정한 불법 행동을 범하기 위하여 이들 기술을 어떻게 활용했는지를 설명할 수 없어서 제대로 이해되지 않았다는 것이다. 그러나 일단 법집행기관에서 이들 새로운 형태의 범죄를 이해하게 되자 이들 새로운 형태의 불법 행위를 범죄화하게 되었다는 것이다.[140]

3) 이론적 쟁점

사이버 범죄 규정의 어려움이나 자료의 부족, 그리고 연구의 부족 등으로 사이버 범죄 이론의 발전도 부족하다는 것이 일반적인 견해이다. 사이버 범죄가 새로운 유형의 범죄인지 아니면 새로운 방식으로 범해지는 옛 범죄인지의 논쟁이 이론적 문헌에 그대로 나타나고 있다. 학자들은 과연 기존의 사회학적으로 주도되는 이론들이 가상의 영역에서 범해지는 범죄 행위를 적절하게 설명할 수 있을지에 대해서 동의하지 못하고 있다. 일부에서는 일상 활동 이론이나 사회학습 이론과 같은 기존의 사회학적 전통 범죄학 이론이 사이버 범죄에도 적용될 수 있다고 제안하지만, 다른 일부에서는 신선한 이론적 접근이 필요하다고 주장하는 것이다.[141]

사이버 범죄학을 둘러싸고 있는 문제는 양면적이라고 한다. 첫째는 전통 범죄학을 통하여 설정된 많은 범죄 상관성들이 사이버 범죄에는 부적절한 것으로 간주되고 있다는 것이다. 대다수 사이버 범죄가 아직도 젊은 남성들이 범하는 경향이 있으나, 이런 부류의 범죄 특성으로 인하여 사이버 범죄자들은 교육을 잘 받았고, 중상류층이라는 사실이 적어도 통계상 나타나는 전통 범죄자들과 다르다는 것이다. "다수 전통적 범죄 이론상의 통상적 용의자, 피의자, 범죄자인 소수자, 하류계층 출신의 교육 수준이 낮은 사람들은 오히려 사이버 범죄에서는 가격이 비싸고 기술이 부족하여 밀려나고 있다는 것이다. 마찬가지로, 서로가 알고 많은 공통적인 특성들을 공유하는, 그래서 때로는 가해자-피해자 중첩이라고까지 하는, 전통적인 가해자-피해자 관계도 대체로 부적절하다는 것이다. 비슷한 것으로, 전통 범죄학을 형성했던 전통적 범죄의 물리적 관점은 사이버 범죄에 있어서는 거의 또는 전혀 중요하게 여겨지지 않는다. 시카고학파의 동심원이론과 지역사회 해체이론을 중심으로 하는 생태학적 범죄이론들이 물리적, 사회적 환경이 인간의 행위에 미치는 영향을 강조했었지만, 이러한 물리적 환경과 완전히 분리된 일탈의 장르는 전혀 예견하지도 못했던 것이다.[142]

그럼에도 일부에서 일상 활동 이론이라는 전통적 범죄학 이론을 사이버 범죄에 적용하려는 시도가 없지 않았지만, 과연 전통적 범죄학 이론이 가상 세계로 이동될 수 있을까 묻게 된다. 물론 일부에서 일상 활동 이론을 사이버 범죄에 적용하는 시도도 했지만, 다른 일부에서는 기존의 이론들이 거의 소용이 없다고 보는 것이다. 일상 활동 이론의 문제는 바로 이 이론이 지나칠 정도로 물리적 공간과 시간에서의 범법자와 피해자의 집합, 즉 범법자와 가해자가 공간적, 시간적으로 같이 있어야 한다는 것을 강조하는 데 대하여, 사이버 범죄의 반 공간적(antispatial) 특성이 기존의 이론 안에서 교정될 수도 있다는 주장도 나온다. 일상 활동 이론의 핵심이라고 할 수 있는 조건으로서 범법자−피해자 집합이 비록 온라인 환경에서 동기가 부여된 범법자와 적절한 표적으로서의 집합을 예측할 수는 없어도 인터넷 이용이 집중되는 경우 더 많은 범법자와 표적을 예측할 수 있으며, 이는 곧 피해자화의 한 예측일 수 있다는 것이다. 또 한편으로는, 일상 활동 이론 연구가 대부분은 범법자와 표적의 물리적 집합보다는 오히려 적절한 표적과 유능한 보호의 특성에 더 초점을 맞추고 있으며, 바로 이러한 상황적 전경이 일상 활동 이론의 진정한 힘이고 초점이라고 한다. 이처럼 일상 활동 이론의 사이버 범죄에의 적용은 가상 환경에의 적합성 여부를 크게 우려하지 말고, 오히려 사이버 범죄자들이 무엇을 적절한 표적으로 보는지, 피해자화의 기회를 줄이기 위해서 적절한 보호는 무엇인지에 더 초점을 맞출 것을 제안하고 있다.[143]

제 7 절   환경범죄(environmental crimes)

1. 환경범죄의 개념

과거 형사사법기관 등에서 환경사범이나 공해사범 또는 공해범죄 등의 용어를 사용하였으나 현재는 환경범죄라는 용어가 더 널리 사용되고 있는 데서 환경범죄와 관련된 용어나 그 개념의 정의가 상대적으로 확실하지 않다는 것을 알 수 있다.

우선 공해범죄의 경우는 공해 그 자체에 주목하여 과거 관련법에서는 이 공해를 배출시설에서 나오는 먼지, 매연, 악취 및 가스 등으로 인한 대기오염, 배출시설에서 나오는 화학적, 물리학적, 생물학적 요인에 의한 수질오염, 그리고 소음과 진동으로 인하여 국민의 건강에 미치는 위해의 생활환경을 저해함으로써 발생되는 피해로 규정하였었다. 이를 보면, 공해는 국민의 건강에 미치는 위해의 생활환경을 저해함으로써 발생되는 피해이며, 그 원인은 대기오염, 수질오염, 소음, 그리고 진동으로 간주하여 주로 산업공해를 표적으로 삼고 있음을 알 수 있다.[144]

그러나 이처럼 환경범죄를 공해, 즉 산업활동과 관련된 사람의 건강과 생활환경에 관련된 피해로만 본다면 환경의 적극적·전향적 관리와 보전이라는 측면이 소외될 수 있다. 바로 이 점에서 최근 환경의 보전이라는 측면이 강조되고 있는데, 여기서 환경의 보전은 회귀적이거나 환경오염이라는 피해의 객체로서보다는 미래지향적 의미까지 내포하게 되었다.

한편, 환경사범과 같이 환경과 관련된 범죄행위를 중심으로 한 개념은 사람의 건강에 위해를 주거나 환경을 저해하는 환경오염행위 또는 이와 관련된 행위로서 법에 저촉하여 처벌되는 행위로 법률적으로 규정하고 있다. 이는 물론 환경의 보호도 고려하고는 있으나 용어 자체부터 환경의 보호보다는 위반행위에 대한 단속에 치중하고 있는 느낌을 주고 있다.

따라서 이들 개념을 종합한다면, 환경범죄는 결국 환경을 적절하게 보전하고 관리하는 적극적 의미의 환경보호와 환경의 오염이 초래하는 국민에 대한 해악성과 실질적 불법성을 동시에 규정하는 것이어야 한다. 이러한 입장에서, 일부에서는 환경범죄를 사람의 건강에 위해를 주거나 환경을 저해하는 환경오염행위 또는 이와 관련된 행위로서 법에 의하여 처벌되는 행위라고 규정한 바 있다.[145]

2. 환경범죄의 몇 가지 특징

(1) 기업범죄로서의 특징

사회학자들은 환경범죄가 단순히 무작위적이거나 우연한 것이 아니라 동일한 기업과 정부기관의 수많은 조직 사이에서 일어나는 제도화된 행위의 예라고 볼 수 있기 때문에 사회적으로 만들어진 것으로 이해하고 있다. 일부에서는 환경범죄가 단지 여러 가지 기업범죄의 오직 한 부분에 지나지 않고, 환경을 오염시키고 파괴시키는 행위가 일부 산업분야 기업들의 제도화된 관

행이라고 여긴다. 나아가 이 사회적으로 만들어진 또는 유형화된 녹색범죄는 다른 유형의 기업
범죄(corporate crime)도 관련이 되고 있기 때문에 이러한 면에서 환경범죄는 일종의 기업범죄로
이해되기도 한다.146)

　　기업범죄는 전 산업에 골고루 분포되지 않고 특정 분야에 집중되는 특징이 있다. 예를 들어,
미국에서는 석유화학, 제약, 그리고 자동차 업계가 법무부에 의해 기소된 전체 기업범죄의 60%
를 범한 것으로 보고된 적이 있다.147) 이들 업계는 오랜 동안 다양한 범죄활동의 기록을 가지고
있는데, 이는 C. Wright Mills가 기술한 옳고 그름에 대한 제도화된 불감증이라고 할 수 있는 고
도의 부도덕성을 가지는 것으로 받아들일 수 있으며,148) 따라서 이들 업계가 기타 White color
범죄뿐만 아니라 환경범죄에도 가장 빈번하게 행하는 것으로 이해할 수 있다.

　　그런데 환경범죄가 이들 분야의 기업들에게서 집중적으로 행해지고 있는 데는 몇 가지 이유
가 있다. 우선, 사회의 주류언론이 환경범죄의 개별적 사건이나 그러한 위반행위의 심각성에 대
해서 축소 또는 과소보도하기 때문이다. 더욱이, 미국의 경우 GE나 Westinghouse와 같은 주요
환경범죄유발 업계의 대기업들이 주요 언론도 소유하고 있어서 이들 기업의 범죄행위에 대한
보도는 자연히 축소되고 은폐되고 최소화하기 일쑤다. 특히, 이들 기업은 기업행위로 인한 환경
손상을 은폐하기 위한 적극적인 공공관계나 홍보활동을 벌이기도 한다.149)

　　한편, 환경범죄는 국가적이나 국제적으로 정부의 역할도 무시할 수 없는 특징을 가지고 있
다. 이는 정부도 때로는 주요한 환경오염자가 되고, 주요 산업계와 연계되어 환경범죄 행위에
가담하고 있기 때문이다. 그러나 이러한 국가 기업범죄는 종종 쉽게 그리고 아주 잘 숨겨지고
있어서 외부로 잘 알려지지 않고 있다. 때로는 공기업이 환경범죄의 주범이 되기도 하며, 기업
의 환경범죄에 동조하거나 공범자가 되기도 한다.150)

(2) 범죄피해의 국제화

　　환경손상의 피해자는 주로 하류계층의 사람들이라는 것도 환경범죄의 특징이라고 할 수 있
는데, 이러한 속성은 국제적 전형이기도 하다. 선진국의 다국적 기업이나 대기업들은 환경규제
나 법규 등이 까다로운 자국을 피하여, 외화나 일자리 또는 경제적 지원이 절실하여 외국기업을
유치하려는 환경규제나 법규가 느슨한 개발도상국이나 저개발국으로 공장 등을 이전하고 있으
며, 때로는 자국의 공장 등에서 배출되는 유독성 폐기물 등을 자국에서 처리하는 데는 비용이
많이 든다는 이유로 저렴한 비용으로 처리할 수 있는 이들 국가로 반출하고 있다. 그런데, 이러
한 폐기물의 해외반출은 거의 대부분 관계공무원에 대한 불법적인 뇌물이 제공되고 있으며, 때

로는 폐기물을 반입해 주는 국가에 대한 재정적 보상과 지원을 제시하기도 한다. 그래서 일부에서는 이 국제적 폐기물 산업을 세계에서 가장 부패한 산업이라고 지적하고 있으며, 이러한 국제적 환경범죄의 피해자는 주로 환경범죄에 저항할 힘도 없는 가난하고 아무런 권력도 가지지 못한 계층의 사람들이다.[151]

실제로, 미국에서는 매 5분마다 유독성 폐기물이 해외로 반출되고 있다고 한다. 이는 미국 환경청이 기업으로 하여금 유독성 폐기물 처리시설과 장소를 마련하도록 규정하고 있으나 그 건설 비용이 수천만 달러에 달하고 오랜 시간을 요하는 반면, 제3세계로 이들 유독성 폐기물을 반출하는 것은 톤당 20달러에도 미치지 못하고 있는 실정임을 감안한다면 기업의 유독성 폐기물 해외반출은 다반사일 수밖에 없다. 더구나, 이들 다국적 기업에서는 폐기물을 받아들이는 국가에 대하여 상당한 경제적·재정적 보상을 제시하고 있으며, 때로는 수입국가의 공무원들이나 정치인을 대상으로 로비를 벌이고 뇌물을 공여하고 있어서 이를 더욱 부채질하고 있다.[152]

(3) 환경오염자로서의 정부

어느 학자는 미국 정부가 미국에서 제1의 오염자라고 비난한 바 있다. 엄청난 규모의 정치헌금과 기타 형태의 정치적 영향력으로 인하여 정치헌금을 내고 정치적 영향력을 행사하려는 환경오염자들의 주요 원군이 되고 있다는 것이다. 뿐만 아니라 정부 자체에서도 각종 유독성 폐기물은 물론이고 심지어 핵폐기물까지도 내놓고 있으며, 또한 각급 군사시설이나 군기지에서도 폐기물을 함부로 처리하거나 오염된 폐기물 처리장을 가지고 있다. 한 보고서에 따르면, 6천만 미국인이 군관련 핵폐기물 저장시설이나 장소로부터 50마일 이내에 거주하고 있고, 거의 모든 군시설이나 기지는 다양한 형태로 유독성 물질을 다루고 있고, 유독성 폐기물을 배출하고 있다고 한다. 뿐만 아니라 환경규제기관 자체도 부패하고 업계와의 유착으로 기업의 환경오염을 규제하기보다는 오히려 규제로부터 제외시켜 주려고 노력하기도 한다.[153]

(4) 환경친화적 가식

환경을 중시하는 현대적 추세에 따라 대부분의 기업들은 스스로 자신이 환경친화적 기업임을 강조하고 있다. 특히 일부 환경과 밀접한 관련이 있는 기업들은 공공관계나 홍보 또는 광고 등을 이용하여 자신이 공해기업이 아니라 생태학적으로 친화적인 기업인 것처럼 유도하고 있다. 이러한 기업의 이미지 형성이나 변화를 위하여 이들 기업에서는 나무를 심자거나 돌고래를 살리자는 등의 자연보호운동에 헌금하거나 기부하며, 이러한 활동을 이용하여 자신들이 환경을 염려하고 있음을 대외적으로 강조하고, 환경관련 언론을 활용하여 환경파괴의 정도는 은폐하거나 축소하고 있다.[154]

(5) 규제의 덫(regulatory capture)

환경당국은 오랜 기간 다양한 범죄행위의 경력을 가진 기업 등을 규제해야 할 책무를 지닌다. 그러나 과거의 전례에 비추어, 이들 환경오염기업들이 환경행정 당국을 그냥 놓아두지 않고 부패시키는 것은 불을 보듯 뻔하다. 이는 많은 연구결과와 감시와 감사를 통하여 지적되어 온 사실이기도 하다. 미국에서의 한 연구보고서에 따르면, 실제로 환경청(EPA)이 의회가 보다 강력한 환경규제법안을 통과시키는 데 반대해 왔고, 기업에 대한 규제활동보다는 각종 규제로부터 기업을 면제시켜 주는 데 더 많은 자원을 할애해 왔으며, 규제활동과 노력이 지나치게 미약하기 때문에 환경감시단체가 법에 호소해야만 해결되는 경우가 종종 있어 왔음을 밝히고 있어서 이 같은 사실을 입증해 주고 있다. 그 결과, 다수의 고위관리가 환경관련 산업체의 임원이 되고, 이는 다시 환경당국과 산업체는 회전문과 같다는 비난을 면치 못하게 하고 있다. 이를 두고 혹자는 '규제의 덫(regulatory capture)'이라는 말도 있는데, 다시 말하자면 환경당국이 자신이 규제하도록 되어 있는 기업으로부터 오히려 지배받게 되는 것이라고 할 수 있다. 결과적으로 환경당국은 공익보다는 규제대상인 기업의 이익에 더 관심을 가진다는 것이다.[155]

3. 환경범죄의 이론적 배경

일반적으로 조직범죄와 관련된 이론적 배경에는 차별적 접촉이론(differential association theory)과 신아노미이론(neo−Mertonian Anomie theory)이 지배적인 이론으로 이해되고 있다.[156] 우선 차별적 접촉이론은 범죄활동과 범행의 방법은 사회적으로 용인되는 행위로서 학습되는 것으로 간주하는 것이다. 그러한 행위가 석유화학이나 관련된 산업에서 왜 그리고 어떻게 학습되는가 생태학적 범죄를 유발하는 데 있어서 조직문화와 조직환경의 역할을 평가하는 데 매우 중요한 것이다.

그리고, 신아노미이론은 환경범죄가 발생하는 제도적 구조와 미시적 문화 전반에 초점을 맞추고 있다. 예를 들어, 미국의 사회구조는 개인주의, 성취욕, 경쟁, 그리고 배금사상 등을 강조하는 문화적 가치와 기업제도 등에 의한 도구적 지배를 내포하고 있다. 이러한 사회구조는 특히 이익과 권력이라는 목표가 합법적 기업관행이라는 수단보다 더 강조되는 분위기를 만들게 된다.

그와 같은 가치관은 범죄활동에 가담하는 등과 같이 목표를 성취하기 위한 수단은 경시할지라도 물질적 성공을 성취하도록 개인과 조직 모두에게 압력을 가하게 된다. 생태학적 범죄는 조직범죄행위에 대한 이들 두 가지 이론에 대한 검증과 재규정을 위한 일종의 실험의 장을 제공하고 있다.

4. 환경범죄의 유형

미국 법무부에서 실시하였던 검찰의 환경범죄기소에 대한 전국적인 조사결과에 의하면 대부분의 환경범죄사건이 지속적으로 증가하고 있다. 검찰이 기소한 환경범죄 중에서 가장 보편적인 것은 불법폐기물처리였으며 그중에서도 유독성폐기물이 가장 빈번한 것으로 조사되었다. 그런데 이 조사에서는 환경범죄의 유형을 다음과 같은 네 가지로 나누고 있다. 우선, 불법처분으로서 유독성 폐기물, 전염성 폐기물, 병원 폐기물 등 각종 폐기물을 불법적으로 처리하는 것이며, 두 번째는 그러한 폐기물을 불법적으로 부적절하게 운송하는 것이다. 세 번째는 폐기물을 부적절하게 저장하는 행위이고, 마지막으로는 폐기물의 부적절한 조치나 처리 및 기타 불법행위로 구분하였다. 이들 네 가지 중에서는 폐기물의 불법처분이 가장 많은 것으로 조사되었다.[157]

5. 환경범죄의 규제전략

일반적으로, 환경범죄를 다루는 데는 두 가지 규제전략이 제시되고 있다. 하나는 소위 억제전략(deterrence strategy)이라고 하는 것으로서 위반사항을 적발하여 위반자를 처벌하는 것을 강조하는 전략이다. 두 번째는 준수전략(compliance strategy)으로서 대결보다는 협조를, 강제보다는 회유와 조정을 찾는 전략이다.[158] 물론, 이들 두 전략 사이의 연속선상에는 다양한 많은 입장이 존재할 수 있다. 대부분의 국가에서는 규제기관이 대체로 억제보다는 준수전략을 지향하는 편이며, 기업의 목을 죄기 위해서가 아니라 기업과 협력하고 그들로 하여금 성취 가능한 방향이나 지시를 수용하도록 설득하기 위한 것이라고 말할 수 있다. 준수전략의 옹호자들은 권위주의적일 뿐 아니라 불가피하게 기업의 분개, 협력의 부재, 규제의 실패를 초래하게 될 억제전략의 지시와 통제라는 사고를 비난하고, 그러나 불행하게도 이러한 유연한 접근은 규제기관 내부의 비집행 문화(culture of non-enforcement)와 심지어 피규제 업계에 포위되는 결과를 초래하고 있음을 지금까지의 기록이 보여주고 있다.[159]

한편, 환경범죄와 다른 대다수의 범죄를 구별해 주는 한 가지 특성은 '그 행위가 얼마나 나쁜 것인가'라는 도덕적 모호성이라고 할 수 있다. 그런데 바로 이러한 도덕적 모호성이 절대적인 자연보호를 강조하는 소위 '자연권'에 기초한 도덕성(natural rights-based morality)과 경제적 효율성을 강조하는 공리적 도덕성(utilitarian morality)의 갈등 속에서 환경범죄에 대한 규제집행을 위한 사회적 압력을 방해하게 된다. 따라서 환경손상이 범죄로 고려되고 규제되기 위해서는 이 도덕적 모호성이 제거되어야 하고 그 행위가 얼마나 나쁜가라는 의문이 해소되어야 한다.160)

80년대 중반부터는 환경손상의 문제를 다루기 위하여 강력한 형사제재를 부과하는 것이 세계적인 추세가 되고 있다. 실제로 미국에서는 환경범죄에 대한 체포, 기소, 그리고 형사제재의 강도 등이 증가하고 있다. 캐나다에서도 환경보호법이 강력한 형사처벌과 벌금을 규정하고 있으며, 지난 10년간 독일에서도 환경범죄에 대한 형사소추가 거의 두 배로 증가하고 있는 실정이다.161) 이와 같은 추세는 비단 미주와 유럽의 선진국가에만 국한된 것이 아니라 아프리카의 개발도상국가에서도 마찬가지라고 할 수 있다. 아이보리코스트에서는 환경범죄에 대해서 20년의 실형이나 1백만 달러가 넘는 벌금을 부과하기 시작하였고, 나이지리아에서는 화학폐기물을 불법으로 내다 버리면 사형까지 집행할 것임을 공언하고 있고, 케냐는 코끼리를 보호하기 위하여 코끼리 밀렵자를 현장에서 사살할 수 있는 정책을 채택하기도 하였다. 심지어 최근에는 유엔이 환경손상에 책임이 있는 개인을 재판할 세계법정(world court)을 설치할 것을 요구하는 목소리도 나오고 있다.162)

그러나 환경범죄에 대한 강력한 대응이 필요하다면 이를 위한 전제로서 환경범죄에 대한 수사역량도 강화되어야 할 것이다. 먼저 경찰과 검찰 등 형사사법기관의 전문화가 전제되어야 하나, 환경범죄에 대한 수사능력을 증대시키기 위하여 일부에서는 전통적으로 법집행기관과 규제기관의 인력으로 구성된 일종의 task force로서 network를 구축할 필요성을 강조하고 있다. 이는 환경범죄의 수사가 상당한 수준의 과학적 전문성을 요하나 경찰을 비롯한 법집행기관에서는 그러한 전문성을 갖추기가 어렵기 때문이다.

형사정책의 성공적인 집행을 위해서는 시민의 이해와 협조를 필요로 하지 않을 수 없다. 그러나 대부분의 화이트칼라범죄나 기업범죄와 마찬가지로 환경범죄 또한 그 엄청난 위해와 피해의 규모에도 불구하고 피해자가 불특정 다수인이거나 피해사실과 정도를 잘 알지 못하는 등과 같은 피해자 없는 범죄의 일부 특징으로 인하여 단순한 행정범으로 다루어지는 경우가 허다하였다. 그러나 환경범죄는 여러 사람의 생명, 신체의 건강과 안전 등에 심각한 위해를 초래하고 더구나 장래의 국민에게도 해악을 끼치는 중대한 범죄라는 사실을 국민과 형사사법기관 그리고 관련기관 모두가 인식할 필요가 있다. 인식의 전환을 통하여 국민은 환경범죄에 대한 감시와 신고정신을 고양하고 규제기관에서는 철저한 규제활동을 벌이고 사법기관에서는 엄중한 처벌을 할 수 있게 됨으로써 환경범죄에 대한 강력한 억제가 가능해질 것이다.

CRIMINOLOGY **참고문헌**

1 Merry Morash, "Organized Crimes," in Robert F. Meier(ed.), *Major Forms of Crime*, Beverly Hills, CA: Sage, 1984.

2 President's Commission on Law Enforcement and administration of Justice, *The Challenge of Crime in a Free Society*, New York: Avon, 1968, p.437.

3 National Advisory Committee on Criminal Justice Standards and Goals, *Organized Crime, Report of the Task Force on Organized Crime*, Washington, D.C.: U.S. Government Printing Office, 1976, pp.213~215.

4 Morash, *op. cit.*

5 Francis A. Ianni and Elizabeth Reuss−Ianni, "Organized Crime," in Sanford H. Kadish(ed.), *Encyclopedia of Crime and Justice*, New York: McMillan, 1983, vol. 3, p.5.

6 Frank E. Hagan, "The Organized Crime Continuum: A Further Specification of a New Conceptual Model," *Criminal Justice Review*, 1983, 8:52~57.

7 Jay Albanese, *Organized Crime in America*(2nd ed.), Cincinnati, Anderson, 1989, p.5.

8 Joseph Albini, *The American Mafia: Genesis of a Legend*, New York: Appleton−Century−Crofts, 1971, pp.38~48.

9 Jay Albanese, *op. cit.*

10 Morash, *op. cit.*, p.198.

11 Martin Haskell and Lewis Yablonsky, *Criminology: Crime and Criminality*(3rd ed.), Boston: Houghton Mifflin Co., 1983, p.361.

12 National Advisory Committee on Criminal Justice Standards and Goals, *op. cit.*, pp.6~7.

13 Howard Abadinsky, *Organized Crime*(3rd ed.), Chicago: Nelson−Hall, 1990, pp.4~6.

14 Martin R. Haskell and Lewis Yablonsky, *Criminology: Crime and Criminality*(3rd ed.), Boston: Houghton Mifflin Co., 1983, p.361.

15 Daniel Bell, *The End of Ideology*, New York: Free Press, 1962, pp.127~150.

16 *Ibid*, p.129.

17 Francis A. Ianni, "New Mafia: Black, Italian, and Hispanic Styles," in Francis A. Ianni and Elizabeth Reuss−Ianni(eds.), *The Crime Society*, New York: New American Library, 1976, pp.118~148.

18 Allan Block, *East Side/West Side*, New Brunswick, NJ: Transaction Books, 1983, pp.10~11.

19 Gilbert Geis, "White−collar and Corporate Crime," in Robert Meier(ed.), *Major Forms of Crime*, Beverly Hills, CA: Sage Publications, 1984, p.145.

20 Edwin H. Sutherland, "White−collar Criminality," *American Sociological Review*, 1940, 5:2~10.

21 Bureau of Justice Statistics, *The Severity of Crime*, Washington, D.C.: U.S. Government Printing Office, 1984.

22 Edwin H. Sutherland, *White−collar Crime*, New York: Holt, Reinhart and Winston, 1949, p.9.

23 John E. Conklin, "Illegal But Not Criminal," *Business Crime In America*, Englewood Cliffs, NJ: Prentice−Hall, 1977, pp.9~12.

24 *Ibid.*, p.13.

25 Sheila Balkan, Ronald J. Berger, and Janet Schmidt, *Crime and Deviance in America: A Critical Approach*, Belmont, CA: Wadsworth, 1980, pp.164~166.

26 President's Commission on Law Enforcement and Administration of Justice, *Crime and Its Impact*, Washington,

D.C: U.S. Government Printing Office, 1967, pp.102~103.

27 "Crime in the Suites: On the Rise," *Newsweek*, 1979년 12월 3일호 p.114.

28 Alan A. Block and William Chambliss, *Organizing Crime*, New York: Elsevier, 1981, p.196.

29 Thio, *op. cit.*, pp.416~417.

30 *Ibid.*, p.426.

31 *Ibid.*, p.419.

32 Herbert Edelhertz, *The Nature, Impact and Prosecution of White-collar Crime*, Washington, D.C.: U.S. Government Printing Office, 1970, pp.73~75.

33 Mark Moore, "Notes Toward a National Strategy to Deal With White-collar Crime," in Herbert Edelhertz and Charles Rogovin(eds.), *A National Strategy for Containing White-collar Crime*, Lexington, MA: Lexington Books, 1980, pp.32~34.

34 Conklin, *op. cit.*, 1972, pp.72~78.

35 Sutherland, *op. cit.*, 1949, p.255.

36 John E. Conklin, *Illegal But Not Criminal: Business Crime in America*, Englewood Cliffs, NJ: Prentice-Hall, 1977, pp.86~99.

37 Mannle and Hirschel, *op. cit.*, p.175.

38 Barton Ingraham, *Political Crime in Europe*, Berkeley, CA: University of California Press, 1979. pp.ⅵ~ⅷ.

39 Ernest Van den Haag, *Political Violence and Civil Disobedience*, New York: Harper & Row, 1972.

40 J. Roebuck and S. Weber, *Political Crime in the United States: Analyzing Crime by and against Government*, New York: Praeger, 1978 참조.

41 Martin R. Haskell and Lewis Yablonsky, *Criminology: Crime and Criminality*(3rd ed.), Boston, MA: Houghton Mifflin Co., 1983, pp.415~416.

42 Haskell and Yablonsky, *op. cit.*, pp.429~430.

43 Thio, *op. cit.*, p.436.

44 Thio, *op. cit.*, pp.439~440.

45 David R. Simon and D. Stanley Eitzen, *Elite Deviance*, Boston, MA: Allyn and Bacon, 1982, pp.172~182.

46 전수일, "관료부패연구: 사회문화적 접근," 「한국행정학보」, 1984, 18(1), p.145.

47 윤태범, "관료부패의 구조와 법적 통제의 가능성," 한국형사정책학회 1994년도 하계학술회의 자료, 1994, p.2.

48 A. S. Markovits and M. Silverstein, *The Politics of Scandal*, New York: Holmes and Meier, 1988, p.16.

49 정부에 의한 정치적 범죄에 대한 정부의 중화기술은 Thio, *op. cit.*, pp.447~449를 기초로 기술되었음.

50 Jethro K. Lieberman, *How the Government Breaks the Law*, Baltimore, MD: Penguin, 1973, p.208.

51 *Ibid.*, p.237.

52 *Ibid.*, p.450.

53 Jack D. Douglas, "A Sociological Theory of Official Deviance and Public Concerns with Official Deviance," in Jack D. Douglas and John M. Johnson(eds.), *Official Deviance: Readings in Malfeasance, Misfeasance, and Other Forms of Corruption*, Philadelphia: Lippincott, 1977, pp.365~410.

54 Michael Johnston, *Political Corruption and Public Policy in America*, California: Brooks/Cole, 1982, pp.20~24.

55 Gunnar Myrdal, Corruption as a Hindrance to Modernization in South Asia, in Arnold J. Heidenheimer(ed.), *Political Corruption: Readings in Comparative Analysis*, New York: Holt, Reinhart and Winston, 1970, p.237.

56 Martin Harvey Greenberg, *Bureaucracy and Development*, Lexington, MA: D. C. Heath, 1970, p.70; Ken C. Kotecha and Robert W. Adams, *African Politics: The Corruption of Power*, Washington, D.C.: University Press of

America, 1981, p.95.

57 Paul H. Gebhard, "Definitions," in Donald S. Marshal and Robert C. Suggs(eds.), *Human Sexual Behavior*, New York: Basic Books, 1971, p.258; J. James, "Prostitute and Prostitution," in Edward Sagarin and Fred Montanino(eds.), *Deviants: Voluntary Actors in a Hostile World*, Glenview, IL: General Learning Press, 1977.

58 D. F. Luckenbill, "Deviant Career Mobility: The Case of Male Prostitutes," *Social Problems*, 1986. 33:283~296.

59 B. S. Heyl, *The Madam as Entrepreneur: Career Management in House Prostitution*, New Brunswick, NJ: Transaction, 1979, p.2.

60 Thio, *op. cit.*, pp.187~188.

61 James H. Bryan, "Occupational Ideologies and Individual Attitudes of Call Girls," *Social Problems*, 1966, 13:443.

62 Travis Hirschi, "The Professional Prostitutes," *Berkeley Journal of Sociology*, 1962, 7:34.

63 Karen E. Rosenblum, "Female Deviance and the Female Sex Role:A Preliminary Investigation," *British Journal of Sociology*, 1975, 26:169~185.

64 D. H. Gebhard, "Misconceptions about Female Prostitutes," *Medical Aspects of Human Sexuality*, 1969, 3:28~30.

65 Harry Benjamin and R. E. L. Masters, *Prostitution and Morality*, New York: Julian, 1964, pp.90~91.

66 D. Gray, "Turning−out A: Study of Teenage Prostitution," *Urban Life and Culture*, 1973, 1:401~425.

67 J. James, "Prostitutes and Prostitution," in Edin Sagarin and Fred Montanono(eds.), *Deviants: Voluntary Actors in a Hostile World*, Glenview, IL: General Learning Press, 1977.

68 A. Carmen and H. Moody, *Working Women: The Subterranean World of Street Prostitution*, New York: Bessie/Harper & Row, 1985.

69 Benjamin and Masters, *op. cit.*, pp.89, 91~92.

70 *Ibid.*, pp.93~94.

71 Harold Greenwald, *The Elegant Prostitute*, New York: Walker, 1970, pp.3, 10~30.

72 N. J. Davis, "The Prostitute: Developing a Deviant Identity," in J. M. Henslin(ed.), *Studies in the Sociology of Sex*, New York: Appleton−Centry−Crofts, 1971, pp.297~322.

73 Kingsley David, "Sexual Behavior," in Robert Merton and Robert Nisbet(eds.), *Contemporary Social Problems*(3rd ed.), New York: Harcourt Brace Jovanovich, 1971, p.347.

74 *Ibid.*, p.350.

75 John E. Conklin, *Criminology*(3rd ed.), New York: McMillan Publishing Co., 1989, p.51.

76 Craig B. Little, *Deviance & Control: Theory, Research, and Social Policy*, Itasca, IL: F. E. Peacock Publishers, Inc., 1989, pp.176~177.

77 Erick Goode, *Deviant Behavior: An Interactionist Approach*, Englewood Cliffs, NJ: Prentice−Hall, 1978, pp.190~194.

78 Little, *op. cit.*, p.179.

79 Thio, *op. cit.*, pp.337~338.

80 Larry J. Siegel, *Criminology*(2nd ed.), St. Paul, MN: West Publishing Company, 1986, p.418.

81 Little, *op. cit.*, p.184.

82 Little, *op. cit.*, pp.184~185.

83 Thio, *op. cit.*, pp.345~346.

84 한국형사정책연구원, 「약물남용범죄와 약물공급법죄에 관한 연구」, 1992, pp.115~126 참조.

85 H. Abadinsky, *Drug Abuse−An Introduction*, Chicago: Nelson−Hall, 1989, pp.116~118; 한국형사정책연구원, 「약물남용범죄와 약물공급범죄에 관한 연구」, 1992, pp.32~33에서 재인용.

86 Abadinsky, *op cit.*, p.34.

87 Robert K. Merton, *Social Theory and Social Structure*, New York: Free Press, 1968, pp.207~208.

88 Richard A. Cloward and Lloyd E. Ohlin, *Delinquency and Opportunity*, Glencoe, IL: Free Press, 1960, pp.178~184.

89 Alfred R. Lindesmith and John H. Gagnon, "Anomie and Drug Addiction," in Marshall B. Clinard(ed.), *Anomie and Deviant Behavior*, New York: Free Press, 1964, pp.158~188; Thio, *op. cit.*, p.354에서 재인용.

90 Howard S. Becker, Outsiders: Studies in the Sociology of Deviance, New York: Free Press, 1963, pp.41~42.

91 *Ibid.*, p.46.

92 Ronald L. Akers, M. D. Krohn, L. Lanza—Kaduce, and M. Radosevich, "Social Learning and Deviant Behavior: A Specific Test of a General Theory," *American Sociological Review*, 1979, 44:636~655.

93 A. C. Marcos, S. J. Bohr, and R. E. Johnson, "Test of a Bonding/Association Theory of Adolescent Drug Use," Social Forces, 1986, 65:135~161; M.D. Newcomb, E. Meddahian, and P. M. Bentler, "Risk Factors for Drug Use among Adolescents:Concurrent and Longitudinal Analyses," *American Journal of Public Health*, 1986, 76:525~531.

94 L. S. Schrager and J. F. Short, "Toward a Sociology of Organizational Crime," *Social Probleme*, 1978, 25:407~419.

95 C. D. Stone, *Where the Law Ends: The Social Control of Corporate Behavior*, New York: Harper & Row, 1975, p.237.

96 M. B. Clinard and P. C. Yeager, *Corporate Crime*, New York: Free Press, 1980, p.60.

97 Little. *op. cit.*, p.323.

98 J. Braithwaite and G. Geis, "On Theory and Action for Corporate Crime Control," *Crime and Delinquency*, 1982, 28:292~314.

99 Mark S. Hamm, "Terrorism, Hate Crimes, and Anti—Government Violence: A Preliminary Review of the Research," Background paper for National Research Council, Commission on Behavioral and Social Sciences and Education, *Committee on Law and Justice*, March 1996, pp.1~2.

100 *Ibid.*, p.11.

101 *Ibid.*, p.12.

102 Morris Dees and James Corcoran, *Gatherong Storm: The Study of America's Militia Network*, New York: Harper Collins, 1996, p.4.

103 *Ibid.*, p.202.

104 *Ibid.*, pp.204~208.

105 M. R. Mahoney, "Legal images of battered women: Redefining the issue of separation," *Michigan Law Review*, 1990(1'):1~95.

106 *New York Times*, "New laws address old problem: The terror of a stalker's threats," February 8, 1993, 142(5):A1.

107 J. T. Tucker, "Stalking the problems with stalking laws: The effectiveness of Florida Statutes Section 784.048," *Florida Law Review*, 1993, 45(4):609~707.

108 P. E. Dietz, D.B. Matthews, D. A. Martell, T. M. Stewart, D. R. Hrouda, and J. Warren, "Threatening and otherwise inapproapriate letters to members of the United States Cogress," *Journal of Forensic Sciences*, 1991, 36:1445~1468 and "Threatening and otherwise inapproapriate letters to Hollywood Celebrities," *Journal of Forensic Sciences*, 1991, 36:185~209.

109 M. A. Zona, K. K. Kaushal, and J. Lane, "Comparative Study of Erotomania and Obsessional Subjects in a Forensic Sample," *Journal of Forensic Sciences*, 1993, 38:894~903.

110 K. Jaishankar, "Victimization in the cyber space: Patterns and tends," in S. Manacorda(ed.), Cybercriminality: Finding a Balance Between Freedom and Security, Milan, Italy: International Scientific and Professional Advisory Council of the United Nations Crime Prevention and Criminal Justice Programme(ISPAC), 2012, pp. 91−106, ; K. Jaishankar, "Cyber victimization: New typology and novel trends of interpersonal attacks on the Internet," in Korean Institute of Criminology(ed.), Information Security and Cybercrime: Challenges for Criminology and Criminal Justice, 2013, pp.31~47

111 G. Mesko, "On some aspects of cybercrime and cybervictimization," European Journal of Crime, Criminal law and Criminal Justice, 2018, 26:189~199

112 D. S. Wall, "The internet as a conduit for criminal activity," in A. Pattawina(ed.), Information Technology and the Criminal Justice System, Thousand Oaks, CA: Sage, 2005, pp.77~98; D. S. Wall, "Hunting, Shooting, and Phishing: New Cybercrime challenges, for Cybercanadians in the 21st Century," The ECCLES Centre for American Studies, http://bl.uk/ecclescentre, 2009, 2024, 3, 8 검색 ; H. Jahankhani, A. Al−Nemrat, and A. Hosseinian−Far, "Chapter 12 ‐ Cybercrime classification and characteristics," in B. Akhgar, A. Staniforth, and F. Bosco(eds.), Cyber Crime and Cyber Terrorism Investigators' Handbook, Waltham, MA: Elsevier, 2014, pp.149~164

113 Wall, 2005, op cit.; Jahankhani et al., 2014, op cit.

114 B. Hogan_Howe, "Met to tackle the wave of cybercrime with 'world leading unit," published in Evening Standard, 2013, 11, 21, http://www.standard.co.uk/news/crime/commentary−sir−bernard−hoganhowe−on−new−cybercrime−push−8954716.html, 2024, 3, 6 검색 ; Jahankhani et al., 2014, op cit.

115 Jahankhani et al., 2014, op cit.

116 Jahankhani et al., 2014, op cit.

117 S. Gordon and R. Ford, "On the definition and classification of cybercrime," Journal of Computer Virology and Hacking Techniques, 2006, 2(1):13~20; Jahankhani et al., 2014, op cit.

118 P. N. Grabosky, "Virtual criminality: Old wine in new bottles?" Social and Legal Studies, 2001, 10(2):243~249; D. Thomas and B. Loader, "Introduction," in D. Thomas and B. Loader(eds.), Cyber Crime: Law Enforcement, Security and Surveillance in the Information Age, London: Routledge, 2000, pp.1~13; Diamond and Bachmann, 2015, op cit.

119 Jaishankar, 2008, op cit., p.291; Grabosky, 2001, op cit.; M. Yar, 2005, op cit.; D. S. Wall, "Cyber crimes: New wine, no bottles?" in P. Davis, P. Francis and V. Jupp(eds.), Invisible Crimes: Their Victims and Their Regulation, London: McMillan, 1999, pp.105~139; P. Pati, "Cyber crime,"2003, http://www.naavi.org/pati/pati_cybercrimes_dec03.htm, 2024, 3, 12 검색 ; A. Mitra, "Cybernetic space: Our new dwelling place," 1999, http://www.hicsocial.org/Social2003Proceedings/AnandaMitra.pdf, 2024, 3, 12 검색 ; Yar, 2005, op cit.; Diamond and Bachmann, 2015, op cit.

120 M. D. Goodman, "Why the police don't care about computer crime?" Harvard Journal of Law & technology, 1997, 10(3):465~497

121 S. W. Brenner, "Fantasy crime: The role of criminal law in virtual worlds," Vanderbilt Journal of Entertainment & Technology Law, 2008, 11(1):1~99, p. 2

122 Jahankhani et al., 2014, op cit.

123 Ibid.

124 Ibid.

125 J. Curtis and G. Oxburgh, "Understanding cybercrime in 'real world' policing and law enforcement," Police Journal: Theory, Practice and Principles, 2022, 96(4):573~592

126 T. J. Holt and A. M. Bossler, "An assessment of the current state of cybercrime scholarship," devianrt Behavior, 2014, 35(1):20~40; C. Reep-van denBergh and M. Junger, "Victims of cybercrimes in Europe: A review of victim survey," Crime Science, 2018, 7(1):1~15; D. Wall, "Policing identity crime," Policing and Society: An International Journal of Research and Policy, 2013, 23(4):437~460; Curtis and Oxburgh, 2022, op cit.

127 Curtis and Oxbufgh, 2022, op cit.; C. Cross, K. Richards, and R. G. Smith, "The reporting experiences and support needs of victims of online fraud," Trends and Issues in Crime and Criminal Justice, 2016, 518: 1－14; J. Jensen and E. R. Leukfeldt, "Coping with cyber crime victimization: An exploratory study into impact and damage," Journal of Qualitative Criminal Justice & criminology, 2018, 2(2):205~228

128 N. Gerber, P. Gerber and M. Volkamer, "Explaining the privacy paradox: A systematic review of literature investigating privacy attitude and behavior," Computers & security, 2018, 77:226~261; T. Holt and R. Bossler, "Examining the relationship between routine activities and malware infection indicators," Journal of VContemporary Criminal Justice, 2013, 29(4):420~436; B. W. Reyns, "A routine activity perspective on online victimization: Results from Canadian General Social Survey," Journal of Financial crime, 2015, 22(4):396~411; B. W. Reyns, R. Randa and B. Henson, "Preventing crime online: Identifying determinants of online preventive behaviors using structural equation modelling and canonical correlation analysis," Crime Prevention & Community Safety, 2016, 18(1):38~59; J. Suler, "The online disinhibition effect," Cyberpsychology & Behavior, 2004, 7(3):321~326; Curtis & Oxburgh, 2022, op cit.

129 Suler, 2004, op cit.; Curtis & Oxburgh, 2022, op cit.; M. Richie and T. L. Freiburger, "Creating identity on social network sites," in C. D. marcum and G. E. Higgins(eds.), Social networking as a Criminal Enterprise, Boca Raton, FL: CRC Press, 2014, pp.9~26; S. Hinduja and J. W. Patchin, "Cyberbullying : An exploratory analysis of factors related to offending and victimization," Deviant Behavior, 2008, 29(2):129~156; R. Slonje and P. K. Smith, "Cyberbullying: Another main type of bullying," Scandinavian Journal of Psychology, 2008, 49(2):147~154; P. Bocij and L. McFarlane, "Cyberstalking: The technology of hate," The Poluice Journal, 2003, 76:204~221; B. P. SWchaefer, "Social networks and crime: Applying criminological theories," in Marcum & Higgins(eds.), 2014, op cit., pp.27~48; L. Zhang, R. Young and V. Prybutok, "Inhibitors of two illegal behaviors: Hacking and shoplifting," Journal of Organizational and End User Computing, 2007, 19(3):24~42

130 S. Furnell, "Hackers, viruses and malicious software," in Y. Jewkes and M. yar(eds.), Handbook of Internet Crime, Oxford: Taylor and Francis, 2010, pp.173~193; R. Seebruck, "A typology of hackers: Classifying cyber malfeasance using a weighted arc circumplex model," Digital Investigation, 2015, 14:36~45; M. W. Weulen Kranenbarg, S. Ruiter, J. L. Van gelder, "Cyber-offending and traditional offending over the life-course: An empirical comparison," Journal of Developmental and Life-Course Criminology, 2018, 4(3):343~364; Curtis & Oxburgh, 2022, op cit.

131 R. Madarie, "Hackers' motivations: Testing Schwartz's theory of motivational types of values in a sample of hacker," International Journal of Cybercriminology, 2017, 11(1):78~97; T. J. Holt, R. Leukfeldt, and S. van de Weijer, "An examination of motivation and routine activity theory to account for cyberattacks against dutch website," Criminal Justice and Behavior, 2020, 47(4):487~505; S. Goode and S. Cruise, "What motivates software crackers?" Journal of Business Ethics, 2006, 65(2):173~201; Curtis and Oxburgh, 2022, op cit.

132 A. Hutchings, "Crime from the keyboard: Organized cybercrime, co-offending, initiation and knowledge transmission," Crime, Law and Social Change, 2014, 62(1):1~20; J. Kerstens and J. Jensen, "The victim-perpetrator overlap in financial cybercrime: Evidence and reflection on the overlap of youths' online victimization and perpetration," Deviant Behavior, 2016, 37(5):585~600; Madarie, 2017, op cit.; Goode and

Cruise, 2006, op cit.; O. Turgeman−Goldschmidt, "Hackers' accounts: Hacking as a social entertainment," Social Science Computer Review, 2005, 23(1):8~23; Curtis and Oxburgh, 2022, op cit.

133　B. Diamond and M. Bachmann, "Out of the beta phase: Obstacles, challenges and promising paths in the study of cyber criminology," International Journal of Cyber Criminology, 2015, 9(1):24~34

134　Mesko, 2018, op cit.

135　K. Jaishankar, "Space transition theory of cyber crimes," in F. Schmalleger and M. Pittaro(eds.), Crimes of Internet, Upper Saddle River, NJ: Prentice Hall, 2008, pp.283~301; E. R. Le7ukfeldt and M. Yar, "Applying routine activity theory to cybercrime: A theoretical and empirical analysus," Deviant Behavior, 2016, 37(3):263~280

136　Jaishankar, 2008, op cit.

137　Leukfeldt and Yar, 2016, op cit.; J. Nhan and M. Bachmann, "Developments in cybercriminology," in M. maquire and D. Okada(eds.), Critical Issues in Crime and Justice, Thousand Oaks, CA: Sage, 2010, pp.164~183; T. J. Holt and A. M. Bossler, "Examining the applicability of lifestyle−routine activity theory for cybercrime victimization," Deviant Behavior, 2009, 30(1):1~25; M. J. Moore, T. N. Nakano, A. Enomoto and T. Suda, "Anonymity and roles associated with aggressive posts in an online forum," Comupers in Human behavior, 2012, 28(3):861~867; Mesko, 2018, op cit.

138　K. Jaishankar, "Cyber criminology: Evolving a novel discipline with a new journal," International Journal of Cyber Criminology, 2007, 1(1):1~6; K. Jaishankar, "The future of cyber criminology: Challenges and opportunities," International Journal of Cyber Criminology, 2010, 4(1&2):26~31; K. Jaishankar, "Cyber criminology as an academic discipline: History, contribution and impact," International Journal of Cyber Criminology, 2017, 12(1):1~8

139　K. Jaishankar, "Space transition theory of cyber crime," in F. J. Schmalleger and M. Pittaro(eds.), Crimes of the Internet, Upper Saddle River, NJ: Prentice Hall, 2008, pp.283~301; A. Cristian, "Cyber−Criminology − A new field of scientific research and criminological investigation," Journal of Law & ASdministrative Sciences, 2020, 14:121~126

140　A. Cristian, The Criminological Dimension of Cyberspace Crime, Bucharest, C.H.: Beck Publishing House, 2020, pp.86~87

141　Jaishankar, 2008, op cit.; Diamond and Bachmann, 2015, op cit.

142　Yar, 2005, op cit.; M. Bachmann, "Deciphering the hacker underground: First quantitative insights," in T. Holt and B. Schell(eds.), Corporate Hacking and Technology−Driven Crime: Social Dynamics and Implications, Hersey, PA: IGI Global, 2010, pp.105~127; T. C. Pratt, K. Holtfreter, and M. D. Reisig, "Routine online activity and Internet fraud targeting: Extending the generality of routine activity theory," Journal of Research in Crime & delinquency, 2010, 47(3):267~296

143　Yar, 2005, op cit.; Diamond and Bachmann, 2015, op cit.

144　신동운, "환경범죄의 효율적 대처방안," 형사정책연구, 1990, 1(2):7~52, p.11.

145　유명건, "환경범죄의 현황과 대책," 공해대책, 1987년 7월호, p.29.

146　D. R. Simon, Social Problems and the Sociological Imagination, New York: McGraw−Hill, 1995, p.6.

147　M. B. Clinard, Corporate Crime, Washington, DC: Government Printing Office, Congressional Quarterly, June 19, 1998, p.549.

148　C. W. Mills, The Power Elite, New York: Oxford University Press, 1956, pp.343~361; D. R. Simon, op. cit., 1999, pp.50~90.

149　J. Ridgeway and J. St. Clair, A Pocket Guide to Environmental Bad Guys, New York: Thunder's Mouth, 1998, pp.135~152.

150 D. R. Simon, Elite Evidence(6th ed.), *Needham Heights*, MA: Allyn & Bacon, 1999, pp.303~328.

151 C. Jensen, *Censored: The News that Didn't Make It and Why*, Chapel, NC: Shelburne, 1993, p.57.

152 David R. Simon, "Corporate Environmental crimes and social inequality," *American Behavioral Scientist*, 2,000, 43(4):633~645.

153 Ridgeway and St. Clair, *op. cit.*, p.108; Jensen, *op. cit.*, p.56.

154 David R. Simon, "Corporate environmental crime and social inequality," *American Behavioral Scientist*, 2,000, 43(4):633~645.

155 Harold Barnett, *Toxic Debts and the Superfund Dilemma*, Chapel Hill: University of North Carolina Press, 1994, p.45 이하; C. Jensen, Censored: The News that Didn't Make It and Why, Chapel Hill: University of North Carolina Press, 1993, p.56.

156 S. Messner and R. Rosenfield, *Crime and American Dream*, Monterey, CA: Brooks/Cole, 1994, Simon, *op. cit.*, pp.11~12에서 재인용.

157 Environmental Crime Prosecution: Results of a National Survey, http://www.ncjrs.org/txtfiles/envir.txt, 1994 참조.

158 Neil Gunningham, "Negotiated non-compliance: A case study of regulatory failure," *Law and Policy*, 1987, 9(1):69~95.

159 Drew Hutton, "Countering environmental crime: The role of environmental regulators," *Social Alternatives*, 2000, 19(2):24~27.

160 R. Kagan, "On regulatory inspectorates and police," pp.37~64 in K. Hawkins and J. Thomas(eds.), *Enforcing Regulation*, Boston: Kluwer-Nijhoff Press, 1984; J. Gilboy, "Regulatory and administrative agency behavior: Accommodation, amplification, and assimilation," *Law & Policy*, 1995, 17(1):3~21.

161 J. Starr and T. Kelly, Jr., "Environmental crimes and the sentencing guidelines: The time has come and it is hard tume," *Environmental Law Report*, 1990, 20:10096-10104; A. Vercher, use of criminal law for the protection of the environment in Europe: Council of Europe resolution(77) 28, *Northwestern Journal of International Law and Business*, 1990, 10:442~459.

162 B. Huntoon, "Emerging controls on transfers of hazardous waste to developing countries," *Law and Policy in International Business*, 1989, 21:250; N. Peluso, "Coercing conservation: The politics of state resource control," pp.46~70 in R. Ripschutz and K. Conca (eds.), *The State and Social Power in Global Environmental Politics*, New York: Columbia University Press, 1993.

제 3 편

범죄학이론

CRIMINOLOGY

제1장
범죄학이론의 개관

제1절 기본적 범죄관

지금까지는 범죄의 분포와 정도 그리고 범죄와 범죄자의 사회적 특성 등 범죄성에 대해 알려진 사실을 기술하였다면, 제3편에서는 범죄성에 관계되는 이들 알려진 사실, 그중에서도 범죄성의 원인을 설명하기 위한 이론을 논의의 대상으로 한다. 그러나 사람에 따라서 범죄성의 원인을 밝히기 위한 노력에 있어서 범죄행위를 인식하는 방법을 서로 달리하는 경향이 있는데, 어떤 면에서는 상호대립적이기도 한 이들 범죄인식방법을 간단히 소개하고 범죄의 원인을 규명하기 위한 바람직한 범죄인식방법을 제시하고자 한다.

우선, 범죄이론이 역사적으로 볼 때 그 기본유형이 초자연적인 것과 자연적인 것이 있음을 알 수 있다. 초자연적인 입장을 우리는 정신적 또는 신학적 입장이라고도 하는데, 이는 범죄를 우리가 이 세상에서 경험할 수 없는 초자연적·초현실적인 다른 세계의 힘의 영향으로 발생하는 것으로 간주하여 범죄의 원인도 바로 이 초자연적·초경험적 사실의 규명에 의해서만 인식될 수 있다고 보는 것이다. 그러나 문제는 초자연적·초경험적인 정신적 영향이 관찰될 수 없다는 데에 있다. 즉, 관찰될 수 없는 것은 증명되거나 반증될 수 없기 때문에 비록 이것이 범죄를 가장 잘 설명한다고 하더라도 이러한 초자연적 주장은 과학적이라고 할 수 없는 것이다.[1]

이러한 신학적 범죄관과는 대조적으로 범죄의 원인을 우리가 현실세계에서 경험할 수 있는 사실로서 설명하고자 하는 입장이 자연주의적 범죄관이다. 그러나 이들 자연주의적 범죄관도 각자의 상이한 범죄관에 따라 매우 상이한 준거의 틀에 기초하고 있음을 알 수 있다. 범죄를 보는 준거의 틀이 상이하기 때문에 범죄학이 해결하고자 하는 기본적인 문제의 개념은 물론이고 범죄와 범죄자라는 용어까지도 다르게 정의하고 있다. 대표적으로 이들 상이한 두 가지 준거틀 중에서, 그 첫 번째는 범죄자의 행위(behavior of criminal)를 중시하여 범죄행위는 자유로이 선택된 것이거나 개인이 통제할 수 없는 요인에 의해서 야기된다고 보는 입장이며, 또 다른 하나는 범죄를 주로 형법이 만들어지고 집행되는 방법의 기능으로 보아 범죄자의 행위보다는 형법의 행위(behavior of criminal law)에 초점을 두는 것이다.

범죄자의 범죄행위를 설명하려는 입장 중에서, 하나는 범죄행위를 포함한 인간의 행위는 자신의 자유로운 의사로 결정하는 것이라는 자유의사론(free will)이며, 다른 하나는 인간의 행위는 자신의 자유의사가 아닌 자신이 통제할 수 없는 개인의 특수한 소질조건과 환경조건에 의해서 결정되는 것이라고 보는 결정론(determinism)이 그것이다.[2] 그러나 인간은 전적으로 완전한 자유인도 아니고 그렇다고 완전히 환경에 지배받는 것도 아니어서 오히려 어느 정도는 자유롭고 어느 정도는 환경의 지배를 받기 때문에 범죄행위를 포함한 인간의 행위는 일부는 결정되는 동시에 일부는 자유로이 선택되는 것이므로 자유의사와 환경의 영향은 사람에 따라 개별적으로 동시에 고려됨이 마땅하다고 하겠다.

범죄의 설명을 위한 세 번째 준거의 틀은 범죄를 범죄자의 행위가 아니라 형법의 행위를 중심으로 설명하려는 입장으로서, 여기서는 특정한 사람과 행위가 범죄자 또는 범죄행위로 공식적으로 규정되는 이유는 사회가 그 사람과 행위를 범죄자 또는 범죄행위로 규정하기 때문이며, 따라서 특정의 사람과 행위가 범죄자와 범죄행위로 규정되는 과정, 즉 형법이 제정되고 집행되는 과정을 중심으로 연구되어야 한다는 것이다.[3]

2절 범죄설명의 기본요소

범죄의 원인을 설명하려는 많은 이론들이 있지만, 이들을 면밀히 분석하면 대부분의 이론이 범행의 동기(motivation), 사회적 제재로부터의 자유(freedom from social constraints), 범행의 기술(skill), 그리고 범행의 기회(opportunity)라는 네 가지 중요한 요소를 가지고 범행을 설명하는 것으로 알려져 있다. 즉, 범죄는 범행의 의지를 가지고 사회로부터 아무런 제재를 받지 않아서 자신의 자유의사대로 행동할 수 있으며, 범행할 수 있는 능력과 기술을 가진 사람에게 범행할 수 있는 기회가 주어질 때 실행될 수 있다는 것이다.[4] 그런데 상호 배타적으로 개념화된 이들 네 가지 요소의 하나하나는 범행에 있어서 필요한 조건이지만 충분조건은 되지 못하기 때문에 어떠한 범행이 가능하기 위해서는 이들 요소가 동시에 상호작용하지 않으면 안 된다. 즉, 범행의 동기가 필연적으로 범행을 유발시키는 것은 아니며, 사회적 제재로부터 자유롭다고 반드시 범행이 가능한 것도 아니며, 또한 동기와 자유가 있어도 범행의 기술과 기회가 없다면 중요한 것이 되지 못하는 것이다.[5]

여기서 범행의 동기란 조건이 갖추어진다면 범죄적으로 행위할 의향, 즉 기회가 주어졌을 때 범행할 욕망이라고 할 수 있는데, 이론에 따라 욕망의 원천이 같지 않음을 알 수 있다.

예를 들어, 긴장(strain)이론이나 마르크스주의이론은 구조적으로 야기된 경제적인 문제와 지위의 문제에서 그 원천을 찾고 있으며,[6] 문화적 전이(cultural-transmission)이론은 범죄를 부추기는 가치관으로의 사회화를 강조하고,[7] 또는 범죄에 대한 구조적이고 문화적인 유인에 대한 자기통제(self-control)나 자아개념(self-concept)을 강조하기도 한다.[8]

한편, 범행의 시도에는 다수의 사회적 장애와 제재가 따르기 마련인데, 실제 범행이 가능하기 위해서는 이러한 제재가 제거되어야만 한다. 그런데 이러한 사회적 제재에는 외적 제재 (external constraints)와 내적 제재(internal constraints)가 있음을 알 수 있다. 외적 제재는 사회집단의 관습성에 대한 강력한 유대를 의미하는 것으로서, 이러한 관습적인 유대가 강할수록 외적인 사회제재를 많이 받게 되는 것이다. 내적인 제재는 관습적인 집단의 구성원이 집단의 규칙을 내재화하는 사회화과정(socialization process)에서 야기되는 것으로서, 도덕적으로 규칙에 전념하고 옳은 일을 하는 데 대한 자기존중심을 찾는 사람은 이러한 내적 제재를 더 많이 받게 된다.

몇 가지 전문적인 범행에 있어서는 범죄를 실제로 범할 수 있는 능력으로 보여지는 범행기술의 중요성이 인식되기도 하지만 Sutherland와 Cressey의 차별적 접촉이론(differential association theory)을[9] 제외하고는 대체로 통상적인 범죄에 있어서 범행기술은 그리 중시되지 못하였다.

마찬가지로 특정 범죄의 범행에 공헌하는 물리적 환경의 존재라고 할 수 있는 범행의 기회도 몇몇 환경적 기회를 중시하는 연구를[10] 제외하고는 범행의 기회문제가 심각하게 다루어지지는 않는 편이나, 차별적 기회이론(differential opportunity theory)에서는 범행의 동기만큼이나 이를 중시하고 있다.[11] 그런데 최근에 와서는 은행이 없다면 은행강도가 불가능한 것과 같이 재산범죄율을 연구하면서 이 범행의 기회가 설명변수로서 상당한 관심을 끌기 시작하였다.[12] 이러한 관심은 최근 물리적 환경의 개선이나 범죄자의 무력화(incapacitation)를 통한 범죄의 예방

과 억제 그리고 이를 위한 피해자조사자료의 활용 등에서 잘 나타나고 있다.[13]

3 절 범죄원인 설명의 수준

범죄와 같은 복잡한 현상을 설명하는 것은 전문화된 지식을 요구한다. 바로 이 과학적 전문성의 본성상 지식이란 연구하고자 하는 현상의 전체보다는 부분적으로 생성되는 경향이 있는데 이것이 곧 학문의 분화 내지는 전문화이다. 이러한 측면에서 설명의 수준이란 무엇이 설명될 것인가뿐만 아니라 그것이 어떻게 설명될 것인가에 관련된다. 물론 범죄의 원인을 규명하려는 대부분의 이론은 매우 복잡하고 다양한 분류를 제시하여 그 설명의 수준을 구별하려고도 하였으나, 대체로 개별적 수준(individual level)과 사회학적 수준(sociological level)으로 구별해 볼 수 있다. 또한 개인적 수준에서의 범죄설명은 크게 생물학적 이론(biological theories)과 심리학적 이론(psychological theories)으로 나눌 수 있고, 사회학적 수준에서의 설명은 사회적 과정을 중시하는 미시적 수준(microlevel)과 사회적 구조를 중시하는 거시적 수준(macrolevel)으로 구별될 수 있다.[14]

1. 개인적 수준에서의 설명

개인적 수준에서의 설명은 인간의 행위를 설명하는 개인에 관한 것은 무엇인가를 알고자 하는 것이라고 할 수 있다. 이 설명은 주로 동기의 관점에서 왜 그 사람이 범행을 했을까라는 질문에 답하려는 것이다. 여기에는 생물학적 이론과 심리생물학적 이론(psychobiological theory), 심리통계적 접근(psychometric approach), 임상심리적 이론 그리고 보다 사회학적인 관점으로서 역할이론과 차별적 접촉이론 및 기타 학습이론을 들 수 있다. 이들은 개인의 범행가담을 설명하기 위해서 어떠한 개인적 특성과 경험에 초점을 맞추고 있다.

(1) 생물학적 설명

생물학적 이론은 사회적 규정으로서의 일탈연구를 무시하고 규범위반에 초점을 맞춘다. 여러 가지 방법으로 이들은 어떠한 특정의 생물학적 구조나 과정이 규범위반을 야기시킨다고 가정하고 있다. 더불어 규범위반을 야기시키는 특정한 구조나 과정은 이론에 따라 다양하고 또한 복잡하다. 그러나 대체적으로 특정의 생물학적 과정이나 구조가 특정의 물리적 특성과 규범위반을 야기시키거나, 규범위반을 야기시키는 심리적 특성을 야기시키는 것으로 이해할 수 있다.[15]

그러나 이러한 생물학적인 이론은 대체로 이론을 뒷받침해 주는 충분한 연구가 부족하여 실증적으로 검증되지 않은 경우가 많다. 또한 생물학적 상태가 규범위반을 야기시키는 과정을 분석하지 못하고 있다. 즉, XYY염색체가 왜 규범위반을 유발할 수 있는 심리적 상태나 규범위반을 야기시키는가를 해명하지 못하고 있다. 그리고 대부분의 공식통계나 자기보고식 조사에 의하면 규범이나 법률의 위반은 거의 모든 사회구성원에게 다양하게 퍼져 있음에도 불구하고 생물학적 이론들은 범죄의 원인을 오직 생물학적 열등성이나 비정상성에만 초점을 맞추기 때문에 이론이 제한된 일부에만 적용되는 한계가 있다. 또한 사회적 정의와 의미가 생물학적 설명의 수준에서는 잘 어울리지 않기 때문에 이들 생물학적 이론은 사회적 정의로서의 일탈을 분석하지 않는다는 약점이 있다.

(2) 심리학적 설명

심리학적 이론도 생물학적 이론과 마찬가지로 일탈을 사회적으로 규정하지 않고 규범의 위반을 중시한다. 이들은 규범의 위반을 과거의 사회적 경험의 관점에서 일반적으로 설명되는 개인의 심리적 구조와 과정이라는 견지에서 설명한다. 즉, 과거의 사회적 경험이 그 사람의 특정한 심리적 특성을 야기시키고 이러한 심리적 특성이 규범의 위반을 유발시킨다는 것이다.

그런데 이러한 심리학적 이론 중에서도 인성이론이 매우 중요한 위치를 차지하고 있으며, 이 인성이론은 욕구, 경향, 동기, 욕망 등 인간의 행위에 영향을 미친다고 가정되는 일반적인 심리적 특성의 견지에서 인간을 분석한다. 그리고 인성이론은 규범의 위반을 동조적 행위도 야기시키는 정상적인 인성특성의 결과로 보거나, 아니면 정신병질적 또는 사회병질적 인격특성으로 일컬어지는 비정상적인 인격특성의 표현으로 보는 두 가지 견해가 있다. 그런데 규범위반을 정상적인 인격특성의 결과로 보는 견해는 단지 소수의 사람만이 폭력성을 표출한다는 점을 설명하지 못한다. 따라서 단지 특정의 인격특성만이 특정의 상황하에서 특정의 규범을 위반함과 동시에 다른 상황에서는 마찬가지의 인격특성이 동조적 행위를 보여 준다고 이론화하고 있다. 한편, 규범위반을 비정상적인 인격특성의 소산으로 보는 견해는 사회적 상황을 무시한 채 희귀하거나 또는 비정상적인 인격특성만을 지나치게 강조한다는 비판을 받기도 한다.

2. 사회학적 수준에서의 설명

규범위반으로서 일탈을 개인의 생물학적 또는 심리학적 구조나 과정을 중시하여 설명하는 생물학적 이론이나 심리학적 이론과는 달리 사회학적 이론에서는 일탈을 인간의 사회적 과정과 구조를 중심으로 설명한다. 따라서 사회학적 이론은 사회구조를 강조하는 입장과 사회과정을 강조하는 입장으로 구분할 수 있다. 사회적 상호작용의 반복적인 안정된 유형으로서 규범위반을 설명하는 이론은 구조적이라고 할 수 있으며, 반면에 시간에 따른 사회적 상호작용의 계속적인 변화와 발전의 견지에서 규범위반을 설명하는 이론을 사회과정이론이라고 할 수 있다.

사회구조를 중시하는 거시적 관점은 범죄의 유형과 정도의 다양성을 설명하기 위해 하위문화를 포함한 문화 및 사회제도의 속성을 중시한다. 여기에는 다양한 형태의 기능주의(functionalism), 갈등이론(conflict theory) 그리고 마르크스주의이론과 아노미이론, 차별적 사회조직화(differential social organization), 하위문화이론(subcultural theories) 등이 속한다. 이들은 왜 특정 개인이 특정 범죄에 가담하는가보다는 왜 상이한 사회제도·문화·하위문화 등이 상이한 유형과 정도의 범죄를 유발하는가 내지는 왜 범죄가 특정한 방법으로 유형화되는가를 설명하고자 한다.

한편, 사회과정을 중시하는 미시적 수준에서의 설명은 집단과 개인의 상호작용의 결과와 유형에 초점을 맞춘다. 이들은 어떠한 상호작용의 발전과 구조가 범죄를 유발하는가를 공식화하고자 노력한다. 다양한 형태의 사회학습적 이론들이 이 범주에 속하는 것으로 분류될 수 있다.

이러한 사회학적 이론은 일탈을 규범위반으로서뿐만 아니라 사회적 정의로서 보고 거시적 입장은 물론 미시적 입장에서 분석하고 있다. 그러나 사회학적 이론은 그 개념이 종종 애매하게 규정되거나 측정되며 이론을 지지해 주는 연구도 종종 충분한 것이 못 되고 있다.

그러나 이들 많은 이론을 설명의 수준으로서 구별하기란 결코 쉽지 않다. 경우에 따라서는 많은 이론들이 생물학적 조건과 심리학적 조건을 동시에 동원하기도 하고, 때로는 심리학적 조건과 사회적 조건을 동시에 고려하기 때문이다.

CRIMINOLOGY   **참고문헌**

1 George B. Vold and Thomas J. Bernard, *Theoretical Criminology*(3rd ed.), New York: Oxford University Press, 1986, p.8.

2 범죄학에 있어서의 자유의사론과 결정론에 관한 자세한 논의는, Lee, Yoon Ho, "Competing Paradigms in Criminal Justice: Free Will vs. Determinism," 동국대학교 대학원, 「동국대학교 논문집」 제26집, 1987을 참조할 것.

3 법의 행위(behavior of law)에 대한 더 이상의 논의는 Donald Black, The Behavior of Law, New York: Academic Press, 1976과 Gresham Sykes, "The Rise of Critical Criminology," *Journal of Criminal Law and Criminology*, 1974, 65(2):206~213을 참조할 것.

4 Joseph F. Sheley, "Critical Elements of Criminal Behavior Explanation," in Joseph F. Sheley(ed.), *Exploring Crime: Readings in Criminology and Criminal Justice, Belmont*, CA: Wadsworth Publishing Company, 1987, pp.254~262.

5 Sheley, *op. cit.*, p.257.

6 R. K. Merton, *Social Theory and Social Structure*, New York: Free Press, 1957과 R. Quinney, Class, *State and Crime*, New York: Longman, 1980 참조.

7 W. B. Miller, "Lower class culture as a generating milieu of gang delinquency," *Journal of Social Issues*, 1958, 14:5~9; E. H. Sutherland and D. R. Cressey, *Criminology*(10th ed.), Philadelphia, PA: Lippincott, 1978.

8 W. C. Reckless, *The Crime Problem*(4th ed.), New York: Appleton—Century—Crofts, 1967.

9 Sutherland and Cressey, *op. cit.*, p.81.

10 S. Boggs, "Urban Crime Patterns," *American Sociological Review*, 1965, 30:899~908.

11 R. Cloward and L. Ohlin, *Delinquency and Opportunity*, New York: Free Press, 1960.

12 L. M. Cohen and M. Felson, "Social change and crime rate trends: a routine activity approach," *American Sociological Review*, 1979, 44:588~607; L. M. Cohen, M. Felson, and K. Land, "Property crime rates in the United States, 1947~1977: with ex ante forecasts for the mid—1980s," *American Journal of Sociology*, 1980, 86:90~118; L. Cohen, J. Kluegel, and K. Land, "Social inequality and predatory criminal victimization: an exposition and test of a formal theory," *American Sociological Review*, 1981, 46:505~524.

13 C. S. Dunn, "Patterns of Robbery Characteristics and Their Occurrence Among Social Areas," *Analytic Report SD—AR—15*, Washington, D.C.: U.S. Department of Justice, 1976.

14 James F. Short, Jr., "The Level of Explanation Problem in Criminology," in Robert F. Meier(ed.), *Theoretical Methods in Criminology*, Beverly Hills, CA: Sage, 1985, pp.51~72.

15 Allen E. Liska, *Perspectives on Deviance*, Englewood, NJ: Prentice—Hall, Inc., 1981, p.7.

제 2 장
범죄학이론의 기초

1절 고전주의범죄학

1. 개   관

고전학파의 범죄관은 인간을 자유의사를 가진 합리적 존재이며 동시에 모든 인간은 일탈할 잠재성을 가진 존재라는 가정에서 시작한다. 이러한 고전학파의 범죄관은 모든 사람은 법 앞에 평등하고 국가는 시민의 생명, 재산 그리고 자유를 보호할 의무가 있다는 John Locke와 Jean Jacques Rousseau 등의 철학에서 그 뿌리를 찾고 있다. 고전학파는 이러한 철학적 기초 위에 개인의 권리를 보호하기 위한 국가의 처벌에 대한 필요성은 인정하면서도 그 처벌이 잔인하거나, 과다하거나 또는 자의적이지 않아야 한다고 믿고 있다. 그래서 이들은 처벌에 대해 보다 합리적인 접근을 주장하며, 범죄와 그에 대한 처벌의 관계는 공정하고 형평을 이룰 수 있어야 한다고 강조한다.[1]

한편, 공리주의철학과 쾌락주의의 원리의 영향을 받았는데, 이는 인간이 고통스러운 것은 피하고 최대의 즐거움을 가져다 주는 일을 선택하는 쾌락추구 창조물이라는 가정이다. 따라서 고전학파는 사회계약, 공리주의 그리고 쾌락주의에 기초한 형사사법의 합리적 운영의 중요성을 강조하였다.[2] 이러한 논리를 주창한 Cesare Beccaria와 Jeremy Bentham이 이들 고전학파의 창시자라고 할 수 있다.

이러한 고전주의적 철학에 기초한 고전학파의 범죄원인론은 다음의 다섯 가지 요소로 구성되어 있다.

① 사람들은 자신의 욕구를 충족시키거나 문제를 해결하기 위하여 관습적인 해결책이나 범죄적 해결책을 선택할 자유의사를 가지고 있다. ② 그런데 통상적으로 범죄적 해결책은 큰 보상에 비하여 덜 힘들기 때문에 관습적인 해결책보다 더 매력적이다. ③ 그러나 범죄적 해결책의 선택은 그러한 행위에 대한 사회반응의 두려움에 의해서 통제될 수 있다. ④ 따라서 사회의 반응이 더욱 신속하고, 확실하고, 엄격할수록 범죄행위를 더 잘 통제할 수 있다. ⑤ 그러므로 가장 효과적인 범죄예방대책은 범죄가 매력적이지 못한 선택으로 만들 수 있는 충분한 처벌이다.[3]

다시 말해서 인간은 기본적으로 자신의 행위를 선택하는 합리적인 창조물이어서 쾌락은 추구하지만, 반면에 고통은 피하고자 한다. 따라서 범죄라고 하는 것은 범죄자에게 어떠한 쾌락을 제공해야만 하기 때문에, 범죄를 억제하기 위해서는 범죄로부터 습득되는 쾌락에 상응한 고통을 부과해야만 한다는 것이다. 따라서 법의 창제와 유지를 지배하는 기본적인 원리는 최대 다수에 대한 최대 행복인 것이다.[4]

2. 고전주의범죄학의 이해

(1) 처   벌

Beccaria는 형사처벌의 목적을 달성하기 위해서는 부과된 처벌의 고통이 통제하고자 하는 범죄로부터 얻어질 수 있는 이익을 능가해야만 한다고 믿었다. 그런데 범죄와 처벌의 관계를 계산하기 위해서는 처벌의 정도·신속성 그리고 확실성이 동시에 고려되어야 한다.

우선 처벌이란 범죄에 의한 위해에 의해서 정당화되어야만 하는데, 만일 처벌의 정도(severity of punishment)가 위해의 정도에 따라 정당화되지 않거나 지나치게 과다하다면 처벌로서 억제, 예방 또는 통제하고자 했던 바로 그 잘못을 범하게 되며,[5] 더구나 범죄자들도 더 이상 잃을 것이 없기 때문에 자신의 한 가지 범죄에 대한 처벌을 피하기 위해서 또 다른 범죄를 범하게 될 우려도 있게 된다.[6] 그렇다면 처벌의 정도는 어떻게 정할 것이며, 어느 정도의 처벌이 충분한 것인가? 물론 그 대답은 분명할 수 없다. 하지만 인간이 합리적이며, 자기이익에 의해서 동기가 부여되고 선악 사이의 선택의 자유를 가진 존재라는 고전학파의 주장을 기억한다면, 처벌의 정도는 범행의 이익을 충분히 능가할 수 있는 정도 이하가 되어서는 안 될 것이며, 마찬가지로 범죄억제의 목적을 달성하는 데 요구되는 것 이상도 이하도 아니어야 한다.

한편, 고전학파의 처벌관에 있어서 또 하나의 중요한 요소는 처벌의 신속성(swiftness of

punishment)에 관한 문제이다. 즉, 범행시점으로부터 처벌이 부과되는 기간에 따라 처벌의 효과가 다를 수 있다는 것이다. 이 주장의 요체는 범행에 따른 처벌이 보다 빠르면 빠를수록 처벌이 보다 유용하고 정당할 것이라는 논리이다. 왜냐하면 처벌과 범죄 사이에 시간이 적게 흐를수록 범죄와 처벌이라는 둘의 관계가 범죄자의 마음 속에 더 오래 그리고 더 강하게 자리잡을 것이기 때문이다.[7]

고전학파의 처벌관에서 어쩌면 가장 중요한 핵심이라고 할 수 있는 요소가 바로 처벌의 확실성(certainty of punishment)이다. 범죄에 대한 최고의 억제 중 하나는 처벌의 잔인함이 아니라 처벌의 무과실성(infallibility)이다. 이럴 경우 무시무시하지만 미처벌(impunity)의 희망이 있는 처벌은 비록 온건한 처벌일지라도 확실성을 갖는 처벌보다 더 약한 인상을 남긴다. 심지어 가장 미약한 처벌일지라도 그것이 확실하다면 항상 사람의 마음을 두렵게 할 것이다.[8]

결국 고전학파는 행정적이고 법률적인 범죄학이며, 이의 가장 큰 장점은 운용이 용이한 절차를 세웠다는 것이다. 따라서 법관은 단지 법을 적용하는 도구에 지나지 않으며, 법이란 모든 범죄에 대한 정확한 처벌과 그 정도를 처방하는 것이며, 범죄행위의 원인이나 이유에 관한 온갖 의문, 범행의도나 동기의 불확실성, 임의적인 법률의 불평등한 결과, 행정적인 통일을 기하기 위하여 범죄의 특수한 상황여건이 묵시적으로 무시되고 있다. 바로 이것이 범행의 특수여건 또는 범죄자에 대한 특별한 고려 없이 동일 행위에 대해 정확한 규모의 처벌을 가하는 형사사법에 대한 고전적 관념이다.

(2) 신고전학파

고전학파의 논리를 적용하는 데 있어서 가장 큰 어려움은 범죄에 있어서 특수한 상황여건을 무시한다는 것이다. 고전학파는 처벌을 결정하는 데 있어서 범죄의 의도가 아니라 오로지 행위 그 자체여야 한다는 Beccaria의 주장에 의거하여 모든 범죄자를 동일시하였다. 따라서 초범자와 누범자, 미성년자와 성인범죄자 그리고 정신적으로 정상인 범죄자와 비정상인 범죄자가 동일한 처벌을 받았었다. 또한 처벌이란 사람에 따라서 상이한 영향을 미친다는 사실을 인식하지 못했다.

그러던 것이 1819년 개정된 프랑스법전에서 주관적인 의도에 대한 고려는 허용되지 않았지만, 어떠한 객관적인 상황의 관점에서 법관의 재량권행사가 가능케 되었다. 즉, 어린이와 정신적 저능범죄자는 정상적인 범죄자에 비해서 범행의 책임이 적은 것으로 간주하는 등 범죄자의 특성이 고려되었던 것이다. 이러한 범죄로부터 범죄자에로의 관심의 이동이 바로 신고전주의범죄학의 가장 큰 특징이다.

그러나 이것마저도 개혁가들의 비판의 대상이 되었다. 즉, 이들은 엄격한 법전의 부정의에 반대하고, 개별화의 필요성과 개별적 상황에 적정한 판결의 필요성을 강조하였다. 자유의사와 완전한 책임이라는 고전주의이론의 적용에 있어 나이, 정신상태 그리고 상황 등을 고려하는 이러한 개정과 개선의 노력을 소위 신고전학파라고 일컫는다.

따라서 신고전학파는 고전주의의 인간본성에 대한 기본적인 주장과 특이할 만한 차이점이 없으며, 단지 실질적인 경험으로부터 야기된 고전주의이론에 기초한 형법의 운영에 필요한 수정일 뿐이다.

(3) 고전학파 ─ Beccaria이론의 평가

고전학파는 법률이 공정하고 정의로운지에 대한 아무런 의문도 제기하지 않은 채 법의 획일적인 집행만을 주장한다. 특히, 고전주의가 가정하는 가설의 기초가 되는 사회계약론은 어떠한 사회가 공정치 못하다고 해도 전혀 고려치 않고 있다. 즉, 사회계약에 부응하는 것이 집단에 따라서 그 이익과 손실이 다르기 때문에, 사회계약에 부응하는 것이 자신에게 이익은 적은 반면 손실이 많다고 생각되는 집단일수록 사회계약에 부응할 확률이 적을 수밖에 없고, 따라서 이 집단은 보다 높은 범죄율을 보여 줄 수도 있다는 것이다.[9]

이러한 주장은 범죄율이 높은 집단이 비합리적·비이성적이고 위험한 사람들이라는 관점과는 사뭇 다르다. 따라서 처벌에만 의존하는 것보다는 범죄를 감소시키기 위한 여타의 부가적인 방법이 우리 사회의 상이한 집단에게 사회계약에 부응하는 이익과 손실을 보다 획일적으로 만들 수 있는 작용을 하게 된다는 것이다.

한편, 실증주의범죄학자들은 고전주의범죄학의 자유의사에 대한 신념을 논박하면서 범죄의 원인은 범죄자의 통제 밖의 것이며, 범죄의 예방을 위해서는 처벌이 아니라 처우와 교화개선이 필요하다고 주장하였다.

그러나 무엇보다도 고전주의의 주장은 인간행위에 대한 진실된 이유에 접근하지 못하고 있는 것으로 보인다. 이들은 사회계약론자들의 합리주의에 주로 의존하여 인간행위의 본성이 자명한 것으로 주장하고 있다. 인간은 선악을 이성적으로 판단하고 자유로이 선택할 수 있는 존재라고 개념적으로만 규정할 뿐 직접 보여 주지 못하고 있다. 또한 처벌의 가치가 범죄의 가치를 능가할 때, 인간의 범죄가담을 예방할 수 있다는 사실도 체계적인 분석이라기보다는 개념적인 주장에 지나지 않는다. 그럼으로써 이들은 범죄의 원인을 등한시하고 형법과 형사절차에 지나친 관심을 표명하고 있다고 할 수 있는 것이다.

그리고 고전주의는 왜 사람들이 법을 어기는가에 대해서 객관적인 정보를 추구하지 않았지만 형사제재의 효과에 대한 자료를 수집해야만 할 것으로 판단된다. 이러한 비판은 지금까지도 계속되어 온 것인데, 이는 형사사법체제가 비효율적일 뿐 아니라 비효과적이며, 형사사법기관의 활동에 대한 시민의 감시요구도 없기 때문이기도 하다.

한편, 고전주의는 재량권 남용의 제거에 지나치게 매달리게 되어 사법결정의 융통성을 부적절한 것으로 여기고, 그로 인하여 형벌을 선택할 때 범행상황, 전과경력, 장래범죄성 등의 다양성이 고려된 개별범죄자에 대한 적정한 처벌을 부과하지 못하게 된다.

그리고 고전주의가 주장하는 인간의 본성이 지나치게 단순하다는 점도 지적되고 있다. 즉, 형법에 규정된 처벌의 다양성이 모든 사람에게 유사한 효과를 가질 것이라는 생각은 지나치게 단순한 것이다. 예를 들어서 전문직업인에게는 실형의 선고가 중대한 처벌이 될지 모르지만 직업적인 범죄꾼들에게는 그다지 심각하게 받아들여지지 않을 수도 있다. 고전주의는 인간이 형법조항을 인식하고 있고 따라서 행위의 선택시 이것을 준거의 틀로 삼는다고 주장하지만 많은 사람들이 형법상의 처벌에 대해서 정확한 지식을 갖고 있지 못하고 심지어는 많은 사람들이 자신의 행위가 범법인지조차 모르는 경우도 있게 마련이다. 그리고 처벌이 확실하고 신속하며 엄격할수록 범죄의 빈도가 감소할 것이라고 하나 이는 범죄에 가담했을 때 얻어질 수도 있는 보상과 관습적인 조건을 택했을 때의 대가를 무시한 주장이다.

(4) 현대의 고전주의적 개념

일반적으로 20세기 중반까지 이러한 교화개선적·자유주의적 범죄학이 주류를 이루었으나, 70~80년대에 들어서면서부터 범죄학자들은 고전주의범죄학에 다시 관심을 가지기 시작하였다. 즉, 이들 범죄학자들에게 있어서, 범죄자의 교화개선에만 매달리기보다는 사회계약과 처벌이라는 고전적 개념을 재생시키는 편이 보다 바람직하게 여겨졌고,[10] 이들의 주장을 우리는 현대고전주의라고 일컫는다.

1) 억제(deterrence)

현대고전주의범죄학의 가장 중요하고 가장 논쟁의 소지가 많은 요소가 범죄억제이다. 즉, 인간은 사고의 능력이 있고, 원천적으로 자기이익에 의해서 동기를 부여받으며, 선택의 자유가 있기 때문에 범죄행위도 이러한 이성적인 인간의 합리적 계산의 결과로 선택된 것이라고 보는 주장이다. 따라서 범죄행위는 인간이 쾌락과 이익은 극대화하면서 손실과 고통을 최소화하려고

하기 때문에 발생한 것으로서 범행으로 인해 기대되는 이익보다 손실이 크다면, 즉 상응하는 처벌을 가함으로써 억제될 수 있다는 것이다.

그런데 이러한 논리는 1968년 Becker를 시작으로[11] 경제학자들이 인간의 경제적 선택을 범죄행위의 분석과 형사사법제도의 선택에 원용하고 있다. 즉, 이들의 견해에 따르면 범행의 결정은 비용과 편익을 고려한 여타의 다른 결정과 다를 바 없다는 것이다. 인간은 합법적인 소득을 획득할 실질적인 기회, 이들 기회에 의해서 제공되는 소득의 정도 그리고 불법적인 방법에 의해서 얻어질 수 있는 소득의 정도, 즉 자신이 불법행위를 했을 때 검거될 확률 그리고 체포되었을 때의 가능한 처벌을 계산하여 범행을 결정한다는 것이다.[12]

따라서 이들의 주장에 의하면 처벌의 신속성·확실성 그리고 심각성이 범죄억제를 위한 중요한 요소가 되고 있다. 즉, 엄격하고 신속하고 확실하게 처벌함으로써 다음의 두 가지 형태로 범죄는 억제된다는 것이다. 우선 범죄자에게 실제로 처벌을 부과하여 범죄가담의 비용이 과다하다는 것을 보여 줌으로써 범죄자의 범행을 억제할 수 있다. 즉, 처벌의 고통이 범죄로 인한 이익을 초과할 때 그는 또다시 범행하지 않을 것이란 논리이며, 이것을 특별제지(special deterrence)라고 일컫는다. 한편, 다른 사람에 대한 처벌을 인식함으로써 처벌에 대한 위협을 느껴서 자신도 범행의 결과 처벌받을 것이기 때문에 범행을 두려워하게 되어 잠재적인 범죄자의 범행이 제지될 수도 있다고 믿고 있으며, 이를 일반제지(general deterrence)라고 일컫는다.

즉, 처벌의 엄중성·신속성 그리고 확실성과 범죄율은 반비례관계이며, 처벌이 엄중하고 법집행의 효율성과 효과성이 향상될수록 범죄행위에 가담하는 사람의 수는 줄어들 것이라는 주장이다. 그런데 처벌의 확실성·신속성·엄중성은 상호영향을 미치게 되어 예기치 못한 제지효과가 나타날 수도 있다. 예를 들어서 특정 범죄에 대한 처벌이 엄중하더라도 범죄자가 거의 체포되지 않고(확실성), 처벌되지 않는다면 그 범죄에 대한 처벌의 엄중성은 범죄제지에 특별한 효과가 없다는 것이다. 반대로 효과적인 경찰활동 등으로 체포와 처벌의 확실성이 높아진다면 비록 약한 처벌일지라도 잠재적으로 범죄자에 대한 제지효과가 있을 수 있다는 것이다.

제지의 가능성과 관련된 또 다른 관점은 그 사회가 요망하는 범죄예방의 수준이다. 즉, 일요일의 주류판매금지나 고속도로의 속도제한과 같이 특정 행위에 대해서 완전한 제거가 아니라 일정한 제한과 통제만을 요하는 부분적 제지(partial deterrence)와 마약사범에 대한 의무적인 종신형의 선고와 같이 특정 범죄에 대한 완전한 제거를 요하는 절대적 제지(absolute deterrence)가 있다.

한편, Bowers는 가능한 제지효과의 형태를 더욱 세분화하고 있다. 특정 유형의 범죄에 대한 처벌을 강화함으로써 바로 그 특정 범죄의 발생률을 감소시키는 특정 제지(particular deterrence)와 특정 범죄에 대한 처벌을 강화함으로써 그 특정 범죄는 물론이고 관련된 다른 범죄의 발생률까지도 감소시키는 일반화된 제지(generalized deterrence), 특정 범죄에 대한 처벌을 강화시킴으로써 계획되지 않았던 다른 범죄까지도 그 발생률을 감소시키는 선별적 제지(selective deterrence)가 바로 그것이다.[13]

그런데 일반제지모형의 가정은 사람들이 범죄행위와 관련된 처벌에 관해서 잘 알고 있어서 바로 그 처벌 때문에 범법행위를 하지 않는다는 것이기 때문에 사람들이 형사제재와 관련된 고통을 인식하지 못한다면 처벌이란 아무런 효과가 없는 것이다. 그러나 사람들이 실제로 형사처벌에 관해서 인식하고 있는지의 여부는 확실치 않으며, 제재의 엄중성도 상황적으로 결정되며, 처벌의 확실성도 범죄적 상호작용의 역동성을 고려하지 않으면 안 된다.[14]

처벌에 대한 공포를 통하여 범법자를 제지하는 것이 고전주의 범죄학의 주요 골자이다. 그러나 제지나 제지수단에 대한 개념이 실제로 범죄성과 범죄율을 감소시키는지는 확실치 않다. 물론 체포율의 증대가 범죄감소와 연관은 있지만, 고전주의범죄학에서 주장하는 것과는 상당한 차이가 있다. 제지이론은 잠재적인 범죄자의 이익과 비용에 대한 합리적인 계산을 전제로 하고 있으나, 범죄자들이 대개는 마약이나 음주 등의 영향을 받거나 인격특성의 문제가 있는 등 합리적 계산이 불가능한 경우가 종종 있으며, 또한 상당수의 범죄자는 사회의 절망적인 하류계층에 속하는 사람들이기 때문에 과연 이들에게도 처벌의 공포가 제지효과를 발할 수 있을 것인가는 의문시되고 있다. 설상가상으로 제지효과란 처벌의 엄중성뿐만 아니라, 처벌의 확실성과 신속성에 의해서도 상당한 영향을 받게 된다. 그러나 대부분의 형사사법기관의 범죄해결률이 그렇게 만족할 만한 수준은 아니다.

2) 무 능 화

무능화(incapacitation)란 소수의 위험한 범죄자들이 사회의 다수 범죄를 범한다는 현대고전주의범죄학의 주장이다. 따라서 범죄를 방지하고 피해자를 보호하기 위해서는 이들 범죄성이 강한 사람들을 장기간 무능화시켜야 한다는 주장이다. 그런데 특수제지(special deterrence)를 주장하는 사람들은 구금을 통한 무능화의 경험이 무시무시한 것이 되어서 이들 범죄자가 다시 범행을 반복하지 않도록 해야 한다고 믿고 있다.

이러한 추상의 선봉자는 Wilson인데, 그는 빈곤 등 사회적·경제적·심리적 범죄원인들이 사실상 변화불가능한 사회조건이나 변수들이기 때문에 형사사법정책에 아무런 도움이 되지 못

하며, 따라서 처벌과 무능화가 그 대안이어야 한다고 주장한다.[15]

그런데 Greenwood는 소수의 중누범자 등 특수범죄자가 다수의 범죄를 범한다는 사실에 착안하여, 이들 소수의 특수범죄 집단에게 무능화를 적용한다면 효과적인 범죄감소전략이 될 수 있다고 주장하였는데 이것이 바로 선별적 무능화(selective incapacitation)이다.[16]

그러나 범죄자를 구금하여 그들의 범죄능력을 무능화 또는 무력화시키는 것은 엄청난 비용을 수반하게 된다. 따라서 비록 범죄자에 대한 무능화가 실제로 범죄를 감소시킨다고 할지라도 그 비용 또한 적지 않다는 비판이다. 또한 범죄자의 무능화가 그들의 장래범죄성을 제지할 것인가에 대한 분명한 증거도 없으며, 오히려 그 반대의 경우도 예견될 수 있다. 즉, 구금경력이 많은 범죄자일수록 재범률이 더 높다는 사실이 이를 잘 입증해 주고 있는 것이다.[17] 한편, 만일 범죄활동으로부터 이익을 얻을 수 있다면 구금된 범죄자를 대신할 누군가가 항상 있게 마련이라는 것이다. 즉, 새로운 범죄자가 나타나서 훈련되며 구금에 따른 이익은 결국 없어질 수 없다는 것이다.[18]

3) 응   보

고전주의범죄학은 범죄자는 오로지 자신의 범법이 처벌이나 응보를 받아야 마땅하기 때문에 처벌되어야 한다고 주장한다. 이는 철학자 Kant의 연구에 기초한 것으로, 그는 법이 범죄를 처벌하도록 기약하기 때문에 합리적인 인간은 처벌받아 마땅하다고 주장하였다.

따라서 범죄자는 그들이나 다른 사람들이 할지도 모르거나 할 수 있는 범법행위가 아니라 그들 자신이 실제로 행한 범법행위에 대해서 처벌되어야 한다는 것이다. 그러므로 범죄자가 불법행위로 얻은 이익과 그 범죄로 인하여 사회 전체나 피해자가 겪게 되는 고통을 상쇄하려고 한다. 범죄란 다른 사람의 비용으로 범죄자 자신이 이익을 보기 때문에, 범죄사실 이상도 이하도 아닌 적정한 선에서 범법자를 처벌함으로써 원상태로 되돌려 놓는 것이 공정한 것이라는 사실이다.

응보론자들은 정의사회에서의 처벌이 공정한 것이며, 필수적인 것이라고 주장한다. 그들에 의하면 법을 준수하는 사람들로 하여금 그들이 사회의 관습적인 규칙을 지킴으로써 불공정한 부담을 가정하지 않게 해 주며, 처벌함으로써 재화와 서비스의 공정한 분배와 질서정연한 사회를 확인시켜 주는 규칙을 준수하도록 해 주며, 처벌이 그 사회가 사회구성원과 사회제도의 평정을 만들어 주는 한 방법이 된다고 한다.

4) 당위적 공과론(just desert)

보다 최근 형태로서 응보론은 당위적 공과론(just desert)의 개념에서도 찾을 수 있다. 응보론과 공과론(desert)이 거의 동일한 개념같이 보이지만, 공과론은 응보론보다 덜 위협적이고 반면에 더 합당한 것으로 여겨진다. 이러한 당위적 공과론의 개념은 Andrew Von Hirschi가 그의 저서 「정의실현(Doing Justice)」에서 형사사법정책의 지침으로서 공과론의 개념을 제창하면서 처음 시용되었다. 그는 "어떤 사람이 보상받거나 처벌받을 것이 마땅하다는 것은 그의 과거행위에 근거하는 것이며, 그 행위의 이익과 불이익이 그를 유쾌하거나 불유쾌한 처우를 받게 하는 이유라는 것을 확인시켜 주는 것이다"라고 주장한다.[19]

이와 같은 공리적인 관점이 공과론적 접근의 핵심고리이다. 처벌이란 범죄에 의해서 방해받은 사회적 평등성을 담보하기 위해서 필요하며, 그럼에도 불구하고 처벌의 경중은 범죄의 경중과 상응해야 된다. 한편, 공과론적 개념은 피의자에 대한 권리에도 관심을 가져서, 피의자의 권리가 다른 사람의 권리를 위해서 희생되어서는 안 되며, 범법자는 범행의 특성보다 적게 또는 많게 처벌되어서는 안 된다고 주장한다.

(5) 고전주의이론의 정책응용

최근까지도 고전주의범죄학이 형사사법정책에 지대한 영향을 미치고 있다. 우선 법률에 대한 영향으로서 정책입안자들은 처벌이 범죄를 통제하기 위한 노력에 있어서 강력한 형벌을 적용한다면 범죄억제효과가 클 것이라 확신하여, 오늘날 법을 제정함에 있어서도 최전방 범죄억제로서 처벌의 위협에 의존하고 있다.

한편, 경찰단계에서도 경찰운용의 특성 자체가 고전적 원리를 추종하는 것으로 보인다. 그것은 범죄예방이라는 경찰임무가 경찰의 가시성(visibility)과 현장성으로 잠재적 범죄자에 대한 억제효과가 이를 잘 증명해 주고 있다. 경찰복장과 순찰차는 범법행위가 체포 및 심각한 처벌을 유발한다는 사실을 지속적으로 주지시켜 주고 있다.

또한 고전주의이론은 범죄자의 교정과정에도 영향을 미치고 있다. Fogel의 정의모형(justice model)에 의하면, 보호관찰부 가석방(parole)이나 재소자의 교화개선성공에 의한 어떠한 조기석방도 폐지되어야 하며, 범죄자의 형기는 정기형이어야 하고, 교도소는 처우가 아니라 처벌의 장소여야 한다. 또한 재소자의 정의감이 고양되어 그들이 제도에 의해서 피해를 입었다고 느끼지 않아야 하며, 만약 모든 사람이 동등하게 그리고 공평하게 처우된다면 심지어 가장 중한 처벌일지라도 수용가능한 것이어야 한다. 그러나 그들의 이익과 특권이 불평등하게 분배된다고 믿는다면 이에 대한 그들의 부정의감은 어떠한 교정적 교화개선노력의 가능한 이익을 상쇄하고도 남을 것이다.[20]

제 2 절 실증주의범죄학

1. 개   관

Beccaria와 Lombroso 사이의 한 세기는 지적 혁명기로 불려질 정도로 사고의 변화를 초래하여 사실적 과학의 논리적·기본적 방법론이 틀을 잡게 된 시기이다. 과학적 조사의 해석이 역사, 관습 그리고 종교의 집합적 유산을 포함한 모든 현상의 새로운 설명체계인 새로운 지적 접근법을 제공하기 시작하였다. 인간본성에 관한 의문에 대한 해법으로 철학이나 종교보다는 사실적 과학의 입장이 많은 관심을 갖게 되었다.

인간이란 자신이 원하는 것을 자유로이 선택할 수 있는 자기결정적 존재라기보다는 자신의 행동이 생물학적·문화적 전례에 의해서 결정되지 않는다면 적어도 영향을 받게 되는 존재로 인식되기 시작하였다.[21]

그래서 이들 실증주의는 범죄가 개인의 선택된 산물이고 따라서 범죄자는 도덕적·법률적으로 법률위반에 대한 책임이 있다는 고전주의의 주장에 반대하며, 이것은 바로 인간행위가 복합적인 요인에 의해서 야기되는 자연적인 현상이라는 사실을 인식하지 못하는 이유라고 주장한다. 또한 범죄의 연구에 있어서 과학적인 방법을 추구하지 않는다면 범죄학의 진보는 불가능하다고 주장하면서 그들로 하여금 조심스러운 관찰과 측정에 전념토록 하였으며 이것이 실증주의의 몇 안 되는 공헌 중의 하나로 평가되고 있다. 따라서 실증주의 범죄학의 실질적인 기초는 범죄행위의 원인을 추구하는 것이며, 이러한 범죄원인의 추구는 생물학적·심리학적 그리고 사회학적·다변적 요인에 기초하고 있는 것으로 개념화되고 있다. 또한 실증주의는 개별적 범죄인에게 초점을 맞추고 있어서, 형법의 특성과 형사사법의 운영에 초점을 맞추는 고전주의나 특정인의 행위나

사람의 형태보다는 단순한 범죄율에 관심을 가지는 소위 범죄통계학파와 구별되고 있다.[22]

물론 실증주의범죄학은 Lombroso, Ferri 그리고 Garofalo의 연구에 주로 기초하고 있으나, 실증주의의 역사적 중요성은 그래도 Lombroso의 연구와 그의 생물학적 결정론일 것이다. Lombroso의 이론과 연구에 관해서는 다음 장의 생물학적 범죄원인론에서 상술하기로 한다.

2. 현대의 실증주의

Lombroso를 위시한 실증주의자들의 관점이 1920년대 말에 이르러 상당히 약화되었지만, 현재까지도 이들 관점의 수정과 확장은 계속되고 있다. 이러한 현상은 인간생물학의 몇 가지 관점과 관련된 요인으로서 비범죄자와 범죄자를 구분하는 일련의 요인이 분명히 존재한다는 믿음에 기인한다.[23]

초기의 현대적 고전주의는 Hooton, Kretschmer, Sheldon 그리고 Glueck부부 등의 연구를 들 수 있다. 이들의 기본적인 관점은 역시 인간은 자유의사를 가지지 못하여 스스로 범죄적 또는 비범죄적 조건을 자유로이 선택할 수 없을 뿐 아니라 인간의 행동은 인간이 적응해야 하는 사회적 조건이나 대인관계의 반영도 아니라는 것이다. 단지 이러한 영향들은 범죄 밑바탕의 참원인이 그들의 행위에 현재화되는 가능성을 변경해 줄 따름이고, 범죄자가 되거나 범죄자가 될 사람들은 특정 부류의 구성원들이며, 이러한 부류의 사람들은 그들의 특징적인 신체적 특성과 이들 신체적 특성을 가진 사람들의 특징적인 인격특성에 의해서 구별될 수 있다는 것이다.[24]

한편, 실증주의범죄학의 중요한 관점 중의 하나가 범죄행위의 원인을 결정하기 위한 노력을 함에 있어서 범죄자의 생물학적·심리학적 그리고 사회학적 특성의 연구에 대한 과학적 방법의 적용이다. 예를 들어 실증주의범죄학은 범죄행위의 원인을 탐구함으로써 인간행위는 인간이 통제할 수 없는 영향력에 의해서 결정되고 범죄행위의 원인은 비범죄행위의 원인과는 구별되는 것으로 가정하고 있으며, 이러한 가정으로 인하여 범죄행위의 원인탐구가 범죄자와 비범죄자의 차이점을 탐색하는 형태를 취하게 된다. 따라서 대부분의 현대과학적인 범죄학은 그 방법과 기본적인 구성에 있어서 실증주의라고 할 수 있다.[25]

3. 실증주의범죄학의 평가와 공헌

혹자는 실증주의학파의 출현으로 건실한 범죄학적 이론의 발전이 늦어졌다고도 하지만, 많은 사람들이 학문의 진실된 출발점으로 여기고 있으며, 과학적인 방법에 의한 범죄연구를 주창했다는 점 등은 실증주의학파의 부인할 수 없는 공헌일 것이다. 심지어 실증주의학파에 대한 비판가들조차도 실증주의학파의 공헌을 인정하고 있다.

우선, 실증주의학파에서는 범죄학분야를 법학이나 사회철학 또는 신학이 아니라 행동과학으로 개념화하고 있다. 또한 학계는 물론이고 일반대중에게도 범죄란 체계적이고 객관적으로 연구되어야 하고 연구될 수 있는 대상이라는 사실을 확신시켜 주었다. 즉, 실증주의학파의 대중성은 범죄행위가 조심스러운 연구에 의해서 이해될 수 있는 복합적인 요인에 의해 야기된다는 것을 많은 사람들에게 확신시켜 주었다. 그리고 이러한 새로운 이해가 오늘날의 범죄학이 발전하는 데 필요했던 동기를 제공해 주었다.[26]

CRIMINOLOGY   **참고문헌**

1   Larry J. Siegel, *Criminology*(2nd ed.), St. Paul, MN: West Publishing Co., 1986. p.112.

2   Henry W. Mannle and J. David Hirschel, *Fundamentals of Criminology*(2nd ed.), Englewood Cliffs, NJ:Prentice－Hall, 1988, p.69.

3   Siegel, *op. cit.*, p.112.

4   Cessere Beccaria, *On Crime and Punishments*(6th ed.), trans. Henry Paolucci, Indianapolis, IN: Bobbs－Merrill, 1977, p.8.

5   Beccaria, *op. cit.*, p.43.

6   Siegel, *op. cit.*, p.114; George B. Vold and Thomas J. Bernard, *Theoretical Criminology*(3rd ed.), New York: Oxford University Press, 1986, p.25.

7   Beccaria, *op. cit.*, pp.55~56.

8   *Ibid.*, pp.58~59.

9   Vold and Bernard, *op. cit.*, p.28.

10   Ronald Bayer, "Crime, Punishment and the Decline of Liberal Optimism," *Crime and Delinquency*, 1981, 27:l90.

11   Gary S. Becker, "Crime and Punishment: An Economic Approach," *Journal of Political Economy*, 1968, 76(2):169~217.

12   Richard F. Sullivan, "The Economics of Crime:An Introduction to the Literature," *Crime and Delinquency*, 19(2):138~489.

13   William Bowers, "A Causal Framework for the Analysis of Deterrence and Related Process," Ronald Akers and Edward Sagarin(eds.), *Crime Prevention and Social Control*, New York: Praeger, 1974, pp.22~38.

14   Michael Greeken and Walter Gove, "Deterrence: Some Theoretical Considerations," *Law and Society Review*, 1975, 9:497~514; Sheldon Ekland－Olson, John Lieb, and Louis Zurcher, "The Paradoxical Impact of Criminal Sanctions: Some Microstructural Findings," *Law and Society Review*, 1984, 18:159~178.

15   James Q. Wilson, *Thinking about Crime*, New York: Basic Books, 1975, pp.53~55.

16   Peter Greenwood, *Selective Incapacitation*, Santa Monica, CA: Rand Corporation, 1982.

17   John Wallerstedt, *Returning to Prison*, Bureau of Justice Statistics Special Report, Washington, D.C.: U.S. Department of Justice, 1984.

18   Charles Silberman, *Criminal Violence, Criminal Justice*, New York: Random House, 1978, p.196.

19   Andrew Von Hirsch, *Doing Justice*, New York: Hill and Wang, 1976, p.8.

20   David Fogel, *We are Living Proof: The Justice Model for Corrections*, Cincinnati: Anderson, 1975 참조.

21   Vold and Bernard, *op. cit.*, p.36.

22   Charles W. Thomas and John Hepburn, Crime, *Criminal Law and Criminology*, Dubuque, IW: WM. C. Brown Company Publishers, 1983, pp.147~148.

23   L. Ellis, "Genetics and Criminal Behavior," *Criminology*, 1980, 20:43~66.

24   Thomas and Hepburn, *op. cit.*, p.154.

25   Vold and Bernard, *op. cit.*, p.45.

26   Thomas and Hepburn, *op. cit.*, p.153.

제 3 장
생물학적 원인론

제1절 개   관

    초기의 결정론적 실증주의자들은 자신이 통제할 수 없는 환경적 요인이 그 사람의 행동유형에 지대한 영향을 미친다고 믿었다. 인간의 외양이 그 사람의 특성을 나타내 주는 것으로 믿었던 이들 초기 실증주의자들은 범죄의 원인을 범죄자의 신체적 구성에 초점을 맞추어 찾으려고 하였다. 이들은 고전주의가 일부 사람들은 범행을 선택하지만 대부분의 사람들은 관습적인 가치와 신념을 견지하는 이유를 설명하지 못한다고 비판하면서, 일부 범행을 선택하는 사람은 바로 생물학적으로 결함이 있고 열등한 사람들이라고 믿었다. 이들의 신체적 열등성은 비범죄자와는 구별되는 어떠한 신체적 특성을 야기시키는 것으로 보고 있다.

    그러나 하나의 생물학적 이론으로서 다양한 종류의 모든 범죄와 그 범인성을 한꺼번에 설명할 수 있는 것은 아니다. 오히려 모든 범죄자는 각자가 신체적으로 또는 생리적으로 다양한 특성을 가지고 있기 때문에 다양한 사람들에 의한 다양한 범죄행위에 대해서도 그에 상응한 다양한 설명이 필요한 것이다. 더군다나 범죄의 원인이 사람의 신체적 특성에 기인한다는 여러 가지 초기 생물학적 주장 외에도 현대의 생물학적 이론은 이들 다양한 생물학적 요소들 이외에 환경적 요소들과의 상호작용까지도 가정하고 나서기 때문에 생물학적 이론을 더욱 다양하게 만들고 있다. 즉, 생물학적 요소나 조건이 직접적으로 비행을 야기할 수도 있으나, 한편으로는 이러한 생물학적 특성이 그 사람의 생물학적 조건이나 행위에 대한 영향력을 변경시킬 수 있는 환경적 요소에 영향을 미쳐서 범죄를 초래할 수도 있고, 아니면 환경적 요소가 생물학적 조건에 영향을 미쳐서 범죄를 유발시킬 수도 있다는 것이다.[1]

2절 초기의 범죄생물학

　　1859년 Charles Darwin의 「종의 기원」이 출판됨과 동시에 인간행위에 대한 과학적 탐구가 관심을 끌면서 '범죄학의 아버지'라고 불리는 이탈리아의 의사 Cesare Lombroso는 법률위반자가 관습적인 가치와 행위를 견지하는 사람들과 신체적으로 상이한가를 과학적으로 결정하기 위하여 사형이 집행된 범죄자들의 시체를 연구하였다. 그 결과 그는 상습적인 절도나 폭력관계로 인한 중범죄자들은 애초부터 범죄자로 태어났으며, 이들 범죄자들은 그들로 하여금 범죄의 일생을 걷게 하는 신체적인 문제를 유전받는다는 것을 밝히고, 이들을 격세유전적인 변이의 결과라고 주장하였다.[2]

　　이러한 Lombroso의 주장은 범인성 기질이 간질, 음주벽, 정신이상 등을 가진 가족으로부터 간접적인 유전을 통해서 얻어지는 것으로 보아서 한 마디로 대부분의 범인성을 일종의 '퇴화'로 보는 것이다.

　　그러나 이러한 Lombroso의 연구는 오늘날 과학적 사실이라기보다는 하나의 역사적인 호기심으로 받아들여지고 있다. 그것은 그의 연구가 통제집단을 활용하지 않았다는 방법론상의 결함을 다분히 가지고 있으며, 그가 생각하기에는 유전되는 것으로 믿었던 많은 인자들이 실제로는 유전적으로 결정되는 것이 아니며, 그가 제시한 많은 생물학적 특징들이 사실은 음식과 환경에 의해서도 야기될 수 있기 때문이다.[3]

　　이와 같은 Lombroso의 주장은 많은 지지와 비판을 동시에 불러일으켰는데, 그중에서도 Charles Goring은 Lombroso의 방법이 부적절하고 부정확하다고 비판하였으며, 3,000명의 영국 범죄자를 정밀한 통계적 검증을 통해서 연구하였다.[4]

　　Goring은 체중, 청력, 미간, 눈색깔 등과 같은 특징을 측정함에 있어서 범죄자와 비범죄자 사이에 아무런 차이가 없음을 기초로 Lombroso의 생물학적 결정론을 반대하였다. 그 대신 그는 범죄행위가 '결손적 지능(defective intelligence)'이라고 말하는 조건과 밀접한 관련이 있는 것으로 보고, 결과적으로 범죄행위는 유전되며 따라서 이러한 문제 있는 가족의 재생산을 규제함으로써 범죄를 통제해야 된다고 주장하였다.[5]

　　그러나 Lombroso의 지지자였던 Ernest Hooton은 Lombroso에 대한 Goring의 비판에 반기를 들고, 미국에서 재소자와 일반인을 비교한 결과, 범죄자는 생물학적으로 열등하다고 결론짓고 신체적 특징에 따라 범하기 쉬운 범죄유형을 제시하기도 하였다.[6] 그러나 Hooton의 이러한 주장에 대해서 많은 비판의 소리가 있었다. 우선 부적절한 통제집단과 비대표적 범죄자표본을 사용했다는 점에서 연구방법론상의 결점이 비판의 대상이 되었다. 또한 Hooton이 범죄자집단과 비범죄자집단의 신체적 차이를 범죄집단의 열등성의 증거로 해석한 점에 대해서도 상당한 비판이 가해졌었다. 즉, 범인성을 열등성의 발견을 위한 도구로 이용하고 다시 범인성을 설명하기 위하여 열등성을 차용하고 있는 것이다.

또한 Hooton은 범죄자집단과 비범죄자집단의 차이 이상으로 자신의 표본 중에서 지역별·직업별 그리고 조사자별로 큰 차이점을 발견하였음에도 불구하고 그것을 무시하였다. 그리고 신체적 발전상태는 환경과 영양상태에 따라서 영향을 받게 마련이지만 신체적 열등성이 유전된다고 주장한 점도 필요한 통제가 이루어지지 않았음을 보여 주고 있다. 끝으로 조사대상자 중 반 이상이 상이한 범죄행위로 인하여 수용되었던 경험이 있는데도 그 사실이 전혀 고려되지 않았다.[7] 또한 범죄자와 비범죄자의 차이는 신체적 열등성이 일차적 차이인데, 이 신체적 열등성이 장애를 초래하여 범한 신체적 열등성의 개념이 모호하다.

제 3 절   체형과 범죄

범죄생물학의 또 다른 하나의 관점은 범죄자는 특정의 범죄행위에 민감하고 독특한 체형을 보여 준다고 주장하는 체형학파이다. 체형을 범죄와 관련시킨 최초의 학자는 Ernest Kretschmer 로서 그는 키가 크고 마른 쇠약형(asthenic), 근육질이 잘 발달된 강건형(athletic) 그리고 키가 작고 뚱뚱한 비만형(pyknic)의 세 가지 유형으로 구분하였다. 4,414명의 통계조사에 기초한 그의 분석에 의하면, 폭력범죄는 강건형에 많고, 좀도둑이나 횡령은 쇠약형에 많으며, 비만형은 횡령과 사기를 많이 범하는 것으로 나타났다. 그러나 상호배타적인 관계와 비범죄집단과의 비교가 이루어지지 않았기 때문에 어떠한 차이나 특징이 범죄자를 특징짓는지는 알 수 없다.[8]

Kretschmer의 시도를 토대로 William Sheldon은 상당한 수준의 방법론적 개선 위에 체형과 비행을 연계시켰다. Sheldon은 잘 발달된 근육과 운동선수적인 외모, 그리고 활동적이고 공격적

이며 가끔은 폭력적인 성격의 소유자들은 범죄자가 될 확률이 가장 높다고 하였으며, 이를 신체
긴장형(mesomorphs)이라고 했다. 그리고 그는 뚱뚱하고 움직임이 느려서 무기력한 행동을 하는
내장긴장형(endomorphs), 키가 크고 몸이 야위고 비사회적이며 다른 유형보다 지능적인 두뇌긴
장형(ectomorphs)의 세 가지 유형으로 구분지었다. 그는 체형은 타고나는 것이며, 체형이 그 사
람의 기질 또는 인성과 밀접한 연관이 있기 때문에 그것은 체형이 행위의 설명에 있어 중요한
이유가 된다고 주장하였다. Sheldon은 이를 검증하기 위해서 200명의 비행소년과 200명의 일반
소년을 비교한 결과 비행소년의 상당수가 신체긴장이 높은 반면 두뇌긴장은 낮았으나, 일반대학
생은 반대로 두뇌긴장은 높았으나 신체긴장은 낮은 것을 발견하였다.[9]

   그러나 Sutherland는 Sheldon의 연구에 대한 심각한 비판을 제기하였다. 우선 Sheldon은 비
행을 '기대에 어긋나는 것(disappointingness)'이라고 애매하게 정의하여 그 측정이 사실상 불가능
하며 실제 비행에 가담하지도 않은 소년이 비행자로 규정될 수도 있다는 것이다. 이러한 관점에
서 Cohen도 Sheldon의 연구결과는 아무런 가치가 없다고 주장하였다. 또한 Sheldon연구의 결
점 중 하나는 자신의 주장을 가장 잘 지지할 수 있는 소년들로만 뽑은 표본상의 문제점과 표본
청소년들을 세 가지 유형의 체형에 할당한 것이 신뢰성을 결하고 있다는 사실이다. 또한 거의
모든 생물학적 이론이 그러하듯 Sheldon의 이론도 지나치게 환경적 요인을 무시하고 있다는 지
적도 받고 있다.[10] 또 급격한 신체변화에 따라 통제가 곤란하고 수용자들에게만 이용한다는 비
판이 있다.

   이러한 체형과 비행과의 관계는 Glueck부부에 의해 다시 검증되었다. 이들 부부는 Sheldon
의 세 가지 체형과 어느 특정한 체형이라고 할 수 없는 유형의 체형을 가미한 네 가지 체형으로
서 500명의 비행소년과 이들과 부합되는 비비행소년 500명을 비교하여 비행의 관련성을 검증하
였다. 그 결과 60.1%의 비행소년이 신체긴장형이었던 반면, 단지 30.7%의 비비행소년만이 신체
긴장형이라는 사실을 발견하였다. 그러나 이들은 연구결과를 인과적 견지에서 해석하기보다는
체형이 비행을 유발시킬 수 있는 요소로 해석하면서, 범죄유발 환경하에 사는 신체긴장형에 비
행의 잠재성이 더욱 크다고 주장하였다.[11] 즉, 체형이 비행의 직접적인 원인이라기보다는 단순
히 외형이 그 사람의 행위에 영향을 미치며, 비행을 유발시키는 많은 요인 가운데 체형은 그중
하나에 불과하다는 것이다. 또한 이처럼 신체긴장형의 비행잠재성이 높기 때문에 신체긴장형 소
년의 강건함이나 민첩성 등이 비행적 역할수행을 가능케 한다고 설명하고 있다.

   그러나 미국에서 Glueck부부의 주장은 많은 지지를 받지 못하였다. 우선 그들의 연구결과
로서 비행소년 중 신체긴장형이 많다는 사실은 많은 비행행위 자체가 강한 체형을 요하는 것이

기 때문에 어쩌면 당연한 결과일 수도 있다. 또한 그들의 연구방법상의 결함도 많은 비판의 대상이 되고 있다. 표본의 추출과 통제, 체형판별시의 주관성 등이 문제점으로 지적되고 있다. 그리고 청소년의 급격한 신체변화가 적절히 통제되지 않았으며, 체형결정시 정밀한 측정이 아니라 시각적 평가에만 기초하였으며, 시설수용중인 청소년들만 비행소년의 표본으로 삼았다는 비판을 받기도 한다. 한편, Glueck부부의 연구가 개념상 지나치게 애매하게 기술되었다는 점도 비판의 대상이 되고 있다.[12]

한편, Sheldon과 Glueck부부의 연구와 관련된 방법론상의 문제점을 극복하기 위하여 Cortes는 70명의 시설수용 비행소년과 시설에 수용되지 않은 30명의 비행소년 등 100명의 비행소년과 전과기록이 전혀 없는 100명의 사립고교생을 대상으로 정밀한 측정에 의하여 체형을 구분하였다. 그 결과 57%의 비행소년이 신체긴장형이었던 데 비해 단지 19%의 비비행소년만이 신체긴장형이라는 사실을 발견하였다.[13] 그러나 Cortes는 비록 체형과 비행의 높은 유관성은 미래행위에 대한 예측에 유용할 수도 있지만, 체형이 비행을 직접적으로 야기시키는 것은 아니라고 하였다.

그런데 많은 연구방법상의 결함을 극복하기 위한 Cortes의 노력에도 불구하고 그의 연구는 표본이 지나치게 적고, 그것도 무작위로 추출되지 않았다는 점에서 비판을 받고 있다. 또한 두 집단 간 신체긴장형의 차이에서 비비행집단은 중상류층의 사립고교생들이고, 비행소년집단은 하류층의 소년들이기 때문에 범죄성의 차이라기보다는 사회경제적 계층의 차이를 반영할 수도 있음이 지적되기도 한다.

지금까지 살펴본 모든 범죄와 체형에 관한 이론과 연구는 대체로 다음의 세 가지 점에서 비판을 받고 있음을 알 수 있다. 우선 체형에 관한 기술이나 정의가 그 정확성을 결하고 있다.

또한 범죄행위와 체형의 관계가 분명치 못하여, 왜 모든 신체긴장형의 사람이 범죄를 범하지 않는지 또는 왜 모든 범죄자가 신체긴장형의 사람이 아닌지를 알 수 없다는 점이다. 그리고 비행자나 범죄자의 표본으로서 형사사법체제 밖의 범죄자가 충분한 정도로 추출되지 못하고 있다는 사실이다.

한편, 이러한 체형과 범죄에 관한 연구는 측정기술의 발달과 함께 오히려 그 영향력이 약화되었다.[14] 체형과 범죄간의 관련성이 연구결과로 나타나기도 하였지만, 신체긴장형일수록 비행과 관련된 분야에서 뛰어나거나 그러한 역할에 어울리기 때문일 수 있으며, 비행이 우리 사회의 모든 계층에서 발견된다는 자기보고식 비행연구의 결과가 비행과 체형의 관계를 약화시키고 있으며,[15] 설사 그 관계가 있더라도 사회적 환경을 무시한 채 오로지 내적인 특성(internal properties)에만 의

한다고 볼 수 없어서[16] 비행과 체형의 관계는 의문의 여지가 있는 것이다.

4절 유전과 범죄

1. 개   관

초기 학자들은 범죄자와 비범죄자 사이에는 범죄행위를 야기시키는 무엇인가 다른 점이 있으며, 바로 이러한 차이점은 유전된다는 것으로 믿었다. 범죄의 원인이 유전이냐 환경이냐, 즉 본성(nature)이냐 양육(nurture)이냐의 논쟁은 지금까지도 이어져오는 논쟁이지만, 인간행위에 대한 유전적 설명은 아이들이 외모나 성격 등에서 그들의 부모를 닮는다는 사실에서부터 시작할 수 있다. 이러한 유전과 범죄의 관계를 규명하기 위한 노력은 오랫동안 진행되어 왔으며, Charles Goring의 연구를 필두로 범죄자가계연구, 쌍생아연구, 입양아연구 등이 있다.

2. 범죄자가계의 연구

범죄자가계에 대한 연구는 19세기 말 뉴욕의 Jukes가(家)에 대한 Dugdale의 연구를 빼놓을 수 없다. 이 연구에 의하면 Jukes가계에서 수많은 범죄자나 창녀 등이 출현하였으며, 이러한 사실들은 모두 유전과 관계되는 것으로 결론지어졌다.[17] 또한 범죄와 유전을 관련시키는 연구로서, Family Tree방법을 이용한 H. H. Goddard의 Kllikak가(家)의 연구가 있는데, 그의 연구결과에서도 위와 같은 유전과 범죄의 관계를 찾을 수 있었다.[18] 그러나 이러한 형태의 연구결과는 과학적인 증거와 논리라는 견지에서 많은 약점이 제기될 수 있다. 예를 들어서 범죄적 기질의 전이는 생물학적 또는 유전적 과정 못지 않게 사회학습이나 사회적 상호작용에 의해서도 설명될 수 있기 때문이다.

이보다 과학적인 방법을 이용한 연구로서 Clueck부부의 연구결과를 들 수 있는데, 그들은 비행자와 비비행자를 비교하기 위해서 가족의 역사를 이용하였으며, 그 결과 비행소년은 비행력이 있는 가족출신일 확률이 훨씬 높다는 사실을 알 수 있었다. 그 다음으로 Charles Goring의 연구를 들 수 있다.

Francis Galton이 상관성과 유사성의 정도를 측정하기 위한 새로운 통계기법을 고안한 이래,[19] Charles Goring은 범인성의 분석에 이러한 통계적 기법을 이용하여 범죄란 여타의 신체적 특징처럼 유전된다는 결론에 도달하였다.[20] 그는 부모 간, 부모와 자식 간 그리고 형제간의 범인성이 높은 상관관계가 있음을 발견하였다. 그러나 이러한 사실로서 범인성과 빈곤이나 교육 등의 요소를 연관지을 수 없기 때문에 사회적·환경적 조건의 결과로는 설명될 수 없다고 주장하였다. 마찬가지로, 배우자 간 범인성의 유사성은 그들이 결혼할 때부터 이미 범죄자들이었기 때문에 접촉의 결과라고도 할 수 없다. 뿐만 아니라 부모 자식 간 범인성의 유사성에서도 부모가 자식에게 어쩌면 일부러 가르치려고 할지도 모르는 절도범죄에 대한 상관관계계수나 부모가 자식에게 가급적 숨기고 싶은 성범죄에 대한 상관관계계수가 거의 비슷하다는 것을 알 수 있고, 이것으로서 부모 자식 간 범인성의 유사성이 보고 배운 결과가 아니라고 주장하였다. 그 결과 그는 범인성은 유전되는 것이며, 따라서 범죄를 줄이기 위해서는 이러한 유전적 특성을 가진 사람의 재생산을 금지시켜야 한다고 결론지었다.[21]

그러나 위에서 기술한 Goring의 주장에는 상당한 문제점이 내재되어 있음을 알 수 있다.[22] Goring은 환경의 영향을 통제하고 제거하고자 하였으나, 이를 위해서 필요한 모든 환경요소의 적절한 측정이 단지 몇 가지 요인에 대해서만 그것도 매우 불완전하게 측정되어서 설사 이들 환경적 요인과 범인성의 상관관계가 매우 낮았을지라도 기타 다른 환경적 요인은 높은 상관관계를 가질 수 있다는 지적이다. 따라서 Goring은 환경적 요인을 과소평가하는 대신 유전적 요인을 지나치게 과대평가했을 수 있다는 것이다. 또한 범인성이 유전된다면 당연히 아들뿐 아니라 딸에게도 유전되어야 하나 이 점이 연구되지 않았다는 지적도 받고 있다.

그러나 이러한 비판에도 불구하고 Goring의 연구는 현대범죄학의 주장이기도 한 범죄를 환경과 유전의 상호작용에 의한 결과일 수도 있다는 관점은 중요한 사실로 인정되어야 한다.

또한 범죄자와 비범죄자에 대한 비교연구에 있어서 통계적 기법의 이용도 Goring의 중요한 공헌이라고 할 수 있다.

이처럼 범죄자가계에 대한 초기의 연구는 많은 비판의 여지가 있었음에도 불구하고, 정책적인 측면에서 상당한 영향을 끼쳤다는 것을 알 수 있다. 즉, 범인성이 유전된다는 생각에서 범죄행위를 야기시킬 수 있는 나쁜 유전적 인자를 가진 사람에 대한 강제적인 재생산금지조치 등이 바로 그것이다.[23] 그러나 이들 연구에 대해서 반드시 지적되어야 할 것은 환경적 요인에 대한 완전한 통제의 미비이다. 즉, 자녀의 유전적 배경을 결정하는 것이 자녀를 생산한 부모라면 자녀를 사회화시키는 사람 역시 바로 그들의 부모이기 때문에 유전과 환경은 분리될 수 없다.[24] 바로 이러한 문제점으로 인해서 유전과 범죄의 관계를 연구하기 위한 방법으로 쌍생아와 입양아에 대한 연구가 대두되었다.[25]

종합적으로 볼 때 유전과 범죄에 대한 이 견해의 맹점으로는 다음과 같은 것들이 지적되었다. 즉, 범죄가계인에 대한 환경을 무시하였고 배우자의 영향을 무시하였다. 또한 특수사례에 불과할지라도 명문가문에도 범죄자가 있을 수 있고 나쁜 가문도 비범죄자가 다수일 수 있다는 점도 지적되었다. 또한 모든 사람이 잠재적으로 범인성을 소유하고 있으나, 사회통제로 그 작용(범죄)을 억제하고 있을 뿐이라는 점도 비판의 대상이 되었다.

3. 쌍생아연구(twins study)

20세기 초 시작된 쌍생아연구는 위에서 언급한 바와 같이, 범인성에 대한 환경과 유전의 개별적인 영향을 보다 적절히 밝히기 위해서 시도되었다. 그리고 이 시도는 일란성쌍둥이와 이란성쌍둥이 그리고 일반 형제자매 사이의 행위일치율(concordance rate)을[26] 비교함으로써 행위에 대한 유전적 영향을 정확하게 밝힐 수 있다는 가정에서 시작되었다. 즉, 만약 유전이 범죄행위를 결정한다면 또는 범죄행위에 대하여 유전이 환경보다 더 큰 영향을 미친다면, 범죄행위에 있어서 유사성은 일란성쌍둥이가 가장 높고, 반면에 일반 형제간이 가장 낮아야 한다는 논리이다. 다시 말해서, 일란성쌍둥이의 행동상 차이가 있다면 그것은 유전상의 차이에 기인하지 않으며, 행위의 유사성은 동일한 유전성에 기인한다는 것이다. 물론 이러한 유사성이란 훈련을 통해서도 가능한 것이다. 그러나 유전성이 동일한 경우에 행위의 유사성이 더 크다는 일반적 추세는 그 유사성이 유전의 영향이라는 강력한 가정을 가능케 해 준다.

1930년대 이후 쌍둥이의 범인성에 관한 연구가 세계적으로 이루어졌으며, 대부분의 연구결과는 일란성쌍둥이의 일치율이 이란성쌍둥이나 일반 형제들보다 높은 것으로 나타났다.[27]

그러나 이들 연구에 있어서는 대체로 일란성쌍둥이와 이란성쌍둥이의 분류의 불확실성이 문제로 지적되고 있다.[28] 그 외에 이들 연구결과를 의문스럽게 하는 또 다른 문제로서는 ① 모집단으로부터의 무작위추출에 의하지 않은 표본의 대표성의 결핍, ② 지나치게 적은 수의 표본으로 인한 통계적 타당성의 저하, ③ 비행과 범죄에 대한 공식적인 기록에만 의존하여 선별요인으로 인한 일반화의 문제 그리고 통계상의 유사성이 행동상의 유사성이 아니라 기록상의 유사성일 수 있다는 점, ④ 어떤 연구도 어떤 요소가 반사회적 행위를 야기시키도록 유전적으로 전이되는지를 정확하게 규명할 수 없다는 점, ⑤ 환경의 영향이 적절히 통제되지 못하고 있다는 사실 등이 있다.[29]

Christiansen이나 Dalgard와 Kringlen은[30] 이들 방법론상의 문제를 어느 정도 해결할 수 있는 연구방법을 택하였다. 예를 들어서 그들은 시설에 수용된 쌍둥이뿐만 아니라 모든 쌍둥이가 등록된 기록을 기초로 하였다. 이들의 연구결과도 일란성쌍둥이가 상대적으로 높은 일치율을 보여 주고 있으나, 환경의 영향이 고려될 때는 그 중요성이 약화됨을 알 수 있었다. 이러한 견지에서 Medinick과 Christiansen은 유전적 요인은 중요하지만 사회적 변수에 따라 많은 영향을 받는다고 주장하였다.[31] 예를 들어 범인성에 대한 유전적 영향은 하류계층보다는 중류계층에 더 큰 영향을 미치는데, 그 이유는 하류계층의 범인성에 있어서는 사회경제적 변수가 더욱 중요하기 때문이다.[32] 또한 Rowe와 Osgood도 이와 유사한 결론에 도달하였는데, 그들은 유전적 영향뿐만 아니라 가족 모두에게 영향을 미치는 공통의 환경 그리고 각각의 구성별로 개별적 영향을 미치는 특별한 환경영향 모두가 쌍둥이의 비행에 있어서 상이점을 설명할 수 있는 변수라고 지적하였다.[33] 한편, 일란성쌍둥이의 행동일치율이 설사 더 높다 하더라도 그것은 유전적인 영향일 뿐만 아니라, 이들 일란성쌍둥이가 다른 형제보다 더 유사한 환경에서 양육되고 훈련되기 때문일 수도 있다.

4. 입양아연구(adoption study)

유전이 범인성에 영향을 미치는가를 알기 위해서 이용되는 또 다른 접근방법으로서 입양된 어린이의 행동에 초점을 맞추는 방법이 있다. 즉, 입양된 어린이의 행동이 입양한 양부모보다 생부모의 행동과 더 유사하다면 범인성에 대한 유전적 기초가 지지받을 수 있을 것이고, 반대로 입양아의 행동이 생부모보다는 양부모의 행동에 더 유사하다면 그것은 범죄에 대한 환경의 영향을 뒷받침해 주는 것으로 볼 수 있다는 논리이다.

대부분의 입양아가 그들의 출생초기에 입양되기 때문에 자신의 생부모를 알지 못함에도 불구하고 적지 않은 연구의 결과는 입양아가 생부모의 행동과 더 유사한 행동을 하여 유전적 요인을 무시할 수 없다는 사실을 보여 주고 있다. Schulsinger는 57명의 정신병자(psychopathy)와 이들과 대응되는 다른 환자집단 57명의 병원기록을 조사한 결과 정상인의 6.7%에 비해 14.7%의 정신병자의 가족들이 이와 관련된 문제가 있음을 알았다.[34] 또한 Crowe는 자식을 입양보낸 41

명의 여성범죄자 아이들 51명과 이들과 대응되는 51명의 통제집단 기록을 조사한 결과 범죄자 어머니를 둔 입양아 8명이 체포되었던 반면, 그렇지 않은 아이들은 단 2명만이 체포된 사실을 발견하였다.[35]

　　Hutchings와 Mednick도 코펜하겐에서의 입양아연구에서 생부모가 전과자인 경우 입양아가 범죄자가 될 경우가 더 많았으며, 양부모와 생부모의 범죄성 간에는 상호작용효과가 있어서 양부모와 생부모가 모두 범죄자인 경우 입양아가 범죄자가 될 확률이 가장 높으나, 생부모의 영향이 양부모의 영향보다는 크다는 결론을 내렸다.[36]

　　그러나 입양아연구의 기본적인 한계는 입양기관이 양부모와 생부모의 가정을 서로 조화 (match)시키려고 한다는 사실이다. 그래서 물론 통계적인 방법으로 해결할 수도 있지만 환경과 유전의 영향을 분리하기가 쉽지 않다는 것이 문제이다. 또한 누적된 유전학적 단점(cumulative genetic disadvantage)으로서 자신의 유전적 전이로 인해 신체적 또는 정신적으로 그들보다 우월한 사람보다 범죄자가 되기 쉬운 입장일 수도 있다는 사실도 환경과 유전의 영향을 확실히 분리하는 것을 어렵게 하고 있다.

5절 현대의 생물학적 원인론

　　20세기 초 Lombroso 등의 초기생물학적 범죄원인론은 방법론상의 결함과 그로 인한 타당성의 결여 등으로 크게 주목받지 못했다. 그러나 그 대신 범죄와 환경 및 심리학적 요인의 관련성에 대해 관심이 커지게 되었다. 그러던 중 1970년대 초 E. O. Wilson이 「사회생물학 (Sociobiology)」을 출간한 이래 생물학적 범죄원인론이 다시 고개를 들게 되었다.[37] 사회생물학은 생물학적·유전적 조건이 인간의 사회행위에 대한 인식과 학습에 영향을 미치며, 또한 이것이 환경구조와도 연관이 있다는 사실을 강조하는 점에서 초기의 생물학적 접근과는 차이가 있다. 이들 사회생물학자들은 생물학, 환경 그리고 학습을 상호독립적인 요인으로 보지 않고 어느 하나의 문제가 다른 부분에서의 노력에 의해 변경될 수 있기 때문에 인성과 행위를 신체적 조건과 환경적 조건에 의해서 영향을 받게 되는 생물사회학적 기관으로 간주하고 있다.

그런데 이들 사회생물학적 범죄원인론은 다음과 같은 몇 가지 원리에 입각하고 있다. 첫째, 이들은 모든 인간은 무엇을 학습하고 성취하는 데 있어서 동일한 잠재력을 가지고 태어난다고 보고 있으며, 그에 따라 그들의 행동은 사회적 세력에 의해 통제되지 않는다고 가정한다.

즉, 전통적인 범죄학자들은 모든 인간은 동일하게 태어나며, 부모·학교·친구·이웃 등이 그들의 행동을 통제한다고 보는 반면, 생물학적 범죄학자들은 인간은 동일할 수가 없으며 인간의 유전적 특질과 환경의 조합이 개별적 행동유형을 유발시킨다고 주장한다.

현대사회생물학의 두 번째 비판적 초점은 학습에 대한 입장에 모아진다. 범죄행위를 포함한 모든 인간행위는 학습되는데, 이는 모든 인간이 학습에 대한 독특한 잠재력을 지니고 있다는 것이다. 즉, 물리적 또는 사회적 환경이 인간의 학습능력을 신장시키기도 하고 때로는 제한하기도 한다. 인간은 두뇌와 신경계통을 포함하는 과정을 통해서 학습하는데, 이 학습은 사회적 상호작용이 아닌 생화학적 또는 세포적인 상호작용에 의해서 통제된다는 것이다.

1. 유전적 영향 — 이상염색체

정상적인 사람은 23쌍 46개의 염색체를 가지고 있으며, 한 쌍의 염색체가 인간의 1, 2차적인 성징을 결정하는 것이다. 일반적으로 정상적인 여성은 23번째 염색체를 XX로 가지며, 정상적인 남성은 23번째 염색체를 XY로 가지는 것으로 알려져 있다. 그런데 여기서 관심의 대상이 되는 것은 정상적인 남성보다 Y염색체를 하나 더 많이 가지고 있는 사람, 즉 XYY신드롬인 것이다. 물론, 남성이 X염색체를 하나 더 가져서 XXY염색체를 가질 수도 있으나 이는 범죄학적으로는 크게 중요시되지 않는다.

Y염색체가 남성성징을 결정하기 때문에, Y염색체를 하나 더 가지고 있는(XYY) 사람은 '초남성적(supermale)'이고 보다 공격적이며 범인성의 소지가 많다고 가정되고 있다. 이상염색체가 발견된 것은 1961년이었지만 이상염색체와 범인성과의 관계를 처음 연구한 것은 197명의 재소자를 조사한 결과, 실제로 정상집단의 경우 100명당 1.5명 꼴로 존재하는 XYY이상염색체분포보다 훨씬 많은 상당수의 재소자가 XYY이상염색체의 소지자라는 것을 발견한 Patricia Jacobs이었다.[38]

그러나 그 이후의 모든 연구결과가 XYY염색체가 범죄자가 될 확률이 높다는 사실을 입증하지는 못하였다. Jacobs 등이 발견한 9명의 XYY재소자를 같은 시설에 수용되어 있던 18명의 정상염색체 소유재소자의 통제집단과 비교한 결과, 정상염색체소유의 통제집단이 이상염색체집단보다 더 폭력적이고 범죄적임을 발견하였다.[39] 따라서 XYY남성이 예견할 수 있을 정도로 공

격적이지 않으며, 오히려 정도의 차이가 있다면 XY에 비해 덜 공격적이라고 결론짓는 사람도 있다.[40]

물론 어떤 사람도 XYY염색체를 가진 모든 사람이 다 범죄자가 된다고 주장하지도 않았으며, 단지 그들의 주장은 XY남성에 비해 XYY남성이 반사회적 인성을 발전시킬 위험성이 많다는 것이다. 그러나 많은 조사결과 XYY남성의 수용률이 높았던 것은 그들이 장신의 남성적 체형 때문에 의사나 판사가 편견을 가질 수 있기 때문이거나, XYY염색체가 하층계급에 많고, 이들 하층계급출신지들이 시설에 많이 수용되기 때문이라고 설명되고 있다.[41] 이러한 의문을 풀기 위하여, Witkin 일행은 신장이 184cm 이상인 4,000명의 혈액을 이용하여 XYY 12명과 XXY 16명을 발견하였다. 12명의 XYY 중 5명(41%)과 16명의 XXY 중 3명(19%), 그리고 XX 중 9.3%가 전과기록을 가지고 있었으나, XYY는 대부분 좀도둑이었고 XX보다 대인범죄를 범할 확률이 결코 높지 않다는 사실을 발견하였다. 그래서 그는 신장이나 사회계층으로는 XYY의 수용률이 높은 이유가 되지 못하고 오히려 낮은 지적 기능이 관련된 것으로 결론지었다.[42]

2. 신경생리학적 연구

범죄학에 관련된 또 하나의 사회생물학분야는 신경생리학(neuropathology), 즉 두뇌활동에 관한 연구이다. 중앙신경계통(central nervous system)은 인간의 자의적인 근육활동을 통제하는데, 신경생리학적 연구는 이 중앙신경계통의 비정상적 활동이 범행과 관계 있을 것이라고 가정하는 것이다. 그런데 이러한 중앙신경계통의 문제는 두뇌의 전자파(electronic pulses)를 측정하는 EEG(electro encephalo graph)를 이용하는 경우가 가장 대표적이다.

이에 따르면 EEG를 통해 측정된 비정상적인 두뇌파형은 그 사람의 다양한 비정상적 행동유형과 관련이 있다는 것이다. 그런데 EEG가 비정상적인 경우와 밀접하게 관련된 행동으로는 충동통제의 저조(Poor impulse control), 부적절한 사회적 적응, 적대감, 충동적인 성질 그리고 파괴성(distructiveness) 등을 지적하고 있다.[43] 또한 성인들의 경우 비정상적인 EEG는 적개심, 비관적·부정적인 태도, 불안·초조감, 불복종·불신임적인 태도, 충동적인 행동과 유관한 것으로 알려져 있으며, 살인범의 경우도 높은 비율의 EEG비정상성자로 알려지고 있다.[44] 실제로 1940년대 이후 수행된 많은 연구결과들이 대체로 정상인은 EEG의 5~20%임에 비해 범죄자의 경우 25~50%가 EEG비정상성으로 기록되고 있음을 보여 주고 있다.[45]

그러나 몇몇 연구결과는 범죄자들의 과다하게 빠른 뇌파활동을 지적하기도 하지만 대부분의 연구는 지나칠 정도의 느린 뇌파활동을 범죄자의 특징으로 지적하고 있어서 논쟁의 여지가 있다. 이러한 논쟁을 검증하기 위하여, Mednick과 그의 동료들은 어떠한 비행도 범하지 않은 10살부터 13살까지의 소년들의 EEG를 기록하여 6년 후 이들의 공식기록을 조사하여 이들 조사대상자 중 비행을 한 집단과 하지 않은 집단을 비교한 결과 비행집단의 소년들에게서 지나칠 정도의 느린 뇌파활동을 발견할 수 있었다. 그 결과 이들은 두뇌미숙이론(theory of brain immaturity)이 아니라 저외피자극이론(theory of low cortical stimulation)을 주장하였다.[46]

    범죄행위에 대하여 영향을 미치는 것으로 중앙신경계통에 관한 또 다른 연구의 하나는 간질 (epilepsy)이다. 물론 일반인의 눈에는 간질이 폭력적이고 통제불능의 상태일 수도 있기 때문에 간질을 범인성과 연결시킬 수도 있다. 실제 일반적으로 간질환자가 발견되는 비율 이상으로 일반인보다 교도소수용자가 더 높기 때문에, 일반인들의 그러한 시각을 뒷받침해 주는 연구가 상당수 있어 왔다. 그러나 최근에는 간질 발작 도중 폭력의 발생은 거의 희박하다는 주장도 만만치 않아서 간질이 범죄에 중대한 관계가 있는지의 여부는 아직 해결되지 않고 있는 실정이다.[47]

    범죄행위에 관련될 수 있는 또 다른 중앙신경계통분야는 다양한 종류의 뇌손상, 뇌기능장애이다. 인간의 중앙신경계통기능을 검사하는 또 다른 방법으로는 뇌기능의 손상 여부를 결정하는 X선 검사 등이 있다. 이러한 검사의 결과를 이용하여 두뇌손상과 범인성의 관계를 분석할 수 있는 것이다. 실제로 재소자나 폭력적인 환자들은 특히 정면부와 관자놀이 부근의 뇌기능장애를 앓고 있는 경우가 많다는 연구결과가 보고되기도 한다. 뿐만 아니라 두뇌손상이나 질병은 인성변화 등 다양한 종류의 심리학적 문제를 야기시키기도 하는데, 예를 들자면 악성종양을 갖고 있는 사람들은 우울증(depression), 신경과민(irritability), 격분(temper outbursts), 살인기도(homicidal attack) 등에 쉽게 빠질 확률이 높다는 것이 이를 잘 대변해 주고 있다.

    이러한 두뇌손상은 사고로 인한 부상의 결과로도 초래될 수도 있다. 몇몇 연구결과에 의하면, 한 번 이상 폭력범죄로 유죄판결을 받았던 소년범들이 다른 소년범죄자들보다 출생 직후나 한 살 때의 신경계통이 매우 나빴던 것으로 판명되기도 하였다.[48]

3. 생화학적 요인

    생화학적 지식에 기초하여 소위 말하는 신범죄학에서는 범죄가 인체 내의 생화학적 결핍이나 불균형으로 인한 감정적 장애에 기인하는 것으로 주장되고 있다. 이들의 주장은 인체 내의 화학적 결핍이나 불균형이 사람들의 사고형태와 동작의 통제에 영향을 미치며, 이러한 불균형이 직접적으로 비행 또는 범죄와 연결되기도 하며, 간접적으로는 사회규율을 지키고 학습하는 것에 영향을 미친다는 가설에 기초하고 있다. 그리고 이런 신체 내부의 생화학적 불균형은 여러 가지 이유로 야기될 수 있는 것이지만, 범죄학적인 측면에서는 대체적으로 체중감량과 환경오염물질, 알레르기 등에 주로 기인하여 다루어지고 있다.

우선 체중감량과 관련된 문제 중에서 가장 많이 연구되고 있는 것은 비타민·미네랄의 결핍과 범죄의 관련성이다. 사회생물학자들에 의하면, 사람은 특히 어린 시절에 두뇌의 성장을 위하여 어느 정도 수준의 미네랄과 비타민을 반드시 필요로 한다는 것이다. 즉, 사람들이 이러한 영양소가 결핍되게 되면 이상행동을 초래할 수 있다는 것이다. 그런데 이러한 영양소의 결핍은 크게 두 가지 경우로 인하여 야기되는데, 첫째는 필요한 영양소를 함유한 음식을 충분히 소비하지 못하는 경우로서 이를 비타민결핍(vitamin deficiency)이라고 하고, 둘째는 유전적 조건으로 인하여 정상적인 최소요구치 이상으로 이들 영양소를 필요로 하는 경우로서 이를 비타민의존(vitamin dependency)이라고 한다.

이들 비타민결핍이나 비타민의존과 범죄의 관계는 주로 비타민 B와 C 그리고 반사회적 행위와의 밀접한 관련성에서 찾아볼 수 있다. 또한 학습장애나 행동장애가 있는 어린이들은 대개 비타민 B3와 B6에 지나치게 의존한다는 데 주의하고 있다. 실제 연구결과 지나치게 활동적인(hyper active) 젊은이의 주요 원인이 비타민 B3의존으로 밝혀지기도 하였으며,[49] 행동문제가 있는 청소년들에게 긍정적인 변화를 가져왔던 중요한 요인 중의 하나가 체중감량이었다는 사실이 밝혀지기도 하였다.[50] 결국, 이들 연구결과는 우리 사회의 반사회적 행위가 사람들의 부적절한 음식섭취나 미네랄, 비타민흡수에 어느 정도 그 책임이 있다는 사실을 암시하고 있다.

다음으로 사회생물학자들이 관심을 가지는 분야는 저혈당증(hypoglycemia)과 범죄의 관계이다. 즉, 사람은 정상적인 뇌기능을 위해서 최소한의 혈당을 필요로 하는데 이것이 부족하게 되면 뇌기능을 저하시켜서 혼돈, 갈등, 우울증(depression), 불안(anxiety) 등을 초래한다는 것이다. 이들의 특징은 공격적이며 폭력적인 행동을 하는 것으로 알려지고 있다. 사실 살인이 저혈당에 기인한다는 주장 이래,[51] 폭력과 성폭행 등을 저혈당과 연관시키는 연구도 많이 이루어졌으며,[52] 시설에 수용된 재소자들이 정상인에 비해 저혈당 인구가 많다고 밝혀진 연구도 이루어졌다.[53]

또한 내분비장애도 범죄와 무관하지 않은 것으로 지적되고 있다. 즉, 주요한 남성호르몬의 하나인 testosterone이 남성의 2차 성장을 통제하는데, 이 호르몬의 수준이 남성의 범죄적 폭력성과 관계가 있다는 것이다. 실제 연구에 있어서 비범죄자 비교집단과는 중요한 차이가 없었으나 수용중인 재소자 가운데 폭력범죄자가 기타 범죄자에 비해서 이 남성호르몬이 매우 높은 것으로 밝혀진 경우도 있었다.[54] 그러나 많은 연구결과 그 관계가 밝혀지지 않아서[55] 남성호르몬 과다와 범죄의 관계가 확실하다고 할 수는 없을 것이다. 하지만 위와 같은 불확실성에도 불구하고 남성성범죄자들을 처우하기 위해 이 남성호르몬의 수준을 떨어뜨리는 약물을 이용하고 있는 것은[56] 남성호르몬과 범죄가 전혀 무관하지만은 않다는 사실을 암시해 주고 있다.

한편, 최근 들어 인간행위에 대한 환경적 오염(environmental contaminants)의 영향이 생화학 자들의 관심을 끌기 시작하였다. 물론 지나친 환경오염은 인간의 생명을 앗아가기도 하지만, 일정 수준의 환경오염이 사람에게 감정적 · 행동적 장애를 초래할 수도 있다는 것이다.

예를 들어서 식용색소나 향료가 청소년의 반항(hostile), 충동(impulsive) 그렇지 않으면 반사회적 행동을 야기시킨다는 연구가 있었으며[57] 혈중 납성분이 청소년들의 행동문제나 반사회적 행동의 기원을 설명할 수 있는 주요한 역할을 하는 것으로 알려지기도 하였고,[58] 형광등이나 텔레비전과 같은 인공불빛에서 나오는 방사선(radiation)도 반사회적 · 폭력적 행위를 유발할 수도 있다고 제안되기도 하였다.[59]

지금까지 제시된 연구결과들을 놓고 본다면, 범죄와 생화학적 결핍이나 불균형의 관계는 영양의 섭취나 화학적 요소가 감정적 상태와 행동 사이의 연계성을 암시해 주고 있다. 그럼에도 불구하고 환경의 영향이나 중재를 고려하든 안하든 범죄 또는 비행과 생화학적 요소의 특정한 연계성에 대한 직접적이고 일관성 있는 증거가 제공되지 못하였다. 더군다나 이러한 접근의 가치는 이들 생화학적인 불균형이 직접적으로 비행이나 범죄를 유발시킨다기보다는 이러한 불균형으로 인한 학업문제나 대인관계의 문제 등 향후 직접적으로 비행과 범죄에 관련될 수 있는 다른 조건과의 관계에서 찾아야 할 것으로 보인다.

참고문헌

1 Donald J. Shoemaker, *The Theories of Delinquency*, New York: Oxford University Press, 1984, p.14.

2 이에 대해서는 Cesare Lombroso, *Crime, Its Cause and Remedies*, Montclair, NJ: Patterson Smith, 1968을 참조할 것.

3 Larry J. Siegel, *Criminology*(2nd ed.), St. Paul, MN: West Publishing Company, 1986, p.148.

4 Charles Goring, *The English Convict*, Montclair, NJ: Patterson Srmth, 1972를 참조할 것.

5 Edwin Driver, "Charles Buckman Goring," Herman Mannheim(ed.), *Pioneers in Criminology*, Monclair, NJ: Patterson Smith. 1970, p.440.

6 Ernest Hooton, *Crime and the Man*, Cambridge, MA: Harvard University Press, 1931, pp.376~378; Ernest Hooton, *The American Criminal*, Cambridge, MA: Harvard University Press, 1939, p.309.

7 George B. Vold and Thomas J. Bernard, *Theoretical Criminology*(3rd ed.), New York: Oxford University Press, 1986, p.57.

8 Ernest Kretschmer, *Physique and Character*, trans. W. J. H. Spart, London: Keegan, Paul, Trench, Trubner, 1927 참조.

9 William Sheldon, *Varieties of Delinquent Youth*, New York: Harper & Bros., 1949 참조.

10 Edwin H. Sutherland, "Critique of Sheldon's Varieties of Delinquent Youth," *American Sociological Review*, 1951, 18:142~148; A. K. Cohen, *Deviance and Control*, Englewood Cliffs, NJ: Prentice-hall, 1966, p.52.

11 Sheldon Glueck and Eleanor Glueck, *Of Delinquency and Crime*, Springfield, IL: Charles C. Thomas, 1974, p.2.

12 Glueck부처의 연구에 대한 비판은 Juan B. Cortes, *Delinquency and Crime*, New York: Seminar Press, 1972, pp.19~21을 참조할 것.

13 Cortes, *op. cit.*, p.28.

14 Shoemaker, *op. cit.*, p.19.

15 William E. Thornton Jr. and Lydia Vogit, *Delinquency and Justice*(3rd ed.), New York: McGraw-Hill, Inc., 1992, p.116.

16 James B. Wilson and R. Hernstein, *Crime and Human Nature*, New York: Simon & Schuster, 1985, p.31.

17 이에 대해서는 Richard L. Dugdale, *The Jukes: A Study in Crime, Pauperism, Disease, and Heredity*(4th ed.), New York: Putnam, 1888 참조.

18 이에 관해서는 Henry H. Goddard, *The Kallikak Family*, New York: Macmillan, 1912 참조.

19 유전학적 이론의 발전에 관해서는 Eldon J. Gradner and D. Peter Snustad, *Principles of Genetics*(7th ed.), New York: John Wiley, 1984를 참조할 것.

20 Charles Goring, *The English Convict*, Montclair, NJ: Patterson Smith, 1972.

21 Edwin D. Driver, "Charles Buchman Goring," in Herman Mannheim(ed.), *pioneers in Criminology*, Montclair, NJ: Patterson Smith, 1972, pp.439~440.

22 Edwin H. Sutherland and Donald R. Cressey, *Criminology*(10th ed.), Philadelphia, PA: Lippincott, 1978, p.120.

23 이 점에 대해서는 Arthur Fink, "Heredity: Human Sterlization," *Causes of Crime: Biological Theories in the United States*, 1800~1915, Philadelphia, PA: University of Pensylvania Press, 1938, ch. 9을 참조할 것.

24 가계에 대한 보다 폭넓은 연구를 위해서는 Nicholas F. Hahn, "Too Dumb To Know Better: Cacogenic Family Studies and the Criminology of Women," *Criminology*, 1980, 18:3~25를 참조할 것.

25 D. Rosenthal, "Heredity in Criminality" in I. Jacks and S. G. Cos(eds.), *Psychological Approach to Crime and*

Correction: Theory, Research, Practice, Chicago, IL:Nelson－Hall, 1984 참조.

26 D. Shoemaker, *Theories, of Delinquency*(2nd ed.), New York: Oxford Univ. Press, 1990, p.21.

27   K. O. Christiansen, "A Preliminary Study of Criminality among Twins," in S. Mednick and K. O. Christiansen(eds.), *Biosocial Basis of Criminal Behavior*, New York: Gardner, 1977, pp.89〜108; Juan B. Cortes, Delinquency and Crime, New York: Seminar Press, 1972, pp.31〜35; David Rosenthal, *Generic Theory and Abnormal Behavior*, New York: McGraw－Hill, 1970, pp.225〜236.

28   D. C. Rowe, "Biomedical Genetic Models of Self－reported Delinquent Behavior: A Twin Study," *Behavior Genetics*, 1983, 13: 473〜489.

29 Thornton and Voight, *op. cit.*, p.118.

30 Odd S. Dalgard and Einar A. Kringlent, "A Norwegian Twin Study of Criminality," *British Journal of Criminology*, 1976, 16:213〜232.

31 S. Mednick and K. Christiansen, *Biosocial Bases of Criminal Behavior*, New York: Gardner Press, 1977.

32 W. Gabrielli and S. Mednick, "Urban Environment, Genetics, and Crime," *Criminology*, 1984, 22:645〜652; K. Van Dusen, S. Mednick, W. Gabrielli, and B. Hutchings, "Social Class and Crime in an Adoption Cohort," *Journal of Criminal Law and Criminology*, 1983, 74, 249〜269.

33 D. C. Rowe and W. Osgood, "Heredity and Sociological Theories of Delinquency," *American Sociological Review*, 1984, 49:526〜540.

34 Fini Schulsinger, "Psychopathy: Heredity and Environment," *International Journal of Mental Health*, 1972, 1:190〜206.

35   Raymond R. Crowe, "The Adopted Offspring of Women Criminal Offenders," *Archives of General Psychiatry*, 1972, 27(5) 600〜603.

36 Barry Hutchings and Sarnoff A. Mednick, "Criminality in Adoptees and Their Adoptive and Biological Parents," in Mednic and Christiansen(eds.), *op. cit.*, pp.127〜141; Sarnoff A. Mednick, William F. Gabrielli, Jr. and Barry Hutchings, "Genetic Influences in Criminal Behavior:Evidence From an Adoption Cohort," *Science*, 1984, 224:891〜894; William F. Gabrielli, Jr., and Sanorff A. Mednick, "Urban Environment, Genetics, and Crime," *Criminology*, 1984, 22(4):645〜652; William F. Gabrielli, Jr. and Sanorff A. Mednick, "Genetic Correlates of Criminal Behavior: Implications for Research, Attribution, and Prevention," *American Behavioral Scientist*, 1983, 27(1):59〜74.

37 E. O. Wilson, *Sociobiology*, Cambridge, MA: Harvard University Press, 1975.

38 P. A. Jacobs, M. Brunton, and M. M. Melville, "Aggressive Behavior, Mental Subnormality and the XYY Male," *Nature*, 1965, 208: 1351〜1352.

39 W. H. Price and P. B. Whatmore, "Behavior Disorders and Pattern of Crime among XYY Males Identified at a Maximum Security Hospital," *British Nedical Journal*, 1967, 1:533.

40 T. R. Sarbin and J. E. Miller, "Demonism Revisited: The XYY Chromosomal Anomaly," *Issues in Criminology*, 1970. 5(2), p.199.

41 S. Kessler and R. H. Moos, "The XYY Karyotype and Criminality: A Review," *Journal of Psychiatric Research*, 1970, 7, p.164.

42 Herman A. Witkin *et al.*, "XYY and XXY Men:Criminality and Aggression," In Mednick and Christiansen(eds.), *op cit.*, pp.165〜187.

43   R. S. Aind and T. Yamamoto, "Behavior Disorders of Childhood," *Electroence－phalography and Clinical Neurophysiology*, 1966, 21:148〜156.

44 Z. A. Zayed, S. A. Lewis, and R. P. Britain, "An Cephalographic and Psychiatric Study of 32 Insane Murders,"

British Journal of Psychiatry, 1969, 115:1115~1124.

45 이 부분에 대해서는 Sarnoff A. Mednick *et al.*, "Biology and Violence," in Marvin E. Wolfgang and Neil Alan Weiner(eds.), *Criminal Violence*, Beverly Hills. CA: Sage, 1982, pp.46~52를 참조할 것.

46 Sarnoff A. Mednick, Jan Volavka, William F. Gabrielli, Jr., and Turan M. Itil, "EEG as a Predictor of Antisocial Behavior," *Criminology*, 1981, 19(2):219~229.

47 Antonio Delgado—Escueta *et al.*, "Special Report:The Nature of Regression During Epileptic Seizers," *New England Journal of Medicine*, 1981, 305(12):711~716; Dietrich Blumer, "Epilepsy and Violence," In Denis Madden and John R. Lion(eds.), *Rage, Hate, Assault, and Violence*, New York: Spectrum, 1976, pp.207~221.

48 Mednick *et al.*, "Biology and Violence," *op. cit.*, 1982, p.55; Dorothy Otnow Lewis *et al.*, "Perinatal Difficulties, Head and Face Trauma, and Child Abuse In the Medical History of Seriously Delinquent Children," *American Journal of Psychiatry*, 1979, 136(4):419~423; Lewis *et al.*, "Violent Juvenile Delinquents: Psychiatric, Neurological, Psychological, and Abuse Factors," *Journal of the American Academy of Child Psychiatry*, 1979, 18(2):307~319.

49 Leonard Hippchen(ed.), *Ecologic—Biochemical Approaches to Treatment of Delinquents and Criminals*, New York: Von Nostrand Reinhold, 1978, p.14.

50 *Ibid.*

51 D. Hill and W. Sargent, "A Case of Matricide," *Lancet*, 1943, 244:526~527.

52 E. Podolsky, "The Chemistry of Murder," *Pakistan Medical Journal*, 1964, 15:9~14.

53 J. A. Yariura—Tobias and F. Neziroglu, "Violent Behavior Brain Dysrhythmia and Glucose Dysfunction: A New Syndrome," *Journal of Orthopsychiatry*, 1975, 4:182~188.

54 L. E. Kreuz and R. M. Rose, "Assessment of Agressive Behavior and Plasma Testosterone in a Young Criminal Population," *Psychosomatic Medicine*, 1972, 34:321~332.

55 Richard Rada, "Plasma Androgens in Violent and No—violent Sex Offenders," *Bulletin of the American Academy of Psychiatry and the Law*, 1983, 11:149~158; R. Rada, D. R. Raws, and R. Kellner, "Plasma Testosterone Levels in the Rapist," *Psychosomatic Medicine*, 1976, 38:257~268.

56 Sarnoff A. Mednick and Jan Volavka, "Biology and Crime," N. Morris and M. Tonry(eds.), *Crime and Justice: An Annual Review of Research*, vol. 12, Chicago: University of Chicago Press, 1980.

57 C. Hawley and R. E. Buckley, "Food Dyes and Hyperkinetic Children," *Academy Theraphy*, 1974, 10:27~32.

58 Oliver David, Stanley Hoffman, Jeffrey Sverd, Julian Clark, and Kytja Voeller, "Lead and Hyperactivity. Behavior Response to Chelation: A Pilot Staudy," *American Journal Of Psychiatry*, 1976, 133:1155~1158.

59 John Ott, "The Effects of Light and Radiation on Human Health and Behavior," in Leonard Hippchen(ed.), *Ecologic—Biochemical Approaches to Treatment of Delinquents and Criminals*, New York: Von Nostrand Reinhold, 1978, pp.105~183; Harry Wohlfarth, "The Effects of Color Psychodynamic Environmental Modification on Disciplinary Incidents in Elementary Schools Over One School Year: A Controlled Study," *International Journal of Biosocial Research*, 1984, 6:44~53.

제4장
심리학적 원인론

제1절 개 관

    심리학자들은 모든 인간의 행위를 어떠한 정신적 과정의 기능으로 조망하기 때문에 범죄행위까지도 인격특성의 장애로 파악하는 것이 어쩌면 당연한 것인지도 모른다. 물론 모든 범죄자가 정신적인 또는 심리적인 이상이나 결함을 가진 것은 아니지만, 심리학적 원인론자들은 범인성의 원천을 사람들의 정신적 과정에서 추적하고 따라서 범죄를 충동하는 심리학적 과정을 결정하지 않고서는 범인성의 원인을 이해할 수 없다고 주장한다.[1]

    이러한 심리학적 범죄원인론의 초기에는 범죄자의 정신착란을 중심으로 논의되었고 지능검사가 도입되면서 일탈행위에 대한 특정한 정신적 분야에 연구의 초점을 맞추었으며, 현재는 범죄에 대한 심리학적 접근에 있어서 대체로 범죄자의 정신을 중심으로 범죄의 원인을 규명하려는 정신의학적 또는 정신분석적 접근, 인간의 인격 특성의 차이에서 범인성을 찾으려는 인성이론, 범죄자의 인지발달 정도에 따라 범죄자를 밝히고자 하는 인지발달이론, 범죄를 범죄자의 과거학습경험의 자연적인 발전으로 파악하는 학습 및 행동이론 그리고 심리학적 관점뿐만 아니라 생물학적 관점도 동시에 고려하는 심리생물학적 접근 등이 주류를 이루고 있다.

    그런데 이처럼 심리학적 범죄원인론은 그 관점과 형태가 다양한 것 같아 보이지만 일반적으로 다음과 같은 기본적인 가정을 공유하고 있다. 우선, 범인성의 기본적인 원인은 개인의 유형과 발전에서 찾을 수 있는 것이기 때문에 범죄는 내적 장애의 표출로 이해될 수 있다. 그리고 이러한 내적 장애의 표출인 범죄행위에서 있을 수 있는 구체적인 심리학적 장애가 무엇이든지 그것은 대체로 초기 아동기부터 발전되기 시작한 것이며, 이것은 개인의 매우 특정적인 특징으

로 자리잡히게 된다. 물론 개인의 행위가 외적·환경적 요인으로 수정될 수 있는 잠재적인 영향
도 무시할 수 없지만 문제를 안고 있는 것은 그 개인이며, 따라서 문제의 해결과 궁극적으로는
범죄행위의 변화도 당연히 개인에게 초점이 맞추어져야 한다는 것이다.[2]

2절   정신의학 및 정신분석학적 접근

'정신의학적 이론(psychiatric theory)'은 비행이나 범행을 포함한 현재의 행위가 초기아동기의
경험에 기초할 것이라고 이해하고 있다. 특히, 아동과 그들의 부모와의 관계가 중요한 것으로
인식되고 있다. Clinard에 의하면, "아동기란 일탈을 지향하거나 멀리하는 인격특성이 발전되는
마당이며, 아동기 이후의 인간의 행위는 기본적으로 이 시기에 형성된 성향의 발로이다"라고 표
현하고 있다.[3]

이처럼 아동기의 경험에 초점을 맞추는 범죄에 대한 정신의학적 이론은 범죄 및 비행에 대
해 욕구의 차단(blocked needs), 부모의 상실(Parental deprivation), 부적절한 훈육(faulty discipline)
의 상이한 세 가지 유형으로 구분되고 있다. 우선, 욕구의 차단은 인간이 음식과 같은 일차적·
신체적 욕구를 성취한 후에 추구하게 되는 감정적 안정과 같은 이차적 또는 심리적 욕구가 충족
되지 못할 때 보이는 이상적 증상을 말한다. 아동기 이후의 생애에 있어서 인성의 장애는 바로
이러한 보편적 욕구의 초기 약탈의 정도에 따라 다양해진다. 따라서 범죄와 비행도 생애 초기의
보편적 욕구의 약탈로부터 발전되는 것으로 가설을 세울 수 있다.[4]

부모의 상실이나 거부(parental deprivation and rejection)는 반사회적이거나 폭력성향의 사람
들에게서 모성이나 부성의 결핍과 부재가 많다는 사실에 기초하고 있다. 아동은 정상적으로 발
전하기 위해서 부모와 지속적이고 친근하고 따뜻한 관계를 유지하여야 하는데, 그렇지 못한 경
우 중대비행에 가담할 확률이 증대된다는 것이다. 즉, 이는 부성이나 모성의 부재로 인하여 이
러한 아동이 타인과의 감정적인 관계를 형성하는 능력에 손상을 받는 것에서 연유한다고 할 수
있다. 그런데 이 경우 아버지보다는 어머니와의 관계가 더 중요한 것으로 알려져 있으나,
Gluecks의 연구에서처럼 아버지도 어머니에 못지 않게 중요한 의미로 인식되고 있다. 한편, 이

러한 영향이 가장 심한 경우는 아버지가 없는 모자가정의 자녀에게 가장 두드러지게 나타나며, 기본적으로 소녀보다는 소년이 홀부모의 영향을 더 많이 받는 것으로 알려져 있다.[5]

부적절한 훈육의 문제는 거칠고 일관성 없는 훈육 그리고 반사회적이거나 공격적 행위유형과 관련이 있다.[6] 즉, 거칠거나 일관성 없는 훈육은 청소년들의 반사회성과 비행성을 증대시킨다는 가설을 가지는데, 이에 대한 논의는 이미 앞장에서 상세히 다루었기 때문에 본장에서는 중복을 피하고자 더 이상의 논의는 생략한다.

그런데 이러한 정신분석적인 접근은 정신의학의 한 분야로서 Freud의 연구에 의존한 바 크다고 할 수 있다. 심리분석적 접근은 다음의 다섯 가지 관점을 포함한 기본적 가설로 요약될 수 있다. 우선, 인간은 성적 발전과 함께 단계별로 성장과 발전을 한다. 그런데 어떤 경우에는 대개 청소년기 이전의 초기단계에서 개인의 인성발전에 갈등을 초래하는 이상성(abnormality)이 일어난다. 즉, 이러한 갈등은 일반적으로 본능적 충동(instinctual drives)과 사회적 제재(societal restraints) 사이의 상호작용으로 일어나며, 개인을 고통스럽게 하고 무의식의 영역으로 압박하게 된다. 고통스러운 갈등을 다루기 위한 시도가 방어기제의 형태로 인성 내에 발전되고, 이러한 기제가 이상인성유형으로 이어질 수 있으며, 비행은 이러한 이상인성유형의 한 가지 행동표출로서 나타난다.[7]

Freud에 의하면 인간의 마음은 의식적(conscious), 의식발달 이전(preconscious) 그리고 무의식적(unconscious)인 세 가지 상이한 기능을 수행한다고 한다. 의식적 마음은 배고픔·고통·갈등 등 인간이 가장 잘 인식하고 있는 마음의 관점이며, 의식발달 이전의 마음은 기억이나 경험과 같이 의식 밖이나 언제라도 의식될 수 있는 경험의 요소를 담고 있다. 마음의 무의식적 부분은 생각과 같이 경험될 수 없는 성(性)과 같은 생물학적 욕망과 충동을 담고 있다.

후에 Freud는 의식과 무의식의 개념을 의식은 자아(ego)로, 무의식은 본능(id)과 초자아(superego)로 나누어 보완하였다. id는 성이나 음식과 같이 모든 행동의 기초를 이루는 생물학적·심리학적 욕구·충동 자극을 대표하는 것으로서 태어날 때부터 존재하는 무의식적 개념이고, 타인의 권리를 배려치 않는 즉각적인 만족을 요하는 쾌락만족의 원칙을 따른다.

ego는 id가 잠재적으로 해를 끼치는 자극을 규제하는 역할로서 유아가 욕구는 즉각적으로 만족될 수 없다는 것을 배우기 시작할 때인 생의 초기에 발전된다. ego는 사회관습의 테두리 내에 남도록 행동을 안내하는 것을 도와 줌으로써 id의 요구를 보상하는 합리적이고 온순한 특성의 인성부분으로서 사회적 기준에 따라 무엇이 관습적이며 실질적인가를 고려하는 현실원리(reality principle)를 따른다. 따라서 ego는 의식적 인성이며, id의 욕구와 superego의 금지를 중재하려고 한다. 한편, superego는 자기비판과 양심이며, 사회적 경험에서 생성되는 요구를 반영하는 것이다. 이는 인성 내에서 중요한 타자, 지역사회, 부모의 가치와 도덕적 기준을 통합한 결과로 발전되며, 인성의 도덕적 관점으로서 행위에 대한 판단을 맡는다. 즉, 사회적 규범과 제재의 두려움으로부터 도출된 내적 제재인 것이다.

　　이렇게 인성의 세 가지 부분 모두는 인간의 행동을 통제하는 기능을 한다. 예를 들어 id는 쾌락을 요구하고, superego는 이러한 욕구에 대한 죄의식을 느끼게 하며, ego는 일종의 협상을 시도하여 인간에게 욕구충족을 위한 활동에 참여할 수 있게 한다. 그러나 그것은 일정 범위를 넘지 않아야 하며 그것이 지나칠 경우 문제가 될 수도 있는 것이다. 물론 Freud가 범죄행위에 대해서 구체적으로 많은 것을 언급하지는 않았지만, 그는 범죄자들이 지속적인 죄책감과 불안감으로 인해 과도하게 발달된 superego를 가지고 있기 때문에 범죄행동을 수행한다고 제시하고 있다.

　　과도하게 발달된 superego로부터의 과다한 죄의식이 심리분석적 틀에서 범죄행위의 한 원천인 반면, Aichorn은 아직 성숙하게 발달되지 못한 시설수용 청소년비행자의 superego에서 비행의 대안적 근원을 찾고 있다. 즉, 청소년비행자의 범죄성은 주로 규제되지 않은 id(unregulated id)의 표현이라는 것이다. 그 이유는 이들 청소년에게 있어서 부모의 부재나 능력의 부재로 그들의 superego발전에 필요한 친근한 유대를 형성하지 못했기 때문이다.[8]

　　한편, Freud는 유아기로부터 성인기로의 사회화과정을 구순기(oral stage), 항문기(anal stage), 남근기(phallic stage), 잠복기(latency stage), 성기기(genital stage)라는 성심리적 단계(psychosexual stage)로 설명하면서, 이러한 단계별 발전이 인성형성에 중요한 역할을 한다고 가정한다. 이러한 성심리적 단계를 통한 정상적인 진전이 건전한 성인으로의 발전을 좌우하게 된다. 예를 들어서 잘못된 구순욕구(oral drive)는 의존성과 수동성의 기초를 제공한다는 것이다. 이렇게 지나친 수동성은 종종 반사회적 또는 범죄적 공격성의 저변에서 발견되곤 한다. 또한 각 단계별로 아동은 그에 맞는 욕구를 해결해야 하는데, 바로 이들 욕구가 긴장을 야기시키며 이러한 긴장이 사회적으로 수용될 수 있는 행위를 통하여 해결되지 않을 때 범죄적 적응이 유발될 수 있는 것이다.[9]

　　그러나 이런 정신의학적 이론과 정신분석학적 이론이 범죄의 설명, 특히 심리학적 범죄이론의 발전에 상당한 영향을 미쳤음에도 불구하고 그에 못지않은 비판의 소리도 있어 왔다.

　　우선 가장 빈번히 그리고 심각하게 비판받고 있는 것은 주요한 개념을 측정하고 기본 가정이나 가설을 검증하기 어렵다는 것이다. 이론의 주요 개념인 id, ego, superego와 무의식중의 대립 등은 직접 관찰될 수 없고 단지 추론되는 개념이며, 숨겨진 동기의 추론은 꿈의 분석과 같은 주관적인 기술에 의해 이루어진다. 따라서 이러한 주관적 방법에 의한 추론은 해석의 다양성을 유발하게 되는 것이다.[10] 또한 수용중인 집단이나 사람 등 대표성이 없는 표본이나 개별적인 사례조사에 크게 의존하기 때문에 연구결과가 과학적이라기보다는 주관적이기 쉽다.[11] 한 예로 이들은 범죄라는 결과로부터 시작하여 그 행위가 왜 일어났으며 무엇을 의미하는가에 대한 사례를 악용하여 정교하게 설명하려 했기 때문에 무의식적 갈등 및 억압된 경험과 비행 간의 관계가 순환되어 비행이라는 결과가 무의식적 인성갈등에 의한 것이라고 보고 있다.[12] 더불어 개념이 모호하고 주관적이며, 대표성과 통제집단이 없는 표본으로 인한 일반화의 어려움이 있고, 개별적 사례분석을 중심으로 하기 때문에 관찰된 범죄행위만큼 많은 범죄의 원인과 설명이 있을 수 있는 것이어서 과학성이 의문시될 수 있다.[13]

한편, 방법론상의 비판 외에도 심리분석적 접근은 현재 상황보다 초기 아동기의 경험을 지나치게 강조한다는 비판을 받고 있다. 물론 이러한 결정론적 관점을 무시할 순 없지만 결정론에 대한 최근의 비판을 보더라도 학습의 원리를 전혀 무시할 수만은 없는 것이다. 즉, 사람은 자신의 인지된 역할기대감에 따라 행동하는 바 적지 않기 때문에 전적으로 아동기의 경험이 인간의 행위를 결정한다고는 볼 수 없는 것이다.[14]

또한 문화와 환경적 영향의 무시, 가정의 구성과 역할의 변화로 인한 성역할 동일체성이나 일탈의 발전에 있어서 오이디푸스 콤플렉스나 엘렉트라 콤플렉스의 역할과 같은 중요한 몇 가지 프로이드학파의 개념에 대한 의문이 제기되고 있다.

마지막으로 심리분석적 접근은 영양분의 섭취와 같은 구순쾌감(oral gratification), 배변의 긴장해소와 같은 항문쾌감(anal gratification), 성적인 발달 등 심리학적 요인들을 지나치게 강조하는 반면, 근본적인 원인에 대해서는 지나치게 무시했기 때문에 심리분석적 문제로서 근본적인 문제를 잘못 진단하는 경우가 있다고 지적되고 있다. 더구나 성적인 매력이 정신적 갈등의 근원이라는 주장에 대해서는 이를 뒷받침할 만한 연구결과도 아직은 없을 뿐만 아니라 범죄행위와 성취되지 못한 성적 욕망에 대한 관계가 검증되지도 않았다.

그러나 이러한 비판에도 불구하고 심리분석적 접근은 아직도 범죄학연구에 중요한 위치를 점하고 있다. 특히 범죄자의 배경, 가족생활, 인성력, 태도, 범행의 동기나 이유 등에 대한 심리분석적 탐구는 특정 범죄자와 범죄행위의 이해와 범죄자의 처우에 있어서 중요한 역할을 수행하고 있다.[15]

3 절 인성이론(personality theory)

전통적으로 습관적 범죄자들 중에는 감정적 갈등과 인성의 일탈이 많이 발견된다. 즉, 인성과 범죄성의 관계를 엿볼 수 있는 것이다. 그러나 문제는 이러한 요인들이 과연 범죄자와 법을 준수하는 사람을 구분할 수 있으며, 만약 있다면 이들 인성적 특징이 범죄를 야기시키는 주원인인가 하는 것이다. 물론 이러한 의문에 대한 해답은 결론적이기보다 상반된 것이다.

이러한 논쟁들 가운데 인성이론은 범죄의 원인을 이해하고 범죄자의 특성을 파악하며 범죄자의 범죄적 인성을 교정하거나 치료하는 데 중요한 역할을 해 오고 있다. 이들 인성이론들은 우선 범죄란 인간의 심리적 틀 내에 존재하는 저변의 갈등이 표출된 것이라고 말하고 있다. 또한 인성발전이 현재의 생활경험에도 영향을 받지만 그 발생기원은 아동기에 있으며, 특정한 인성적 특징이 그 사람의 일반적 외형뿐만 아니라 전반적인 행위를 특징지우며, 끝으로 비행과 같은 부정적 결과는 부정적인 원인에 의해 초래되는, 즉 비정상적·인성적 특징이 곧 범죄를 유발시키도록 작용한다고 가정하고 있다.[16]

그런데 범죄와 관계되는 것으로 알려진 파괴적·비정상적 인성특징을 평가하기 위해 투사법(projective techniques)과 인성검사표(personality inventory), 그리고 I－Level검사라는 표준화된 방법을 주로 사용한다. 투사법은 대상자로 하여금 그림이나 모형이 무엇을 대표하는가를 기술하거나 이야기해 줌으로써 그 그림이나 모형에 반응하도록 하는 것으로서 Rorschach검사와 주제통각검사(Thematic Apperception Test: TAT)가 대표적인 검사이다. 한편, 인성검사표(personality inventory)는 자기보고식 설문서의 질문에 동의하거나 반대하도록 함으로써 측정하는 것으로서 미네소타 다면적 인성검사(Minnesota Multiphastic Personality Inventory: MMPI)가 대표적이다.

Glueck부부는 Rorschach검사를 이용하여 500명의 비행소년과 500명의 비비행소년을 비교 연구한 결과, 두 집단 간에는 중요한 인격특성의 차이가 있음을 발견하였다. 그들에 의하면 비행소년들이 보다 도전적이고 반항적이며, 외향적이고 양면가치적인 성격을 갖는다고 하였다.

뿐만 아니라 그들은 좌절과 불안을 많이 느끼고 있었으며, 후회·주저·의심·방어적인 태도를 많이 보이고 있다고 밝혔다.[17] 그런데 G1ueck부부가 이용한 Rorschach검사와 같은 주관적 검사는 그 타당성에 몇 가지 의문점이 제기되고 있다. 우선, 비행자와 비비행자의 인격특성상의 차이는 심리학자나 임상병리학자들에 의해서 인지되고 있으며, 이들은 비비행자보다는 환자로서 찾아오는 비행소년을 접하고 관찰할 기회가 더 많고, 또한 비비행자와 비행자의 신분을 이미 알고 있기 때문에 실제 두 집단의 성격특성상의 차이 때문일 수도 있으나 임상학적으로 훈련된 관찰자의 기대감의 결과일 수도 있다는 것이다.[18]

한편, Waldo와 Dinitz는 인성검사를 이용한 연구결과를 검토·분석하여 80% 이상의 연구에서 비행자와 비비행자가 인격특성상 구별된다고 하였으며, 더구나 객관적 검사방법이 주관적인 것보다 더 바람직한 검사라고 주장하였다.[19] 이들이 가장 신빙성 있는 객관적 인성검사의 방법으로 제시한 것은 MMPI로서, 이를 이용한 비행자와 비비행자의 구별은 상당한 것으로 평가되고 있다. 그중에서도 특히 정신병적 편향(Psychopathic Deviation: Pd) 하위척도는 상당한 신빙성이 있는 것으로 알려져 있다.

그러나 MMPI를 이용한 연구들은 방법론상의 문제로 많은 비판을 받고 있다. 우선 MMPI가 조사대상자의 인구사회학적 요인과 상당한 관계가 있다고 하는데 이들 인구사회학적 요인들이 비행과도 상당한 관계가 있기 때문에 MMPI 자체는 비행과 직접적으로 관계되지 않을 수도 있는 것이다. 또한 이해력이 부족한 몇몇 청소년들은 556문항의 설문서에 정확하게 답할 수 있는 능력이 없을 수도 있다.[20] 한편, Hindelang은 이들 연구는 주로 시설에 수용된 비행소년들을 이용하기 때문에 측정결과가 수용생활의 영향을 반영할 수 있다고 비판하였으며,[21] Rathus와 Siegel은 통제되지 않은 응답지(예를 들어, 부풀림이나 속임수 또는 과대)가 비행과 인성변수 간의 잘못된 관계를 유발시킬 수도 있다는 사실을 발견하였다.[22] Waldo와 Dinitz도 인성검사를 이용한 연구가 다음과 같은 약점이 있다고 지적하였다. 우선, 범죄와 비행에 영향을 미칠 수 있는 다른 변수를 통제하지 못했으며, 무작위표본을 추출하지 못했고, 다양한 인성검사에 의해서 측정되는 것이 정확히 무엇인지를 규정하지 못했으며, 비행집단이나 비비행집단의 집단 내 인성의 차이가 두 집단 간의 차이보다 종종 더 크다는 것을 인지하지 못했으며, 범죄행위가 어떠한 인격특성의 결과인지 아니면 그 특성이 범죄경험의 결과인지 명확히 하지 못했다는 것이다.[23] Tennenbaum도 1966년부터 1975년까지의 연구를 검토한 결과 Waldo와 Dinitz의 연구결과와 유사하다는 것을 발견하고, 자료에 의하면 지금까지의 연구결과가 대부분 순환론적인 주장에 기초하기 때문에 범죄자와 비범죄자의 중요한 심리적 차이를 보여 주지 못한다고 결론내렸다.[24]

최근 청소년비행자의 교정·교화시설에서 주로 이용되고 있는 또 다른 인성검사방법으로 대인성숙도검사(interpersonal maturity test)라는 것이 있다. 이 방법에 의하면 사람은 각 단계별로 핵심인성(core personality)과 관계되는 7가지 점진적인 발전의 단계나 수준의 형태로 사회적 또는 대인적 역량에 있어서 성숙해지는 것으로 가정한다. 복잡하고 추상적인 방법으로 대인관계를 보는 능력에 따라 가장 미성숙한 1단계에서부터 가장 성숙한 7단계까지로 나누어지며, 비행자가 비비행자보다 성숙하지 못하나 이들 7가지 단계 중에서 가장 많은 공식적 비행자가 발견되는 단계는 2단계부터 4단계까지라고 가정한다. 2단계의 인성은 비사회적·공격적 그리고 폭력지향적이며, 3단계는 비행집단의 규칙에 동조하는 성향이고, 4단계는 전형적인 신경과민과 정신이상의 성향을 갖는다.[25] 그리고 2단계를 반사회적 모사자(Antisocial Manipulator: Mp), 3단계를 문화적 동조자(Cultural Conformist: Cfc), 4단계를 신경증적 행위자(Neurotic Acting out: Na)로 부르기도 한다.[26] 그러나 각 단계별 비행의 이유나 원인은 다양하지만 문화적 동조자는 동료집단의 기대에 동조하며, 모사자는 좌절되고 자신을 좌절시킨 사람을 제거하고자 하며, 행동표출자는 내적 갈등의 결과로 표출된다. 그런데 이들 2단계부터 4단계에 속한 사람들이 전체 공식비행소년의 90% 정도를 점하고 있기 때문에 비행소년의 인성이 미성숙할 뿐만 아니라 동시에 공격적이고 수동적이며 신경질적이라고 할 수 있다.[27]

그러나 I-Level의 비행에 대한 관계가 규정되지도 않았으며, 그것이 체계적으로 검증되지도 못했다는 비판을 받고 있다.[28] 또한 I-Level 분류를 전통적인 임상병리적 개념이나 또는 유사한 인성개념화와도 접목시키기가 어렵다는 점도 비판의 대상이 되고 있다.[29] 사실 시설에 수용된 비행소년들이 대인관계에 있어서 어느 정도의 성숙도를 나타내는가 하는 특성의 타당성을 평가하기 위한 시도도 이루어졌으나 비행소년의 I-Level 분류의 중요한 특성으로서 성숙·발달에 대한 개념을 확실하게 하지는 못했다. 물론, I-Level 분류와 발달단계 사이에 약간의 긍정적인 관계가 발견되었으나 그 중요성면에 있어서 이성적 사고능력, 옳고 그름에 대한 관심, 어구 사용상의 적합수준 등의 다른 변수들보다 훨씬 비중이 낮은 것으로 밝혀졌다.[30]

인성이론에 대한 주요한 비판은 대체로 방법론상의 문제, 인과관계의 문제, 타당성의 문제로 집약될 수 있다. 우선, 방법론상의 문제로서 표본이 무작위로 표출되지 않아서 그 대표성에 의문이 있다는 것과 다양한 인성과 범죄와의 관계에 영향을 미칠 수도 있는 많은 다른 변수에 대한 고려가 부족하다는 점 등이 지적되었다.

다음으로 중요한 비판의 대상이 되는 것은 범인성과 인성변수의 인과적 결과에 관련된 것이다. 즉, 범죄행위가 특정 인성특징의 결과인지 아니면 인성특징이 범죄경험의 결과인지 확실히 결론나지 않았다는 사실이다.[31] 다시 말해서 인성이 그 사람을 범죄에 개입하도록 유도한다는 증거는 아직 발견되지 않았다는 것이다. 그러나 오히려 불법행위에의 가담과 결과적인 공식절차가 특정의 인성특성을 만들 수 있다고 추론되고 있다.

한편, 타당성의 문제는 인성분류의 문제로서 사람들은 지배적인 또는 핵심적인 인성을 지니고 있다는 가정 때문에 특정한 인성을 판단하도록 강요받고 때로는 잘못된 판단을 할 수도 있다는 것이다. 실제로 인성검사의 타당성을 검증하기 위해서 동일한 대상자에 대하여 복수의 검사자로 하여금 판단케 한 결과, 때로는 그 사람의 인성에 관한 이들 검사자들의 합의가 문제되는 경우가 발견되곤 하였다.[32] 또한 객관적 조사라고 할 수 있는 조사인 경우도 그것이 그 사람의 핵심적인 정체성(identity)을 분명히 끄집어낼 수 있다고 보여지기 어려우며, 심지어 심층면접을 하더라도 그 사람이 매일매일의 생활에서 경험하고 표현하는 생각·행동·분위기 등의 변화무쌍함을 측정하기란 어려운 것이다.

제4절   인지발달이론(cognitive development theory)

사람이 어떻게 외부 사회세계의 가치와 규범을 획득하여 내재화하는가가 범죄행위의 연구에 있어서 중요한 의문이 되고 있다. 여기서 말하는 '내재화(internalize)'는 사람은 사건이나 신념을 수용하고 그것을 자신의 사고의 일부로 만든다는 것을 함축한다. 한때 개인에게 내재화되지 않았던 규범이라도 궁극적으로는 옳고 그름에 대한 그 사람의 사고방법의 한 부분이 된다. 우선 그 규범이 강요되고 궁극적으로 내재화되는데 그렇다고 모든 사람에게 다 내재화되는 것은 아니다. 어떤 사람은 사회적 기대를 보다 쉽게 내재화하는 반면, 어떤 사람은 그렇지 못하다. 따라서 가장 문제가 많은 범죄자는 사회의 규제를 내재화하는 데 어려움을 가장 많이 가지는 사람일 것이다.[33] 즉, 사람은 법이나 규율에 대한 자신의 사고를 조직화하는 데 그들이 자신의 사고를 조직화하는 방법에 따라 비행적 또는 비비행적 행위가 초래된다는 것이다. 심리학자들은 이러한 사고의 조직화를 도덕적 추론(moral reasoning)이라고 일컬으며, 이것이 법과 관련될 때 법적 추론(legal reasoning)이라고 하게 된다.[34]

그런데 도덕발달과 범죄를 관련시키는 주장은 주로 도덕적인 판단력이나 이성을 중심으로 이루어지고 있으며, 사람들이 조직화된 사회적 규칙을 어떻게 정신적으로 상징화하며 그러한 조직화에 기초하여 어떻게 판단을 하는가를 다루고 있다. 그리고 이런 주장의 대표학자로는 스위스의 심리학자인 Jean Piaget가 개척자로 알려져 있다. Piaget에 의하면 사람의 도덕성은 일련의 단계에 따라 발전하며, 각 단계는 그 사람의 사회적 경험, 지적 또는 인지적 장비에 따라 그 전 단계에 크게 의존하여 발전한다.[35)]

　Kohlberg는 Piaget의 입장을 약간 수정하여 일련의 연속적인 과정을 거치면서 단계별로 발전하는 도덕수준의 첫 단계를 관습 이전(preconven–tional), 둘째 단계를 관습(conventional), 그리고 셋째 단계를 관습 이후(postconventional)로 명명하였다. 그에 의하면 사람들은 대개 10살에서 13살 사이에 관습 이전의 추론(preconventional reasoning) 또는 사고에서 관습적 추론(conventional reasoning) 또는 사고로 옮겨가는데, 그렇지 못한 사람들이 비행자가 될 수 있다는 것이다. 후에 Kohlberg는 처음의 세 단계를 도덕적 판단의 여섯 단계로 세분하였다. 그에 따르면 범죄자들은 동일한 사회적 배경을 가진 비범죄자들보다 도덕적 판단의 발달이 매우 낮은 것으로 밝혀졌다.[36)]

　대부분의 비범죄자들이 3~4단계에 속하는 반면, 대부분의 범죄자들은 1~2단계에 속하는 것으로 분류되었다. 이들 이론가들에 의하면, 단순히 처벌을 피하기 위해서 자기이익을 위해 법을 지키는 사람들은 법을 사회의 모든 구성원에게 이익이 되는 어떤 것으로 간주하거나 다른 사람의 권리를 동정하는 사람들보다 범죄를 범할 가능성이 훨씬 더 높다고 한다. 따라서 더 높은 도덕적 판단수준을 갖도록 성장한 사람은 범죄행위를 하지 않도록 억제된다고 한다.[37)]

　그런데 이러한 도덕판단의 발전은 개인의 지적 능력과 생활경험에 좌우되는 바 크다. 즉, 인지능력이 있더라도 생활경험이 부족하다면 상위단계로의 발전이 불가능할 수도 있으며, 반대로 상위단계로의 도덕적 향상은 가능하더라도 상위단계에서 필요로 하는 도덕적 원리를 일반화할 능력에 결함을 가질 수도 있는 것이다.[38)] 또한 물론 한 개인의 도덕적 판단수준이 대부분의 경우 특정 단계를 중심으로 분류되지만 반드시 그 사람의 도덕적 판단이 하나의 단계에 정확히 고정되는 것은 아니기 때문에 상황적 요인이 그 사람의 도덕적 판단에 영향을 미칠 수 있음도 가정해 볼 수 있다. 따라서 Kohlberg가 가정한 바와 같이, 범죄성 발달의 탐색은 개인의 지적 발달뿐만 아니라 그 사람의 학습과 외적 사회요인에도 관심을 가져야 한다. 즉, Bandura가 제시한 것처럼 사람의 도덕적 행위는 모방적 또는 관찰적 학습절차를 통해서도 습득되고 수정될 수 있는 것이다.[39)]

　한편, 도덕적 판단과 범인성의 설명은 그 사회의 옳고 그름에 대한 판단의 내재화와 함께 고려되어야 한다. 즉, 도덕, 규율 그리고 관습 등에 대한 사회의 판단과 태도가 개인이 선호하는 범죄행위의 과정에 상당한 영향을 미치기 때문에 동일한 비도덕적 행위라도 도덕수준이 낮은 사회에서는 조금의 죄의식도 없이 쉽게 행해질 수 있는 반면, 높은 도덕수준을 견지하는 사회에서는 어려운 일이 될 수도 있는 것이다. 또한 사람이 믿고 느끼는 것이 반드시 실제로 어떤 상황에서 행동하는 것과 항상 일치하는 것은 아니다.[40]

결론적으로 태도나 기준의 인지적 내재화를 강조하는 인지발달이론에 의하면, 사회적 규칙을 내재화하는 사람은 그 규준을 범할 가능성이 적다는 것이다. 그러나 이 주장은 도덕적인 추론에 대한 이론은 풍부하나 도덕성과 범인성의 관계를 직접 검증한 연구가 흔치 않다. 미숙하게 사회화된 비행자나 정신질환자의 도덕적 추론이 원시적인 수준임에는 틀림없다. 도덕성과 범인성을 직접 검증한 한 연구에 의하면, 정신질환에 의한 비행자는 대체로 관습 이전의 추론 수준(preconventional reasoning level)이었으나 비정신질환자(정상인)의 비일탈적인 행동(정상행동)은 관습 이전 및 관습적 추론(preconventional and conventional reasoning) 사이로 분류되었다.[41] 그러나 다른 사람에 대해 폭력적이며 그것을 행동으로 나타내는 사람들이 대체로 도덕수준이 낮은 것은 사실일지 모르나 이것이 적절하게 과학적으로 검증되기 전에는 하나의 추측에 지나지 않는다는 사실도 간과해서는 안 될 것이다.

제 5 절   행동 및 학습이론(behavior and learning theory)

행동이론에 의하면 인간행위는 학습경험을 통하여 발전된다. 행동이론에서는 초기 아동기에 형성된 무의식적 인성특징이나 인지발달보다는 사람들의 일상생활중에 가담하게 되는 실제 행위를 중시한다. 즉, 사람은 다른 사람으로부터의 반응에 따라 자신의 행위를 변용한다는 것이 행동이론의 근간을 이루고 있는 것이다. 결과적으로 사람들의 행위는 인생경험에 의해서 끊임없이 변용되는 것으로서 범죄행위도 생활상황에 대한 학습된 반응이며 반드시 비정상적이거나 도덕적으로 미성숙한 반응을 나타내는 것은 아니라고 할 수 있다.

이들의 주장에 따르면, 사람들은 실제로 폭력적으로 행동할 능력을 가지고 태어나는 것이 아니라 오히려 생활경험을 통하여 폭력적인 것을 학습한다는 것이다. Bandura에 의하면, "공격적인 행위가 취하는 특정 형태, 공격적 행위가 표현되는 빈도, 공격적 행위가 보여지는 상황 그리고 공격을 위하여 선택되는 특정 목표 등은 대개 사회학습요인에 의해 결정된다"는 것이다.

그러나 사람들이 자신이 학습한 모든 행위를 다 실제 행동으로 옮기는 것은 아니며, 단지 그것을 실행할 자극이나 동기가 있을 때에만 행동으로 옮기게 되는 것이다. 따라서 요약하자면 다음의 네 가지 요소가 폭력과 공격성을 유발하는 데 일조하는 것으로 이해될 수 있다. 우선, 육체적 폭력이나 언어남용을 통하여 다른 사람을 화나게 하거나 좌절시키는 등의 자극시키는 사건, 개인적으로 또는 매체를 통하여 다른 사람을 관찰함으로써 얻게 된 학습된 공격적 반응이라고 할 수 있는 공격적 기술, 공격성이 어떤 방법으로든 보상될 것이라는 신념이라고 볼 수 있는 예상되는 결과, 그리고 현재상황을 고려할 때 공격성이 정당하고 적절하다는 타인의 관찰로부터 얻어진 신념인 가치 있는 행동의 일관성 등이 바로 그것이다.[42]

그런데 이러한 동기요인은 대체로 재강화와 모방에 의해서 좌우된다. 즉, 비행행위에 가담함으로써 얻어지는 보상이나 재강화 또는 비행적인 역할모형에의 노출에 따라 학습된 비행의 실행에 중대한 영향을 미친다는 것이다.

재강화(reinforcement) 또는 보상(reward)의 원칙은 한마디로 공격성이 처벌되기보다는 오히려 보상될 때 공격적 비행의 확률은 증가될 것이라는 가정에 기초하고 있다. 그런데 재강화나 보상은 대체로 다음의 세 가지 유형이 있는 것으로 알려져 있다. 첫째는 현금, 물품, 사회적 지위 또는 행위를 제재하는 데 효과적인 처벌과 같은 외적 강화(external reinforcement),[43] 둘째는 그들의 행위로 인하여 재강화되는 다른 사람의 지위를 관찰하는 대리적 재강화(vicarious reinforcement), 셋째는 자기규제기제(self-regulatory mechanism)로서 사람들이 자기보상이나 자기처벌을 유발할 수 있는 방법으로 자신의 행동에 대해 반응한다는 것이다.[44] 그런데 이러한 재강화나 보상에 있어서 가족,[45] 하위문화 그리고 언론의 중요성이 강조되고 있다.

한편, 재강화나 보상은 사람들이 어떻게 행동할 것인가를 배우는 하나의 방법인데, 이 외에도 모형화(modeling) 또는 모방(imitation) 등이 행동을 바꾸는 다른 방법으로 알려져 있다. 실제로 직접적인 재강화나 보상을 받지 않고도 다른 사람들이 어떤 특정의 활동에 가담하는 것을 관찰하는 등 대리적인 참여를 통해서도 새로운 행위를 학습할 수 있는 것이다.

이러한 관찰은 다른 사람을 개인적으로 직접 목격하는 경우와 영화나 텔레비전 등을 관람하는 간접적인 경우가 있다. 이 경우 부모를 모형으로 삼아 부모의 행위를 모방하는 경우인 부모의 모형화가 물론 가장 중요한 것으로 인식되고 있으나, 아동의 성장과 더불어 또래집단의 중요성이 더해 감에 따라 또래집단의 역할모형도 중요시되며, 한편 대중매체의 발달로 인한 시각적인 언론매체의 영향 또한 증대되고 있다.

행동이론이나 사회학습이론은 범죄자의 행동수정요법에 원용되고 있다. 하지만 바로 이 점이 비판의 대상이 되고 있기도 하다. 즉, 비록 사회의 선의를 위한다고 하더라도 과연 우리가 범죄자를 그들 자신의 행위를 변화시키도록 조작할 수 있는가라는 의문에 봉착하게 된다. 이것이 바로 학습이론이 가지고 있는 윤리적 문제로서 개인의 권리를 침해할 잠재성이 있다고 볼 수도 있다.[46]

제 6 절   심리생물학적 관점(psychobiological perspectives)과 기타 심리학적 관점

1. 정신병(psychoses)과 범죄

흔히들 현대사회는 도시화를 그 대표적 특징으로 인식하고 있다. 그런데 도시화는 필연적으로 인구의 집중과 그로 인한 인구의 조밀화, 몰인격화(impersonalization), 거래관계의 빈번화와 복잡화, 인격적 거래관계의 퇴보, 기계문명의 발달로 인한 인간소외현상 등을 초래하게 된다. 이러한 현대도시사회의 속성은 우리 사회의 각종 정신병리현상을 부채질하게 되어 범죄와 같은 사회병리현상을 심화시킬 것으로 예측되고 있다. 따라서 현대사회에 있어서 정신병리현상과 범죄문제도 그 심각성에 비추어 중요시되지 않을 수 없다.

물론 정신병을 여러 가지 이유로 인간이 정상적인 사회생활을 할 수 없는 경우를 지칭하는 것으로 폭넓게 규정할 수 있으나, 보편적으로 지금까지 논의된 바에 의하여 범죄와 상당한 관계가 있는 것으로 알려진 정신질병만을 논의의 주요 대상으로 삼고 있다.

정신병의 주요 특성은 현실과 환상을 구별하는 데 있어서 극단적인 어려움을 겪게 되어 현실과의 접촉을 상실하는 것인데, 이러한 개념적 왜곡과 오해를 환각 또는 망상(hallucinations)이라고 한다. 또한 정신병자는 타인의 행위와 의도를 잘못 해석할 수도 있는데, 이렇게 지지받지 못하는 신념, 요구, 불평을 망상(delusion)이라고 한다.[47]

이처럼 비교적 좁은 의미에서의 정신병이란 우선 자아의 인격구조가 기본적으로 손상되고 주변의 현실상황에 대한 판단과 상호작용이 정상적으로 행해질 수 없어서 환상, 환각, 망상, 의식혼탁 등을 경험하게 되며 유해한 행동을 행하기 쉬운 건강상태를 말하는 것이다.[48]

그런데 정신병은 행위의 특징이 주로 사고의 혼란을 보여 주는 정신분열증(schizophrenia)과 망상체계(delusional system)로 특징 지어지는 정신병적인 혼란인 망상증(paranoia)으로 대별되고 있다.

(1) 정신분열증(schizophrenia)과 범죄

정신분열증(schizophrenia)이란 감정의 둔화, 외계와의 융화성 상실 등으로 특징 지어지는 정신병으로 정신병인구 중에서 가장 많은 부분을 차지하고 있으며 정신병으로 인한 범죄자 중에서도 가장 많이 발견되고 있다.

일찍이 스위스의 임상병리학자인 Bleuler는 정신분열증에 대해서 사고과정의 심대한 분열을 보여 주는 사람이라고 지칭하였다. 그런데 일반적으로는 극단적인 사회적 움츠림, 예측불가성, 심한 언어장애, 인식과 주의의 장애, 심한 감정불안 그리고 가장 중요한 것으로 심한 사고불안 등을 포함하는 다양한 행동의 무리를 뜻하는 것으로 이해되고 있으며, 현재는 현실과 사고의 분열을 지칭하는 것으로 이용되고 있기도 하다.[49]

이러한 정신분열증의 주요한 임상적 증상 중의 하나는 비합리적이고 괴이한 사고과정이며, 이들의 사고는 통제불능이며 혼돈스러울 뿐만 아니라 위협적이다. 정신분열증의 또 다른 하나의 중요한 행동특성은 언어불안(speech disturbance)으로서, 그들의 대화는 비지성적이고 낯설고 비현실적이다. 정신분열증의 세 번째 특성은 극단적인 사회적 움츠림과 사회환경으로부터의 격리인데, 이들은 다른 사람을 적대적이고 위협적이며 믿을 수 없는 것으로 간주한다. 그리고 부적절한 감정적 반응을 정신분열증의 네 번째 특징으로 꼽을 수 있다.[50]

이러한 정신분열증 환자들에게서 일관적인 행동유형이 발견되지는 않았는데, 그 이유는 각자가 현실의 고통스럽고 긴장된 영향으로부터 탈피하기 위한 노력으로 자신의 독특한 행동유형을 선택하기 때문이다. 그러나 정신분열증 중에서도 가장 많은 부분을 차지하고 있고 또한 범죄와의 관계에서도 가장 중시되고 있는 것은 망상적 정신분열증(paranoid schizophrenia)이다.

이러한 망상적 정신분열증은 피해망상이나 과대망상으로 특징지어지는 것으로서, 망상 속에서 특정인에 대한 공격행위를 하는 것으로 알려져 있다.

(2) 망상증(paranoia)과 범죄

망상증은 그리스어로 'To think beside oneself'를 의미하는 것으로,[51] 현재는 다른 사람들의 동기에 대한 부당한 의심과 의혹이 중요한 요소인 행동유형을 고수하는 것(To pertain to a pattern of behavior whose prominent ingredient is an unwarranted suspicion of the motives of oth-ers)이라고 재정의되고 있다.[52] 이는 망상적 정신분열증과 마찬가지로 엄격한 의미에서 정신병 상태라고는 할 수 없지만, 고정된 망상을 중심으로 한 의식을 가지고 있어서 사물에 대한 객관적인 관찰판단을 행하지 못하는 것으로 특징지을 수 있다. 이러한 망상증 환자는 피해망상이나 과대망상에 빠져서 가끔 공격적인 행위를 자행하게 될 수도 있고, 이것은 바로 범죄와 유관한 것으로 추정되고 있다.[53]

그러나 임상학자들은 이러한 망상적 반응에 대해서 망상적 정신분열증, 망상상태, 망상증, 망상적 인성장애 등의 다양한 이름으로 진단하고 있다. 그런데 특정한 망상적 특성은 타인의 동기에 대해 얼마나 민감한지 그리고 의심스러운 신념이나 망상개념의 조직화, 논리, 복잡성 등에 따라 결정된다. 그러나 진단의 중요한 결정인자는 망상적인 사고로서, 만약 망상의 특징이 일상적 활동을 지배할 정도로 심하다면 망상적 정신분열이나 망상증 또는 망상상태라고 할 수 있을 것이다. 한편, 그 특징이 깊이 상습화되고 습관적이며, 만족스러운 대인관계를 유지하는 능력을 방해하지만 그 기능능력을 완전히 손상시키지 않은 경우라면 망상적 인성장애로 진단될 수 있을 것이다.[54]

그러나 이들 현상 중에서도 범죄와 관련하여 가장 중요시되는 정신분열증적 편집증(paranoid schizophrenia)은 망상적인 사고가 현실접촉을 강력하게 방해할 때를 가리키는 것으로, 이 경우 망상적인 사고가 그 사람의 다른 행위유형을 유도하게 되어 대인관계, 기분, 사고에 있어서 문제를 조장하게 된다. 이러한 사람의 태도는 자신의 망상과 맥을 같이하여 종종 공격적이고 적대적이게 된다. 즉, 다른 사람이 자신의 생존을 위협하려고 음모하고 있다고 의심하게 되어(피해망상증) 남이 나를 해치기 전에 남을 먼저 해치울 수밖에 없다고 판단하게 되는 매우 위험한 상태가 되는 것이다.[55]

2. 정신신경증(neuroses)과 범죄

정신신경증이란 뇌나 기타 기관에 어떤 병리적 장애가 발생하여 나타나는 현상이 아니라 심리적 장애 때문에 정신생활이나 신체생활에 장애를 초래하는 것을 말한다. 그러나 이것이 현실과 차단된 상태에서 환상, 망상, 환각 등을 겪지 않고 정상적인 지각작용과 사고가 가능하다는 점에서 정신병과는 구별된다. 따라서 단순한 성격장애로 여겨질 수도 있으나 그 원인이 기질적이지 않고 심인적이며 생활상의 장애까지도 초래한다는 점에서 성격장애와는 구별되고 있다. 이러한 정신신경증은 내심의 욕구를 과도하게 억제하는 데에서 초래되는 것으로서 범죄와 같은 반사회적인 행위와는 직접적인 관계가 없는 것으로 여겨질 수 있다. 그러나 그 정도가 심할 경우에 각종 정신병적 징후를 나타내고 급기야는 범죄를 유발하는 원인이 되기도 한다.[56] 이러한 정신신경증은 그 종류가 다양하다. 그러나 그중 범죄와 관련하여 가장 많이 논의되고 있는 것은 강박신경증(obessive-compulsive neuroses)과 불안신경증(anxiety neuroses)이다.

우선 강박신경증은 이성적으로는 불합리한 것으로 판단하여 생각하지 않으려고 하지만 떨쳐 버리지 못하는 관념이나 감정 때문에 특정 행동을 반복하게 되고, 그럴수록 더욱 심한 불안감과 긴박감에 사로잡히게 되는 정신장애이다. 이러한 강박신경증은 개인적 곤란으로 그치기 쉬우나 경우에 따라서는 반복되는 행위가 반사회적 범죄행위가 될 수도 있다. 즉, 억압된 성적 충동이나 기억 때문에 성도착자들의 성범죄가 유발되기도 하고, 성욕 등 내적 긴장감이나 불안감의 상징적 발산방법으로 방화하는 방화광이나 절취벽자가 될 수도 있다. 일반적으로 이들의 행동은 성욕 등 내적 불만상태와 긴장감을 해소시키려는 강박적 충동 때문인 것으로 설명되고 있다.[57]

한편, 불안신경증이란 심한 불안감에 사로잡혀 여러 가지 정신신체상의 장애를 느끼는 경우로서, 보통 불안신경증과 범죄의 관련성은 죄책감 콤플렉스를 중심으로 논의되고 있다. 즉, 오이디푸스 콤플렉스 또는 엘렉트라 콤플렉스를 적절하게 처리하지 못해서 야기되는 죄책감 때문에 불안감을 느끼게 되고, 그 불안감을 해소할 수 있는 적절한 방법이 주어지지 않을 때 범죄행위로써 자신의 불안감과 죄책감을 해소하게 된다는 것이다.

3. 성격장애(personality disorder)와 범죄

성격이상은 범죄행위를 논의함에 있어서 지금까지 논의한 정신신경증이나 정신분열증보다 더 중요한 것으로 알려져 있다. 여기서 말하는 성격장애는 정신병과 노이로제 증상의 특징에 대한 차이점을 지각할 수 있는 정신질환적 행동습성을 심어 주는 것으로 특징지어진다.[58] 즉, 성격장애는 불안의 내적 감정을 다루는 행위가 아니라 "다른 사람의 비용과 비윤리적인 방법으로 자신의 욕구를 충족시키는 행위"로 간주되고 있다.[59] 성격장애는 미성숙한 성장의 결과이며, 그들의 행동은 어린아이 같고 충동적이고 이기적이며 무의식적으로 돌발하는 특징을 갖는다. 성격장애가 있는 사람은 다른 사람을 난처하게 만들며, 자신의 잘못이나 문제행위를 인식하지 못하기 때문에 죄의식을 갖지 않는다.[60]

범죄심리학자들은 도덕적으로 무관심(morally indifferent)하고, 법률제도와 충돌이 잦은 사람

을 반사회적 인성장애(psychopath/sociopath)라고 간주한다.[61]

한편, 임상병리학자들은 이에 대해 정신병자(psychopath)로 생각하지 않고 무감각한 방법으로 행동하는 공격적이고 위험하며 반사회적인 사람으로 간주한다.

반사회적 인성장애(psychopathy)는 그들의 행위에 대한 직관이 부족하며 그들의 폭력적이고 공격적이며 범죄적인 행위에 대하여 후회를 거의 느끼지 않고, 자신의 실수나 처벌에 의해서 영향을 받지 않는 정신상태를 말한다. 그럼에도 불구하고 그들은 임상적으로 지능적 또는 임상병리적 증상을 보이지 않는다. 그러나 이들은 자신의 비행에 대해서 후회하거나 죄책감을 느끼지 못하는 데 기여하는 낮은 수준의 근심·걱정이 더 중요한 특징이라고 할 수 있다.[62]

이들은 타인에 대한 감정이 없고 충동에 따라 행동하기 때문에 자신의 반사회적 행위를 표출하기 쉬워진다고 볼 수 있어서 매우 위험한 것으로 인식되고 있다. 현실적으로도 이들 집단이 대조집단에 비해 보다 범죄적이며, 더욱이 보통의 범죄자가 성장함에 따라 범죄로부터 벗어나는 시기를 훨씬 지나서까지 범죄를 계속하는 것으로 알려지고 있다.[63] 그럼에도 불구하고 모든 반사회적 인성장애(psychopath)가 모두 범죄자가 되는 것은 아니며, 마찬가지로 대부분의 범죄자가 반사회적 인성장애자(psychopath)가 되는 것은 아니다.

4. 지능과 범죄 — 본성과 양육(nature vs. nurture)

지능수준과 범죄를 관련시키는 데는 다음의 두 가지 가정에 기초하고 있다. 첫째는 지능이 낮은 사람은 어떤 특정 상황에서 행위의 비도덕성 또는 비윤리성을 느끼고 평가할 능력이 낮기 때문에 저지능과 범죄행위가 직접적으로 관계가 있는 것으로 가정하고 있다. 또한 사람이 지능이 낮으면 자신의 감정과 욕망을 통제할 수 있는 능력도 낮기 때문에, 즉 범죄행위를 원해서가 아니라 자신의 행위를 통제할 수 없기 때문에 범죄행위에 가담할 가능성이 높다고 가정하기도 한다. 그러나 일반적인 견해는 물론 지능이 범죄행위에 보다 직접적인 관련이 있는 다른 요인들에 영향을 미침으로써 간접적으로 범죄행위에 영향을 미치는 것으로 이해되고 있다.

그런데 범죄와 지능의 관련성은 과연 지능은 유전적인가 아니면 후천적인 것인가에 따라 본성이론(nature theory)과 양육이론(nurture theory)이라는 논쟁을 야기시킨다. 초기의 이론과 시설에 수용된 재소자들에 대한 지능검사를 기초로 한 연구결과는 대체로 지능이 유전되며 지능이 낮은 소년을 잠재적인 비행소년으로 지적하여 저지능과 범인성의 상관관계가 존재하는 것으로 이해하였다.[64] 그러나 양육이론에 따르면 지능이 부분적으로는 생물학적인 것이지만 주로 사회학적인 것으로 간주되고 있다. 따라서 단순히 지능이 낮기 때문이 아니라 부모나 학교 또는 동료 등 수많은 요인들로부터의 환경적 자극이 그 사람의 지능수준을 만드는 것이다. 따라서 저지능은 바로 비행과 범죄행위를 자극하고 유발하는 환경으로부터 초래되는 것이라고 할 수 있다. 그러므로 범죄자의 지능이 낮다면 그것은 범죄자의 문화적 배경을 반영하는 것이지 그 사람의 정신능력을 반영하지는 않는다고 결론을 내릴 수 있다.[65] 물론 상당수의 비행소년이 지능이 일정 분야인 추상적 언어지능(abstract verbal intelligence)에서는 비교적 낮은 점수를 보일지라도 기계적인 적성(mechanical aptitude)과 비언어적 지능(nonverbal intelligence)면에서는 거의 정상적이며, 이런 결과는 지능검사의 문화적 편견이 드러나고 있음을 보여 주는 것이라고 할 수 있다. 즉, 전통적인 지능검사는 중상류층의 이상과 생각 및 문화를 중심으로 평가하기 때문에 범죄인구가 많은 하류계층의 사람들에게는 상당히 편견적이라는 것이다. 따라서 하류계층에는 낮은 지능지수가 많을 수밖에 없는 것이다.

물론 새로운 이론가들이 환경적 요인의 영향을 무시하지는 않지만 지능은 어디까지나 유전적 기초를 가지는 것으로서 주장되고 있다. 그러나 백인가정에 입양된 흑인소년의 지능검사를 기초로 한 연구결과에 의하면 지능에 대한 환경의 영향이 지대함을 알 수 있다.[66] 따라서 지능이 유전적인가 아니면 사회적인가의 논쟁은 아직도 계속될 수밖에 없는 것이다.

그러나 지능이 생물학적인 것이든지 사회학적인 것이든지 적어도 간접적으로는 범죄와 유관할 것이라고 논의되고 있다. 즉, 범죄자나 비행소년(주로 시설에 수용된 또는 공식적으로 낙인된 범죄자이지만) 중에 지능이 낮은 사람이 많다는 데서 지능과 범죄의 유관함을 유추해 볼 수 있는 것이다. 물론 이렇게 저지능이라는 사실은 범행의 기술, 탈출과 은닉의 수단과 같은 면에 있어서도 밀접한 관련이 있기 때문에 저지능으로 인해 더 많이 검거되는 저지능범죄집단을 대상으로 조사한다는 것은 문제가 있다고 할 수 있다.

그럼에도 불구하고 만일 범죄와 저지능이 유관하다면, 그것은 대체로 학교에서의 실패와 그로 인해 사회적 낙오자나 실패자가 만들어져 이것이 범죄를 유발시키는 간접적 요인으로 작용한다는 것이다.[67]

제7절 평가 및 응용

　　현대범죄학의 추세를 볼 때, 특히 범죄의 원인과 현상에 관해서는 미국범죄사회학의 주장과 논리가 차지하는 비중이 크다고는 하지만 범죄문제의 해결, 그중에서도 범죄자의 교정·교화분야는 어쩌면 지나칠 정도로 심리학적 처우라는 개별화된 접근방법에 의존하고 있다. 즉, 이는 범죄학에 있어서 심리학적 접근이 중시되고 있음을 보여 주는 것이다.

　　그런데 범죄문제의 예방과 대책에 있어서의 심리학적 접근은 기본적으로 장래 그 사람이 범죄를 행할 위험성의 예측과 진단을 전제로 하고 있는데, 바로 이 점이 심리학적 접근의 한계성으로 지적되고 있다. 여기에는 크게 두 가지의 문제가 내포되어 있다. 즉, 과연 우리가 무엇이 위험성(dangerousness)인가를 정확하게 또는 분명하게 정의할 수 있는가가 그것이다. 그러나 아직은 이 의문에 대한 법률적·의학적 또는 과학적으로 만족하게 정의 내리지 못하고 있는 실정이다. 또한 위험한 사건, 위험한 사람 또는 정신적으로 결함이 있는 범죄자 등은 우리 사회의 범죄현상 중 극히 일부만을 차지하고 있을 따름이어서 정신결함 범죄자나 폭력성향이 심각한 사람이나 위험성을 예측하기란 문제가 아닐 수 없는 것이다.

　　예측의 문제는 물론 앞에서도 언급된 바와 같이 위험성의 정의부터 모호한 까닭도 있지만 사실은 과거의 범죄행적 또는 성향을 기초로 미래의 위험성을 예측하는 데서 오는 문제가 가장 심각할 것이다. 이는 대부분의 인간행위가 그 사람의 인성 못지 않게 주변 여건과 환경에 의해 영향받고 있음에도 불구하고 위험성의 예측은 전적으로 그 내부에 초점을 맞추고 있기 때문이다. 이러한 예측의 문제는 곧 잘못된 긍정(false positive)과 잘못된 부정(false negative)의 문제를 야기시킨다. 사실은 위험함에도 불구하고 위험하지 않은 것으로 예측된(false negative) 사람은 사회에 대한 위험을 초래할 수 있고, 반대로 위험하지 않은데도 위험한 것으로 예측된 경우(false positive)는 인권의 문제가 야기될 수도 있는 것이다. 그러나 대체로 이 분야의 전문가들은 사회에 대한 위해(危害)라는 위험성을 초래할 수도 있다는 개연성으로 인하여 잘못된 긍정(false positive)의 가능성을 더 많이 가지고 있고 따라서 위험성의 예측은 지나치게 광범위하게 이루어지고 있어서 그 가치를 상실하고 있다.

CRIMINOLOGY **참고문헌**

1 Larry J. Siegel, *Criminology*(2nd ed.), St. Paul, MN: West Publishing Co., 1986, p.161.

2 Donald J. Shoemaker, *Theories of Delinquency*, New York: Oxford University Press, 1984, pp.41~42.

3 Marshall Clinard, Anomie and Deviant Behavior, New York: The Free Press, 1964, p.197.

4 William E. Thornton Jr. and Lydia Vogit, *Delinquency and Justice*(3rd ed.), New York: McGraw−Hill, Inc., 1992, p.137.

5 S. Glueck and E. Glueck, "Delinquency Prediction Method Reported highly Accuarte," *Roche Report*, 1969, 6(15):3.

6 T. S. Langner, J. C. Gersten, E. I. Greene, J. G. Eisenberg, J. H. Herson, & E. D. McCarthy, "Treatment of Psychological Disoders among Urban Children," *Journal of Consulting and Clinical Psychology*, 1974, 42(2):70~79; N. M. Lefkowitz, I. D. Eron, L. O. Walder, & L. R. Huesmann, *Growing up to be Violent: A Longitudinal Study of the Development of Aggression*, New York: Pergamon Press, 1977; D. A. Pemberton & D. R. Benaday, "Consciously rejected childen," *British Journal of Psychiatry*, 1973, 123:575~578.

7 Shoemaker, *op. cit.*, p.50.

8 August Aichorn, *Wayward Youth*, New York: Viking 1963 참조.

9 R. Dunbar, "Comparative Analysis of Psychological Theories of Delinquency," in U.S. Department of Justice, *Preventing Delinquency*(vol. 1), U.S. Government Printing Office, 1979.

10 Gordon Waldo and Simon Dinitz, "Personality Attributes of the Criminal: An Analysis of Research Studies, 1950~65," *Journal of Research in Crime and Delinquency*, 1967, 4:185~202.

11 Thornton & Voight, *op. cit.*, p.140.

12 Shoemaker, *op. cit.*, p.54.

13 Sue Titus Reid, *Crime and Criminology*(4th ed.), New York: Holt, Reinhart and Winston, 1985, p.118.

14 Thornton & Voight, *op. cit.*, p.140; Reid, *op. cit.*, p.118.

15 D. J. West, "Psychological Contributions to Criminology," *British Journal of Criminology*, 1988, 28(2):77~92.

16 Shoemaker, *op. cit.*, pp.55~56.

17 S. Glueck & E. Glueck, *Unraveling Juvenile Delinquency*, Cambridge, MA: Harvard University Press, 1950.

18 E. H. Sutherland & D. R. Cressey, *Criminology*(10th ed.), Philadelphia, PA: Lippincott, 1978.

19 G. D. Waldo & S. Dinitz, "Personality Attributes of the Criminal: An Analysis of Research Studies, 1950~65," *Journal of Research in Crime and Delinquency*, 1967, 4:185~201.

20 P. Venezia, "Delinquency Prediction: A Critique & Suggestion," *Journal of Research in Crime and Delinquency*, 1971, 8:108~117.

21 M. J. Hindelang, "The Relationship of Self Reported Delinquency to Scales of CPI and MMPI," *Journal of Criminal Law, Criminology*, and Police Science, 1972, 63:75~81.

22 S. Rathus & L. Siegel, "Crime and Personality Revisited: Effects of MMPI Response Sets in Self−repor Studies," *Criminology*, 1980, 18:245~251.

23 Waldo & Dinitz, *op. cit.*

24 D. J. Tennenbaum, "Personality and Criminality:A Summary and Implications of the Literature," *Journal of*

Criminal Justice, 1977, 5:225~235.

25 M. Q. Warren, "The Case for Differential Treatment of Delinquents," in Harwin L. Voss(ed.), *Society, Delinquency and Delinquent Behavior*, Boston, MA: Little Brown, 1970, pp.419~428 ; T. Palmer, "The Youth Authority's Community Treatment Project," *Federal Probation*, 1974, 38:3~14.

26 P. Harris, "The Interpersonal Maturity of Delinquents and Nondelinquents," in William S. Laufer and James M. Day(eds.), *Personality Theory, Moral Development and Criminal Behavior*, Lexington, MA: D. C. Heath, l983.

27 Shoemaker, *op. cit.*, p.59.

28 D. C. Gibbons, "Differential Treatment of Delinquents and Interpersonal Maturity Levels Theory: A Critique," *Social Science Review*, 1970, 44:22~33; J. Beker and D. S. Hweymann, "A Critical Appraisal of the California Differential Treatment Typology of Adolescent Offenders," *Criminology*, 1972, 10:3~59.

29 E. W. Butler and S. N. Adams, "Typologies of Delinquent Girls: Some Alternative Approaches," *Social Forces*, 1966, 40:401~407.

30 R. L. Austin, "Construct Validity of I—Level Classification," *Criminal Justice and Behavior*, 1975, 2:113~129.

31 K. Schuessler & D. R. Cressey, "Personality Characteristics of Criminals," *American Journal of Sociology*, 1950, 55:476~484.

32 Butler & Adams, *op. cit.*; C. F. Jesness, "The Preston Typology Study: An Experiment with Differential Treatment in an Institution," *Journal of Research in Crime and Delinquency*, 1971, 8:38~52; Beker & Heymann, *op. cit.*

33 Curt R. Bartol, *Criminal Behavior: A Psychosocial Approach*, Englewood Cliffs, NJ: Prentice—Hall, Inc., 1980, p.128.

34 Sue Titus Reid, *Crime and Criminology*(4th ed.), New York: Holt, Rinehart, and Wiston, 1985, p.119.

35 Jean Piaget, *The Moral Judgement of the Child*, New York: Free Press, 1948.

36 Lawrence Kohlberg, "The Development of Modes of Moral Thinking and Choice in Years 10 to 16," Ph. D. Dissertation. Harvard University, 1958.

37 Siegel, *op. cit.*, p.168.

38 Bartol, *op. cit.*, p.130.

39 Albert Bandura, *Social Learning Theory*, Englewood Cliffs, NJ: Prentice—Hall, 1977.

40 Bartol, *op. cit.*, p.131.

41 E. M. Fodor, "Moral Development and Parent Behavior Antecedents in Adolescent Psychopaths," *The Journal of Genetic Psychology*, 1973, 122:37~43.

42 Siegel, *op. cit.*, pp.171~172.

43 Terrie E. Moffitt, "The Learning Theory Model of Punishment: Implications for Delinquency Deterrence," *Criminal Justice and Behavior*, 1983, 10:131~158.

44 Reid, *op. cit.*, p.121.

45 E. Mavis Hetherington and Barclar Martin, "Family Interaction," in Herbert C. Quay and John S. Werry(eds.), *Psychopathological Disorders of Childhood*(2nd ed.), New York: John Wiley, 1979, pp.247~302.

46 Thornton and Vogiht, *op. cit.*, p.147.

47 Bartol, *op. cit.*, p.148.

48 신진규, 「범죄학 겸 형사정책」, 법문사, 1982, p.207.

49 D. C. Rimm and J. W. Sommervill, *Abnormal Psychology*, New York: Academic Press, 1977.

50 Bartol, *op. cit.*, p.152.

51 T. Millon and R. Millon, *Abnormal Behavior and Personality*, Philadelphia, PA: W. B. Saunders, 1974.

52 Bartol, *Ibid*., p.153.

53 신진규, 전게서, p.210.

54 Bartol, *op. cit*., pp.153~154.

55 *Ibid*., p.154.

56 신진규, 전게서, pp.213~214.

57 상게서, pp.218~219.

58 DSM-Ⅱ, *Dzagnostic and Statistical Manual of Mental Disorders*(2nd ed.), Washington, D.C.: American Psychiatric Association, 1968, p.41.

59 J. C. Coleman, *Abnormal Psychology and Modern Life*(5th ed.), Glenview, IL: Scott, Forseman, 1976.

60 Bartol, *op. cit*., p.150.

61 Albert Rabin, "The Antisocial Personality—Psychopathy and Sociopathy," in Hens Toch(ed.), *The Psychology of Crime and Criminal Justice*, New York: Holt, Reinhart and Winston, 1979, pp.236~251.

62 Seigel, *op. cit*., p.171.

63 Robert Hare and Jeffery Jutai, "Criminal History of the Male Psychopath: Some Preliminary Data," in Katherine Teilmann, Van Dusen, and Sarnoff Mednick(eds.), *Perspective, Studies of Crime and Delinquency*, Boston: Kluver—Nijhoff, 1983, pp.225~236.

64 C. Burt, "The Inheritance of mental ability," *American Psychologist*, 1958, 13:1~5.

65 Siegel, *op. cit*., p.173.

66 Sandra Scarr and Richard Weinberg, "IQ Test Performance od Black Children Adopted by White Families," *American Psychologist*, 1976, 31:726~739; Sandra Scarr and Richard Weinberg, "The Minnesota Adoption Studies: Genetic Differences and Malkleability," *Child Development*, 1983, 54:260~267.

67 Travis Hirschi and Michael Hindelang, "Intelligence and Delinquency: A Revisionist Review," *American Sociological Review*, 1977, 42:471~586 ; Terrie Moffitt, William Gabrielli, Sarnoff Mednick, and Fini Schulsinger, "Socioeconomic Status, IQ, and Delinquency," *Journal of Abnormal Psychology*, 1981, 90:152~156.

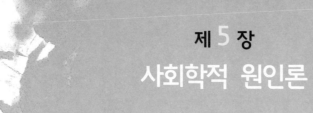

제 5 장
사회학적 원인론

　지금까지는 범죄의 원인을 주로 범죄자의 개인적 자질과 속성이라는 개인적 요인에서 찾았으나, 1920년대부터는 미국의 시카고학파의 사회생태학적 연구를 시작으로 범죄자의 사회적 환경을 중심으로 관심의 초점이 옮겨지기 시작하였다. 그런데 이처럼 범인성의 규명에 있어서 사회학적 접근이 시도되는 것에는 몇 가지 이유가 있다. 우선 사회적 구조, 즉 지역과 계층에 따라 범죄행위의 유형이 다양해짐을 경험하고 있으며, 범죄학자들은 그 이유가 무엇이며 어떻게 제거할 수 있을 것인가를 규명하고자 노력해 왔으나 개인적 요인을 지향하는 이론들로는 이런 범죄율의 차이를 설명하지 못했다. 예를 들어서 만일 범죄의 원인이 염색체의 이상에 있다면 왜 범죄발생률이 지역에 따라 상이한가를 설명할 수 없는 것이다.

　한편, 사회학은 사회변동과 인간행위의 역동적 관점에 관심을 가지고 있어서 사회변동이 개인은 물론이고 집단의 행위에 미치는 영향을 규명하고자 한다. 따라서 이처럼 집단 간 또는 대인 간의 교류와 상호작용을 강조하는 사회학이 범죄학연구의 근원이 되는 것은 오히려 당연시되고 있는 것이다. 즉, 범죄라는 것이 그 자체가 상호작용이고 따라서 범죄행위의 모든 참여자(가해자, 피해자, 형사사법기관 또는 사회)의 상호작용을 고려하지 않고는 설명될 수 없는 것이다. 따라서 개인과 가족, 학교, 동료, 직장 등과의 대인적 상호작용의 역동성이 범죄의 원인을 이해하는 데 중요하지 않을 수 없는 것이다.

　물론 이들 사회학적 원인론도 범인성의 원천을 설명하는 데는 상당한 다양성을 보이고 있으나, 전체적으로 인간의 행위를 모양지우는 데 있어서 사회의 구조·제도 그리고 과정의 역할을 강조하고 있다.

1절 사회구조적 이론

법의 생성기원과 사회현상을 이해하는 데 있어서 두 가지 관점 중의 하나인 합의론(consensus view) 또는 구조기능주의(structural functionalism)에 따르면, 사회의 붕괴를 예방하기 위해서는 어느 정도의 행위를 일탈적인 것으로 규정할 필요가 있으며, 이들 일탈적인 행위를 통제하는 것이 구성원 모두에게 이익이 되기 때문에 전체사회에 기능적인 방향으로 이들 행위를 규제하는 규범에 대하여 사회 전체가 상당한 합의를 하게 된다는 것이다.

그러나 현대사회는 계층화된 사회이며 다원적 사회이기 때문에 사회구성원 모두가 합의할 수 있는 규범을 찾기가 어려우며, 또한 구조적 문제로 인하여 합의된 기능을 발휘하지 못하는 경우가 생길 수밖에 없다. 또한 이런 사회의 계층화는 부와 권력 그리고 특권 등의 불평등한 분배에 의하여 생성되며, 특정 사회계층은 가치관, 태도 그리고 규범 등을 공유하는 사람들로 구성되기 때문에 계층 간에 갈등을 겪을 수밖에 없다. 그런데 하류계층은 현대사회에서 요구되는 교육 등 성공을 위한 기회와 수단이 제한되거나 차단되어 가장 많은 박탈감을 가지게 되어 성공적으로 상류계층과 경쟁할 수 없기 때문에 때로는 일탈할 수밖에 없게 되는 것이다. 즉, 이렇게 사회경제적 하류계층을 범죄의 주요한 원인으로 규정하는 관점을 사회구조적 이론이라고 한다.

1. 사회구조와 범죄

사회경제적 하류계층을 범죄의 일차적 원인으로 간주하는 이들 사회구조이론에는 하류계층의 문화 또는 하위문화를 범죄의 일차적 원인으로 보는 문화적 갈등(cultural conflict) 관점과 하류계층의 사회경제적 불이익 때문에 오는 성공을 성취하기 위한 관습적인 수단의 차별적 분배라는 긴장(strain)에서 그 원인을 찾는 긴장이론 그리고 하위문화적 관점과 기회구조를 동시에 고려하는 하위문화적 긴장이론으로 대별할 수 있다.

문화적 갈등이론은 범죄행위를 하류계층 문화가치와 전통에 대한 동조의 표현으로 간주하면서, 하류계층의 비공식적 규칙에 대한 복종은 불가피하게 관습적인 사회법규와 마찰과 갈등을 야기시킨다고 보는 입장이다. 즉, 자신이 밀접한 관계에 있는 사람들의 가치를 따르다 보면 종종 법을 위반해야만 하는 위치에 서게 되기도 한다는 것이다.

한편, 문화적 갈등이론과 마찬가지로 긴장이론도 범죄를 문화적으로 규정된 행위욕구에 대한 집합적 반응으로 간주한다. 하지만 문화적 갈등의 관점이 하류계층문화를 그들만의 독특한 것으로 보는 대신 긴장이론은 문화적 가치와 목표는 모든 계층에 유사한 것으로 보고 있다. 이처럼 모든 계층의 사람들이 유사한 공통의 가치와 목표를 가지고 있음에도 불구하고 하류계층의 사람들이 범죄의 일차적 원인으로 간주되는 것은 하류계층의 사람들이 그들의 사회경제적 불이익으로 인하여 자신에게 주어진 관습적인 수단으로는 공통의 목표인 성공을 성취할 수 없어서 비공식적이고 비관습적인 수단을 동원하기 때문이다.

결과적으로 하류계층은 자신을 그러한 사회경제적으로 불리한 하류계층에 소속시킨 사회에 대하여 분노하고 좌절하게 되는데, 바로 이 좌절감을 긴장(strain)이라고 한다. 이들이 느끼는 긴장으로 인해 때로는 자신의 성공을 성취하기 위하여 관습적이지 못한 대안적 수단, 즉 범죄적·일탈적 수단을 선택하게 된다는 것이다.

2. 생태학적 접근 — 사회해체(social disorganization)이론

일탈의 설명으로서 사회해체의 가장 중요한 가설이 되는 것은 일탈이 주로 제도적 지역사회에 기초한 통제의 붕괴로 야기된 결과라는 것이다. 그런데 이들 지역사회에 기초한 제도의 해체는 대체로 급격한 산업화와 도시화에 기인한 바가 크다. 한편, 사회제도의 효과성이나 주거지역과 상업지역의 바람직함은 경쟁과 지배라는 자연적·생태학적 원리에 밀접하게 연관되며, 이런 점에서 사회해체는 생태학적 접근이라고 불리기도 한다. 이와 같이 사회적으로 해체된 지역은 관습적인 전통과 가치관을 대체하는 범죄적 전통과 가치관을 발전시키게 된다. 따라서 이러한 해체된 지역의 사람들은 자연스럽게 해체된 환경조건에 반응하는 것으로 가정되고 있다.

환언하면 도시화와 산업화로 인한 급격한 사회변동은 지역사회의 제도적 또는 비공식적 사회통제를 약화시키는 사회해체를 경험하게 되는데, 이러한 사회해체는 대체로 도시가 성장함에 따라 동심원지역(concentric zone)으로 일어난다. 이러한 사회해체를 경험하는 지역에서는 비행적 전통과 가치관이 관습적 전통과 가치관을 대체하여 공식적 또는 비공식적 사회통제를 약화시켜서 일탈이 야기된다고 할 수 있다.

그런데 여기서 사회해체가 어떻게 사회통제를 약화시키는가는 중요한 논의의 대상이지 않을 수 없다. 사회해체는 가치와 규범의 갈등, 이동성, 문화변동과 문화적 진공상태의 초래 그리고 일차적 인간관계의 감소를 조장하여 내적 또는 외적 사회통제를 약화시킨다. 내적 사회통제

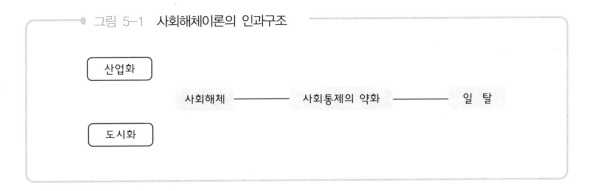

그림 5-1 **사회해체이론의 인과구조**

산업화

사회해체 ——————— 사회통제의 약화 ——————— 일 탈

도시화

는 사람들이 문화적 가치와 규범을 옳고 적정한 것으로 받아들이기 때문에 사회적 규범을 위반하지 않는 것으로서, 이러한 내적 통제는 규범갈등, 문화변동 그리고 사회적 이동성으로 인해서 약화된다. 반면에 외적 통제는 사람들이 규범에 대한 동조로 보상을 받고 반대로 규범위반에 대해서는 처벌을 받기 때문에 규범을 위반하지 않는 것을 의미하는 것으로 문화갈등과 일차적 인간관계의 감소로 인해 약화된다.[1] 다시 말해서 급격한 인구의 유입으로 인해 원래의 거주민이 교외로 나가게 되는 인구이동이 일어나면 그 지역에 존재하던 공식적인 사회조직이 해체된다. 즉, 지역사회가 전이하게 되어 주민들이 더 이상 그 지역사회와 일체감을 갖지 못하게 되고, 지역사회의 명성과 외양에 과거처럼 신경쓰지 않게 되는 것이다. 이 경우 주민들은 이웃을 사랑하는 마음이 약화되고 지역청소년에 대한 통제력이 약화된다.[2]

그런데 이처럼 사회해체이론이 문화적 일탈을 중시하고는 있지만, 사회해체로 인한 사회통제의 약화를 범죄와 일탈의 주요한 원인으로 파악한다는 점에서 사회통제이론과 깊은 관련이 있음을 알 수 있다. 따라서 위와 같은 가설들을 기초로 사회해체이론의 인과구조를 그린다면 위 [그림 5-1]과 같다.[3]

그런데 여기서 말하는 사회해체란 범죄와 관련해서 볼 때, 지역사회 내에서의 관습적인 제도적 통제뿐만 아니라 비공식적 사회통제력의 붕괴[4]와 지역사회의 개인이나 집단 또는 조직이 집합적으로 공통의 문제를 해결할 수 없는 것[5]을 의미한다.

이러한 사회해체와 비행의 연계는 Shaw와 McKay의 연구와도 관련이 있다. 이들의 연구는 Park[6]와 Burgess[7]를 비롯한 시카고학파의 도시성장을 5개의 동심원지역으로 파악한 사회생태학의 원리에 영향받은 바 크다. 이 연구는 도시성장을 분석함으로써 범죄와 비행의 분포상태는 물론 그와 같은 도시범죄의 분포이유를 규명하고자 하였다. 공식통계를 이용하여 비행을 측정하고 비행이 발생한 곳이 아니라 비행소년이 살고 있는 지역을 중심으로 분석해 본 결과, 인구의

이동이 심하고 문화적 갈등이 상존하여 사회의 비공식적 통제력이 약화된 과도기적인 지역의 도심에 가까울수록 비행이 다발하고 반대로 도심에서 멀어질수록 비행발생이 적어진다는 사실을 발견하였다. 이들에 따르면 이러한 현상을 사회해체라고 규정하고 사회해체의 개념을 "인구구성의 지속적인 변화, 이방인 문화의 붕괴, 이탈문화적 전형의 확산 그리고 점진적인 산업화가 지역사회 문화와 조직을 와해시키고 지역사회 전통과 제도의 계속성을 붕괴시키며, 통제단위로서 또는 사회의 도덕적 기준의 전이를 위한 매체로서 지역사회의 효과성이 지대하게 약화된 경우"[8])로 설명하고 있다.

그런데 사회가 해체된 도심지역에서 비행이 다발하는 이유가 인구구성이나 인종의 문제, 즉 범죄성이 강한 사람들이 모여들기 때문인지 아니면 지역 자체의 강한 범죄성 환경 또는 문화 때문에 누구나 범인성 잠재력을 갖게 된 결과인지에 대한 논란이 제기될 수 있다. 우선, 생태학의 원리와 같이 하나의 인종이 지배하던 지역에 문화와 가치관 등이 다른 인종이 침입하여 지배하더라도 그 지역의 비행발생 정도는 지속적으로 높았다는 사실은 인종이나 문화 또는 가치관 등의 문제라기보다도 지역특성, 즉 사회해체에 기인한 것으로 이해될 수 있다. 그러나 그 후에 그 지역의 인구구성 변동이 비교적 안정되더라도 높은 비행률을 보인다면 지역 내 거주자에게 주어지는 기회의 부족에 원인이 있다고도 볼 수 있다. 한편으로 비록 해체된 동일 지역사회 내에서도 동양계 인종의 비행률이 흑인 등의 비행률보다 현저히 낮다면 이 사실은 문화적 차이를 보여 주고 있음을 알 수 있어서, 사회해체론이 긴장이론과 문화적 전이이론의 관점을 모두 가진 것으로 이해될 수도 있다.[9]) 이러한 의미에서 혹자는 그 사회가 해체되었다기보다는 전통적인 사회와는 다르게 조직화되었을 따름이라고 주장하기도 한다.

사실, Shaw와 McKay도 후에는 사회해체를 강조하지 않고 차별적 사회조직화(differential social organization)라는 개념으로 파악하였는데, 바로 Sutherland가 이러한 관점의 대표적 학자로서 그는 차별적 접촉이론(differential association theory)을 주장하였다.[10])

Shaw와 McKay가 주장한 사회해체이론의 업적 중에서 가장 중요한 발견은 도시의 생태가 범죄행위에 영향을 미친다는 사실의 발견이다. 즉, 이것은 지금까지 범죄자가 생물학적으로 또는 심리학적으로 결함이 있다고 보았었던 범죄자관에 대한 대안으로서 범죄가 특정 인종이나 소수집단의 전유물이라는 가정에 의문을 제기한 결과가 되었다. 그들의 주장에 의하면 비행의 원인이 지역사회의 붕괴나 빈민굴의 형성과 조건 등이기 때문에 이는 Chicago Area Projects를 시작으로 지금까지 이어져 오고 있는 지역사회활동과 처우프로그램의 기초를 제공하고 있다.[11]) 즉, 비행의 원인이 사회해체에 기인한 것이기 때문에 개별비행자의 처우는 비효과적이며, 따라서 도시생활환경에 영향을 미치는 사회의 조직화가 필요하고, 그 대표적인 예가 바로 Chicago Area Project이다.[12] 따라서 사회해체론은 범죄와 비행의 예방을 위한 중요한 기초를 제공한 것으로 평가될 수 있다.

물론 사회해체론이 현대 범죄학에서 차지하는 비중이 그리 크지는 않다. 하지만 범죄와 지역성과의 관계, 즉 예를 들어 범죄현상의 지역 간 차이, 범죄다발지역에 대한 연구와 같은 범죄의 지리학적 연구와 환경과 범죄 등의 분야에 많은 영향을 미쳤으며, 사회통제이론, 아노미이론, 차별적 접촉이론 그리고 문화적 갈등이론 등 이론적 발전의 기초를 제공한 것으로 평가되고 있다.

이러한 기여에도 불구하고 Shaw와 McKay의 사회해체론에 대한 비판과 문제점 또한 만만치 않게 제기되고 있다. 우선, 1920년대 도시화와 산업화가 한창이던 시카고에 기초한 이론이 이미 도시화와 산업화가 다 이루어진 현대사회에서는 그 적용가능성이 희박하다는 원천적인 한계 외에도 방법론상의 문제와 이론적 결함 및 내용상의 비판이 주류를 이루고 있다.

우선 방법론적 문제로서 생태학적 접근이 주로 경찰이나 법원의 공식기록에 지나치게 의존함으로써 연구결과에 대한 정확성이 의문시되고 있다. 즉, 편견이나 암수범죄 등 공식기록의 정확성이 문제되는 것이다. 뿐만 아니라 이런 공식기록이 정확하다고 하더라도 그것은 단순히 그 지역의 법집행관행을 반영할 따름이기 때문에 특정 지역의 범죄발생률이 높은 것은 그 지역 경찰의 범죄해결능력이 우수하기 때문일 수도 있는 것이지 반드시 그 지역의 실제 범죄발생이 많다는 것을 의미하지는 않는 것이다.[13] 또 다른 방법론상의 문제로는 인과관계의 문제가 지적되고 있다. 즉, 생태학적 연구결과 밝혀진 변수 간의 높은 상관관계는 반드시 원인과 결과관계 (cause-and-effect)가 아닐 수도 있으며, 오히려 제3의 변수가 실제 원인일 수도 있는 것이다.[14] 한편, 생태학적 연구가 주로 요인분석의 통계기법을 많이 이용한다는 사실도 비판의 대상이 된다. 즉, 이론적 관점에서 논리적으로 변수를 도출하기보다는 가능한 한 많은 변수를 이용하여 자료를 수집하고 그것을 컴퓨터가 고르도록 하며, 그 결과로 각종 이론을 이용하여 이해하고 정당화시키려는 점이 논리상의 모순으로 지적되어 비판의 대상이 되고 있다.[15] 끝으로 생태학적 접근은 생태학적 오류(ecological fallacy)를 지니고 있음이 지적되고 있다. 즉, 전체 모집단에 관한 자료와 정보에 기초한 개인 또는 소집단에 관한 유추(inferrence)가 잘못되었다는 것인데, 동일한 비행다발지역 내에서도 동양계 소수민족의 비행률이 낮다는 사실은 전체를 통한 개인의 설명이 잘못되었다는 사실을 지적해 주는 좋은 예가 될 수 있다. 이는 생태학적 상관관계가 반드시 상응한 개별적 상관관계와 동일한 것일 수는 없기 때문이다.[16]

이론상의 문제로 지적되고 있는 것은 우선 생태학적 이론이 침체되어 있으며 멀리 내다보고 있지 못하다는 사실이다. 즉, 도시화와 그로 인한 도시로의 인구이동으로 인하여 도심지역의 일차적 인간관계(primary relationship)가 붕괴된다고 주장하였으나, 실제로 도시의 중심지역에서도 주요한 일차적 인간관계가 존재하고 있음이 발견되고 있어서 그 타당성이 의문시되고 있다. 또한 생태학적 접근이 순환론적인 추론의 문제로 비판받기도 한다. 즉, 이들의 연구에 있어서 비행발생률이 종속변수와 독립변수, 즉 원인변수와 결과변수 양쪽 모두에 사용되고 있는데, 어떠한 현실이 원인임과 동시에 결과일 수는 없기 때문에 논리적으로 모순되고 있다.[17)]

다음은 생태학적 이론이 안고 있는 내용상의 문제를 살펴보자. 우선 이 이론이 연구의 대상으로 삼았던 것은 주로 청소년비행과 그중에서도 재산비행이 중심이었기 때문에 그 연구의 범위가 제한된다고 할 수 있다.[18)] 또한 지역사회의 해체가 비행전통을 유발토록 하는지, 아니면 지역사회의 해체가 비행소년을 끌어들이는지가 분명치 않다. 그리고 동일지역 내에서의 상이한 인종 간의 비행률의 차이가 있음에도 불구하고 인종적·문화적 요인을 지나치게 경시하고 있다. 한편, 비행다발지역에 사는 많은 비비행소년과 비비행지역에 사는 많은 비행소년의 문제를 설명하지 못한다. 또한 내용상 비행률이 비행발생지역을 기초한 것인지 아니면 비행소년의 거주지역을 기초한 것인지 분명하지 않다. 그러나 비행전통의 발전과 전이에 관심을 둔다면 거주지역을 중심으로 하는 편이 옳고, 반대로 비행의 분포에 관심이 있다면 비행발생지역을 기초로 하는 것이 좋다.[19)]

3. 긴장이론(strain theory)

사회해체이론이 지역사회의 제도적 조건(institutional condition)을 중심으로 범죄와 비행의 원인을 규명하고자 하는 반면, 긴장이론은 보다 큰 사회적 조건(societal condition)에 무게를 싣고 있다. 즉, 긴장이론은 비행과 범죄를 인간이 합법적인 사회적 성공을 성취하기 위한 자신의 무능력한 경험에 대한 울분과 좌절의 결과로 보고 있다. 대부분의 사람들은 원래 유사한 목표와 가치를 공유하고 있으나 그 목표를 성취하기 위한 능력은 주로 사회적 계층에 따라 분화된다고 주장한다. 그런데 성공을 이루기 위하여 사회적으로 받아들일 수 있는 수단이 없을 때, 그 목표를 성취하기 위해서 일탈적인 수단에 호소하거나 아니면 사회적으로 용인된 목표를 거부하고 새로운 목표로 대체하게 되는 것이다. 바로 이 점이 문화적 갈등이론과 긴장이론을 구분해 주는 중요한 단서가 된다. 즉, 긴장이론은 모든 사람이 중류층의 목표를 공유하나 그것을 성취하지 못하는 경우 생기는 좌절감이 하류계층 사람으로 하여금 범죄행위로 대처하게 만든다는 논리이

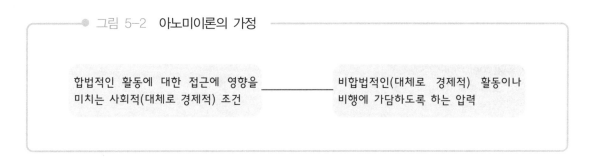

그림 5-2 **아노미이론의 가정**

합법적인 활동에 대한 접근에 영향을 _____ 비합법적인(대체로 경제적) 활동이나
미치는 사회적(대체로 경제적) 조건　　　　　　　　비행에 가담하도록 하는 압력

며, 문화적 갈등이론은 하류계층 사람은 중류계층을 중심으로 한 사회통제기관과 갈등을 야기하는 독특한 가치체계를 가지는 것으로 이해하고 있다.

이러한 긴장이론의 대표적인 논리가 소위 말하는 아노미(anomie)이론임에는 이론의 여지가 없다. 아노미이론은 물론 무규범의 상태인 아노미는 급격한 사회변동의 산물이며, 그 결과 사람들은 관습적 윤리성에 대한 자신의 유대를 상실하게 되고, 이는 사회적 통제를 약화시켜서 일탈행위를 증대시킨다는 Emile Durkheim의 주장에 크게 영향받은 바 있다.

비행과 범죄의 설명으로서 아노미의 주요한 가정은 합법적인 경제활동에 대하여 상대적으로 불리한 위치에 있다고 생각하는 사람의 다수는 비합법적이고 일탈적인 활동에 가담하도록 동기를 부여받게 된다고 보고 있는 것이다. 즉, 이들은 일을 하고 싶고 생산적인 사회구성원이 되고 싶으나 직업기술을 개발할 기회가 주어지지 않거나, 취업의 기회가 주어지지 않아서 좌절감 또는 경제적인 필요성으로 인하여 범죄에 호소하게 된다는 것이다. 따라서 아노미와 비행의 관계는 [그림 5-2]와 같이 요약될 수 있다.[20]

Durkheim에 따르면 아노미는 집단이나 사회의 무규범성 상태나 조건으로서 사회와 관계되는 인간의 속성이 아니라 사회구조적 속성에 관계되는 것이며, 이러한 아노미상황이나 조건은 현재의 사회구조가 구성원 개인의 욕구와 욕망에 대한 통제력을 가지고 유지할 수 없을 때 일어나는 것으로 보고 있다. 이러한 아노미는 주로 경제공황·전쟁·기아와 같은 자연적 또는 인간이 자초한 재난으로부터 야기되지만, 갑작스러운 행운이 규범·행위·규칙에 대한 사람들의 관념을 혼란시켜 붕괴시킬 때도 아노미는 성공적으로 일어날 수 있다고 보고 있다.[21]

이러한 Durkheim의 주장을 기초로 미국사회의 조건에 부합되도록 한 사람이 바로 Robert Merton이다. Merton에 의하면 아노미상태가 잠재적으로 문화적으로 규정된 목표와 이들 목표를 성취하기 위한 사회적으로 수용된 수단이라는 두 가지 요소가 상호작용하여 만들어진다. 즉, 문화적으로 규정된 목표는 사회의 모든 구성원이 공유하고 있으나, 이들 목표를 성취하기 위한 수

표 5-1   Merton의 수단-목표이론 분류표

적응형태	문화적 목표	제도화된 수단
1. 동조형(conformity)	+	+
2. 혁신형(innovation)	+	−
3. 의례형(retualism)	−	+
4. 은둔형(retreatism)	−	−
5. 혁명형(revelion)	±	±

단은 주로 사회경제적인 계층에 따라 차등적으로 분배되어, 교육이나 직업적 기회가 차단·제한된 계층에게는 목표와 수단의 간극이 커지게 되며, 이 경우 아노미조건이 유발되어 분노와 좌절이라는 긴장을 초래하게 되고 결국은 일탈적 또는 비합법적인 수단에 호소하게 된다는 것이다.[22] 따라서 목표와 수단의 괴리가 아노미상태를 초래하고 그것이 비행의 구조적 원인이라는 점에서 Merton의 이론을 한편으로 일탈의 수단-목표이론(means-end theory of deviance)이라고 부르기도 한다.

그런데 Merton에 따르자면 아노미상태에 대한 반응이나 적응은 다양하게 나타나며 이러한 반응이 그 사회에 존재하는 일탈과 범죄의 형태를 기술하는 데 도움이 된다는 것이다. [표 5-1]은 사회적 목표, 이를 성취하기 위한 수단 그리고 개별적 행위자의 가설적 관계를 보여 주고 있다.[23]

동조형은 무질서하지만 안정적인 사회에서 가장 보편적인 반응으로서 전혀 일탈적이지 않은 것으로 고려되며, 이러한 반응형태는 사람들이 문화적 목표와 수단을 모두 수용할 때 나타난다. 그런데 대부분의 사람들이 심지어 아노미사회에 직면하더라도 동조형 반응을 보인다는 사실은 아노미이론이 아노미사회에 직면한 사회구성원의 소수를 목표로 하는 이론임을 알 수 있게 해 주는 것이다.

다음으로 혁신형은 문화적 목표는 수용하지만 그것을 성취하기 위한 문화적·합법적 수단은 수용하지 않는 반응형태로서, 목표성취에 대한 강력한 동기에 비해 합법적 수단에 대한 접근이 제한되는 데 대한 직접적인 반응이다. 이 유형의 사람은 자신의 성공을 비관습적인 방법으로 달성하려는 사람으로 주로 절도 등이 대표적인 전형이다. 즉, 성공에 대한 피할 수 없는 욕구가 경제적 기회가 부족한 이들에게는 지대한 부담이 되기 때문에 일탈적인 적응형태가 전혀 놀라운 결과가 못 되는 것이다. 다시 말해서 비숙련노동자의 낮은 지위와 낮은 임금 그리고 이들 하류계층에게 주어지는 기본적인 직업적 기회로서는 소득과 권력이라는 측면에서 높은 지위를 성취할 수 없어 일탈적인 행위에 눈을 돌리게 된다는 것이다. 즉, 목표를 성취하려는 사회—구조적 압력을 받으면서도 그것을 이룰 수 있는 합법적인 수단은 사회—구조적으로 제한되기 때문이다. 모든 사회구성원은 높은 성공을 성취해야 하는 압력을 받지만 사회의 많은 구성원들에게 이를 위한 기회는 제한되어 있기 때문에 신성한 미덕으로 여겨지는 야망·소망이 오히려 어쩔 수 없는 악인 일탈행위를 조장하게 된다.[24] 예를 들어 화려한 생활은 하고 싶으나 돈이 부족할 때 상당수의 청소년비행자들이 유흥비조달을 위해 돈을 훔쳤다고 진술하고 있음이 이를 잘 대변해 주고 있다. 바로 이러한 사실이 빈곤지역에서의 범죄율이 높고 빈곤한 계층의 사람들이 비행을 많이 한다는 것을 정상적인 현실로 받아들이지 않을 수 없다는 것을 암시해 주고 있다.[25]

아노미에 대한 세 번째 반응형태는 의례형으로서 문화적 성공의 목표는 포기하지만 제도화된 수단은 철저히 지키려는 유형으로 아무런 목적은 없지만 관습과 매너를 엄격히 유지하는 형태이다. 의례형의 사람들은 왜 자신이 일을 해야 하는지 그 이유와 동기를 잊어버리지만 사회적으로 용인되는 방법은 수용하는 사람들이다. Merton에 의하면 혁신형이 하류계층의 특성이라면 이들은 중하류계층의 특성으로 본다. 이들은 사회적으로 용인되는 수단을 강조하기 때문에 합법적인 수단으로부터 일탈하기가 어려워지고 따라서 차라리 자신의 목표나 야망을 낮추어서 실패로 인한 좌절을 피하려고 한다. 이들은 경기의 규칙은 지킬 것을 강조하고 경기를 하는 데 전념하곤 하는 사람으로, 그 대표적인 예로 진급이나 승진 또는 경제적인 부를 포기하지만 공무원으로서의 도리를 철저히 지키는 말단 하급공무원을 들 수 있다. 따라서 이들에게서는 분명한 범죄적 행위유형을 찾을 수가 없다.

네 번째 유형은 은둔형으로서 사회의 문화적 목표와 수단을 모두 거부하는 것으로 이들은 물리적으로는 분명히 사회의 구성원임에는 틀림없지만 그 사회 속에 동화되지 못하여 실질적인 사회의 구성원이 못 되는 사람들로서 사회로부터 완전히 소외된 사람들이다. 이들은 일종의 포기한 사람들이라고 할 수 있는데, 때로는 이들도 사회적으로 수용되는 목표는 가지고 있지만 정신적으로 또는 육체적으로 합법적인 수단을 이용할 능력이 없기 때문에 그 수단이 거부되며 이를 도피하려 함으로써 자신의 성공의 부재로부터 벗어나려는 이중실패자가 되는 것이다. 마약중독자나 알코올중독자 중에 이러한 유형을 찾아볼 수 있다.

이러한 유형은 사회·문화적 목표와 수단을 받아들이지만 반복적으로 실패를 거듭할 때에는 목표성취를 위한 합법적 또는 비합법적 수단으로부터 차단되는 것이다. 이들이 현실로부터 완전히 도피할 때 갈등도 사라지고 비사회화하게 된다.[26]

끝으로 혁명형은 기존의 사회가 수용하는 목표와 수단을 새로운 대안적인 것으로 대체하려는 유형이다. 현재의 사회구조의 혁신적인 변화를 추구하는 혁명가들로서 정치적으로 파괴적인 집단이 이러한 유형에 속하는 것으로 알려져 있으며, 한편으로는 재산범죄나 공공질서파괴범 등을 이들의 주요한 범죄유형으로 볼 수 있다.

이러한 Merton의 이론은 일탈적 또는 비일탈적 행위를 유형화할 수 있다는 가능성을 보여 주었으며, 일탈행위를 사회행위를 통제하는 성공목표에 연결시킴으로써 좌절감과 그로 인한 범인성을 유발하는 갈등의 원인을 지적하였다. 특정 개인이 비행자가 되는 이유보다는 수단의 불공평한 분배로 인한 특정 사회계층이나 인종집단의 높은 범죄율을 설명하는 데 도움이 되고 있다. 또한 개인이 아니라 사회적 조건이 비행을 유발한다고 간주하기 때문에 비행을 통제하고 줄이기 위한 방향을 제시해 주었다는 평가를 받고 있다.[27]

그러나 여기서 관심을 가져야 할 것은 사회조건이 어떻게 개인의 행위에 영향을 미치는가라는 의문이다. Durkheim은 제도적 집합성(institutional collectivities)이 사회구조와 개인적 행위의 연결고리라고 주장하지만, Merton은 이 점에 대해서 구체적으로 자세한 설명을 하지 않고 있으나 상대적 박탈감(relative deprivation)을 가능한 연결고리로 보는 것 같다. 즉, 하류계층의 사람들이 자신보다 높은 중상류층의 사람들과 비교하여 상대적인 박탈감을 느끼는 것이 아니라, 자기와 유사한 입장에 있는 사람들과 접촉하면서 비교한 상대적 박탈감을 느끼기 때문에 아노미조건에 대한 개인적 해석의 차이가 가능하고 이러한 차별적 해석이 개인의 행위에 영향을 미치는 것으로 이해하고 있다. 그러나 상대적 박탈감만으로는 아노미조건에 대한 개인적 반응의 차이를 충분히 설명할 수 없는 것으로 보인다.[28]

한편, 아노미이론에 대한 비판의 소리도 적지 않다. 우선, 아노미이론은 모든 사회가 받아들이는 문화적 목표와 수단을 가정하고 있으나 그것은 지나치게 단순한 가정이다. 즉, 특정 사회 내의 다양한 문화와 추구하는 목표의 다양성을 무시하고 있는 것이다. 또한 위에서 지적한 점과도 유사한 것으로 개인적 적응유형의 차이를 설명하지 못하고 있다. 대부분의 사람은 아노미조건하에서도 동조형인 반면 일부는 범죄자이며, 동조하지 못하는 사람 중에서도 일부는 혁신형인 반면 일부는 혁명형인 점을 설명하지 못한다.[29] 즉, Merton이 제시한 유형이 완전하지는 못하다는 지적이다. 그 대표적인 예로 과잉동조자(overconformer), 즉 지나치게 문화적 목표와 수단에 집착하는 사람들은 Merton의 어느 유형에도 속하지 못한다.

또한 적용범위의 문제로서 이 이론은 미국사회에 국한될 뿐이며, 그 외의 사회에서는 적용이 곤란하다는 지적을 받고 있다.[30] 같은 문제로서 아노미이론은 대체로 남성범죄와 비행에 초점을 맞추고 있다는 사실도 지적되고 있다. 즉, 합법적인 수단과 목표에 괴리를 가진 여성이 남성과 마찬가지로 긴장을 느끼고 아노미를 느끼며 자신의 긴장을 줄이기 위해서 비행에 가담한다고 가정할 수 있을 것인가는 분명치 않다.[31] 더불어 아노미이론은 사회의 특정한 목표를 성취하기 위해서라기보다는 단순히 쾌락을 위하여 행하는 비공식적인 청소년비행의 설명은 불가능한 것이다. 또한 목표달성과는 무관하게 파괴적이거나 폭력적인 범죄행위의 다수도 설명을 할 수 없다는 한계가 있다.

그리고 아노미이론은 비행이 문화적 목표와 수단의 괴리로 인한 긴장의 산물로 가정하고 있지만 비행의 결과로 긴장이 발전되는 것은 아닌지 논란의 여지가 있다. 연구결과 긴장이 비행을 유발하기보다는 비행이 긴장을 유발하는 것으로 지적되기도 하였다.[32]

또한 청소년에게 있어서는 학업이 긴장을 초래하는 가장 큰 요인이지만 대부분의 소년들은 비록 학교에서 성공하지 못하더라도 다른 분야에서의 성공을 통하여 긴장을 예방할 수 있다는 점도 아노미이론의 한계일 수 있다.[33]

4. 하위문화이론(subcultural theory)

하위문화이론은 아노미이론을 이론발전의 틀로 하고 있다. 아노미이론에 따르면 서로 유사한 이념과 가치관을 가지고 상호필요성, 방어 그리고 지지를 위하여 결합하는 소위 하위문화(subculture)의 형성이 예견되고 있다.

하위문화이론은 대부분의 비행행위가 집단 내에서 발생한다는 것을 전제로 하고 있다. 즉, 비행소년들은 전형적으로 행동을 같이하고, 아니면 적어도 혼자 행동할 때라도 최소한 집단의 영향을 받게 된다는 가정이다.

또 다른 가정의 하나는 비행이 대체로 하류계층 남자들의 현상이라는 것이다. 물론 이 가정에 대해서는 청소년비행이 모든 계층에 걸쳐서 나타나는 현상이며 공식통계상 하류계층의 비행률이 높다는 것은 단지 편견의 소산이라는 점에서 비판의 소리가 없지 않다. 그러나 현실적으로 비행이 하류계층의 청소년들 가운데에서 더 많이 발생하고 있는 만큼, 가치관이나 생활유형을 포함한 하류계층의 경험이 비행행위에 상당부분 기여하고 있음을 짐작할 수 있게 한다.

그래서 하위문화이론은 하류계층의 청소년이 교육, 가족지원 그리고 영향력 있는 인간관계 등 사회적 성공을 위한 승인된 수단으로부터 소외되기 쉽고, 이것을 상쇄하기 위해서 그들이 성공적이고 중요하다고 느끼는 자신들만의 하위문화를 계발하게 된다고 보고 있다. 또한 가끔 범죄적 하위문화는 지위, 부 그리고 자긍심 등을 습득하는 수단으로서 폭력성과 범죄성을 강조하기도 한다. 범죄는 상류계층의 목표와 하류계층의 수단의 긴장성공과 자기존중심의 변화된 형태를 습득하는 접근수단을 제공해 주는 독립적인 하류계층 하위문화를 유발하게 된다.

하위문화이론에는 중류계층 척도와 지위좌절, 차별적인 기회 그리고 하류계층 문화갈등을 분석의 초점으로 하는 이론이 대표적으로 거론될 수 있는데, 이들 모든 하위문화이론이 하위문화 속에 특정한 규범이 존재하는가에 대해 의견일치를 보이고 있지는 않지만 모두가 비행행위를 하위문화에 의한 것이며 하위문화의 신분요건에 의해서 영향받게 되는 것이라고 이해하려는 노력이 시도되고 있다.

(1) Cohen의 비행하위문화이론 — 중류계층 척도와 신분좌절

Cohen은 하류계층의 슬럼(slum)지역에 공식적으로 인지된 비행이 지나치게 많다는 사실에 착안하여, 하류계층의 비행이 실제로 중류계층의 가치와 규범에 대한 저항이라고 보았다. 사회적 조건이 이들 하류계층의 청소년들로 하여금 사회적으로, 특히 중류사회의 성공목표를 합법적으로 성취할 수 없게 하기 때문에 하류계층의 청소년들은 신분좌절(status frustration)이라고 하는 일종의 문화갈등을 경험하게 된다.[34] 이러한 지위좌절을 경험하는 하류계층의 청소년들 중 다수는 비행집단으로 함께 어울려서 비공식적이고, 악의적이며, 부정적인 행위에 가담하게 된다.[35]

Cohen의 이론은 그래서 다음과 같은 네 가지의 가정으로 요약될 수 있다. 첫째, 상대적으로 많은 수의 하류계층 청소년들이 학교에서 실패하고 있으며, 둘째로 이런 저조한 학업성취도는 비행과 유관하며, 셋째로 이들의 저조한 학업성취는 대부분 하류계층 청소년들의 가치와 학교체제의 지배적인 중류계층 가치의 갈등에 기인한 것이며, 넷째로 이들 대부분 하류계층 청소년들의 비행은 부분적으로 반사회적 가치를 기르고 보다 긍정적인 자기관념을 개발하기 위한 수단으로서 집단비행의 형태로 범해지고 있다.

그런데 이러한 비행하위문화의 발전은 하류계층 청소년들이 성장하면서 경험하게 되는 가족적 또는 사회적 조건에 영향 받는 바 크다. 비행은 하류계층의 타고난 계급열등성의 산물이 아니라 하류계층 사람들이 겪게 되는 사회적·경제적 한계의 결과이다. 청소년에게 있어서 가장 중요한 일차적 사회화기관인 가정의 사회구조상의 상대적 위치에 따라 청소년들이 성장 후 겪게 될지도 모르는 많은 문제와 경험을 좌우하게 된다. 하류계층의 가정에서는 지배적인 중류계층의 문화 속으로 진입하는 데 필요한 사회화기술을 그들의 자손들에게 가르칠 수 없고, 따라서 중류계층의 생활방식과 영원히 격리된 하류계층의 가정에서는 사회경제적 성공을 달성하는 데 필요한 기본적인 기술이 부족한 아동을 양산하게 된다.

그 결과 하류계층의 청소년들이 가지는 중요한 장애 중의 하나가 선생님이나 고용주 등 권위 있는 사람들을 긍정적으로 감명시킬 수 없다는 것이다. 이들 권위 있는 위치는 대부분 하류계층의 청소년들을 잘 이해하지 못하는 중상류계층에 의해서 독점되고 있기 때문이며, 이들에 의해서 만들어진 기준이 바로 '중류계층의 잣대(middle-class measuring rod)'라는 것이다. 그런데 항상 하류계층의 청소년들은 이들 중상류층의 사람들이 만든 그들의 기준에 의해서 평가되고, 따라서 그 기준을 충족시키지 못하는 경우 겪게 되는 갈등이 곧 비행의 일차적 원인이라는 것이다. 중류계층의 잣대로 중류계층에 의한 지속적인 부정적 평가는 하류계층의 청소년들로 하여금 사회로부터 쉽게 판단하게 하고 거부하게 되는 것으로 인식하게 된다. Cohen은 이러한 감정을 반응의 형성(reaction formation)이라고 하였다. 그런데 이들 하류계층의 청소년들은 대체로 다음의 세 가지 대안적 행동유형으로 반응을 형성하는 것으로 알려져 있다.

중류계층의 거부에 대한 가장 보편적인 반응은 '길모퉁이 소년(corner boy)' 역할로서 분명하게 비행소년이라고 할 수는 없지만 친구들과 어울려 거리를 서성대는 등의 일탈행동을 하는 경우이며, 두 번째는 중류계층을 비난하기보다는 자신도 중류계층의 기준으로 성공하기 위해 노력하는 '대학생(college boy)'이며, 중류계층의 문화와 정반대되는 일련의 규범과 원칙 등을 수용하는 '비행소년(delinquent boy)'이 그 세 번째 유형이다.

비행소년집단에게 있어서는 좌절감으로 인한 갈등을 해소하고 자신들의 삶에 의미를 부여하기 위해서 다른 하류계층의 청소년들과 함께 또래집단을 형성하게 된다. 그 결과 형성되는 하위문화가 중류계층의 거부에 대한 해결책이 될 수 있고 구성원들에게 사회적 지지와 재강화를 제공할 수도 있게 된다. 그러나 이 하위문화가 완전한 해결책은 되지 못하고 때로는 더욱 심한 좌절감과 증오심을 낳게 되어 이들의 하위문화가 부정적이고 비공리적이며, 단기쾌락주의적이고 악의적이게 되는 것이다. 반대로 그들이 중시하는 것은 즉각적인 만족감, 재물의 파괴, 소란행위, 폭력적인 발산 등으로 나타난다. 따라서 이들의 하위문화가 중류계층의 거부로부터 파생된 자신의 좌절감을 밖으로 표출하는 매개물이 되는 것이다. 이상과 같은 Cohen의 중류계층 잣대와 그 반응으로서의 비행은 [그림 5-3]과 같이 가설적으로 설명될 수 있다.

물론 Cohen의 이론이 사회학적 이론가들의 많은 지지를 받았음에도 불구하고 그에 못지 않은 비판의 대상이 되기도 하였다. Cohen의 논리를 가장 심도 있게 비판한 사람은 Kitsuse와 Detrick이다. 이들은 우선, Cohen은 비행이론을 구성한 것이 아니라 오히려 비행하위문화의 내용이나 분포를 기술한 것에 지나지 않는다고 혹평하고 있다. 즉, Cohen은 과연 비행소년의 태도, 가치관, 신념이 무엇이며 이들은 어떻게 습득되는 것이고, 이들을 습득한 이후 비행소년에게

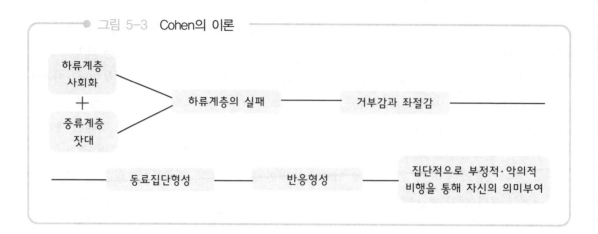

그림 5-3   Cohen의 이론

주어지는 소득은 무엇인지에 대해서만 설명하고 있다고 지적되고 있다. 그래서 비행이론이라기보다는 비행하위문화형성이론(theory of delinquent subculture formation)이라고 비판되고 있다.[36]

　　한편, Cohen은 하류계층의 청소년들이 자신에 대한 중류계층 사람들의 견해와 관점에 신경을 쓴다고 하지만 상당수의 하류계층 청소년들은 사실 중류계층의 의견에 대해서 별다른 관심을 갖지 않고 있으며, 중류계층의 가치관, 즉 성공에 대한 열망 자체가 없다고 보여지고 있다. 그래서 그들은 중류계층제도에서의 지위를 지향하지 않기 때문에 좌절감으로 인한 반응형성으로서의 하위문화라는 개념은 의문의 여지를 남길 수밖에 없다.[37]

　　또한 Cohen의 이론은 처음부터 이론의 형성 자체가 잘못되었다는 지적을 받고 있다.[38] 즉, 항상 청소년들이 비행적 하위문화라는 관점에서만 생각하고 행동하며 그와 유사한 가치관이나 규범만을 가지지는 않는다. 즉, Matza와 Sykes의 중화이론(theory of neutralization)에서 밝힌 바와 같이 비행청소년이라고 할지라도 일탈적·비관습적일 수도 있으며 동시에 관습적일 수도 있다는 것이다. 그리고 사실 대부분 관습적인 사고와 행동을 보여 주고 있다. 따라서 하위문화에 참여하게 되면 주위사람들이나 관계자들로부터 나쁜 평판을 받게 되고 그들로부터 적대적인 대접을 받게 되므로 그 이상의 비행을 통하여 자신을 적대하는 이들을 거부하는 것으로 이해할 수 있다.[39]

　　다음으로 Cohen의 이론은 하류계층 청소년들이 겪고 있는 학교의 문제에서 시작하고 있으나 이는 하류계층 청소년들만의 문제가 아니라 모든 청소년들이 공통적으로 겪고 있는 문제이다.[40] 따라서 만약 학교에 문제가 있다면 그것은 계층간의 차이가 아니라 학생과 교사 등 관계자와의 상이한 가치관에 기인하는 것으로 보는 것이 적절하다는 지적이다.[41]

또한 많은 비판가들은 Cohen이 비행행위를 비공리적·악의적·부정적이라고 규정하는 데에 이의를 제기하고 있다. 즉, 청소년들의 비행행위가 때로는 공리적이고 계산적이며 이성적일 때도 많다는 것이다. 실제로 범행의 동기가 상당수 유흥비조달을 위해서라는 사실이 이를 입증해 주고 있다. 이러한 지적에 대해 Cohen과 Short도 수긍하고 있으며 자신의 원래 이론이 지나치게 단순하다고 보고 따라서 보다 복합적인 모형이 필요함을 인정한 바 있다.[42]

그리고 Cohen의 이론은 처음부터 사회계층적 편견을 지니고 있었다는 점도 지적되고 있다. 청소년비행, 특히 집단비행을 하류계층 청소년들의 소행으로 단정하고 있으나 중산층 청소년들의 비행도 적지 않다는 사실이 입증되고 있기 때문에 이들에 대한 고려가 되지 않았다.

그리고 하류계층 청소년들이 중산층의 가치관과 열망을 지니고 있다고 전제하지만 증명하지 못하고 있으며, 더구나 중산층의 철학을 지향하지 않는 하류계층 청소년들에 대해서도 전혀 고려하지 않고 있다.[43]

한편, 이론 자체가 하위문화에 대한 역사적 설명 내지는 기술에 지나지 않고 거의 검증이 불가능하다는 지적도 받고 있다. 즉, 왜 하위문화가 형성되는가를 설명할 필요가 있는데, 이를 위해서는 과거에 대한 청소년들의 심리학적 동기가 분석되어야 하나 사실상 거의 불가능한 일이기 때문에 오히려 기능론적 관점에서 접근하는 편이 더 바람직하다는 것이다. 또 다른 방법론상의 논박으로는 Cohen이 청소년의 비행가담을 관찰하고 그 다음에 반응형성과정을 가정하고 있으나 반응형성과정을 먼저 관찰하고 그 결과 최선의 해결책으로서 비행을 선택하는가를 관찰하는 것이 더 바람직한 접근방법이라는 주장이다.[44]

(2) Cloward와 Ohlin의 차별적 기회이론(differential opportunity theory)

Cloward와 Ohlin은 일탈에 이르는 압력의 근원에 초점을 맞춘 Durkheim과 Merton의 아노미이론과 비행을 학습의 결과로 파악하는 Sutherland의 차별적 접촉이론을 하나로 통합한 차별적 기회이론으로 비행을 설명하고자 하였다.[45]

이들에 따르면 사회학적 또는 심리학적 요인으로 인하여 합법적 역할뿐만 아니라 비합법적 역할에 대한 각자의 접근에 한계가 있다고 할 수 있다. 아노미이론은 합법적인 기회구조를 중심으로 합법적 수단에 대한 각자의 차이를 중시하여 비합법적 수단에 대한 차이는 중시하지 않는다. 따라서 아노미이론은 범죄에 이르는 동기나 압력은 설명할 수 있을지 모르지만 그들이 추구하는 범죄의 특별한 형태는 설명할 수 없다.[46] 한편, 합법적인 수단에 대한 접근의 차단이나 제한이 자동적으로 형성된 비합법적인 수단에의 접근을 의미하지는 않는 것이다. 즉, 합법적 기회

표 5-2   Cloward와 Ohlin의 하위문화유형 분류표

부문화 유형	합법적 수단	비합법적 수단	폭력수용	적응양식
범죄적 하위문화	−	+		혁 신
갈등적 하위문화	−	−	+(예)	폭 력
은둔적 하위문화	−	−	−(아니오)	은 둔

의 차단이 비행으로 이루어지기 위해서는 비행소년이 되는 방법을 학습할 기회를 필요로 하는
것이다.[47)]

　반면 차별적 접촉이론은 비합법적 수단에 대한 다양성은 인정하면서도 합법적 수단에 대
한 차이의 중요성은 인식하지 못한다는 사실을 기초로 아노미이론과 차별적 접촉이론을 통합
하여 차별적 기회구조라는 측면에서 이론화한 바 있다. 즉, 합법적 기회가 주어진다면 굳이 비
합법적인 수단을 통하여 목표를 성취하려고 하지 않으며, 단지 합법적 수단에 의한 목표의 달
성이 제한될 때 비합법적 수단에 호소하게 되지만 이 경우도 이들의 비행적 반응은 다양한 비
합법적 수단 여하에 따라 다양해진다는 것이다.[48)] 즉, 하류계층 청소년들의 비행은 관습적 제
도로서 차단된 합법적·경제적 기회로부터 야기되지만, 비행의 특성은 불법행위에 대한 기회에
영향을 미치는 지역사회의 특성에 따라 달라진다는 것이다. 따라서 이 이론의 공헌은 동조적인
행위에 가담할 기회와 마찬가지로 불법적인 행동을 범할 기회도 사회적으로 다양하게 분배된다
고 주장한 사실이다. 결국, Cloward와 Ohlin은 하류계층의 비행은 범죄적(criminal)·갈등적
(conflict)·은둔적(retreatist) 세 가지 차원에서 발생한다고 주장하고 있다. 그런데 이처럼 특정 지
역에 특정 유형의 비행형태가 지배적인 것은 관습적 가치와 비합법적 가치 및 행위체제의 통합
과 지역사회의 상이한 연령층의 통합에 크게 영향받은 것으로 알려져 있다. 이들 세 가지 유형
은 합법적 수단, 비합법적 수단 그리고 폭력성의 수용 여부에 따라 [표 5−2]와 같이 도식화될
수 있을 것이다.[49)]

　우선, 범죄적 유형(criminal pattern)은 청소년범죄자에게 성공적인 역할모형이 될 수 있는 조
직화된 성인범죄자들의 활동이 존재하는 지역에서 나타나는 것으로서 성공목표에 대한 대안적
인 접근수단을 제공하는 새로운 기회구조를 만들어 낸다. 이 유형은 일종의 도제제도로서 성인
범죄자들은 청소년비행자들에게 성공을 성취하는 수단으로서의 범죄행위의 중요성을 가르치며,
따라서 재물을 불법적으로 취득하는 데 필요한 기술의 전수를 강조하게 된다. 더불어 지역사회
의 안정을 갈구하여 성인범죄자 집단과 관습적인 집단 간에 타협이 이루어지고 상호의존성이
상존하게 되는데, 바로 이러한 점이 이 지역의 비행을 주로 비폭력적인 절도와 같은 재산범죄를

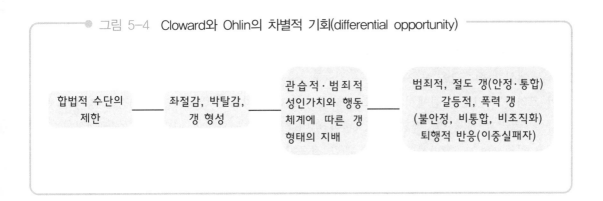

그림 5-4 Cloward와 Ohlin의 차별적 기회(differential opportunity)

합법적 수단의 제한 ——— 좌절감, 박탈감, 갱 형성 ——— 관습적·범죄적 성인가치와 행동체계에 따른 갱 형태의 지배 ——— 범죄적, 절도 갱(안정·통합) 갈등적, 폭력 갱(불안정, 비통합, 비조직화) 퇴행적 반응(이중실패자)

지향하게 하고 있다.

한편, 안정적이고 조직화된 형태의 성인범죄자 활동이 발전되지 못하고 관습적 또는 범죄적인 청소년들을 위한 성인역할모형이 발전되지 못한 지역에서는 갈등형태(conflict pattern)의 폭력지향적 비행행위가 나타나게 된다. 그 이유는 범죄적이든 관습적이든 모형이 될 만한 성인에 의한 안정적인 사회통제제도가 없기 때문이다. 청소년들은 자신들에게 비폭력적이며 절도 위주인 성공수단이 주어지지 않기 때문에 폭력성을 일종의 지위와 성공을 성취하는 수단으로 이용하게 된다. 어떤 면에서는 갈등적 하위문화는 자기파괴적(self-defeating)이다.

즉, 이 지역에서의 폭력성의 강조로 인하여 경찰의 관심을 끌게 되어 관습적인 합법적 역할모형은 물론 비관습적·비합법적 역할모형조차도 억제하게 되는 것이다.

또한 세 번째 유형은 은둔적 하위문화(retretist subculture)로서, 주로 마약과 음주 등을 통하여 즐거움과 쾌락을 지나치게 강조하는 사람들로 구성된다. 이들은 관습적 또는 비관습적 세계 어디에서도 성공할 수 없기 때문에 이중실패자(double failure)라고도 한다. 이들은 합법적 수단뿐만 아니라 비합법적 수단마저도 거부하는 사람들이다. 이 유형의 부문화는 어떠한 지역에서도 존재할 수 있다.

이를 종합하면 Cloward와 Ohlin의 차별적 기회이론은 [그림 5-4]와 같이 도식화될 수 있을 것이다.[50]

차별적 기회이론이 청소년비행의 예방과 교화개선이라는 측면에서 폭넓게 활용되고 있음에는 의문의 여지가 없다.[51] '시카고지역계획(Chicago area project)'이나 '청소년을 위한 동원(mobilization for youth)'이 대표적인 비행예방프로그램이며, 소년원이나 소년교도소에서 청소년범죄자에게 학과교육이나 직업훈련을 중점적으로 시행하는 이유도 이들에게 합법적인 기회와 수단을 제공해 주겠다는 의도에서 이루어지고 있다.

또한 차별적 기회이론은 Cohen이 제시한 모든 사회적 가치를 거부하는 파괴적이고 부정적인 측면에서 비행소년을 보는 것보다는 갈등적·범죄적 그리고 은둔적 하위문화로 그 유형을 나누어 고려하고 있다는 점에서 비행소년에 대한 보다 현실적인 반영이라는 긍정적 평가를 받고 있다.[52] 그리고 실제 연구결과 비행소년이 비비행소년보다 자신의 기회가 더 제한적이라고 인식하고 있었으며,[53] 합법적인 기회에 대한 접근이 제한되었다는 인식이 비합법적인 기회에 대한 접근의 인식보다 비행과 관계가 더 크다는[54] 사실 등이 차별적 기회이론의 긍정적인 평가로 여겨지고 있다.

그러나 차별적 기회이론이 차단된 경제적 열망과 합법적 수단이나 기회로 인하여 좌절감을 갖게 한다는 가정은 많은 연구결과 긍정적으로 검증받지 못하고 있다. 그리고 하류계층의 청소년들은 자신의 열망과 기대감을 하향조정하게 되는데, 이것은 열망·기대감·행동이 상호작용하여 하류계층 청소년에게 영향을 미치기 때문이다.[55]

한편, 청소년의 열망, 기대감 그리고 그에 따른 비행행위 간의 상호관련성에 대한 연구결과, 학교에서의 실패가 비행을 유발한다는 차별적 기회이론을 지지하는 경우도 있으나, 오히려 비행이 학업의 실패를 초래하는 것으로도 생각할 수 있다. 또한 교육기회가 차단되었다고 생각하는 청소년에게서 비행률이 가장 높았다는 연구결과는 차별적 기회이론과 일치하는 사실이지만, 교육기회가 차단되었다고 느끼는 청소년들 중에서는 교육에 대한 열망이 가장 낮았던 청소년에게서 비행률이 가장 높았다는 사실은 차별적 기회이론과 상반된 결과로 평가되고 있다. 따라서 가장 비행확률이 높은 청소년은 가장 낮은 열망과 가장 낮은 기대감을 가진 청소년이지 열망은 높으나 기대는 낮은 사람, 즉 차별적 기회이론이 예측했던 청소년은 아니라는 것이다. 그리고 청소년비행이 차단된 경제적 열망으로 인한 좌절감 때문이라는 주장에 대한 확실한 증거가 있지도 않다. 즉, 비행청소년들의 지배적인 주제가 싸움이나 성적 활동 등이지 경제적 성취를 위한 공리적 계산에 의한 것은 아니라는 사실이 이를 입증해 주고 있다.

차별적 기회이론에 대한 보다 구체적인 비판으로서 우선 정확하고 측정가능한 개념의 정의가 부족하다는 사실이다. 즉, 열망과 기대라는 복잡한 인간의 심리적 과정을 간단히 연필과 종이로만 측정할 수 있는 것이 아니라는 주장이다. 또한 특정 유형의 하위문화는 특정 유형의 지역사회 특성을 갖게 마련이라고 하지만 비행률이 높은 지역이 꼭 하나의 특정한 하위문화 유형이 아니라, 오히려 여러 가지 유형의 하위문화에 의해서 특징 지어진다고 할 수도 있다. 또한 이와 관련하여 특정 지역의 특성에 따라 하위문화의 유형이 구분된다고 하지만 동일 지역이라도 하나 이상의 하위문화가 존재할 수도 있는 것이다. 즉, 차별적 기회이론은 현대산업사회에서 하위문화의 다양성을 파악하지 못하고 있으므로 목표와 수단의 문화적 다양성을 고려할 수 없는 것이다. 그 한 예로 합법적 수단과 기회구조가 가능함에도 불구하고 이를 거부하는 히피들을 설명할 수 없는 것을 들 수 있을 것이다.[56] 더구나 비행집단이라고 하지만 어느 특정한 유형의 비행행위만을 전문화하는 것도 아니다.[57] 또한 지위추구라는 사회적 변수만 강조하였지 이에 대한 개인의 차별적 반응이라고 하는 비행에 영향을 미치는 개인적 변수들은 무시되고 있다. 또한 모든 비행소년 중 일부 소수에 대해서만 적용이 가능하도록 제한된 범위도 비판의 대상이 되고 있다. 또 이렇게 하류계층의 비행을 집단비행으로 간주하고 있지만 많은 지역에서의 비행소년들이 비록 집단성을 띠고는 있지만 그것을 gang이라고 할 수 있을 정도로 구조화되고 조직화되어 있지는 않다.

전반적으로 차별적 기회이론은 이 이론에 기초하여 실시되었던 뉴욕시에서의 '청소년을 위한 동원(mobilization for youth)'에서 확인된 바와 같이 비행을 감소시키는 데 큰 기여를 하지 못하여 그 한계를 보여 주기도 하였다. 그러나 gang비행이 전문화되고 이 전문성이 지역사회의 특성과 유관하다는 주장은 긍정적으로 평가받고 있다. 다시 말하자면 이 이론은 gang비행의 내용에 대한 설명으로서는 상당히 좋은 예가 될지 모르지만 애당초 왜 비행이 발전되는가에 대한 설명의 이유로는 부족하다고 평가되고 있다.

(3) Miller의 하류계층 문화이론(lower-class culture theory)

Miller의 하류계층 문화이론은 범죄행위를 독특한 하류계층 하위문화의 가치와 규범에 대한 정상적인 반응으로 보고 있다. Cohen이나 Cloward와 Ohlin은 하류계층의 비행을 구조적 긴장을 전제로 설명하고 있으나, Miller는 하류계층의 비행을 설명하는데, 그러한 구조적 긴장이 반드시 전제될 필요는 없다는 것이다. 다시 말해서 하류계층의 gang은 남성지향적(male-oriented)이며 거리지향적(street-oriented)이다. 또한 이러한 특성은 우연히 발전되는 것이 아니며 gang의 지역사회가 아니라 일반적인 하류계층 문화제도의 특성을 반영하는 것이다. 그리고 이들의 비행은 중류계층 가치관에 대한 반응의 결과라기보다 오랜 기간 정착되어 온 하류계층 생활전통의 산물이다. 즉, 오랜 기간 동안 안정적으로 존재해 온 독특한 문화적 분위기는 그 지역의 하류계층 주민들에게 합법적인 사회질서 내에서 성공에 대한 무관심한 상태에서 궁극적으로 자신들의 지역사회와 문화 속에서 개인적인 만족감을 성취하도록 만들 수 있다는 것이다. 그런데 이러한 문화는 그들에게 독특한 일련의 구조적 요소와 그들이 주요한 관심사로 간주하는 복잡한 형태의

관심의 초점(focal concerns)에 의해 기술될 수 있다.[58]

하류계층 사회의 주요한 구조적 형태 중 하나는 가족의 안정이 여성에 의해서 제공되는 소위 여성가장가구(female-based household), 즉 모자가정이다. 이렇게 여성이 가장인 가정에서 자라는 소년은 성역할 정체감에 대한 불안으로 가득차게 되어 가정을 떠나 동성또래 단위(One-sex peer units)인 노상비행집단에서 남성 정체성을 찾게 된다.[59] 바로 이 남성 청소년또래집단이 남성다움(maleness), 지위 그리고 소속감을 추구하는 하류계층의 남성에게 환경과 동기를 제공하게 된다.

바로 이와 같은 요소들은 하류계층 사람들에게 물질적·사회적 약탈감과 더불어 Miller가 주장하는 걱정(trouble), 강인함(toughness), 영악함(smartness), 자극성(excitement), 운명(fate) 그리고 자율성(autonomy) 등 여섯 가지 주요한 관심의 초점(focal concerns)을 중심으로 조직화되는 생활의 유형과 경험을 초래하게 한다. 걱정은 법이나 법집행기관 등과의 발생이 오히려 영웅적이거나 정상적이며 성공적인 것으로 간주되는 것이며, 강인함은 신체적 강건함, 싸움능력 또는 용감함 등을 중시하는 것이다. 영악함은 속고 속이는 세상에서 남이 나를 속이기 전에 내가 먼저 남을 속일 수 있어야 한다는 것을 강조하는 것이고, 자극성은 싸움이나 도박 등의 쾌감과 모험을 즐기는 속성을 뜻하며, 인생은 자신이 어찌할 수 없는 운명의 소산이며, 성공은 따라서 요행이 중요한 것이라는 생각이며, 자율성은 외부로부터의 통제나 간섭을 받기 싫어하는 속성을 뜻한다.[60]

이와 같은 구조적 요소와 관심의 초점들은 서로 결합하여 여러 가지 방법으로 범인성을 양산하게 된다. 이들 관심의 초점에 반응하는 하류계층의 청소년들은 자신들의 행위를 통해서 자동적으로 법을 위반하게 된다. 그들이 행위를 선택해야 될 상황에 직면하면 일탈적인 형태의 행동을 가장 매력적인 것으로 보게 되는 것이다. Miller의 주장에 따르면, 현대사회에서 하류계층이 된다는 것은 일탈적인 행위에 직접적으로 다양한 영향을 미치는 사회적 상황에 직면하게 되는 것이다.

이러한 이론적 틀에서 볼 때, 비행의 동기는 여성이 가장인 가정에서 성장한 하류계층의 청소년들이 또래집단에 소속하고 싶고 그 속에서 자신의 지위를 가짐으로써 인정받고 싶어하는 욕구라고 볼 수 있다. 그리고 이러한 또래집단의 행위가 주로 하류계층의 관심의 초점에 의해 인도되기 때문에 자동적으로 법규를 위반하게 되는 것이다.[61]

따라서 Miller의 이론을 [그림 5-5]와 같이 도식화할 수 있을 것이다.[62]

Bordua는 Miller의 이론이 하류계층 문화의 다양성을 고려하지 않았다고 지적한다. 즉,

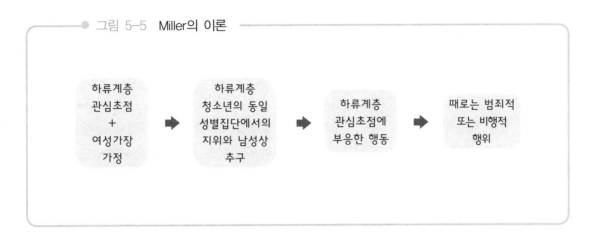

그림 5-5 Miller의 이론

하류계층 관심초점 + 여성가장 가정 ➡ 하류계층 청소년의 동일 성별집단에서의 지위와 남성상 추구 ➡ 하류계층 관심초점에 부응한 행동 ➡ 때로는 범죄적 또는 비행적 행위

Miller의 이론이 하류계층 흑인 슬럼가의 집단에게 적용가능성이 가장 높을지라도 다른 하류계층 소수민족 등에게는 적합하지 않을 수도 있다는 주장이다. 또한 하류계층의 청소년이 중류계층 문화나 가치관에 민감하다는 Cohen의 주장을 효과적으로 반박하지 못하고 있음도 지적하고 있다. Bordua에 따르면 Cohen과 Miller의 주장이 둘 다 부분적으로 옳다는 것이다. 즉, 하류계층 청소년이 처음부터 중류계층 규범을 사회화의 일환으로 내재화하지는 않지만 그들이 학교에 다니면서 중류계층의 규범 등에 민감해지며 하류계층 청소년들은 소외되어 급기야 비행하위문화로 이끌리게 될 수도 있다는 것이다.

더군다나 하류계층 청소년이 중류계층 청소년과 확연히 구별되는 상이한 가치체계를 가지고 있다는 것도 분명히 밝혀지지 않았다. 물론 하류계층 청소년은 중류계층 청소년이 인정하지 않는 몇 가지 하류계층 가치관을 지니고 있으나 중류계층 가치관을 저지하는 것은 계층 간 큰 차이가 없다. 결국 일부 하류계층 청소년이 중류계층 청소년보다는 다양한 가치체계를 가지나 그것은 하류계층 청소년의 관심의 초점을 반영한다기보다 하류계층 생활의 불이익에 대한 수용적 반응의 형태로 보는 것이 타당하다는 지적이다.[63]

그리고 Miller의 이론이 비행의 집단성, 즉 집단비행은 설명할 수 있을지 모르지만 집단이 아닌 단독범행에 대해서는 아무런 설명도 제공하지 못하며, 남자청소년들의 비행만을 설명하고 있는 반면, 여자청소년들의 비행은 전혀 고려되지 않고 있다는 점도 지적되고 있다.

즉, 비행의 종류가 다양함에도 불구하고 이처럼 다양한 비행유형별 설명이 제공되지 못하고 있으며, 현재와 같이 대중매체·교통·통신이 발달한 사회에서 과연 하류계층 청소년들이 별개의 독특한 그들만의 하위문화를 형성할 수 있는지도 의심의 여지가 있는 것이다.[64]

Siegel에 의하면 관심의 초점(focal concerns)이 하류계층 문화의 일부 요소일지라도 그것이 하류계층 사회와 생활의 유일한 관심사는 아니며, 중류계층의 가치와 문화도 하류계층 청소년들에게 조금이나마 영향을 미칠 수 있음에도 불구하고 무시되고 있다고 한다. 또한 하류계층 청소년들도 중류계층 청소년과 마찬가지로 사회의 관습적 가치와 문화를 공경하고 있다는 사실이 무시되고 있다. 더불어 하류계층 주거지역의 범죄발생률이 중류계층 주거지역에 비해 상대적으로 높다고 하지만 이것이 전적으로 하류계층의 독특한 독립적인 가치성향의 결과로 볼 수 있는 확실한 증거도 뚜렷하지 않다.[65]

Shoemaker도 하류계층 관심의 초점은 하류계층뿐만 아니라 중류계층 청소년들의 중요한 관심사의 일부일 수 있다고 지적한다. 그리고 Miller가 주장한 모자가정의 문제도 사실은 사회적 계층보다는 흑인가정에 초점을 맞춘 인종문제에 근거하고 있다고 비판한다. 하류계층 또는 흑인가정 중에서 모자가정이 차지하는 비율이 중류계층에 비해 상대적으로 높긴 하지만 절대적 비중에 있어서는 전체 하류계층 중에서 절반에도 미치지 못하고 있다. 더군다나 흑백 간의 모자가정비율의 차이가 점점 줄어들고 있어서 하류계층이나 흑인모자가정의 높은 비행률이 서로 밀접하다는 주장을 약화시키고 있다.

물론 흑인이나 하류계층은 중류계층보다 모자가정비율이 상대적으로 높고 이들 집단의 비행률이 상대적으로 높다고 할 수 있다. 하지만 이것은 오히려 여성이 가장인 가정과 더 깊은 연관성을 갖는다고 보는 편이 더 타당할 수 있다.

결국, Miller의 이론은 체계적 연구라기보다 이론적인 것에 불과하다고 할 수 있다. 물론 빈곤문화가 존재할지라도 중류계층의 가치와 문화에 비해 청소년들에게 얼마나 큰 영향을 미치는지는 결정하기 어렵다고 할 수 있다. 또한 하류계층 모자가정이 절대다수이지도 않을 뿐더러 모자가정이 비행과 직접적으로 관련이 있다는 증거가 확실하지도 않다.[66]

(4) 하위문화이론의 비판

하위문화이론에 대한 첫 번째 비판은 그들의 주장이나 논리가 순환론적이라는 것이다. 즉, 비행이나 일탈을 일종의 하위문화 요소 또는 일부 지표로 삼으면서 동시에 설명하고자 하는 결과변수로 다루고 있다는 점이다.

두 번째 비판은 하위문화론자들이 가정하는 바와 같이 행위의 다양성이 실제로 하위문화의 존재를 지적하느냐의 의문이다. 그러나 이들은 그들이 말하는 비행률이 높은 젊은 흑인청소년들에게 폭력의 하위문화가 존재한다는 증거를 제시하지 못하고 있다.

세 번째 비판은 어떻게 다른 문화로부터 하위문화의 가치를 구별할 것인가라는 의문이다. 하위문화가 상당 부분 주류문화와 공통점을 가질 수 있음에도 불구하고 하위문화가 주류문화와 구별되는 일련의 불일치가 있다고 개념규정하고 있다. 또한 어떤 가치는 다른 것에 비해 더 중요하거나 덜 중요할 수도 있으나 하위문화론자들은 이 문제에 대해서 거의 함구하고 있다.

넷째는 하위문화론자들은 하위문화가 오랜 기간 동안 지속되어 오는 것으로 가정하고 있으나, 어떠한 하위문화가 지속되기 위해서는 하위문화적 가치가 세대 간에 또는 과거의 구성원으로부디 새로운 구성원에게로 전이되어야 함에도 불구하고 이를 증명하기 위해서 다음과 같은 질문들이 명쾌히 해명되지 못하고 있다. 즉, 구성원이 어떠한 방법으로 새로 보충되며, 무엇이 하위문화를 지탱하는가, 왜 하위문화가 지속되고, 만약 변화가 있다면 어떤 가치가 변화되는지 등의 의문이 해소되지 못하고 있는 실정이다.

마지막으로 가장 중요한 비판은 하위문화이론이 하위문화에 속하지 않는 사람들의 비행에 대해서 전혀 언급하지 않았다는 사실이다. 즉, 하위문화 구성원이 아닌 사람도 비행할 수 있다는 점과 하위문화 구성원만이 비행소년이 아니라는 점에도 불구하고 이들의 비행에 대해서는 아무런 설명이 없다. 물론, 하위문화 구성원들의 비행이 상대적으로 많다고 하더라도 하위문화 구성원과 비구성원에 의한 비행은 구별되어질 필요가 있다.

5. 사회구조적 이론의 평가

사회구조적 이론은 범죄원인뿐 아니라 범죄예방분야에 있어서도 지대한 영향을 미쳤다. 현대사회에서 나타나는 대도시 슬럼지역의 높은 비행 및 범죄발생률을 고려하면 사회구조적 이론의 공헌은 충분히 이해될 수 있을 것이다.

그럼에도 불구하고 범죄를 유발하거나 조장하는 것이 하류계층 문화 그 자체인지는 아직 확실치 않다. 예를 들어 생물학적 또는 심리학적 요인도 범인성을 조장하는 요인이 될 수 있는 것이다. 더군다나 설령 하위문화가 범인성 조장요인이라고 하더라도 실질적인 비행하위문화 또는 하류계층 하위문화가 존재하는가에도 아직은 의문의 여지가 있다.

또한 하류계층 청소년들도 중류계층 청소년에 못지않게 교육을 중시하고 있으며, 따라서 사회계층보다는 교육적 성취에 의해 더 강하게 영향을 받을 수도 있다. 마찬가지로 높은 열망을 가진 청소년이 열망이 낮은 청소년보다 비행소년이 될 확률이 훨씬 낮다는 연구결과도 사회구조에 기인한 긴장이론의 주장과는 상반된 발견이다. 뿐만 아니라 많은 여론조사의 결과와 대부분의 하류계층 시민이 중류계층의 가치를 견지하고 있다는 사실도 이를 뒷받침하고 있다.

그러나 이보다 더욱 심각한 비판은 구조적 관점에서 본 이론들이 증가하는 중상류층 범죄와 비행을 무시하고 있다는 사실이다. 예를 들어 기업인들의 경제범죄가 분명히 사회구조적 문제로 인한 하류계층 생활의 긴장 때문은 아니라는 사실을 지적할 수 있다. 따라서 대부분의 사회구조적 이론은 광의의 의미라기보다 단지 하류계층의 노상범죄의 설명에 지나지 않을 수도 있다는 것이다.

그럼에도 불구하고 사회구조적 이론은 많은 사회정책에 심대한 영향을 미쳤다. 만약 범인성의 원인이 목표와 기회의 간극에 있다면 그들에게 보다 많은 기회를 제공하면 될 것이다.

이러한 관점에서 1960년대 미국의 '빈곤과의 전쟁(war on poverty)'이나 '청소년을 위한 동원(mobilization for youth)'은 범죄의 예방분야에 있어서 사회구조적 이론이 그 이론적 기초를 제공해 주었다.

또 한편으로는 교정단계에서 사회적 처우를 통한 재소자의 교화개선과 사회복귀를 위하여 재소자 교육과 직업훈련의 제공을 강조한 사실도 재소자에게 합법적 기회를 제공함으로써 재범을 방지할 수 있다고 보고 그 맥락을 같이하는 것이다.

제 2 절   사회과정이론

1. 사회과정과 범죄

사회구조적 이론은 범죄의 원인을 그 사회의 조직과 사회적 구조의 특성에서 찾고자 하여, 개인의 특성이 아닌 환경의 구조를 강조하였다. 그러나 사회구조에 초점을 맞춘 이론들은 설령 사회구조와 범죄가 상관성이 있더라도 그 사회의 구성원이 어떻게 범죄자가 되는지에 대해서는 별 관심을 갖지 않았다. 그래서 사회과정이론은 바로 이 점에 초점을 맞추어 어떻게 사람들이 범죄자가 되는지를 설명하고자 노력하고 있다. 즉, 범죄를 유발하거나 조장할 수 있는 환경이나 범죄자의 특성이 무엇인가 보다는 개인이 범죄자가 되는 과정을 설명하고자 한다.[67]

60~70년대에 절정에 달했던 이런 관심의 이동은 지금까지의 사회구조적 이론이 당시 사회의 범죄현상을 설명하는 데에는 부적절한 것으로 판단되었기 때문인데 그 이유는 다음과 같다.

우선, 사회구조적 이론이 주로 하류계층 청소년들의 범죄를 관심의 대상으로 하였으나 많은 자기보고식 조사(self-report survey)에 의하면 중상류계층의 청소년들도 하류계층 청소년들에 못지 않게 심각한 범죄행위에 빈번히 가담하고 있음이 밝혀졌다. 그럼에도 불구하고 하류계층에 초점을 둔 사회구조적 이론은 이 점을 적절히 설명하지 못하고 있다. 또한 하류계층의 청소년들 중 상당수가 그들이 성장해 감에 따라 더 이상 일탈적 행위를 하지 않는 이유를 설명하지도 못하였다. 즉, 사회구조적 문제가 범죄의 원인이라면 이들이 성장하더라도 범죄유발요인이 될 수 있는 사회구조적 문제가 없어지거나 해결되는 것은 아닌 것이다. 즉, 청소년들의 이러한 성장효과(maturation effect)는 설명될 수 없는 것이다. 그리고 사회구조적 이론이 가정하고 있는 것처럼 하류계층의 청소년이라고 해서 모두 문화적 또는 규범적 관점에서 동일한 집단이 아니라는 것이다. 즉, 재정적 자원이 부족한 사람들 모두가 비관습적인 일탈적 하위문화로 결속되지는 않는다는 것이다. 오히려 많은 하류계층의 청소년들도 관습적인 문화와 가치관을 수용하고 또한 다양한 가치성향을 갖고 있으며 반대로 많은 중상류계층의 청소년들은 관습적인 가치관 대신 비관습적인 가치성향을 지닐 수도 있다.

따라서 범죄를 유발하거나 조장할 수 있는 요인이란 모든 사회계층에 분포되어 있기 때문에 하류계층에 초점을 둔 사회구조적 이론은 그 한계가 있기 마련이다.[68]

그러므로 사회과정이론은 동일한 사회구조적 조건을 가진 모든 사람이 동일한 방법으로 반응하는 것은 아니라는 사실을 분석하는 것에서 발전되었다. 일부는 건전한 준법시민이 되는 반면, 일부는 범죄자가 되고, 또한 모든 범죄자가 항상 범죄적 방법으로 반응하지도 않으며 그렇다고 모든 비범죄적 사람이라고 해서 항상 법을 준수하는 것도 아니다. 따라서 환경에 대한 이런 차별적 반응을 설명할 수 있는 어떠한 과정이 분명히 있어야만 한다. 그런데 사회과정이론에 따르면 인간의 행위란 학습되는 것이며 또한 범죄행위도 우리가 비범죄적 행위를 습득하는 것과 마찬가지의 동일한 방법으로 습득되는 것으로 가정되는 것이므로 사회과정이 범죄행위의 중요한 결정요인이 되는 것이다.

예를 들자면 대도시 도심의 범죄다발지역에 거주하는 하류계층의 청소년이라도 그가 사회화기관(socialization agent)과의 긍정적인 경험을 하게 된다면 범죄유인으로부터 성공적으로 벗어날 수 있는 것이고, 반대로 건전한 가정환경과 사회환경 속에 사는 중상류층일지라도 자신이 정상적인 사회화과정을 경험하지 못한다면 범죄의 유인으로부터 벗어나지 못할 수도 있는 것이다.

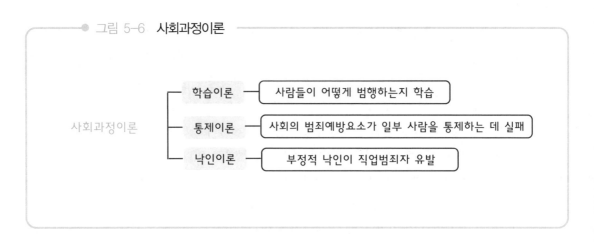

그림 5-6   사회과정이론

사회과정이론 ─┬─ 학습이론 ──── 사람들이 어떻게 범행하는지 학습
             ├─ 통제이론 ──── 사회의 범죄예방요소가 일부 사람을 통제하는 데 실패
             └─ 낙인이론 ──── 부정적 낙인이 직업범죄자 유발

　　이러한 사실은 사회계층과 범죄와의 확실한 상관관계가 없다는 많은 연구결과가 경제적인 것 이외에도 범죄행위에 영향을 미치는 것에는 다른 여러 가지가 있음을 지적해 주는 좋은 증거가 되고 있다. 단편적인 예로서 하류계층의 범죄가 상대적으로 상류계층보다 많다고 하더라도 중상류계층의 범죄 또한 무시 못할 정도로 많다는 사실 등에서 사회계층구조상의 위치나 지위만으로는 설명될 수 없음을 알 수 있다. 이러한 견지에서 사회심리학적·사회적 발전 또는 사회적 상호작용변수를 중심으로 이론화한 것이 바로 사회과정이론이다.

　　이러한 사회과정이론은 [그림 5-6]과 같이[69] 크게 세 가지로 나누어 볼 수 있다. 첫 번째는 범죄적 동료와의 친근한 접촉을 통해서 범죄의 기술을 학습한다는 학습이론(social learning)이며, 둘째는 모든 사람은 범죄적 잠재력을 가지고 있지만 대부분 사회적 유대로써 통제를 받지만, 일부 유대가 약화되어 그로 인한 통제약화의 영향을 받은 사람만이 범행을 한다는 사회통제이론(social control)이다. 그리고 마지막 세 번째는 사회의 중요구성원이 범죄자로 낙인찍기 때문에 결국 그들이 범죄자가 된다고 보는 낙인이론(labeling)이다.

2. 사회학습이론

(1) Sutherland의 차별적 접촉이론(differential association)

　　Sutherland는 화이트칼라범죄, 전문절도나 횡령범 등에 관한 자신의 연구를 기초로 범죄가 하류계층 사람들의 부적절성의 기능에 기인한 것으로만은 보지 않았으며,[70] 대신 어떠한 문화에서도 일어날 수 있는 일탈적인 가치의 학습결과로 보게 되었다.

그런데 그의 이런 관심은 시카고대학에서 진행되던 생태학적 관점에서의 사회해체론이나 Sellin의 문화적 갈등 그리고 상호관계와 의사소통과정을 통한 행위와 태도의 학습을 강조하는 상징적 상호작용주의에 영향받은 바 크다.[71]

이를 기초로 그는 인간현상의 두 가지 측면을 설명하고자 하였다. 첫째, 그는 왜 사람의 집단에 따라 범죄율이 서로 다른가 하는 이유를 설명하고자 하였다. 이에 대해서 그는 차별적 사회조직화(differential social organization) 또는 차별적 집단조직화(differential group organization)라는 개념을 들고 있다. 그에 따르면 차별적 집단조직화란 우리 사회의 일부는 범죄적 전통을 가지고 일부는 반범죄적 전통을 가지는 등 서로 다른 집단의 사람들로 구성되었다는 사실을 기본으로 하고 있다. 따라서 범죄적 전통을 지닌 집단이 반범죄적 전통을 지닌 집단에 비해 범죄율이 높다는 것이다. 따라서 높은 범죄율이나 높은 집단범죄성은 바로 이러한 범죄적 전통의 소산이라는 것이다.

둘째로 그는 왜 대부분의 사람들이 범죄자가 되지 않는 데도 불구하고 일부 사람들은 범죄자가 되는지 그 이유를 설명하고자 하였다. 위의 첫 번째 의문, 즉 특정 지역의 범죄성을 범죄적 전통에서 그 원인을 찾고자 했었던 데 비해 개인의 범죄성은 바로 개인의 차별적 접촉(differential association)에서 그 원인을 찾고 있다. 그래서 차별적 접촉이론은 특정인이 어떻게 범죄행위에 가담하게 되는가를 보여 주는 다음의 아홉 가지 진술로 구성되어 있다.[72]

① 범죄행위는 학습된다.
   범죄행위는 유전되는 것이 아니며, 오로지 학습되는 것이다.
② 범죄행위는 의사소통과정에 있는 다른 사람과의 상호작용에서 학습된다.
   사람이 단지 범죄환경에 산다거나 범죄적 특성을 가지는 것 외에도 범죄에 대한 안내자와 교사로서의 다른 사람과 상징적 상호작용과정을 통한 학습으로서 법률위반자가 될 수 있는 것이다.
③ 범죄행위 학습의 주요 부분은 친밀한 개인적 집단 내에서 일어난다.
   사람은 영화나 텔레비전을 통해서 또는 어느 누구로부터도 배울 수 있다. 그러나 범죄자를 가장 빈번히 접하는 교도관이 범죄를 학습하지 않는 것처럼 가족, 친구 또는 동료와 같은 친근한 개인적 집단과의 접촉이 학습에 가장 큰 영향을 미친다.
④ 범죄행위의 학습은 때로는 매우 복잡하고 때로는 매우 단순하기도 한 범행기술의 학습과 동기, 욕망, 합리화 그리고 태도와 구체적 방향의 학습을 포함한다.

범죄행위는 다른 일반적 행위와 마찬가지로 학습되기 때문에 범행의 기술은 물론이고 동기, 욕구, 가치 그리고 합리화 등도 여타의 학습과 마찬가지로 학습되어야 한다.

⑤ 동기와 욕망의 구체적 방향은 법률을 호의적으로 또는 비호의적으로 보는 다양한 관점으로부터 학습된다.

사회적 규율이나 법에 대한 반응이 일률적일 수 없고 법에 관한 합의도 있을 수 없기 때문에 사람은 항상 법을 준수하는 데 대한 상이한 관점을 지니게 된다. 따라서 그 사람의 인생에 있어서 중요한 사람의 범죄행위에 대한 태도가 그 사람의 범죄행위에 대한 태도의 발전에 중요한 영향을 미친다.

⑥ 법률위반에 대한 호의적인 규정이 법률위반에 대한 비호의적인 규정을 능가하기 때문에 사람이 일탈자 또는 범죄자가 된다.

차별적 접촉이론의 핵심으로서의 범죄행위는 법을 비호의적으로 보는 집단과의 접촉을 통하여 습득된 법에 대한 부정적 규정이 법을 호의적으로 보는 규정을 능가하기 때문에 일어난다는 것이다.

⑦ 차별적 접촉은 빈도, 기간, 우선순위 그리고 강도에 있어 다양할 수 있다.

범죄적 또는 반범죄적 가치, 사람 그리고 집단과의 모든 접촉이 동일하지 않다. 또한 집단규정의 습득에 대한 접촉의 영향은 접촉상 사회적 상호작용의 질에 의해 좌우된다. 그리고 사회적 상호작용의 질은 자주 오래 접촉할수록, 어릴 때 시작될수록(우선순위), 중요성이나 특전이 주어지는 접촉일수록(강도) 강해진다.

⑧ 범죄적 또는 반범죄적 유형과의 접촉에 의해서 범죄행위를 학습하는 과정은 여타의 모든 학습에 관련된 모든 기제를 포함한다.

범죄행위와 그 내용에 있어서 비범죄적 유형의 행위와 다르지만, 그 학습의 과정은 여타 행위의 학습과 동일하다.

⑨ 범죄행위는 일반적 욕구와 가치의 표현이지만, 비범죄적 행위도 똑같은 욕구와 가치의 표현이므로 그러한 일반적 욕구와 가치로는 설명되지 않는다.

도둑과 정직한 근로자가 모두 돈에 대한 욕구는 같지만 수단은 다르다. 즉, 두 사람 다 돈을 필요로 하지만 한 사람은 훔치고 다른 한 사람은 열심히 일을 하기 때문에 단순히 돈에 대한 욕망이나 욕구가 왜 훔치거나 정직하게 일하는지에 대해 설명할 수는 없다.

차별적 접촉이론은 집단적이고 모방적인 면이 많다는 청소년비행의 특성이나 또래집단을 중시하며, 환경에 민감하고 학습단계에 있다는 청소년의 특성을 고려한다면 적어도 청소년비행의 설명에는 상당한 근거가 있을 것이다. 그러나 과연 모든 범죄가 범행의 기술이나 동기 등의 학습을 요하는가라는 의문에서부터 그에 못지 않은 비판의 소지도 없지 않다.

차별적 접촉이론의 가장 큰 문제로 지적되는 것이 중요한 개념의 모호성과 그로 인한 측정의 불가능 및 결과적인 이론검증의 어려움이다. 실제로 정확하게 무엇이 법위반에 대한 호의적 또는 비호의적 규정인지 규정할 수 없으며,[73] 더군다나 호의와 비호의가 규정될 수 있더라도 인간경험상으로는 측정절차상 이러한 규정에 대한 의미가 의문시되고[74] 또한 법위반에 대한 호의적 또는 비호의적이라는 용어 자체를 측정할 수 없다.[75] 또한 차별적접촉이론 중에서 중요한 개념인 접촉의 빈도·강도·우선순위·기간 등의 개념은 그 측정이 곤란한 것으로 알려져 있다.[76] 결과적으로 중요한 개념의 정의가 모호하고 따라서 그 측정이 곤란하며 결과적으로 이론의 검증이 어렵게 된다는 비판이다. 그런데 이러한 측정과 검증의 어려움에 대한 보완으로서 DeFleur와 Quinney[77]는 '기호이론(set theory)'이라는 언어로 발전시켜서 그 측정과 검증을 시도한 바 있다.

그 다음은 차별적 접촉이론이 설명하지 못하는 점에 대한 지적이다. 왜 사람들은 자신이 현재의 접촉을 처음부터 가지게 되고 그것을 유지하고 있는가를 설명하지 못하며, 또한 처음부터 왜 법위반에 대한 호의 또는 비호의적 규정이 생겨야 하는가도 밝히지 못하고 있다.

그리고 그러한 규정에 대한 차별적 노출은 어떻게 설명할 것인가에 대해서도 의문을 제기하고 있다. 물론 Sutherland의 수제자인 Cressey는 이러한 비판에 대해서 차별적 접촉이론이 문화적 갈등과 차별적 사회조직화를 기초로 하고 있다는 사실로서 설명할 수 있다고 반박하고 있다.[78]

다음으로 중요한 비판의 대상이 되고 있는 것은 접촉결과에 따른 반응에 있어서 개인적 차이가 무시되고 있다는 사실이다.[79] 즉, 법위반에 대한 상대적 개념의 발전과 호의적 규정에 대한 수용성에 있어서 나타날 수 있는 개인적 다양성이 적절하게 다루어지고 있지 않다는 지적이다. 예컨대 어떤 사람은 일탈적 집단과 접촉하더라도 법위반에 대한 호의적 태도를 습득하지 않고 또 어떤 사람은 관습적 집단과 접촉하더라도 법위반에 대한 호의적 규정을 습득할 수 있음에도 불구하고 차별적 접촉이론에서는 이 점이 무시되고 있다는 것이다. 즉, 관습적 개념과의 접촉 및 경험이 무시되고 있는데 이에 기초한 보완적 이론이 바로 Reckless의 수용(containment) 또는 자기관념(self-concept)이론의 파생이다.[80] 예를 들어서 이러한 개인적 반응의 차이는 개인적 인성의 차이도 영향을 미칠 수 있는 것으로 보이나 고려되지 않았다. 물론 이러한 지적에 대해서 Cressey는 어떤 종류의 인성변수가 어떠한 조건에서 어떠한 방법으로 얼마만큼의 영향을 미치는지가 불분명하기 때문에 이론에 포함시키기 어렵다고 반박하면서 개별적 반응이 행위에 영향을 미치는지의 여부가 아니라 어떤 반응이 어떤 방향으로 행위에 영향을 미치는가를 의문시해야 한다고 주장한다.

이러한 접촉에 대한 개인적 반응의 차별성을 염두에 두고 보완한 것이 바로 Glaser의 차별적 동일시(differential identification)이론 또는 차별적 기대(differential anticipation)이론이다.[81]

그리고 이 외의 다른 비판으로는 설사 법위반에 대해 호의적 규정을 가졌더라도 누구나 똑같은 비행의 기회를 가질 수 없음에도 불구하고 기회의 중요성이 무시되고 있다는 점이다.

물론 상황을 어떻게 보느냐에 따라 차별적 반응을 어느 정도 설명할 수 있겠지만 동일한 기회에 대한 접근의 개인적 차이는 설명되지 않고 있다.[82]

한편, 차별적 접촉이론은 개인의 행동이 필연적으로 그 사람의 태도나 신념의 결과는 아니라는 많은 주장과 연구결과에도 불구하고 결과적 행위의 설명을 위해 개인의 태도와 신념에 지나치게 의존하고 있다는 비판을 받는다. 태도와 행위를 동일한 차원으로 보는 것은 지나치게 인위적인 구분이다. 물론 법위반에 대한 태도가 법위반행위의 원인이 될 수도 있으며 반대로 법위반행위가 법위반에 대한 태도의 원인도 될 수 있기 때문에 태도와 행위의 상호관계는 불완전한 모형일 수밖에 없다. 예를 들어 개념상으로는 차별적 접촉이론이 사실일지 모르나 모든 범죄가 다 그런 개념정의에 기초하는가 또는 범죄가 그것을 지지하는 태도·가치·신념 때문인가는 의문의 여지가 있다.

다음은 범죄가 과연 비행집단과의 친근한 직접적 접촉을 통해서만 학습되는가 하는 문제이다. 즉, 극단적인 예로 범죄집단과의 접촉이 가장 많은 경찰관이나 교도관이 범죄자가 되지 않는다는 것은 단순한 접촉이 필요조건은 될지언정 충분조건은 되지 못한다는 것을 말한다.[83] 그리고 사람은 관습적인 집단과의 접촉을 통해서 법위반에 대한 호의적 태도는 물론이고 범죄의 기술·동기·욕구 등을 습득할 수도 있고 방송 등 간접적인 경험을 통해서도 학습될 수 있으며, 범죄집단과의 접촉을 통해서 정상적인 것도 학습할 수 있다. 따라서 차별적 접촉이론은 범죄집단과의 접촉 후에 범죄행위를 받아들여서 그것을 범행으로 옮기는 데 필요한 그 무엇을 결정하고 있으며, 이 점을 보완할 수 있는 것이 바로 Akers와 Burgess의 강화이론(reinforcement theory)이다.[84] 이와 유사한 비판으로 범죄적 집단과의 접촉이 없는 사람도 사실은 상당수 범죄를 행하고 있다고 보고되고 있다. 이는 차별적 접촉이론의 한계를 여실히 드러내 보이고 있는 것이다.

한편, 차별적 접촉이론은 하류계층의 청소년비행을 중심으로 하는 사회구조이론과는 달리 전 계층의 모든 사람들의 모든 범죄유형을 일관적으로 설명한다는 점에서 적용범위가 넓다는 장점이 있지만, 하나의 이론으로 모든 유형의 범죄를 설명하기는 불가능하여 과실범이나 격정범 등 일부 범죄는 설명할 수 없으며, 특히 차별적 접촉이론이 집단적인 범죄행위의 설명에는 매우 유용하나 단독범행의 경우는 그 설명력이 약화될 수밖에 없다는 단점이 있다.

또한 많은 경험적 연구결과는 대부분의 비행이 집단적이라는 사실을 보여 주고 있지만 비행이 집단적이라는 사실만으로는 법위반에 대한 태도와 비행 또는 법위반에 대한 호의적 개념의 과다와 전혀 무관하다고 할 수 있다. 더군다나 청소년비행의 이러한 집단성이 시계열적 인과관계의 의미를 가지는지 알 수가 없다. 즉, 접촉이 비행을 우선하는지 또는 비행이 접촉을 우선하는지 알 수 없는 것이다.

(2) 최근의 사회학습이론 — Sutherland이론의 수정보완이론들

지금까지 지적된 Sutherland의 차별적 접촉이론에 대한 몇 가지 비판을 수정보완하려는 노력은 적지 않다.[85] 수정보완이론들은 대체로 범죄행위가 학습된 행위라는 사실에는 동의하면서도 구체적인 학습의 과정에 있어서 보다 발전된 것임을 알 수 있다. 특히, 친밀한 개인적 집단이 학습의 주요한 근원이라는 것은 인정하지만 범죄학습의 주요 부분이 친밀한 개인적 집단에서 일어난다는 Sutherland의 주장을 버리고 범죄의 시행착오적 학습(operant conditioning)원리를 통해서 다른 사람과는 무관하게 독립적으로 환경과의 직접적인 접촉을 통해서도 일어날 수 있다고 주장한다. 또한 이와 같은 학습과정에 대한 수정보완 외에도 학습의 내용에 대한 수정도 가하고 있다. 즉, 이들은 단지 개념에 대한 학습이 이루어진다는 Sutherland의 인식론적 성향에서 벗어나 행위 자체는 시행착오적 학습(operant conditioning) 및 사회적 학습을 통해서도 직접적으로 학습될 수 있다고 주장한다.[86]

1) Burgess와 Akers의 차별적 강화이론(differential reinforcement)

차별적 접촉이론에 대한 비판 중 하나였던 특정인이 범죄자가 되기 전에 거쳐야 하는 학습의 과정이 명확하지 않다는 점에 착안하여 이를 보완하기 위한 노력의 하나로서 Burgess와 Akers는 차별적 접촉-강화이론(differential association-reinforcement theory)을 제시하였다. Burgess와 Akers가 이 이론을 제시한 목적은 Sutherland의 차별적 접촉이론과 Skinner의 업적을 관련지어 보다 일반적인 행동이론(behavior theory)으로 통합하고자 하는 것이었다. 이들을 통합함으로써 차별적 접촉이론의 문제였던 검증가능성이 더 높아지고 불분명했던 학습과정이 훨씬 명확해질 수 있었다.[87]

　　Akers에 의하면 인간의 행위는 직접적인 상황이나 다른 사람의 행위모방(imitation)을 통하여 습득된다. 특정 행위의 결과로서 보상(rewards)의 취득(긍정적 재강화, positive reinforcement)과 처벌(punishment)의 회피(부정적 재강화, negative reinforcement), 즉 긍정적인 보상이 얻어지거나 부정적인 처벌이 회피될 때 그 특정 행위는 강화되고, 반면에 그 행위의 결과 긍정적 처벌(positive punishment)이라는 혐오스러운 자극을 받거나 보상의 상실이라는 부정적 처벌(negative punish-ment)을 받게 될 때 그 행위는 약화된다는 것이다.

　　이처럼 처벌과 보상의 조화는 차별적 재강화를 구성하게 된다. 따라서 특정 행위가 일탈적이거나 관습적인 것은 그 행위에 대한 과거와 현재의 보상·처벌 및 그 대안적 행위에 대한 보상과 처벌이라는 차별적 재강화에 따르는 것이다. 쉽게 설명하자면, 사람이란 자신의 행위결과 보상적인 행위는 지속하는 반면, 처벌되는 행위는 그만두게 되는데, 마찬가지로 범죄의 경우도 범행의 결과 자신이 보상된다면 범죄행위를 지속하게 될 것이다. 즉, 사람은 관습적인 것보다 일탈적인 것이 더 만족스럽다면 관습성보다 범인성을 선택할 것이다.

　　그런데 사람들은 자신의 생활에 있어서 중요한 집단과 사람들과의 접촉을 통하여 자신의 행위를 평가하는 것을 배우게 되는데, 자신의 행위를 바람직하지 않다고 보기보다는 좋거나 적어도 정당한 것으로 볼수록 그 행위에 가담할 가능성은 높아지는 것이다.

　　Akers에 따르면 자신의 주요한 재강화와 처벌의 근원을 통제하고 자신을 행동모형이나 규범정의에 노출시키는 집단으로부터 자신의 행위에 대해 가장 중요한 영향을 받는다는 것이다. 바로 이 중요한 집단이란 자신이 차별적으로 접촉하는 그 집단, 즉 또래와 친구집단, 학교 또는 유사한 기관들이다.[88] 따라서 이러한 차별적 재강화이론은 Sutherland의 차별적 접촉이론과 경합하기 위해서가 아니라 수정하기 위함이었고, 그 결과 다음과 같은 일곱 가지 가정으로 구성되게 되었다.

　　① 일탈행위는 시행착오적 학습(operant conditioning)원리에 따라 학습된다.
　　② 일탈행위는 차별하거나 재강화하는 비사회적 상황과 다른 사람의 행위가 그 행위에 대하여 차별하거나 재강화하는 사회적 상호작용을 통해서 학습된다.
　　③ 일탈행위에 대한 학습의 주요한 부분은 한 개인의 주요한 재강화의 근원을 통제하거나 절충하는 집단에서 일어난다.
　　④ 특정 기술·태도 그리고 회피절차를 포함하는 일탈행위의 학습은 효과적이고 유용한 강화재와 기존의 강화가능성의 기능이다.

⑤ 학습된 행위의 특정 계층과 행위발생의 빈도는 효과적이고 유용한 강화재와 과거 강화를 수반하였던 규범·규칙 그리고 규정의 일탈적 또는 비일탈적 방향의 기능이다.

⑥ 동조적 행위보다 큰 일탈적 행위에 대한 차별적 강화의 과정에서 개인이 일탈행위를 할 확률은 차별적 가치를 습득해 온 규범적 진술·규정 그리고 어구화가 존재할 때 증대된다.

⑦ 일탈행위의 강점은 일탈행위강화의 가능성·빈도·양의 직접적인 기능이다. 일탈적 유형과 접촉하는 양식은 일탈유형의 강화의 계획·양 그리고 근원에 영향을 미치는 중요한 요인인 것이다.[89]

이와 같이 Akers와 그의 동료들은 일탈적 집단과의 차별적 접촉을 규정하고 모방하며, 사회적 환경을 제공해 주는 과정을 기술함으로써 그들의 차별적 강화이론을 요약하고 있다. 학습된 규정(definition)은 미래행위에 대한 판별적 자극(discriminative stimuli)으로 작용한다.

최초의 행동이 있은 후에는 모방이 중요성을 덜해 가고 대신 사회적 또는 비사회적 강화재 (reinforcers)와 처벌재(punishers)가 중요성을 더하게 된다. 이를 바탕으로 Akers와 그의 동료들은 이론상 확인된 자신들의 학습과정에서 중요한 네 가지 개념, 즉 모방, 차별적 접촉, 규정 그리고 차별적 강화를 제시하였다.[90]

이를 종합하자면 차별적 강화이론이 차별적 접촉이론에서 지적되었던 접촉과 범죄행위 사이의 부족한 연계를 차별적 강화라는 개념으로 채워 주어 [그림 5-7]과 같은 인과관계의 형태를 띠게 된다.

즉, 범죄행위의 학습이 일어나는 일련의 귀결은 — 범죄행위에 대해서 역할모형으로 작용하고 사회적 강화를 제공하는 — 범죄행위에 대한 긍정적인 규정을 가진 다른 사람과의 개인적인 차별적 접촉으로부터 시작한다. 최초의 범죄는 이렇게 시작하나 범행의 지속 여부는 범죄행위의 실제 결과에 의해서 결정되는 것이다.

●─ 그림 5-7 **차별적 강화이론** ─

차별적 접촉 ───────── 차별적 강화 ───────── 범죄행위

물론 Sutherland의 차별적 접촉이론보다 범죄학에 큰 영향을 미치지 못했으나, 차별적 접촉이론의 가장 대표적인 보완이론으로서 사회학적 변수와 심리학적 변수를 연계했다는 점에서 중요한 공헌을 하였으며, 더구나 범죄행위에 대한 처벌이 관습적 행위를 강화할 것이라고 제시함으로써 고전주의범죄학을 사회학적 이론과 관련시킨 점도 긍정적으로 평가받고 있다.[91]

반면, 그들은 가정에서의 비사회적 자극도 인지하였으나 사회적 상호작용을 통한 사회적 강화를 가장 중요한 것으로 주장하였다. 그러나 이에 대해 오히려 비사회적 강화·자극이 더 중요한 작용을 한다고 비판하는 사람도 있다.[92] 그러나 사회적 강화기제와 비사회적 강화기제의 상대적 중요성에 관한 논쟁은 이들 강화기제에 대한 효과성의 과학적인 연구에 의해서만 논의될 수 있는 것이다.

한편, 차별적 강화이론이 차별적 접촉이론의 검증곤란성을 보완하기 위한 목적도 가지고 있었음에 비추어 차별적 접촉과 비교하였을 때 차별적 강화라는 개념도 마찬가지로 측정과 검증이 쉽지 않다고 지적되었다.

더욱 중요한 것은 이 이론이 순환론적이라는 사실이다. 긍정적 강화란 특정 행위의 가능성을 증대시켜 주는 자극이기 때문에 그렇지 못하다면 그 자극은 긍정적인 강화제가 되지 못하는 것이다. 즉, 실험실에서 어떠한 자극이 정말 강화제라는 것을 착안하기 위해 피실험자의 조건을 통제한 실험을 하였다고 했을 때 피실험자가 그 자극에 의하여 조건 지워지지 않는다면 그 이론은 의문의 여지를 남긴다고 주장할 수 있을 것이다. 그러나 현실 속의 복잡한 인간관계하에서 많고 많은 사회적 강화제를 규명하며 그 중요성을 알고 실험실에서와 같이 조건을 통제할 수 없기 때문에 어떠한 강화제에 부수적인 행위와 독립적인 강화제를 규명하기가 어렵게 되어 결과적으로 이 이론이 순환론적이라는 지적을 받게 된다.[93]

2) Reckless와 Dinitz의 자아관념(self-concept)이론

Sutherland의 차별적 접촉이론이 차별적 반응의 문제를 도외시하고 있다는 문제점에 대해서 Reckless와 Dinitz는 자아관념(self-concept)이라는 개념으로 설명하고자 하였다. 즉, 범죄적 전통이 전승되는 범죄다발지역에 살면서 범죄적 집단과 접촉하더라도 일부는 범죄행위에 가담하고 다수는 그렇지 않다는 사실에 착안하여 과연 무엇이 "대도시의 비행다발지역에 사는 청소년들로 하여금 비행의 가담으로부터 멀어지게 하는가?"[94]라는 비행다발지역의 비비행소년에 대한 의문을 풀려고 하였다.

이들의 설명에 따르면 비행다발지역의 청소년들이 범죄적 접촉은 하면서도 이들 중 다수가 비행에 가담하지 않는 것은 그들이 사회적으로 적절하게 수용되는 자아관념을 습득하고 유지하는 것이 외부의 비행적 영향이나 환경적 압력과 유인(environmental pressures and pulls)에 대한 절연체(insulator) 및 내적 견제(inner containment)요소 또는 장애물로 작용하기 때문이라는 것이다.[95] 즉, 동일한 범죄적 접촉하에서도 실제로 비행에 가담하고 안 하는 개인적 반응의 차이는 바로 자아관념의 차이 때문이라는 주장이다. 다시 말해서 좋은 자아관념은 슬럼지역의 소년을 비행으로부터 멀어지게 하고, 반면에 나쁜 자아관념은 슬럼지역의 소년에게 일탈, 비행또래 그리고 비행하위문화에 대한 저항을 주지 못한다는 것이다. 따라서 적절하거나 또는 부적절한 자아관념이 비행과 비비행의 중요한 요소가 되는 것이다.[96] 여기서 자아관념은 친근한 세계의 중요한 다른 사람들을 고려하는 소년 자신에 대한 인식으로 정의할 수 있다.

자아관념의 이론이 차별적 접촉이론의 차별적 반응에 대한 문제를 보완했다는 것에는 의문의 여지가 없지만 몇 가지 해결되지 않은 의문이나 비판의 여지 또한 동시에 지적되고 있다. 우선, 해결되지 않은 의문은 긍정적인 자아관념은 어떻게 생성·발전되는 것이며, 이러한 긍정적인 자아관념이 어떠한 방법으로 또는 왜 비행적 문화나 접촉에 대한 저항력으로 작용하는가이다.[97]

한편, 자아관념이론에 대한 가장 많은 비판은 역시 좋은 관념과 나쁜 관념에 대한 준거의 틀에 할애되고 있다. 먼저, 자아관념의 측정에 이용된 항목들이 일반적인 것들과 상이할 뿐만 아니라 특히 이용된 항목 중 가정배경이나 비행또래와 같은 항목은 사실상 비행원인의 항목으로 더 적절하다고 보인다.

더구나 나쁜 자아관념이라고 간주되는 내용들이 문화적 갈등이라는 관점에서 볼 때에는 비행을 긍정적 자기평가의 반영이나 자기존중을 얻기 위한 시도로 간주하고 있기 때문에 긍정적·호의적 자기표상으로 인식될 수도 있다.

또한 비행적이거나 비비행적인 행위는 다양한 상호작용적 관점에서 특정의 자기표상을 표현하거나 유지하기 위한 노력의 산물일 수도 있다. 그러므로 자아관념의 내용뿐 아니라 이 점에 대해서도 보완될 필요성이 있다. 그러나 이보다 더 중요한 것은 차별적 자아관념이 어떻게 하여 형성·발전되는가를 밝히지 못한다는 점이다.

3) Glaser의 차별적 동일시(differential identification)이론

차별적 접촉이론이 차별적 반응의 문제를 해결하지 못하고, 또한 범죄의 학습이 반드시 친근한 집단과의 직접적인 접촉을 통해서만 학습되는 것이 아니라는 비판에 대한 대안으로서 Glaser는 차별적 동일시라는 개념을 제시하였다. 즉, 실제로 반법률적 규정을 야기시키는 접촉을 하지 않은 사람이라도 그들이 그러한 반법률적 규정이 기대되는 사람과 자신을 동일시한다면 범죄행위가 가능해진다는 것이다. 예를 들어 청소년들이 텔레비전이나 영화의 범죄적 주인공을 모방하고 흉내내는 것은 청소년들이 그들을 직접 만나거나 접촉한 적이 전혀 없었음에도 불구하고 범죄를 학습한 경우라고 할 수 있다.

그는 차별적 접촉보다 역할이론에 기초한 범죄적 역할과의 동일시를 강조하였다. 그에 따르면 범죄행위는 일종의 역할수행이며 따라서 범죄적 역할이 왜 선택되는가를 이해할 필요가 있다는 것이다. 그런데 이러한 선택은 범죄자와의 직접적인 접촉을 통해서도 가능하지만 대중매체로부터 보고 듣던 사람과의 동일시를 통해서 또는 범죄반대세력에 대한 부정적 반응으로서 이루어질 수도 있다는 것이다. 그래서 사람은 그들의 관점에서 볼 때 자신의 범행이 받아들여질 것 같은 실제 인물이나 그 밖에 상상된 다른 사람과 자신을 동일시하면서 범죄행위를 추구하게 된다는 것이다.[98]

이러한 차별적 동일시이론은 범죄행위를 이해할 때 사람과 환경 또는 상황과의 상호작용은 물론 사람들과의 상호작용도 고려하는 등 일종의 통합적인 노력을 하고 있다는 점에서 긍정적으로 평가받고 있다. 그러나 왜 사람에 따라서 상이한 역할모형을 선택하고 자기와 동일시하는가, 즉 왜 어떤 사람은 범죄적 역할모형과 자신을 동일시하고, 어떤 사람은 관습적인 역할모형과 자기를 동일시하는가라는 차별적 동일시의 근원을 제시하지는 못하였다.

최근에 Glaser는 차별적 접촉, 차별적 기회구조 그리고 사회통제를 기초로 차별적 접촉이론이 무시한 기회구조의 문제에 대응하고 사회통제이론의 요소를 가미하려는 시도로서 자신의 차별적 동일시이론을 차별적 기대이론(differential anticipation)으로 재구성하였다.

차별적 기대이론에 따르면, 개인적 범죄성은 그러한 행위의 결과에 대한 자신의 기대감의 산물이라는 것이다. 여기서 기대감이란 행위에 대한 상대적 보상과 처벌을 의미하는 인간의 범죄적 또는 반범죄적 사회적 유대, 범죄행위를 유발하거나 조장하는 기술과 태도 및 합리화 등의 차별적 학습, 그리고 범행의 기회와 위험성에 대한 자신의 인식에 의해서 영향을 받게 되는 것을 말한다. 그런데 인간은 인식된 또는 기대되는 최선의 대안을 선택할 때 여기서 실제로 최선의 대안을 중요시하는 것이 아니라 오히려 최선의 대안에 대한 자신의 기대감을 중요시하고 있다.

결론적으로 차별적 기대이론은 "사람이 범죄로부터의 만족에 대한 기대감이 ─ 사회적 유대, 차별적 학습 그리고 기회의 인식의 결과로 ─ 이들 요소들로부터의 부정적 기대감을 상회할 경우에 범행하고자 한다"는 것이다.[99]

4) Matza와 Sykes의 중화(neutralization)이론

Sykes와 Matza도 범죄자가 되는 과정을 학습경험으로 간주하지만, 여타의 학습이론들과는 상당한 차이가 있다. 차별적 접촉이론 등은 범죄행위를 수행하는 데 필요한 태도·가치·기술의 학습을 중시하는 데 비해, Sykes와 Matza는 대부분의 비행자와 범죄자들이 관습적인 가치와 태도를 견지하지만 그들은 이들 가치를 중화(합리화, 정당화)시키는 기술을 배워서 비합법적 행위와 관습적 행위 사이를 왔다갔다 표류(drift)한다고 주장한다.[100] 바로 이 표류의 개념은 비행이 특별한 수단의 상황이나 여건에 따른 개인의 '규제되지 않은 선택(unregulated choice)'에 주로 기초한다는 것으로서, 이른바 행위에 대한 개인판단의 중요성이 청소년 행위에 대해 개인적 또는 환경적인 측면에서 결정적 요인을 중시하는 다른 학습이론과는 구별된다고 할 수 있다.[101]

대부분의 사람들은 완전한 자유와 완전한 제재 사이라는 연속선상의 어떤 한 곳에서 행동하고 자신의 생을 살아가는데, 표류라는 것은 개인이 때로는 완전히 비관습적이고 일탈적인 방법으로 행동하거나, 때로는 그 반대로 행동하여 연속선상의 양극단 중 어느 하나로부터 다른 하나로 옮기는 과정을 말한다.[102]

그런데 청소년들은 표류 중 일탈적인 방향으로 옮기게 되어 그들의 행동이 사회적으로 수용되는 규범을 위반할 때에 그들의 행위에 대한 일련의 정당성을 강구하게 된다. 이러한 중화기술이 바로 청소년으로 하여금 일시적으로 규범적인 사회의 규칙으로부터 멀리 표류하게 하고 일탈적 행위에 참여하게 만드는 것이다. 따라서 불법적 행위에 대한 일련의 표준적 합리화를 수용함으로써 결과적으로 사회적으로 수용된 가치를 중화시킨 결과가 바로 비행이라고 파악하였다. 그리고 대부분의 청소년들은 일반적으로 사회적 규율에 집착하긴 하지만 일시적으로 이들 도덕적 제재로부터 자신을 해방시키는 다음과 같은 기술을 습득하게 된다고 보았다.

① 책임의 부인(denial of responsibility): 의도적인 것이 아니었거나 자기의 잘못이 아니라 주거환경, 친구 등에 책임을 전가하거나 또는 자신도 자기가 통제할 수 없는 외부세력의 피해자라고 여기는 등 책임을 부정하는 것
② 손상의 부인(denial of injury): 훔치는 것은 빌리는 것이라고 하는 등 자신의 행위가 위법한 것일지 몰라도 실제로 자신의 행위가 누구도 해치지 않았다고 주장하여 합리화하는 것

③ 피해자의 부인(denial of victim): 자신의 행위가 해를 유발한 것은 시인하지만 그 피해는 당해야 마땅한 사람에 대한 일종의 정의로운 응징이라고 주장하는 것. 뿐만 아니라 부재중이거나 알려지지 않은 피해자의 권리를 무시함으로써 중화시키고자 하는 것

④ 비난자에 대한 비난(condemnation of condemners): 자신을 비난하는 사람, 즉 경찰, 기성세대, 부모, 선생님 등이 더 나쁜 사람이면서 청소년의 조그만 잘못을 비난하는 것이 모순이라고 주장하여 합리화시키는 것

⑤ 충성심에의 호소(appeal to higher loyalties): 자신의 행위가 옳지 않지만 친구 등 중요한 친근집단에 대한 충성심에서 어쩔 수 없었다는 주장으로 중화시키는 것

심지어 중누범자일지라도 항상 비관습적 또는 일탈적 태도와 가치를 가지고 일탈적인 행위만을 하지는 않으며 가장 정상적이며 관습적인 사람일지라도 언제나 관습적일 수만은 없고 때로는 일탈적일 수 있다는 사실에 견주어 본다면 중화이론은 상당한 타당성을 가진다. 또한 대부분의 청소년비행자가 그들의 성장과 함께 범죄행위를 더 이상 하지 않는 이른바 성장효과에 대해서 이들 청소년들이 실제로 사회의 관습적인 도덕성을 결코 거부하지 않았기 때문이라고 설명하고 있는 점도 장점이라면 장점일 수 있다. 한편, 범죄자가 중류층의 가치관이나 태도를 갖지 못한다는 사회구조이론의 주장을 수용하지 않는 것도 긍정적으로 평가될 수 있다. 그 이유는 비록 하류계층 청소년들이라도 적어도 중류계층의 가치와 태도를 어느 정도는 수용하고 있기 때문이다.

그럼에도 불구하고 중화이론에서도 풀지 못한 문제점이 없지 않다. 우선 비행청소년들이 비행을 범하기 전에 중화하는가 또는 범행 후에 중화하는가에 대한 의문이다. 만약 그들이 범행 후에 자신의 비행을 합리화하고 죄책감을 중화하는 것이라면 중화이론은 비행원인의 설명이 될 수 없으며, 단지 청소년들의 비행에 대난 반응을 기술하는 데 지나지 않는다. 설사 실제 범행 전에 중화기술을 이용하고 따라서 비행원인의 설명에 부합된다고 하더라도 어떤 청소년들은 왜 지속적으로 비행에 표류하며 다른 청소년들은 관습성으로서 비행 속으로 표류하지 않는가라는 개인적 차이를 설명하지 못한다. 즉, 왜 표류가 일어나는가라는 의문이 해결되지 않고 있다. 이 점에 대해서 일부 사회통제론자들은 사회통제의 약화나 해체로서 설명하고 있으며 여기서 두 이론의 통합이 요청되기도 한다.

3. 사회통제(social control)이론

사회통제이론도 차별적 접촉이론과 같은 사회학습이론과 마찬가지로 사회과정과 사회해체 또는 차별적 사회조직화를 중시한다.

그러나 사회학습적인 이론들이 범죄를 차별적 사회조직화의 독특한 규범에 대한 성공적인 사회화(successful socialization)의 결과로 초래되는 정상적인 동조성의 행위로 보는 반면, 사회통제론은 범죄를 사회의 일반적인 규범에 대한 결손적 사회화(defective socialization)로부터 초래되는 비정상적인 일탈행동으로 보고 있다.[103]

사회통제론의 이러한 주장은 인간은 누구나 법을 위반할 수 있는 잠재력을 가지고 있어서 인간의 범죄경향이 억제되려면 어느 정도 통제되어야 한다는 가정에서 시작된다. 그래서 대부분의 범죄원인론들이 "무엇이 범죄를 야기시키는가?"라는 의문에 답하고자 하였으나, 사회통제이론은 "무엇이 사람들로 하여금 동조하게 하는가?" 즉 "왜 대부분의 사람들은 일탈하지 않고 사회규범에 동조하는가?"라는 의문에 답하고자 한다. 다시 말해서 만약 우리가 무엇이 사람들로 하여금 우리 사회에 동조하게 하는가를 안다면 자동적으로 왜 일부 사람들이 일탈하는가도 알게 될 것이라는 가정이다. 즉, 사회통제론자들은 "왜 일탈하는가?"가 아니라 "왜 일탈하지 않는가?"를 묻고 있다. 다시 말해서 대부분의 사람들이 규범을 위반하도록 동기부여를 받기 때문이라는 일탈적 동기를 설명할 것이 아니라 "왜 이들 중 일부만 자신의 일탈적 동기를 행동으로 옮기고 규범을 위반하는가?"를 설명해야 한다는 것이다. 따라서 높은 수준의 동조성 동기를 가정하고 "왜 어떤 사람은 일탈하는가?"를 묻기보다는 "높은 수준의 일탈적 동기를 가정함에도 불구하고 왜 대부분의 사람들은 동조하는가?"를 묻고 있다.[104]

그런데 이들 통제론자들이 답하고자 하였던 "일탈적 잠재력이 있는 사람들의 대다수가 왜 일탈하지 않는가?"라는 의문에 대한 전통적인 대답은 가장 기본적 사회통제요소인 '처벌의 두려움'이다. 그리고 한편으로 대부분의 사람들은 복종과 순응이 정착되었기 때문이라고 답하고 있다.[105] 즉, 사람들이 일탈적 잠재성이 있음에도 불구하고 일탈하지 않는 것은 자신의 일탈적 동기가 통제받고 있기 때문이며, 반대로 일탈하는 사람은 그 통제가 약화되었거나 붕괴되었기 때문이라고 보는 것이다.

한편, 사람들이 이처럼 사회의 규범과 규칙에 동조성을 견지하는 것은 바로 사회통제 때문인데, 사회통제는 대체로 내적인 것(inner)과 외적인 것(outer)이 있으며, 내적인 것에는 자아관념과 같은 개인적 통제(personal control)가 있고, 외적인 것으로는 사회적 통제(social control)로서 가정과 학교와 같은 제도적 통제(institutional control)와 처벌을 통한 법률적 통제(legal control), 즉 억제(deterrence)로 구분할 수 있다.

내적 통제는 사람들이 자신의 것으로 내재화하는 사회적 규범과 가치에 관한 것으로서, 바로 이 내재화된 규율이 그 사람의 행동을 통제하는데 그 이유는 내재화된 가치와 규율에 맞게 행동했을 때 자기만족과 정의감을 느끼나 그렇지 못한 경우는 죄책감과 모멸감, 자기비난감을 가지기 때문이다. 한편, 이에 못지않게 중요한 통제로서, 외적 통제는 사회적으로 규범위반자로 규정됨으로써 잃어버린 사회적 보상 및 부과된 사회적 처벌과 관련된다. 즉, 명예와 직장의 상실, 가족과 친구의 상실 등 보상의 손실(제도적 통제)과 벌금이나 구금 등 처벌의 경험(법률적 통제)으로 인해 잃을지도 모르는 공적 정책성(Public identity)을 유지하기 위해서 자신의 일탈적 동기를 통제하는 것이다.[106]

쉬운 예를 들자면, 가정도 없이 이웃과 학교로부터 문제아로 낙인찍혀 비난받아 온 사람은 설사 범행을 하더라도 명예와 직업 등 잃어버릴 것이 적고 동조한다고 해도 보상받을 것이 적기 때문에 일탈하기 쉽지만, 온전한 가정에서 정상적인 자아관념을 가지고 학교에서도 모범생인 학생은 자신의 일탈로써 많은 것을 잃을 수 있으며, 동조하면 더 많은 보상을 받을 수 있기 때문에 쉽게 일탈하지 못하는 것이다.

이러한 사회통제이론은 [그림 5-8]과 같은 도형으로 요약될 수 있다.

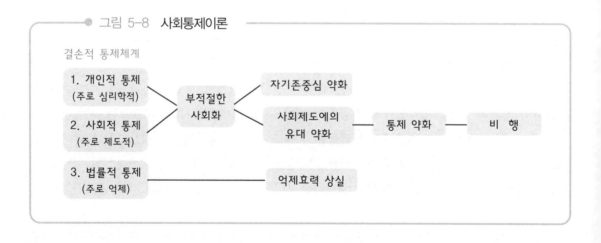

● 그림 5-8 **사회통제이론**

결손적 통제체계

- 1. 개인적 통제 (주로 심리학적)
- 2. 사회적 통제 (주로 제도적)
→ 부적절한 사회화 → 자기존중심 약화 / 사회제도에의 유대 약화 → 통제 약화 → 비 행

- 3. 법률적 통제 (주로 억제) ─── 억제효력 상실

(1) 개인적 통제

1) Reckless의 견제(containment)이론

견제이론은 범죄율이 높은 빈곤지역에 사는 사람이 어떻게 범죄적 환경의 영향을 뿌리치고 범죄활동에의 가담에 저항할 수 있으며, 어떠한 개인적 자질이 그 사람을 범죄유발의 영향으로부터 멀어지게 할 수 있는가라는 의문에 답하고자 하는 이론이다. 즉, 범죄적 영향이 왜 어떤 사람에게는 영향을 미치고 어떤 사람에게는 영향을 미치지 않는가를 알고자 하는 것이다. Reckless는 이들 물음에 대한 대답을 견제이론으로 제시하고 있다.

Reckless에 따르면 가난, 비행하위문화, 퇴폐환경, 갈등, 차별적 기회구조 등 사람들로 하여금 일탈적인 행동을 하게끔 밀어 주는(pushing) 강력한 외적 또는 사회학적인 그 무엇이 있으며 좌절, 욕구, 분노, 열등감 등 일탈적인 동기를 제공하는 내적 또는 심리학적인 그 무엇이 있다고 한다.[107] 즉, 사회가 일종의 범죄성을 유인(pulls)하고 강요(pushes)하고 있다는 것이다. 그러나 문제는 이 사회에서 이처럼 동일한 상황에 처해 있는 모든 사람이 한결같이 그들의 범죄적 경향을 일탈적 행동으로 옮기지는 않는다는 것이다.

견제이론은 이처럼 왜 어떤 사람은 일탈하는데 어떤 사람은 일탈하지 않거나 못하는가를 설명하고자 하는데, Reckless는 자신의 이론을 다음과 같이 요약·정의하고 있다.

> 사람을 제자리에 있도록 잡아 주고 견제하는 외적 사회구조가 있으며, 사람들이 사회적 또는 법률적 규범을 일탈하는 것으로부터 보호해 주는 내적 완충기가 있다. 이들 두 가지 견제가 법률적 또는 사회적 규범위반에 대한 방어로서, 유인하고 압박하는 데 대한 격리로서, 유혹과 비도덕화에 대한 보호로서 기능한다. 만약 비행으로 유인하는 요인이 있다면, 바로 이 두 가지 견제하는 완충기에 의해서 약화되고, 중화되고 무력화되며 또는 장애를 받게 된다.[108]

결국 그 사람의 내적·외적 견제가 강하면 그에 따라 통제를 받게 되고 그 사람은 동조적인 행위에 가담할 것이다. 반면에 그 사람의 내적·외적 견제가 약해서 통제를 안 받거나 적게 받는다면 그 사람은 일탈적 행위에 가담하기 쉽다는 주장이다.

그런데 Reckless는 압력(pressures), 유인(pulls), 강요(pushes) 그리고 내·외적 견제(containment)의 개념을 이론화하면서 외적 압력, 외적 유인, 내적 강요, 내적 견제, 외적 견제라는 다섯 가지 유인과 견제를 들어 주장을 펼쳤다.

먼저, 외적 압력(external pressures)은 빈곤, 실업, 소수집단신분 그리고 차별 등 다양한 생활조건이며, 외적 유인(outer pulls)은 나쁜 친구, 일탈적 특권인물, 청소년비행집단(하위문화) 그리고 대중매체 유혹 등으로 구성된다. 내적 강요(internal pushes)는 긴장과 좌절, 공격성, 즉각적인 만족감의 욕구, 격정성, 뇌손상 그리고 심리손상 등의 문제를 일컫는다.

그러나 이들 모든 유인과 강요가 청소년에게 작용하고 있음에도 모든 청소년들이 비행소년이 되지 않는 것은 위에서도 지적했듯이 내·외적 견제가 있기 때문이다. 우선, 우리 사회가 제공하는 외적 견제(outer containment)로서는 가족과 지역사회 등의 핵집단(nuclear group)이 있으며, 그 외에 사회에서의 기대감, 역할구조 및 집단이나 사회에 대한 상대적인 소속감과 수용감이 있다.

비행행위에 대한 내적 견제(inner containment)로는 좋은 자아관념(self-concept)이 가장 중요하며 그 밖에 목표지향성(goal directedness)과 현실적 목적(realistic objectives), 좌절감의 인내(tolerance of frustration) 그리고 합법성에 대한 일체감(identification with law fulness)을 들 수 있다.[109]

이러한 견제이론은 특정인에게 적용될 수 있으며, 다양한 내·외적 제재가 관찰되고 측정될 수 있다. 그리고 다양한 비행과 동조성 모두를 설명할 수 있고 사회학 및 심리학을 범죄연구에 통합시킬 수 있으며, 비행의 예방과 처우를 위한 기초가 될 수 있다는 점에서 긍정적인 평가를 받고 있다.[110]

반면, 견제이론은 왜 동일한 행위를 하는 사람들이 서로 다르게 규정되는가를 설명할 수 없고, 이론의 예측능력에 한계가 있으며, 자아관념의 측정에 대한 의문이 제기되고 있다. 또한 견제이론의 핵심인 내·외적 견제의 강약 정도를 측정하기가 어렵다는 비판이 제기될 수 있다. 게다가 견제이론은 나쁜 자아관념을 가지고 있음에도 비행소년이 되지 않는 청소년에 대해서 아무런 설명을 하지 못하는 점도 비판의 대상이 될 수 있다. 한편, 견제이론은 이론 자체가 지나치게 일반적이고 포괄적이며 개념이 애매하기 때문에 경험적 연구를 위한 검증가능한 가설정립이 어려운 것도 문제점으로 지적되고 있다.[111]

2) Briar와 Piliavin의 동조성전념(commitment to conformity)이론

Briar와 Piliavin은 동조성전념이론을 다음의 두 가지 가정에 기초하여 구성하였다.[112] 첫째, 사람들은 자신의 행위와 가치에 영향을 미치는 비교적 단기간의 자극에 가끔 노출된다. 이러한 단기유혹의 노출이 끝나면 다시 자신의 정상적인 행위와 가치유형으로 돌아간다. 두 번째 가정은, 사람들은 다양한 정도의 동조성에 대한 전념(commitment to conformity)을 가지고 있다. 이러한 전념은 범법자로 발견됨으로써 있을 수 있는 처벌의 두려움뿐만 아니라 범죄자로 체포됨으로써 자신에 대한 인상, 가치 있는 인간관계 그리고 현재와 미래의 지위와 활동 등에 미치는 영향에 대한 염려를 동시에 포함하는 것이다.

그런데 동일한 상황적 동기가 주어졌을 때 동조성에 대한 강한 전념을 가진 사람은 전념이 약한 사람에 비해 범죄행위에 가담할 확률이 낮다. 그러나 심지어 강한 전념을 가진 사람일지라도 유혹이 충분하고 성공할 가능성이 높다면 범죄의 유혹에 넘어갈 수도 있는 것이다.

그런데 동조성에 대한 전념은 부모와 선생님 그리고 동료 등 다른 사람과의 중요한 대인관계에서 긍정적인 승인을 얻고 유지하는 데서 얻어진다고 한다. 부모의 사랑과 훈육, 선생님의 관심, 관습적인 친구들과의 접촉 등이 청소년들로 하여금 동조성에 대한 전념을 갖게 하며 따라서 일탈에 대한 상황적 유인을 경험할 가능성을 줄여 준다는 것이다.

(2) 사회적 통제 — Hirschi의 사회유대(social bond)이론

다른 통제이론과 마찬가지로 Hirschi의 사회유대(결속)이론도 사람들이 범죄를 범하게 하는 요인 때문이 아니라 범행하지 못하게 억제하는 요인이 약화되거나 없기 때문에 범행하는 것으로 보고 일탈이나 범죄는 우리 모두에게 보편적인 경향이라고 간주한다. 그래서 일탈은 관습적인 신념과 규범에 관한 사회의 일반적인 합의에 기초한 현존의 사회통제기제(social control mechanism)의 결함 혹은 부재의 결과라는 가정에 기초하고 있다.

Hirschi는 범인성의 온상을 스스로 사회에 결속시키는 유대의 약화에 관련시킨다. 그는 모든 사람이 잠재적인 법위반자이지만 자신의 불법행위로 인하여 친구나 부모 등 중요한 타자(他者)나 학교와 직장 등의 중요한 사회제도 및 자신과의 관계에 치유할 수 없는 해가 올 수 있다는 두려움 때문에 통제된다고 가정하고 있다. 그러나 이러한 사회적 결속과 유대가 없다면, 인간은 그만큼 자유로이 범행할 수 있다는 것이다. 즉, 자신의 사회에 대한 유대와 결속이 약하다면 그만큼 관습적인 사람과 제도 등 관습적인 사회에 얽매일 필요가 없고 따라서 그만큼 그 사회로부터 통제받지 않게 되어 그만큼 일탈하기 쉬워진다는 것이다.

Hirschi에 의하면 인간은 모두가 관습적인 사회활동에 참여하게 되고 관습적인 사회제도에 전념함으로써 일반사회의 틀에 묶이게 된다. 즉, 이렇게 관습적인 사회에 대한 유대와 결속이 약화되는 만큼 일탈할 자유를 갖게 된다. 비행은 비행을 요하는 신념에 의해서가 아니라 비행을 금지 또는 억제하는 효과적 신념의 부재에 의해서 야기된다. 따라서 비행소년이란 비행을 요하

는 규범의 소유자가 아니라 비행을 제지하는 규범이 부족한 청소년이다. 그런데 비행을 제지하
는 규범의 부재는 바로 관습적인 사회통제제도에 대한 결속과 유대의 부재 때문이라는 것이
Hirschi의 주장이다.

그런데 일탈의 동기는 모든 사람에게 비교적 일정할지라도 관습적인 사회에 대한 개인별 결
속 정도는 사람에 따라 차이가 있으며, 이러한 개인별 차이는 바로 애착, 전념, 참여 그리고 신
념이라는 네 가지 요소에 의해 결정된다.[113]

애착(attachment)은 자신에게 중요하고 그들의 의견에 민감한 사람들에 대한 청소년의 감정
적 결속을 의미한다. 여기서 중요시되는 대상은 부모, 학교 그리고 동료를 들 수 있다. 우선, 부
모와의 결속이 강할수록 비행에 가담할 확률은 작아진다고 보고 있는데, 그 이유는 이들 청소년
은 행동하기 전에 자신에게 있어서 중요한 부모나 학교 또는 친구들이 그 행위에 대해서 어떻게
생각하고 반응할 것인가를 미리 고려하기 때문이다. 그러나 친구와의 결속문제는 관습적인 친구
와의 결속을 의미하며, 반대로 비행또래와의 결속은 비행을 부추기는 역작용을 한다는 사실도
염두에 둘 필요가 있다.

전념(commitment)은 관습적인 생활방식과 활동에 투자하는 시간과 정열을 의미한다. 즉, 교
육적 또는 직업적 목표의 성취와 추구에 대한 열망이 비행에 대한 제재로 해석되는데, 이는 이
러한 열망의 소유자는 자신의 비행으로 미래의 희망을 망칠 수도 있다고 우려하기 때문에 비행
과 같은 위험을 무릅쓴 행동을 하지 않는 반면, 관습적인 일에 대한 열망이 적고 전념하지 못하
는 청소년은 그만큼 잃어버릴 것이 적기 때문에 비행과 같은 위험성 있는 행위에도 가담할 수
있는 것이다.

참여(involvement)는 위에서 언급한 전념의 결과로서, 실제로 관습적인 일에 참여하는 것을
뜻한다. 쉽게 말해서 학업에 열중하고 가족과 시간을 보내는 청소년은 그만큼 비관습적인 일에
참여할 수 있는 시간과 기회가 적어지는 반면, 그렇지 못한 청소년은 학업에 열중할 수 있는 시
간과 기회가 적기 때문일 것이다.

신념(belief)이란 관습적인 도덕적 가치에 대한 믿음이다. 일탈은 그러한 행위를 요하는 신념
에 의해서가 아니라 일탈을 금지하는 신념이 없기 때문이다. 사회의 규범과 법규가 옳고 도덕적
인 것으로 믿는 사람일수록 당연히 이들 가치와 규범을 일탈할 가능성은 적어지게 마련인 것이
다. 반대로 관습적 신념이 없는 사람은 규범에 동조할 도덕적 의무감을 느끼지 못하는 것이다.

종합적으로 볼 때 비행청소년은 관습적인 사람과의 결속이 약하고 관습적인 생활에 대한 전
념이 없으며, 그래서 관습적인 일에 가담하여 몰두하지 못하는 것이다. 즉, 관습적인 규범에 대

한 신념이 없기 때문에 관습적인 사회에 대해 유대와 결속을 갖지 못하고 따라서 그 사회로부터 통제와 제재를 적게 받아 그만큼 쉽게 일탈할 수 있다는 것이지 그들이 비행을 저지르도록 어떠한 강요를 받아서가 아니라는 것이다.

물론, Hirschi의 이론이 차별적 접촉이론이나 하위문화적 이론보다 더 완전하다고는 하지만 몇 가지 불완전한 면도 지적되고 있다. 우선, Hirschi의 이론이 친구에 대한 애착의 문제를 잘못 또는 적어도 불완전하게 다루고 있음을 알 수 있다. 친구에 대한 애착이 강할수록 비행할 확률이 낮다는 주장이 사실은 많은 연구결과 애착을 갖는 친구의 유형에 따라 그 영향이 다를 수 있다는 것이다. 즉, 관습적인 친구에 대한 애착은 비행가능성을 감소시킬지 모르나 비행친구에 대한 애착은 오히려 비행의 가능성을 증대시킬 수도 있다는 지적이다.

이보다 더 중요한 점은 Hirschi의 이론에서 그가 제시했던 네 가지 요소가 동시에 비행에 영향을 미칠 수도 있다고 고려됨에도 불구하고 어떻게 작용하는지를 보여 주지 않고, 더군다나 이들 네 가지 요소의 상관관계를 경험 등으로 검증하지도 않았다. 결과적으로 이 이론은 네 가지 요소가 과연 사회화에 있어서 경험적으로 구분되는 요소인가? 그중 어느 것이 더 사회유대와 관련이 많은가? 네 가지 요소가 각자 독립적으로 영향을 미치는가? 왜 그가 제시한 네 가지 요소만 비행에 영향을 미치는가? 그 밖에 가족의 사회경제적 수준과 능력의 영향은 없는가? 등의 의문을 남기게 된다.[114]

한편, 사회유대이론이 해결하지 못하는 것 중의 하나로 왜 어떤 사람은 강한 사회적 유대와 결속을 가지는데 어떤 사람은 그렇지 못한가? 어떻게 사회적 결속과 유대가 발전하고 약화되는가? 강한 또는 약한 사회적 유대가 형성되는 과정은 어떠하며 무엇이 관련되어 있는가? 사회적 결속이 약한 사람이라도 일탈하지 않는 이유는? 그리고 사회적 유대가 강하더라도 일탈하는 이유는 무엇인가? 등의 의문을 들 수 있다.[115]

끝으로 사회유대이론은 사회와의 결속이 약화된 만큼 일탈할 자유가 주어진다고 하나, 일탈할 수 있는 자유를 활용하지 않는다면 일탈이 일어나지는 않는다. 따라서 일탈이 실제 일어나기 위해서는 일탈할 수 있는 자유를 이용할 동기가 있어야 하는데 사회유대이론에서는 이것이 설명되지 않고 있다.[116]

(3) 법률적 통제 — 억제(deterrence)이론

사회통제이론의 특수한 경우로서의 억제이론은 다음과 같이 말하고 있다. 범죄로부터의 이익이 비행의 원인이라면 범죄에 대한 처벌의 고통은 비행을 제재하는 요인이기에, 범죄의 이익이 처벌의 고통보다 크면 범죄가 발생할 것이고 처벌의 고통이 범죄의 이익보다 크다면 범죄는 일어나지 않을 것이다. 즉, 처벌이 사회적 또는 외적 통제의 수단으로 간주되는 것이다.

이러한 억제이론은 다음과 같은 가정을 전제로 한다. 인간은 합리적이며, 이익을 극대화하려는 자기이해에 의해 동기를 부여받으며, 자신의 행동을 자유로이 선택한다. 그리고 어떤 행위에 대한 이익과 비용을 정확하게 인식하기 때문에, 만약 행위의 결과로서 발생할 처벌 또는 비용이 행위결과로서 발생할 이익이나 보상보다 크다면 그 행위가 일어날 수 없다는 것이다.

그러나 범죄행위는 처벌의 두려움보다는 집단의 압력이나 합법적 행위에 의해서 습득되는 인정과 반응에 달려 있으며, 법적 처벌의 두려움이 아니라 집단에서의 지위상실에 대한 두려움이 효과적인 억제로 작용한다. 따라서 결과에 대한 두려움이나 처벌의 두려움은 사실상 대부분의 범죄행위에 있어서 그리 중요한 원인은 되지 못한다는 견해도 만만치 않다.

그럼에도 불구하고 강제와 제재가 통제의 수단으로서 작용하여 쾌락과 처벌에 대한 정확한 계산으로서 일탈행위의 표출을 억제할 수 있으며,117) 공식적인 처벌에 대한 기대가 일탈적인 동기를 제재할 것이라는 주장도 상당수 있다.

여타의 통제이론과 마찬가지로 왜 사람들은 마음만 먹으면 얼마든지 일탈할 수 있음에도 불구하고 일탈하지 않는가라는 물음을 억제이론에도 그대로 적용할 수 있다. 만약 사회에 대한 동조성 때문에 일탈하지 않는다면 그것은 사회적 통제일 것이고, 처벌에 대한 위험성 때문에 일탈하지 않는다면 그것은 법률적 통제, 즉 억제이론에 해당될 것이다.

결국 억제란 처벌의 위협 때문에 생각했던 행동이 제재될 때 일어난다. 일반억제(general deterrence)는 범법자에 대한 처벌이 범행하지 않는 일반대중에게 범죄의 비용에 관한 정보를 제공함으로써 그들의 범죄행위를 억제시키는 것을 의미한다. 특별억제(specific deterrence)는 한때 범죄행위로 처벌받은 사람이 자신이 경험한 처벌에 대한 고통과 현실로 인하여 차후의 범죄행위를 억제하는 것을 말한다. 한편, 절대적 억제(absolute deterrence)는 사람으로 하여금 다시는 범죄를 범하지 않도록 억제하는 처벌의 능력을 뜻하며, 제한적 억제(restrictive deterrence)는 처벌의 위험으로써 범죄행위의 빈도를 부분적으로나마 줄이려는 것을 지칭한다.

그런데 우리는 억제이론에 있어서 처벌의 신속성·확실성 그리고 엄중성이라는 세 가지 차원의 요소에 특별한 관심을 둘 필요가 있다. 우선, 처벌의 엄중성(severity)은 벌금의 양이나 구금의 기간과 같은 처벌의 정도에 관한 것으로서, 보다 엄중한 처벌일수록 범법의 정도는 더 낮아질 것이라고 가정하는 것이다. 한편, 처벌의 확실성(certainty)은 처벌받을 확률을 뜻하는 것으로서, 처벌받을 확률이 확실할수록 범법의 수준이 더 낮아질 것이라고 가정하는 것이다. 그리고

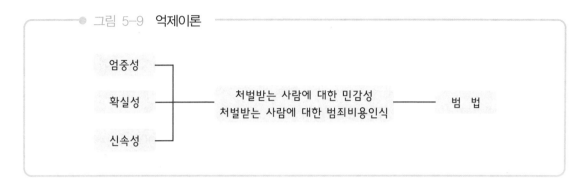

그림 5-9 **억제이론**

처벌의 신속성(celerity)은 범행시기부터 처벌받는 시기까지의 시간적 간격을 의미하는 것으로, 범행 후 빨리 처벌받을수록 그만큼 사람들에게 처벌이 실감나기 때문에 범법의 수준이 더 낮아질 것이라고 가정하는 것이다.

종합하자면 [그림 5-9]처럼 처벌은 그 신속성·엄중성 그리고 확실성이란 차원에서 기술될 수 있고, 처벌이 엄중하고 신속하며, 확실할수록 범죄억제의 효과는 커진다는 것이다. 그리고 반대로 처벌이 엄격하지 못하고 확실하지 못하며, 신속하지 못할수록 범죄억제효과는 적어지며 따라서 범법행위의 수준은 그만큼 높아진다는 것이다.[118]

이렇게 현대 고전주의범죄학으로의 회귀경향과 분분한 논의에도 불구하고, "과연 처벌의 두려움이 범죄에 있어 억제효과를 발휘하는가"라는 의문에 분명한 결론을 내릴 수는 없다. 이에 관해서는 우선, 처벌의 억제효과, 무능력화(incapacitation)의 결과 그리고 규범적 타당화(normative validation)를 구분하기 쉽지 않다는 이유를 들 수 있겠다. 그런데 여기서의 무능력화란 범죄자가 구금되어 있는 동안에 범행하지 못한다는 것이며, 규범적 타당화는 범죄의 사회적 비난을 유발시키는 처벌의 잠재력을 의미한다.[119]

하여튼 범죄억제효과가 있다 하더라도 억제이론에서는 세 가지 차원의 상대적 효과에 대해서 언급되지 않고 있다. 물론 연구결과 처벌의 엄중성보다는 확실성이 더 큰 억제효과를 보인다고 하지만 어떤 것이 가장 효과적이고 어떤 것이 비효과적인지는 알 수 없는 것이다.

또한 억제효과가 과연 선형, 즉 처벌과 정비례하는가에 대해서도 논란의 여지가 있다. 물론 처벌을 강화하면 범죄가 더 억제될 것이라고 믿고 있지만, 그 효과는 비선형일 수도 있는 것이다. 그것은 처벌이 일정 수준에 이를 때까지 아무런 효과가 없을 수도 있고 또한 지나친 처벌은 오히려 역작용을 낳을 수도 있기 때문이다.[120]

한편, 세 가지 처벌의 차원이 범법행위에 독립적인 영향을 미치는가에 관해서도 상당한 논란이 있어 왔다. 예를 들어 처벌의 엄중성은 처벌의 확실성이 낮다면 아무런 효과가 없다.

즉, 잡힐 확률이 극히 낮아서 범행을 해도 잡히지 않는다면 처벌이 아무리 엄격하더라도 범죄억제효과가 별로 없을 것이다. 따라서 처벌의 확실성이 높을수록 엄중성의 효과도 커질 것이다. 따라서 세 가지 차원의 처벌의 억제효과는 단순히 이들 세 가지 차원의 독립적인 효과를 합산함으로써 평가될 수 있는 것이 아님을 알 수 있다.[121]

그런데 억제이론의 가장 큰 문제는 이 이론이 도구적 범죄(instrumental crimes)에는 적용될 수 있어도 표출적 범죄(expressive crimes)에는 적용이 어렵다는 사실이다. 범죄의 비용과 이익을 합리적으로 계산하고 그 대안도 경중을 따질 수 있는 상황에서 일어나는 도구적 범죄, 즉 대체로 경제범죄에는 적용이 될 수 있으나, 손실에 대한 합리적 계산이 어려운 상황에서 일어나는 표출적 범죄인 격정범죄 등에는 적용이 어렵다.[122]

또한 억제이론에서는 처벌에 대한 주관적 인식을 중시하기 때문에 사람에 따라 그리고 범죄의 유형에 따라 그 인식이 다르다는 사실도 비판적으로 지적되고 있다. 즉, 처벌의 위협에 대한 반응의 문제가 결여되어 있는 것이다. 처벌의 위협에 대한 다양한 반응의 원천은 처벌, 법, 범죄, 개인의 특성과 유형에 기인하는 것으로 여겨진다. 공개적으로 공표된 처벌보다는 사적 처벌이, 표출적 범죄보다는 도구적 범죄가, 피해자가 있는 범죄보다는 없는 범죄가, 도덕적인 전념이 강한 법일수록 또 가족과 직업 그리고 명예와 수치를 많이 생각하는 사람일수록 처벌의 위협에 대한 효과는 더 높다고 간주되고 있다.[123]

4. 사회적 반응이론

(1) 낙인이론(labeling theories)

1) 낙인과 범죄

지금까지 기술한 전통적 범죄이론들이 범죄행위의 원인을 찾고자 하였던 데 반해, 낙인이론은 사람들이 일탈자로 지명되는 이유를 밝히고자 하였다. 따라서 그들의 논점은 범죄행위가 아니라 그 행위가 일탈적인 것으로 낙인되는 이유에 관심을 두고 있다. 즉, 특정 행위를 한 모든 사람이 일탈자로 낙인되지 않고 그중 일부만 낙인되는 이유가 무엇인지를 알고자 한다.

그런데 이들 낙인론자들은 일탈을 하나의 상징적 상호주의(symbolic interactionism)과정으로 해석한다. 이들에 의하면 상호주의라는 단어가 암시하듯 일탈을 한 사람의 행동이 아닌 그 이상을 포함하는 집합적 행동으로 간주한다. 따라서 일탈행위자만이 아니라 소위 일탈자와 동조자간의 상호작용에도 초점을 맞추어야 한다. 한편, 상징적이라는 단어가 암시하듯 동조자와 일탈자간의 상호작용은 상호 간에 주고받는 의미에 의해서 지배된다. 따라서 상징적 상호주의는 타인의 행위에 의미를 부여하는 해석(interpretation)과 타인이 어떻게 행동해야 하는가에 대한 지적이라고 할 수 있는 규정(definition)을 내포하게 된다.

이렇게 볼 때 사람들이 어떤 행동에 부여하는 의미(상징, 해석, 정의, 낙인)는 그 행동 자체보다 훨씬 더 중요한 것이 된다. 결과적으로 어떤 행위의 형태 그 자체가 일탈자와 비일탈자를 구별하는 것은 아니며, 오히려 어떤 행위에 대해 그것을 일탈로 규정짓고 동일시하여 그 사람을 사회적 일탈자로 전이케 하는 우리 사회의 동조적이고 관습적인 구성원의 반응을 구별하는 것이다.

만약 이처럼 범죄행위가 범법자의 특성이 아니라 타인의 반응에 따라 설명되어진다면, 청중의 반응으로서 행위의 일탈을 규정 지을 수 있기 때문에 중요한 것은 개인이 아닌 청중이 되는 것이다.[124]

즉, 어떠한 행동이 일탈적인가의 여부는 전적으로 타인이 그 행동에 어떻게 반응하는가에 달려 있다고 해야 할 것이다. 그래서 어떤 행위가 원천적으로 일탈적이라기보다는 단지 우리 사회가 그 행위를 일탈적인 것으로 낙인할 때 그것은 일탈행위가 되는 것이다.[125]

요약하자면 낙인이론은 일탈의 원인을 추구하는 정적인 실체로 일탈을 해석하지 않고, 일탈자와 비일탈자간의 상징적 상호작용에 의한 동적 과정으로 이해한다. 결과적으로 낙인이론은 "무엇이 일탈행위를 야기하는가"라는 의문 대신에 "누가 누구에게 낙인을 찍고, 그 낙인의 결과는 무엇인가"를 의문의 주체로 삼는다. 즉, 상호작용적 관점에서 본다면 누가 누구의 행위를 일탈로 해석하며, 이러한 해석이 상호작용의 당사자의 행위에 어떠한 영향을 미치는가를 관심의 대상으로 한다.

그렇다면 누가 누구에게 일탈의 낙인을 찍고 있는가?

일반적으로 법과 질서는 물론 관습적 도덕성의 세력을 대변하는 사람들이 이미 도덕성과 법을 의도적으로 어긴 사람들에게 일탈적 낙인을 붙이게 된다. 따라서 이렇게 낙인이 붙게 된 일탈자라 할지라도 그들에게 낙인이 붙었다는 것을 제외하고는 비일탈자와 하등의 차이점이 없는 것이다. 어느 사회에서나 일탈자로서의 낙인은 도덕적 열등성을 부과하는 하나의 수단에 지나지 않는 것이다. 즉, 일탈자가 비일탈자에 비해 생물학적 또는 심리학적으로 별다른 차이가 없을지라도 우리 사회가 그들에게 반응하는 방법상 차이를 만드는 것이다.

　　그런데 문제는 이러한 일탈자로서의 낙인이 부정적 결과를 초래한다는 것이다. 일탈의 낙인이 그 개인에게 부정적인 결과를 초래하는 데는 크게 두 가지 이유가 있다. 그 하나는 어느 개인이 일탈자로서 낙인이 붙게 되면 그는 지속적으로 사회통제기관과 사회로부터 감시의 대상이 되며, 차별적인 대우를 받게 된다. 따라서 합법적 기회로부터 점점 제외되고 격리되어 자신에 대한 지지를 확보하기 위해 자신과 유사한 낙인 소유자들에게 눈을 돌리게 된다.[126] 결과적으로 그들 스스로 자신이 관습적 사회로부터 소외된 자신을 발견하게 되고 일탈적 생활에 침잠하게 되며 자신을 내쫓긴 집단의 일원으로 동일시하게 된다는 것이다. Garfinkle은 이렇게 거역할 수 없고 영속적인 낙인을 초래하는 것을 '성공적인 비하의식(successful degradation ceremonies)'이라고 부른다.[127]

　　한편, 일탈적 낙인이 초래하는 또 다른 부정적 결과는 부정적 자아관념의 문제이다. 자신에게 일탈자로서의 낙인이 붙게 되면 급기야 일탈자 스스로의 눈으로도 자신이 일탈자가 되는 것이다. 즉, 부정적 낙인은 부정적 자아관념을 심어 주게 된다는 것이다. 다시 말해서 낙인은 정상적 자아관념을 일탈적 자아관념으로 전환시키는 하나의 사회과정이기 때문이다. 따라서 일단 자신에게 일탈자로서 낙인이 붙게 되면, 스스로를 일탈자로 치부하게 되어 소위 일탈적 행위를 지속하도록 만든다는 것이다. Tannenbaum은 바로 이러한 과정을 '악의 극화(dramatization of evil)'라고 부른다.[128]

　　따라서 낙인이론에서는 법률위반이 행위를 기술한다고 했을 때, 일탈은 그 행위에 대한 타인의 반응을 기술한다고 본다. 따라서 낙인이 붙고 안 붙고는 ① 그 행위가 이루어진 시간이 언제이고, ② 행위자와 피해자가 누구이며, ③ 행위결과에 대한 사회의 인식이 어떠한가에 달려 있는 것이다.[129]

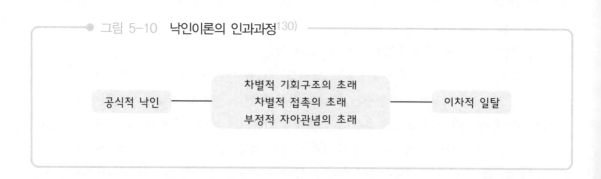

● 그림 5-10　**낙인이론의 인과과정**[130]

공식적 낙인 ──────── 차별적 기회구조의 초래 / 차별적 접촉의 초래 / 부정적 자아관념의 초래 ──────── 이차적 일탈

결론적으로 낙인이론을 요약하자면 [그림 5 – 10]과 같이 다양한 원인과 영향으로 인해 야기되는 비행행위의 결과로 붙게 된 공식적 낙인이 그 행위자를 관습적 사회와 기회로부터 격리·소외시킨다는 것이다. 따라서 합법적 기회가 제한되는 반면, 불법적 기회가 증대되는 차별적 기회구조를 초래하게 되고, 그 결과 동료의식과 지원을 찾아 유사한 일탈자들과의 접촉을 시도하게 되어 범죄를 학습하게 된다는 것이다. 뿐만 아니라 그 행위자로 하여금 자신에 대하여 부정적인 자아관념을 갖도록 하여 일탈자로서 자아관념과 지위에 자신을 동일시하도록 하기 때문에 그 지위와 자아관념에 따라 지속적으로 일탈을 행할 수밖에 없는 처지가 된다는 것이다.

다시 말해서 낙인이 합법적 경제기회를 제한하는 반면 불법적 기회를 증대시킨다면, Cloward와 Ohlin의 차별적 기회구조이론(differential opportunity theory)에 의해서 당연히 미래의 일탈을 증대시킴에 틀림없다고 할 수 있다. 그리고 차별적 접촉의 관점에서도 관습적 사회구성원들이 일탈자를 멀리할수록 일탈자들은 서로의 동료의식과 지지를 얻기 위해 상호접촉하게 된다. 따라서 이런 비행적 접촉을 통해서 일탈적 태도나 가치를 학습케 되고, 관습적인 집단과의 접촉은 제한되며 비관습적 동료와의 접촉이 강화되는 것이다.

Sutherland의 차별적 접촉이론(differential association theory)에 의하면 이 또한 장래의 일탈을 증대시킬 수밖에 없는 것이다. 또한 일탈자가 자신을 스스로 일탈자로서 부정적 인식을 갖게 되면 사람은 자신의 자아관념에 따라 행동하는 경향이 있어서 일탈이 부정적 자아관념의 결과라는 Reckless의 견제이론(containment theory)처럼 일탈자로의 낙인은 당연히 장래 그 사람의 일탈을 증대시키는 요인이 되는 것이다.

2) Tannenbaum의 악의 극화(dramatization of evil)

유리창을 깬다거나 행인을 희롱하는 등의 청소년비행 초기행동은 청소년들의 일상적 생활 중에서 정상적인 부분이라고 할 수 있다. 그런데 기성사회에서 그 청소년들의 그러한 행동들을 비행으로 간주한다는 사실에 기초하여, 초기의 무해한 비행행위들이 지역사회에서 비우호적으로 이해됨으로써 그 아동은 악마나 비행소년으로 간주될 수도 있는 것이다. 그런데 이러한 갈등은 상호 가치관의 상이함의 결과이며, 이 가치관의 갈등이 특정 청소년에게 공식적인 반응으로 전이되는 것이다. 이처럼 일단 공공(公共)이 비행의 발생을 인지하게 되면, 그 청소년은 여타의 아동들과는 다른 아동으로서 꼬리표가 붙게 된다. 따라서 그 청소년은 자신에게 붙혀진 꼬리표와 같은 유형의 사람으로 자신을 생각하게 되고, 자신에 대한 사회의 부정적 반응으로부터의 도피수단으로서 다른 비행또래들과 접촉하며 비행활동에 가담하게 된다. 그러나 사회사업가나 청소년관계자들은 이들을 가려내어 개선시키려고 노력하고, 이러한 노력은 불행하게도 이들 청소년에게 더욱 적대심을 불러일으켜서 문제를 심화시키게 된다.

　　Tannenbaum은 바로 이러한 과정을 '악의 극화(dramatization of evil)'라고 설명한다. 따라서 지역사회가 이들의 초기 잘못에 대해 과잉반응하지 않고 꼬리표를 붙히지 않는다면, 이들 청소년의 비행교우와 비행활동이 그만큼 적어질 수 있고, 결과적으로 이들 청소년은 자신을 정상적으로 생각하게 되어 비행이나 범죄적 생활에 전념하는 것을 방지할 수 있는 것이다. 결국, 문제의 해결은 악의 극화를 거부함으로써 돌파구를 찾을 수 있으며, 따라서 악의 극화가 적으면 적을수록 좋다는 것이다.[131]

3) Lemert의 사회적 낙인(social label)으로서의 일탈

　　Tannenbaum의 '악의 극화'에 관한 논의를 보다 구체화한 주장이 Lemert의 '이차적 일탈(secondary deviance)'로서, 최초의 사회적 반응을 전후해서 일어나는 행동을 구분한 것이다. 그에 의하면 일차적 일탈(primary deviance)은 다양한 계기와 원인에 기인하여 야기되며 처음으로 사회적 반응을 불러일으키는 최초의 일탈행위이다. 그러나 중요한 것은 이런 일차적 일탈이 그 사람의 임상적 구조와 자아관념 또는 사회적 역할에 거의 영향을 미치지 않는다는 것이다.[132]

　　반면에 이차적 일탈은 일차적 일탈행위에 대한 사회적 반응의 결과로서 야기되는 행위이다.

　　그리고 이차적 일탈의 원인은 적어도 부분적으로는 개인의 임상적 구조를 변화시키고 자신에 대한 태도와 사회적 역할구조를 변화시키는 최초의 '악의 극화'로서 파생되는 자아관념의 외상성 장애(traumatization)라는 것이다. 그런데 중요한 것은 이러한 이차적 일탈이 일탈적 행위유형을 고정화시킨다는 것이다.[133]

　　따라서 Lemert는 개인의 심리학적 구조와 사회적 역할의 수행에 영향을 미치는 이차적 일탈에 주된 관심을 두고 있다. 그러나 모든 일차적 일탈이 이차적 일탈을 야기하는 것은 아니며, 이런 이차적 일탈은 일차적 일탈에 대한 반응으로 야기된 문제에 대한 것이다. 따라서 공개적으로 일탈자라고 낙인 찍힌다면 그것은 사회적으로 낙인이 붙는 것이고, 결과적으로 그 사람의 사회관계와 기회에 영향을 미치게 된다. 즉, 일차적 일탈에 대한 사회적 낙인은 그 사람의 관습적 사회와의 비공식적 사회관계를 악화시키며, 경제적 기회를 축소시키기 때문에 그 사람이 일탈에 가담할 확률을 증대시키게 되는 것이다. 더불어 사람들은 타인이 자신을 보는 대로 자신을 보고 이러한 자아관념에 따라 행동하는 경향이 있기 때문에, 자신이 사회적 일탈자로서의 낙인이 붙게 된다면 그에 따라 일탈자로서 행동하게 된다는 것이다.

그런데 Lemert는 일차적 일탈로부터 이차적 일탈로의 전이를 ① 일차적 일탈, ② 사회적 처벌, ③ 그 이상의 일차적 일탈, ④ 더 강력한 사회적 처벌과 거부, ⑤ 아마도 분개와 적대감을 가지고 처벌하는 사람에 초점을 맞춘 더 이상의 일탈, ⑥ 일탈자를 낙인화하는 지역사회의 공식 행동으로 표현되는 인내계수에 도달한 위기, ⑦ 낙인과 처벌에 대한 반응으로서 일탈적 행동의 강화, ⑧ 일탈적 사회신분의 궁극적 수용과 비사회적 역할에 기초한 적응노력이라는 과정을 통하여 추적하고 있다.[134]

4) Becker의 사회적 지위(social status)로서의 일탈

Becker는 일탈을 통제하기 위한 노력이 오히려 일탈적 행위와 일탈적 생활유형을 양산한다는 Lemert의 주장을 더욱 확대하여, 금지된 행동에 대한 사회적 반응이 이차적 일탈을 부추길 뿐 아니라 "사회집단이 어긴다면 일탈이 되는 규율을 만들고 그 규율을 특정인에게 적용하여 이방인(outsiders)으로 낙인찍음으로써 일탈을 창조한다"[135]라고 주장하였다. 따라서 "일탈은 사람이 범하는 행위의 질이 아니라 오히려 다른 사람에 의한 규율의 적용과 범법자에 대한 제재의 결과이다. 일탈자는 그 낙인이 성공적으로 적용된 사람이고, 일탈행위는 사람들이 일탈이라고 낙인찍은 행위이다"[136]라고 할 수 있는 것이다.

그러므로 "어떤 행위가 일탈행위로 불리는 것과 그렇지 않은 것은 시간에 따라 다르며 누가 그 행위를 범하며, 그 행위에 의해서 피해 입는 사람이 누구냐에 따라 달라진다."[137] 이러한 관점에서 Becker는 규율의 위반과 일탈행위를 구분할 필요가 있다고 주장하였다. 그에 따르면 어떤 규율을 어기는 행위가 규율의 위반이며 그 행위가 인지되고 그 행위를 규율위반으로 그에 반응되는 행위가 일탈로 낙인된다는 것이다.[138] Becker는 규율위반과 일탈행위를 구별하기 위해서 [표 5-3]과 같은 도표를 제공하고 있다.

물론 실제로 일탈적인 것으로 고려되지 않는 것은 동조적(conforming) 행위이며, 실제로 일탈행위를 하고 그것이 일탈행위로 인식되는 것이 순수일탈(pure deviant) 행위이다. 그리고 실제 일탈행위를 했음에도 일탈행위로 인식되지 않은 것은 알려지지 않은 비밀일탈(secret deviant)이

표 5-3 **일탈행위의 유형**[139]

	복종행위	규율위반행위
일탈로 인식됨	잘못된 비난	순수한 일탈
일탈로 인식 안 됨	동조직	비밀스러운 일탈

며, 실제로 아무런 규율을 어기지 않았음에도 규율을 어긴 것처럼 인식되는 것을 잘못 비난받는 (falsely accused) 행위라고 한다.

그런데 낙인으로 인한 이차적 일탈과 관련하여는 주지위(master status)라는 개념을 원용하고 있다. 즉, 사회적 지위나 신분은 사회적 상호작용의 구조적 형태에 연결된 사회질서 속의 위치로 파악되는데, 일탈자라는 낙인도 하나의 사회적 신분이나 지위로 볼 수 있기 때문에 그런 사회적 지위나 신분은 그 사람의 사회적 상호작용의 형태와 과정에 영향을 미치게 된다고 보는 것이다. 여기서 주지위는 이러한 상호작용의 과정과 형태에 영향을 미치는 다른 지위나 신분을 제압하는 신분이요 지위이다. 그러므로 일탈자로서의 공식낙인 또는 신분은 그 사람의 주지위로 기능하여 그 사람의 취업이나 인간관계 등에 영향을 미치게 되어 그 사람을 일종의 체계적 규범위반자로 전이시킨다는 것이다.

5) Schur의 자아관념(self-concept)으로서의 일탈

Schur는 어떤 사람이 규범을 위반했다거나 또는 자신이 소수계층의 사람이라고 해서 자동적으로 일탈자로 낙인 찍히지는 않으며, 이차적 일탈자가 되는 과정이 순차적 행로를 따르는 것도 아니라고 하였다. 즉 그는 오랫동안의 우회적 협상(protracted meandering negotiation)으로 이해하였다.

어떤 사람은 자신의 행위에 대해 비난받고 낙인 찍히는 반면, 혹자는 낙인되지 않고 또 일부는 오히려 비난자를 낙인하거나 적어도 자신을 방어할 수 있는 능력을 갖기도 한다. 한편, 장기 동성애자가 사회적으로는 동성애자로 어떠한 낙인도 각인받지 않더라도 스스로를 동성애자로 간주하기도 한다. 따라서 낙인자로서의 공적 신분이나 그로 인한 사회적 상호작용의 외적 제한보다는 자기 스스로 자신에게 각인한 자아관념이나 자기낙인과 스스로 부과한 사회적 상호작용의 제한이 더 중요하다는 것이다. 그러므로 이차적 일탈은 공식낙인으로 인하여 사회적 상호작용에 부과된 외적 제한의 기능이라기보다는 일탈적 자아관념이나 동일시의 표현이라고 이해한다.[140)

6) 평   가

낙인이론은 일차적 일탈에 대한 사회적 반응을 이차적 일탈의 매개변수로 본다. 즉, 이차적 일탈을 조장하는 사회화과정을 야기시키는 것을 바로 그 사람의 일차적 일탈에 대한 일탈적 낙인으로 돌려 버리는 것이다. 따라서 대부분의 일탈이론이 규율위반행위나 규범일탈이라는 견지에서 일탈을 규정하지만, 낙인이론은 일탈을 규정하는 데 있어서 이러한 규범위반의 입장이 아니라 행위에 대한 반응이 그 행위의 일탈성을 규정한다고 보고 있다. 이러한 낙인이론의 주장은 곧 일탈이 행위와 그 행위에 대한 반응의 산물이라는 것이다. 즉, 일탈은 사회적 반응과 분리되어서는 개념화될 수 없는 것이며, 따라서 사회적 반응이 곧 일탈의 특성과 강도를 규정하는 원인이라고 해석한다. 결국 일탈자는 그 사람의 행위에 대한 타인의 반응이 축적된 것이다.

그런데 형사정책분야에 대한 낙인이론의 공헌은 지대한 것이었다. 물론 확실한 경험적 증거기 분명히지는 않았지만, 대부분의 형사정책, 특히 소년사법분야나 경미범죄자, 과실범죄자 등에 대한 부분에서는 이차적 일탈의 예방에 초점이 맞추어져 많은 공헌을 하였다.

즉, 경미한 일탈에 대해서는 낙인의 방지와 제한을 통한 이차적 일탈의 예방을 목표로 비범죄화(decriminalization)시켰으며, 공적 개입과 그로 인한 공식낙인보다는 다양한 대체처분으로서 전환(diversion)시켰다. 게다가 교정시설의 선별적 수용 등으로 교정시설의 다양한 대체처분(deinstitutionalization)을 활용하였는데 바로 이런 점들이 형사정책에 기여한 바라고 할 수 있다.

물론 이러한 낙인이론의 주장은 1960년대 범죄사회학자들의 지배적인 관심을 끌었으나, 수많은 비판의 여지도 동시에 내포하고 있다. 우선, 낙인이론에 대한 가장 기본적인 비판은 낙인이론이 일차적 일탈의 원인, 즉 이차적 일탈을 유발하는 일차적 일탈의 근본원인을 설명하지 않았다는 것이다. 환언하자면 개인 간·집단 간 그리고 사회 간 범죄율의 차이나[141] 일탈과정에 있어서의 개인적 의사결정상 차이[142] 등은 개인적 인격특성 또는 상황적 특성 및 동기의 차이가 있음을 암시해 줌에도 불구하고 지나치게 사회적 반응만을 강조한 나머지 이런 사항들이 무시되고 있다는 것이다. 따라서 일탈과 비일탈의 구분이 뚜렷할 수 없다는 지적이다.[143] 물론 일차적 일탈의 설명이 부족하다는 지적에 대해 낙인론자들은 일차적 일탈이 다양한 요인에 의해서 야기될 수 있으며, 그것은 그리 중요한 것이 아니라고 항변하지만 살인이나 강간 등이 언제, 어디서나 심각한 범죄로 취급되는 것을 본다면 일차적 일탈을 결코 중요하지 않다고 할 수 없을 것이다. 즉, 그들은 어떤 행동이라도 본질적으로 범죄적인 것은 없다고 주장하지만 강간이나 살인 등의 강력범죄는 처음부터 범죄적이고 본질적인 범죄이기 때문에 중시되지 않을 수 없다고 볼 수도 있다.[144]

한편, 낙인이론은 일탈자로 낙인되는 사람(the labeled)과 낙인을 부과하는 사람(the labeler)의 역할을 지나치게 단순화하고 있다는 지적을 받기도 한다. 우선, 낙인되는 편은 주로 하류계층의 피지배계층(the powerless)이며, 낙인을 가하는 편은 지배계층(the powerful)으로 되어 있는데, 낙인은 죄질에 기초하여 반응되는 것이지 계층에 따라 반응되는 것이 아니기 때문에 실제로는 범죄통계상 사회계층별 차이가 크지 않은 것이다. 또한 낙인이론은 지능범죄 등의 중상류층 범죄에 대하여 지배계층이 낙인할 뿐만 아니라 낙인의 대상이 되기도 한다는 사실을 경시하고 있다.[145]

　다음으로 중요한 비판은 낙인의 결과와 영향에 관한 것이다. 우선, 낙인이론은 피낙인자를 지나치게 수동적(passive)으로 파악하고 있다.[146] 즉, 피낙인자는 낙인을 가하는 자에 대한 통제력이 전혀 없어서 자신에게 주어진 낙인을 그대로 수용하고 그 낙인에 따라 행동한다고 한다. 그러나 낙인은 상호작용적인 것이기 때문에 피낙인자도 단순한 수동적 존재가 아니라 반응하는 능동적 주체인 것이다.[147] 또한 설사 낙인을 수용하더라도 낙인이 당사자 자신의 태도에 지대한 영향을 미치는 것은 사실이다. 하지만 그렇다고 이러한 태도변화가 반드시 행동변화를 유발시키는 것은 아니며 오히려 상황적 요소에 더 많은 영향을 받을 수도 있는데 낙인이론에서는 이 점이 간과되었다.[148]

　또한 낙인은 일탈적 정체성(identity)과 일탈적 경력(career)을 불가피하게 초래하는 것으로 간주되고 있다. 그러나 대부분의 낙인연구가 이미 낙인된 사람을 대상으로 하기 때문에 실제로 낙인이 일탈적 정체성과 경력을 반드시 초래한다는 증거가 있는 것은 아니다.[149] 그리고 공식적 낙인의 결과로서 피낙인자 스스로가 자신에게 비공식적인 낙인을 각인하는 것으로 간주되고 있으나, 실제로 경찰 등의 형사사법기관을 접촉한 경험이 자신의 표상에 큰 변화를 초래하지는 않는다. 또한 공식적 낙인은 각인되기 이전부터 일탈적 정체성과 경력이 이미 형성되어 있을 수도 있고, 아니면 낙인이 오히려 비일탈적 경력과 정체성을 강화시켜 주는 계기가 될 수도 있다.

　따라서 공식적 낙인이 일탈적 정체성과 경력의 형성에 아무런 영향을 미치지 않을 수도 있고 공식적 낙인이 없는 사람도 일탈적 정체성과 경력을 가질 수 있기 때문에 사회의 반응적 과정이 일탈의 인과요인이라는 설명은 부분적일 수밖에 없는 것이다. 결국, 낙인이론이 주장하는 일탈적 정체성과 경력의 불가피성은 개인의 자유의사와 선택 및 잠재력을 무시한 것이라고 비판받고 있다.

　이와 관련하여서 낙인이 이차적 일탈의 필요충분조건이 될 수 없다는 것도 지적할 수 있다.

　즉, 이차적 일탈이 반드시 낙인으로부터 야기되는 것만은 아니며 오히려 일차적 일탈의 범행동기가 이차적 일탈에서도 범행동기로 작용할 수 있고,[150] 가끔 낙인이 억제력으로 작용할 수도 있다는 것이다. 또한 공식적인 낙인이 없더라도 지속적 일탈의 가능성은 얼마든지 잠재되어 있기 때문에 이차적 일탈이 반드시 낙인 때문만도 아니며 피낙인자가 모두 누범자가 되는 것도 아니라고 할 수 있다. 따라서 낙인만 가지고는 이차적 일탈이 충분하지 않기 때문에 낙인이

론은 낙인을 지나치게 과장하고 있다는 비난을 받기도 한다.[151]

낙인이론에서는 공식적 낙인이 부정적 결과만을 초래하는 것으로 이해되기 쉬우나 상당 부분 긍정적 결과를 가져올 수도 있다. 이러한 주장은 낙인의 범죄억제효과로서 지배계층의 일탈자에게는 억제력으로 작용할 수 있는 것이고, 피지배계층에게는 선과 악의 구분을 확인시켜 줌으로써 범죄를 억제시키는 효과를 기대할 수 있다는 것이다.[152] 결과적으로 낙인은 사회질서를 안정화시키는 긍정적 결과를 초래할 수도 있다고 보여진다.[153]

끝으로 낙인이론은 특히 중요 범죄에 관한 형사정책적 대안을 제시하지 못한다는 비판이 있다. 즉, 형사사법기관의 개입과 그로 인한 공식낙인이 더 많은 일탈을 초래한다면 가장 최선의 형사정책은 이들 일탈에 대해서 아무런 반응을 하지 않고 방관하는 것일 수밖에 없을 것이다. 그러나 그냥 내버려 두면 해결되는 것이 아니라 더 악화된다는 사실은 상식적으로도 경험할 수 있는 것이다.

(2) 민속방법론적 이론(ethnomethodology of deviance)

일탈에 대한 민속방법론적 관점은 현상학과 철학적 연관성을 가지고 있다. 그런데 Matza의 자연주의가 '현상에로의 회귀'라는 현상학 발전의 계기가 되면서 현상에 대한 정확한 대변을 강조하는 현상학은 두 가지 관점과 관련을 맺게 된다. 즉, 연구대상인 현상이 정확하게 대변되고 그 현상이 어떻게 구축되는지를 주요 관심대상으로 삼는다.[154] 현상이란 인식, 의식 그리고 인지 등의 개념과 관련되어 있기 때문에 현상학은 객관적 세계를 부정하고 세계에 대한 사람들의 주관적 인식과 이해, 그리고 사람들이 그들의 세계를 구축하는 과정에 관심을 두고 있다. 따라서 민속방법론자들은 특정 행위가 일탈로 규정되고 특정인이 일탈자로 규정되는 과정을 검증하고자 한다.

이러한 현상학의 영향을 받은 민속방법론자들은 일탈이 사람, 조직 그리고 사회의 사회적 구성이라고 이해한다. 그들은 어떠한 사회적 상황에서 어떠한 행위가 일탈로 규정되는가라는 구성(construction) 그리고 특수한 사회적 상황에서 누가 일탈자로 규정되는가 하는 특정한 구성의 구체적인 적용, 그리고 사람들과 조직이 일탈의 규정을 구성하고 적용하는 데 있어서 이용하는 방법에 관심을 갖는다.[155] 따라서 낙인이론이 일탈에 대한 사회적 반응과 피낙인자와 낙인을 가하는 자에 대한 낙인의 영향에 관심을 둔 것에 비해 현상학적 또는 민속방법론적 이론의 학자들은 일탈에 대해 일탈자 자신의 반응까지도 관심의 대상으로 하고 있다.

현상론자들에 의하면, 일탈의 인과요인을 밝히고자 하는 고전주의적 이론은 일탈의 사실 그

대로의 현상을 연구하지 못하고 단지 일탈현상에 대한 자신들의 개념(conception)만을 연구하는데 불과하다. 그런데 실제현상이란 그 사람의 즉각적인 경험과 자각(immediate experience and consciousness)이어야 함에도 불구하고 실제 현상과 고전주의자들의 현상에 대한 자아관념은 동일하지 못하다는 데 문제가 있다고 할 수 있다. 따라서 실제 현상을 파악하는 것은 자신의 경험에 관해서 그 사람이 어떻게 생각하고 느끼는가를 밝혀 내는 그 사람의 주관적 경험에 달려 있다. 그러므로 일탈적 현실은 일탈자가 자신의 일탈행위에 부여하는 주관적 의미인 것이다.[156]

결과적으로 민속방법론자들은 현실(reality)을 구축하기 위해 사람들(ethnos)이 이용하는 기술(methods)을 연구한다.

따라서 민속방법론적 관점에서의 일탈연구는 대체로 어떻게 하여 사람이 의지적으로, 의도적으로 그리고 목적을 가지고 일탈자가 되는 과정에 참여하게 되는가(reality construction)와 특정행위 및 특정인이 일탈행위와 일탈자로 규정되는(deviance typification) 과정을 중심으로 이루어지고 있다.

Matza는 청소년들의 마리화나흡연에 대한 연구에서 일탈자가 되는 과정을 친화력(affinity), 소속(affiliation) 그리고 의미부여(signification)의 세 단계로 분석하였다. 친화력이란 사람이 잠재적으로 일탈적인 상황으로 끌리게 되는 것인데, 이것은 그 사람의 가정환경 등 생활상의 여러 가지 상황에 따라 중재되어진다. 그러나 고전주의와는 달리, 이들 상황이 그 사람을 자동적으로 일탈행위를 하도록 만드는 것은 아니다. 이러한 상황은 그 사람이 일탈행위에 가담하려는 의식적 선택을 할 때까지 지속된다. 그 후 그는 일탈할 수 있는 기회를 추구하게 되고, 그가 기회를 갖게 되면 소속단계에 도달하게 된다. 이 시점에서 그는 일탈적인 데 소속될 수도 있고 그렇지 않을 수도 있지만, 설사 그가 주기적으로 일탈행위에 가담한다고 해도 자신을 일탈자로 보지는 않는다. 그는 자신의 행위에 대해서 사회가 일탈적인 것으로서 중요한 의미를 부여(signification)할 때에만 일탈적 자기동일성이나 정체성을 갖게 된다.[157] 그런데 어떤 행위를 일탈적인 것으로서 중요한 의미를 부여하기 위해서는 사회가 그 행위를 금지하고 법집행자로 하여금 금지된 행위를 위반한 사람을 체포하도록 해야 한다.

한편, 어떠한 행위가 어떠한 사회적 상황에서 일탈행위로 구성되고 어떠한 특수상황에서 어떤 사람이 일탈자로 규정되는가라는 일탈에 대한 구성의 적용은 다음 여러 가지 상황에 의해 결정된다. 범죄학자들은 경찰의 범죄통계와 같은 반응적 자료를 활용하는데, 이들 자료는 단지 공식형사사법기관의 사회적 반응에 대한 정확한 수치에 불과한 것이기 때문에 특정한 사건이 범죄가 되기 위해서는 이들 공식기관에 의해 범죄로 규정되어야 한다. 따라서 이들 기관에 의한 범죄의 규정에는 법률적 요인 외에도 범죄자와의 상호작용, 신고자와의 상호작용, 조직구조 그리고 기관의 정책 및 요구되는 임무 등 많은 요소들이 영향을 끼친다고 한다.

우선, 범법자와의 상호작용은 경찰이 사건을 어떻게 다루는가가 범행 자체보다 범법자 개인의 특성에 대한 경찰관의 평가에 기초하여 결정된다는 것이다.[158] 한편, 어떤 상황에 대한 경찰관의 규정은 사건에 대한 신고자와의 상호작용에 의해서도 영향을 받는데, 구체적으로는 신고자가 그 사건을 어떻게 처리하기를 바라는가, 그리고 가해자와 신고자가 어떠한 관계인가, 경찰관에 대한 신고자의 태도가 어떠한가, 신고자의 사회경제적 위치가 어떠한가에 따라 달라진다고 한다.[159] 그리고 어떠한 사람이 범죄자로 규정되는가에 있어서 형사사법기관 조직구조의 차이도 상당한 차이를 가져오게 하는 요인이 된다. 즉, 만약에 서로 다른 두 도시의 비행률이 상이하다고 그것이 반드시 비행성의 차이를 반영하는 것은 아니다. 오히려 그것은 청소년사법기관 조직구조의 차이를 반영할 따름이라는 것이다.[160] 또한 정책의 변화도 경찰관이 상황을 규정하는 방법에 영향을 미치기 때문에 범죄율의 차이를 초래할 수 있다.[161] 정치적 압력도 형사사법기관의 정책에 영향을 미칠 수 있기 때문에 범죄율의 차이를 유발할 수도 있다.[162] 끝으로 경찰관을[163] 비롯한 판·검사와 변호사 등[164] 자신의 업무를 어떻게 규정하고 있는가와 그들에게 요구되는 임무가 무엇인가에 따라서도 범죄행위의 규정과 범죄율의 차이가 생길 수 있다. 즉, 강력계 형사와 소년계 경찰이 다르고 변호사와 검사가 다르다는 것이다.

결과적으로 특정인에 대한 범죄자로서의 공식적 규정은 형사사법기관의 조직구조와 정책 및 형사사법기관원의 특성에 의해 크게 영향을 받는다는 것이다. 따라서 공식통계를 이용하는 한, 범죄학적 이론의 목표는 범죄행위가 아니라 공식범죄율 자체를 설명하는 것이어야 한다.[165]

그러나 이러한 현상학적 또는 민속방법론적 일탈론은 현상학은 물론이고 이를 이용한 일탈의 설명에 있어서도 적지 않은 비판을 받고 있다. 우선 현상론자들은 실증주의이론들이 일탈을 현실 그대로 보지 못하고 주관적인 선입관을 가지고 파악한다고 비판하고 있다. 즉, 현상학자들은 인간이 과연 완전히 마음을 비워서(total emptiness of mind) 일탈을 현실 그대로 객관적으로 경험하고 목격하고 묘사하기가 어렵다는 것이다.[166]

한편, 대체적으로 민속방법론적 일탈연구는 사람들의 구성을 왜곡시키지 않으려는 의도에서 관찰의 방법을 통하여 연구하기 때문에 자료수집에 한계가 있어서 암암리에 일어나는 많은 일탈행위들이 관찰될 수가 없다. 또한 관찰의 방법은 대부분 주로 힘없는 계층과 사람을 대상으로 이루어지며 경제적으로 권력을 갖는 상류계층에게는 잘 관찰되지 않는 경우가 많다.[167]

그리고 현상학자들은 현실구성(reality construction)에 있어서 미시적 과정에만 관심을 가질 뿐이며, 미시적 수준에서의 현실구성 과정에 영향을 미치는 구조적 힘(structural forces)은 무시하고 있다. 또한 대부분의 현상학적 또는 민속방법론적 연구는 경찰이 법률위반과 법률위반자를 어떻게 구성하여 정형화하는가에 관심을 둘 뿐이다. 따라서 경찰이라는 것이 스스로 만들어지지 않고 지배계급에 의해서 만들어짐에도 불구하고 이러한 점들이 무시되고 있다.[168]

5. 사회과정이론의 평가

사회학습, 사회통제 그리고 사회반응적 이론 등 사회과정에 기초한 범죄원인론은 범죄행위가 행위자 자신의 주변에 있는 제도 및 사람들로부터 영향을 받게 되는 사회심리적 과정이라고 가정하고 있는 점에서는 상호 이론의 여지가 없다. 물론 행위자에게 영향을 미치는 요인들의 상대적 중요성이나 어떻게 영향을 미치는가에 대해서는 의견의 일치를 보고 있지 못하지만 범죄학습을 통해서나 관습적 사회와의 격리를 통해서 또는 부정적 낙인을 통해서 부정적인 영향을 많이 받은 사람일수록 범죄행위의 유혹에 빠지기 쉽다는 것에는 의견을 같이하고 있다.

그러나 이들 이론들은 몇 가지 근본적인 차이를 가지고 있다. 사회학습이론은 "왜 사람들이 합법적 규범을 위반하는가"라는 의문을 제기하는 반면, 사회통제이론에서는 "왜 사람들이 합법적 규범에 동조하는가"라는 의문에서 시작한다. 반면에 사회반응이론은 합법적 규범이 어떻게 만들어지고 적용되며 그 결과는 어떤가라는 의문에서 시작하고 있다. 또한 이들은 일탈의 구조적 조건에서도 사회학습 이론은 규범적 갈등에서, 사회통제이론은 사회해체에서 그리고 사회적 반응이론은 집단갈등에서 찾고자 한다. 따라서 일탈의 근원도 사회학습이론에서는 범죄적 가치·규범·행위에 대한 성공적 사회화로 보고 있으며, 사회통제이론은 부적절한 사회화와 관습적 사회와의 유대 약화 및 관습적 가치관과 규범의 중화로 파악하고 있다. 그리고 사회반응이론에서는 어떤 행위를 범죄로 규정짓는 사회의 반응으로 간주한다.

더불어 범죄행위가 지속되는 이유에 대해서도 사회학습이론은 범죄집단의 규범적 지지에서, 사회통제이론은 처벌의 부재에서, 사회반응이론은 부정적 낙인의 결과에서 그 근거를 찾고 있다.

이와 같이 사회과정이론은 범죄의 근원에 대해서 많은 것을 시사해 주고 있지만 부족한 면 또한 없지 않다. 예를 들어 사회학습이론은 주요 개념의 모호성으로 인하여 이론에 대한 경험적 검증이 만족스럽지 못하며, 사회통제이론은 관습적 사회와의 유대의 약화를 일탈의 근원으로 파악하나 왜 처음부터 사람들이 관습적인 사회와의 유대가 약화되는지 또는 왜 이러한 관습적 유대 약화를 초래하는 부적절한 사회화가 일어나는지를 설명해 주지 못한다. 그리고 사회반응이론은 실제 연구결과 주요 가설과 가정들이 거의 지지받지 못하고 있다.

그럼에도 불구하고 사회과정이론은 형사정책 전반에 상당히 공헌하였다. 사회학습이론은 범죄자에 대한 각종 처우프로그램의 이론적 근거를 제공하였다. 즉, 관습적인 것은 학습하고 일탈적인 것은 배우지 못하도록 하는 주거 및 비주거교화개선처우 등이 바로 이 학습이론에 기초하고 있다. 한편, 사회통제론적 관점은 형사정책에 간접적인 영향을 미친 바 있는데, 한 예로 관습적 활동에 대한 전념을 증대시키기 위한 교도소의 각종 직업훈련, 외부통근 또는 교육기회의 제공 등이 이에 속한다. 그리고 사회반응이론은 사회기관이 문제가 있는 사람을 찾아서 교화개선시키려고 하면 할수록 그 사람에 대한 낙인만 깊어지고 문제를 심화시키기 때문에 가급적 적게 개입해야 한다는 상반된 정책대안의 필요성을 제시하였다. 이러한 사회반응이론의 영향으로 낙인제거와 축소를 목적으로 하는 많은 형사정책적 시도가 있었으며, 그 한 예로 각종 전환(diversion)제도를 통한 교화개선의 강조와 지역사회봉사명령(community service order), 피해자에 대한 금전적 보상(restitution)제도 등의 활용을 들 수 있다. 물론 이러한 접근이 낙인의 대체, 형사사법 그물망의 확대(net-widening), 흉내내기(window-dressing) 등의 비난을 받기도 하였지만 형사정책 전반에 지대한 영향과 변화를 야기시킨 것은 분명하다.

3 절 갈등이론

1. 갈등과 범죄

범죄의 특성, 형법의 생성과 기능 그리고 형사제재에 있어서 국가의 역할 등 범죄학에 대한 두 가지 상반된 관점이 있음은 주지의 사실이다. 합의론적 관점에서는 사회가 그 구성원들의 합의된 가치관에 기초하며, 국가가 사회일반의 이익을 보호하기 위해서 조직되는 것으로 이해하고 있다. 그러나 사회가 가치관과 이익의 갈등을 보이는 집단으로 구성될 때 국가는 갈등관계에 있는 집단 간의 중재역할을 하고 사회 전체의 이익과 가치를 보호하게 되는 것이다. 한편, 갈등론적 관점에서 우리 사회는 가치관과 이익이 갈등적 관계에 있는 집단으로 구성되지만, 국가는 사회 일반의 이익과 가치를 보호하기 위해서가 아니라 국가의 운영을 통제할 수 있는 충분한 힘을 가진 집단의 이익과 가치를 대변하는 것으로 해석하고 있다.[169]

따라서 갈등론자들에게 있어서 범죄란 피지배계층을 통제하기 위한 지배계층의 억압적 노력의 결과이다. 이러한 억압의 영향은 피지배계층의 높은 범죄발생건수뿐만 아니라 피지배계층을 쉽게 통제하기 위해 이들 하류계층의 행위를 범죄행위로 낙인하려는 중상류층의 성향을 높이기도 한다.[170] 다시 말해서 갈등론적 입장에서 본다면 법이란 지배계층의 가치와 신념의 표현이며 형사사법기관은 그들의 사회통제기제에 불과할 따름이어서 범죄란 그 사회의 부와 권력의 불공정한 분배에 대한 반응으로 해석되고 있다.

이러한 갈등론적 현상은 다음의 두 가지 면에서 지속되고 있는데, 첫째는 지배계층이 자신들의 행위에 대한 관심을 다른 곳으로 전환시키고자 하는 반면, 종속적인 피지배계층의 행위에는 사회의 관심을 맞추고자 하기 때문이다. 두 번째는 이들 정치·경제적으로 지배계층에 속하는 집단은 대체로 전체 사회의 극히 일부에 지나지 않기 때문에 수적으로 소수에 불과한 자기들의 지배적인 위치를 유지하는 것이 항상 문제시되기 때문이다.[171]

결국, 갈등이론은 다음과 같은 의문에 초점을 맞추고 있다. 첫째, 왜 특정 집단이나 계층의 규범은 법으로 만들어지는 반면, 다른 집단이나 계층의 규범은 법제화되지 않아서 특정 집단이나 계층과 갈등관계에 있는 집단이나 계층에서 범죄자를 만들게 되는가? 그리고 왜 특정 법률은 집행되는 반면, 일부 다른 법률은 집행되지 않아서 특정 법률을 위반한 사람만을 범죄자로 만들고 일부 다른 법률의 위반자는 범죄자로 만들지 않는가? 끝으로 왜 법률이 특정 집단이나 계층에 대해서만 집행되고 일부 다른 집단이나 계층에 대해서는 집행되지 않아서 일부 특정 법률위반자만 범죄자로 만들어지고 다른 법률위반자는 범죄자로 만들지 않는가? 다시 말해서 갈등론은 범죄와 범죄자가 만들어지는 사회적·정치적 과정, 즉 범죄의 정치를 연구하고자 한다. 그렇기 때문에 위의 세 가지 의문에 대해서 갈등론자들은 사회적 권력을 어떠한 규범이 법제화되며 어떠한 법률이 어떤 계층의 사람들에 대해서 집행되는가를 결정하는 것으로 주장한다.[172]

이렇게 사회적 갈등이 다양한 요인에 기인하기 때문에 갈등론적 범죄이론 또한 다양한 방법으로 범죄에 대한 사회적 갈등의 역할과 기능을 설명하고 있다. 이렇게 다양한 사회적 갈등요소별 범죄학에 대한 공헌을 분석하기 위한 한 가지 방법은 갈등이론에 있어서 중심적인 중요성을 지닌 갈등의 차원을 분석하는 것이다. 그런데 사회적 갈등의 주요 차원으로는 사회경제계층별 갈등, 집단 및 문화적 갈등 그리고 권력구조별 갈등이 있기 때문에 이들을 중심으로 살펴보아야 할 것이다. 따라서 이들 세 가지 주요 갈등차원에 따라 갈등이론을 요약하자면 [그림 5-11]과 같다.

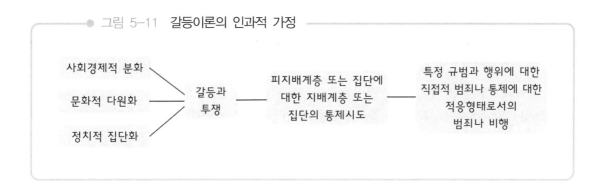

● 그림 5-11 갈등이론의 인과적 가정

2. 사회경제적 계층과 갈등

(1) Marx의 계급투쟁과 범죄

Marx는 현대사회가 물질적 자원을 놓고 서로 경쟁하는 부르주아와 프롤레타리아라는 두 집단에 의해서 상호양립될 수 없는 경제적 이익의 차원으로 특징지어진다는 사실을 발견하였다. 자본주의사회에서 부르주아가 생산의 수단을 소유하고 통제하며 프롤레타리아를 약탈함으로써 그들의 이익을 극대화시키려고 한다. 그들의 이익을 증대시키기 위해서 부르주아는 적은 노동비용으로 최대한의 생산성을 추구하기 때문에 결국은 한계적 잉여노동인구(marginal surplus population)가 생기게 되는 것이며, 이들은 자신의 인간다운 생활조건을 충족시키지 못하여 범행의 유혹과 압력을 받게 된다. 그래서 자본주의하에서의 범죄는 생활조건에 대한 반응이며, 대부분의 노동자계급 범죄는 생존이 집합적 수단에 의해 보장되지 않는 사회에 존재하기 위한 생존수단이 되는 것이다.[173] 그래서 Marx에게 있어서 범죄는 공동선에 대한 의식적 위반이 아니라 일반적 조건에 대한 독립된 개인의 투쟁으로 해석되고 있다.[174]

물론 자본주의가 하류계층 실업자들의 재산범죄만 양산하는 것이 아니라 대인범죄와 기타 다른 범죄도 유발한다. 즉, 경제적 한계가 개인의 심각한 압박을 유발하는 소외감과 무력감 그리고 자아존중의 부족을 초래하며, 이 경우 많은 사람은 자신의 좌절감을 삭히기 위해 또는 권위의 상징에 대한 도전으로서 폭력에 호소하게 된다.[175]

그럼에도 불구하고 Marx는 범죄자를 미화하거나 동정하지 않으며, 범죄자가 어떠한 긍정적 기능을 한다고도 보지 않았다. 그는 오히려 범죄자를 위험한 계층이라고 지칭하고 있다.

Marx에 따르면 범죄는 산업자본주의하의 실업과 노동착취로 인해 도덕적으로 타락한 사람들의 개별적인 적응이다.[176) 따라서 범죄자는 자신을 비인격화하고 착취하는 불평등한 자본주의 체제에 순응하려고 노력하는 사람이며, 결국 범죄행위는 지배질서에 대한 혁명의 형태가 아니라 지배질서에 대한 적응인 것이다.

그러나 비판론자들은 Marx가 결코 완전한 범인성이론을 제공하지 않고 단지 범죄를 인간행위의 한 관점으로서 흥미를 가졌던 것에 불과하며, 그럼에도 불구하고 그 추종자들이 범죄자를 억압된 소수집단으로 묘사함으로써 범죄자를 낭만적으로 다루고 있을 뿐이라고 하였다. 결국 일탈에 대한 마르크스주의이론은 존재하지 않거나 순수적으로는 개발될 수 없다고 비판되었다.[177)

한편, 자본주의국가의 재구조화를 통한 혁신적 범죄해결의 주장도 공산주의 또는 사회주의 국가에서의 범죄유형도 자본주의국가의 그것과 크게 다를 바 없다는 점에서 비판받고 있다.

(2) Bonger의 자본주의와 탈도덕화(demoralization)

자본주의란 상대적으로 소수의 상위계층이 생산의 수단 및 나아가 정치적·경제적 세력을 전유하게 되어 자신들의 생존과 이익의 극대화를 위하여 전적으로 생산수단이 박탈된 다수의 하류계층을 통제하는 것으로 특징 지어진다. 이러한 상황이 사람들의 '사회적 본능'을 짓누르게 되고 급기야는 무제한적 이기주의와 지배계층의 지배정신을 유발하게 된다. 지배계층은 피지배계층의 어려움에 대해서 무감각해지고 따라서 피지배계층은 다시 시기심과 비굴함을 갖게 된다. 따라서 가진 자와 못 가진 자의 간격이 가진 자와 못 가진 자 모두를 타락·비도덕화시키게 된다.[178)

그러나 지배계층의 부르주아는 그들의 욕망을 합법적으로 만족시킬 수 있는 합법적 기회를 가지고 있기 때문에, 범죄란 대체로 하류계층에 집중하게 되는 것이다. 더구나 형사사법기관이 지배계층의 이익과 갈등을 유발시키는 행위를 통제함으로써 이익을 얻으려고 노력하기 때문에 하류계층을 더욱 범죄화시키게 된다. 그러므로 하류계층의 범죄는 그들의 경제적 종속과 관련이 있다.[179) 그렇다고 지배계층이 전혀 범죄와 무관한 것은 아니다. 부르주아는 불법적 이득을 점할 기회가 주어질 때, 혹은 그들의 도덕감이 상실될 때 범행에 가담한다. 예를 들어 가격담합이나 환경범죄 또는 노사관련범죄 등 대부분의 고등범죄가 이에 속한다고 볼 수 있다.

결국, Bonger의 이론은 범죄가 곧 빈곤의 기능이기 때문에 그에 따른 그의 주장은 일종의 경제적 결정론이라고도 할 수 있을 것이다. 그러나 범죄에 영향을 미치는 것은 부의 절대량이 아니라 부의 분배문제이다. 대부분의 자본주의사회는 경제적 부가 사회구조를 통하여 불공평하게 분배되고 사람들은 그들의 경제적 우위를 우월성으로 등식화하게 되므로 가난하고 열등한 사람들은 범죄적 경향에 빠질 수밖에 없는 것이다. 즉, 자본주의사회의 경제제도가 가난한 사람들의 개인적 불만족을 심화시키고 이것이 바로 그들의 범죄성향을 더욱 증대시킨다는 것이다. 따라서 사회가 지금의 경쟁적 독점자본주의로부터 궁극적으로 생산수단이 공유되는 사회, 즉 각자의 필요에 상응한 재산의 재분배가 가능한 사회주의구조로 변한다면 거의 모든 범죄가 사라질 것이라고 주장한다. 반대로 사회주의 실현이 불가능하면 범죄는 항상 존재할 수밖에 없고, 사회주의가 실현된 후에 발생하는 범죄는 개인의 정신적 문제에 기인한 비이성적 정신질환자에 의한 범죄일 뿐이라고 믿고 있다.[180]

　　이러한 Bonger의 주장에 대해 그의 이론은 지나치게 개인주의적이어서 순수한 의미에서 마르크스주의이론의 요건을 충족시키지 못한다는 지적이 있다. 즉, Bonger는 가진 자와 못 가진 자의 간격으로 인한 양자의 도덕적 타락이 인간의 이기적 욕망을 부추기기 때문에 범죄가 발생하는 것으로 보고 있으나, Marx는 개별적 범법자에 대해서 크게 관심을 두지 않았다. 한편, Bonger는 개인의 이기적 욕망을 범죄행위의 근원으로 보았으나 실제로 사람들은 이기주의 이외에 다른 여러 가지 원인으로 범죄에 가담하고 있기 때문에 그의 주장은 지나치게 단순화되어 있다고 할 수 있다.

(3) Quinney의 범죄의 사회적 구성

　　Quinney는 우리 사회의 범죄가 기본적으로 물질적 문제이기 때문에,[181] 범죄는 자본주의 국가의 사회·경제·정치적 구조에 의해서 영향을 받는다고 보았다. 그에 따르면 사회계층간 자원에 대한 경쟁이 필연적으로 갈등을 초래하고, 가진 자는 유리한 입장에서 자신의 이익을 보호하기 위하여 공공정책을 입안하고 그것을 이용하게 된다고 보았다. 그리고 이러한 농간의 과정이 현대사회에 존재하는 범죄의 사회적 현실(social reality of crime)을 조작하는 능력이라고 보고 있다. 따라서 그의 이론은 사회의 권력·권위 그리고 이익구조가 범죄의 사회적 현실을 구성하는 방법을 보여 준 시도라고 할 수 있다.[182]

　　Quinney는 범죄의 사회적 현실을 구성하는 데 있어서 중요한 역할을 하는 형법의 생성 및 적용과 범죄행위의 발생을 다음과 같은 네 가지 상호연관된 요소로서 설명하고 있다. 첫째, 지배계층이 자신들의 이익을 위협하는 행위들을 범죄행위로 규정한다. 둘째, 지배계층은 자신들의 이익을 담보하기 위해서 이들 범죄규정이나 법률을 적용한다. 셋째, 하위계층의 구성원들은 자신들의 바람직하지 못한 생활조건에 의해서 범죄행위로 규정된 행동에 가담하도록 강요받게 된다. 넷째, 지배계층은 이들 범죄행위로서 범죄이데올로기를 유포하고 구성하는 기초로 활용한다.[183]

그런데 Quinney는 이보다 더 구체적으로 이들 요인과 범죄의 발생을 관련시키기 위해서 구조화된 기회, 학습경험, 대인적 접촉과 정체성 그리고 자아관념이라는 네 가지 행위요소를 들었다. 우선, 구조화된 기회와 학습경험은 법률적 반응 이전에 이미 나중에 범죄행위로 규정될 행위에 있어서 계층에 기초한 차이점이 있다는 가정을 반영하는 것이다. 이는 법의 형성과 집행에 있어서 자신들의 행위유형이 잘 대변되는 계층보다 잘 대변되지 못하는 계층의 구성원들은 그들의 행동이 범죄로 규정될 확률이 훨씬 높기 때문이다.[184] 즉, 부유한 상류층은 차별적 기회와 학습경험에 대한 반응으로서 학습한 행위유형들을 익힌 하류계층의 구성원들을 범죄화하는 경향이 있기 때문이다. 반면에 대인적 접촉, 정체성 그리고 자아관념은 계층에 기초한 행위유형으로서 규정된 범죄는 법률저촉에 대한 반응으로서 존재한다고 한다. 이는 앞에서 논의된 낙인이론에 기초한 것으로서 범죄자로 규정된 사람들은 자신을 범죄자로 인식하기 시작하고 그들에게 부여된 규정에 적응해 감으로써 범죄자의 역할을 수행하도록 학습된다는 것이다.[185]

지금까지 언급한 요소들은 사회의 지배계층이 견지하고 있는 범죄에 대한 인식에 초점을 맞추고 있다. 그중에서도 가장 핵심적인 관심사항은 사회·경제적 지배계층이 견지하고 있는 범죄에 대한 인식이 곧 현실로 반영되기 때문에, 범죄의 사회적 현실을 궁극적으로 결정하는 것은 바로 이들 사회·경제적 지배계층의 인식이라는 것이다. 결론적으로 Quinney는 자신의 주장을 다음과 같이 요약하고 있다. "권력계층이 범죄에 관하여 염려할수록 범죄적 규정이 만들어질 확률은 더 높아진다. 따라서 그러한 범죄규정에 반한 행위유형이 발전될 확률 또한 더욱 커지는 것이다. 범죄규정의 형성과 적용 및 범죄규정에 관련된 행위유형의 발전은 범죄인식의 구성이라는 네 가지 요소가 완전히 한바퀴 돌아서 결합되는 것이다."[186]

따라서 Quinney의 이론은 [그림 5-12]와 같이 요약해 볼 수 있다.

이와 같은 Quinney의 주장은 그의 저서 「범죄의 사회적 현실(The Social Reality of Crime)」에서 다음과 같은 여섯 개의 가정으로 기술하고 있다.[187]

① 범죄의 정의: 범죄는 정치적으로 조직된 사회의 권한 있는 기관에 의해서 만들어지는 인간행위의 규정이다.

② 범죄규정의 형성: 범죄규정은 공공정책을 형성하는 힘을 가진 사회계층의 이익에 갈등적인 행위를 기술한다.

③ 범죄규정의 적용: 범죄규정은 형법의 운용과 집행을 형성하는 힘을 가진 사회계층에 의해서 적용된다.

④ 범죄규정과 관련된 행위유형의 발전: 행위유형은 분파적으로 조직된 사회에서 범죄규정과

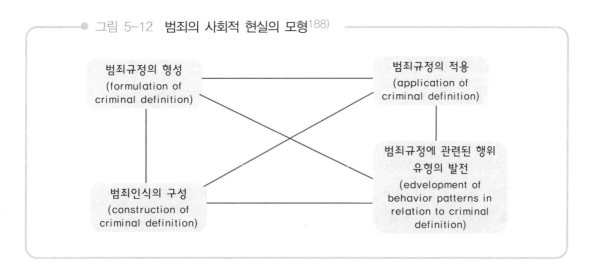

● 그림 5-12 **범죄의 사회적 현실의 모형**[188]

관련하여 구축되고, 이러한 구조 내에서 사람들은 범죄로 규정될 상대적 확률이 있는 행동에 가담하게 된다.

⑤ 범죄인식의 구성: 범죄의 인식은 다양한 방법의 의사소통에 의해서 사회의 계층에서 구축되고 전파된다.

⑥ 범죄의 사회적 현실: 범죄의 사회적 현실은 범죄규정의 형성과 적용, 범죄규정과 관련된 행위유형의 발전 그리고 범죄인식의 구성에 의해서 구축된다.

Quinney는 「범죄의 사회적 현실」에서 주장한 자신의 주장을 그 후의 저술에서 상당 부분 수정하고 있다. 그는 형법이 국가와 지배계급이 현존의 사회와 경제적 질서를 영속화하고 유지하기 위한 도구라고 가정한다. 그에 의하면 지배계급이 형법을 만들고 그것을 적용하기 때문에 사람들은 범죄자가 되는 것이다. 그는 법이란 현실적으로 자본주의질서를 보존하기 위해서 기능한다고 보았다. 따라서 법이 언제 누구에게 어떻게 적용될 것인가를 결정하는 것은 자본주의의 이익이 되는 것이다. 즉, 법은 지배계급의 이익을 위협하는 사람들에 대해서 선별적으로 적용된다. 범죄통제기관조차도 지배계층의 이익과 일치된 법들에만 초점을 맞추고 있다. 이러한 법집행의 차별성은 곧 어떠한 법이 집행되는가의 차별성이기도 하다.

그는 또 "자본주의사회에서의 범죄통제는 지배계층의 엘리트들이 내적 질서를 성취할 목적으로 설치하고 운용하는 다양한 제도 및 기관에 의하여 성취되고 있다"라고 하였다. 즉, 그는 정부 외에도 교육, 종교 그리고 언론기관 등 다양한 제도와 기관이 지배계층의 이익을 대변하기

위해서 조직되었다고 보고 있다. 이들 제도와 기관들이 자본주의적 법질서를 합법화하는 도덕질
서를 계발하고 영속화시킨다. 그래서 만약 어떤 피지배계층 사람이 도덕성의 자본주의적 규정을
수용한다면, 그는 그 규정에 동조하기 위해서 자신의 행위를 유형화하고 자신의 이익이 아닌 지
배계층의 이익에 동조하게 된다는 것이다. 끝으로 그는 "발전된 자본주의의 모순은 특별히 법률
제도의 폭력과 강제를 통한 모든 수단에 의해 하위계층을 억압된 채로 유지하려는 요구이다"라
고 가정했다. 선진 자본주의사회에서는 자본가들 간의 경쟁이 절정에 달하여 프롤레타리아계층
과 잉여노동인구를 증대하게 되며, 이들 증대된 프롤레타리아계층과 잉여노동인구는 기존의 사
회질서에 대한 주요 위협이 된다. 따라서 지배계층에서는 이러한 위협을 통제하기 위해 사회복
지와 강제적 통제기구와 비용을 증대시키게 되는 것이다.[189]

　결론적으로 Quinney의 이론을 요약하자면, 법이란 생산수단을 소유하고 통제하는 사람들의
이익을 위해 입법·운용되며, 정부와 대중매체, 종교 그리고 교육 등 기타 제도와 기관들도 생산
수단을 소유하고 통제하는 사람들의 이익에 봉사하는 것이다. 그렇기 때문에 자본주의체제가 성
숙함에 따라 대부분의 사회자원은 강제적 사회통제를 위하여 확대될 수밖에 없다.

　Quinney는 자신의 이러한 이론적 틀을 이용하여 '지배와 억압의 범죄(crimes of domination
and repression),' '저항과 화해의 범죄(crimes of accommodation and resistance)'라는 범인성의 두
가지 포괄적 범주에 대해서 논하고 있다. 우선, 지배와 억압의 범죄는 우월적 지위에 있는 자본
가계층이 자신의 이익을 지키기 위해 자본가계층의 기관을 통해 범하는 것이다. 예를 들자면 정
부의 범죄통제가 기존의 질서를 위협하여 근로자계층을 범죄화시키는 데 주력하게 된다는 것이
다. 그리고 이런 범죄로는 정부통제의 범죄, 화이트칼라범죄, 환경범죄, 조직범죄와 같은 경제적
지배의 범죄가 대표적인 예라고 할 수 있다. 한편, 화해와 저항의 범죄는 주로 자본가계층의 억
압적 전술로부터 살아남기 위한 근로자계층의 범죄를 말한다.

　즉, 강·절도와 같이 경제적인 약탈범죄 및 강도, 살인, 강간과 같이 특별히 자본가계층이라
기보다는 같은 계층에 대해서 범해지는 대인범죄들이 대표적인 예가 된다.

　결국, Quinney는 범죄의 정치적 특성을 강조하여, 왜 사람들이 법질서를 위반하는가가 아니
라 법질서 그 자체를 연구의 주제로 삼고 있다. 물론 다수의 사회학자들은 법질서에 관한 그의
이론에 동조하지 않을지 모르나 그것은 생산수단의 소유 및 통제, 형법의 입법과 운용 그리고 제
도나 기관이 특수이익에 봉사하는 범위의 관계를 연구하는 데 중요한 일임에 틀림없는 것이다.

　그러나 Quinney의 이론은 생산수단을 소유하고 통제하는 지배집단의 이해관계가 불명확하
다는 비판을 받고 있다. 우선, 생산수단의 소유자와 경영자의 이해관계가 다를 수 있으며, 생산

수단의 소유·통제자와 국가통치자의 이해관계가 분석되지 않았다. 그리고 사회비판과 사회적 행위에 치중하여서 설명과 예측이 무시되고 있다는 점도 지적되고 있다.

3. 집단 및 문화와 갈등

(1) Sellin의 다원주의 갈등이론(pluralist conflict theory)

Sellin의 갈등이론은 상이한 문화적 집단 간의 갈등에 기초하고 있다.[190] 즉, 행동규범은 상이한 집단에 의해서 상이하게 규정되기 때문에, 사회가 복잡해짐에 따라 상이한 집단의 행동규범 간에 갈등과 충돌이 생기게 되는데 이를 문화갈등이라고 이름하였다. 이를 기초로 Sellin은 일차적 문화갈등과 이차적 문화갈등이란 개념으로 자신의 갈등론적 범죄관을 피력하였다.

Sellin에 의하면, '일차적 문화갈등(primary cultural conflict)'은 상이한 두 문화 사이의 경계지역에서 일어나는 것이다. 이 외에도 식민화의 경우처럼 특정 문화의 법이 다른 영역으로 확대될 때, 또는 이민의 경우처럼 특정 문화집단의 구성원들이 다른 영역으로 이동할 때에도 일어날 수 있다고 한다.[191] 그래서 일차적 문화갈등은 주로 시민과 관련된 문제를 분석하는 데 적용되고 있다.

한편, '이차적 문화갈등(secondary cultural conflict)'은 한 문화 내에서의 갈등으로 하나의 문화가 각자 자신의 고유한 행동규범을 가지는 여러 가지 상이한 부문화로 진화될 때 일어나는 것이다.[192]

즉, Merton이나 Durkheim의 아노미이론과 같은 구조기능론자들처럼, 사회구조란 문화적으로 인정되는 목표와 수단을 내포하게 된다고 보고 있으며, 집단에 따라서 이들 목표의 성취에 차이가 있다는 것이다. 그리고 그들의 목표달성을 위해서 서로 상이한 수단을 활용하는데, 이런 방법 중 일부가 범죄적이거나 일탈적인 것으로 간주된다는 것이다. 그런데 이러한 경우는 법이 다양한 사회구성원들의 합의를 대변하기보다 지배문화의 행동규범만을 반영하기 때문이다.

(2) Miller

Miller는 미국사회의 문화가 동일한 가치와 목표를 추구한다는 구조기능론자들의 주장을 반박하고 미국사회를 이질적 문화와 가치관이 혼재하는 다원적 사회로 파악하였다. 따라서 그는 하류계층은 그들 나름의 독특한 하위문화가 있으며, 그들의 이러한 하위문화는 상이한 사회화과정의 결과라고 보았다. 이렇게 상이한 그들의 사회화과정은 그들 하위문화의 상이한 가치를 강조하며, 그 가치는 지배계층의 그것과 갈등을 초래할 수 있다고 보는 것이다.

이러한 관점에서 그는 Sellin의 이차적 갈등과 유사한 개념을 가지고 있다. 다시 말해서 그는 비행이나 일탈이 상이한 행동규범과 상이한 사회화의 결과로 생성된다고 보았다. 즉, 누구나 그 사회의 지배집단과 갈등관계에 있는 하위문화 내에서 사회화될 수 있으며, 이러한 상황이 곧 자신들의 하위문화 내에서 일관적인 행동규범과 가치관으로 작용하게 된다는 것이다. 또한 이것은 지배집단의 문화와 가치에 반하는 것으로 작용하여 중상류계층에 의해 범죄적 또는 일탈적 행위라고 간주된 것이다.[193]

(3) Vold의 집단갈등이론(group conflict theory)

Vold의 이론은 기본적으로 집단이익의 갈등에 기초하고 있다. 그에 따르면 인간은 본래 사회적 동물로서 생활 자체가 자신의 집단접촉에 의한 산물이라고 하였다. 인간이 집단에 합류하는 이유는 집합적 행동을 통해서 상호이익과 욕구가 가장 잘 충족되기 때문이다. 따라서 인간의 행위는 집합적 행위의 개념으로서 가장 잘 이해될 수 있는 것이다.

인간은 자신의 집단이익을 극대화하고 전체 사회집단 속에서 그들 집단의 위치를 향상시키기 위해 끊임없이 투쟁하게 된다. 그리고 그 결과는 사회적 투쟁의 지속적 상태라고 할 수 있다. 그러므로 각 집단이 자신의 사회적 위치를 방어하고 우월성을 유지하기 위해서 경쟁하고 노력하는 것이고 그렇기 때문에 집단 간 갈등이 초래되는 것이다.[194]

따라서 집단갈등과 범죄는 다음과 같이 관련시켜 볼 수 있을 것이다. 법이란 집단 간 투쟁에서 이긴 정치지향의 집단이 자신들의 이익과 권한을 보호·방어하고 상대집단의 이익은 제거·방해하기 위해 만들어진 것이다. 그래서 입법적 다수를 점한 집단이 국가경찰권에 대한 통제력을 갖게 되는 것이다. 또한 법률위반에 가담할 확률이 높은 자를 결정짓는 정책을 내리는 것이다. 그러므로 법률의 제정·위반 그리고 집행이라는 전체 과정은 집단이익간의 근본적 갈등과 국가경찰권의 통제에 대한 집단 간 일반적 투쟁을 직접적으로 반영하는 것이다.[195] 따라서 소수집단은 권력투쟁에서 패했기 때문에 입법과정에서 자신들의 이익을 보장받고 방어받을 수 있는 의견을 반영하지 못하는 것이다. 그렇기 때문에 범죄행위란 대개 소수권력집단(minority power group)의 행위일 확률이 높아지는 것이다.[196]

Vold가 주장하는 범죄가 집단갈등의 소산이며, 소수집단의 행위라는 사실은 범죄의 집단화와 청소년비행을 통해서 잘 입증되고 있다. 우선 상당수의 범죄가 개인 혼자 행위하기보다는 집단에 의해 수행되고 있음을 알 수 있는데, 이는 특정 사회에 유지되고 있는 경찰력이나 조직적 사회 그리고 어떤 면에서는 주변적 위치에 있는 사람들이 자신의 세력을 강화하고 보호하기 위해 함께 힘을 합쳤기 때문이라고 이해할 수 있다. 한편, 범죄가 소수집단의 행위라는 사실은 다수집단을 거부하는 사람들이 범죄자로 규정되고 처리된다는 사실에서 알 수 있는데, 대표적으로 청소년비행집단을 예로 들 수 있다. 청소년비행집단은 대체로 기존의 지배집단이 갖고 있던 가치와 힘의 규제와 규율에 다소 반대하는 입장의 소수집단으로 간주되고 있기 때문이다. 이 점에 대해시는 성인지배집단이 법률과정의 통제를 통하여 소수집단인 청소년집단을 통제한다는 것에서 입증되고 있으며, 대다수 청소년문제가 세대 간의 가치갈등의 소산이라는 연구결과도 하나의 증거가 될 수 있다.

물론, Vold는 개인의 범죄행위가 다른 집단과의 투쟁에서 자기 집단의 위치를 유지하려고 하는 행동의 과정에서 가장 잘 이해될 수 있다고 하여 자신의 이론이 상당수의 범죄를 설명할 수 있다고 주장하였다. 그러나 그의 이론은 집단구성원이 집단 내 위치를 충성적으로 지지하는 집단 간의 충돌로부터 야기되는 경우에만 범죄행위가 제한될 수밖에 없었다. 따라서 조직화된 사회에서 상이한 이익집단 간의 투쟁과 관련되지 않는 비이성적·격정적 범죄행위를 설명하는 데에는 적합치 않다.[197]

따라서 Vold의 이론은 다음의 네 가지 종류의 범죄에 가장 적합한 설명이라고 할 수 있다.

첫째, 정치적 갈등으로 야기된 범죄로서 성공적인 혁명은 과거 집권세력이었던 정부관리가 범죄자로 되는 것이고, 반면에 실패한 혁명은 혁명지도자가 반역자로 되는 것이다. 둘째, 노사 간의 이익갈등으로서 파업과 파업파괴시 수반되는 폭력행위인데, 이 경우 양측 모두 자신들의 폭력행위를 어쩔 수 없는 것이라고 정당화한다. 셋째, 노동조합 간의 관할권분쟁으로서 이는 경쟁노조와의 갈등으로 인해 관련된 특정 노조에 대한 충성심의 표현으로서 협박과 폭력행위를 일삼는 것이다. 넷째, 인종적 갈등으로서 각종 인종차별에 저항하려는 시도와 폭력행위 등이 이에 속하며[198] 과거 로스엔젤레스지역의 흑백 또는 한인과 흑인간의 갈등으로 인한 폭동이 그 대표적인 예라고 할 수 있다.

결론적으로 Vold의 이론은 범죄를 개인적 법률위반이 아니라 집단투쟁으로 이해하는 것으로서 인종분쟁, 산업분쟁, 확신범죄 등 전통범죄학에서 도외시되었던 특정 범죄를 이해하려고 노력하고 있다. 또한 노조파업과 같은 일시적 갈등 및 소수집단이 그들의 지위를 쉽게 바꿀 수 있는 양심적 반대자, 그리고 나이가 들면서 자연히 지위가 변할 수 있는 비행청소년처럼 소멸될 수 있는 갈등을 이해하는 데 이용하고 있다.[199]

4. 권력구조와 갈등

(1) Turk의 '범죄화의 요소(elements of criminalization)'

Turk에게 있어서 범죄성(criminality)이란 다른 사람들에 의해서 규정되고 부여된 지위 또는 신분(status)을 말한다. 즉, 한 개인이 사법당국에 의해서 인지되고 평가되며 처리되는 특정 방식에 의해서 규정된 하나의 사회적 신분 및 지위를 말하는 것이다.[200] 그렇다면 이러한 범죄적 지위나 신분은 어떻게 그리고 누구에 의해서 규정되는가? Turk에 따르면 우리 사회는 지배적인 의사결정부류인 권력자(당국)와 법에 의해서 영향을 받는 종속적 부류인 피지배자의 두 가지 부류의 사람으로 나누어 볼 수 있다. 또한 이 모든 것들은 권력자가 피지배자들 중에서 범죄자를 만드는 법을 제정하기 때문이라고 한다.[201]

그런데 이러한 지배－종속의 현상은 어디에 기초하며 어떻게 유지되는가? Turk는 그것을 학습의 과정에 두고 있다. 즉, 궁극적인 권력자와 종속자는 우월적인 신분과 열등적인 신분의 소지자로서 그리고 지배적인 역할과 종속적인 역할의 수행자로서 끊임없이 상호작용하며 학습하고 재학습하게 되는데, 이 과정에서 권력자는 '지배의 규범(norms of domination)'을 그리고 종속자는 '복종의 규범(norms of deference)'을 학습하기 때문에 우리 사회의 지배－복종관계가 유지된다고 주장한다.[202]

이처럼 Turk는 우리 사회의 갈등과 그로 인한 범죄성을 지배와 복종의 관계에서 규명하려고 했기에 그의 이론을 '지배－복종(authority subject)'이론이라고도 한다. 한편, 이러한 지배－복종의 관계는 어떤 조건에서 갈등을 초래하며 이 갈등은 어떤 조건에서 범죄성을 야기시키는가에 대해 그 요소를 규명하였다고 하여 '범죄화의 요소(elements of criminalization)'이론이라고도 한다. 결국 Turk는 그의 이론에서 법률갈등과 범죄화에 초점을 맞추었다. 따라서 어떠한 조건하에서 권력자－종속자의 문화적·행위적 차이가 법률갈등으로 전이되며, 어떠한 상황에서 법률이 집행되는가를 규명하고자 하였다. 즉, 어떠한 조건에서 법률을 위반한 사람이 범죄자화되는가, 그리고 어떤 조건이 범죄자화와 관련된 박탈 정도의 크기에 영향을 미치는지 규명하고자 하였다.[203]

Turk가 제기한 두 가지 의문 중 하나인 권력자와 종속자 간의 문화적·행위적 차이가 갈등을 초래하는 조건은 무엇인가? 이를 위해서 Turk는 우선 문화적 규범과 사회적 규범으로 구분하였다. 그는 문화적 규범이 가치의 언어적 형식화와 관련되며, 사회적 규범은 실질적 행동유형과 관련된다고 보았다.[204]

즉, 그에 따르면 권력자에 의해 공표된 문화적 규범과 그들의 실질적 행위유형 간에 밀접한 합의가 있을 때, 그리고 그 속성을 소지하거나 그 행위를 범한 종속자가 그것을 평가하는 방법 및 그들의 사회적 규범 간에 적합성이 높을 때 갈등이 일어날 확률이 가장 높다고 한다.[205] 반대로 권력자와 종속자 간에 문화적 차이가 행위에 반영되지 않거나 두 집단 간 행위적 차이가 중요한 가치차이를 반영하지 않을 때에는 갈등이 최소화된다고 보고 있다. 따라서 이 주장에서는 권력자와 종속자 간의 행위적 차이가 문화적 차이에 의해서 혼합될 때 종속자와 권력자 간의 갈등이 야기된다고 보고 있다.

또한 갈등의 확률은 권력자와 종속자 양자 간의 정교함과 조직화 정도에 따라 영향을 받는다.[206] Turk에 의하면 조직화는 권력을 쟁취하고 유지하기 위한 하나의 전제이기 때문에 권력집단은 조직화되기 마련이지만, 종속자는 조직화될 수도 있고 그렇지 않을 수도 있다는 것이다. 그런데 종속자가 조직화될 때 갈등의 가능성이 높아지는데, 그 이유는 개인이 자신의 행위에 대하여 집단의 지지를 받을 때 가장 큰 힘을 가지기 때문이다.

그리고 세련됨(sophistication)이란 다른 사람을 이용하기 위한 행위유형에 대한 지식이라고 할 수 있는 것으로, 이 경우 종속자나 권력자가 상대의 약점과 강점을 잘 알고 있어서 서로를 이용할 수 있을 때에 이를 세련되었다고 규정할 수 있다. 따라서 양자가 세련되지 못할 때 갈등의 소지가 커지게 되는데, 이것은 세련된 종속자는 갈등을 야기시키지 않고도 자신의 목표를 성취할 수 있으며, 세련되지 못한 권력은 그들의 목표를 달성하기 위해 강제에 주로 의존해야 하기 때문이다. 따라서 종속자가 보다 조직화되고 세련되지 못할 때 갈등의 소지가 많다고 가정할 수 있다.

그러나 모든 갈등이 항상 동일하게 종속자의 범죄성을 유발하는 것은 아니다. 그렇다면 어떤 조건에서 권력자와 종속자 간의 갈등이 종속자의 범죄성을 가장 많이 그리고 빈번하게 유발하는가? 이에 대한 해답은 다음의 경우로 요약할 수 있다. 우선 갈등이 범죄성을 야기하는 일차적 요인을 Turk는 법률적으로 규제 또는 금지된 행위의 의미 또는 중요성이라고 주장한다. 다시 말해서 권력자에게 문화적으로 중요한 의미가 있는 법률 규범일수록 집행될 가능성이 높다는 것이다. 예를 들어 경제사범보다는 강도가 더욱 엄격히 다루어지는 것은 권력자의 법적 규범만 위반하는 경제범죄에 비해 강도는 권력자의 법적 규범은 물론이고 문화적 규범까지도 위반하기 때문이다. 한편, 이 점에 있어서 경찰의 하위문화도 중요한 요인으로 작용하는데, 그것은 경찰관이 일차적 법집행관이기 때문이다. 즉, 동성애와 같이 경찰관 자신의 하위문화와 일치하는 법규범은 잘 집행되지만 인권문제와 같이 자신들의 하위문화와 상치되는 법규범은 잘 집행되지 않는다.[207] 결국, 권력자의 문화적 규범과 행위적 규범이 일치될 때 법규범의 집행가능성이 높아지는 것으로 가정할 수 있다.

범죄화에 영향을 미치는 두 번째 요인은 권력자와 종속자, 집행자와 저항자 사이의 힘의 상대성이다.[208] 일반적으로 권력자 또는 집행자의 힘은 크고 반대로 종속자 또는 저항자의 힘이 약할 때 범죄화가 가장 클 것으로 간주된다. 반대로 종속자 또는 저항자의 힘이 집행자의 힘보다 커진다면 그 법은 통상 바뀌게 마련이다. 이는 간단한 내용이지만 매우 중요한 의미를 지닌다. 통상적으로 법이란 저항력이 가장 적은 사람에게 가장 강력하고 확실하게 집행되기 때문이다. 법집행기관이란 보통 자신의 노력을 최소화하는 방향으로 기능하기 때문에 저항할 힘이 없고 자원이 없는 사람들에게 관심을 집중시킨다.

범죄화에 영향을 미치는 세 번째 요소는 바로 '갈등진행의 현실론(realism of conflict move)'으로 Turk는 표현하고 있다.[209] 여기서 말하는 현실론, 현실성이란 것은 법집행의 가능성에 영향을 미치는 위반으로서 앞에서 말한 세련됨과는 대치되는 표현이기도 하다. 즉, 양자가 현실적으로 갈등을 진행한다면 법집행의 가능성은 낮아지지만, 반면에 비현실적으로 갈등이 이루어지면 법집행의 가능성이 높아지게 되는 것이다. 구체적으로 권력자의 입장에서는 잔인함을 피하고 정상적인 법절차를 따르며, 상대에 대해 적개심을 내보이지 않는 등의 경우를 현실적이라고 할 수 있으며, 반대로 종속자의 입장에서는 자신의 공격적 행위를 감추고 감춰질 수 없는 공격적 행위에 대해서 그 공격성을 줄이며, 다양한 법집행기관 간의 합의를 증대시킬 수 있는 행동은 자제하는 것이 현실적인 것이기 때문이다.[210] 예를 들어, 특히 종속자의 입장에서 볼 때 여론을 들끓게 하는 행위나 미성년자에 대한 약취유인, 성폭력 등 권력자의 관심을 불러일으키는 법률위반행위일수록 비현실적인 행위이기 때문에 그에 따라서 법집행의 가능성을 높이게 된다는 것이다.[211]

그러나 Turk의 이론은 몇 가지 비판의 대상이 되기도 한다. 우선, 이론적 개념과 명제가 불확실하게 설명된다는 사실이다. 예를 들어 갈등이라는 개념과 갈등과 범죄화의 관련성이라는 명제가 명확하게 설명되지 못하였다고 지적된다. 구체적으로 Turk의 이론은 갈등과 범죄화의 관계에서 문화적 차이와 역할을 과대평가하고 있다. 이는 우리 사회에 있을 수 있는 가장 치열한 갈등이 사실은 같은 가치관을 공유한 사람들간에 일어나고 있기 때문이다.

한편, 경제적 차이가 문화적 차이에 미치는 영향을 무시하고 있음도 비판의 대상이 되고 있다.

(2) Chambliss와 Seidman의 차별적 범죄화(differential criminalization)

Chambliss와 Seidman은 갈등론적 관점에서 형사사법기관과 제도를 분석하였다. 그들은 우리 사회가 매우 다양한 규범과 가치를 가진 집단들로 구성되어 있으며, 사회가 복잡하고 계층화될수록 규율의 집행이 점증적으로 요구된다고 보았다. 여기서 문제는 누구의 규칙이 누구에게 어떻게 집행되는가 하는 것이다. Chambliss와 Seidman은 그러한 책임과 역할을 관료적으로 구조화된 기관들이 떠맡게 되며, 이러한 관료제적 규율의 결과로서 규율의 제정과 집행은 그것을 통하여 기관과 그 기관 공직자들에게 보상을 증대시킬 때 가능하게 된다는 것이다. 반대로 조직적 제재(organizational strain)에 기여한다면 법의 제정과 집행은 이루어지지 않는다고 보았다. 따라서 법률관료제의 지도원리는 조직의 이익을 극대화시키고 조직의 제재를 극소화시키는 것으로 이해하였다.[212]

그 결과 형사사법기관과 제도상 모든 단계에 존재하는 재량권(discretion)은 가난한 사람과 같이 정치적으로 무력한 사람들을 주로 법 테두리 속으로 밀어 넣으려고 실행된다는 결과론적 법률규칙을 조작화하였다.[213] 이것은 가난한 사람 등의 정치적 무력자는 조직적 제재를 유발하고 일반화가 필요한 자원을 갖지 못하기 때문에 조직활동의 매력적인 목표물이 되기 때문이다. 따라서 이들 하류계층에게는 많은 유형의 행위를 법률로서 금지하여 집행할 확률이 커지게 되는 것이며, 그 결과 이들 하류계층이 공식범죄통계의 상당 부분을 점하게 되는 현상을 초래하게 되는 것이다.[214] 그러나 Chambliss와 Seidman은 이것을 가난한 사람들 자신의 행위로부터 결과된 것으로 보지 않고, 우리 사회의 관료제적 법체계와 제도 및 계층편견으로 설명하고자 하였다. 결국 법률의 구조와 기능상 법이란 기존 세력집단의 이익을 대변하여 운용되며, 공공이익이나 이들 세력집단의 이익과 일치할 때만 대변되는 것이다.[215]

결론적으로 법이란 공공이익을 대변하지도 않고, 모든 시민을 동등하게 취급하지도 않으며, 사회 최고의 이익에 봉사하지도 않는다. 또한 국가나 국가기관도 만인을 위하는 방향으로 갈등을 해소시키는 가치중립적 분야가 아닌 것이다. 오히려 이들은 세력집단을 대변하는 것일 뿐이다.[216] 따라서 법의 현실과 이상은 상당한 간극이 있으며, 이 간극은 시민에 대한 사법당국의 불공정하고 불공평한 처리에 기인하는 것이라고 볼 수 있다. 더불어 이들 법규의 집행자 또한 권력과 특권의 도구가 되는데, 이러한 경향은 조직의 문제를 최소화하는 대신 보상은 극대화하려는 조직의 특성에서 기인된 것이다. 따라서 이들이 추구하는 보상은 공중의 지지를 얻는 것이므로 가난하고 힘없는 강·절도나 강간사범 등을 체포·기소·구금하는 것이다. 그리고 그 반대로 중상류계층의 화이트칼라범죄를 동일하게 처리하는 것은 곧 조직의 문제를 야기시키는 것이다. 이것이 바로 Chambliss와 Seidman이 주장하는 법의 현실(reality of law)이요, 차별적 범죄화(differential criminalization)이다.

5. 신갈등이론

(1) Tailor 등의 신범죄학(new criminology)

Tailor와 그의 동료들은 Quinney나 다른 사람들의 집단갈등이론들처럼 법이라는 것이 힘 있는 이익집단의 손 안에만 있는 것이라고 보는 것에 충분치 않은 점이 있다고 비판하였다.[217] 이에 대해서 Quinney는 정부와 기업은 분리될 수 없다는 사실을 인정하고, 상류계층의 집단 간에 다양한 갈등적 이익이 있을 수 있다는 사실도 인정하였다.[218] 이와 같이 Tailor와 그의 동료들은 집단갈등이론에서 형법을 이익집단의 다원성에 의한 결과로 보는 데 잘못이 있다고 주장하면서, 그들은 국가와 자본가의 동맹으로 형성된 단 하나의 유력한 이익만이 존재할 따름이라고 보았다. 이것은 자본가가 '개인주의의 윤리성'에 호소함으로써 자신들의 이익을 담보할 수 있었기 때문인데, 이는 이러한 개인주의적 윤리가 개인으로 하여금 자신의 행동에 대한 책임을 지도록 요구하고 있는 데 기인하는 것이다. 그런데 이러한 개인주의적 윤리는 노동세력의 행동에 대해 대부분 형법과 형사제재를 통한 책임이 있는 것으로 규제하기 때문에 하류계층에 더 큰 영향을 미치게 된다. 반대로 국가와 자본가들은 각자의 경쟁을 규제하는 민법에 의해서만 책임을 규제하게 된다. 따라서 이처럼 우리 사회에는 두 종류의 시민과 책임성이 있게 마련이고, 이들 두 집단 중 더 유리한 쪽인 국가와 자본가들은 죄를 면하게 되며, 형사적 제재도 받지 않게 된다.[219]

한편, 이러한 신범죄학은 다른 집단갈등이론이 범죄자를 병리학적으로 개념화하는 것에 대해서 비판하고 있다. 그러나 현대사회에 있어서 병리란 심리적 또는 생물학적이라기보다 정치적 또는 경제적 의미가 강하다. 또한 집단갈등이론의 범죄자관은 알게 모르게 결정론적 입장을 취하고 있으나 신범죄자(new criminal)는 목적 있는 창조물(purposive creator), 행동의 혁신자(innovator of action)로서 이들의 범죄는 권력과 이익의 불평등을 해결하기 위한 개인적 또는 집단적 행동의 산물인 것이다. 따라서 신범죄자는 알려진 계층의식(informed class consciuosness)의 산물이다.[220]

(2) Spitzer

Spitzer는 낙인된 범죄자의 지위뿐만 아니라 범죄자의 행위까지도 관심을 가질 필요성을 역설하면서, 왜 하류계층의 특정한 사람들이 형사사법기관과 제도의 공식절차에 회부되도록 선택되며 그들은 왜 그런 행위를 하는가에 대해 규명해 보고자 노력하였다. 이에 대한 그의 해답은 바로 자본주의의 역사적·구조적 특성에서 찾아 볼 수 있다. 즉, 문제인구(problem population)는 자본주의사회에서 그들의 행위·인성·위치가 생산의 사회관계(social relations of production)를 위협하기 때문에 양산되는 것으로 보고 있다.[221]

그런데 이러한 위협은 여러 가지 형태로 나타날 수 있는데 자본주의사회의 주요 요소인 다음의 몇 가지를 의문시하거나, 방해하거나 어지럽힐 때 일탈적인 것으로 낙인 찍히게 된다.

즉, 가난한 사람이 부자에게서 훔치는 것처럼 인간노동의 산물을 소유하는 자본주의유형, 임금노동을 수행할 수 없거나 거부하는 것처럼 자본주의생산이 일어나는 사회조건, 적응보다 탈출을 위한 마약복용처럼 자본주의사회에서의 소비와 분배의 유형, 교육을 거부하거나 가정생활의 타당성을 거부하는 것처럼 생산적·비생산적 역할을 위한 사회화과정 그리고 사회조직의 대체형태를 주장하는 것처럼 자본주의사회의 기능을 지지하는 이념 등에 대한 방해·의문이 곧 일탈을 유도하게 된다는 것이다.

그런데 이러한 위협은 비고용 잉여노동인구의 출현처럼 자본주의 생산유형의 기본적 반박으로부터 직접적으로 유도되는 경우와 급진학생과 같이 교육제도가 양산하는 비판적 태도 같은 계층규율 체제의 장애로부터 간접적으로 나타나는 경우로 나누어 볼 수 있다. 이러한 과정을 통해서 서로 다른 두 가지 유형의 문제인구가 초래되는데, 그 첫째는 지배계층의 시각에서 볼 때 사회에 대해서 상대적으로 비교적 해가 적은 지체부자유자, 정신질환자, 약물과 알코올중독자, 공식적으로 처리되는 노인 등 사회적 폐물(social junk)이고, 두 번째는 특히 생산과 지배관계라는 기존의 사회관계를 잠재적으로 의문시하는 사회적으로 고약한 사람(social dynamite)이 그것이다.[222]

위에 지적된 두 가지 부류의 범죄자와 일탈자를 통제하는 데는 두 가지 기본적인 전략이 있을 수 있는데, 그 첫 번째는 통합적(integrative)인 것으로 보호관찰처럼 사회에서 적용되는 통제대책이며, 그 두 번째는 분리적(segregative)인 것으로 제도나 기관의 활용에 매달리는 것이다. 그런데 Spitzer는 통합적 통제가 현대자본주의사회에서는 분리적 통제를 점증적으로 대체하게 될 것으로 보고 있었다.

6. 갈등이론의 평가

갈등이론은 우선, 이론적인 측면에서 '갈등'이라는 개념을 중시하고 있음에도 불구하고 개념 자체가 명확하게 정의되지 못하고 있다. 예를 들어 Turk의 경우 범죄율이 갈등의 한 지표로 이용되고 있는데, 여기서 말하는 갈등이란 노상범죄(street crime)에 관련된 것으로서 갈등이론이 중요시하는 입법적 투쟁과는 크게 상관관계를 갖지 못하는 것이다. 또한 갈등이론이 주장하는 바, 범인성과 갈등의 관계도 그리 명확하지 않은 것은 마찬가지다. 즉, 갈등이 범죄성의 유발에 반드시 전제되어야 하는 필요조건인가 아니면 갈등이 없어도 사람들이 범죄화될 수도 있는 것인가를 분명하게 기술하지 않고 있다. 반면에 갈등과 범인성의 관계를 설명함에 있어서 문화적 차이(cultural difference)를 지나치게 강조하고 있으나 사실 사회 대부분의 치열한 사회적 갈등은 문화적 차이보다 기본적 가치에 동의하는 동일집단과 사람 간의 경쟁 및 투쟁 때문에 초래되는 것을 목격할 수 있음도 갈등이론의 문제로 지적할 수 있는 것이다.[223]

갈등이론이 사회의 법률·규칙·규범 등의 제정과 집행을 이해하려는 관점이라면 그에 따른 상당한 공헌이 인정되어야 하나 대부분의 법은 권력집단의 이익을 반영할 뿐이라는 주장에 대중들은 의견을 같이하고 있다. 그리고 살인·강도·강간·유괴 등과 같이 집행되는 많은 법들은 무시되거나 설명하기 곤란한 면을 가지고 있다.[224]

한편, 갈등론자들은 계층갈등이 부의 불평등한 분배 때문에 야기되었으며, 바로 이것이 범죄문제의 근원이라고 주장하였으나 사실은 사회의 경제적 계층화로 인하여 사람들이 열심히 노력하고 부를 축적하는 등의 긍정적인 면과 동기를 자극하는 부분들이 많이 상실되었기 때문이다. 그럼에도 불구하고 일탈이나 범죄의 원인이 잉여노동계급의 실업 때문이라고 본 시각들은 실제로 많은 연구결과 실업과 범죄는 그리 많은 상관관계를 갖지 않는 것으로 나타났다. 즉, 오히려 범죄는 실업기보다 풍요와 기회가 많이 제공되는 번성기에 더 많이 발생한다는 결과를 볼 때 이 주장은 약간 문제가 있다고 해야 할 것이다.

그리고 대부분의 갈등이론에서는 생산수단의 소유와 통제를 동일한 것으로 잘못 이해하고 있다. 즉, 생산수단의 소유는 사실 주식을 사는 등의 방법을 통하여 모든 사람들에게 공개되어 있고, 또한 생산수단의 소유자가 반드시 그 수단을 관리·통제하지도 않는다.

여기에 대한 대부분의 경우 생산수단의 통제와 관리는 관리자, 경영인 그리고 관료에 의해서 이루어지고 있다.[225]

지금까지 제기된 여러 가지 비판들 중 가장 심하게 지적된 것은 갈등이론이 갖는 적용범위의 한계일 것이다. 단적으로 말해 갈등이론은 이념적 또는 정치적 대치에 관계된 개인과 집단의 행위를 분석하는 데 가장 적합한 이론으로 평가받고 있다. 즉, 정치적 범죄가 집단갈등에 의해서 야기된다고 가정한다면 지극히 당연한 주장이 되겠지만 비정치적 전통범죄까지도 집단갈등의 소산이라고 가정하기엔 여러 가지 한계가 있는 것이다. 물론 이러한 비판에 대해서 갈등론자들은 상당수의 전통범죄자까지도 자신의 범죄를 정치적인 것으로 간주하고 있다고 주장한다. 또한 경미한 일탈행위의 설명에는 부적합하다는 비판에 대해서도 그 일탈 자체가 크게 심각한 것이 못 되기 때문에 정치적으로 집행하고 법을 제정할 필요가 없을 따름이라고 반박하고 있다. 그러나 대표적으로 경미한 일탈이라고 할 수 있는 도박의 경우 자본주의의 가치에 도전함으로써 권력집단의 이익을 위협하는 것임에는 틀림없다.[226] 또한 갈등이론의 주장대로 범죄가 권력집단의 이익을 보호하기 위한 법률의 위반이라면, 과연 강간이나 아동학대와 같은 범죄도 가진 자를 위하여 못 가진 사람을 희생양으로 삼은 범죄일 수 있는가? 이것은 물론 이들 범죄와 관련된 법률의 집행과 운용에 있어서 어느 정도 차별이 있을 수 있으나 법 그 자체는 사회의 모든 구성원의 이익과 합의를 반영하는 것임에 틀림없기 때문에 단순히 계층질서만을 유지하기 위한 목적에서 행해진 범죄라고 보기에는 어렵다. 더구나 이 점에 있어서는 폭력범죄의 피해자가 중상류층보다 하류층에 더 많다는 사실을 감안할 때 더욱 문제시될 수 있다. 따라서 갈등론자들의 주장처럼 형벌이 계층질서를 유지하기 위해서만 적용된다는 것에는 어폐가 있다고 보이는 것이다. 나아가 대부분의 범죄가 하류계층에 의해서 이루어지며 그 이유는 자본주의사회에서 자신의 생존을 위하여 불가피하게 가진 자에게서 훔칠 수밖에 없었다는 갈등론자들의 주장은 대부분의 절도가 생존을 위한 곤궁범죄라기보다 향락과 유흥을 위한 경우가 허다하다는 현실을 고려해 볼 때 더욱 문제시되지 않을 수 없는 것이다. 또한 자기보고식 조사결과 알 수 있는 범죄성의 계층별 차이가 없다는 사실과 범죄통계상 점증하고 있는 중상류층 범죄와 비행 등을 고려할 때 갈등이론의 적용범위는 상당히 제한될 수밖에 없는 것이다.[227]

　　한편, 갈등이론에서 가장 중요시되고 있는 법집행의 차별성에 관한 가설도 비판의 대상이 되고 있다. 즉, 경찰이 범죄에 대응할 때 그 범죄행위의 심각성을 중요시할 뿐 피해자 등의 압력을 중요시하지는 않는다. 그리고 실제로 사회적 계층과 범인성은 그 상관성이 명확하게 밝혀지지도 않았다는 것이다. 통계상 나타난 범죄율, 체포율 또는 구금률에 있어서 하류계층의 비율이 높다는 사실이 곧 공식적 편견의 소산이라는 증거는 확실치 않으며, 더욱이 자기보고식 조사결과 대부분이 범죄성에 있어서 계층간의 차이를 밝히지 못하고 있는 실정이다.

　　따라서 이들 통계상으로 하류계층이 차지하는 비중이 높은 것은 하류계층이 상류층에 비해 적은 기회구조상의 문제에 기인한 범인성의 차이에 불과한 것이지 결코 법집행의 차별성 때문은 아니라는 것이다. 더욱이 화이트칼라범죄는 범죄가 하류계층의 문제라는 갈등론자들의 주장을 부정할 수밖에 없게 한다. 즉, 이들 화이트칼라범죄에 대한 이론은 범죄의 원인을 법 집행시의 편견으로 보지 않기 때문이다. 대부분의 범죄통계가 전통범죄에 초점을 맞추기 때문에 하류계층의 범죄율이 당연히 높게 보이는 것이므로, 화이트칼라범죄에 대해서도 전통범죄처럼 형사사법기관에서 철저히 다룬다면 통계상 상류계층의 범죄도 하류계층의 범죄 못지않게 높게 나타날 것이다. 따라서 하류계층의 높은 범죄율은 일종의 환상에 지나지 않는 것이다. 결국, 갈등론자들의 주장처럼 지배계층이 자신의 이익을 보호하기 위해서 법을 제정하고 집행한다고 볼 때 화이트칼라범죄는 왜 그들 스스로 자신의 이익을 보호하기 위해 그들 스스로 만든 그 법을 어기고 그 법의 집행대상이 되어야 하는가라는 의문이 제기될 수밖에 없을 것이다.[228]

　　한편, 갈등이론에 입각한 사회정책의 추구에 있어서도 문제는 있다. 우선 범죄의 원인이 집단갈등 때문이라면, 범죄문제해결을 위해서는 이 집단 간의 갈등을 제거해야 할 것이다. 즉, Turk의 주장에 따라 권력-종속의 차이가 축소되면 두 집단 간의 갈등도 줄어들 것이라고 예상해 볼 수 있다. 그러나 두 집단 간의 차이를 줄이기 위해서는 권력자의 권력을 축소할 것인가 아니면 종속자의 종속성을 더 강요할 것인가가 문제되긴 하나 상식적으로 권력자의 권력을 축소하기란 기대할 수 없는 것이기 때문에 당연히 종속자의 종속성을 강조하는 길밖에 해결책이 있을 수 없게 되는 것이다. 그러나 그것은 결국 권력자와 종속자 사이의 집단적 갈등의 골을 더욱 심화시키는 결과를 초래하게 된다. 또한 종속자집단이 덜 조직화될수록 집단갈등이 적어진다고 하지만 이를 위해서도 어쩔 수 없이 종속자를 해체시켜서 권력집단에 도전하지 못하게 만들 수밖에 없는 것이다. 그런데 이는 결국 종속자의 행위를 통제하는 데 그치게 되어 집단갈등을 더욱 심화시키게 된다. 그러나 갈등론의 주장을 정책적으로 응용할 수 있는 경우가 없는 것은 아니다. 예를 들어 집단 간의 갈등을 줄이기 위한 한 방편으로 권력집단의 종속자에 대한 인내정도를 높여서 집단 간 갈등을 줄이는 것으로서 비범죄화(decriminalization)를 들 수 있다.[229]

　　끝으로 갈등이론에 대해 믿겨지지 않는 가정으로 그들이 주장하는 범죄문제해결을 위한 대처방안, 즉 이상적 사회주의국가지향성이 있다. 즉, 사회주의사회에서는 하류계층의 사회행위를 자신들의 이익을 위해서 범죄화시키려는 세력이 없어지기 때문에 범죄도 당연히 사라질 것으로 믿는 것이다. 그러나 그들이 지향하는 사회주의국가에서도 자본주의국가와 유사한 범죄양태를 가지고 있으며, 인간으로부터 권위를 제거하는 것이 곧 잠재적인 인간의 범죄본능을 제거하는 것을 의미하지는 않는다. 그렇기 때문에 그들의 주장처럼 완전한 사회적 형평성이 실현된다면 범죄가 완전히 사라질 수 있다기보다 상당히 줄어들 수 있을 것이라 보는 편이 더 타당한 것으로 사료된다.[230]

CRIMINOLOGY **참고문헌**

1   Allen E. Liska, *Perspectives on Deviance*, Englewood Cliffs, NJ: Prentice−Hall, Inc., 1981, p.64.

2   George B. Vold, *Theoretical Criminology*, New York: Oxford University Press, 1958, p.172.

3   Liska, *op. cit.*, p.63.

4   William I. Thomas and Florian Znaniecki, *The Polish Peasant in Europe and America*, vol. 2, New York: Knop, 1927 참조.

5   Donald J. Shoemaker, *Theories of Delinquency: An Examination of Explanations of Delinquent Behavior*, New York: Oxford University Press, 1984, p.74.

6   Robert E. Park, "Human Ecology," *American Journal of Sociology*, 1936, 42:1~15.

7   Earnest Burgess, "The Growth of the City: An Introduction to a Research Project," in Robert E. Park and Roderick D. McKenzie(eds.), *The City*, Chicago, IL: University of Chicago Press, 1967, pp.47~62.

8   Clifford R. Shaw, *The Natural History of a Delinquent Career*, Philadelphia, PA: Albert Saifer, 1951, p.15.

9   Don C. Gibbons and Marvin D. Krohn, *Delinquent Behavior*(4th ed.), Englewood Cliffs, NJ: Prentice−Hall, Inc., 1986, p.121.

10   Shoemaker, *op. cit.*, p.79.

11   Larry J. Siegel, *Criminology*(2nd ed.), St. Paul, MN: West Publishing Company, 1986, p.195.

12   George B. Vold and Thomas J. Bernard, *Theoretical Criminology*(3rd ed.), New York: Oxford University Press. 1986, p.180.

13   Siegel, *op. cit.*, p.195.

14   Sue Titus Reid, *Crime and Criminology*(4th ed.), New York: Holt, Reinehart and Winston, 1985, p.136.

15   R. J. Bursik, "Urban Dynamics and Ecological Studies of Delinquency," *Social Forces*, 1984, 63:393~413.

16   Vold and Bernard, *op. cit.*, p.176.

17   William E. Thornton Jr. and Lydia Vogit, *Delinquency and Justice*(3rd ed.), New York: McGraw−Hill. Inc., 1992, p.164.

18   Reid, *op. cit.*, p.136.

19   Shoemaker, *op. cit.*, pp.81~85.

20   Shoemaker, *op. cit.*, p.86 그림 6 참조.

21   Emile Durkheim, *The Division of Labor in Society*, translated by George Simpson, London: The Free Press of Glencoe, 1933; Emile Durkheim, *Suicide*, Translated by John A. Spaulding and George Simpson, New York: Free Press, 1951 참조.

22   Robert K. Merton, *Social Theory and Social Structure*, London: The Free Press of Glencoe, 1957; Robert K. Merton, "Anomie, Anomia and Social Interaction: Contexts of Deviant Behavior," in Marshal B. Clinard(ed.), *Anomie and Deviant Behavior*, New York: Free Press, 1964, pp.213~242 참조.

23   Merton, *op. cit.*, 1957, p.140 참조.

24   Robert Merton, *Social Theory and Social Structure*, New York: Free Press, 1968, p.200.

25   *Ibid.*, p.201.

26   *Ibid.*, p.208.

27 Siegel, *op. cit.*, p.203.

28 Shoemaker, *op. cit.*, pp.92~93.

29 Albert Cohen, "The Sociology of Deviant: Anomie Theory and Beyond," *American Sociological Review*, 1965, 30:5
    ~14.

30 J. F. McDonough, "On the Usefulness of Merton's Anomie Theory: Academic Failure and Deviance among High
    School Students," *Youth and Society*, 1983. 14:259~279.

31 S. A. Cernkovich and P. Giordano, "Delinquency, Opportunity and Gender," *Journal of Criminal Law and
    Criminology*, 1978, 70:145~151; R. L. Simons, H. G. Miller, and S. A. Aigner, "Contemporary Theories of
    Deviance and Female Delinquency: An Empirical Test," *Journal of Research in Crime and Delinquency*, 1980,
    17:42~57.

32 J. C. Quicker, "The Effect of Goal Discrepancy on Delinquency," *Social Problems*, 1974, 22:76~86.

33 R. Agnew, "Autonomy and Delinquency," *Sociological Perspectives*, 1984, 27:219~240.

34 Albert Cohen, *Delinquent Boys*, New York: Free Press, 1955, p.25.

35 *Ibid.*, p.28.

36 J. I. Kitsuse and D. C. Detrick, "Delinquent Boys: A Critique," *American Sociological Review*, 1959, 11:131~139.

37 Kitsuse & Detrick, *ibid.*; Reid, *op. cit.*, p.146.

38 D. Gibbons and M. Krohn, *Delinquent Behavior*, Englewood Cliffs, NJ: Prentice—Hall, 1991, p.138.

39 Kitsuse and Detrick, *op. cit.*

40 Alexander Liazos, "School, Alienation, and Delinquency," *Crime and Delinquency*, 1978, 24:355~370.

41 Shoemaker, *op. cit.*, p.107.

42 Reid, *op. cit.*, p.146 ; Siegel, *op. cit.*, p.207.

43 Thornton & Voigt, *op. cit.*, p.169.

44 Thornton & Voigt, *op. cit.*, p.170; Siegel, op. cit., p.207; Shoemaker, *op. cit.*, p.108.

45 Richard A. Cloward and Lloyd E. Ohlin, "Illegitimate Means, Anomie, and Deviant Behavior," *American
    Sociological Review*, 1959, 24:164~176.

46 John Hagan, *Criminology: Crime Criminal Behavior, and It's Control*, New York: McGraw—Hill Book Company,
    1988, p.194.

47 Thornton and Voigt, *op. cit.*, p.170.

48 *Ibid.*, p.10, 152.

49 Allen E. Liska, *Perspectives on Deviance*, Englewood Cliffs, NJ: Prentice—Hall, 1981, p.69 참조.

50 Shoemaker, *op. cit.*, p.114.

51 Don C. Gibbons, *Changing the Lawbreaker*, Englewood Cliffs, NJ: Prentice—Hall, 1965, pp.179~182.

52 Siegel, *op. cit.*, p.210.

53 Judson Landis and Frank Scarpitti, "Perceptions Regarding Value Orientation and Legitimate Opportunity:
    Delinquents and Nondelinquents," *Social Forces*, 1965, 84:57~61.

54 James Short, Ramon Rivera, and Ray Tennyson, "Perceived Opportunities, Gang Membership and Delinquency,"
    American Sociological Review, 1965, 30:56~57.

55 Shoemaker, *op. cit.*, p.114.

56 I. Taylor, P. Walton, and J. Young, *The New Criminology*, New York: Harper & Row, 1973, pp.134~135.

57 Siegel, *op. cit.*, p.210.

58 Walter B. Miller, "Lower Class Culture as a Generating Milieu of Gang Delinquency," in Wolfgang *et al.*(eds.),

Sociology of Crime and Delinquency(2nd ed.), New York: John Wiley, 1970, p.358.

59　Walter B. Miller, *op. cit.*, p.14.

60　*Ibid.*, pp.14~17.

61　*Ibid.*, p.18.

62　Shoemaker, *op. cit.*, p.122.

63　David J. Bordua, "Delinquent Subcultures: Sociological Interpretations of Gang Delinquency," *Annals of American Academy of Political and Social Science*, 1961, 338:119~136.

64　Thornton and Voigt, *op. cit.*, p.172; Siegel, *op. cit.*, p.199.

65　Siegel, *op. cit.*, p.199.

66　Shoemaker, *op. cit.*, pp.122~125.

67　Reid, *op. cit.*, p.178.

68　Siegel, *op. cit.*, p.220.

69　*Ibid.*, p.224 참조.

70　Edwin Sutherland, "White-collar Criminality," *American Sociological Review*, 1940, 5:2~10.

71　Gibbons and Krohn, *op. cit.*, p.158.

72　Edwin Sutherland and Donald Cressey, *Criminology*(9th ed.), Philadelphia: Lip pincott, 1978, pp.80~82.

73　S. Glueck, "Theory and Fact in Criminology," *British Journal of Delinquency*, 1956, 7:92~109.

74　D. Glaser, "Criminality Theories and Behavioral Images," *American Journal of Sociology*, 1956, 61:433~444.

75　James F. Short Jr., "Differential Association as an Hypothesis: Problems of Empirical Testing," *Social Problems*, 1960, 8:14~24.

76　R. Stanfield, "The Interaction of Family Variables and Gang Variables in the Aetiology of Delinquency," *Social Problems*, 1966, 13:411~417.

77　M. DeFluer and Richard Quinney, "A Reformulation of Sutherland's Differential Association Theory and a Strategy for Empirical Verification," *Journal of Research in Crime and Delinquency*, 1966, 3:1~22.

78　Donald Cressey, "Epidemiologies and Individual Conducts: A Case from Criminology," *Pacific Sociological Review*, 1960, 3:128~147.

79　Shoemaker, *op. cit.*, p.140; Charles C. Thomas and John Hepburn, *Crime Criminal Law, and Criminology*, Dubuque, IW: WM. C. Brown Company Publishers, 1983, p.214; Siegel, *op. cit.*, p.227.

80　W. Reckless, S. Dinitz, and E. Murray, "Self-concept as an Insulator against Delinquency," *American Sociological Review*, 1956, 21:744~746 ; W. Reckless, S. Dinitz and B. Kay, "The Self Component Potential Delinquency and Non-delinquency," *American Sociological Review*, 1957, 22:566~570; W. Reckless and S. Dinitz "Pioneering with Self concept as a Vulnerability Factor in Delinquency," *Journal of Criminal Law Criminology, and Police Science*, 1967, 58:515~523.

81　Daniel Glaser, "Criminality Theories and Behavioral Images," *American Journal of Sociology*, 1956, 61:433~444.

82　Thomas and Hepburn, *op. cit.*, p.213.

83　Reid, *op. cit.*, p.181.

84　Robert Burgess and Ronald Akers, "A Differential Association: Reinforcement Theory of Criminal Behavior," *Social Problems*, 1966, 14:128~147.

85　Sutherland이론에 대한 비판에 관해서는 S. Reed Adams, "The Adequacy of Differential Association Theory," *Journal of Research in Crime and Delinquency*, 1974, 11:1~8 참조.

86　Vold and Bernard, *op. cit.*, p.222.

87 R. Burgess and R. L. Akers, "A Differential Association—Reinforcement Theory of Criminal Behavior," *Social Problems*, 1968, 14:128~147; 이 이론에 대한 더 자세한 내용은 Ronald Akers, *Deviant Behavior: A Social Learning Approach*(2nd ed.), Belmont, MA: Wadsworth, 1977에 요약되어 있음.

88 Ronald Akers, Marvin Krohn, Lonn Lonza—Kaduce, and Marcia Radosevich, "Social Learning and Deviant Behavior: A Specific Test of a General Theory," *American Sociological Review*, 1979, 44:636~655.

89 Ronald Akers, *Deviant Behavior: A Social Learning Approach*(3rd ed.), Belmont, MA: Wadsworth, 1985, p.41.

90 *Ibid.*

91 *Ibid.*

92 Reed Adams, "Differential Association and Learning Principles Revisited," *Social Problems*, 1973, 20:447~458.

93 Gibbons and Krohn, *op. cit.*, p.165.

94 Walter Reckless and Simon Dinitz, "Pioneering with Self—concept as a Vulnerability factor in Delinquency," *Journal of Criminal Law, Criminology, and Police Science*, 1967, 58:515~523.

95 Walter Reckless, Simon Dinitz, and Ellen Muttay, "Self—concept as an Insulator against Delinquency," *American Sociological Review*, 1956, 21:744~746; "The Good boy in a High Delinquency Area" *Journal of Criminal Law, Criminology, and Police Science*, 1957, 58:18~26; Walter Reckless, Simon Dinitz, and B. Kay, "The Self Component in Potential Delinquency and Nondelinquency," *American Sociological Review*, 1957, 22:566~570.

96 S. Dinitz, W. Reckless, and B. Kay, "Self Gradient among Potential Delinquents," *Journal of Criminal Law, Criminology, and Police Science*, 1958, 49:230~233.

97 Allen E. Liska, *Perspectives on Deviance*, Englewood Cliffs, NJ: Prentice—Hall, Inc., 1981, p. 74.

98 Daniel Glaser, "Criminality Theories and Behavioral Images," *American Journal of Sociology*, 1956, 61:433~444.

99 Daniel Glaser, *Crime in Our Changing Society*, NY: Holt, Reinhart and Winston, 1978, pp.126~127.

100 Gresham Sykes and David Matza, "Techniques of Neutralization: A Theory of Delinquecey," *American Sociological Review*, 1957, 22:664~670.

101 Shoemaker, *op. cit.*, p.143.

102 David Matza, *Delinquency and Drift*, New York: John Wiley, 1964, p.51.

103 Thomas and Hepburn, *op. cit.*, p.220.

104 Travis Hirschi, *Causes of Delinquency*, Berkeley, CA: University of California Press, 1969, p.34.

105 Siegel, *op. cit.*, p.233.

106 Liska, *op. cit.*, p.90.

107 Walter Reckless, *The Crime: Problem*(5th ed.), New York: Appleton—Century Crofts, 1973, p.56.

108 *Ibid*, p.39.

109 Gwynn Nettler, *Explaining Crime*, New York: McGraw—Hill, 1978, pp.309~312.

110 Shoemaker, *op. cit.*, p.158.

111 Reid, *op. cit.*, pp.191~192.

112 Scott Briar and Irving Piliavin, "Delinquency, Situational Inducements and Commitment to Conformity," *Social Problems*, 1965~1966, 13:35~45.

113 Travis Hirschi, *Causes of Delinquency*, Berkeley, CA: University of California Press, 1969, pp.16~34.

114 Reid, *op. cit.*, p.195.

115 Thomas and Hepburn, *op. cit.*, p.232; R. Conger, "Social Control and Social Learning Models of Delinquent Behavior," *Criminology*, 1976, 14:17~40.

116 이윤호, 「한국형사사법정책론」, 법전출판사, 1991, p.48.

117 Jackson Toby, "Is Punishment Necessary?" *Journal of Criminal Law, Criminology and Police Science*, 1964, 55:332
 ～337.

118 Liska, *op. cit.*, p.95.

119 Thomas and Hepburn, *op. cit.*, p.98.

120 Liska, *op. cit.*, p.95; Charles Title and Allan Rowe, "Certainty of Arrest and Crime Rates:A Further Test of the
 Deterrence Hypothesis," *Social Forces*, 1974, 52:455～462.

121 Liska, *op. cit.*, p.96.

122 Liska, *op. cit.*, p.109.

123 Charles Title, "Deterrent or Labeling?" *Social Forces*, 1975, 53:399～410; J. Andenaes, "The General Preventive
 Effect of Punishment," *University of Pensylvania Law Review*, 1966, 114:949～983; H. Grasmıck and D. Greeı,
 "Deterrence and Morally Committed," *Sociological Quarterly*, 1981, 22:1～14 ; M. Silberman, "Toward a Theory of
 Criminal Deterrence," *American Sociological Review*, 1976, 41:442～461.

124 Reid, *op. cit.*, p.197.

125 Thornton and Voigt, *op. cit.*, p.185.

126 President's Commission on Law Enforcement and the Administration of Youth Crime, *Task Force Report Juvenile
 Delinquency and Youth Crime*, Washington, D.C.: U.S. Government Printing Office, 1967, p.43.

127   Harold Garfinkle, "Conditions of Successful Degradation Ceremonies," *American Journal of Sociology*, 1956,
 61:420～424.

128 Frank Tannenbaum, *Crime and the Community*, New York: Columbia University Press, 1938, p.5.

129 Howard Becker, *Outsiders: Studies in the Sociology of Deviance*, New York: Free Press, 1963, p.14; 낙인에 관계된
 구체적 과정에 대한 논의는 Edwin M. Schur, Radical Nonintervention: Rethinking the Delinquency Problem,
 Englewood Cliffs, NJ: Prentice－Hall, 1973, pp.120～126 참조.

130 Liska, *op. cit.*, p.126.

131 Frank Tannenbaum, *Crime and the Community*, Boston: Ginn, 1938, pp.11～20.

132 Edwin Lemert, *Human Deviance, Social Problems and Social Control*, Englewood Cliffs, NJ: Prentice－Hall, 1967,
 p.17.

133 *Ibid.*, pp.40～41.

134 Edwin Lemert, *Social Pathology*, New York: McGraw－Hill. 1951, pp.77～79.

135 Becker, *op. cit.*, p.9.

136 *Ibid.*, p.9.

137 *Ibid.*, p.12.

138 *Ibid.*, pp.12～14.

139 *Ibid.*, p.20.

140 보다 구체적인 논의와 설명은 Edwin M. Schur, *Labeling Deviant Behavior*, New York: Harper & Row, 1971을 참조
 할 것.

141 Jack P. Gibbs, "Conceptions of Deviant Behavior: the Old and New," *Pacific Sociological Review*, 1966, 9:12;
 Edwin M. Schur, *Labeling Deviant Behabior*, New York: Harper and Row, 1972, p.14.

142 Ronald Akers, Problems In the Sociology of Deviance, *Social Problems*, 1968, 46:463.

143   Gibbs, *op. cit.*, pp.11～13; Alexander Liazos, "The Poverty of the Sociology of Deviance: Nuts, Sluts, and
 Perverts," *Social Problems*, 1971, 20:103～120.

144 Liska, *op. cit.*, p.141; Charles Wellford, "Labeling Theory and Criminology: An Assesment," *Social Problems*, 1975,

22:335.

145 Henry W. Mannle and J. David Hirschel, *Fundamentals of Criminology*(2nd ed.), Englewood Cliffs, NJ: Prentice—Hall, 1988, pp.94~95; Wellford, *op. cit.*, p.335.

146 Paul G. Schervish, "The Labeling Perspective:It's Bias and Potential in the Study of Political Science," *American Sociologist*, 1973, 8:47~57; John Hagan, "Labeling and Deviance: A Case Study in the Sociology of the Interesting," *Social Problems*, 1973, 20:448~458.

147 Francis Fox Piven, "Deviant Behavior and the Remaking of the World," *Social Problems*, 1981, 28:503; Joseph W. Rogers and M. D. Buffalo, "Fighting Back: Nine Modes of Adaptation to Deviant Label," *Social Ploblems*, 1974, 22:101~118; Teresa E. Levitin, "Deviants as Active Participants in the Labeling Process: The Visibly Handicapped," *Social Problems*, 1975, 22:548~557.

148 Wellford, *op. cit.*, p.107.

149 Nanette Davis, "Labeling Theory in Deviance Research: A Critique and Reconsideration," *Sociological Quarterly*, 1972, 13:447~474.

150 C. H. McCaghy, *Deviant Behavior: Crime, Conflict, and Interest Group*, New York: McMillan, 1976, p.87.

151 Don C. Gibbons and Joseph F. Jones, *The Study of Deviance: Perspectives and Problems*, Englewood Cliffs, NJ:Prentice—Hall, 1975, p.144, 150.

152 William J. Chambliss, *Crime and the Legal Process*, New York: McGraw—Hill, 1969, pp.360~378; John E. Conklin, *The Impact of Crime*, New York: McMillan, 1975, p.63.

153 *Ibid.*, pp.50~72.

154 Michael Phillipson and Maurice Roche, "Phenomenological Sociology and the Study of Deviance," in Paul Rock and Mary McIntosh(eds.), *Deviance and Social Control*, London: Tavistock, 1974, p.2.

155 Liska, *op. cit.*, p.148.

156 Alex Thio, *Deviant Behavior*(2nd ed.), Boston, MA: Houghton Mifflin Co., 1983, p.67.

157 David Matza, *Becoming Deviant*, Englewood Cliffs, NJ: Prentice—Hall, 1967, p.196.

158 Irving Piliavin and Scott Briar, "Police Encounters with Juveniles," *American Journal of Sociology*, 1964, 69:206~214.

159 Donald J. Blalock, "The Production of Crime Rates," *American Sociological Review*, 1970, 35:733~748.

160 Aron V. Cicourel, *The Social Organization of Juvenile Justice*, New York: John Wiley, 1968, pp.58~110.

161 Edwin H. Sutherland and Donald Cressey, *Criminology*(8th ed.), Philadelphia, PA: Lippincott, 1970, p.28.

162 David Siedman and Michael Cuozens, "Getting the Crime Rate Down: Political Pressure and Crime Reporting," *Law and Society Review*, 1974, 8(3):457~494; Kurt Weis and Michael E. Milakovich, "Political Misuses of Crime Rates," *Society*, 1974, 11(5):27~33.

163 Egon Bittner, "The Police on Skid Row: A Study in Peace Keeping," *American Sociological Review*, 1967, 32(5):699~715.

164 David Sudnow, "Normal Crimes: Sociological Features of the Penal Code in a Public Deffender Office," *Social Problems*, 1965, 12(3):255~276; Abraham S. Blumberg, "The Practice of Law as a Confidence Game: Organizational Cooptation of a Profession," *Law and Society Review*, 1967, 1:15~39.

165 Jack Gibbs, Norms, *Deviane, and Social Control*, New York: Elsevier, 1981, pp.40~43.

166 Thio, *op. cit.*, p.71.

167 Liska, *op. cit.*, p.169.

168 Ian Taylor, Paul Walton, and Jock Young, *The New Criminology*, New York: Harper Colophon Books, 1973,

pp.203~204.

169 Vold and Bernard, *op. cit.*, p.269.

170 Shoemaker, *op. cit.*, p.199.

171 Thornton and Vogit, *op. cit.*, p.203.

172 Liska, *op. cit.*, pp.174~175.

173 Richard Quinney, *Class, State, and Crime*(2nd ed.), New York: Longman, 1980, p.64; Steven Spitzer, "Toward a Marxian Theory of Deviance," *Social Problems*, 1975, 22:638~651; William Chambliss, "Toward a Political Economy of Crime," *Theory and Society*, 1975, 2:153; David M. Gordon, "Capitalism, Class, and Crime in America," *Crime and Delinquency*, 1973, 19:163~186.

174 Karl Marx and Friedrich Engels, *The German Ideology*, London: Lawrence and Wishart, 1965, pp.365~367.

175 Sheila Balkan, Ronald J. Berger, and Janet Schmidt, *Crime and Deviance in America: A Critical Approach*, Belmont, CA: Wadsworth, 1980, pp.53~54.

176 Taylor, Walton, and Young, *op. cit.*, 1973, p.218.

177 *Ibid.*, p.204.

178 C. Ronald Huff, "Conflict Theory in Criminology," in James A. Inciardi(ed.), *Radical Criminology: The Coming Crisis*, Beverly Hills, CA: Sage Publications, 1980, pp.61~77.

179 Thornton and Voigt, *op. cit.*, p.209.

180 Siegel, *op. cit.*, p.273

181 Richard Quinney, *Criminology*, Boston, MA: Little, Brown, 1975, p.31.

182 *Ibid.*, pp.37~41.

183 Thio, *op. cit.*, p.77.

184 Quinney, *op. cit.*, p.21.

185 *Ibid.*, pp.21~22.

186 *Ibid.*, p.23.

187 Richard Quinney, *The Social Reality of Crime*, Boston: Little, Brown, 1970, pp.15~23.

188 *Ibid.*, p.24.

189 Richard Quinney, *Critique of Legal Order: Crime Control in Capitalist Society*, Boston: Little, Brown, 1974, pp.165~198.

190 Thorsten Sellin, *Culture Conflict and Crime*, New York: Social Science Research Council, 1938, pp.32~33.

191 Sellin, *op. cit.*, p.63, 104.

192 *Ibid.*, p.105.

193 Walter Miller, "Lower—Class Culture as a Generating Milieu of Gang Delinquency," *Journal of Social Issues*, 1958, 15:5~19.

194 George Vold, *Theoretical Criminology*, New York: Oxford University Press, 1958, p.204.

195 *Ibid.*, p.209.

196 George Vold and Thomas Bernard, *Theoretical Criminology*(3rd ed.), New York: Oxford University Press, 1986, p.274.

197 Vold and Bernard, *op. cit.*, pp.276~277.

198 Vold, 1958, *op. cit.*, pp.214~217.

199 Liska, *op. cit.*, pp.175~176.

200 Austin Turk, *Criminality and Legal Order*, Chicago: Rand McNally, 1969, p.25.

201   *Ibid.*, p.34.

202   *Ibid.*, pp.41~42.

203   *Ibid.*, p.53.

204   *Ibid.*, pp.36~38.

205   *Ibid.*, p.55.

206   *Ibid.*, pp.58~61.

207   *Ibid.*, pp.65~67.

208   *Ibid.*, pp.67~70.

209   *Ibid.*, p.70.

210   Thio, *op. cit.*, p.74

211   Liska, *op. cit.*, p.178.

212   William Chambliss and Robert Seidman, *Law, Order, and Power, Reading*, MA: Addison—Wesley, 1971, p.474.

213   *Ibid.*, p.268.

214   *Ibid.*, p.475.

215   *Ibid.*, p.503.

216   *Ibid.*, p.504.

217   Ian Taylor, Paul Walton, and Jock Young, *The New Criminology*, New York: Harper Colophon Books, 1973, pp.265~266.

218   Richard Quinney, "Crime Control in Capitalist Society," in Ian Tailor, Paul Walton, and Jock Young(eds.), *Critical Criminology*, London: Routledge and Keagan Paul, 1975, pp.193~194.

219   Tailor *et al.*, *op. cit.*, p.264.

220   *Ibid*, p.267.

221   Stephen Spitzer, "Toward a Marxian Theory of Deviance," *Social Problems*, 1975, 22:638~651, 640~642.

222   *Ibid.*, p.645.

223   Liska, *op. cit.*, p.201.

224   Thio, *op. cit.*, p.79.

225   Siegel, *op. cit.*, p.280 ; Thio, *op. cit.*, p.79.

226   Ronald Akers, *Deviant Behavior: A Social Learning Approach*, Belmont, CA: Wadsworth, 1977, p.28; John Hepburn, "Social Control and The Legal Order: Legitimated Repression in a Capitalist Society," *Contemporary Crisis*, 1977, 1:84.

227   Siegel, *op. cit.*, p.269; Jackson Toby, "The New Criminology is the old Sentimentality," *Criminology*, 1979, 16:513 ~526.

228   Jackson Toby, "The New Criminology is the Old Baloney," in James Inciardi(ed.), *Radical Criminology*, Beberly Hills, CA: Sage Publications, 1980, pp.125~131.

229   Liska, *op. cit.*, p.198.

230   Liska, *op. cit.*, p.199; Thio, *op. cit.*, p.80

제 6 장
범죄이론의 발전추세

1절 이론의 통합

　범죄원인에 관한 이론들은 전(前)세대의 이론에 수정을 가하거나 도전을 함으로써 그 이론을 토대로 조금씩 변화되어 지속적인 발전을 거듭해 오고 있다. 따라서 이러한 이론발전의 과정은 이념적 수용과 경험적 검증을 위하여 각각의 상이한 이론적 관점을 상호대비시키는 경쟁적인 특징을 가지고 있다. 그러나 지난 반세기에 걸쳐, 범죄이론의 발전은 역사적으로 다양했던 이론들의 관점을 함축적이고 강력한 이론모형으로 결합시키려는 통합의 움직임이 일고 있다. 따라서 범죄이론의 관심은 자신의 경쟁가설에 대한 중요한 검증(crucial test) 및 어떤 관점이 타당한가라는 의문에서 이론적 모형의 전반적 설명력을 증대시키고 다양한 이론적 전통으로부터 도출된 가정들이 어떻게 범죄에 대해 함축적이며 응집적으로 설명될 수 있을 것인가 하는 의문으로 옮겨지게 되었다.[1]

　물론 이러한 이론의 통합은 고전학파의 범죄이론이 갖고 있었던 경험적 적합성에 대한 불만, 이론발전과 검증에서의 경쟁적 가설접근에 대한 불만에서 빚어진 산물인 것이다. 즉, 지금까지 대부분의 경험적 연구가 시험가설에 대한 단일변수검증(single-variable test)과 상관관계의 검증을 시도하고 있으나 범죄에 대한 다변량통계기법의 활용으로 말미암아 특정한 이론적 관점 내에서도 상이한 변수가 다수 있을 수 있으며, 전통적 이론으로부터 도출된 이론모형의 전반적 설명력이 비교적 약화되었다. 이러한 결과는 그 양상과 원인이 다양하고 복합적인 범죄를 단일변수로만 설명하려고 고집하기 때문에 초래된 것이다.

　한편, 이론개발과 검증에 있어서 경쟁적 가설접근의 방법도 이론검증과 수정에 활용하기에 한계가 있었다. 즉, 전통적 이론들이 검증가능한 경쟁적 가설을 제시하지도 못했고, 서로 다른 가설과 가정을 가진 이론들이라고 해도 유사한 결과만을 예견하였으며, 설사 검증이 가능한 경우라도 그 결과가 결코 결정적인 것이 되지는 못했기 때문이다.[2] 더군다나 서로에 대한 단순한 대안으로서 두 가정을 대비시켜서 하나의 이론을 수용하는 것을 곧 다른 하나의 가정을 거부하는 것이라는 주장은 논리적으로도 문제가 있었다. 즉, 이와 같은 검증의 방법은 특정 가설이 옳고 다른 가설이 틀리다는 결론을 정당화할 수 있는 증거를 제공하지 못한다. 그것은 단지 특정 가설이 다른 가설에 비해 좀 더 바람직하고 설명력이 크다는 증거만을 제시할 따름이다. 다시 말해서 특정 가설이 옳고 다른 가설이 틀리다는 것을 증명하고자 하였지만, 이는 양가설이 다 옳을 수도 있고, 양가설이 서로 독립적인 부분을 설명할 수도 있다는 가능성이 무시된 것이다. 또한 이러한 중요 검증의 방법은 설명된 변량의 수준이나 상관성의 크기보다는 통계적 중요성을 지나치게 중시하기 때문에 아주 작은 차이를 지나치게 강조하는 경향이 있다. 끝으로 경쟁가설에 대한 중요 검증의 방법은 하나의 이론적 변수에 대한 단일 지표를 이용하고 있기 때문에 따라서 그 결과도 일련의 종합가설에 대한 전체적인 예측력이 있다고 할 수는 없는 것이다.[3]

한편, 범죄와 비행의 원인이 다수의 복잡한 인과관계를 가진 사회현상이라는 사실도 범죄이론의 통합을 요하는 대목이다. 즉, 범죄행위로 이끄는 인과적 과정은 전통적 설명이 제시했던 것보다 훨씬 다양하고 복잡하다는 것이다. 우선, 특정 이론과 특정 유형의 범죄 간에 연관성이 있을 수 있는데, 이는 이들 이론을 통합함으로써 불법행위에 대한 범위를 넓혀 주기 때문에 전체적인 설명력을 고양할 수 있다는 것이다. 예를 들어 통제이론은 경미비행의 설명에 강하며, 학습이론이나 긴장이론은 주요 범죄의 설명에 강한 면이 있기 때문에 이들 이론을 통합한다면 범죄행위의 더 많은 부분을 더 강력하게 설명할 수 있게 된다는 것이다. 또한 전통적 범죄이론에서 개별이론의 설명력은 낮을지라도 이들 각각의 이론은 범죄행위를 유발하는 인과과정상의 서로 다른 부분을 설명할 수도 있는 것이기 때문에 통합을 통하여 더 많은 부분이 설명될 수도 있는 것이다. 환언하자면 이론의 논리적 측면에서 볼 때 각 이론은 범죄행위발생의 필요충분조건을 완벽하게 제공하지 못하고 있다. 예를 들어 통제이론은 관습적 유대가 약화되는 이유와 유대가 약화된 모든 사람이 다 범행을 저지르지는 않는다는 반박에 대해 타당한 이유를 설명하지 못하고 있으며, 학습이론은 왜 사람에 따라 상이한 학습을 경험하며 그들이 학습한 모든 것을 행동으로 옮기지 않는가라는 비판에 대해 적절하게 해명하고 있지 못하다는 것이다. 따라서 이들 이론을 통합함으로써 그동안 지적되어 온 각 이론의 결점이 보완될 수 있다는 것이다.[4]

결론적으로 범죄란 단일변수로 설명될 수 있는 단순한 인과문제가 아니라 복잡하고 다양한 변수를 요하는 문제이며, 전통적 범죄이론은 결코 이처럼 복잡한 범죄현상을 전 과정에 걸쳐 완벽하게 설명할 수 있는 것이 아니라 그 일부만을 설명할 수밖에 없다는 것이다. 따라서 지금까지의 전통적 범죄이론들이 검증 자체에도 문제가 없는 것은 아니지만 설사 검증이 가능한 경우라도 그 설명력이 결코 높을 수는 없었다. 따라서 전통적 범죄이론처럼 각 이론을 경쟁적 관계로 대비시킬 것이 아니라 상이한 인과적 모형을 가진 각 이론들로부터 가장 유용하고 경험적으로 검증할 수 있는 특징들만을 도출하여 하나의 통합적 인과모형으로 발전시키는 것이 설명력을 높이는 방편이 될 수 있는 것이다.

그런데 이러한 이론의 통합은 대체로 사회통제이론과 사회학습이론을 중심으로 이루어지고 있으며, 혹자는 여기에 문화적 갈등이론을 포함시키기도 한다. 우선, Shoemaker는 아노미나 사회해체가 사회통제의 약화나 결여를 초래하며, 약화된 사회통제가 또래집단의 영향력을 증대시켜서 비행에 이르게 한다는 인과모형을 제시함으로써 문화적 일탈(사회해체와 아노미), 사회통제 그리고 사회학습(또래집단의 영향)이론을 통합하고 있다.[5]

한편, 본 저자도 사회학습, 사회통제 그리고 문화적 갈등의 관점을 하나의 인과모형으로 통합하여 경험적으로 검증한 바 있다.[6]

우선, 사회통제이론은 비행을 야기시키는 사회적 과정 중에서 다수의 원인과 이들 상호관계가 존재함에도 비행을 제재하는 요인만을 고려하기 때문에 비행유발의 필요충분조건을 갖추지 못하고 있으므로 비행의 발생을 용이하게 하는 요인까지 동시에 고려해야 할 필요가 있다. 즉, 통제의 약화가 반드시 비행의 유발을 의미하는 것은 아니며 오히려 통제가 약화된 사람이 강력한 비행적 유대를 가질 때 비행의 발생가능성이 가장 커지는 것이다. 다시 말해서 특정행위에 대한 제재가 없다고 반드시 그 행위를 실행하는 것은 아니며, 그 행위의 실행을 위해서는 동기나 자극도 더불어 필요하다는 것이다. 바로 여기에서 강력한 비행적 유대관계라는 사회학습적 관점이 비행의 동기를 설명해 줄 수 있는 것이다. 사회학습이론에 따르면 비행의 동기는 약화된 사회통제로 인한 비행또래집단과 강력하게 유대관계를 형성하면서 그들로부터 사회적 보상 및 강화를 받아 비행을 학습하게 된다고 한다. 따라서 가장 비행할 가능성이 높은 사람은 학교나 가정 등의 관습적 사회와의 유대관계가 약화되어 이들로부터 자신에 대한 통제와 제재를 받지 않는 사람들 중 결국 비행적 또래와 유대관계를 맺게 되어 강력한 비행동기를 갖게 됨으로써 비행을 실행하게 되는 모형을 이루는 부분이다.

그러나 문제는 왜 비행가능성이 높은 이들 청소년이 처음부터 관습적 사회에 대하여 애착과 유대를 갖지 못하는가 하는 것이다. 여기서 문화적 일탈이론을 통합시킬 수 있다. 즉, 청소년은

대체로 그들 나름의 독특한 청소년하위문화를 갖게 되는데, 쾌락주의적이고 무책임한 것으로 특
징 지어지는 그들의 하위문화는 관습적인 기성문화와 어떤 면에서는 갈등적인 것일 수밖에 없
는 것이다. 따라서 기성세대와 청소년들은 서로에 대해 갈등을 느끼게 되고 그들에게 애착과 유
대감을 갖지 못하게 되는 것이다.

　　결론적으로 청소년문화와 기성문화라는 문화적 갈등을 통해서 관습적 사회와의 유대관계가
약화되며 그로 인해 사회통제의 약화가 초래되는 것이다. 그리고 그렇게 통제가 약화된 청소년
은 비행적 교우관계와 유대를 통하여 비행의 동기를 학습하게 되고 비행을 실행하게 되는 인과
적 경로를 갖게 되는데 우리는 이 모든 것을 하나의 인과모형으로 통합해 볼 수 있는 것이다.

　　한편, 사회통제이론을 중심으로 사회학습이론과 사회구조이론을 통합한 경우도 있었다.

　　Weiss와 그의 동료들은 위에서 제시한 문화적 갈등과 일탈이론 대신 성별, 인종 그리고 경
제적 지위 등의 사회구조적 모형을 이용하여 통합하였다. 즉, 저소득층이거나 해체된 지역사회
일수록 일선 사회화기관과 제도의 영향력이 약하기 때문에 이들 지역에 사는 청소년일수록 관
습적 사회와의 유대가 약화되기 쉽다는 것이다.[7]

　　물론 이러한 이론통합에 대해서 문제가 없는 것은 아니다. 우선, 이론통합의 논거가 되었던
것으로서 각 이론이 상호경쟁적이라기보다는 상호보완적 관계로 가정하고 있다는 점을 지적할
수 있다. 즉, 각 이론은 그 역사적 배경과 전통을 다르게 하고 있고 인간의 본성에 대한 기본적
가정 또한 다를 뿐더러 범죄행위에 대한 가정도 다를 수 있다. 그럼에도 불구하고 과연 이들 이
론을 하나로 통합할 수 있겠는가 하는 것이 바로 그것이다.

제 2 절　이론의 특수화

　　범죄이론의 발전추세 중 하나는 일반론적 전통범죄이론에 대한 비판과 그 대안으로서 범죄
및 범죄자의 유형과 특성별 특수이론의 개발이다. 이러한 주장은 어떠한 이론일지라도 다양한
특성의 범죄자에 의한 다양한 형태의 범죄행위를 모두 설명할 수는 없다는 가정에서 시작된다.
즉, 지금까지 이론을 개관해 오면서 거의 모든 이론들에 공통적으로 지적되는 비판인 적용범위

의 한계가 이를 입증해 주고 있는 것이다. 상식적으로 강간과 강간범이 강도와 강도범과는 같을 수 없으며, 기업범죄와 화이트칼라범죄자가 살인과 살인범죄자와 구별될 수밖에 없는 것이다.

그렇다면 이론의 유형화란 무엇인가? 이론유형화의 핵심적 가정은 범죄와 범죄자가 모두 유사하지도 않으며 수많은 범죄와 범죄자의 유형이 존재하며 이들이 구분되고 개별적으로 연구될 수 있다는 것이다.

그런데 비교적 범죄학에 있어서 이런 유형론적 접근의 합리성은 자명(self-apparent)하다고 볼 수 있다. 첫째, 만약 범죄와 범법자가 유형별로 구분될 수 있다면, 당연히 그에 대한 설명 또한 각각의 범죄자와 범죄유형에 따라 별개의 설명으로 요구될 수밖에 없다는 것이다.

다음으로 첫 번째와 밀접히 관련되는 것으로서 범죄자에 대한 처우와 교화개선에 있어서의 개별화가 그것이다. 만약 범죄자 및 범죄의 유형에 따라 그에 적합한 개별적 처우가 필요하다면, 그것은 범죄자의 동기와 범죄의 원인이 같지 않기 때문이라는 것이다. 그리고 이는 범죄자와 범죄에 대한 이론 또한 같을 수 없다는 논리인 것이다.[8]

여기서 범죄이론의 유형화를 야기시키는 원인이라고 할 수 있는 일반이론의 문제점을 보다 구체적으로 살펴보자. 우선 일반론적 범죄이론이 다루고 있는 주제문제(subject matter)가 모호하다는 점을 지적할 수 있다. 이는 범죄와 범죄행위가 갖는 시간적·공간적 상대성의 문제이다. 즉, 범죄와 비범죄, 범죄자와 비범죄자가 시간과 공간을 초월하여 분명하게 구분되기는 어렵다는 것이다.[9] 이와 같은 범죄자와 범죄에 대한 반응의 규정이 시간적·문화적으로 상대성을 지니기 때문에 범죄성에 대한 전반적 원인을 추구한다는 것은 의문시되지 않을 수 없다.[10]

또한 범죄행위는 발생상황, 수법, 과정, 가해자와 피해자 및 그들의 관계 등 거의 모든 면에서 상이한 것으로 이해되고 있다. 심지어 동일죄종의 범죄행위라 할지라도 상당한 차이가 있게 마련이다. 따라서 이론의 일반화를 위해서는 상당한 유사성이 있어야 하기 때문에 범죄학에서의 일반이론은 당연히 문제시되고 있는 것이다. 그러므로 범죄행위에 관련된 이러한 역동성을 고려할 때 범죄와 범죄자를 일반적으로 논의해서는 안 될 것이며 개별적 범죄상황과 개별적 범죄에 대한 논의가 이루어져야 한다는 것이다.[11]

일반이론을 거부하는 세 번째 비판은 범죄원인의 복잡성문제이다. 범죄학이란 외관상으로도 같을 수 없는 아주 다양한 현상을 대상으로 하기 때문에 교통법규의 위반과 살인사건처럼 판이한 범죄행위를 과연 하나의 이론으로 설명할 수 있을지 또한 이들의 공통점을 찾아낼 수 있을지가 문제시되고 있는 것이다. 심지어 동종의 범죄행위일지라도 서로 다른 원인과 인과과정을 갖기 때문에 다수이론을 요구할 수도 있는 터에 과연 다양한 원인과 종류의 범죄를 통합된 하나의

일반이론으로 설명하기에는 역부족일 것이라고 보고 있는 것이다.[12]

　　일반이론에 대한 마지막 비판은 지금까지의 일반이론이 범죄의 원인을 규명하는 데 결코 성공적이지 못하였다는 지적이다. 물론 여기에는 이론의 논리적 결함, 적용범위의 한계, 검증의 곤란성, 그리고 경험적 증거의 부족 등 여러 가지 이유가 있을 수 있다. 그러나 그중에서도 일반이론이 성공적이지 못했다는 단적인 증거는 바로 이들 각각의 일반이론이 범죄행위에 대해 만족할 만한 설명력을 갖지 못했다는 것이다.[13]

　　그런데 범죄이론의 유형화는 대체로 범죄중심적(crime-centered) 접근과 범죄자중심적(criminal-centered) 접근으로 대별할 수 있다. 범죄중심적 접근은 범죄의 유형에 초점을 두고 반복적 범죄형태나 범행의 규칙성을 파악하려고 하는 것으로서, 다양한 종류의 범죄성에 대해 상호 차이점을 조사하는 것이다. 그러나 유형론적 접근의 대다수는 범죄자중심적인 것으로, 이는 범죄자의 다양성을 파악하고자 하는 것을 말한다. 즉, 범죄중심적 유형론이라고 할 수 있는 범죄행위의 규칙성은 어느 정도 분명하나, 범죄자의 동질성은 분명치 못하다.

　　물론, 범죄와 범죄자에 대한 유형론적 접근이 형사정책적 차원에서 상당한 공헌과 기여를 했음에는 틀림없다. 특히 경찰단계에서의 수법수사나 전략순찰 및 범죄피해의 방지에 있어서 그리고 교정단계에서 개별처우에의 적용 등은 현재도 그 효용가치가 인정되고 있다. 그러나 이러한 유형론은 범죄중심적인 경우 법률적 유형론에 지나지 않는 경우가 많고 범죄자중심적인 경우에는 각양각색의 범죄자를 조그만 집단으로 유형화하고 분류한다는 것에서 그리 큰 의미를 둘 수 없는 경우가 많다. 게다가 범죄자의 다양성만큼이나 다양하게 범죄자를 유형화한다면 결코 그것이 유형화라고 할 수 없게 되는 맹점이 있다.

3절 새로운 이론과 설명의 전개

1. 발전범죄학(developmental life-course criminology)

(1) 발전범죄학의 개관

발전범죄학 이론은 1990년대 이후 개인의 범죄경력이 연령의 증가에 따라 발전하는 과정을 이론화하려는 시도에서 출발한다.[14] 범죄학이론은 범죄경력의 종적인 과정과 관련하여 크게 다음의 세 가지 입장으로 구분된다. 첫째, 범죄경력의 발전과정에 일정부분 함의는 제시하고 있으나 여기에 대해 무관심한 경향으로 기존 전통적인 범죄학이론의 대부분이 여기에 속한다. 예를 들면 긴장이론, 차별접촉이론, 통제이론, 학습이론 등이 있다. 둘째, 범죄경력의 발전과정에 대한 관심을 가지고 있으나 범죄의 원인이 되는 하나의 잠재적인 요소가 시간의 흐름에 대해 매우 안정적이기 때문에 별도의 단계별 설명이 필요 없다는 입장으로 Gottfredson과 Hirschi의 자기통제이론이 대표적이라 할 수 있다. 끝으로 기존 전통적 범죄학의 설명에서 나타나는 함의를 재구성하여 발전과정을 이론화하려는 입장으로 1990년을 전후하여 경험적인 논쟁의 수준에서 논의되다가 최근 발전범죄학으로 이론이 정립한 것이 있다. 즉 발전범죄학의 출발점은 전통적 범죄학이 대부분 발전적 결과 또는 생애과정의 결과에 대해 거의 관심을 갖지 않았다는 비판이라고 볼 수 있다.[15] 구체적으로 전통적 범죄학은 범죄행동의 발전정도, 범죄경력의 출발과 지속, 그리고 은퇴, 범죄의 심각화 내지 완화 등을 충분히 설명하지 못했고, 어떤 범죄자 집단의 상이한 인과구조에 대해서도 설명하지 못하였다. 즉 범죄유형별 상이한 인과적 발전, 또는 경력집단별 상이한 인과구조 등에 대해서 설명을 못하였다. 한편, 전통적 범죄이론은 범죄행동의 선행요인과 범죄행동의 결과에 대해 주의를 기울이지 못했다는 지적도 있다. 범죄의 원인과 결과 사이에서 결과로서의 범죄로 인식한 것이 오히려 범죄의 원인으로 작용할 수도 있다는 점이다. 끝으로 전통적 범죄이론은 생애과정을 통해 일어나는 발전적 변화에 대한 이해를 체계적으로 이용하지 못했다는 점에서 문제가 있다.

발전범죄학은 비행청소년들의 어렸을 때의 경험을 중시하면서, 한편으로는 유년기에서 청소년기로 성장하는 과정에서 경험하는 다양한 변화들을 중시하는 것이 특징이다. 발전범죄학의 핵심 연구주제는 범죄와 반사회적 행위의 발전양태, 연령별 위험요소의 변화양상, 생애사건의 범죄 및 반사회적 행위의 발전과정에 대한 영향력 등으로 일생동안 범죄와 관련한 개인의 내재된 변화를 설명하고자 한다.[16] 먼저 범죄 및 반사회적 행동의 발달과정의 연구는 시간의 흐름에 따른 비행행위와 범죄행위의 발전과정을 기록하는 실증적 연구를 통해 이루어진다. 하지만 생애 초기부터 중후년기로 진입하는 개인에 대한 정보가 없다는 한계가 있다. 다음으로 발전범죄학은 연령에 따른 범죄행동에 대한 유발요인 및 억제요인을 확인한다.[17] 이 요인들은 개인이 범죄에 최초로 진입하는 요소와 범죄를 지속하거나 중단하는 원인을 설명해준다. 끝으로 발전범죄학은 성장과 범죄행동의 과정에서 생활사건의 영향에 관해 연구한다. 최근의 연구결과에 따르면 결혼과 취업과 같은 생활사건은 범죄행동과 깊은 관련이 있음이 나타났다.[18] 즉, 생활사건이 범죄행동을 줄이는 데 큰 영향을 미치며 일반적으로 범죄를 중단하게 하는 것이다. 하지만 수감생활과 같은 생활사건은 범죄행동을 지속하게 하는 위험요인이 되기도 한다.[19]

특히 발전이론이 주목을 받는 것은 기존의 Gottfredson과 Hirschi의 소위 일반이론(General Theory)이라고 하는 논의와 의견에 대해 반박했다는 점이다. 일반이론에서는 어릴 때 형성된 낮은 자기통제력이 성인에 이르기까지 지속적으로 문제행동과 비행, 범죄의 성향으로 이어진다고 보았다면, 발전이론에서는 여기에 덧붙여 이러한 초기의 비행청소년이 어떻게 더욱 심각한 범죄자로 발전하게 되는지, 그리고 어떤 비행소년은 무슨 이유로 비행을 중단하고 평범한 삶으로 돌아가는지를 설명하고자 한다.[20] 이와 같이 발전이론은 비행의 발전과 중단에 영향을 미치는 요인으로 단일한 요인을 제시하는 수준에서 끝나는 것이 아니고 기존 사회통제이론이나 차별접촉, 사회학습이론 등에서 강조되었던 다양한 사회 환경요인들을 강조했다는 점에서 특징이 있다.

(2) 대표적인 발전범죄이론

먼저, Thornberry는 사회구조, 사회유대, 사회학습이론의 요소들을 통합하여 비행의 "상호작용이론"을 만들었다. 상호작용이론에 의하면 처음의 비행은 청소년기에 전통사회와의 결속의 약화에서 발생한다. 즉 부모에 대한 애착, 학교에 대한 전념, 전통적 가치에 대한 믿음의 연결이 약화될 때마다 비행의 가능성은 증가한다고 본 것이다. 그중에서도 특히 비행이 학습되고 강화되는 사회적 환경, 즉 비행친구와 비행가치의 접촉은 비행의 강도와 빈도를 점점 증가시키게 된다. 한편 이 상호작용적 과정은 개인의 생애주기를 통해 발전되며 각 연령단계에 따라 이론적 설명요인들의 중요도는 상이하게 작용한다. 예를 들면 유년기에는 가족이 중요한 역할을 하지만 청소년기에는 가족이나 부모보다는 친구, 학교 그리고 청소년문화가 중요한 역할을 하게 되고,

성인기에는 전통적 활동과 가족에 대한 헌신이 보다 중요한 역할을 한다는 것이다. 여기서 중요한 것은 이러한 인과적 과정이 개인의 생애를 따라서 발전하는 동태적 과정이라는 것이다.[21]

　다음으로, Patterson은 기존 연구결과의 개관을 통해 아동기에서 청소년기를 통해서 나타나는 반사회적 행동의 발전과정을 초기 진입자(early starters)와 후기 진입자(late starters)의 두 가지 경로로 나누어 살펴보고 있다. 초기 진입자의 경우 아동기의 부적절한 양육에 원인이 있고, 이것은 후에 학업에서의 실패와 친구집단의 거부를 초래하게 되고, 이러한 이중적 실패는 비행집단에 참가할 가능성을 높이게 된다. 마지막으로 이상의 발전과정을 경험한 사람들은 아동기 후기와 청소년기 초기에 이르러 만성적 비행자가 될 가능성이 매우 높다. 다른 한편으로 청소년기 중기에서 청소년기 후기에 처음 비행을 시작한 사람의 경우 이중적 실패를 경험하지 않게 되고 보다 쉽게 범죄경력에서 은퇴할 수 있게 된다고 한다. 이 이론을 더욱 발전시켜 나온 것이 모피트의 이론이다.

　한편, Moffitt는 신경심리학(neuropsychology), 낙인이론(labeling theory), 그리고 긴장이론(strain theory)의 입장에서 범죄경력의 발전과정을 논의하고 있다. 그녀는 어린이로서 행동에 문제를 가지고 있고, 어린 나이부터 비행을 시작한(생애지속적 비행자: life－course persistent delinquents) 사람들은 10대에 시작하는 사람들과는 질적으로 차이가 있다고 주장한다. 전자는 사회 및 법 규범을 위반할 높은 가능성을 가지고 청소년기나 그 이후의 시기를 지속하는 반면, 후자는 성인이 되면 거의 비행을 지속하지 않는다(청소년기에 한정된 비행자: adolescent－limited delinquents). 소년시절 반사회적 행위가 성인까지 이어지는 이유는 낮은 언어능력, 과잉활동, 충동적 성격 때문이다. 생애 지속적 비행자에 대한 친구의 영향은 미미하다. 한편 성인에 이르기까지 비행을 지속하지 않는 청소년기에 한정된 비행자는 친구의 영향을 보다 강하게 받는다. 패터슨의 연구에서 일정부분 유사한 면도 있지만 패터슨은 조기에 비행을 시작하는 자에게도 친구의 영향이 중요하다고 보았다는 점에서 차이가 있다.[22]

　끝으로, Sampson과 Laub은 범죄경력의 발전과정에서 통제이론과 낙인이론을 중심으로 Thornberry와 유사한 설명을 하고 있다. 즉 비행은 비공식적 사회통제 혹은 유대의 결과라는 점을 강조했는데, 이에 따르면 어려서 문제행동을 보였던 아이들이 지속적으로 혹은 보다 심각한 비행을 저지르게 되는 이유가 그들이 어려서의 경험들이 사회와의 유대를 약화시켰기 때문이라고 설명한다. 즉 어려서 문제성향을 보인 아동은 부모와의 유대가 악화되고, 학교에 적응하지 못하며, 친구들과의 관계도 원만치 못해 점차 비행소년, 더 나아가서는 성인 범죄자로 전락하게 된다.[23] 그러나 한편으로 어려서 문제행동을 보였던 아동이 사회와의 유대가 회복되거나 강화될 경우 더 이상 비행을 저지르지 않고 비행을 중단하게 된다고도 주장했다. 또한 청소년기에 비행을 저지르게 되던 아이들도 성인기에 직업을 갖게 되거나 결혼으로 가정을 이루게 될 경우 정상인으로 돌아간다고 했는데 그들은 이러한 사회유대 혹은 사회자본의 형성이 인생의 전환점이 된다고 주장했다.[24]

이상의 Sampson과 Laub의 연구와 관련하여 Tittle은 범죄경력의 발전과정에 대한 낙인이론의 타당성을 지적하였다. 즉 낙인이 찍힌 사람의 경우 이 낙인이 범죄행동을 향한 지속적인 동기를 만들어내기 때문에 그의 생애과정을 통해 범죄를 계속하는 반면, 낙인을 받지 않은 사람의 경우 범죄의 동기가 감소되는 것을 경험한다는 것이다. 특히 낙인이론적 설명틀에서는 그동안의 쟁점이 되었던 연령/범죄곡선의 시간 및 공간적 유사성을 쉽게 설명할 수 있을 뿐 아니라, 여러 가지 맥락적 요인에 의한 연령/범죄곡선의 변이도 역시 설명할 수 있다는 것이다.[25]

이상에서 소개하고 있는 발전이론들은 대부분 새로운 명제나 변수를 제시했기보다는 기존의 사회학적 비행이론에서 제시된 명제나 가설, 또는 개념들을 차용한 특징이 있다. 이것은 순수하게 낮은 자기통제력에 의해 범죄가 발생한다는 일반이론의 논리와 많은 부분에서 상충한다. 또 일반이론을 제시한 Gottfredson과 Hirschi는 발전이론이 독립된 주장이 없이 잡다한 이론들을 뒤죽박죽 섞어 놓은 '꿀꿀이죽' 같은 이론이라고 비판을 제기하기도 한다.

(3) 연구방법에 관한 논의

많은 범죄학자들은 발전이론이 범죄학에 있어서 전혀 새로운 이론은 아니며, 연령과 생애과정을 고려하지 않는 표준이론들(예를 들어 사회통제이론, 사회학습이론, 긴장이론, 낙인이론 등)이 범죄를 설명하기에 더 적합하다는 반론을 제기한다. 이 문제와 관련한 주요 논쟁은 1980년대 중반에 활발하게 이루어졌다. 연령과 범죄와의 관계에 관한 논의가 중심이 된 당시의 논쟁은 이후 범죄경력에 대한 복잡한 논쟁으로 전개되었고, 다시 범죄이론들을 검증할 수 있는 연구유형에 관한 격렬한 논의가 이어졌다.[26]

연구유형에 관한 논쟁이라는 것은 바로 "시계열연구"방법과 "동시기연구"방법의 논쟁이라고 할 수 있다. 즉 일반이론은 범죄의 원인인 낮은 자기통제력이 어린시절 형성된 것으로서 평생 동안 지속되는 것으로 보았기 때문에 연구방법에 있어서도 연령에 따른 연구를 할 필요가 없다고 주장한다. 하지만 발전이론은 동시기연구모형이 범죄행위의 상호관련연구만 가능하게 하지만 시계열연구모형은 어떤 요소가 선행하는가를 입증할 수 있기 때문에 인과관계 연구를 가능하게 한다고 주장한다. 이는 발전이론이 유아기에 형성된 낮은 통제력뿐 아니라 성장과정에서의 환경이 범죄를 저지르는 데 중요한 인자로 작용한다는 주장에서 기인한다.

(4) 범죄성향 대 범죄경력

범죄와 연령의 논쟁은 엄격한 검증을 거친 후 '범죄성향'을 중시하는 입장과 '범죄경력'을 중시하는 입장 간의 논쟁으로 발전하였다.[27] Gottfredson과 Hirschi는 범죄성향을 중시하는 입장을 지지한다. 본질적으로 그들은 어떤 사람들은 범죄를 쉽게 저지르고, 어떤 사람들은 범죄를 쉽게 저지르지 않지만, 모든 사람들의 범죄성향은 4~5세 이후 그들의 생애과정을 통해 비교적 확고해진다고 주장한다. 그 성향은 기회와 상황에서 따라 다양한 방식의 행위로 나타날 수 있다. 그래서 같은 성향을 가진 개인들이라도 실제로는 다소 다른 형태의 범죄를 저지를 수도 있다. 그러나 범죄성향은 생애과정을 통해 본질적으로 지속되므로 범죄의 시작연령, 범죄경력의 지속, 위반의 빈도 같은 요소들을 설명하는 것은 불필요하다고 본다. 이러한 주장에 따르면 범죄성향은 일생동안 변하지 않기 때문에 그 설명은 동시기연구에 의해 검증될 수 있고, 비용이 많이 드는 시계열연구는 불필요하다고 본다.

한편 범죄경력을 중시하는 입장은 다양한 변수들이 생애과정의 다양한 시점에서의 행위를 설명할 수 있다고 본다. 따라서 범죄의 개시, 빈도, 지속, 그리고 중단하는 나이에 대하여 각각의 모델을 세우는 것이 필요하다고 주장한다. 따라서 이 논쟁은 전체 범죄경력이 단일한 인과이론으로 설명될 수 있는가(범죄성향) 아니면 다양한 인과과정에서 짧은 생애과정의 다양한 지점에서 작동한다고 할 것인가(범죄경력)에 어느 정도 집중되어 있다. 이상의 범죄성향과 범죄경력의 논쟁은 현재까지도 꾸준한 실증연구를 통해 상호 비판이 지속되고 있는 실정이다.

(5) 발전범죄학의 성과와 평가

발전범죄학 분야의 연구결과를 종합적으로 검토한 Farrington은 범죄행동 발달에 관한 10가지 특징을 다음과 같이 나열하고 있다.[28]

1. 범죄행동은 10대 후반에 정점에 달한다.
2. 범죄를 시작하는 나이는 8세에서 14세에 집중되며, 범죄를 중지하는 나이는 20세에서 29세 사이에 집중된다.
3. 초년의 범죄개시는 장기간의 범죄경력지속을 예측한다.
4. 아동기에 나타난 범죄나 반사회적 행동은 청소년기와 성년기까지 이어진다.

  5. 일부의 만성적 범죄자가 전체범죄의 상당부분을 차지한다.

  6. 범죄행동은 전문화되기보다 다양화의 형태로 발달한다.

  7. 위법행위는 반사회적 행동의 주요요인이다.

  8. 10대 후반까지는 다른 사람과 함께 범죄를 저지르지만 20세 이후에는 단독으로 범죄를 저지른다.

  9. 10대 후반까지 범죄를 저지르는 이유는 실리추구부터 쾌락추구나 분노표출까지 매우 다양하다.

  10. 연령대에 따라 범죄의 종류는 달라진다.

    이상의 발전범죄학의 연구성과에 대한 정리에 대해 Farringon은 몇 가지 문제점을 지적하고 있다.[29] 먼저, 사춘기 말미에 범죄발생이 집중되는 것을 밝혔다고 하더라도 위법행위가 특정 연령대에 집중되는 이유와 범죄의 심각성이 연령에 따라 가속화되거나 둔화되는지에 대한 정확한 설명이 부족하다. 둘째, 초기에 발현되는 위법행위와 후기에 발현되는 위법행위의 관계, 그리고 만성적 범죄행위와 산발적 범죄행위를 명확하게 구분하기가 쉽지 않다. 즉, 조기에 발현되는 범죄자가 늦게 발현되는 범죄자들과 범죄의 정도와 종류에 어떤 차이가 있는지 밝혀지지 않은 것이다. 마찬가지로 만성적 범죄자가 산발적으로 범죄를 저지르는 범죄자들보다 더 많은 종류의 범죄를 저지르는지, 그리고 두 범죄자의 범행수법이 어떻게 다른지에 관해서도 밝혀지지 않았다. 셋째, 특정한 범죄행동이 다른 범죄를 예측할 수 있는 행동인가에 대한 결론이 명확하지 않다. 가령, 강도를 저지르면 나중에 성범죄로 이어진다고 설명할 수 있는가? 넷째, 조기발현의 위험요인과 예방요인은 잘 알려져 있지만, 이러한 요인이 동일한 현상에 대해 하나의 지표처럼 나타나는 것인지 일반적인 원인으로 이해할 수 있는 것인지 불분명하다. 끝으로 범죄경력의 간헐성이 미치는 영향에 대해 충분한 설명이 부족하다. 즉, 모든 범죄자들이 특정한 연령에 범죄를 시작하고 일정기간 동안 범죄를 유지하며, 특정시점에 범죄를 완전히 관두는 것은 아니다. 어떤 범죄자는 범죄경력을 중단하지만 이혼, 실업, 약물중독과 같은 부정적 생활사건으로 인해 몇 년 뒤 다시 범죄경력을 개시할 수도 있는 것이다. 이상의 발전범죄학의 한계는 연구자가 도전할 가치가 있는 새로운 연구영역을 구성한다.

    발전범죄학이 독창적인 범죄이론을 제시한 것인지, 아니면 다른 연령이나 인생단계에 따라 기존의 범죄이론으로부터 개념과 명제를 도입하는 방식을 취하는 것인지는 이론의 평가에 중요한 문제가 된다. 이에 대해서는 생애적 관점이 새로운 설명변수를 밝혔다고 하기에는 어려움이 있다. 대신 발전이론을 주장하는 학자들은 생물학적, 발달론적, 사회유대, 사회학습, 그리고 기타 기존의 이론이 갖는 개념과 명제에 아주 크게 의존하고 있다. 즉 발전이론이 전적으로 독창적이거나 전혀 새로운 이론은 아니고, 새로운 명제를 제기하거나 개념을 만들어 내지는 못했다는 것이다. 이런 측면에서 이론 통합의 측면에서도 완벽한 것은 아니다. 즉 상하통합(up-and-down)의 이론통합유형에 이르지 못하고 다만 여러 이론들을 직렬통합이나 병렬통합의 형태를 보여주는 수준에 머무르고 있다는 것이다. Hirschi는 이론통합의 유형으로 "직렬(end-to-end)통합", "병렬(side-by-side)통합", "상하(up-and-down)통합"을 제시하였다. 직렬통합의 경우 두 개의 이론이 있을 때 한 이론의 종속변수를 다른 이론의 독립변수로 취급하는 것과 같이 두 이론을 길게 늘어놓는 방식으로 통합하는 방식을 말한다. 병렬통합은 범죄나 비행의 여러 가지 형태들을 잘 설명되는 이론별로 분류해 놓은 형식을 취한다. 상하통합의 경우는 이론의 일반화의 정도에 있어서 일반화의 정도가 낮은 개별 이론들이 보다 더 일반적인 이론으로 통합되어지는 경우에 해당한다. Hirschi는 이러한 세 가지 이론통합의 유형 가운데 병렬통합을 가장 바람직한 형태라고 주장했다.[30]

한편 훌륭한 이론의 기준으로 논리적 일관성, 범위와 간결성, 검증가능성, 경험적 타당성, 유용성과 정책적 함의 등을 꼽을 수 있다.[31] 그중에서도 가장 중요한 기준을 경험적 연구에 의한 검증 또는 반증 가능성이라고 언급하였다. 발전이론에 대한 최근의 경험적 연구의 결과 상당 부분 발전이론이 지지를 받는 것으로 나타났다.[32] 그리고 국내에서는 이성식(2001)의 연구가 대표적이다.[33] 이 연구는 대구 및 대구 인근의 중소도시 소재 남자고등학교 20개 학교에서 학생 800명을 대상으로 자기보고식 설문조사를 실시하였다. 또 이 연구는 고등학교시기의 비행경험과 초등학교 초기와 초등학교 후반기에서 중학교 시기에 이르는 경험들을 알아내야 한다는 점에서 회고적인 방법으로 응답자로 하여금 과거의 경험들을 기억하여 응답하도록 하는 방법을 취했다. 연구결과는 Gottfredson과 Hirschi로 대표되는 일반이론의 논의보다는 발전범죄학자들의 주장이 보다 설득력이 있다는 결과를 제시했다. 즉 어렸을 때의 자기통제력이 청소년기의 비행을 설명하는 주요 원인으로 작용했지만, 그 영향력은 사회유대요인과 비행친구와의 접촉과 같은 성장기의 사회환경 변화에 의해 매개된다는 것이 나타났다. 특히 비행친구와의 접촉은 청소년기의 비행에 영향을 미치는 가장 중요한 요인으로 작용해, 청소년기에는 가정, 학교요인보다 친구의 영향력이 클 것이라고 본 발전이론의 입장을 지지하는 결과가 나타났다.

이처럼 발전이론은 그 이론의 구성틀이 전혀 새롭거나 독창적인 요소를 갖고 있는 것은 아니지만 현실적으로 상당부분 범죄현상에 대해 설득력 있는 설명을 제시하고 있음에는 틀림없다.

2. 환경범죄학(environmental criminology)

(1) 환경범죄학의 기초

수년간 전통적 범죄학은 범죄자에 대해서만 관심을 집중하였고, 피해자, 법률, 범죄사실 등 여타 범죄의 요소들에 대해서는 무시하였다. 환경범죄학(Environmental Criminology)을 주창한 Patricia L. Brantingham과 Paul J. Brantingham은 범죄사건을 가해자, 피해자 또는 범행대상, 그리고 특정 시공간상에 설정된 법체계 등 범죄환경에 대해 관심을 가졌다.[34] 특히, '언제', '어디에서' 범죄가 발생하는지에 대해 연구한 Brantingham 부부는 환경범죄학이 사회적 상상력과 결합한 지리적 상상력이 범죄사건을 설명하고, 이해하며 통제하기 위해 활용된다고 보았다.[35] 이러한 관점은 선택 및 기회이론의 기초를 제공하였으며, 범죄의 공간적 차원의 연구에 선구적 역할을 했다. 여기서 설명하는 환경범죄학(Environmental Criminology)은 제2편 범죄유형론에서 소개한 환경범죄(Environmental Crimes)와 별개의 개념임을 밝힌다.

(2) 환경범죄학의 초기 발전과정

환경범죄학의 뿌리는 초기 유럽 및 영국 범죄학자들의 연구에서 찾아볼 수 있다. André–Michel Guerry와 Adolphe Quetelet는 국가, 주, 도시 수준의 유럽 범죄통계지도를 작성하였고, 범죄의 분포가 균일하지 않을 뿐 아니라 범죄가 특정 지역과 특정 시간대에 집중하는 경향이 있음을 발견하였다. 또, 재물범죄와 폭력범죄의 패턴은 서로 상이한 지역에서 발생하는 사실도 확인하였다. 초기 영국의 연구자들은 보다 미시적인 공간범주에서 범죄분석을 시도하였다. 예를 들어 Henry Mayhew는 런던의 빈민굴에서의 범죄패턴을 연구했는데, 범죄가 도시외곽과 같은 특정 지역에 집중하는 것을 확인하였다. 이상의 내용을 종합하면, ① 범죄율은 공간에 따라 상이하고, ② 범죄율의 차이는 공간의 대－중－소에 따라 달리 나타나며, ③ 범죄의 공간적 패턴은 연속적이며 예측에 활용가능하고, ④ 범죄가 특정 대상을 중심으로 집중되는 경향이 있다는 사실을 알 수 있었다.[36]

환경범죄학의 이론적 기초형성에 영향을 미친 두 번째 사조는 Clifford Shaw와 Henry McKay와 시카고학파와 같은 인간생태학적 관점이다. Shaw와 McKay는 Ernest Burgess로부터 차용한 방법론을 활용하여 시카고지역의 범죄패턴을 연구하였다. Burgess는 도시가 도심상업지역으로부터 외부로 확장·발전한다는 가정하에 도시형태를 활용하여 범죄율과 소년비행을 비교하였다. Burgess는 범죄가 도심지역에 집중되고 도심에서 멀어질수록 범죄율은 감소한다는 이론을 제시하였고, Shaw와 McKay는 소년비행과 빈곤, 질병, 급격한 인구변화 등과 같은 사회문제가 도심지역에 집중하는 사실을 발견하여 Burgess의 이론을 입증하였다.

1970년대에는 C. Ray Jeffrey와 Oscar Newman에 의해 환경범죄학의 이론적 기초가 확장되었다. Jeffrey의 저서 「Crime Prevention Through Environmental Design」과 Newman의 저서 「Defensible Space」는 모두 도시건축이 범죄를 억제할 수 있음에 동의하고 있다. 이들의 저술은 19세기 및 20세기 초반의 주류 범죄학과 환경범죄학의 차이를 구체화하였디. 먼저, 주류 범죄학은 범죄를 사회학이나 심리학에서 다루는 문제의 하나로 본 반면, 환경범죄학은 범죄 그 자체를 중요한 연구대상으로 고려하였다. 또, 전통적 범죄학은 범죄자와 범죄자의 동기에 집착한 반면, 환경범죄학은 범죄사건과 범죄의 지리적, 환경적 속성을 구분하여 검토하였다.

특히, 1970년대 후반부터 1980년대에 환경범죄학의 학문적 정착에 큰 기여를 한 Brantingham 부부의 역할이 중요한 의미를 갖는다. 이들은 법학, 수학, 도시공학 등 독특한 학문적 배경을 바탕으로 환경범죄학의 이론구성을 이루어냈다.

Paul J. Brantingham과 Patricia L. Brantingham 부부[37]

　Paul Brantingham은 콜럼비아 대학에서 법학을 전공하였고, 영국의 캠브리지 대학에서 범죄학으로 학위를 받았다. Patricia Brantingham은 콜럼비아 대학에서 수학을 전공하던 당시 Paul을 만났으며, 이후 Fordham 대학에서 수학 석사학위를 취득하였다. Patricia와 Paul은 1970년대 초반 플로리다 주립대학으로 옮겨가서, Paul은 형사사법학과의 정년트랙 교수로 근무하였고, Patricia는 도시 및 지역계획 전공으로 석사와 박사학위를 마쳤다. 당시 Brantingham 부부는 이곳에서 C. Ray Jeffery를 만났고, 수학과 도시계획의 지식을 결합하여 지리학과 범죄라는 새로운 영역의 개척을 시작하게 된다. 1970년대 후반 이들 부부는 캐나다 British Columbia의 Fraser 대학에서 범죄학부의 교수로 부임하게 되었고, 이후 「Environmental Criminology(Waveland Press, 1981; 2nd ed. 1991)」와 「Patterns in Crime(Collier Macmillan, 1984)」 등을 저술하였다.

　1980년대 Brantingham 부부는 범죄자의 동기나 의도보다는 범죄사건 자체의 상황적 측면이나 환경적 측면에 관심을 갖고 연구하는 학자들이 있음을 알게 되었다. Ronald Clarke(합리적 선택이론)이나 Rutgers 대학의 Marcus Felson(일상활동이론) 등과 대화를 나눈 후 전문가들의 연결망으로부터 학문적 성취를 얻을 수 있음이 명확해졌다. Brantingham 부부는 이후 Simon Fraser 대학의 주최로 소수의 사람들을 초대하여 회의를 개최하고, "환경범죄학과 범죄분석(Environmental Criminology and Crime Analysis: ECCA)"이라는 회합을 시작하였다. 이 회합은 결속력 있는 회의로 발전하였고, 매년 학자들을 선발하여 교환하고 있으며, 범죄와 기회의 일반적 영역에 대한 활발한 연구가 진행되었고, 현재까지 이어지고 있다.

(3) 범죄패턴이론

범죄는 시간, 장소, 또는 사회 내에서 무작위로 발생하는 것도, 그렇다고 획일적으로 발생하는 것도 아니다. 또, 범죄는 특정 사회집단이나 근린, 혹은 개인의 일상이나 일생동안 무작위로 발생하는 것도 아니고, 규칙적으로 발생하는 것도 아니다. 사실 범죄의 규칙성을 주장하는 것이 한때 매우 인기 있었지만 지금은 더 이상 지지받지 못하고 있다. Hot spot이 있는가 하면 Cold spot도 있고, 재범성이 강한 범죄자가 있는가 하면 범죄피해 취약성이 높은 피해자도 있다. 이 두 쌍의 집단은 빈번하게 연결된다. 많은 학자들이 여전히 개념정의와 모집단에 의지하여 논쟁을 하겠지만, 아주 소수의 사람들이 대다수의 공식통계상의 범죄를 저지르고, 또 다수의 범죄피해를 설명한다.[38] 범죄피해의 완벽한 무작위성에 대한 주장은 더 이상 수용되지 않는 것이다. 주취자 간의 폭력은 주중 오후시간대보다 금요일이나 토요일 야간에 집중되고, 상점절도는 일부 상점을 중심으로 특정시간대에만 발생하는 것이다. 범죄를 이해하기 위해서는 실제 범죄사건의 특징을 보여줄 수 있는 비정형적이면서 임의성이 없는 패턴을 설명할 수 있는 개념과 모델이 필요하다. 이를 위해 Brantingham 부부는 범죄패턴이론을 제시하면서 8가지 주요 법칙을 정리하였다.[39]

법칙 1. 개인은 의사결정을 통해 일련의 행동을 하게 되는데, 활동들이 반복되는 경우 의사결정 과정은 규칙화된다. 이러한 규칙은 추상적인 안내판을 형성한다. 범죄 실행의 의사결정과정에서 이것을 소위 '범죄템플릿'이라고 부른다.

법칙 2. 대다수 사람은 개인이 아닌 가족이나 친구, 친지 등의 연결망을 갖고 기능한다. 이러한 연결망 내에서 타인의 의사결정에 기여하거나 영향을 주게 된다.

법칙 3. 개인이 의사결정을 단독으로 했다면, 의사결정과정과 범죄템플릿은 누적되는 성격을 갖는다. 즉, 다수의 평균적 또는 전형적 패턴은 개인의 패턴과 결합함으로써 결정되는 것이다.

법칙 4. 개인 또는 개인의 연결망은 촉발적 사건이 있고, 범죄템플릿에 적합한 목표물 또는 피해자가 근접한 상황에서 범죄를 결행한다. 범죄행동 성공은 축적된 경험에 대한 인식을 변화시키고 미래의 행동에도 영향을 준다.

법칙 5. 개인은 일련의 정형적인 일상활동을 갖는다. 보통 일상활동은 가정, 직장, 학교, 상가, 유락시설, 또는 친구와의 시간 등 각기 다른 결절점 또는 각 결절점 사이의 경로 등에서 이루어진다.

법칙 6. 범죄자는 일반인과 같은 정상적인 시공간적 행동패턴을 갖는다. 범죄 개연성이 높은 장소 역시 정상적인 활동이 이루어지는 공간이다.

법칙 7. 잠재적 목표물 내지 피해자는 잠재적 범죄자의 활동공간과 교차하는 활동공간이나 위치를 갖는다. 잠재적 목표물과 피해자는 잠재적 범죄자의 범행의지가 촉발되었을 때와 범죄자의 범죄템플릿에 적합할 때 실제 목표물이나 피해사가 된다.

법칙 8. 이상의 법칙들은 도시공간의 구조 내에서 작동된다. 범죄발생인자는 높은 유동인구와 정상적인 활동지점들에 의해 만들어진다. 범죄유발 요인은 범행의지가 큰 개인의 활동지점에 목표물이 위치하게 될 때 발생한다.

이상의 원칙들은 환경범죄학자들의 범죄패턴에 대한 이해를 돕는 데 기여하였다. 많은 환경범죄학자들이 범죄패턴을 확인하고자 하였고, 환경적 차원에서 그것을 설명하고자 했다. 이러한 설명방식에서 범죄문제를 유발할 수 있는 예측인자들의 규칙성을 찾아내고, 궁극적으로 범죄예방이 가능한 전략적 정보를 제공한다.

환경범죄학에서 범죄분석은 범죄패턴 및 범죄추세와 관련된 시의적절한 정보를 제공하는 일련의 체계적이고 분석적인 조사도구로 정의된다.[40] 범죄분석은 범죄현장과 가해자 및 피해자의 특징을 포함한 범죄문제를 연구하기 위해 범죄자료 및 경찰보고를 활용한다. 범죄패턴은 사회인구학적 측면과 시공간적 측면에서 분석되고, 도식, 표, 지도를 통해 시각화된다. 이러한 분석결과를 토대로 범죄분석가는 경찰에게 범죄수사, 자원의 배치, 기획, 평가, 범죄예방 등에 대해 전술적 조언을 하게 된다.

(4) 최근의 이론적 동향과 평가

환경범죄학은 그간 형사사법의 다양한 영역에서 기여해왔고, 학문적으로도 다각적인 발전이 있었기에 그것을 정리하는 것이 간단한 일은 아니다. 환경범죄학의 관점을 연대순으로 단순히 나열하는 것은 큰 의미가 없고, 큰 주제별로 묶어서 살펴보는 것이 보다 의미가 있을 것이다. 환경범죄학의 최근 동향은 크게 5개의 범주로 구분해 볼 수 있는데,[41] 먼저, Jacobs와 같이 건축학적 시각을 토대로 건축환경 설계에 집중한 연구가 있고, 인간행동의 특성을 기반으로 특정한 장소에서 발생하는 특정한 범죄에 관심을 갖는 연구가 있다. 또, Guerry와 Quetelet로 대표되는 사회인구학적 관점을 강조하는 연구자들은 범죄추세에 대한 광범위한 사회적 영향력에 집중하였고, 일부 연구자들은 시카고학파의 전통을 따라 여전히 도시의 범죄패턴을 연구하고 있다. 끝으로 이상의 이론적 동향을 기초로 경찰활동을 강화하는 환경적 전략의 응용에 대한 접근을 꼽을 수 있다.

첫째, 건축환경설계 차원에서의 접근으로서 범죄학과의 접목을 시도한 것은 1971년 C. Ray Jeffery의 저서「Crime Prevention Through Environmental Design」과 1972년 Oscar Newman의 저서「Defensible Space」가 발간된 이후로 보는 것이 일반적이다. Newman은 영역성의 표시나 자연감시를 통한 범죄기회의 감소를 주창하였고, Jeffery는 광범위한 사회정책에서부터 개인의 심리적 수준에까지 다양한 차원의 범죄예방전략을 제안했다. 특히, Jeffery는 "세상에는 환경적 조건에 따른 범죄행동만 있을 뿐 범죄자는 존재하지 않는다. 적절한 환경구조를 제공하면 누구나 범죄자가 될 수도 있고, 되지 않을 수도 있다"고 주장하여,[42] 매우 급진적인 시각을 갖고 있음을 알 수 있다. 좌우지간 Jeffery의 저서에서 '환경설계를 통한 범죄예방(Crime Prevention Through Environmental Design: CPTED)' 용어가 처음 사용되기는 했으나, Newman의 건축학적 관점이 보다 각광을 받은 것은 사실이다. CPTED는 오늘날 계속하여 수정되어 그 활용이 확대되고 있고, 특히 건축가와 도시계획자들 사이에서 매우 인기가 높다. CPTED는 환경범죄학 영역의 연구를 활성화시켰고, CPTED의 구성개념들은 후속연구자들에 의해 적극적으로 활용되고 있다.[43]

둘째, 환경범죄학의 관점은 또 다른 연구영역으로 1970년대 중반 이후 Ronald V. Clarke의 상황적 범죄예방이론의 발전을 가져왔다. Clarke의 상황적 역동성에 따른 범죄발생에 대한 견해는 일면 Newman의 방어공간 측면과 합치되지만, 철학적으로는 Jeffery의 심리적 이론으로부터 영향을 받았다. 즉, 범죄기회의 감소와 범죄효용대비 비용의 증대로 예방이 가능하다고 본 것이다. 초기의 상황적 범죄예방 기법은 합리적 선택의 관점에서 출발하는데, 범죄자는 범행과정에서 합리적 의사결정을 한다는 전제를 기초로 범죄로 얻을 수 있는 효용이 예상되는 비용보다 크다고 인식될 때 범행을 선택하게 된다고 본다. 따라서 환경설계를 통해 범죄기회를 차단하고 범죄가 매력적이지 않다는 인식을 주는 전략으로 범죄예방을 꾀할 수 있다고 주장한다. 초기 Clarke의 상황적 범죄예방기법은 '보상의 감소, 위험의 증대, 노력의 증대'라고 하는 3가지 차원에서 논의되었고,[44] 1997년 Ross Homel과의 공동연구를 통해 '변명의 제거' 기법을 추가하였으며,[45] 2003년 '자극의 감소'를 추가하여 오늘날과 같은 25개 기법이 포함된 5열 메트릭스가 완성되었다. 이상의 상황적 범죄예방기법은 매우 실천적이고 응용력이 강하며 구체적인 범죄예방

전략을 제안한다는 점에서 다양한 차원에서 활용되고 있다.[46]

셋째, Cohen과 Felson은 Clarke가 미시적 수준의 환경적 특성을 고려한 것과 달리 보다 광범위한 사회적 영향력의 관점에서 범죄패턴과 추세를 연구하였다. Cohen과 Felson은 제2차 세계대전 이후 경제적 조건이 개선되었음에도 이전보다 범죄율이 급증한 것을 발견하고, 이에 대해 전통적 범죄학의 관점에서는 그 설명에 한계가 있다고 보았다. 즉, 빈곤과 범죄의 관계를 검토한 전통적 범죄이론에 따르면 이 기간 범죄율은 감소해야 맞지만, 범죄율이 증가한 것에 대해 설명이 불가능한 것이다. 이러한 모순을 설명하기 위해 Cohen과 Felson은 약탈적 폭력범죄의 최소한의 직접적 요인인 '동기화된 범죄자, 적절한 목표물, 보호자의 부재'가 특정 시간과 장소에서 집중됨으로써 범죄발생을 설명하였다.[47] 일상활동이론의 접근은 보다 거시적인 수준의 분석을 시도한 동시에 전반적으로 환경범죄학적 관점의 영향을 많이 받았다. 특히, Felson에 의해 수행된 후속연구들은 미시수준의 탐색을 시도하면서 일상활동을 합리적 선택 및 상황적 범죄예방과 융합을 시도함으로써 개인적 범죄사건의 역학관계 분석과 범죄예방전략 개입지점의 분석 도구를 제시하였다는 점에서 의의가 있다.[48]

넷째, 환경범죄학은 범죄패턴의 탐색을 중요한 연구영역으로 확장하였다. 앞서 언급한 바와 같이 1980년대 Brantingham 부부의 노력으로 범죄패턴이론이 완성된 것과 1990년대 지리정보시스템(GIS) 소프트웨어 기술의 개발과 발달이 이 분야 연구의 성장을 도왔다. 특히, 지도제작 기술의 발전은 범죄의 시공간적 분포를 손쉽게 확인할 수 있게 하였고, Hot-spot의 확인과 그에 대한 경찰자원 배치의 우선순위결정 등 범죄예방에 큰 기여를 하였다. 한편, Hot-spot 분석으로부터 파생된 연구영역은 재피해자화에 대한 연구로서, 특정 개인이나 장소에 대해 반복되는 범죄피해를 확인하고 이에 대한 경찰력의 집중 또는 범죄예방전략은 매우 효과적일 수 있음을 보여준다. Hot-spot 연구의 또 다른 분파는 지리적 프로파일링으로 연쇄적 범죄 및 관련 내용의 지리적 분산을 검토하여 범죄자의 거주지 또는 직장 등을 추정할 수 있다.[49]

끝으로 환경범죄학은 인간과 상황의 상호작용 기제나 범죄패턴의 묘사보다는 범죄예방 전략의 제시방법에 더 관련이 있다. 즉, 경찰에게 환경적 측면의 중재를 실시하도록 하는 방법이나 도구를 제공하는 것에 더 관심을 갖는다. 대표적으로 Herman Goldstein의 문제지향 경찰활동(Problem-Oriented Policing; POP)이나 James Q. Wilson과 George Kelling은 깨진 창(Broken Windows) 개념을 통해 환경범죄학의 교훈이 전달되고 있다. 즉, 문제지향 경찰활동의 경우 경찰의 관할구역 내 문제에 대한 파악을 통해 범죄의 근본원인을 찾아낼 수 있다고 보았고, Wilson과 Kelling은 근린의 쇠락이 범죄문제에 미치는 영향이나 경찰활동에 대한 함의를 설명하고자 하였다. 최근에는 정보주도 경찰활동(Intelligence-Led Policing: ILP)에 환경범죄학의 다양한 범죄
분석 기법이 활용되고 있다.

　　이와 같이 Brantingham과 Brantingham의 「Environmental Criminology」와 「Patterns and
Crime」에서 출발한 환경범죄학은 범죄지리학 분야의 중요한 연구성과임에 틀림이 없다. 환경범
죄학이 기존의 전통적 범죄학과 달리 범죄자의 개인적 동기보다는 범죄사건에 보다 관심을 갖
고 접근했다는 점에서 의의가 크다. 또, 환경범죄학은 이 분야의 후속연구자들에게 개인의 일상
활동이 개인의 인식공간을 형성하는 방법과 공범자들 사이에서 나타는 범죄템플릿 공유에 대한
조사, 그리고 범죄촉발 및 유인 요소의 위치와 특징에 대한 고려를 가능하게 했다는 점에서 의
미를 갖는다.

3. 문화범죄학(cultural criminology)

(1) 문화범죄학의 의의

　　문화범죄학은 기존의 전통적 범죄학과 달리 범죄 및 범죄통제에 대한 새로운 관점을 제시하
는데, 범죄자나 범죄행위 또는 형사사법 영역의 상징이나 유행을 탐구하거나, 범죄하위문화 또
는 대중매체와의 역학구조 내에서 문화의 역할을 강조하는 접근법을 제시한다. 구체적으로 문화
범죄학은 범죄집단의 하위문화에 만연된 독특한 복장이나 말투, 특별한 경험 등을 통해 구성원
을 모집하는 방식을 연구하기도 하고, 경찰관이 자신의 제복이나 그들만의 언어를 통해 권력과
권위를 표현하는 방식을 연구하기도 한다. 또, 법정이나 교도소에서 형사사법의 권위가 상징화
되는 방식이나 미디어 속에 나타나는 범죄, 범죄자, 형사사법의 이미지와 이미지형성 요인에 대
해 관심을 갖기도 한다. 이와 같이 문화범죄학은 단순히 범죄자와 범죄행위에 관심이 머무는 것
이 아니고 범죄가 다른 사람에게 인지되는 방식까지 연구범위로 포함하며, 범죄가 범죄자, 피해
자, 범죄통제기관, 그리고 일반시민들에게 갖는 의미와 이러한 의미로부터 귀결되는 범죄행위,
범죄통제정책, 그리고 현대사회의 역학관계를 다루게 된다.

　　문화범죄학의 이러한 관점은 전통적 범죄학의 주요문제와 연구방법에까지 확장된다. 즉, 기
존의 전통적 범죄학과 구별되는 대안으로 문화범죄학이 제시되었다. 전통적 범죄학은 그간 미디
어, 유행, 상징주의 등과 같은 대중적 요소들을 간과했는데, 완전한 범죄학을 위해서는 문화범죄
학의 역할이 중요하다는 것이다. 문화범죄학의 입장에서 전통적 범죄학은 문화, 커뮤니케이션,

상징적 의미 등을 배제하기 때문에 범죄를 입체적으로 설명하지 못한다고 비판한다. 또, 전통적 범죄학의 연구방법은 범죄와 문화, 그리고 대중적 삶의 관계를 무시하는 문제가 있었음을 지적한다. 이러한 비판은 근본적으로 전통적 범죄학이 과도하게 형사사법의 입장을 대변하고, 정부의 연구비에 의존하며, 범죄에 대한 법률적 개념을 무비판적으로 수용했기 때문에 나타난 것이라고 보았다. 결국, 문화범죄학은 범죄 자체에 대한 연구뿐 아니라 현대범죄학에 대한 연구이자 비평이기도 하다.

(2) 이론의 전개

문화범죄학은 범죄학과 문화연구를 통합하고자 하는 시도로서 문화연구의 통찰을 범죄학에 투영하고자 하는 의도에서 시작되었다. 범죄와 비행이 실제 나타나는 과정에서 사회와 법적인 통제의 새로운 양식을 생산하는 데 있어 매스미디어의 역할에 특히 관심을 갖는다. '형식이 곧 내용이고, 스타일은 물질이며, 의미는 외형과 묘사되는 방식 안에 살고 있다'는 포스트모던의 명제에 따라, 범죄학연구는 범죄자와 범죄사건에 대한 미디어의 보도에 대한 검토뿐만 아니라 범죄자, 형사사법당국, 비행하위문화, 청중에 의해 소비되고 만들어지는 이미지가 존재하는 무한한 공간에 대한 탐색이 요구되었다.

문화범죄학의 이론적 뿌리는 크게 영국과 미국으로 나뉜다. 먼저, 영국에서는 1970년대 범죄와 범죄통제의 문화적 측면을 조사하고 이론화한 신범죄학(new criminology)을 연구한 학자들에서 출발한다. 이들은 사회계급과 여가문화, 불법적 하위문화, 그리고 정치적 사회통제 사이의 관계를 탐구했다. 예를 들어 신범죄학 측면의 문화범죄학은 청소년 하위문화나 소외집단을 대상으로 범죄예방 캠페인을 실시하는 등 이념적 메시지를 전달하는 것은 정치적 사회통제의 하나라고 본다. 이처럼 범죄와 범죄통제의 출현에 문화적 배경이 갖는 의미를 비판적으로 분석하고자 한 것이 영국의 문화범죄학자들이었다.

한편, 비슷한 시기 미국의 범죄학자들은 범죄가 형성되는 상징적 경험을 이론화하고 조사하였으며, 범죄하위문화에 대한 실증적 조사와 분석을 시도하였다. 대표적으로 낙인이론은 범죄와 범죄통제를 범죄개념을 구성하고 논쟁하는 과정으로 보았다. 즉 하위문화의 과정과 절차, 대중의 범죄피해 두려움, 폭력 범죄로 만연된 사회적 해악, 범죄를 봉쇄하기 위한 형사사법 전략 등과 같은 범죄의 사회적 실체는 항상 개념정립이 덜 된 채로 남아있다는 것이다. 범죄자의 폭행과 검거, 그리고 법원의 판단 등의 의미와 결과는 그 행위 그 자체로 독자적인 것이 아니고, 가해자, 피해자, 입법자, 형사사법기관, 언론매체, 그리고 대중 사이의 상호작용 속에서 협상을 하는 것이다.

영국이나 미국의 전통은 범죄와 범죄통제를 문화와 불가분의 것으로 개념화하였고, 문화적 이해가 주요 범죄 및 형사사법문제의 비판적 분석에 도움이 될 수 있는 것으로 보았다. 1990년대 중반 영국과 미국의 전통은 "문화범죄학(cultural criminology)"으로 통합되었고, 포스트모던이론, 하위문화이론, 문화지리학, 비판이론 등도 흡수하였다.[50]

최근의 문화범죄학 연구는 다양한 형태로 이어지고 있다. 우선, 일부 학자들에 의해 제시된 '경계행동(edgework)'이라는 용어를 통해 범죄와 문화적 현상에 대한 설명을 시도하였다. 경계행동이란 그래피티 낙서, 불법자동차경주 등과 같은 불법적 행위들을 의미하는 것으로, 문화범죄학자들은 이런 경계행동이 스스로를 파괴시키는 통제 불능의 순간이 아니라 범죄 가담자들이 위험을 감내하고 정교한 솜씨를 발휘하는 과정에서 자아감을 확인하는 것으로 보았다.[51] 즉, 경계행동의 참여자들은 무료한 일상에서 벗어나 자신의 정교한 기술을 의미있는 행위로 시험하고자 하였는데, 기술과 위험성의 결합이 참여자들을 경계(edge)에 가깝게 한다는 측면에서 이러한 용어를 사용하여 설명한 것이다. 불법경주나 그래피티와 같이 누군가의 기술이 점점 연마될수록 감수해야 할 위험성은 커지고, 그러한 위험이 커질수록 더욱 세련된 기술이 필요한 상황이 재연되는 것이다. 결국, 불법적인 경계행동은 위험과 기술의 혼합을 통해 스릴감 넘치는 쾌락을 충족시킨다고 볼 때, 이를 통제하기 위한 강력한 법집행이 오히려 그러한 행동의 위험성을 부각시켜 더 높은 수준의 기술을 연마하도록 만든다고 볼 수도 있다. 이처럼 경계행동의 개념은 문화적으로 규정된 범죄행동과 형사사법 사이의 역학을 설명하는 기능을 갖는다.

한편, Mike Presdee는 경험, 감정, 인지 그리고 사회적 조건의 연계를 중시하여 마약복용, 갱의식, 방화, 도난차량 폭주 등 현대적 범죄는 사육제이론(theory of carnival)을 통해 설명된다고 보았다.[52] 사육제란 본래 가톨릭교 국가에서 육식이 금지되는 사순절이 오기 전 약 일주일가량 술과 고기를 먹으며 즐기는 축제를 의미하였으나, 역사적으로 인간사회에 폭음, 폭식, 저속한 의식의 시기로 변질된 면이 있다. 사육제의 의식화는 특정시기와 장소를 정하여 세련되게 발달하기도 했으나, 여전히 위험한 욕망들을 포함하고 있다. 현대사회에서는 이러한 사육제의 일부가 합법적으로 전환되어 상업화되기도 하였으나, 많은 부분들이 불법적이고 파괴적인 형태로 변질되어 변태성욕적 포르노 혹은 저속한 TV쇼 등으로 소비되었으며, 일부는 법으로 금지되었다.

끝으로 Jack Young은 경제와 문화적 역학관계 및 그것과 범죄의 연계를 강조하는 방향으로 포커스를 확장하였다.[53] Young은 배제/포함이론(theory of exclusion/inclusion)을 통해 현대사회의 많은 사람들이 주류사회로부터 배제되고 있는 점을 지적하였다. 즉, 일자리 감소, 비정규직 확산, 도시의 경기침체, 구금률의 증가 등 모든 사회경제적 요소들이 주류사회로부터 빈곤층, 소수인종, 심지어 중산층까지도 배제되고 있다는 것이다. 또, 동시에 매스미디어와 광고매체는 여러 가지 상품들과 성공한 사람들의 상징적 이미지를 만들어 냄으로써 주류사회로부터 배제된 사람들이 주류문화에 포함되기를 열망하게 만들었다. 이러한 과정에서 배제 내지 소외된 집단의 좌절, 분노, 불안, 혹은 굴욕감의 증가는 경제 및 문화적 결과이며, Young은 이것과 더불어 보복범죄, 좌절범죄의 증가로 연결된다고 보았다.

(3) 연구방법론

문화범죄학의 연구방법은 문화범죄학 이론과 밀접하게 관련이 있다. 앞서 살펴본 바와 같이 문화범죄학과 그 이론들은 범죄의 의미, 범죄와 형사사법의 관계 등에 초점을 둔다. 이 이론들에 대한 연구수행에 문화범죄학자들은 특정한 범죄자가 처한 상황과 경험, 그리고 그것들을 감정, 의미, 상징 등으로 동조시키는 과정을 확인할 수 있는 연구방법을 필요로 한다. 더불어 미디어기술과 매스미디어의 이미지가 형사사법 및 범죄현상과 주고받는 상호작용을 포착할 수 있는 연구방법이 요구된다. 문화범죄학자들은 기존 범죄학자들이 사용하던 연구방법은 문화범죄학의 연구수행에 적절하지 않다고 보고, 새로운 형태의 연구방법을 채택하곤 한다.

예를 들어, 기존 범죄학에서 널리 활용되는 조사연구 및 통계학적 분석은 의미와 감정, 그리고 사회적 절차를 배제시키는 한계가 있다. 즉, 설문조사기법은 인간의 경험과 감정의 복잡성을 연구자에 의해 미리 정리되어 있는 단순한 선택지를 통해 표현하게 하여 현상에 대한 왜곡이 발생할 뿐 아니라, 연구자를 연구대상과 상황들로부터 멀어지게 하여 연구가 추상적인 통계만 생산해낼 뿐이어서 범죄와 형사사법의 역학관계를 심층적으로 검토하지 못한다는 비판을 받는 것이다.[54]

이러한 비판을 극복하기위해 활용된 대표적인 문화범죄학의 연구방법으로는 민족지학적 (ethnography) 연구방법이 있다. 민족지학적 연구방법은 비판적이고 독립적인 연구와 분석을 위해 문화범죄학자들은 현장에서 장기적이고, 심도 깊은 연구수행이 가능하다. 특히, 대표적인 민족지학적 연구방법인 참여관찰은 범죄자, 범죄피해자 혹은 경찰관들의 삶에 몰입하여, 이들이 만들어내는 상징적인 코드와 그들만의 언어를 통해 현상의 이면에 숨겨진 진의를 확인할 수 있다. 이러한 접근법을 독일의 사회학자 막스 베버는 'verstehen'이라는 용어로 표현하였다. 독일어 단어인 'verstehen'은 영어의 'understand'와는 또 다른 개념으로, 문화범죄학자의 입장에서 사람의 행동과 동기에 대한 주관적 이해를 의미하며, 더 깊은 문화적·감정적 지식을 얻는 것을 뜻한다. 기

존 범죄학의 연구방법이 구조화된 설문조사와 통계학적 분석으로 연구결과의 객관성을 담보할
수 있다고 보는 것에 대해, 민족지학적 연구방법은 감정적 주관성(emotional subjectivity)을 통해
연구의 정확성을 보증한다고 주장한다.

한편, 미디어 연구방법에서 주로 활용되는 것으로 일부 문화범죄학자들은 미디어와 범죄에
대해 내용분석(content analysis) 기법을 활용하기도 한다. 이들은 미디어와 범죄 및 형사사법 간
의 유동적 상호관계는 양적 요약만으로 확인하기 어렵다고 보았다. 배경정보와 단절된 양적인
조사는 전체 텍스트의 양태를 놓칠 뿐 아니라 텍스트의 흐름이 갖는 구조를 무시한다는 점에서,
내용분석은 현실의 범죄현상과 미디어의 발표 사이에서 객관성을 확보하려는 의도를 갖고 사용
되었다. 그러나 이 방법 역시 역동적인 미디어의 고리와 청중들의 복잡성 그리고 실제 범죄와
미디어의 발표에 의한 범죄의 해석을 놓칠 우려가 지적된다.

이와 같은 전통적 내용분석이 갖고 있는 한계를 극복하기 위해 문화범죄학자들은 대안으로
민족지학적 내용분석과 민족지학 자체로의 회귀를 제시하였다. 민족지학적 내용분석은 조사자
와 피조사자간의 지적 교류 상태에서 의미를 찾아내는 방법으로 텍스트와 깊은 연관관계를 생
산하기 위해 설계되었다.[55] 이 방법은 조사자들로 하여금 원문에서 의미를 추출하게끔 하는 점
에서 전통적 내용분석기법과 동일하나, 조사자로 하여금 미디어가 사법정의와 범죄를 정의하는
일련의 과정에 진입할 수 있게 한다는 점에서 차이가 있다. 한편, 민족지학 자체로의 회귀는 범
죄자와 사법기관, 혹은 대중매체와 상호작용하는 사람들과 함께 현장에서 일하며 그들의 삶과
그들 고유의 매체를 습득하는 것이다.[56]

(4) 문화로서의 범죄, 범죄로서의 문화

문화범죄학에서 문화로서의 범죄는 범죄행위가 하위문화적 행동이라는 것을 인정하는 것에
서 출발한다. 동시에 하위문화를 분석의 기본단위로 채택하고, 이러한 하위문화 내에서 형식은
내용을 구성하고, 이미지는 정체성을 구체화하며, 범죄적 하위문화는 시공을 초월한 상징적 커
뮤니케이션을 통해 이해하고자 한다. 하위문화의 측면에서 스타일의 의미는 범죄적 하위문화의
내부적 특성과 이러한 특성의 외부적 구조로 정의할 수 있다.

한편, 범죄로서의 문화란 대중적인 문화상품을 불법적인 것으로 보는 공적 낙인에 따라 미
디어 또는 법적 채널을 통해 문화를 양산하는 생산자들 역시 범죄자로 인식될 수 있다는 것을
의미한다. 갱스터 랩이나, 외설적인 사진들은 범죄와 비행을 양산하고, 텔레비전, 영화, 만화 등
은 비행을 조장하며, 모방범죄를 파생시켜 범죄를 유발시키는 사회적 요소로 지적되고 있다. 이

러한 사례들이 문화범죄학으로 유입된 까닭은 범죄화의 대상이 모두 문화적인 속성을 지니고 있으며, 그들의 범죄화 역시 그 자체로 문화적 과정으로 나타나기 때문이다. 이들은 매스미디어를 통해 범죄화가 되고, 예술가들에 의해 먼저 정교화된 이 이미지들을 범죄화하기 위한 법률가, 경찰, 미디어에 의한 이미지들이 생산된다. 그렇게 함으로써 형법의 적용 범위 이상으로 범죄화의 개념을 확장하고, 더 넓은 차원에서 문화적 범죄화의 과정을 조사하고 범죄와 문화의 문제에 있어서 의미와 인식을 재구성할 수 있다.

4. 평화주의 범죄학(peacemaking criminology)

(1) 평화주의 범죄학의 개념

현대의 평화주의 범죄학은 비판범죄학자의 대표학자로 잘 알려진 Richard Quinney와 Harold Pepinsky로부터 출발한다. 이들은 범죄로 인한 사람들의 고통에 대한 좌파 실재론의 관심을 반영한 평화주의 범죄학의 주 저서인 「Criminology as Peacemaking(1991)」을 공동으로 저술하였다. Quinney와 Pepinsky는 이 책에서 평화롭고 정의로운 사회를 실현하는 데 범죄학의 목표가 있다고 보고, 경험적 연구보다는 종교적이고 철학적인 가르침으로부터 영감을 얻는 것에 관심을 가졌다.[57] 평화주의 범죄학의 기본적인 주제는 연락, 관심, 배려 등으로, 중재와 갈등해결, 화해 그리고 고통의 완화와 범죄를 줄이려는 노력을 통해 범죄자를 지역공동체에 재통합시켜야 한다고 주창한다.[58]

평화주의자들은 처벌이 해결책이라기보다는 그 자체가 사회문제라고 가정한다. 국가의 범죄를 처벌하고 통제하려는 노력이 범죄를 감소시키기 보다는 오히려 범죄를 촉진시키는 결과를 초래한다는 것이다.[59] 범죄에 대한 유일한 해결책은 사랑과 비폭력적인 방식으로 대체되어야 하며, 이렇게 할 때 범죄가 사라질 수 있다고 보았다. 즉, 평화주의 범죄학은 중재, 갈등해결, 화해, 그리고 고통을 완화하고 범죄를 감소시키는 노력을 통해 법위반자의 공동체 재통합을 제안하고 있다. 이러한 시각은 평화주의 범죄학이 종교적·인도주의적·페미니즘적 그리고 비판적/맑스주의적 전통으로부터 출현한 데서 그 관련성을 찾을 수 있다.

(2) 평화주의 범죄학의 관점

평화주의 범죄학의 목표는 평화롭고 정의로운 사회의 실현이다. 이들은 경험적 자료의 분석에 집중하는 대신 퀘이커 교도의 교리(quakerism)에서 선(禪)사상에 이르는 종교적·철학적 관점을 차용하고자 한다. 이러한 견해는 1980년 Larry Tifft와 Dennis Sullivan이 저술한 무정부주의적 접근에서 처음 소개되었다. Tifft는 "국가와 통제기관이 범죄자를 폭력적으로 처벌하고 통제하는 것은 개인이 폭력을 사용하는 것과 다르지 않다. 개인이든 국가든 간에 이러한 폭력적인 행동은 인간 상호관계를 독점하려고 하기 때문이다"라고 주장하였다. Sullivan은 현재 갈등적 사회의 맥락에서는 범죄자를 교정하고 처벌하는 것이 별 소용이 없다는 사실을 강조하며, 조화로운 사회를 위해 강제적 처벌이 아닌 상호지원이 필요하다고 주장하였다. Sullivan과 Tifft는 2001년의 저서 「회복적 사법(In Restorative Justice)」에서 사회는 잔인한 형벌보다 인간주의적 사법을 추구해야 한다는 것을 다시 한 번 강조하였다. 평화주의 범죄학의 공헌은 중재(mediation)를 통한 범죄통제라는 새로운 접근방법을 제안하고 있다는 점이다.[60]

한편, 평화주의 범죄학의 인간관(人間觀)은 개인과 사회를 불가분의 관계로 이해한다. 인간은 사회를 창조하고, 사회적 활동을 통해 타인과 교류하면서 환경과 자신을 변화시킬 수 있는 존재라고 본다. 개인적 차원에서 범죄문제를 접근하는 모더니스트 범죄학과 달리, 개인은 사회의 상호작용의 과정에서 범죄와 범죄통제를 이해해야 한다고 보는 것이다.[61] 그렇기 때문에 평화주의 범죄학의 범죄관(犯罪觀)은 차별화하고자 하는 타인의 능력을 거부하는 것으로 범죄를 이해한다. 가해자는 타인을 지배하기 위해 힘을 과도하게 사용하여 타인의 인간으로서의 잠재력을 침해하고 파괴하는 자로 보며, 피해자는 가해자로부터 인간적 취급을 받지 못한 불완전한 객체로서 차별화 능력을 거부당하며 고통을 받는 회복되어야 할 주체로 정의한다.[62] 결국 평화주의 범죄학에서 범죄는 인간과 사회환경이 공동으로 생산한 결과이자 미디어나 문화주체 등의 과도한 관심의 결과이며, 형사사법기관, 변호사, 범죄학자들의 과도한 개입으로 형성된 결과라고 본다.

이상의 인간관과 범죄관을 바탕으로 범죄문제를 해결하기 위해 평화주의 범죄학의 형사사법은 범죄통제 전략에 집착하는 기존의 사법기관 중심의 접근에서 평화구현의 실천방법을 골몰하는 비폭력적 접근법을 모색한다. 즉, 악의 근원을 개인으로 보지 않고, 정정당당한 사람과 비난받을 법한 범죄자의 이분법적 시각도 거부한다. 대신 보편적 인간성에 근거하여 다른 사람들과 접촉하고 상호작용하기 위한 적극적 방법을 선택해야 한다고 주장한다.[63]

궁극적으로 평화주의 범죄학은 범죄에 대한 대처가 인본주의적 시각에서 출발해야 하고, 범죄자들의 고통은 분담되어야 한다고 주장한다. 기존의 범죄와 형사사법에 대한 사고방식에 대한 근본적인 변화를 요청한다는 점에서 현대범죄학에 신선한 충격을 주고 있다.

(3) 평화주의 범죄학에 대한 평가

평화주의 범죄학은 주류범죄학의 관점과 다양한 측면에서 배치된다. 평화주의 범죄학은 지나치게 낙관적인 관점으로 비판의 여지는 있지만, 최소한 기존 범죄학의 관점들이 분명하거나 암묵적인 냉소주의와 비관주의에 경종을 울린다는 점에서 의의를 갖는다. 한편, 평화주의 범죄하이 무정부주의 혹은 폐지주의 범죄학과 어느 정도 연관성은 있으나 후자의 경우 공식정부나 형사사법제도의 무용론을 직접적으로 주장한다는 점에서 차이가 있다.[64]

구체적으로 평화주의 범죄학에 대한 주요 비판은 크게 3가지로 논의할 수 있다. 우선, 평화주의 범죄학은 하나의 정립된 이론으로 볼 수 없다는 지적을 받는다. 응보나 보복과 마찬가지로 화해 내지 중재 역시 상황에 대한 태도나 정의에 불과하다. 다만, 평화주의 범죄학은 평화를 구축하는 이론들을 포함할 뿐 그 자체로 이론을 성립하지는 못하고 있다는 점이 한계로 지적된다. 또, 그러한 이유로 평화주의 범죄학을 토대로 범죄현상이나 형사사법체계에 대하여 실증적으로 평가할 수 있는 이론으로 활용되지 못하고 있다.

다음으로, 실용성의 문제로서 평화주의 범죄학은 예측력이 부족하다. 평화주의 범죄학은 어떤 중재의 결과 그것이 보다 안전할지 위험할지에 대한 예측을 제시할 뿐이지 실제 무엇이 보다 안전하게 하는가에 대해서는 언급하지 못한다. 또, 과거의 형사사법 정책들을 위해 어떤 구조적인 변화가 덜 폭력적인 사회를 위해 만들어져야 하는지 계획을 제시하지 못한다는 지적도 피할 수 없다.

끝으로, 평화주의의 핵심기반이 맑시스트/비판주의 이론이라는 것은 모순적이라는 점이다. 맑시스트 이론은 계층갈등에 기반을 두고 있으며, 맑스 스스로도 폭력적인 혁명을 승인했기 때문이다. 결국, 평화주의 범죄학은 그 목적과 수단간에 모순이 있어, 평등하고 공정하며 평화로운 사회의 건설이라는 정치적 목적과 사법정책의 수정을 위한 실천적 제안 간에 괴리가 필연적이다. 중재와 사회복귀, 배상과 같은 대안들은 오랫동안 사법체계의 주류로서의 역할을 수행해 왔지만, 정작 평화로운 사회의 건설을 위한 어떠한 노력들도 보이지 않는다.

5. 비판범죄학의 새로운 분파들

(1) 여성주의 범죄학(feminist criminology)

여성주의 범죄학은 범죄와 법제도와 관련된 모든 분야에서의 남성주의와 남성지배의 전반적인 패턴을 노출시키는 데 초점을 두고 있다. Meda Chesney－Lind, Carol Smart, Kathleen Daly와 같은 여성학자들은 그들의 의견차를 떠나 여성의 억압에 기여하는 사회구조를 확인하고, 이를 반대하는데 동참하였다. 강간이나 배우자폭행과 같은 여성 대상 남성폭력의 직접적인 형태는 필연적으로 여성주의 범죄학의 주요 관심이었다. 여성주의 범죄학자들은 여성을 직접적으로 대상으로 하는 범죄 이외에도 다국적 기업들이 개발도상국에서 단순노동을 착취하는 것과 같은 광범위한 종류의 범죄를 다루고자 하였다. 최근의 일부 여성주의 범죄학자들은 여성의 범죄행동과 여성범죄행동을 촉진하는 사회문화적 기제에 집중하기도 하였다. 여러 형태의 불법활동은 항상 여성들이 상당히 관련되어 왔고 성매매는 그중 대표적인 예이다. 성매매를 연구하는 여성주의 범죄학자들 사이에는 아직도 성매매 여성들이 착취당하는 피해자들인가, 아니면 해방된 여성들인가의 문제와 같이 여성범죄자에 대한 개념정의의 합의점을 찾지 못했다. 이처럼 보편적이고 일관된 여성주의 범죄학의 관점이 확립되지는 못했다는 평가를 받는다. 다만, 여성주의 범죄학은 1970년대부터 여성주의 운동을 통해 문화적 태도와 사회적 정책에 광범위하게 영향력을 미쳤고, 여성주의 범죄학자들은 강간 피해자들의 피해자화 확대를 감소시키고 성희롱을 심각한 범죄로 인식하도록 성범죄관련 법률을 개정하는 것과 같이 정책의 실현에 상당한 기여를 했다는 점에서 의의를 갖는다.

(2) 재소자 범죄학(convict criminology)

교도소의 재소자들은 애초부터 범죄학의 상당한 관심대상이었다. 그러나 최근 정립된 재소자 범죄학(convict criminology)은 젠더나 인종에 초점을 둔 범죄학적 관점과 유사한 관점을 갖는다. 즉, 기존 주류범죄학 연구에서는 주목받지 못했던 교도소 재소자들의 진정한 경험에 주목한 것이다. 게다가 교도소 수감경험이 있는 사람들은 교정개혁에 창의적인 관점을 제공할 수 있는데, 실제 수감생활을 끝낸 일부 재소자 출신 학자들은 범죄학 및 형사사법학 교수가 되어 교도소 경험에 관한 책과 논문을 출간하기도 했다. 최소한 그들 중 일부는 재소자 범죄학의 발전에 핵심적 역할을 하였다. 교도소 세계에 대한 그들의 내부자 지식은 교도소 생활에 대한 민족지학적 연구를 수행하는 데 독자적인 자격을 부여한다. 그리고 그들은 경미한 마약범들을 포함한 비폭력적 범죄자들을 다수 수감하고 모욕적이고 비생산적인 환경을 겪게 하는 현행 법제도가 효과가 없을 뿐더러 폐기되어야 한다는 주장에 설득력 있는 논거를 제시한다. 재소자 범죄학은 사회말단에서부터 범죄와 범죄통제를 이해하고 사회적으로 불리한 사람들에게 부과되는 공공정책의 한계성을 주장한다는 점에서 비판범죄학의 핵심적인 주제를 다룬다고 평가된다.

(3) 뉴스생산 범죄학(newsmaking criminology)과 공공범죄학(public criminology)

Karl Marx는 세계를 향한 비판적 시각을 제시하면서, 학문을 통해 사회 변화를 일으켜야 한다고 주장하였다. 많은 형태의 학문분야들이 편협하고 방만하여, 현실적 세계와는 동떨어져 영향력이 없다는 비판이다. 확실히 일부 다양한 형태의 학문분야들이 인류 발전에 기여한 바가 없는 것도 사실이다. 비판범죄학자들은 이러한 비판과 현실적 세계의 변화를 일이키는 방식의 필요성에 특히 민감하다. Gregg Barak이 처음부터 추진한 뉴스생산 범죄학(newsmaking criminology)은 비판범죄학자들이 매스미디어에 비판범죄학적 관점을 투영함으로써 대중사회에 광범위하게 직접적으로 관여해야 한다고 주창한다. 여기서 뉴스생산 범죄학이란 범죄학자들이 매스미디어를 활용하여 범죄와 형사사법의 이미지나 범죄행위와 처벌 및 범죄자와 피해자의 이미지를 해석, 전달, 변경하는 과정으로 정의된다. 즉, 범죄나 형사사법에 관하여 뉴스로서의 가치가 있는 주제에 대해 해석하고, 영향을 주거나 형성하는 일련의 범죄학적 노력과 활동을 일컫는다.[65] 최근 더욱 광범위한 뉴스 소비자를 고려하여, 특히 젊은 사람들을 고려하여 분석대상에 인터넷 사용의 필요성이 인정되고 있다.

비슷한 맥락에서 Elliott Currie를 비롯한 일부 학자들은 비판적 관점을 갖고 공공범죄학(public criminology)을 주창하였다. 공공범죄학은 비판범죄학을 포함한 범죄학이 현재 여러 가지 폐단을 갖고 있는 형사사법제도와 같은 중요한 이슈들을 대중사회에 널리 알리도록 노력하기보다는 범죄학자들만이 이해할 수 있는 용어를 활용하고, 편협한 분석에만 치중한다고 비판한다. 전통적 범죄학은 뉴스생산 범죄학이나 공공범죄학이 접근하기 힘든 방식으로 오락문화에 빠진 대중사회에 정보를 전달하고 관여하는 것이 과연 현실적인지 의문을 제기한다.

6. 범죄원인론으로서의 기회이론

(1) 왜 기회이론인가?

범죄이론은 범죄예방에 도움이 되어야 한다. 다행스럽게도 최근 범죄에 대한 '기회'이론들이 현실 세계에 가깝고, 설명하고 가르치기에 쉬우며, 실행에 옮길 준비를 갖춘 몇 가지 예방 원리들을 강조하고 있다. 여기엔 일상활동 접근, 합리적 선택 관점, 그리고 범죄유형이론이 포함되어 있다. 이들 이론들은 "기회가 도둑을 만든다(opportunity makes the thief)"는 옛말에 근거를 두고 있다. 즉, 기회가 곧 범죄의 '근본원인(root cause)'이라는 주장이며, 이론이 범죄예방에 대한 사고에 어떤 영향을 어떻게 미칠 수 있는지를 보여주고 있다.

범죄학적 이론들이 대부분 현장에서는 그리 적절하지 못한 것으로 보였는데, 이는 부분적으로는 자녀양육관행, 유전적 구성, 또는 심리적, 사회적 과정과 같은 현장과 멀리 있는 요인들에서 범죄의 원인을 찾았기 때문이다. 인간의 행위는 사람과 그 사람이 처한 여건(setting)의 상호작용의 산물임에도 대부분의 범죄이론이나 원인론들은 왜 누구는 범죄적 성향이 더 많고 누구는 더 적은가를 묻는다. 즉, 사람에만 관심을 가졌기 때문에 범죄적 성향을 행동으로 전환시키는 여건이나 환경의 중요성을 무시한 것이다.

사실, 어떤 범죄도 범행을 위한 물리적 기회가 주어지지 않는다면 발생할 수가 없다. 이처럼 범죄의 기회는 범죄가 발생하기 위한 필요조건이며, 더불어 범죄의 원인으로 지목되어 온 문제 가정 출신 중 대부분은 범행하지 않으며, 평온한 좋은 가정 출신자 중에서도 많은 사람들이 활발한 범법자가 되곤 한다. 지금까지 개인에 관한 어떤 이론도 개인이 범행하기 위한 필요조건을 내놓지 못했으며, 한 가지 원인으로 범죄발생을 보장하기엔 충분하지 않다. 하지만 기회는 이런 점에서 그 어떤 것보다도 필요한 것임이 분명해졌고 따라서 '근본원인'이라고 하기에 충분한 것이다.

(2) 기회이론의 발전

1976년 영국의 내무부에서 「기회로서의 범죄(crime as opportunity)」를 출간한 이래, 범행기회가 과연 범죄의 원인인가 많은 의문과 논란이 일고 있다. 그러한 의문을 갖는 것이 당연한 이유는 만약에 기회가 원인이라면 범죄를 대체(displacement)하는 일 없이도 기회를 줄임으로서 범죄를 감소시킬 수 있다고 기대할 수 있으나, 반대로 범행기회는 범죄를 유발하는 것이 아니라 단순히 범죄가 언제, 어디서 일어날 것인지만 결정하는 것이라면 기회를 줄이는 결과는 그냥 범죄를 대체하는 데 지나지 않기 때문이다.[66]

이러한 주장은 다수의 범죄학자들에게서 대체로 환영을 받게 되는데, 이유는 인간의 행위는 환경과 유기체(organism)의 상호작용의 산물이며, 범죄학적 입장에서는 범죄는 동기를 가진 범법자와 범죄적 기회의 상호작용의 결과로 표현될 수 있기 때문이다. 이를 보여주는 연구로서 '소년원 도주사고'는 원생의 인성보다 소년원의 환경과 관리가 도주를 촉발하고 용이하게 만들었다고 설명되었다. 이러한 연구결과는 상황적 기회와 도주의 촉발이 그냥 단순히 중요한 설명요소라는 것을 보여주었을 뿐 아니라 기질적 요소보다 더 중요한 것으로 보였다.[67]

이 점에 대해서는 일찍이 Sutherland도 자신의 논문에서 차별적 접촉에 외재적 요인으로서 범죄행위 요소가 있다면 그것은 기회라고 시인하였다. 그는 범죄행위는 부분적으로는 특정한 부류의 범죄, 예를 들어 횡령이나 은행강도와 같은 범죄를 저지르기 위한 기회의 기능이기에, 결과적으로 범죄행위가 전적으로 차별적 접촉에 의해서만 야기되는 것은 아니며, 차별적 접촉이 범죄행위의 충분한 원인도 아니라고 설명하였다.[68] 더불어 1998년 「기회가 절도를 만든다(opportunity makes thief)」가 출간되면서 동시에 많은 진전과 함께 '기회의 인과적 역할'이 더욱 설득력을 갖게 된다.[69]

구체적으로도 다수의 경험적 연구결과들이 기회의 인과적 역할을 지지하는 증거를 제공하였다. 영국에서 자살률이 35%나 감소한 것이 가정용 가스의 일산화탄소 용량의 점진적 감축에 기인한 것으로 해석되었고, 미국이 다른 서방국가와 비교할 때 살인범죄를 제외한 범죄의 차이는 별로 크지 않은데 비해 살인은 무려 8배 정도나 높은 것은 바로 미국에서의 총기살인률이 월등하게 높은데 기인하며, 이는 바로 상황적 변수인 미국의 총기소유 비율이 훨씬 높기 때문이라는 것이다. 영국에서 차량소유자의 차고에 주차한 자동차보다 공용주차장에 주차된 자동차의 절도 위험이 훨씬 더 높았는데 이는 곧 공용주차장에 주차된 자동차를 훔치는 것이 주인의 차고에 주차된 자동차를 훔치는 것보다 훨씬 덜 위험하다는 것이 단순히 절도를 쉽게 하는 것이 아니라 절도를 야기시킨 원인이라는 것이다. 또한 모터사이클 운전자에 대한 안전모 착용을 의무화하고 강력하게 단속하자 모터사이클 절도가 급감하였다는 점도 기회가 원인이라는 기회의 인과적 역할을 입증한다는 것이다. 이와 더불어 다수의 연구에서 기회는 기회일뿐이라는 주장을 반박하는 증거로서 범죄대체는 거의 없거나 아주 미미하다는 연구결과를 제시하고 있다.[70]

그렇다면 기회가 인과적 역할을 한다, 즉 기회가 범죄의 원인이라는 사실은 구체적으로 무엇을 의미하는가. 범죄적 기질을 가진 사람이 더 많은 범죄적 기회를 만난다면 더 많은 범죄를 저지를 것이며, 그러한 기회를 규칙적으로 권장하는 것은 이들 범죄적 기질을 가진 사람들로 하여금 심지어 더 많은 기회를 찾게 할 것이며, 범행이 용이한 기회의 존재는 일부 사람들을 범죄의 생활로 인도하게 된다는 것이다. 뿐만 아니라, 비록 기존의 범죄적 기질을 갖지 않은 사람도 범죄기회의 증식으로 인하여 범죄행위로 빠질 수 있으며, 일반적으로 법을 준수하는 사람도 공금횡령과 같은 특정한 범죄에 대한 쉬운 기회, 특히 자신의 직업과정에서 생기는 쉬운 기회가 규칙적으로 주어진다면 그러한 특정한 범죄에 빠질 수 있다는 것이다. 결국, 범행의 기회가 더 많을수록 범죄도 그만큼 더 많아지고, 특정한 유형의 범죄에 대한 기회를 줄임으로서 범죄의 전체적인 양도 줄일 수 있다는 것이다. 극단적으로, 자물쇠도 전혀 없고, 감시도 전혀 없는 등 모든 상황적 통제가 없다면 범죄와 무질서의 정도에 아무런 변화도 생기지 않을까? 당연히 기회가 원인이고 기회가 범행을 야기한다.

(3) 기회이론의 이해

1) 일상활동이론(routine activity theory)

일상활동이론은 약탈적 범죄의 설명을 위하여 시작하였으며, 그러한 범죄가 발생하기 위해서는 범행동기를 가진 잠재적 범죄자, 적정한 표적, 그리고 범죄에 대항할 수 있는 보호능력의 부재라는 세 가지 최소한의 요소가 시간과 공간적으로 융합되어야 한다고 가정하는 것이다. 이 이론은 잠재적 범죄자는 이미 정해진 것으로 간주하고, 나머지 두 요소에 초점을 맞춘다. 여기서 보호자란 통상 경찰이나 보안요원이라기보다는 그 사람의 존재나 근접성이 범죄발생을 단념시키는 모든 사람이라고 할 수 있는데, 이런 면에서 부주의하거나 소홀히 할 수 있으나 범죄에 대항하는 강력한 영향을 미칠 수 있다. 그래서 가장 중요한 것은 누구나 언제 어디서나 보호 받지 못한다면 범죄공격의 위험에 처하게 된다는 것이다.

또 다른 요소인 표적이란 그 용어 자체가 범죄현장에는 전혀 있지도 않을 수도 있는 피해자(victim) 대신에 표적(target)이란 용어를 선호한다. 예를 들어, 텔레비전을 도둑맞았다면 피해자는 소유자이지만 표적은 텔레비전이기 때문이다. 텔레비전이 표적이고, 소유주와 보호자가 없었기 때문에 절도를 쉽게 하였던 것이다. 물론 표적은 위치나 지위가 시간과 공간적으로 다소간 범죄공격의 위험에 처하게 된 사람이나 물품 모두가 될 수 있으며, 표적의 가치(value), 중량이나 크기 등 관성(inertia), 범죄자 눈에 잘 띄는 가시성(visibility), 그리고 범죄자가 쉽게 접근할 수 있는 접근성(access)이라는 네 가지 요소가 범죄공격의 위험성에 영향을 미친다고 한다. 크기

가 작고 가벼우면서도 가치가 있고 눈에 잘 보이는 곳에 위치하고 접근이 용이한 표적이 매력적
이라는 것이다.

2) 범죄유형이론(crime pattern theory)

범죄는 시간과 공간적으로 균등하게 분포되지 않으며, 따라서 지역별 범죄유형을 보면 범죄
기회를 더 많이 또는 더 적게 만드는 물리적 환경과 지역주민들이 어떻게 상호작용하는가를 알
수 있다고 한다. 환경범죄학(environmcntal criminology)의 핵심이론인 범죄유형이론은 범죄에 관
련된 사람과 사물이 시간과 공간적으로 어떻게 변하는가를 고려하는 것이다. 일상활동이론과 상
당부분 궤를 같이 하여, 교점(nodes), 경로(paths), 그리고 경계(edge)라는 세 가지 주요개념을 가
지고 있다. 교점은 교통용어로서 사람들이 어디서 어디로 여행하는 지역이며, 이들 지역은 지역
안(within)뿐만 아니라 주변(nearby)에서도 범죄를 유발한다는 것이다. 범죄자들은 각자 집, 학교,
유흥지역 등 자신의 개인적 활동교점 주변에서 범죄표적을 찾고 그 속에서 경로를 찾는다. 사람
들이 매일의 일상활동에 참여하는 경로는 그들이 범죄의 희생양이 되는 곳과도 밀접하게 연관
이 된다. 바로 이점이 범죄유형이론이 범죄의 지리적 분포와 활동의 일상적 리듬에 그렇게 큰
관심을 가지는 이유이다. 가장 구체적인 예가 장소에 따른 시간대 별 범죄유형별 범죄지도를 작
성하는 것이다.

마지막 세 번째 개념인 경계는 사람들이 거주하고, 일하고, 쇼핑을 하며, 유흥을 즐기는 지
역의 경계선(boundaries)이라고 할 수 있다. 인종적 공격이나 강도와 같은 일부 범죄는 서로를
모르는 서로 다른 지역에서 온 사람들이 경계선상에서 함께 활동하기 때문에 경계에서 일어날
확률이 더 높아질 수도 있다. 내부자와 외부자의 구분이 경계의 중요성을 더 강조하는데 도움이
되는데, 그것은 내부자는 주로 자신의 거주지역 가까이서 범행을 하는 반면에 외부자들은 경계
에서 범행을 하고 자신의 지역으로 되돌아가는 것이 더 안전하다는 것을 알기 때문이다.

3) 합리적 선택이론(rational choice theory)

합리적 선택이론은 범죄자의 의사결정에 초점을 맞추고 있다. 이론의 주요가정은 범행이란
어떤 식으로든 범죄자에게 이익이 되도록 고안된 목적을 가진 의도적인 행위라는 것이다. 심지
어 그 목표가 단견적이고 단지 일부 몇 가지 이익과 때로는 위험도 고려하지만 범죄자들은 자신
의 범행에 목표가 있다는 것이다. 이와 같은 생각의 한계와 제약이 범죄자의 합리성을 제한하
며, 또한 범죄자가 가용한 정보의 양과 질, 그리고 범죄자가 의사결정에 투자할 수 있는 시간과

노력의 정도에 따라서도 제한될 수 있다. 즉, 범죄자들은 범죄의 다양한 이익과 비용 모두를 완전하게 그릴 수가 거의 없다는 것이다.

범죄 의사결정을 제대로 이해하기 위해서는 범행의 아주 구체적인 범주에 따라 분석할 필요가 있는데, 그것은 범행마다 목표가 다르고, 상이한 상황적 요소에 영향을 받기 때문이다. 심지어 동일한 범행이라도 범죄자에 따라 목표가 다를 수 있기 때문이다. 따라서 각 범죄자들은 서로 다른 계산을 해야만 하는 것을 의미한다. 이처럼 합리적 선택이론은 범죄자의 관점에서 본 세상이라고 할 수 있다.

7. 상황적 행동 이론(Situational Action Theory)

범죄를 포함하는 인간의 행동은 근본적으로 사람과 환경의 상호 작용의 산물이라는 이념, 생각은 전혀 새로운 것은 아니다. 일찍이 사회심리학의 아버지라 불리는 Kurt Lewin은 환경과 사람의 상호 작용이 인간 행동을 설명하고 이해하는 데 있어서 핵심이며, 따라서 비단 사회심리학뿐 아니라 모든 과학적 심리학은 예를 들어 사람과 환경 둘의 상태라고 할 수 있는 전반적인 상황(whole situation)을 고려해야만 한다고 주장하였다.[71] 그런데, 그에게 있어서 상황은 특정한 상태에 있는 특정한 사람과 특정한 상태의 특정한 환경의 조합으로서 왜 그 사람이 자신이 행동하는 바대로 행동하는가를 설명한다는 것이다.[72]

범죄학 연구는 대부분이 범죄의 분포는 인구 집단에서 적은 소수 집단의 사람이 다수의 범죄를 저지르는 것으로 매우 편향되었으며, 범죄 사건, 특히 특정 유형의 범죄 사건은 시간적으로 그리고 공간적으로 집중되고 있는데 이를 범죄 다발 시간(Hot times)과 범죄 다발 장소(Hot spot)라고 부르는 이 두 가지에 초점을 맞추어 왔다고 할 수 있다. 당연히, 이러한 연구 결과와 추세와 궤를 같이하여, 대부분의 범죄학 이론도 이들 두 가지 발견의 어느 하나를 설명하는 데 초점이 맞춰져 왔지만, 보편적인 이론적 틀 안에서 이 두 가지 모두가 어떻게 설명될 수 있을지에 관해서는 거의 고려되지 않았다는 것이다. 불행하게도 그러나 현실적으로는 다른 하나를 고려하지 않고는 어느 것도 제대로 설명될 수 없다는 것이다. 인구 집단에서 특정 범죄 분포는 사람들의 범죄 성향과 범죄를 야기, 유발, 조장하는 범죄적 환경, 상황, 여건이 그 인구 집단에서 어떻게 분포되며, 결정적으로 어떻게 그 둘이 결합되는가에 따라 좌우된다는 것이다.[73]

상당한 기간, 범죄학은 범죄 원인에 대한 진정한 상황적 이론을 내놓지 않았다. 그나마 상황적 이론에 가장 가까운 것이 있다면, 합리적 선택 이론(Rational choice theory)과 일상 활동 이론

(Routine activity theory)이라고 할 수 있을 것이다. 일상 활동 이론은 사람과 장소의 융합 (convergence)을 강조함으로써 범죄학적 이론에 기여했다고 하지만, 특히 개인적 차이와 관련한 개념적 명확성의 결여와 사람과 장소의 융합이 어떻게 범죄로 이어지는지를 설명하는 상황적 기제(situational mechanism)를 상정하지 못한 실패에 대한 비판을 받고 있다. 합리적 선택 이론은 사람과 환경, 여건, 상황을 관련시키고, 연결하는 상황적 기제로서 합리적인 의사–결정을 강조하여 범죄학 이론에 기여했지만, 사람들은 자기 이익을 고수한다거나 이기적이라는 가정과 합리적 선택 이론이 전술적으로 보다 자동화된 결정 과정을 간과하고 있다는 사실을 포함하는 합리적 선택 이론이 의존하는 다수의 가정에 대해서 비판을 받고 있다. 두 이론은 범죄학적 이론화가 범죄 성향을 중심으로 하는 인구 집단에서의 범죄 분포에 초점을 맞추고 있다는 점을 비판하고, 이 점을 환경의 범죄 유발, 조장적 특징으로서 시간과 장소에 따른 범죄 분포를 강조하는 논리로 활용하였다. 이런 이유로, 기회 이론은 본질적으로 인접 환경이 어떻게 사람들(동기가 부여된 범법자)을 범죄 행동에 가담하도록 선동하는지에 관심을 가지고, 범법자의 역할과 사람–환경의 상호 작용에 대해서는 거의 또는 전혀 설명하지 않는다는 사실에도 불구하고, 상황적 이론 (situational theory)은 범죄학에서 기회 이론(Opportunity theory)과 동의어가 되었다. 분명히, 범죄 원인의 적절한 설명을 위해서는 사람의 상이한 범죄 성향과 장소의 상이한 범죄성 둘 다가 고려해야 할 필요가 있다고 한다. 상황적 행동 이론이 개인의 도덕 규율과 상황의 도덕 규율과 그들의 집행 수준, 즉 통제의 상호 작용으로 인도되는 인식–선택 과정의 산물로 범죄를 설명하는 상세하고 검증할 수 있는 틀을 제공한다는 것이다.[74]

　　범죄라는 행동은 사람들이 자신의 행동이 주어진 상황에서 도덕적으로 받아들일 수 있는 행동 대안이라고 인식하거나, 그에 상응하고 충분히 강력한 억제가 없어서, 또는 외적으로 다르게 행동하도록 부추겨지는 상황에서 자기–통제에 실패하는 것처럼 개인적 도덕, 윤리를 고수하지 못하기 때문에 일어난다는 것이다. 상황적 행동 이론은 행위자–기반의 범죄 이론으로서, 일반적으로 모든 종류의 범죄에 적용될 수 있다고 하지만, 이 이론이 개인적 행동에 관한 것이어서 과연 집단적으로 또는 집단 구성원의 단체로 범한 범죄는 어떻게 설명할 수 있을지 의문이라는 비판의 소리도 있다.[75] 상황적 행동 이론은 도덕율과 개인적 도덕성을 범죄의 규정, 정의와 범죄 행위 설명의 핵심으로 간주한다. 범죄의 행동은 도덕율 파괴의 행동이고, 개인적 도덕율과 도덕적 감정이라고 할 수 있는 개인적 도덕성이 왜 사람들이 도덕율 파괴를 동기에 대응한 행위적 선택으로서 대안 행동으로 인식하는가를 이해하는 데 핵심적인 것으로 상황적 행동 이론은 보고 있는 것이다.[76]

상황적 행동 이론(Situational action theory: SAT)은 범죄 원인에 대한 하나의 역동적 이론으로서, 사람-환경 상호 작용의 중요성과 사람과 그의 인근 환경을 범죄 행동을 포함하는 그 사람의 행동에 연결, 관련시키는 행동 기제(action mechanism)를 제대로 이해하고 설명할 필요성을 강조한다. 이 이론은 2000년대 초반에 처음 제안되어 발전해온 것으로서, 범죄의 원인에 있어서 상응한 개인적 성향(personal propensity)과 환경적 유인(environmental inducements)의 역할과 상호 작용에 관한 핵심 범죄학적이고, 지원하는 행동과학적 통찰과 이해의 분화와 부적절한, 부족한 통합을 극복하는 것을 목적으로 한다는 것이다. 구체적으로, 상황적 행동 이론은 인간 행위의 근원, 원천에 대한 다음과 같은 4가지 핵심 가정에 기초하고 있다고 한다. 첫 번째는 행동은 궁극적으로 인식-선택 과정(perception-choice process)의 산물이며, 두 번째 가정은 이 인식-선택 과정은 사람-환경 상호 작용(person-environment interaction)의 관련성, 연관성 있는 관점, 측면에 의하여 시작되고 유도되며, 세 번째 가정은 사회적 선택과 자기-선택(social and self-selection)의 과정은 특정한 종류의 상호 작용을 창출하는 종류의 여건, 배경에 맞는 종류의 사람을 두며, 끝으로 관할 구역에 어떤 종류의 사람과 어떤 종류의 환경이 어느 정도까지 존재하는가는 인간 상호 작용으로의 잠재적인 개인적, 환경적 투입을 위한 무대를 설정하는 개인적, 사회적 출현(personal and social emergence)의 역사적 과정의 결과라고 가정하는 것이다. 위 가정의 첫 번째와 두 번째는 상황적 행동 이론의 상황적 모형(situational model)에 관한 것이고, 세 번째와 네 번째는 상황적 행동 이론의 사회적 모형(social model)에 관한 것이다.[77]

상황적 행동 이론에서, 중요하게 다루어지고 있는 소위 환경, 설정, 배경, 여건이라고 하는 "Setting"은 다른 사람들, 타인을 포함하는 개인의 인접 환경(immediate environment)이라고 할 수 있으며, 이는 배경, 설정, 여건의 범죄성, 즉 그들이 얼마나 특정한 범죄를 조장하는가는 매우 다양할 수 있다고 한다. 여기서 배경, 설정, 여건이라고 할 수 있는 "setting"은 환경(environment)의 하위영역(subsection)이라고 할 수 있으며, 개인의 감각이 접근할 수 있기 때문에 언제나 개인이 근접, 인접하게 노출된 것이라고 할 수 있다고 한다. 그래서 이 배경, 설정, 여건은 개인이 예를 들어 다른 사람, 물건, 사건에 직접적으로 노출되고 반응하는 환경의 한 부분이라는 것이다. 개인이 어떠한 배경, 설정, 여건(setting)에 참여, 가담, 개입할 때면, 유혹(temptation)이나 촉발(provocation)과 같은 특정한 동기요인(motivator)에 노출되었을 때의 특정한 대안 행동을 반드시 인식하게 된다고 한다. 이러한 관점에서 보면, 그러면 개인이 하는 선택은 이러한 인식된 대안(perceived alternatives)에 기초한다는 것이다. 그렇다면, 상황은 선택 과정과 더불어 행동 대안의 인식으로 이루어진다고 할 수 있을 것이다. 이러한 가정에 따르면, 상황은 일반적으로 개인의 특징과 설정, 배경, 여건의 특징 간의 상호 작용의 결과로 규정될 수 있는 것이다. 아마도 짐작건대, 개인과 여건, 설정, 배경의 상호 작용이 개인이 특정한 행동 대안을 인식하고 선택하도록 인도한다고 할 수 있을 것이다. 그러므로 이 이론이 가장 흥미로운 것은 어떠한 특징의 개인과 설정, 배경, 여건의 어떠한 조합이 범죄 행동과 같은 특정한 행동을 초래하게 하는지라고 할 수 있을 것이다.[78]

이처럼 상황적 행동 이론은 개인과 배경, 설정, 여건(setting)이라는 두 요소를 상황이라는 개념 속으로 통합시킨다. 그래서 이 두 범주가 개인의 범죄 성향(crime propensity)과 상황, 설정, 여건(setting)의 범죄성이라는 두 가지 구성으로 인도한다. 이 두 가지 구성은 상황적 행동으로 이끄는 인식된 동기이나 개인적 특징과 환경적 특징의 상호 작용과 같은 정확한 구성에 따라 매우 다양하다. 상황적 행동 이론에서 범죄 성향의 요소는 비-범죄적 행동 대안에 반대되는 것으로서 범죄의 행동을 인식하고 선택하는 소인(predisposition)이다. 설정, 여건, 배경의 범죄성/범죄를 야기하거나 조장하는(Criminogeneity/criminogenic) 특징은 설정, 여건, 배경(setting)이 법률 위반을 용이하게 하는 것을 통하여 범죄의 행동을 지지하는 정도라고 할 수 있다. 여건, 배경, 설정이 범죄의 행동을 권장하는 경향이 있고, 어떤 배경, 설정, 여건이 다른 설정, 배경, 여건보다 더 높은 범죄성을 가진다면 그 설정, 배경, 여건은 범죄적, 범죄를 야기하는 것으로 이름이 붙여진다. 개인의 범죄 성향과 여건, 설정, 배경(setting)의 범죄성 정도가 핵심이라는 것이다. 상황적 행동 이론에서 행동 대안의 인식과 선택의 과정이 개인과 그의 환경을 그의 행동으로 연계시키는 제시된 핵심 상황적 기제(situational mechanism)라고 한다. 이 상황적 인식-선택 과정이 특정한 여건, 배경, 설정, 상황에서 특정한 유형의 개인에 의하여 범죄나 범죄가 아니거나 행동으로 이끌 수 있는 기제를 보여준다. 상황적 모형은 유인이나 촉발이나 어떤 특정한 동기에 대해서, 초래되는, 결과적인 행동은 관련 있는 개인적 성향과 관련 있는 상황, 배경, 여건의 유인 책에의 노출의 상호 작용으로 초래되는 인식-선택 과정의 산물이라고 가설을 세운다. 인식-선택 모형은 동기가 행동 과정을 시작시키는 방법의 구조를 보여주고, 도덕적 여과기가 행동에 대한 대안을 제시하고, 통제가 선택의 과정에 영향을 미친다는 것이다.[79]

(1) 상황과 상황 기제(situational mechanism)의 개념

사람이 자기 행동의 근원, 원천(source), 즉 사람들이 자신의 행동을 인식하고, 선택하고, 실행하지만, 자기 행동의 원인(causes)은 상황적, 즉 행동 대안에 대한 자신의 특정한 인식, 선택의 과정과 행동의 실행은 개인-환경 상호 작용으로부터의 관련 있는, 의미 있는 투입(input)으로 촉발되고 인도된다고 상황적 행동 이론은 주장한다. 여기서 상황(situation)은 어떠한 동기에 대응한 행동 대안의 인식으로 규정되며, 유혹이나 자극 등 어떤 동기가 일어나고, 어떤 행동 대안을 그러한 동기에 대응하여 특정 개인이 인식하는가는 인접 환경(immediate environment)이라고 하는 특정한 여건, 상황, 설정(setting)과의 능동적, 적극적 경험의 결과라고 한다. 중요한 것은, 상황은 사람도 설정, 여건, 배경(setting)도 아닌 그 둘의 조합을 대변한다는 점이다. 개인의 특정한 행동 성향은 여건, 배경, 설정의 특색, 특수한 특징으로 촉발되고, 설정, 배경, 여건의 특정한 행동 유인책은 그 개인의 특수한 성향으로 관련이 되고 의미가 있게 된다고 한다.[80]

사람들은 자신의 동기와 행동 대안에 대한 인식에 기초하여 행동 선택을 한다는 것이다. 개인과 인접 환경이라고 하는 그의 설정, 배경, 여건을 그 사람의 행동에 연결하는 상황적 기제(situational mechanism)는 바로 인식－선택 과정(perception－choice process)이라는 것이다. 행동을 일으키거나 일으키지 않게 하는 것은 바로 이 과정인데, 특정한 여건, 배경, 설정에 있는 특정한 종류의 사람이 특정한 행동 대안을 인식하고, 자신이 경험하는 동기에 대응하여 특정한 선택을 한다는 것이다. 원인으로서 직접적으로 또는 원인의 원인으로서 간접적으로 인식－선택 과정에 영향을 미치는 요소가 인간 행동의 설명이 있어서 인과적 관계성, 인과관계를 가지는 요소들이라는 것이다.[81]

(2) 상황적 모형의 가설

범죄를 포함한 행동의 설명을 위한 상황적 행동 이론의 핵심 가설은 어떤 특정한 동기(유혹이나 자극)의 결과적인 행동은 관련 있는 개인적 성향과 관련 있는 배경, 여건, 설정 유인책의 상호 작용으로 초래되는 인식－선택 과정의 산물이라는 것이다. 상황적 행동 이론은 인간은 본질적으로 규율－지배의 창조물이고, 사회(사회 질서)는 행위에 대한 공유된 규율에 기초한다고 주장하고 있다. 이 이론은 범죄의 행동을 특정한 상황에서의 특정한 동기에 대응하여 하거나 안 하는 것이 옳거나 그른 것인지를 구체화하는 가치에 기초한 행위의 규율로 인도되는 행동이라고 할 수 있는 도덕적 행동(moral action)으로 규정하고 분석한다. 범죄라는 행동은 법으로 규정된 행위 규율을 어긴 것으로 규정되고, 이는 모든 범죄 행동이 모든 장소와 시간에 공통적인 것이라고 한다.[82]

그런데 상황적 행동 이론은 이러한 범죄를 규율 위반 행위로 보는 데 반하여, 사람의 범죄 성향은 대체로 수치심과 죄의식과 같은 도덕적 감정을 지지하는 것을 포함하는 내재화된 행동 규율이라고 할 수 있는 법률－관련 개인적 도덕성과 자신의 개인적 도덕성에 반하여 행동하도록 하는 외부 압력을 버티는 능력이라고 할 수 있는 자기-통제력을 행사하는 능력에 좌우된다고 제안하고 있다. 사람은 범죄 행동이 도덕적으로 받아들일 수 있는 것은 거의 없는 것으로 간주되는 사람이라고 할 수 있는 범죄를 매우 싫어하는 사람에서 대부분이 아니라면 다수의 범죄 행동은 수용할 수 있는 것으로 간주하는 범죄를 저지르기 매우 쉬운 사람에 이르기까지 매우 다양한 것으로 간주된다. 당연히 개인의 도덕적 규율이 법으로 규정된 행동 규율에 가까울수록, 그리고 자신의 자기-통제를 행사하는 능력이 강할수록, 자신의 개인적 도덕에 반하는 행동을 할 개연성은 그 만큼 낮아지고, 반면에 자기-통제력 행사 능력이 약하고 도덕 규율이 법의 행동 규율과 멀어질수록 자신의 도덕에 반한 행동에 가담할 개연성은 더 높아진다는 것이다.[83]

마찬가지로, 여건, 배경, 상황도 범죄를 야기하는 특징이 다양하다고 하는데, 상황적 행동 이론은 어떠한 상황, 여건, 배경의 범죄성은 상황이 제공하는 기회의 도덕적 규범과 집행이라는 도덕적 맥락(context)과 상황이 창출하는 마찰, 알력에 좌우된다고 제안하고 있다. 상황, 여건(setting)은 그것이 제공하는 기회와 만들어내는 알력, 마찰에 대응하여 범죄 행동을 하도록 권장하거나 하지 못하도록 하지 않는 인식된 도덕 규율과 그 집행 수준의 정도가 범죄를 야기하는 범죄성 정도라는 것이다. 범죄를 야기하는 상황, 여건은 그래서 인식된 도덕적 맥락이 특정한 기회나 알력, 마찰에 대응하여 특정한 범죄 행동을 권장하거나 적어도 막지 않는 그러한 여건, 상황이라고 한다. 당연히 범죄 행동은 범죄를 저지르기 쉬운 사람이 범죄를 야기하는 여건, 상황과 교차할 때 일어나기 가장 쉽다는 것이다.[84]

(3) 범죄 원인에 있어서 행동 과정의 핵심 요소와 단계

상황적 행동 이론의 핵심이라고 할 수 있는 범죄의 행동 과정은 동기에서부터 시작된다. 여기서 동기란 하나의 상황적 개념이고, '목표-지향적 관심(goal-directed attention)이라고 규정될 수 있다. 동기에는 유혹(temptation)과 자극(provocation)이라는 두 가지 주요 종류가 있다고 하며, 유혹은 욕망(원하는 것, 욕구)을 만족시키거나 약속, 전념을 지킬 기회가 있을 때 일어나고, 자극, 촉발은 사람들이 속상함, 기분 나쁨이나 분노를 야기하는 마찰(원치 않는 방해, 간섭)에 직면했을 때 일어난다고 한다. 여기서 개인이 어떤 종류의 욕망을 가지는가는 그의 생물학적 필요와 욕구와 사회적으로 발달된 선호(preference), 즉 그가 생물학적으로 필요로 하고 욕구하는 것은 무엇인지, 그리고 사회적으로 그가 선호하는 것은 무엇인지에 좌우된다는 것이다. 개인이 가지는 전념(commitment)의 종류, 즉 그가 바라고 원하고 필요로 하는 것에 얼마나 전념하는가는 개인이 가담, 참여하는 활동과 사회 망의 내용과 종류와 같은 사회적 상황(social circumstances)이 좌우하고, 개인의 분노를 야기하고 기분을 나쁘게 하는 마찰의 종류는 생물학적으로 근거하고 사회적으로 발달된 감성, 예민함이 좌우한다는 것이다. 결국, 개인의 선호, 전념, 그리고 감성이 유혹과 자극을 창출하는 데 어떠한 종류의 기회와 마찰이 관련이 있고 의미가 있는지를 결정한다는 것이다. 결론적으로, 동기가 행동의 원인이어서, 말하자면 우리 인간은 그렇게 하도록 유혹되거나 자극을 받기 때문에 그렇게 행동한다는 것이다.[85]

이 이론에서 중요한 또 하나가 선택 과정인데, 선택이란 하나의 선택이 행동하지 않는 것, 즉 범행하지 않는 것이지만 특정한 동기에 대응한 다수의 상이한 가능한 행동 대안 중에서 하나의 선택이다. 특정한 유혹이나 자극에 대응하여 개인이 인식하는 행동 대안은 어떤 것인지, 그리고 이들 대안이 범죄의 행동을 포함하고 있는지 여부는 자신의 상응한, 관련 있는 개인적 도덕율과 그가 참여하는 상황, 여건, 배경, 설정의 인식된 의미 있고 관련 있는 도덕 규범이 좌우한다는 것이다. 사람들의 의미 있고 관련 있는 개인적 도덕, 관련 있고 의미 있는 도덕 규범은 매우 다양하며, 둘의 상호 작용이 유혹이나 자극에 대한 잠재적인 대응으로서 개인이 인식하는 행동 대안의 종류를 인도할 것이라고 한다. 관련 있고 의미 있는 개인적 도덕과 상황, 여건의 인식된 관련 있고 의미 있는 도덕 규범을 특정한 동기(유혹이나 자극)에 적용하는 것이 상황적 행동 이론에서 특정한 동기에 관련한 행동 대안에 대한 규칙-유도의 선택적 인식이라고 규정될 수 있는 도덕적 여과기, 깔대기(moral filter)로 알려지고 있다. 당연히 범죄 행동이 인식된 행동 대안의 하나로 포함되면 선택 과정이 범죄 원인으로서 관련이 있고 의미가 있다는 것이다. 범죄 행동이 행동 대안으로 인식되지 않는다면 선택과 통제의 과정도 없을 것이며, 궁극적으로 범죄도 없을 것이다.[86]

그런데 사람들의 선택 과정은 지배적으로 습관적(habitual)이거나 고의적(deliberate)이라고 하는데, 사람들이 때로는 습관에 따라, 자기도 모르는 사이에 습관적으로 범행을 하고, 때로는 사람들의 범죄가 합리적, 이성적 고의성의 산물이라는 것이다. 여기서 더 중요시되어야 하는 선택은 아마도 의도적 선택이라고 할 것이며, 이는 합리적 선택 이론에서처럼 범죄를 포함하는 행동에 대한 행위자의 평가에 좌우되고, 따라서 범죄가 일어날 것인가 아닌가는 상이한 인식된 범죄 행동 대안과 다른 행동 대안에 대한 행위자의 장단점 평가 결과에 달렸다는 것이다. 여기서 한 가지 강조할 필요가 있는 것은 합리적 선택 이론에서 사람들이 범행을 선택하는 것은 범행으로 인한 이득이 그 비용보다 크기 때문에 선택한다고 보았던 데 비하여, 상황적 행동 이론에서는 주어진 상황에서 도덕적으로 수용할 수 있다고 간주하는 것이라는 제약 범위 안에서 이익이 되고, 기쁨을 주거나 균형이 잡힌 대안이라고 할 수 있는 주어진 상황에서의 특정한 자극에 대응하거나 특정한 유혹을 가장 잘 충족시키키는 도덕적으로 수용할 수 있는 수단인가 여부에 따라 최선의 대안이 선택된다는 것이다. 그래서 상황적 행동 이론은 사람들의 행동 선택은 우선적으로 개인적 이점을 극대화하려는 바람과 같은 자기-이익이 아니라 근본적으로 규율에 의한다는 것이다.[87]

상황적 행동 이론은 개인과 그의 환경의 상호 작용이 이론의 핵심이며, 범죄는 개인의 범죄 성향과 범죄 유발, 조장적 환경에의 노출의 상호 작용에서 발생한다고 가정한다. 범죄 성향은 범죄의 행동을 보고, 선택하는 경향으로서, 그 사람의 개인적 도덕율과 자기-통제를 행사하는 능력 두 가지로 구성된다고 설명하고 있다. 동조적인 도덕율과 신념을 가지고 높은 수준의 자기-통제력을 가진 사람은 유혹과 마찰에 대체로 영향을 받지 않고, 심지어 범죄적 환경, 상황에 직면해서도 법을 어기지 않을 것이라고 가정한다. 이처럼 상황적 행동 이론에서 자기-통제(Self-control)는 개인적 도덕 규율이 상황, 환경의 인지된 도덕 규율과 갈등할 때 개인적 도덕 규율을 고수하는 데 성공하는 과정으로 규정된다. 자신의 개인적 도덕에 반하여 행동하라고 도전하는 동료집단의 압력을 버티는 경우가 좋은 예라고 할 수 있다. 억제(deterrence)는 결과에 대한 두려움이나 관심을 야기함으로써 환경, 상황의 인지된 도덕 규범에 대한 인지된 집행, 실행이 상황, 환경의 도덕 규범이 비록 자신의 개인적 도덕 규율과 갈등하여도 그 사람이 상황, 환경의 도덕 규범을 고수하도록 만드는 과정으로 규정된다. 특정한 범죄가 수용할 수 있는 것을 발견한 사람이 경찰이나 CCTV의 존재 등과 같은 환경적 신호로 인하여 범죄를 하지 않는 경우가 이에 대한 좋은 예라고 할 수 있다.[88]

여기서 개인적 성향과 범죄성 상황, 환경에의 노출의 상호 작용은 범죄 성향의 두 가지 요소가 실제로 인식-선택 과정에서 아주 다른 역할을 한다는 것을 보여준다. 상황적 행동 이론에 따르면, 도덕적 규범이 범죄가 처음부터 가능한 행동 대안으로 인식되는가를 결정하기 때문에 가장 중요하지만, 자기-통제는 억제와 같은 여타의 사회 통제와 마찬가지로 사람들이 범죄를 의도적으로 행할 때만 범죄 행동에 대한 설명으로서 역할을 한다는 것이다. 즉, 개인적 도덕율은 행동 대안의 인식에 있어서 핵심적, 결정적 역할을 하고, 반면에 자기-통제는 행위자가 법을 어길지 말지 심사숙고하기 시작하면 결과적으로 이어지는 선택의 과정에서만 문제가 된다는 것이다.[89]

(4) 상황적 행동 이론과 관련된 일상 활동과 합리적 선택의 기회 이론과의 대조

위에서도 언급한 것처럼, 상황적 행동 이론은 모든 사람이 규율로 인도되는 자연스러운 성향을 공유하고, 따라서 개인적인 행동 규율과 자신이 참여하는 상황, 여건의 행동규범에 따라 행동하는 것을 사실로 상정한다. 이러한 규율로 인도되는 행위는 합리적 선택과 일상 활동 이론의 특징인 개인적 이익의 극대화와 개인적 비용의 최소화를 통한 자기 이익을 위한 행동 결과의 극대화와 일치, 동조, 부합되지 않을 수 있다. 물론 상황적 행동 이론도 사람들이 때로는 이득은 취하고 비용은 피하기 위하여 행동할 수 있다는 것을 부인하지는 않을지라도 규율에 인도되는 선택이라는 맥락 안에서 그렇다고 주장한다. 상황적 행동 이론은 인간 행동이 근본적으로 자기 이익을 도모하는 이기적이라는 가정에 의문을 갖는다. 만약, 모든 사람들이 일반적으로 자신의 이익을 도모하는 이기적이고, 이에 더하여 추가로 사람들이 선호하는 것이 유사하다고 가정한다면, 행위에 있어서 개인적 차이를 어떻게 이해하고 설명할 수 있을까 의문을 가지게 한다.[90]

합리적 선택과 일상 활동의 두 이론이 자기 이익을 도모하는, 자기 본위의, 또는 이기적인 인간 본성이라는 가정 위에 발전된 것이지만, 이와는 반대로 상황적 행동 이론은 인간 행동은 지배적으로 자기-이익보다는 오히려 규율-인도(rule-guided)로 이끌리는 것이라고 가정한다. 이 가정은 인간은 사회의 질서를 유지하기 위한 규율 체계를 개발, 발전시키려는 자연스러운 성향을 가지고 있다는 가정에 기초하는 것이다. 상황적 행동 이론은 '왜 우리가 우리의 본성과 불화하는 사회 구조를 만들까? 묻는 것이다. 물론 그렇다고 상황적 행동 이론이 인간 행동을 지도, 인도하는 데 있어서 자기-이익(self-interest)의 역할을 완전하게 부인하는 것은 아니며, 오히려 사람들은 자기-이익을 추구하는 행동이 옳고 그름에 대한 개인적 규율과 궤를 같이 하는 정도, 범위라고 할 수 있는 개인적 행동 규율의 범주, 경계 안에서의 자기-이익에 의해서 끌리게 되는 것으로 가정한다.[91]

합리적 선택과 일상 활동 이론은 자기 이익의 도모를 가정하고, 범죄를 보편적인 인간 욕구나 필요를 충족시켜주는 빠르고, 쉬운 수단을 제공하는 것으로 이해하기 때문에, 마치 통제이론처럼 자동적으로 사람들이 행동 규율을 어기려는 상대적으로 일관된 인센티브를 가지고, 그래서 규율 위반이 문제가 없는 것임을 발견하게 된다고 가정한다. 반대로 상황적 행동 이론은 사람들은 자연적으로 행동 규율을 따르려는 성향이기 때문에, 대부분의 사람들은 대부분의 경우와 시간 행동 규율을 준수하는 것을 더 좋아한다고 가정하고 있다. 물론 모든 사람이 다 상이한 규율을 따르는 것에 동의하고 동등하게 관심을 가지고 신경을 쓰는 것은 아니다. 사실, 특정한 규율에 동의하지 않고 관심을 갖고 신경을 쓰지 않는 것이 왜 사람들이 행동 규율을 어기는지 하나의 주요 이유라고 한다. 그렇다고 이것이 상황적 행동 이론이 자기 통제와 억제와 같은 통제가 범죄 원인으로 중요하지 않게 생각한다는 것을 뜻하지는 않는다. 그와 반대로, 상황적 행동 이론은 선택 과정에 영향을 미칠 수 있는 핵심 요소로 통제를 강조한다. 그러나 상황적 행동 이론은 통제의 상응성, 관련성은 조건적이라는 사실을 강조하는데, 통제가 범죄 가담과 관련이 있는 것은 오로지 개인적 규율지침과 환경적 규율지침이 갈등하고, 사람들이 특정한 동기부여요인에 대한 대응으로서 규율 위반을 선택하는지 하지 않는지에 대하여 신중하게 생각, 숙고할 때만이라는 것이다.[92]

범죄학 이론들은 선택 과정을 거의 다루지 않으며, 대안의 선택에 초점을 맞추는 이론이라도 선택할 대안들을 인식하는 중요한 첫 단계를 경시한다. 일상 활동 이론은 대부분의 경우, 언제라도 기회가 주어진다면 범죄를 대안으로 인식할 것으로 가정하는 "동기가 부여된 범법자(motivated offender)" 또는 범법자가 될 개연성이 있는 범법자(likely offender)에만 초점을 맞춤으로써 개인적 차이를 경시하기 때문에 선택 과정을 무시하는 것이고, 합리적 선택 이론은 "동기가 부여된 범법자"는 이미 행동 시점 이전에 합리적 결정 과정을 거쳐 범죄를 대안으로 선택하였다고 제안하여 더 많은 배경을 제공하지만 행동 시점에서 행위자가 단순히 상황, 여건이 바람직한가 여부만 결정한다는 점을 유지한다는 것이다.[93]

일상 활동 이론과 합리적 선택 이론 둘의 관점은 모두 목표－지향의 관심(goal－directed attention)이라고 할 수 있는 동기와 특정한 동기에 대응하여 특정한 방식으로 행동하는 개인적 경향이라고 규정할 수 있는 성향(propensity)을 융합하는 것으로 보인다. 상황적 행동 이론은 동기를 사람들의 욕망, 전념, 그리고 민감성과 상황, 환경의 기회와 마찰의 상호 작용으로부터 일어나고, 행동으로 이어지는 인식－선택 과정을 시작되게 하는 상황적 개념으로 본다. 따라서 서로 다른 상이한 사람들이 상이한 여건, 상황, 환경에서 상이한 동기부여 요소에 상이하게 반응. 대응하며, 주어진 상황에서 그들의 목표－지향 관심은 순수하게 행동 여건, 상황, 환경과의 상호 작용 이전의 개인적 특성과 경험으로부터 예측될 수 없다는 것이다. 일상 활동 이론은 동기가 부여된 범법자와 적절한 표적과 보호의 결여가 융합된 것으로서의 범죄 기회의 전제 조건으로 범죄 동기를 상정, 예상하기 때문에, 범죄 가담에 있어서 환경, 상황, 여건의 역할을 말하자면 범죄 행동이 전개되기 위한 현장을 설정, 구축하는 도구적인 것으로 보아서 환경, 상황, 여건이 동기를 가진 범법자가 아닌 사람들인 다른 종류의 사람들에게 어떻게 영향을 미치는가에는 관심이 없다. 상황적 행동 이론은 이런 여건, 환경, 상황을 사람들이 선호하는 행동에 대한 인식과 선택에 있어서 훨씬 더 능동적, 적극적인 역할을 하는 것으로 보며, 사람-환경 상호 작용의 핵심에 놓인 특정한 범죄 유인책에 대한 사람들의 상이한 민감성이 핵심적으로 중요하다는 것을 강조하고 있다.[94]

결과적으로, 일상 활동 이론과 상황적 행동 이론은 환경, 설정, 여건, 상황이라고 할 수 있는 "Setting"의 서로 다른 핵심 특징에 초점을 맞추고 있다는 것이다. 상황적 행동 이론은 환경, 상황의 행동-관련 도덕 규범(action-relevant moral norms)과 그 집행 수준이라고 할 수 있는 기회와 마찰의 도덕적 맥락과 그것이 어떻게 인식-선택 과정에 영향을 미치는가에 초점을 맞춘다. 약한 법률-관련 도덕 규범은 사람들이 범죄를 행동 대안으로 보도록 권장하거나 적어도 하지 못하도록 권장하지는 않는다는 것이다. 법률의 약한 집행은 만약 개인이 범죄를 하나의 대안으로 보면 환경, 상황이 그 사람이 범죄라는 대안을 선택하지 않도록 억제하도록 하는 충분히 강력한 외부 통제를 보여줄 수 없다는 것을 의미한다. 일상 활동 이론은 또한 적절한 표적과 보호의 부재를 핵심 환경적 영향으로 초점을 맞추지만, 특히 행동 과정에서의 역할과 관련하여 부적절하게 개념화되었다고 한다. 근본적으로 적절한 표적(suitable target)은 유혹, 유인(temptation)이나 심지어 자극, 도발(provocation)을 야기하는 마찰, 알력의 근원을 야기할 수 있는 기회라고 할 수 있는 동기부여 요소, 동기요인(motivator)을 대변하고, 유능한 보호자(capable guardian)는 억제재(deterrent)인 감독의 원천을 대변하는 것이라고 한다. 일상 활동 이론은 암묵적으로, 때로는 분명하게, 매력적인 표적과 유능한 보호의 부재가 모든 사람에게 유사한 영향을 미치는 것으로 가정하는데, 이는 마치 "기회가 도둑을 만든다(Opportunities make the thief)"라는 격언과 궤를 같이 하는 것이다. 즉, 기회가 주어지면 누구나 범행을 하거나 적어도 할 수 있다고 가정하는 것이다. 그러나 이와는 반대로 상황적 행동 이론은 사람들이 서로 다른 욕구나 욕망, 전념(commitment), 민감성(sensitivity)을 가지고 있기 때문에, 여러 상황에서, 동기요인, 동기부여 요소나 통제가 부적절하거나 무관할 수 있으며, 개인적 도덕성과 환경, 상황의 도덕 규범으로 인하여 범죄를 대안으로 인식하지 않고, 습관적 선택을 한다는 사실을 강조한다. 습관적 선택을 행동 결정 과정에 포함시키는 것도 또한 상황적 행동 이론을 일상 활동 이론과 합리적 선택 이론과 구별해 주는 것이라고 한다. 물론 합리적 선택 이론도 습관화(habituation)를 상설적인 의사결정으로 논하고 있지만, 선택의 자동적, 비자발적 과정이라는 생각과 완전하게 맞물리게 하지는 못한다는 것이다. 반대로 상황적 행동 이론은 매일의 의사결정과 잠재적으로는 범죄 가담과 관련한 다수의 의사결정의 지침을 주는 데 대한 이들 과정의 중요성을 강조한다.[95]

4 절 대중범죄학(popular criminology), 공공범죄학(public criminology)

만약에 어떤 특정 학문분야의 90% 이상을 점하는 부분을 고려하기를 거부하는 학문이 있다면 그것은 학문영역이 그만큼 가려지게 될 뿐만 아니라 초점을 맞추고 있는 나머지 10% 영역마저도 왜곡된 시각을 가질 위험이 있는 것이다. 사람은 누구나 범죄자나 피해자가 될 수 있어서 범죄는 우리 곁 어디에나 상존하지만 우리가 가장 쉽고 빈번하게 범죄를 접하는 곳은 신문, 책, 비디오, 영화, 텔레비전, 컴퓨터게임, 정치연설, 술집괴담 등일 것이다. 그럼에도 학술범죄학자(academic criminologists)들은 그들을 얕보았을 뿐이다. 그러나 세상에는 범죄소설과 영화 등 픽션, 정책에 영향을 미치는 범죄에 관한 논쟁, '대중(popular)'범죄학과 '학술(academic)'범죄학이라는 4가지 유형의 주제가 있다고 한다.[96]

현대사회는 범죄의 Image로 가득하다. 우리는 하루도 빠짐없이 신문과 방송은 물론이고 다양한 매체를 통하여 온갖 범죄를 접하고 있다. 범죄정보에 대한 직접적인 접근이 어려운 시민들에게 보도되고 알려지는 범죄의 표상과 표현이 범죄는 물론이고 범죄와 관련된 공공정책, 즉 형사정책에 관한 시민의 생각을 형성시키고, 그것을 형식화, 공식화 시키는 것이다. 범죄에 대한 시민들의 생각은 이들 대중문화가 표출하고 표현하는 Image와 밀접하게 관련되기 마련이다. 대중매체를 통하여 사람들은 범죄 피해자와 가해자의 감정을 알고 이해하게 되고, 범죄행위의 감정적 상황이나 가치에 대한 통찰과 직관을 갖게 된다. 실제 우리 사회의 범죄현상에 대한 다른 정보가 없는 시민들에게 대중매체는 어쩌면 유일한 정보의 근원이 되고, 영화와 같은 대중매체에 그려진 범죄를 사실로 받아들이기 일쑤다. 불행하게도 대중매체에 비춰지고 그려진 범죄는 우리 사회의 실제 범죄현실과는 거리가 먼, 어쩌면 심하게 왜곡된 이미지(distorted)임에도 사람들은 그것을 사실로 받아들이고 있는 것이다.

이런 사실을 입증이라도 하듯, 사람들은 대중매체의 범죄가 과장되거나 각색되거나 왜곡된 것임에도 마치 현실(reality)인 양 받아들여서 평생 범죄를 직접 경험하지 않았으며, 앞으로도 경험할 확률이 매우 희박함에도 마치 곧 범죄피해를 당할 것처럼 범죄를 두려워하게 된다. 현대사회에서 범죄의 두려움이 가장 심각한 사회문제의 하나로 등장하였고, 이 범죄의 두려움으로 사람들의 삶의 질이 크게 떨어진다는 경고도 나오고 있어서 범죄로부터의 두려움이 없는 자유가 바로 안전이라는 담론이 설득력을 키우고 있는데, 이 범죄의 두려움이 대중매체에 영향 받은바 적지 않다는 것이다. 더구나, 실패함으로서 성공(failure to succeed)한다는 형사정책, 즉 범죄를 줄이기 위한 노력을 중심으로 한 형사정책이 실패할 수밖에 없었고, 그 실패한 정책마저도 범죄자와 잠재적 범죄나 그리고 피해자에게 영향을 미칠 수 있었다. 반면에 범죄의 두려움이 모든 시민에게 가해진 부담이라면 이제는 정책의 목표를 일부에 대한 실패한 범죄감소가 아니라 절대 다수를 위한 두려움의 감소로 옮겨가야 되지 않을까. 더구나 모방범죄와 같이 범죄의 원인으로서는 물론이고 그 해결책으로서 대중매체가 중요한 관심과 연구의 대상이 아닐 수 없게 되었다.

이런 맥락에서, 일부 범죄학자들은 대중문화와 범죄를 연계시키는 소위 문화범죄학(cultural criminology)을 새롭게 등판시키고 있다. 물론 초기에는 느와르영화나 rap과 같은 대중음악의 폭력성과 범죄의 관계, 즉 대중문화의 폭력성에의 노출이 시청자의 폭력행위를 유발하는가에 관심을 가졌으나, 최근에는 대중문화 속의 범죄와 그 이미지가 범죄, 일탈, 그리고 형벌에 대한 대중적 이해와 사회적 구성을 형성하는 데 미친 영향을 조명하고, 범죄와 형사사법의 쟁점들을 이해하기 위한 도구로서, 그리고 범죄와 관련된 권력과 정책에 대한 수용과 저항의 도구로도 활용되기에 이르렀다. 특히 현대 정보사회를 주도하는 시각정보의 중요성이 강조되고 있는 마당에서 범죄원인으로서 그리고 그 해결책으로서 영화와 같은 시각적 대중문화의 책임과 역할이라는 점에서 이를 시각범죄학(visual criminology)으로 이름하고 있다. 영화를 비롯한 대중문화가 범죄의 이해와 해결에 기여할 수 있다는 인식이 점증하였는데, 그것은 대중문화가 제공하는 범죄, 범죄자, 피해자 그리고 그 대책에 관한 관점과 시각을 통하여 범죄학에 기여할 수 있다는 잠재력에 기인한 것이다. 그렇다면, 우리는 범죄영화와 같은 범죄와 관련된 대중문화를 통하여 알게 되거나 배우게 되는 범죄, 범죄자, 피해자, 사법기관과 제도, 그리고 정책 등의 학문적 가치는 중요하지 않을 수 없는 것이다. 과연 범죄가, 범죄학이 상아탑에만 머무는 범죄학과 범죄학자만을 위한 아카데미범죄학(academic criminology)에 만족하고 머물러야 할 것인가 아니면 대중문화의 영향까지도 함축하는, 그래서 우리 모두가 관심을 갖는 대중적 범죄학(popular criminology)로까지 학문적 외연을 넓혀야 할 것인지 이제는 답해야 할 때이다.

만약 우리가 범죄학을 범죄자, 범죄피해자, 그리고 형사사법기관과 그 종사자는 물론이고 범죄를 이해하기 위한 과학적 노력이라고 정의한다면 이런 주제들을 다룬 영화나 드라마 그리고 음악과 미술 같은 대중문화도 당연히 기름진 범죄학적 토양이나 자료를 다해줄 것임은 분명하다. 학술범죄학이 범죄학도들 그들만을 위한 것이라면 대중문화의 범죄는 우리 모두를 위한 범죄학으로 확장된다. 대중문화를 바탕으로 한, 대중문화를 통한, 대중문화를 활용한 범죄의 이해, 그리고 대중을 위한 그리고 대중을 독자로 하는 바로 이런 범죄학적 노력과 담론을 최근 일부 학자들이 대중범죄학(popular criminology)이라고 이름하고, 영화, 인터넷, 텔레비전, 신문, 잡지, 그리고 랩과 같은 대중음악 등 다양한 대중문화와 예술분야에서 발견되는 범죄관련 담론들을 범주로 규정하고 있다.

대중범죄학이 이론적 타당성이나 경험적 정확성을 꾀하지 않는다는 점에서 학술범죄학(academic criminology)과는 차이가 있지만, 그 범주나 범위에 있어서는 학술범죄학이 간과하기 쉬운 대중문화가 제기하는 윤리적이고 철학적인 쟁점들까지 고려한다면 아마도 학술범죄학만큼 또는 그 이상을 다루고 있다고 할 수 있을 것이다. 학술범죄학이 그렇게 광범위한 범죄학적 상품을 대중들에게 폭넓게 제공하지 못하기 때문에 대중범죄학의 청중이 당연히 학술범죄학의 독자보다 훨씬 더 크며, 심지어 사회적 중요성 또한 훨씬 더 크고, 그래서 훨씬 더 크고, 폭넓고, 강한 사회적 파장과 영향도 가진다. 물론 대중범죄학은 학술범죄학에 비해 그 깊이가 깊지 않고 방법론상 더 과학적이라고 할 수 없을지도 모르지만, 범죄학의 발전방향 중 하나라고 할 수 있는 통합이나 통섭을 생각한다면 비록 학술범죄학과 대중범죄학이 각자의 방식으로 범죄를 이해하는 데 기여하여 어쩌면 상호 보완적이라고 할 수 있을 것이다.

어차피 범죄학이 다학제적 학문으로서 범죄심리학, 범죄사회학, 범죄생물학 등 하위 분야 또는 학문 내 학문(discipline within discipline) 분야를 가진 것처럼, 어쩌면 범죄학이라는 우산(under the umbrella of criminology)속에 '학술범죄학', '대중범죄학'의 이름으로 위치시킬 수 있지 않을까. 그렇다고 이러한 하위분류가 서로 상반된 것이라기보다는 하나는 이성에, 다른 하나는 감정에 관심을 갖는 상호 보완적인 것으로 이해할 수 있을 것이다. 우리는 대중문화예술을 대중범죄학의 한 관점으로 인식하며, 대중범죄학을 범죄학의 한 관점으로 바라보자는 것이다. 만약 우리가 범죄와 범죄자에 대한 연구로 범죄학을 규정한다면, 대중문화와 예술은 사람들이 범죄와 범죄자 및 피해자의 특성에 대한 자신의 생각을 형성하게 되는 일차적 주요 근원의 하나라는 점이 분명해진다. 물론 그러한 사고의 일부는 예를 들어 성범죄가 종종 믿고 있는 공동체사회의 구성원들에 의해서 행해진다는 깨달음과 같이 학술범죄학을 그대로 반영하기도 하지만, 대중범죄학이 진전시킨 일부 다른 생각과 사상은 학술연구의 범위를 넘어서는 윤리적, 철학적, 그리고 심리적 관점까지도 끌어낸다. 이처럼 대중범죄학이 범죄학의 중요 부분이라는 인식이 범죄를 다루거나 주제로 하거나, 관련된 대중문화와 예술의 연구가 범죄학의 내용, 방법, 대상 등 영역과 범위를 확대, 확장시키는 계기를 마련해 준다.

한편, 기존 범죄학이 대체로 상아탑에 갇힌 학술범죄학으로 학문적 정체성을 이어왔는데, 제한된 청중과 제한된 담론의 문제일까. 학문의 질적, 양적 발전에도 불구하고 연구대상인 범죄는 나아지지 않아서 평자들의 평가는 우리 사회가 범죄, 형사정책에 실패했음을 고백하고 있다. 복잡하고 다양한 문제가 얽힌 이유이겠지만, 일부에서는 학술범죄학만으로 폭 넓은 청중들과 적극적으로 소통하고 참여시키지 못하기 때문일 것으로 주장한다. 여기서 우리는 민주사회에서 범죄학의 역할과 가치란 과연 무엇인지 논쟁하지 않을 수 없다. 범죄학이 정책가들에게 대단한 관심을 갖게 하는 사회문제를 대상으로 하기 때문에 대중사회에서의 학문의 적정한 역할에 대한 궁금증은 더욱 중요해신다. 결국, 범죄학이 이제는 상아탑을 넘어 대중들에 소통하고 그들을 참여시킬 수 있어야 한다는 것이고, 이를 우리는 '공공범죄학(public criminology)'라고 할 수 있을 것이다.

우선 너무나도 생소할 수 있는 '공공범죄학'은 어떤 것일까. 아마도 공공범죄학이 그 근원으로 삼았던 것이라고 할 수 있는 것으로, 사회학에서 먼저 공공사회학이란 개념을 도입하였는데, 핵심주제는 사회학자와 대중의 소통과 대화의 관계라고 한다. 이런 관점에서 공공범죄학은 범죄학자와 대중의 소통과 참여적 관계를 기초로 한다고 할 수 있다. 공공범죄학은 범죄와 관련된 사회정책과 사회행동의 세계에 보다 적극적, 체계적, 효과적으로 개입하는 것을 주요 의무요 사명의 중요 부분으로 취하는 것이라고 할 수 있다. 어쩌면 공공범죄학은 정책과 그 실천이 만나는 공간에서 작동하고 사회행동의 다른 분야와 긍정적 연계를 하는 것이라고 할 수 있다. 의미 있는 공공범죄학이 되기 위해서는 그런데 투명하고, 그 지향성이 '응용적(applied)'이어야 하며, 증거에 기반(evidence-based)해야 하고, 관계된 사람들을 권익향상에 전념하고, 사회정의와 인권에 전념해야 한다.

공공범죄학이 그 모태로 삼는 또는 근원인 되는 '공공사회학(public sociology)'이 '과학사회학(scientific sociology)'의 옹호자와 본질적 내용이 없는 '과학(science) 방법'을 비판하는 사람 사이의 논쟁을 초월하여, 자고로 어느 학문이라도 대학의 경계를 넘어 외부세계와 연계되고 외부세계에 참여하여 근본적인 문제와 가치에 대하여 공중과의 대화 속으로 들어가야 한다고 주장한다. 즉, 범죄학이 더 이상 상아탑 속에만 묻혀선 안 되며, 공개되어야 한다는 것이다. 그 첫 번째 단계가 어쩌면 학술범죄학이라는 학문이 정책입안(policy-making)의 핵심부분이 되어야 한다는 것이다. 지금까지 '범죄학자'들은 스스로가 학문연구결과들을 통합하고 전파하는 것을 희생하여 점점 더 협의의 연구를 동료들의 엄격한 심사를 거쳐야 하는 학술지에 출판하도록 거센 압박을 받는 '한계효용성(marginality)'을 겪어 온 것이다. 당연히 그 결과는 그러한 '한계효용성'은 범죄와 사법제도에 대한 공공정책과정에 영향력을 거의 미치지 못하게 되는 것이다. 실제로 공공범죄학의 참여를 요하는 주제로 범죄율이 떨어짐에도 높아지는 구금율, 효과성 대비 형벌의 과도한 비용, 요즘 미국에서 일어나고 있는 'defunding police'라고 하는 경찰 예산 폐지와 같이 과도한 사법경비를 범죄자의 범행선택을 호의적이게 하는 사회적 역기능의 해소에 투자하자는 요구 등을 예로 들 수 있다.

공공범죄학은 범죄학적 연구를 아카데미아를 넘어 형사사법 실무자와 일반 대중과 같은 더 광범위한 청중들에게 전파하는 범죄학에의 접근이라고 할 수 있다. 공공범죄학은 위에서 소개한 바와 같이 '공공사회학'과 밀접하게 연계되어 있으며, 범죄와 사법에 관련된 공공개입에 가담하는 일련의 지식인들의 강의실 교육, 학술회의, 공개강좌, 그리고 뉴스 만들기 범죄학(newsmaking criminology), 정부공청회, 신문과 방송, 언론보도 등에 의존하고 있다. 공공범죄학의 옹호자들은 범죄학자들의 에너지가 범죄, 법률, 일탈에 관한 연구를 범죄, 법률, 사법으로 영향을 받게 되는 지역사회와의 대화 속에서 진행하고 전파하는 것을 지향해야 한다고 주장하여, 공공범죄학자들은 범죄자에 대한 이미지를 대구축하는 데 초점을 맞추고, 지역사회와 함께 문제에 대한 해답을 찾고자 하는 것이다. 공공범죄학의 주창자들은 특히 범죄와 형벌의 문제에 해당되는 것으로 보고 있는 대중의 우려나 관심사에 관한 논쟁에 대한 가장 최선의 기존의 과학적 증거와 대중의 인식 사이의 벌어진 격차를 잠재적으로 좁히는 것으로 보고 있다. 그래서 공공범죄학은 대중으로 하여금 범죄, 법, 사법, 형벌 등에 대한 이해를 돕는 것을 더욱 강조하고 있으며, 부분적으로는 범죄학적 연구와 대중인식 사이에 문제가 될 정도로 큰 간극이 존재하고 있지만 미래세대 범죄학자들이 이 문제를 다루고 해결할 것이라는 믿음에 의하여 자극을 받고 동기가 부여되었다고 볼 수 있다. 당연히 공공범죄학이 범죄에 대한 새로운 관점을 불러오면서 동시에 공공정책과 논쟁을 재구성할 수 있는 방향으로 학술범죄학자들과 대중 사이의 대화를 열 수 있을 것으로 기대하며, 그렇게 함으로써 사회에 대한 범죄학의 공헌과 가치를 더 높일 수 있을 것으로 기대하는 것이다.

CRIMINOLOGY   **참고문헌**

1 Delbert S. Elliott, "The Assumption that Theories can be Combined with Increased Explanatory Power: Theoretical Integration," in Robert F. Meier(ed.), *Theoretical Methods in Criminology*, Beverly Hills, CA: Sage Publications, 1985, pp.123~150.

2 *Ibid.*, pp.124~125.

3 *Ibid.*, p.126.

4 *Ibid.*, pp.126~128; 이윤호, 「한국학생비행론」, 법문사, 1991, pp.14~15; 이태원, "일탈행동의 통합모형구성을 위한 일 연구: 사회통제이론과 사회학습이론을 중심으로," 박사학위청구논문, 고려대학교 대학원, 1992, p.5.

5 Donald J. Shoemaker, *Theories of Delinquency: An Examination of Explanations of Delinquent Behavior*, New York: Oxford University Press, 1984, pp.266~268.

6 이윤호, 전게서, pp.53~59.

7 Joseph Weiss and J. David Hawkins, *Report of National Juvenile Justice Assessment Centers*, Preventing Delinquency, Washington, D.C.: U.S. Department of Justice, 1982, p.35 참조.

8 Don C. Gibbons, "The Assumption of the Efficacy of Middle—Range Explanation: Typologies," in Meier(ed.), *op. cit.*, pp.151~174.

9 Austin T. Turk, "Prospects for Theories of Criminal Behavior," *Journal of Criminal Law, Criminology and Police Science*, 1964, 55:454~461.

10 M. Philipson, *Understanding Crime and Delinquency: A Sociological Interpretation*, Chicago: Aldine, 1974, p.13.

11 H. E. Barnes and N. K. Teeters, *New Horizons in Criminology*, Englewood Cliffs, NJ: Prentice—Hall, 1959, p.118.

12 Gibbons, *op. cit.*, p.101.

13 Elliott, *op. cit.*, p.125.

14 박철현, "발전범죄학: 새로운 이론화?", 형사정책연구소식, 제48호, 1998, p.24.

15 Terence P. Thornberry, "Introduction: Some Advantages of Developmental and Life—Course Perspectives for the Study of Crime and Delinquency," Terence P. Thornberry(ed), *Advances in criminological theory: Vol. 7. Developmental theories of crime and delinquency*, New Brunswick, NJ: Transaction, 1997.

16 D.P. Farrington, Developmental and life—course sriminology: Key theoretical and empirical issues, *Criminology*, vol. 41. 2003, p.221.

17 J. D. Hawkins & R.F. Catalano, *Communities that care*, San Francisco: Jossey—Bass, 1992; R. Loeber & D.P. Farrington(Eds.), *Serious and violent juvenile offenders: Risk factors and successful interventions*, Thousand Oaks, CA: Sage, 1998.

18 D. P. Farrington & D. J. West, "Criminal, Penal, and Life Histories of Chronic Offenders: Risk and Protective Factors and Early Identification," *Criminal Behavior and Mental Health*, vol. 3. 1993.; J. Horney, D. W. Osgood, and I. H. Marshall, "Criminal Careers in the Short—term: Intra—individual Variability in Crime and its Relation to Local Life Circumstances," *American Sociological Review*, vol. 60, 1995.; J. H. Laub, D. S., Nagin, and R. J. Sampson, "Trajectories of Change in Criminal Offending: Good Marriages and the Desistance Process," *American Sociological Review*, vol. 63. 1998.; A. R. Piquero, R. Brame, P. Mazzerole, and R. R. Haapanen, "Crime Emerging in Adulthood", *Criminology*, vol. 40. 2002.

19　R. J. Sampson and J. H. Laub, "A Life-course Theory of Cumulative Disadvantage and the Stability of Delinquency", in T.P. Thornberry(Ed.), *Developmental Theories of Crime and Delinquency*(pp. 131-161). New Brunswick, NJ: Transaction. 1997.

20　이성식, "청소년비행에 있어 내적성향론과 생애과정론의 논쟁에 관한 경험연구," 형사정책, 제13권 제2호, 2001, p.247.

21　박철현, 위의 논문, p.27.

22　Akers and Sellers, 2004:421

23　김준호 외, 「청소년비행론」, 2012, p.136.

24　이성식, 위의 논문, pp.247~248.

25　박철현, 위의 논문, p.29.

26　Thomas J. Bernard, Jeffrey B. Snipes, Alexander L. Gerould, 「Vold의 이론범죄학」, 이순래 외 공역, 서울: 도서출판 그린, 2012. p.426.

27　이순래 공역, 위의 책, pp.430~433.

28　D.P. Farrington, *op. cit.*, 2003, pp.223~224.

29　*ibid.* pp.225~227.

30　Travis Hirsohi, "Seperate and Unequal Is Better," *Journal of Research in Crime and Delinquency*, vol. 16. pp.34~37.

31　Don C. Gibbons, *Taking About Crime and Criminals: Problems and Issues in Theory Development in Criminology*, Englewood Cliffs, NJ: Prentice Hall. 1994.; Hugh D. Barlow and Theodore N. Ferdinand, *Understanding Delinquency*, New York: HarperCollins, 1992.; Charles R. Tittle, *Control Balance: Toward a General Theory of Deviance*, Bounder, Co: Westview, 1995. George B. Vold, Thomas J. Bernard, and Jeffrey B. Snipes, *Theoretical Criminology*, Fifth Edition. New York: Oxford University Press, 2002.

32　김준호 외, 위의 책, p.138.

33　이성식, 위의 논문, 2001.

34　P. J. Brantingham and P. L. Brantingham, *Environmental Criminology*, Beverly Hills, CA: Sage, 1981, p.2.

35　*Ibid.*, p.21.

36　*Ibid.*, pp.7~12.

37　Aili E. Malm, "Brantingham, Patricia L., and Paul J. Brantingham: Environmental Criminology", in F. T. Cullen and P. Wilcox(eds.), *Encyclopedia of Criminological Theory*, Thousand Oaks, CA: Sage, 2010, pp.115~116.

38　E. A. Fattah, *Understanding Criminal Victimization: An Introduction to Theoretical Victimology*, Scarborough, Ontario: Prentice-Hall, 1991.

39　Paul J. Brantingham and Patricia L. Brantingham, "Crime Pattern Theory", in R. Wortley and L. Mazerolle(ed.), *Environmental Criminology and Crime Analysis*, New York, NY: Routledge, 2008, pp.79~90.

40　Emig *et al.* 1980.

41　Richard Wortley and Lorraine Mazerolle, "Environmental criminology and crime analysis situating the theory analytic approach and application," in R. Wortley and L. Mazerolle(ed.) *op. cit.*, p.8.

42　C. R. Jeffery, *Crime Prevention Through Environmental Design*, 2nd end., Beverly Hills, CA: Sage, 1977, p.177.

43　Richard Wortley and Lorraine Mazerolle, *op. cit.*, pp.8~9.

44　Ronald V. Clarke, ed., *Situational Crime Prevention: Successful Case Studies*, 2nd end., Albany, NY: Harrow and Heston, 1992.

45　Ronald V. Clarke and R. Homel, "A Revised Classification of Situational Crime Prevention Techniques," in S.P. Lab(ed.), *Crime Prevention at the Crossroads*, Cincinnati, OH: Anderson, 1997, pp.249~274.

46   Richard Wortley and Lorraine Mazerolle, *op. cit.*, pp.9~11.

47   L.E. Cohen and M. Felson, "social Change and Crime Rate Trends: A Routine Activity Approach," *American Sociological Review*, vol. 44. 1979, p.589.

48   Richard Wortley and Lorraine Mazerolle, *op. cit.*, pp.11~12.

49   *Ibid*, pp.12~13.

50   J. Ferrell and C. Sanders, *Cultural Criminology*(Eds.), Boston: Northeastern Universtiy Press/University Press of New England, 1995.

51   J. Ferrell, D. Milovanovic, and S. Lyng, "Edgework, media practices, and the elongation of meaning," *Theoretical Criminology*, 2001, 5:177~202.

52   Mike Presdee, *Cultural Criminology and the Carnival of Crime*, London: Routledge, 2000.

53   Jack Young, *The Exclusive Society*, Thousand Oaks, CA: Sage, 1999.

54   S. Kane, "The unconventional methods of cultural criminology," *Theoretical Criminology*, 2004, 8:303~321.

55   Danid Altheide, "Ethnographic content analysis", *Qualitative Sociology*, 1987, 10:65~77.

56   G. Snyder, *Graffiti lives*, New York: New York University Press, 2009.

57   Larry J. Siegel, *Criminology: Theories, Patterns, and Typologies,* 10th ed., Belmont, CA: Wadsworth, 2010, pp.258~259.

58   H. E. Pepinsky and R. Quinney(eds), *Criminology as Peacemaking,* Bloomington, IN: Indiana University Press, 1991, p.ix.

59   Larry J. Siegel, *op cit.* p.259.

60   *Ibid.* pp.258~259.

61   David O. Friedrichs, "Critical Criminology," in *21 Century Criminology: A Reference Handbook,* ed. by J. Mitchell Miller, Thousand Oaks, CA: Sage Publications. 2009, p.213.

62   Stuart Henry and Dragon Milovanovic, "Introduction: Postmodernism Constitutive Theory" in *Constitutive Criminology at Work: Applications to Crime and Justice,* Edited by Stuart Henry and Dragon Milovanovic, NY: State University of New York Press, 1999, pp.7~9. 이백철, "교정학 담론의 인문학적 모색: 평화주의 범죄학과 회복적 사법", 교정포럼, 2007, pp.5~6.

63   David O. Friedrichs, *opt cit.*, p.213.

64   *Ibid.* p.213.

65   Gregg Barak, "Doing newsmaking criminology from within the academy," *Theoretical Criminology,* 2007, 11(2):191~207.

66   P. Mayhew, Clarke R., Sturman, A., Hough, J., Crime as Opportunity, Home Office Research Study, NO 34, H.M.S.O., London, 1976, R. Clarke, "Opportunity makes the thief, Really? And So what?" *Crime Science*, 2012, 1(3):95~103에서 재인용.

67   Clarke, ibid.,

68   R. Merton, "Opportunity structure: The emergence, diffusion, and differentiation of a sociological concept, 1930s－1950s," in R. Merton, *The Legacy of Anomie Theory, Advances in Criminological Theory*(6th ed.), New Brunswick, NJ: Transaction Publishers, 1995, pp.3~78, p.38.

69   Clarke, op cit.

70   P. Mayhew, Clarke, R. and Elliott, D., "Motorcycle theft, heltmet legislation and displacement," *Howard Journal of Criminal Justice*, 1989, 28:1~8; J. Eck, "The threat of crime displacement," *Criminal Justice Abstract*, 1993, 25:527~546; Clarke, op cit.

71 K. Lewin, Principles of Topological Psychology, New York: McGraw－Hill, 1936, p.12

72 ibid., p.30

73 A. Piquero, D. Farrington and A. Blumstein, Key Issues in Criminal Career Research: New Analyses of the Cambridge Study in Delinquent Development, Cambridge: Cambridge University Press, 2007, pp.17~19; P－O, H. Wikstrom, D. Oberwittler, K. Treiber, and B. Hardie, Breaking Rules: The Social and Situational Dynamics of Young People's Urban Crime, Oxford: Oxford University Press, 2012, pp.113~117, 192; D. Weisburd, N. Morris, and E. Groff, "Hot spots of juvenile crime: A longitudinal study of arrest incidents at street segments in Seattle, Washington," Journal of Quantitative Criminology, 2012, 25:443~467

74 Wikstrom and Treiber, 2015, op cit.

75 J. Kleinewiese, "Situational Action Theory and the particular case of settings including agroup," European Journal of Criminology, 2020, 19(5):1~17

76 P. OH, Wikstrom, "Individuals, settings and acts of crime: Situational mechanism and explanation of crime," in Wikstrom and R. J. Sampson(eds.), The Explanation of Crime: Context, Mechanisms and Development, Cambridge: Cambridge University Press, 2006, pp.61~107; Wikstrom, "Explaining crime as moral actions," in S. Hitlin and S. Vaysey(eds.), Handbook of the Sociology of Morality, New York: Springer Verlag, 2010, pp.211~239; . Barton－Crosby, "The nature and role of morality in situational action theory," European Journal of Criminology, 2022, 19(6):1421~1437

77 P－O H., Wikstrom, "Crime as alternative: Towards a cross－level situational action theory of crime causation," in J. McCord(ed.), Beyond Empiricism: Institutions and Intentions in the Study of Crime, New Brunswick, NJ: Transaction, 2004, pp.1~38; Wikstrom, "The social origins of pathways in crime: Towards a developmental ecological action theory of crime involvement and its change,: in D. Farrington(ed.), Integrated Developmentald and Life－Course Theories of Offending, Advances in Criminological Theory, Vol. 14, New Brunswick, NJ: Transaction, 2005, pp.211~246; Wikstrom, "Individuals, settings, and acts of crime: Situational mechanisms and the explanation of crime," in Wikstrom and R. J. Sampson(eds.), The Explanation of Crime: Context, mechanisms and Development, Cambridge: Cambridge University press, 2006, pp.61~107; Wikstrom, "Explaining crime as moral actions," in S. Hitlin and S. Vaisey(eds.), Handbook of the Sociology of Morality, New York: Springer－Verlag, 2010, pp.211~239; Wikstrom, "Does everything matter? Addressing problems of causation and explanation in the study of crime," in J. M. McGloin C. J. Silverman and L. W. Kennedy(eds.), When Crime Appears: The Role of Emergence, New York: Routledge, 2011, pp.53~72; Wikstrom, "Why crime happens: A situational action theory," in G. manzo(ed.), Analytical Sociology: Actions and Networks, Sussex: Wiley, 2014, pp.74~94

78 Wikstrom, 2006, op cit.; Wikstrom and K. Treibor, "Beyond risk factors: An analytical approach to crime prevention," in B. Teasdale and MS Bradley(eds.), Preventing Crime and Violence, Cham: Springer, 2017, pp.73~87; Wikstrom, 2004, op cit.; Wikstrom and Treibor, "Situational theory: The importance of interactions and action mechanisms in the explanation of crime," in AR Piquero(ed.), The Handbook of Criminological Theory, Chichester:John Wiley & Sons, 2015, pp.415~444; Kleinewiese, 2020, op cit.

79 Wikstrom, 2014, op cit.; Wikstro, 2004, op cit.; Wikstrom and R. Svensson, "When does self－control matter? The interaction between morality and self－control in crime causation," European Journal of Criminology, 2010, 7(5):395~410; Wikstrom, 2006, op cit.; Wikstrom and Treiber, 2015, op cit.

80 Wikstrom and Treiber, 2015, op cit.

81 ibid.; Wikstrom, 2011, op cit.

82 Wikstrom and Treiber, 2015, op cit.

83 ibid.

84 ibid.

85 Wikstrom and Treiber, 2015, op cit.

86 ibid.; B. Verplanken and W. Wood, "Interventions to break and create consumer habits," Journal of Public Policy
    & Marketing, 2006, 25(1):90~103

87 Wikstrom and Treiber, 2015, op cit.

88 Wikstrom and Treiber, 2015, op cit.; C. Kroneberg and S. Schulz, "Revisiting the role of self−control in
    situational action theory," European Journal of Criminology, 2018, 15(1):56~76; R. Svenson and L. Pauwels, "Is
    a risky lifestyle always 'risky?' The interaction between individual propensity and lifestyle risk in adolescent
    offending: A test in two urban samples," Crime & delinquency, 2010, 56(4):608~626

89 H. Hirtenlehner and F. Kunz, "The interaction between self−control and morality in crime causation among older
    adulta," European Journal of Criminology, 2016, 13(3):393~409

90 Wikstrom and Treiber, 2015, op cit.

91 Barton−Crosby, 2022, op cit., p.1423; Wikstrom and Treiber, "Violence as situational action," International
    Journal of Conflict and Violence, 2009, 3(1):75~96; Wikstrom and Treiber, 2016, op cit. p.435; K. Treiber,
    "Biosocial criminology and models of criminal decision making," in W, Bernasco, J. L. Van Gelder, and H.
    Elffers(eds.), The Oxford Handbook of Offender Decision Making, Oxford; Oxford University Press, 2017,
    pp.87~120

92 ibid.

93 Wikstrom and Treiber, 2015, op cit.

94 ibid.; T. Hirschi, Causes of Delinquency, Berkeley, CA: University of California Press, 1969, p.34

95 Wikstrom and Treiber, 2015, op cit.; A. Nadero−Hernandez, S. Fisher, "Routine activity theory," in F. T. Cullen
    and P. Wilcox(eds.), The Oxford Handbook of Criminological Theory, Oxford: Oxford University Press, 2012,
    pp.7~8

96 P. Rawlings, "True crime," a paper from The British Criminology Conferences: Selected Proceedings, *Volume 1:
    Emerging Themes in Criminology*, Loughbrough University, 18~21 July 1995.

제 4 편

범죄피해론

CRIMINOLOGY

제1장
범죄피해론의 개관

　전통적 범죄학은 가해자에 초점(offender focused)을 두거나 또는 가해자지향(offender oriented) 적인 측면에서 범죄의 원인과 범죄자에 대한 처리 및 처우를 중심으로 범죄문제를 다루어 왔다. 결국 범죄의 피해자는 학문적 연구에서뿐만 아니라 형사절차나 정책상에 있어서도 일종의 잊혀진 행위자(forgotten actor)로 인식되고 취급되어 왔음을 부인할 수 없다.

　1960년대 서구사회에서의 자유주의적 정치성향과 인권운동은 법원으로 하여금 범죄피의자나 범죄자의 인권과 권리를 보호하는 데 지대한 관심을 가지고 많은 역할을 했지만, 범죄의 다른 한편인 그 피해자의 권익에 대해서는 별 관심을 두지 않았었다. 실제로 법정에서 피의자가설 땅은 있어도 피해자를 위한 공간은 마련되지 않았으며, 재판과정에서도 피해자의 위치는 보잘것없는 실정인 것이다. 더구나 많은 연구결과 밝혀진 바와 같이 무시 못할 다수의 범죄피해자가 자신의 범죄피해를 사법당국에 신고조차 않고 오히려 신고하기를 꺼려하고 있다. 즉, 이 사실은 형사사법절차상 그들의 위치나 그들에 대한 처우가 얼마나 좋지 않은 것인가를 단적으로 말해 주는 것이다.

　한편 학문적으로도 Von Hentig의 개척자적 연구에도 불구하고,[1] 피해자학(victimology)이라는 학문은 비교적 최근에서야 관심의 대상이 되고 있다.

　1960년대 낙인이론가와 상징적 상호작용주의자(symbolic interactionist)의 영향으로 학계에서도 전통적 노상범죄 외에 다수의 피해자 없는 범죄(victimless crime)를 관심 있게 지켜보게 되었다. 그래서 학계로 하여금 "과연 우리가 누구의 편인가?"를 고려하도록 하였다.[2] 더불어 전통적 범죄학에서 범죄현상의 중요한 연구방법이었던 가해자중심의 공식범죄통계표는 범죄문제의 실체를 파악하기에는 역부족이라고 비판되었다. 그리고 그 결과 범죄피해자조사를 통한 공식범죄통계표를 보완하기에 이르게 되었다.

　그 외에도 범죄피해자학의 발전에 기여한 학문적 계기로서, 범행의 상황적 여건을 중시하고 나아가 범죄피해자의 역할을 고려할 필요성의 인식이다.[3] 둘째로, 이와는 정반대지만 페미니즘의 영향력이 증대하여 성범죄나 가정폭력의 피해자인 여성에 대해 관심을 불러일으키게 하였다. 그리고 이것은 이들 범죄에 대한 공포에 대해서도 관심을 갖도록 촉구하는 계기가 되었다.[4]

설사 전통적 범죄학처럼 범죄학이 범죄의 원인을 밝히는 데 초점을 맞추고 있더라도 범죄는 대체로 가해자가 있으면 반드시 그 피해자도 있게 마련이며, 즉 범죄행위는 가해자와 피해자의 상호관계에 의해서 가능해지는 것이므로 범죄현상의 올바른 파악은 물론이고 범죄의 원인이나 동기를 파악하기 위해서도 피해자에 대한 과학적 분석이 반드시 필요한 것이다. 바로 이러한 필요성의 제기로 범죄행위에 있어서 피해자의 역할이 적극적으로 파악되기에 이른 것이다. 결국 범죄피해자에 대한 동정론과 책임론의 공방이 가능케 되었으며, 나아가 이러한 논쟁은 곧 범죄피해자가 되기 쉽거나 범죄피해에 대해 저항력이 약한 사람의 파악에까지 그 논의의 범위를 넓히게 된 것이다.

이러한 피해자에 대한 관심이 결국 범죄상황에 있어서 피해자의 역할과 양형에 있어서 피해자의 책임의 고려, 형사절차나 과정에 있어서 피해자의 지위향상과 참여극대화, 그리고 피해자에 대한 권익의 보호와 보상 등을 연구하는 학문으로 자리잡게 되었다. 따라서 우리는 범죄의 피해자와 피해자가 되기 쉬운 사람 또는 잠재적 피해자 등에 대한 과학적 연구를 통해서 범죄피해를 사전에 방지하고, 예상되는 피해에 대해 그 정도를 최소화하며, 이미 발생한 범죄의 피해자에 대한 회복방법을 강구하는 등의 피해자학에 대한 제반 학문적 노력을 그 테두리에 넣을 수 있을 것이다.

이렇게 피해자학을 정의할 때, 피해자학의 주연구대상인 피해자는 비교적 광범위하게 정의될 수밖에 없다. 이처럼 범죄피해자의 정의를 논하는 이유는 피해자의 범위를 어떻게 규정하는가에 따라 범죄피해자학의 연구대상과 범위 또한 결정되기 때문이다. 즉, 극단적인 협의의 개념으로 본다면, 단순히 법률상 범죄가 성립된 경우 가해자의 상대방으로서 피해자를 정의할 수 있다. 그리고 그 반대로 자연재해의 피해자까지 포함시키는 극단적 광의의 개념규정도 할 수 있다.

한편 우리는 광의의 개념이든 협의의 개념이든 범죄피해자는 직접피해자와 간접피해자로 나누어 볼 수 있다. 여기서 간접피해자는 피해자의 가족, 친지, 피해자와 관련이 있는 사람, 피해로 인해 다른 피해를 받은 사람, 피해자와 이해관계가 있는 사람 등이라고 할 수 있으며, 이들 간접피해자도 범죄피해의 회복이라는 측면에서 중요한 연구대상이 될 수 있다. 또한 범죄피해의 경험 여부에 따라 직접 경험한 사람과 간접적으로 듣고 본 경우를 생각해 볼 수 있다. 그런데 여기서 후자에 속하는 대표적인 것은 일반시민의 범죄에 대한 공포이다.

이상을 종합하면, 범죄피해자학의 연구대상은 비교적 광범위한 범위를 대상으로 한다는 것을 알 수 있는데, 법률적 범죄피해의 성립 여부에 관계없이 범죄피해를 직접 경험하였거나 또는 간접적으로만 경험했을 뿐인 사람들, 그리고 심지어 이들과 관련된 사람들까지도 그 범위에 포함하는 것을 알 수 있다.

따라서 범죄피해자학은 피해자의 특성과 상황분석, 그리고 그를 통한 피해의 예방과 최소화, 이미 발생한 피해자의 치료와 피해의 회복, 양형에 있어서 피해자의 책임고려, 그리고 범죄의 간접피해라고 할 수 있는 범죄에 대한 공포와 그 해소방안의 제시에 크게 공헌할 것으로 기대된다. 그러나 그러한 연구를 위해서는 범죄피해의 실상과 피해자의 규명이 전제되어야 하기 때문에 우선 범죄피해와 피해자의 현상을 파악하기 위한 조사에서부터 출발되어야 할 것이다.

따라서 범죄피해자론은 먼저 범죄피해자학의 이론적 기초를 개관하고, 이어서 범죄피해자를 이해하기 위한 그 전제로서 범죄피해자조사와 이를 통한 범죄피해자의 특성을 분석하며, 범죄상황에 있어서 범죄피해자의 역할과 책임에 따른 범죄피해자의 유형을 기술한다. 그리고 범죄로 인한 직·간접적인 영향과 일종의 간접피해라고도 할 수 있는 범죄에 대한 공포를 개관한다. 그리고 이들 범죄피해자에 대한 배려로서 형사사법절차와 과정에 있어서 범죄피해자의 지위향상과 참여제고의 방안을 제시하며, 범죄피해자에 대한 구체적인 배려의 방법으로서 범죄피해의 치료와 회복 및 범죄피해자에 대한 공·사적 지원에 대해서 기술하고자 한다.

CRIMINOLOGY **참고문헌**

1 H. Von Hentig, *The Criminal and His Victim*, New Haven, Conn.: Yale University Press, 1948.
2 H. S. Becker, "Whose side are we on?" *Social Problems*, 1967, 14:239~247.
3 R. V. G. Clarke and P. Mayhew, *Desting Out Crime*, London: HMSO, 1980 참조.
4 R. I. Mawby and M. S. Gill, *Crime Victims*, London: Tavistock Publications, 1987, p.4.

제 2 장
범죄피해자학의 이론적 기초

제1절 개　　관

　　범죄피해자에 관한 초기 Wolfgang[1]과 Amir[2]의 연구 등은 대체로 피해자의 책임소재를 주요 논점으로 삼고 있기 때문에 상당한 정치적 논쟁의 대상이 되었다. 따라서 어떠한 범죄일지라도 범죄피해자에 관한 정보 없이는 완전하다고 할 수 없으며 그 학문적 성과 또한 높다고 할 수 없었다. 그러므로 지난 20여 년에 걸쳐 이루어진 대부분의 범죄피해자이론은 주로 피해자의 생활양식과 그로 인한 위험성에의 노출을[3] 중심으로 이루어져 왔다고 볼 수 있는 것으로서 일상활동이론(routine activity theories)의[4] 형태를 띠고 있다.

　　현재의 범죄피해자이론에 대한 역사적 기초는 '범죄의 이중적 틀(the duet frame of crime),'[5] '범죄자-피해자문제(the victim-offender problem),'[6] '피해자-가해자 관계(the victim-offender relationship),'[7] '형벌의 쌍(penal couple)'[8] 등의 표현에서 알 수 있듯이 범죄문제의 이해에 있어서 분명히 범죄피해자의 중요성을 지적하고 있다.

　　Garofalo가 처음으로 범죄피해자가 다른 사람으로 하여금 공격하도록 유발시킬 수도 있음을 인식하였다면,[9] Mendelshon은 전적으로 죄가 있다고 고려되는 범죄자들과 범죄자보다 오히려 더 많은 책임이 있는 피해자를 구분하는 범죄피해자의 유형론을 제시하였다.[10] 한편 Von Hentig는 범죄피해자의 특성을 중심으로 한 피해자의 계층과 범죄에 대한 취약성(vulnerability)을 증대시키는 인성과 관계되는 특성을 기술하였다.[11]

　　그러나 현재의 피해자이론이 이러한 초기 연구결과로 인한 하나의 변형이라고 보기에는 그들의 주장이 지극히 원시적이거나 증명되지 못한 점이 많다. 따라서 범죄피해자이론의 역사적 기원을 따지기가 쉽지 않은 것이다. 하지만 현대피해자이론의 발전에 있어서 그 기초를 제공했다고 볼 수 있는 것은 그래도 피해자촉진(victim facilitation), 피해자유발(victim precipitation), 피해자자극(victim provocation), 피해자성향(victim pronness), 피해자취약(victim vulnerability)이라고 하는 범죄피해자의 부분적 책임정도에 대한 연구와 범죄피해조사(victimization survey)라고 할 수 있다. 그러나 범죄 피해조사에 관해서는 범죄피해자의 이해에서 구체적으로 논의될 것이므로 여기서는 무선 피해자에 의한 범죄의 유발(victim precipitation)에 관해서만 논하기로 한다.

　　이러한 피해자의 부분직 책임에 대한 논의는 일면 피해자에 대한 비난의 입장이지만 그렇다고 피해학이 전적으로 피해자의 책임만을 논하는 비난적(condemnatory) 입장만을 견지해 온 것은 아니다. 다만 범죄에 있어서 상호작용 및 상호영향성에 대한 연구를 기초로 일부 피해자를 동정하는(provictim) 입장에서 견지되어 온 것이다.

　　먼저 피해자비난론을 살펴보자. 피해자비난론자들은 범죄행위에 있어서 가해자는 무조건 옳지 못하며 피해자는 좋은 사람이라는 이분법적 구분에서 시작한다. 즉, 이것은 지나치게 상황을 단순화 내지 간결화시키게 되어 실체적 진실을 왜곡할 위험성이 있다고 지적되고 있다. 이들의 주장은 범죄자와 피해자는 일종의 상대성이나 상호성을 가지는 관계에 있기 때문에, 가해자들이 그 범죄의 결과에 대해서 책임지고 비난받고 처벌받는 것처럼 피해자 역시 마찬가지로 당해 범죄의 발생 전이나 과정에 있어서 자신의 행위에 대한 책임을 가져야 한다는 것이다. 즉, 이들의 기본입장은 사회의 모든 사람들이 다 범죄의 피해자가 되지 않는 것만 보더라도 피해자는 피해를 당하지 않는 사람들과는 그들의 태도와 행동에 있어서 분명한 차이가 있기 때문이다는 것이다. 그리고 바로 이 점에 있어서 피해자들이 문제 있는 것이며, 따라서 그들에게도 일정한 책임의 소지가 있다는 것이다. 이는 우리가 운전을 할 때 예상되는 모든 문제점을 고려하여 방어운전을 하듯이 범죄문제에 있어서도 범죄로부터 자신을 보호할 노력을 강구해야 함에도 불구하고 그들은 이 책임을 다하지 않았기 때문에 범죄의 피해자가 되었고 따라서 일정한 책임을 질 수밖에 없다는 논리이다.

　　반면에 피해자옹호론자들은 우선 피해자비난론자들이 주장하는 피해자와 일반인 사이에 그렇게 현저한 차이가 없을 뿐만 아니라, 이해와 도움을 필요로 하는 대상이지 결코 비난의 대상이 되어서는 안 된다고 주장한다. 더구나 국가가 시민의 안전을 책임져야 한다면 그 시민이 누구이건 보호받을 권리가 있기 때문에 피해자에 대해 비난해서는 안 된다는 것이다.

　　이러한 면에서 본다면, 범죄피해자들은 범죄로부터 피해를 당하고도 그 피해에 대한 책임까지 비난받는 일종의 이중피해자가 되어 정의사회의 관점에서 볼 때 공정치 못한 결과를 초래하게 된다. 그런데 이들 피해자옹호론자들은 두 가지 관점에서 그들의 주장을 뒷받침하고 있다. 그 하나는 범죄문제의 일차적 책임은 범죄의 가해자에게 있기 때문에 피해자를 비난한다는 것이 일종의 책임전가에 불과하다는 것이고, 두 번째는, 범죄의 가해자나 피해자도 우리 사회 또는 국가의 잘못으로 인한 공동의 피해자이기 때문에 둘 다 범죄문제에 대해 전적으로 책임을 물을 수 없다는 것이다.

이러한 피해자옹호론이나 비난론의 논쟁에 있어서 그들이 각자 내세우는 가장 보편적인 예는 자동차절도와 강간범죄라고 할 수 있다. 우선 자동차절도의 경우를 보자. 피해자를 비난하는 측에서는 자동차소유자들이 문을 잠그지 않는 등 자신의 주의의무를 소홀히 했기 때문에 자동차절도를 용이하게 한 책임이 있다는 주장으로서 주로 자동차제조회사나 보험회사가 강력하게 내세우는 입장이다. 그리고 이러한 비난론은 한편으로 잠재적 자동차절도 피해자들로 하여금 주의를 환기시키는 교육적 효과를 얻을 수 있는 긍정적인 면도 없지 않다.

그러나 자동차절도사건에 대한 실증적 연구에 따르면, 절도사건의 대부분이 소유자의 부주의에 기인하는 것이 아니라고 밝혀지고 있기 때문에 피해자비난론자들의 주장은 그 설득력을 잃고 있다. 이들 피해자옹호론자들은 자동차절도의 원인이 피해자의 방심이나 주의의무의 태만이라기보다 도난방지 등 안전장치의 미비에 가장 큰 원인이 있으며, 따라서 피해자에게 책임이 없다고 보았다. 예를 들어, 장난삼아 남의 차를 훔쳐 타는 청소년들의 joyriding의 경우 피해자비난론도 전혀 근거 없는 주장은 아니다. 하지만 근래 들어 소유자의 주의 여부와 관계없이 조직적으로 이루어지는 전문자동차절도단에 의한 절도가 대부분을 차지하는 현실을 감안한다면 자동차절도에 있어서 소유자의 주의태만으로 인한 피해자비난은 근거가 희박할 수밖에 없다.

한편 강간사건에 대한 피해자비난론자들은 강간이 경우에 따라서는 우연이나 운명적으로 강간의 피해자가 된 것이 아니라고 보고 있다. 즉, 강간을 당하지 않는 여성과 다른 행동이나 태도로 자신의 강간을 초래했다고 보는 것이다. 즉, 가해자와 동일한 책임이 피해자에게 주어질 수 있는 경우이다. 그러나 이들의 주장대로라면 강간범에 대해서는 그 책임이 경미해져야 하나 이것이 사실 강간범죄를 가장 강력한 범죄의 하나로 취급하고 있는 형사정책과는 배치되는 결과를 초래하는 것이다. 또한 강간을 포함한 범죄문제의 일차적 책임을 가지고 있는 경찰로부터 강간문제의 책임이 피해자에게로 전가된다는 잘못된 인식을 줄 수가 있다.

그래서 강간피해자를 옹호하는 입장에서는 비난론자들의 주장에 대해 피해자를 또다시 비난함으로써 상처받은 피해자에게 이중의 상처를 안겨주는 불공정한 처사라고 이의를 제기하고 있다. 그들에 의하면, 피해자의 책임을 논하는 경우는 상식적으로 피해자가 먼저 자청해서 싸움을 걸어 싸움중에 피해를 입게 되는 경우여야 하는데 자청한 강간은 있을 수 없기 때문에 강간에 있어서 피해자책임과 비난은 있을 수 없다는 것이다. 실제로 살인의 경우는 정당방위가 있을 수 있으나 강간의 경우는 정당방어를 위한 강간이 있을 수 없는 것이다.

그 밖에 강간피해자옹호론자들은 강간피해자들이 잘못된 행실로 강간을 자초한다는 피해자비난론자들의 주장에 대해 여성들이 남성들의 관심을 끌고 싶어 하는 욕망은 있을지 몰라도 남성들에게 강제적인 지배를 받고자 하는 욕망을 가지고 있는 것은 아니라고 하였다. 그리고 이 점은 대부분의 강간피해여성이 자신을 지키기 위해서 필사적으로 저항한다는 사실에서 잘 알 수 있다.

1950년대에 Wolfgang이 '피해자유발(victim precipitation)'이라는 용어를 사용한 이래, 다양한 유형의 범죄에 원용되어 왔다. 살인에 있어서는 피해자가 먼저 가해자에게 물리력을 가했기 때문이며, 강도는 재물을 취급함에 있어서 합리적인 보호와 안전장치를 하지 않았기 때문이다. 그리고 강간의 경우에 있어서는 피해자가 처음에 말이나 몸짓 등으로 성적 관계를 동의하고 나서 행위 직전에 거부했다는 이유에서 강간범죄의 피해자를 부분적으로 비난하는 계기가 되고 있다. 실제로 경찰자료에 의하면, 살인의 경우는 22~38%, 폭행은 14%, 강간은 4~19%, 그리고 무장강도의 경우는 11% 정도가 피해자유발에 해당되는 것으로 알려지고 있다.[12]

그런데 이와 같은 피해자비난과 옹호는 범죄피해자학의 발전에 있어 상당한 기여를 하였다.

즉, 피해자옹호론이 피해자에 대한 배려적 측면에서 발전적 기여를 하였다면, 피해자비난론은 범죄현상의 이해와 피해의 예방을 중심으로 하는 피해자학의 발전에 밑거름이 되었다.

특히 피해자유발이 피해자학의 발전에 많은 영향을 끼친 이유는 피해자유발이 다양한 범죄에 높은 비율을 차지하기 때문에 그로 인해 피해자행위의 중요성과 주의소홀, 태만 등 간접적으로 자신이 피해에 기여하는 경우에 대한 관심이 증대되었기 때문이다.

나아가 이러한 인식이 잠재적 피해자인 시민의 일상생활유형이나 방식에 따라 범죄의 기회를 제공할 수도 있으며, 따라서 피해자의 책임도 있을 수 있다는 논리를 제공하게 되었기 때문이다.

제 2 절 현대의 범죄피해자학이론

1. 피해자학이론에 필요한 주요 개념

피해자학에 관련된 이론을 전개하기 위해서는 우선 이론의 저변에 깔린 주요 개념을 파악할 필요가 있다. 물론 이론이나 연구에 따라 용어의 형태 및 그 뜻하는 바가 다를 수 있지만, 대부분의 피해자학이론이 공통적으로 내세우고 있는 용어와 개념은 범죄와의 근접성(proximity to crime), 범죄에의 노출(exposure to crime), 표적의 매력성(target attractiveness), 그리고 보호능력 (guardianship)이라고 할 수 있다.

(1) 범죄와의 근접성

피해자화에 있어서 어쩌면 가장 중요한 개념이라고도 할 수 있는 것은 범죄와의 물리적 근접성이다. 즉 이것은 범죄다발지역에 가까울수록 피해 위험성이 증대된다는 것으로서 여기서 말하는 근접성(proximity)이란 범죄의 잠재적 표적이 사는 곳과 상대적으로 많은 수의 범죄자가 발견된 지역과의 물리적 거리로 나타낼 수 있다.[13] 그런데 범죄다발지역에 거주하는 사람일수록 범죄피해자가 될 위험성이 더 많은 이유는 범죄자와의 빈번한 접촉가능성을 증대시키기 때문이다. 물리적 근접성의 보편적인 척도는 도시와 농촌 등 거주지역, 소득수준이나 실업률 등 사회경제적 특성, 거주지역의 안전인식 등이 이용되고 있다.[14] 즉 이렇게 근접성의 지표가 무엇이든 근접성과 범죄피해의 위험성 증대가 서로 연관된다는 것은 많은 실증적 연구결과로서 입증되고 있다.[15]

(2) 범죄에의 노출

범죄에 대한 노출은 개인의 범죄에 대한 취약성(vulnerability)을 나타내는 것이라고 할 수 있다.[16] 이는 외진 지역에 위치한 건물이나 가옥은 침입절도에 그만큼 많이 노출되는 것이며, 위험한 시간에 위험한 지역에 처한 사람은 당연히 강도나 폭행의 위험성을 더 많이 안고 있다고 할 수 있다. 이처럼 범죄에의 노출은 대체로 개인의 일상적 활동(routine activity)과 생활양식 (life-style)에 기인하는 바가 크다. 그런데 노출의 정도는 대체로 가정외적 활동의 특성과 수준이라는 견지에서 측정되고 있는데, 대표적으로 개인의 주요 일상활동·여가활동 등을 위해 야간에 외출하는 빈도나 집을 비우는 평균시간 등이 활용되고 있다.[17] 상대적으로 위험성이 높은 야간시간에 위험성 많은 공공장소 등에서 많이 노출되는 사람일수록 범죄에 그만큼 많이 노출되는 것이고 따라서 범죄피해의 위험성도 높아진다는 것이다.[18] 그러나 이에 대한 연구결과는 상반된 경우가 많아서 확실하게 결론을 지을 수는 없다.

(3) 표적의 매력성(target attractiveness)

이는 범죄에 있어서 특정한 표적이 범죄자에게 상징적·경제적 가치가 있기 때문에 선택된다는 논리에 기초하고 있다. 범죄의 표적으로서 매력은 이처럼 가치뿐만 아니라 물리적 저항이 적을수록 매력적인 표적이라고 할 수 있다. 그래서 범죄피해의 구조적－선택모형에 의하면, 표적의 결정시 중요한 것은 표적과 관련된 상이한 가치와 주관적 유용성이라고 한다.

여기서 표적의 매력성은 고가(高價)이거나 이동이 용이한 재화의 소지 여부, 공공장소에서의 보석패용 여부, 사회경제적 지위나 가족의 소득 등을 이용해서 측정되고 있다.[19] 지금까지의 연구결과는 범죄에의 노출과 마찬가지로 상반된 경우가 많이 있다.[20]

(4) 보호능력(capable guardianship)

보호능력이란 피해의 대상이 될 수 있는 사람이나 물건의 범죄발생을 미연에 방지할 수 있는 능력을 일컫는다. 따라서 보호능력이란 대인적 또는 사회적인 면과 물리적 차원을 공히 내포하고 있다. 사회적 보호능력이란 가족구성원, 이웃 주민과의 친분 또는 협조와 같은 것을 들 수 있고, 물리적 차원의 보호성은 방범시설이나 장치를 통해서 이루어질 수 있다. 또한 가로등이나 보호등의 설치 및 기타 방범에 관한 집단활동에 참여하는 것 등도 포함한다.

어떠한 형태의 보호능력이든 보호능력의 강화는 곧 범죄자에 대한 비용의 증대를 초래하고, 따라서 범죄피해의 기회를 감소시키게 된다. 실제로 대부분의 시민이 다양한 형태의 방범시설이나 장비를 갖추며, 집단적인 방범활동에 참여하는 것으로 보도되고 있다.[21] 그러나 이들 보호활동의 방범효과에 대해서는 견해가 엇갈리고 있다.

2. 범인성과 범죄동기의 이론(theories of criminality)

범인성(criminality)이론은 범죄의 잠재성(potential)에 관한 이론, 즉 잠재적 범법자를 만드는 충분조건(sufficient conditions)의 이론이다. 대부분의 이론에 의하면 사람들은 범행의 동기가 주어질 때 범죄자가 된다는 것이다. 그러나 범죄유형에의 가담과 같은 범인성(criminality)의 설명과 범죄사건인 범죄(crime)의 설명에는 중요한 개념적 차이가 있으며, 각각의 임무를 위해서는 상이한 이론이 요구될 수 있는 것이다.[22] 범인성 이론은 대부분 범죄의 특수한 사례를 설명하는 데 관심을 두지 않고 현재 범죄경력을 강조하는 것과 같이 범인성 유형(patterns of criminality)을 설명하는 데 관심을 두고 있다. 반대로, 피해이론은 특정한 범죄행동을 설명하기 위하여 피해자의 생활유형에 더욱 집중해 왔다. 다시 말해서, 대부분의 범인성 이론은 범죄동기나 의사를 범죄사건의 상황과 직접 연계시키지 않기 때문에 범죄에 대한 이론이 아니다. 동기가 부여된 범죄자의 존재는 특정한 범죄가 왜, 언제, 어디서 일어나는가에 대한 부분적인 대답밖에 줄 수 없는 것이다.

소위 '합리적 선택(rational choice)'의 관점에서 보면 범죄자도 범죄의 이익과 비용을 저울질하는 과정을 거쳐서 범죄와 범행대상을 선택한다. 거의 모든 범죄가 합리적 선택의 요소를 지니고 있다는 것이다. 그러나 모든 인간행동이 의사결정의 요소들을 포함하기 마련이지만 특정인이 다른 사람들에 비하여 선택에 있어서 더 자유로울 수 있는 것이다. 범죄를 단지 쾌락주의적 계산의 결과로 고려하는 것은 인간 의사결정의 본성을 지나치게 단순화하는 것이며, 어떠한 조건 하에서 사람들이 범죄를 선택하는가라는 범죄학의 가장 중요한 이론적 의문을 미결로 남기게 한다. 또한 만약 행위자가 그 행동으로부터 어떠한 이익을 인식하고 그 이익이 검거되어 처벌받는 결과를 능가한다면 그 범죄가 합리적이라고 할 수 있을 것이다. 그러나 일부 정신질환자를 제외한 거의 모든 범죄자는 검거될 것이라는 인식은 하지 않고 범행의 이익만 인식하기 때문에 이러한 가정은 사실상 아무런 의미가 없는 것이다. 즉, 자신의 이익과 관련된 어떤 이유에서 범죄자가 범행한다고 주장하는 것은 범죄자와 비범죄자가 어떻게 다른지에 대해서는 아무런 설명도 해 주지 못한다. 그래서 중요한 의문은 일부 사람이 한 때는 범죄에 가담하지만 다른 대부분의 시간에는 범죄에 가담하지 않고, 일부 사람이 범행을 저지르지만 다른 대부분의 사람들은 범행을 저지르지 않는 조건이 무엇인가라고 할 수 있다. 그런데 합리적 선택의 개념은 그러한 조건을 파악하지 못하고 있다.[23]

고전주의나 실증주의에서 그 철학적 기초가 무엇이건 범죄학 이론들은 범죄학적 탐구의 적절한 종속변수는 범죄행위가 아니라 범법자의 욕망이나 동기라는 데 의견을 같이하고 있다. 범죄자에 무관심한 범죄이론은 없으며, 대부분의 이론은 범법자의 동기에 관심을 두고 있다. 이처럼 범죄학자들은 전통적으로 범법자를 이해함으로써 범죄를 이해하려고 시도하였다. 그러나 이러한 전통은 개인의 지나친 강조와 그로 인한 환원주의(reductionism)의 경향과 피해자나 장소와 같은 범죄가 발생하는 상황이나 여건의 경시라는 적어도 두 가지 문제를 안고 있다.

3. 생활양식-노출이론(lifestyle-exposure theories)

범죄피해에 대한 체계적 이론 중 하나인 생활양식-노출이론은 처음에 사회계층별 폭력범죄에 대한 피해위험성의 차이를 밝히기 위해 제안되었다. 그러나 점차로 재산범죄까지도 확대되었고 더 나아가 보다 정교한 표적선택과정(target selection process)이론의 기초를 제공하게 되었다. 이 이론의 기본적 가설은 범죄피해의 가능성에 있어서 인구학적 차이는 피해자의 개인적 생활양식의 차이에 기인한다는 것이다. 즉, 이렇게 모든 사람은 그 생활환경에 따라 범죄피해의 위험이 높은 상황·지역·시간에 노출되는 정도가 다르기 때문에 범죄피해에 대한 위험부담 또한 다르게 된다. 그렇기 때문에 생활양식의 차이가 중요하게 지적되는 것이다.

이들의 주장에 의하면, 개인의 직업적 활동과 여가활동을 포함하는 일상적 활동의 생활양식이 그 사람의 범죄피해위험성을 결정하는 중요한 요인이 된다는 것이다.[24]

[그림 2-1]에 의하면, 생활양식의 차이는 다양한 역할기대와 구조적 제약에 대한 개인의 집합적 반응 또는 적응에 의해 사회적으로 결정되는 것이다. 나이나 성별 등 인구학상의 개인적 신분특성은 곧 개인의 적절한 행위에 대한 기대와 그 사람의 행동선택을 제한하거나 가능케 하는 구조적 장애를 결정하게 되며, 이러한 문화적 또는 구조적 기대에 대한 순응은 직업적 또는 여가활동상의 생활양식을 결정하게 된다. 그리고 이러한 생활양식에 따라 그 사람의 위험성의 노출 정도가 결정되며 생활양식에 따라 유사한 상황에 있는 다른 사람들과의 접촉을 유발시켜서 위험성에의 노출 정도가 달라지며, 그에 따라 위험성도 달라진다는 것이다.

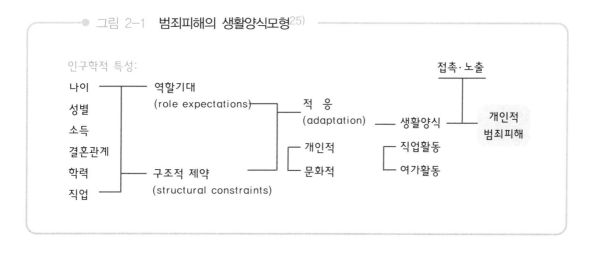

그림 2-1 **범죄피해의 생활양식모형**[25]

즉 이러한 전제를 따르면 젊은 사람, 남자, 미혼자, 저소득층 그리고 저학력층 등은 노년층, 여자, 기혼자, 고소득층 그리고 고학력층보다 폭력범죄의 피해자가 될 확률이 훨씬 높다고 결론 내릴 수 있다. 왜냐하면 그들은 가족과 보내는 시간이 적고, 외부에서 보내는 시간과 하는 일이 많으며, 범죄자특성의 소유자와 빈번한 접촉을 하기 때문이다. 이러한 가정에 대한 경험적 검증은 많지 않지만, 몇몇 연구결과는 성별과 연령 등 피해위험성에 있어서 인구학적 차이가 개인의 일상활동과 생활양식의 차이에 기인할 수 있다는 것을 지적해 주고 있다.[26]

4. 일상활동이론(routine activity theory)

일상활동이론은 Cohen과 Felson에 의해 주장된 이론으로서,[27] 위에서 기술한 생활양식-노출이론과 유사점이 많다. 두 이론은 공히 관습적 사회에 있어서 일상활동이나 생활양식의 유형이 범죄를 위한 기회구조를 어떻게 제공하는가를 강조한다. 이러한 점에서 가해자중심의 전통적 범죄학에서 범죄의 사회생리나 개인적 범죄피해를 이해하기 위해 강조되던 범죄자의 동기, 그리고 기타 범인성 관점들의 중요성은 이 두 이론에서 아주 가볍게 여겨지고 있다. 이렇게 볼 때, 두 이론은 매일매일의 일상생활유형에 따라 범죄기회가 달라진다고 보는 확장된 의미의 '범죄기회'이론에 속한다고 할 수 있다.[28] 그러나 두 이론은 사용하는 용어와 설명하고자 하는 대상을 달리하고 있다. 일상활동이론이 원래 시간의 흐름에 따른 범죄율의 변화를 설명하기 위한 것이었던 반면, 생활양식-노출이론은 사회적 계층에 따른 범죄피해위험성의 차이를 설명하기 위한 것이었기 때문에 이 점이 기본적인 차이라고 할 수 있다.[29]

그런데 Cohen과 Felson에 의하면, 일상활동유형의 구조적 변화가 동기부여된 범죄자(motivated offender), 합당한 표적(suitable target), 보호할 수 있는 능력의 부재(absence of capable guardian-ship)라는 범죄의 직접접촉에 관한 세 가지 요소에 대해 시간적·공간적으로 영향을 미친다고 한다. 따라서 이것이 범죄율에 영향을 미치게 된다고 한다. 즉, 이들 세 가지 조건 중 어느 하나라도 부족하다면 범죄활동은 충분히 예방될 수 없다는 것이다.[30] 다시 말해서, 범죄자를 자극하거나 동기를 부여하는 구조적 조건이 변화되거나 증가되지 않더라도 매력적이고 무방비상태인 범죄표적이 늘어나는 한 범죄율의 증가는 얼마든지 가능한 것이다. 이러한 이들의 주장은 실업률, 경제적 불평등, 인종차별 등 범인성을 증대시키는 구조적 조건이 저하됨에도 불구하고 범죄율이 지속적으로 증가하고 있는 이유를 설명할 수 있다는 점에서 매우 중요한 공헌을 했다고 평가할 수 있다. 따라서 범죄대상의 보호능력이나 매력성이라는 측면에서 잠재적 피해자의 일상생활이나 활동은 곧 범죄기회를 증대시킬 수도 있으며, 반대로 범죄기회를 제한할 수도 있다. 결국 자신의 일상생활 유형에 따라 범죄의 기회를 증대시킬 수도 감소시킬 수도 있기 때문에 범행기회의 제거나 축소라는 견지에서 범죄예방의 가능성과 중요성이 제시되고 있는 것이다.

여기서 범행대상물의 매력성이란 대체로 보석처럼 소형이나 고가의 물품, 고액의 현금, 신용카드를 소지하거나 보관하는 경우를 들 수 있고, 보호능력의 부재는 주거관계상 가족의 부재, 가정외적 활동의 과다 등의 경우라고 할 수 있다. 결국, 일상활동이론에 대한 경험적 연구의 대부분은 이 점에 초점을 맞추고 있다.[31] 즉, 외부활동시간이나 수준이 높을수록 범죄표적으로서 잠재적 피해자의 가시성과 접근성을 증대시키기 때문에 그 사람의 위험성은 증대하게 되는 것이다. 그리고 반대로 자기보호나 방어수준을 높이면 위험성은 그만큼 줄어드는 것이다. 즉, 범죄자에게 주관적·물질적으로 더 가치 있는 사람과 물품은 이보다 가치가 적은 사람과 물품에 비해 범죄피해의 위험성도 높아진다고 할 수 있을 것이다. 종합하면, 잠재적 피해자가 잠재적 가해자의 눈에 쉽게 띄고(가시성), 쉽게 접근할 수 있어서(접근성) 표적의 적합성(taregt suitability)이 높고 그 보호가능성은 낮을 때 피해자가 될 확률이 가장 높다고 할 수 있다. 즉, 표적은 매력적이며 무방비상태일 때 피해자가 될 위험성이 가장 높다고 할 수 있다.

5. 대안적 이론모형

(1) 구조적-선택모형(structural-choice model)

한마디로 구조적-선택모형은 범죄기회구조와 표적선택을 통합한 이론모형으로서, Miethe와 Mierer가 위에서 언급된 일상활동(routine activity)과 생활양식 노출(lifestyle exposure)이론을 통합한 것이다.[32] 지금까지의 논의를 종합하자면, 범죄피해는 다음과 같은 상황하에 발생하게 된다는 것이다. 즉, 동기부여된 잠재적 가해자와의 물리적 거리가 근접하고(physical proximity to motivated offender), 범죄의 위험성이 높은 환경에 노출(exposure to high-risk environment)될 때, 범죄표적이나 대상이 표적으로서의 매력적일 때(target attractiveness), 그리고 보호가능성이 결여(absence of guardians hip)될 때를 범죄의 필요조건으로 제시하고 있는 것이다.

그런데 위의 네 가지 범죄의 조건이 사실은 범행의 기회와 대상의 선택이라는 두 가지 요인으로 구성되었음을 알 수 있다. 즉, 일상활동이론과 생활양식-노출이론이 잠재적 범죄자와 피해자의 접촉을 증대시킨다는 면에서 범죄기회구조의 생성에 기여하였으며, 개인이나 물품의 주관적 가치와 보호가능성의 정도는 곧 특정 범행대상의 선택을 결정케 하는 변수로 작용하는 것이다. 따라서 위의 두 이론 — 일상활동유형과 생활양식–노출이론 — 을 통합하면 일상활동유형이 그 사람이나 그의 재물을 더 큰 위험에 처하게 할 수도 있지만, 특정한 범죄피해의 선택은 선택대상의 기대되는 유용성에 의해 결정되는 것이다.[33]

다시 말해서, 근접성과 노출은 그 사람의 사회적 상호작용의 특성을 유형화하며 더 큰 위험성에 노출시키기 때문에 이 둘을 범죄기회의 구조적 특징으로 고려할 수 있고, 반면에 매력성과 보호가능성은 특정한 범죄대상의 선택을 대변하기 때문에 선택요인이라고 말할 수 있는 것이다.

이처럼 두 이론을 통합하여 구조적–선택의 관점에서 범죄피해를 봄으로써, 우선 일상활동이론에 의해 범죄기회구조에 기여하는 거시적 영향과 생활양식–노출에 의한 특정 범죄대상의 선택을 결정하는 미시적 과정을 모두 설명할 수 있다. 또한 이 통합모형은 소인적(predisposing) 요인과 촉진적(precipitating) 요인을 명확히 구분할 수 있게 한다. 즉, 특정 환경에 거주함으로써 위험한 상황에 노출되고 가까이 있게 되지만, 그 사람이 범죄피해자가 되고 안 되는 것은 다른 대안적 대상과 비교한 그 사람의 가정된 주관적 유용성에 달려 있는 것이다.[34]

(2) 표적–선택과정(target–selection process)

그런데 지금까지 기술한 일상활동과 생활양식–노출이론은 모두 범죄율을 설명하고 왜 특정인이 다른 사람에 비해 더 높은 피해위험성을 갖는지를 설명하고자 제안된 것이었다. 이들에 의하면, 서로 다른 인구학적 집단에 따라 범죄피해위험성이 다른 것은 위험한 시간, 장소, 사람에 대한 노출을 증대시키는 생활양식, 그리고 일상활동의 차이에 기인한다는 것이다. 그러나 두 이론은 특정한 사회공간적 배경이나 여건 내에서 특정한 사람이 범죄의 대상으로 선택되는 이유를 설명할 수 있는 미시적 수준의 이론으로 진전시키지는 못하고 있다.

그것은 바로 범죄자의 범죄대상선택과 관련된 범행의 동기에 대한 배려가 없기 때문이라고 한다. 사실, 범행의 동기는 상당 부분 범행의 기회에 달려있고, 범행의 기회는 역시 범행을 제재하거나 방해하는 제약이 없거나 적을 때 많아지는 것이 당연하기 때문이다.

그러나 이보다 더 중요한 것은 범행대상을 선정하여 범행을 실제 하기까지는 범죄자가 의사를 결정하여 선택한다는 사실이다.

즉, 위 두 가지 관점을 종합해 볼 때 범죄자도 '사고하는 범죄자(reasoning criminal)'로서,[35] 범죄행위를 통하여 이익을 추구하려 하며, 최소한의 위험과 노력으로 최대한의 결과를 얻을 수 있는 피해자를 선택한다는 것이다. 물론 대부분의 범죄자가 범죄를 사전에 계획하고 선택하는 것은 아니지만 합리적 범죄자라면 잠재적 피해자로부터 최소한의 위험부담을 가지고 최대한의 보상을 얻을 수 있도록 범행대상을 선정하는 것이다.

그런데 여기서 범행을 결심하고 특정한 피해자를 선택하는 것은 다양한 요인에 의해서 영향받을 수 있다. 침입절도라면 체포의 위험, 잠재적 보상이나 수확, 그리고 범행의 상대적 용이성을, 그리고 강도라면 물리적 환경과 피해자 특성 등이 대표적으로 범행대상의 선택에 영향을 미치는 요인으로 들 수 있는 것이다.

Hough는 이러한 범행대상의 선정을 설명하기 위하여 선정과정에서 일상활동과 생활양식의 중요성을 분명히 하는 개념적 틀을 제안하였다. 그의 주장을 개괄적으로 설명하자면, 만약 특정 집단의 사람들이 다른 집단에 비해 범죄대상으로서 빈번히 선택된다면 적어도 동기부여된 범죄자에게 보다 빈번히 노출되고(근접성), 범죄자에게 더 많은 보상을 제공할 수 있는 성질을 갖고 있고(보상), 보다 쉽게 접근할 수 있어서 범죄대상으로서 매력이 있고, 범죄피해에 대한 방어가 되어 있지 않은 상황(보호성의 부재) 등의 조건을 갖추었기 때문인 것이다.

[그림 2-2]를 보면, 인구학적 특성이 직업, 소거주지 등 그 사람의 생활양식을 결정하고, 나아가 일상활동에 영향을 미쳐서 생활양식이 직접노출, 보상 그리고 접근성에 영향을 미치거나, 일상활동을 통하여 이들 세 요소에 영향을 미치기도 한다.

한편, 인구학적 특성 자체도 보호성의 부재라는 접근성에 직접영향을 미치기도 한다. 이렇게 하여 결정된 근접성, 보상 그리고 접근성의 정도에 따라 범행대상이 선택·결정되는 것이라고 할 수 있다.

생활양식-노출이론과 일상활동이론을 통합한 위의 모형이 범행대상의 선정에 대해 중요한

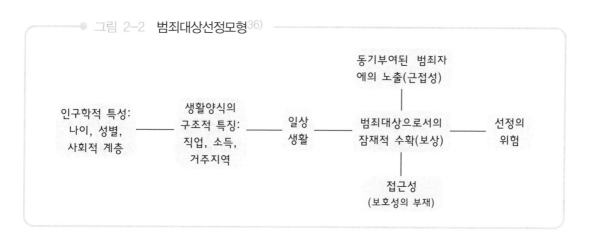

그림 2-2 **범죄대상선정모형**[36]

기여를 하지만, 위에서 제시된 근접성, 보상 그리고 접근성이라는 필요요건 중에서 어떤 것이 상대적으로 가장 중요한 요소인지는 밝혀지지 않고 있다. 또한 많은 연구결과 범행대상의 선정에 있어서 중요시되는 요소들이 범죄의 유형에 따라 매우 다양한 것으로 밝혀지고 있는데[37] 그럼에도 불구하고 위 모형은 이러한 범죄의 특성을 고려치 않고 있다는 점이 지적되고 있다.

심지어 동일한 범죄일지라도 초보자와 전과경험자는 범행대상 선정시 중요시하는 요인이 서로 다를 수 있음에도 불구하고 위 모형에서는 이 점에 관한 것도 고려되지 않았기 때문에 적지 않은 비판을 받고 있다.

종합적으로 볼 때 이 이론은 부족한 점도 상당히 많지만 초기의 일상활동이론이나 생활양식이론에 비해서는 상당히 진전된 것으로 평가받고 있다.

한편 지금까지의 범죄피해자이론이 대부분 개인적 차원에서의 분석이었기 때문에 주로 개인적 특성, 생활양식 그리고 일상활동 등으로서 범죄피해를 설명하려는 이론이 주종을 이루었으나, 개인적 차원의 요소 외에도 개인의 범죄피해에 대한 위험성에 영향을 주는 것은 적지 않다. 예를 들어, 특정 지역에서 범죄를 예방하기 위한 사전주의조치가 철저하게 이루어지고 있다면 이로 인하여 범죄는 보안수준이나 보호수준이 낮은 곳으로 옮겨갈 수가 있다는 것이다.

즉, 범죄대체효과(crime displacement effect)와 그로 인한 무임승차효과(free-rider effect)를[38] 초래하여 결과적으로 그 지역에 거주하는 특정 사람이 개인적으로는 일상활동이나 생활양식상 위험성이 높다 할지라도 사실상 범죄피해의 위험성은 줄어들게 되는 경우도 있다.

6. 새로운 피해자학의 출현

(1) 범인성이론과 피해이론의 통합

지금까지의 논의에 따르면, 범죄가 발생하기 위해서는 동기가 부여된 범법자, 가치 있는 피해자나 표적, 범행을 용이하게 하는 사회적 여건이라는 적어도 세 가지 필요조건이 있다. 따라서 가해자기초이론(offender-based theory), 피해자이론, 기회이론을 포함한 대부분의 사회학적 범죄이론들이 이들 세 가지 조건을 기초로 하고 있다. 그러나 중요한 것은 필요조건이 충분조건은 아니며, 범죄에 대한 완전한 설명을 위해서는 범법자와 피해자 특성이 결합되는 조건에 대한 관심을 필요로 한다.

1) 두 이론의 호환성(compatibility)

최근 20여 년에 걸쳐 범죄원인연구의 새로운 추세 중 하나는 설명력을 높이기 위한 이론의 통합이다. 이론의 통합은 범죄에 대한 더 정확하고 더 포괄적인 모형을 제공할 수도 있다. 따라서 범죄학에 있어서 통합이란 전혀 새로운 것은 아니다. 사실 어떻게 보면 대부분의 피해이론도 어느 정도는 이전 이론들의 합병과 통합이라고 볼 수 있다. 그러나 아직 범인성이론과 범죄피해이론의 포괄적 통합은 이루어지지 않고 있는 실정이다.

지금까지 우리는 대부분의 범인성이론을 범법자동기에 대한 결정론적 이론으로 간주해 왔기 때문에 범죄는 특정한 생물학적, 사회적, 경제적, 그리고 환경적 조건들에 의해서 양산되는 것으로 인식해 왔다. 그러나 중요한 것은 이들 범인성이론의 어느 하나도 범죄행위에 가담하는 능력을 문제점으로 고려하고 있지 않다는 사실이다. 즉, 일단 범행의 동기나 욕구가 있으면 범죄는 일어나는 것으로 가정되는 것이다. 대부분의 약탈범죄의 범행에는 피해자나 표적, 범행을 용이하게 하는 여건, 일정한 기술이나 신체적 능력, 그리고 범행을 위한 도구 등 단지 몇 가지 기본적 전제가 있을 뿐이라는 것을 고려한다면 그러한 인식은 충분히 이해할 수 있는 것이다. 그러나 이러한 시각은 잠재적 피해자의 행동이 범죄기회의 제공을 결정한다는 사실을 인식하지 못한다. 특정한 지역에 범죄기회가 넘친다면 그 사실 하나만으로도, 즉 범죄기회만으로도 범죄에 필요한 유일한 동기가 될 수 있다. 실제로 기존의 상황적 범죄예방대책과 환경설계를 통한 범죄예방 등은 범죄욕구는 범죄를 용이하게 하는 환경을 제거함으로써 제한될 수 있다는 가정에 따라 범죄동기는 거의 무시하고 있다.[39] 이러한 기존 범인성 이론의 근본적인 약점은 생활유형과 일상활동에 따라 생기는 범죄기회가 어떻게 범죄동기의 표출을 가능하게 하거나 제약하는가를 고려하지 않는다는 점이다.

피해이론은 범죄의 기회구조와 범죄표적의 선택과 관련된 요소를 직접적으로 다루고 있다. 범죄기회이론은 잠재적 범법자에 대한 잠재적 피해자의 노출과 근접성을 증대시킴으로써 어떻게 일상활동과 생활유형의 특성이 약탈범죄를 용이하게 하는가를 지적하고 있다. 위험하고 취약한 상황에의 근접성과 노출이 그 사람을 이미 더 높은 범죄피해의 위험성에 처하게 하지만, 이러한 특정한 환경에서 그 사람이 실제 피해자가 되고 안 되고는 범죄표적의 매력과 표적의 보호능력에 달렸다는 것이다. 이런 시각에서 보면 범법자는 가장 적은 비용으로 가장 큰 이익을 제공하는 범죄표적을 선택하는 합리적 행위자이다. 그러나 범인성이론의 주류인 범죄동기를 양산하거나 사회적 제재를 약화시키는 사회적 영향력은 피해이론에서는 대부분 무시되고 있다.[40]

그런데 범인성이론과 피해이론의 통합은 범죄가 범죄가담의 결정(범행)과 특정한 범죄피해 대상의 선택(표적－선택)이라는 두 가지 과정을 내포하고 있음을 인식하는 것이다. 두 가지 결정 모두가 범죄를 완전하게 이해하기 위해서 고려될 필요가 있는 것이다. 적정한 범죄표적과 범행을 용이하게 하는 여건이 없는 범죄의사는 결코 이루어질 수 없다. 따라서 잠재적 피해자나 범법자의 행동과 사회적 여건을 무시하는 범죄이론은 불완전한 것이 되어 버린다.

피해이론에 있어서 합리적 의사결정자로서의 범죄자의 인상은 대부분의 범인성이론의 저변에 깔린 범죄원인의 결정적 개념과는 반대라고 할 수 있다. 그러나 범행과 표적－선택이 범죄생태학에 있어서 전혀 다른 별개의 과정이라는 것을 고려한다면 그러한 인식이 전혀 양립할 수 없는 것은 아니다. 외적 영향력이나 내적 사회통제의 부재가 개인으로 하여금 자신의 문제에 대한 범죄적 해결을 추구하게 할 수 있지만 범행할 범죄유형과 특정 표적의 선택이라는 견지에서 행위자는 상당한 선택의 여지를 가지게 된다.

2) 발견적 모형(heuristic model)[41]

범죄사건에 대한 완전한 설명을 위해서는 범법자, 피해자, 그리고 그 둘을 함께 결합시키는 사회적 여건에 대한 관심을 필요로 한다. 대부분의 범죄학적 이론들이 범법자 특성을 다루고, 최근의 문헌들은 피해자 행위와 특성을 탐구해 왔다. 대인적 환경과 물리적 환경의 요소 둘 다를 포함하는 사회적 여건이란 범죄의사와 매력적인 피해자 특성이 행동으로 옮겨지는 곳이라고 할 수 있다.

범법자의 동기와 피해자 특성에 의하여 제공되는 범죄기회는 서로 연관되지만 그 관계의 방향은 분명하지 않다. 특히, 동기를 가진 범법자가 적절한 표적을 찾을 수도 있지만 반대로 잠재적 피해자의 특성이 범죄의사를 생성시킬 수도 있는 것이다. 그러나 광범위한 사회적 여건이 범죄에 기여하지 않는 한 범죄행동이 범죄의사와 매력적인 피해자 특성의 존재만으로 반드시 초래되는 것은 아니다.

통합모형에 의하면, 다음 [그림 2－3]의 점선 부분처럼 범법자의 동기, 피해자의 특성, 그리고 사회적 여건의 연계가 이상적이거나 최적의 경우가 아닐 때도 범죄가 발생할 수 있다. 예를 들어, 범죄동기가 너무 강해서 범법자가 가장 매력적인 표적, 시간, 장소를 선택함에 있어서 건전한 판단력을 행사하지 못할 수도 있다. 다수의 격정에 의한 폭력범죄나 극심한 빈곤으로 인한 도구적 재산범죄가 이 경우에 해당될 수 있다. 반대로, 매력적이고, 접근이 용이하며, 보호되지 않은 범죄표적으로 인한 범죄기회와 범행을 용이하게 하는 사회적 여건이 범행하지 않고 그냥

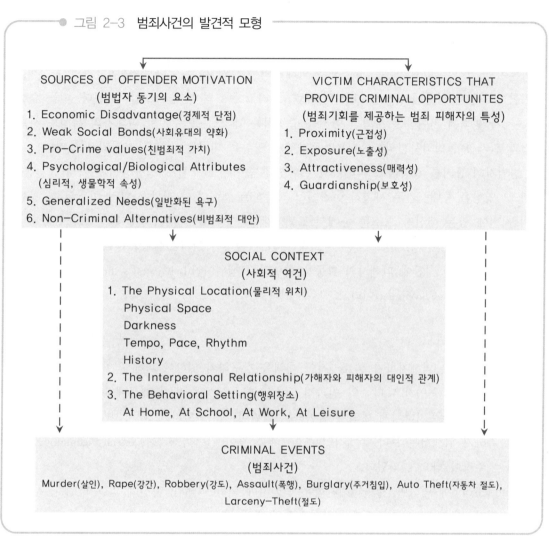

그림 2-3 범죄사건의 발견적 모형

SOURCES OF OFFENDER MOTIVATION
(범법자 동기의 요소)
1. Economic Disadvantage(경제적 단점)
2. Weak Social Bonds(사회유대의 약화)
3. Pro-Crime values(친범죄적 가치)
4. Psychological/Biological Attributes
   (심리적, 생물학적 속성)
5. Generalized Needs(일반화된 욕구)
6. Non-Criminal Alternatives(비범죄적 대안)

VICTIM CHARACTERISTICS THAT PROVIDE CRIMINAL OPPORTUNITES
(범죄기회를 제공하는 범죄 피해자의 특성)
1. Proximity(근접성)
2. Exposure(노출성)
3. Attractiveness(매력성)
4. Guardianship(보호성)

SOCIAL CONTEXT
(사회적 여건)
1. The Physical Location(물리적 위치)
   Physical Space
   Darkness
   Tempo, Pace, Rhythm
   History
2. The Interpersonal Relationship(가해자와 피해자의 대인적 관계)
3. The Behavioral Setting(행위장소)
   At Home, At School, At Work, At Leisure

CRIMINAL EVENTS
(범죄사건)
Murder(살인), Rape(강간), Robbery(강도), Assault(폭행), Burglary(주거침입), Auto Theft(자동차 절도),
Larceny-Theft(절도)

* Figure 4.1 Heuristic Model of Criminal Events.

지나치기에는 너무나 좋아서 심지어 사전 범행동기가 전혀 없었고 범행을 부추길 만한 상황이 없는 사람까지도 범행에 가담할 수 있는 것이다. 따라서 범법자, 피해자, 사회적 여건의 통합은 범죄사건의 가능성을 극적으로 증대시키지만, 범죄는 심지어 이 중 단 하나의 요소만 존재하더라도 가능한 것이다.

위 모형에 의하면, 범법자들이 가지는 범죄동기의 원천은 경제적 불리함, 사회적 유대의 취약함, 친범죄적 가치, 심리적 또는 생물학적 속성, 금전이나 성과 같은 일반화된 욕구, 비범죄적 대안의 존재여부 등 다양한 요소를 포함하고 있다.

한편, 위 모형에서는 피해자로 인한 범죄기회도 중시되고 있는데, 일상활동과 생활유형 – 노출이론이 파악하는 범죄기회를 창출하는 피해자의 기본적 특성은 바로, 범법자와의 근접성, 범죄위험성이 높은 상황에의 노출, 표적의 매력, 그리고 보호의 부재라고 할 수 있다. 이들 요소들의 존재가 범죄에 기여하는 사회적 여건을 규정하는 데 도움을 주지만 피해자의 특성도 사회적 여건과 관계없이 범죄사건의 가능성에 독자적인 영향을 미치는 것으로 가정되고 있다.

범법자의 동기를 강화하고 피해자의 위험성을 높이는 요소들도 진공상태가 아니라 둘을 엮어서 그 영향을 증대시키는 사회적 여건에서 작동하는 것이다. 그러나 사회적 여건은 본 통합이론의 저변에 있는 핵심적 요소들 중에서도 과거에는 가장 잘 다루어지지 않는 요소였다.[42] 최근 들어 그 중요성이 강조되고 있는 사회적 여건은 물리적 위치, 가해자와 피해자의 대인적 관계, 그리고 범행의 시간에 피해자의 활동을 확립하는 행위여건(behavioral setting)을 포함하는 미시적 환경(micro – environment)이라고 할 수 있다.

(2) 비판피해자학

Mendelsohn은 피해자학자는 효과적인 대책을 강구하기 위하여 피해 원인의 조사를 목표로 삼는다고 하였으나, 인간은 다수의 인과적 요소로부터 고통을 받기 때문에 단지 범죄피해에만 초점을 맞추는 것은 지나치게 협의 관점이라는 비판이 제기되었다. 그래서 이 분야의 진정한 의미를 함축하기 위해서는 보다 총체적인 용어, 예를 들어 일반피해자학(general victimology)이 필요하다는 주장이 나오게 되었다.

Mendelsohn에 의하면, 일반피해자학은 범죄자에 의한 피해자, 자신에 의한 피해자, 사회 환경의 피해자, 기술의 피해자, 그리고 자연환경의 피해자라는 5가지 형태의 피해자로 구성된다고 한다. 여기서 범죄자에 의한 피해자는 전통적 피해자학의 주제이고, 자신에 의한 피해는 자살과 같은 다양한 자신에게 가한 고통을 포함하며, 사회 환경에 의한 피해는 인종차별과 같은 개인, 계층, 집단 억압이며, 기술적 피해자는 핵이나 산업오염과 같은 사회가 과학혁명에 의존함에 따른 희생자이며, 자연환경의 피해자는 홍수와 지진 등에 의한 것을 의미한다.

Medelsohn의 공식과 맥을 같이 하는 것으로서, Smith와 Weis는 일반피해자학에 의해 적용되는 영역을 다음의 [그림 2–4]로 제시하였다. 그림에 의하면, 일반피해자학에는 피해자규정의 형성, 규정의 적용, 피해 후의 피해자의 대응행위, 그리고 피해자에 대한 사회적 반응의 4개 주요 관심영역이 있다. 의약품이 모든 환자와 모든 질병을 다루고, 범죄학이 모든 범죄자와 모든

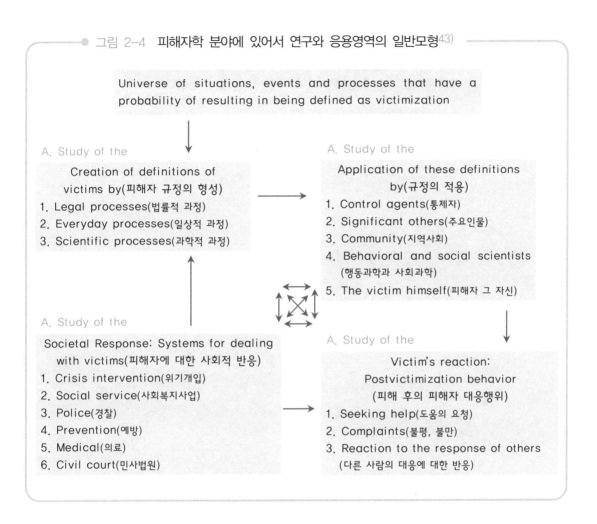

그림 2-4 피해자학 분야에 있어서 연구와 응용영역의 일반모형[43]

형태의 범죄에 관심을 가지듯이, 피해자학도 사회가 관심을 가지는 모든 관점의 피해와 모든 피해자에 대하여 관심을 가져야 한다는 것이다.[44]

그러나 최근에 와서는 관심의 초점이 지금까지의 일반적 접근보다는 소위 비판피해자학 (critical victimology)으로 옮겨가고 있다. 비판피해자학의 주창자들은 기존의 피해자학이 범죄의 기초, 즉 무엇이 범죄인가에 대한 기본조차 의문시하지 않고, 왜 특정행위가 제재되는가라는 의문을 경시하고 있다. 이는 결과적으로 잘못된 방향으로 발전해 왔다고 주장하는 것이다.

따라서 비판피해자학의 핵심은 어떻게 특정행위가 범죄로 규정되고 왜 그렇게 되는지, 그 결과, 피해자학의 전분야가 어떻게 그 특정한 일련의 행동에 초점을 맞추게 되었는가의 문제라고 할 수 있다. 이러한 개념은 Mendelsohn이 말하는 '사회 환경의 피해자'와 크게 다르지 않다. 사실, 힘 있는 사람들에 의한 다수의 범죄가 형법의 대상조차 되지 않고 있고 그 결과 그러한 범죄의 피해자도 피해자학의 논의대상조차 되지 못하게 된다는 것이다.

참고문헌

1   Marvin Wolfgang, *Patterns of Criminal Homicide*, Philadelphia: University of Pennsylvania Press, 1958.

2   Menachem Amir, *Patterns of Forcible Rape*, Chicago: University of Chicago Press, 1971.

3   Michael Hindelang, Michael Cottfredson, and James Garofalo, *Victims of Personal Crime*, Cambridge, MA: Ballinger, 1978.

4   Lawrence E. Cohen and Marcus Felson, "Social Change and Crime Rste Trends: A Routine Activity Approach," *American Sociological Review*, 1979, 44:588~608.

5   Hens Von Hentig, *The Criminal and His Victim*, New Haven, CN: Yale University Press, 1948.

6   Robert MacDonald, *Crime is a Business*, Palo Alto, CA: Stanford University Press, 1939.

7   Hans Von Hentig, "Remarks on the Interaction of Perpetrator and Victim," *Journal of Crinal Law, Criminology and Police Science*, 1940, 31:303~309; Stephen Schafer, *The victim and His Criminal: A Study in Functional Responsibility*, New York Random House, 1968; Lawrence Schultz, "The Victim−Offender Relationship," *Crime and Delinquency*, 1968, 14:135~141.

8   T. Ellenberger, "Psychological Relationships between the Criminal and His Victim," *Archives of Criminal Psychology*, 1955, 2:257~290.

9   R. Garofalo, *Criminology*, Boston: Little, Brown, 1914.

10 B. Mendelshon, "The Victimology"(in French), *Studes Internationales de Psycho−Sociologie Criminelle*, 1956, 3:25 ~26; Robert F. Meier and Terance D. Meithe, "Understanding Theories of Criminal Victimization," in Michael Tonry(ed.), *Crime and Justice: A Review of Research*, Chicaga: University of Chicago Press, 1993, pp.460~499에 서 재인용.

11 Von Hentig, 1948, *op. cit.*

12 Lynn Curtis, "Victim−precipitation and violent crimes," *Social Problems*, 1974, 21:594~605.

13 Lawrence E. Cohen, Janles R. Kluegel, and Kenneth C. Land, "Social Inequality and Predatory Criminal Victimization: An Exposition and Test of a Formal Theory," *American Sociology Review*, 1981, 46:505~524.

14 Cohen *et al.*, *op. cit.*; Michael Hough, "Offenders" choice of targets: Findings from victim surveys," *Journal of Quantitative Criminology*, 1987, 3:355~369; James P. Lynch, "Routine activity and victimization at work," *Journal of Quantitative Criminology*, 1987, 3:283~300; Robert J. Sampson and John D. Wooldledge, "Linking the micro−level and macro−level dimensions of lifestyle−routine activity and opportunity models of predatory victimization," *Journal of Quantitative Criminology*, 1987, 3:371~393.

15 Terrance D. Miethe and Robert F. Meier, "Criminal Opportunity and victimization rates: A structural choice theory of criminal victimization," *Journal of Research in Crime and Delinquency*, 1990, 27:247~266; Douglas A. Smith and G. Roger Jarjoura, "Household characteristics, neighborhood compositions. and victimization risk," *Social Forcers*, 1989, 68:621~640.

16 Cohen *et al.*, *op. cit.*

17 Cohen *et al.*, *op cit.* ; Sampson and Wooldledge, *op cit.*; James L. Massey, Marvin D. Krohn, and Lisa M. Bonati, "Property, crime and the routine activities of individuals," *Journal of Research in Crime and Delinquency*, 1989.

26:378~400.

18 Leslie Kennedy and David Forde, "Routine activity and crime: An analysis of victimization in Canada," *Criminology*, 1990, 28:137~151.

19 Miethe and Mierer, *op, cit.*

20 Cohen *et al. op cit.*; Terrance Miethe, Mark Stafford, and Douglas Sloane, "Lifestyle changes and risk of criminal victimization," *Journal of Quantitative Crimiology*, 1990, 6:357~376; John Stahura and John Sloan Ⅲ, "Urban Satisfaction of places, routine activities, and suburban crime rates," *Social Forces*, 1988, 66:1102~1118; Terrance D. Miethe, Michael Hughes, and David McDowall, "Social change and crime rates An evaluation of alternative theoretical approaches," *Social Forces*, 1991, 70:1685~185.

21 Terrance D. Miethe, "Citizen−based crime control activity and victimization risks, Examination of displacement and free−rider effects," *Criminology*, 1991. 29:419~439; Dennis P. Rosenbaum, "The Theory and research behind neighborhood watch, Is it a sound fear and crime reduction strategy," *Crime and Delinquency*, 190, 33:103~134.

22 T. Hirschi and M. Gottfredson, "The distinction between crime and criminality," in T. F. Hartnagel and R. A. Silverman(eds.), Critique and Explanation: Essays in Horner of Gwynne Nettler, New Brunswick, NJ: Transaction Books, 1986, pp.55~69.

23 Mierer and Miethe, *op cit.*, p.12.

24 *Ibid.*, p.466.

25 Hindelang *et al.*, *op. cit.*, 1978 참조.

26 Terrance D. Miethe, Mark C. Stfford, and J. Scott Long, "Social Differentiation in Criminal Victimization A. Test of Routine Activities/Lifestyle Theory," *American Sociological Review*, 1987, 52:184~194; Leslie Kennedy and David Forde, "Routine Activity and Crime An Analysis of Victimization in Canada," *Criminology*, 1990, 28:137~151.

27 Lawrence E. Cohen and Marcus Felson, "Social Change and Crime Rate Trends:A Routine Activity Approach," *American Sociological Review*, 1979, 44:588~608.

28 Lawrence E. Cohen, "Modeling Crime Trends: A Criminal Opportunity Perspective," *Journal of Research in Crime and Delinquency*, 1981, 18:138~164.

29 Mierer and Miethe, *op. cit.*, p.470.

30 Cohen and Felson. *op. cit.*, p.589.

31 Steven F. Messner and Judith R. Blau, "Routine Leisure Activity and Rates of A. Macro−level Analysis," *Social Forces*, 1987, 65:1035~1052; Terrance E. Miethe, Michael Hughes, and David McDowall, "Social Change and Crime rates An Evaluation of Alternative Theoretical Approach," *Social Forces*, 1991, 70:165~185; James P. Lynch, "Routine Activity and Victimization at Work," *Journal of Quantitative Criminology*, 1987, 3:283~300; James L. Massey, Marvin D. Krohn, and Lisa M. Bonati, "Property Crime and the Routine Activities of Individuals," *Joulnal of Research and Crime and Delinquency*, 1989, 26:378~400; Michael G. Max−field, "Household Composition, Routine Activity, and Victimization: A Comparative Analysis," *Journal of Quantitative Criminology*, 1987, 3:301~720; Terrance D. Miethe, Mark Stafford, and Douglas Sloane, "Lifestyle Changes and Risks of Criminal Victimization," *Journal of Quantitative Criminology*, 1990, 6:357~376; Robert J. Sampson and John D. Wooldledge, "Linking the Micro−Level and Macro−level Dimensions of Lifestyle−Routine Activity and Opportunity Models of Predatory Victimization," *Journal of Quantitative Criminology*, 1987, 3:371~393.

32 Terrance D. Miethe and Robert F. Meier, "Criminal Opportunity and Victimization Rates: A Structural Choice Theory of Criminal Victimization," *Journal of Research in Crime and Delinquency*, 1990, 27:243~266.

33 *Ibid.*, p.245.

34 Meier and Miethe, *op, cit*., 1993, pp.475~476.

35 Derek B. Cornish and Ronald V. Clarke, *The Reasoning Criminal Rational Choice Perspective on Offering*, New York: Springer-Verlag, 1986 참조.

36   Michael Hough, "Offenders' Choice of Targets" Findings from victim Survey," *Journal of Quantitative Criminology*, 1987, 3:355~369.

37 Trevor Bennett and Richard Wright, *Burglars on Burglary: Prevention and the Offerender, Hampshire*, England: Bower, 1985; John Carroll and Frances Weaver, "Shoplifters' Perceptions of Crime Opportunities: A Process-tracking Study," in Derek B. Cornish and Ronald V. Clarke(ed.), *The Reasoning Criminal: Rational Choice Perspectives on Offending*, New York: Springer-Verlag, 1986; Floyd Feeney, "Robbers as Decision-Makers," in Cornish and Clarke(eds.), *op. cit.*; Dermot Walsh, "Victim Selection Procedures among Economic Criminals: The Rational Choice Perspective," in Cornish and Clarke(eds.), *op. cit.*

38 Thomas Gabor, "The Crime Displacement Hypothesis. An Empirical Examination," *Crime and Delinquency*, 1981, 26:390~404; Thomas Gabor, "Crime Displacement and Situational Prevention: Toward the Development of Some Principles," *Canadian Journal of Criminology*, 1990, 32:41~73 ; Terrance D. Miethe, "Citizen-based Crime Control Activity and Victimization Risks: Examination of Displacement and Free-rider Effects," *Criminology*, 1991, 29:419~439.

39 R. V. Clarke, "Situational crime prevention: Theory and practice," in M. Tonry and N. Morris(eds.), *Crime and Justice: An Annual Review of Research*, Vol. 4, Chicago: University of Chicago Press, 1983, pp.225~256.

40 Meier and Miethe, *op cit.*

41 Meier and Miethe, *op cit.*에서 제시된 통합모형을 중심으로 기술하였음.

42 G. D. LaFree and C. Birkbeck, "The neglected situation: A cross-national study of the situational characteristics of crime," *Criminology*, 1991, 29(1):73~98; R. N. Davidson, "Micro-environments of violence," in D. J. Evans and D. T. Herbert(eds.), *The Geography of Crime*, New York: Routledge, 1989, pp.59~85.

43 Doerner and Lab, *op. cit.*, p.15, 그림 1.5.

44 Mendelsohn, *op. cit.*, p.21.

제3장
범죄의 피해자

제1절 개　관

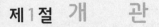

1. 형사사법과 범죄피해자

　　범죄피해자는 형사사법체제에 있어서 잊혀진 사람이다. 현실적으로 법과 형사사법제도 및 그 절차와 과정 또는 형사정책이나 범죄학의 학문적 노력까지도 관심의 초점은 대부분 범죄의 피해자가 아닌 가해자이다. 그러나 실제 형사사법제도나 형사정책은 가해자를 위해서가 아니라 잠재적 피해자인 시민을 보호하기 위한 것이기 때문에 형사정책이나 형사사법제도가 가해자보다는 피해자에 대해 더 많은 관심을 가져야 하는 것이 당연하다.

　　실제로 법원에서는 범죄피의자의 권익을 보호하는 데만 여념이 없었지 피해자의 권익은 상관하지 않는다. 경찰도 범죄예방이라는 잠재적 피해자에 대한 봉사의 제공보다는 범죄자의 검거에 주력하고 있고, 교정에서는 더 더욱 피해자에 대한 관심을 가질 입장도 아니며 관심을 가질 의향도 갖고 있지 않다. 결국 범죄현상의 다른 한 당사자인 피해자에 대해서는 형사사법기관과 제도가 거의 무능력하다고 할 수 있는 실정이다.

　　학문적인 면에서도 마찬가지라 할 수 있다. 형사사법학과는 많아도 피해자학과는 없으며, 범죄학교재는 많아도 피해자학교재는 드문 편이다.

　　오히려 범죄피해자는 피의자는 물론이고 경찰, 검찰, 법원에 의해서 위협받기 일쑤이다. 경찰서나 검찰에서 또는 법정에서 자존심이 손상될 수도 있는 범행사실에 대해서 진술하거나 증언해야 하고 심문받아야 하며, 때로는 인격적으로 모독당하기도 한다. 이러한 형사절차가 끝나더라도 가해자는 교정처우라는 이름으로 각종 서비스와 교육훈련 등을 제공받지만 피해자는 스스로 해결하도록 내팽개쳐지는 것이다. 범죄피해자에 대한 이러한 푸대접은 특히 노령피해자, 아동피해자, 성범죄피해자, 고객피해자(customer victims)에게 더욱 심각한 실정이다.[1]

우선 노령피해자를 보자. 그들은 대부분 소득수준이 낮으며, 그 결과 범죄발생률이 높은 지역에 거주하는 경우가 많다. 그렇다고 다른 지역으로의 이주도 쉽지 않으며, 대부분 대중교통수단을 이용하고 있다. 따라서 재산범죄로 인한 경제적 손실도 상대적으로 더 심각한 영향을 미치고, 대인범죄로 인한 신체적 손상도 그 피해가 심각하며 회복 또한 대단히 어렵다.

또한 노인들은 범죄에 대해서 저항할 수 있는 능력이 떨어지기 때문에 범죄의 공격에 취약하며, 세상물정에 어둡기 때문에 사기범죄를 당할 확률도 누구보다 높다.

아동이 범죄피해자로서 더욱 심각하게 고려되어야 할 이유는 노령피해자와 마찬가지로 범죄에 대한 저항능력의 부재, 피해회복능력의 부족, 자기변론능력의 부재, 그리고 아동을 피해자로 만드는 범죄의 속성 등에 기인한다. 아동은 경제력이 없기 때문에 재산범죄의 피해자는 되지 않지만, 대부분은 아동학대와 성폭력의 대상으로 피해자가 되고 있는데, 이들 범죄가 사실은 매우 심각한 중범죄의 하나이기 때문에 관심의 대상이 되고 있다.

아동피해자는 형사사법제도에 몇 가지 곤란함을 야기시킨다. 즉, 앞에서도 지적되었듯이 형사절차상 피해자가 겪게 되는 많은 시련을 고려할 때 과연 아동으로 하여금 그러한 시련을 겪게 할 필요가 있는가라는 의문이 제기되는 것이다. 즉, 아동학대범이나 성폭행자를 처벌하는 것도 당연한 것이지만 이를 위하여 진행되는 형사절차가 때로는 아동피해자에게 이중의 피해를 주게 되기 때문이다.[2]

성범죄피해자로서 여성에 대한 고려나 배려는 성범죄 이상 나쁘다고 비판하는 사람이 있을 정도로 논란의 여지가 많다. 대부분의 성범죄피해자가 형사절차상 자신들이 오히려 피의자처럼 취급받는 경우가 많다고 말하고 있다. 또한 그들은 단지 형사절차상 필요한 정보를 수집하기 위해서 이용되고 있고, 피해자들이 필요로 하는 것은 아무것도 제공되지 않으며 철저히 무시된다고 불평하고 있다. 그래서 이들은 범죄의 피해자인 동시에 형사사법제도의 피해자요, 사회의 피해자로서 3중의 피해를 겪고 있는 셈이다. 결국, 성범죄피해자는 자신의 범죄피해를 신고함으로써 오히려 더 많은 피해를 입게 될 뿐이며, 신고하지 않더라도 손해볼 것이 없다는 주장이 대두되고 있다. 즉, 임상심리학자 등도 성범죄피해자에게 제공할 수 있는 것이 별로 없으며, 성범죄피해자에게 가장 좋은 처우전문가는 동료성범죄피해자라는 자학적인 주장이 강력하게 대두되고 있는 것이다.

형사사법과 피해자관계에 있어서 최근 상당한 관심을 끄는 분야가 바로 소비자피해자이다. 소비자로서 시민은 물가담합이나 불량물품의 구매 등 소비자의 권리가 침해되는 경우를 많이 겪으면서도 법으로 적절히 보호받지 못하고 있다. 물론 이러한 범죄가 대부분 피해자없는 범죄 (victimless crime)이기 때문에 소비자들이 자신이 범죄피해자라는 사실을 인식하지 못하거나 설사 알게 되더라도 형사사법제도가 할 일이 아닌 것으로 알고 있어서 자신에게 아무런 도움이 되지 않을 것이라고 믿고 있기 때문에 더욱더 불이익을 당하는 것이다. 그러나 피해사실을 인지하여 제소하더라도 공룡 같은 기업과의 싸움에서 이기기 쉽지 않기 때문에 문제는 더욱 심각해지는 것이다.[3]

2. 범죄피해자의 유형

대부분의 사람들은 중범죄의 피해자들이 동정적으로 인식될 것이라고 알고 있다. 물론 상식적으로도 가해자는 나쁜 사람이고, 반면 피해자는 좋은 사람이라는 인식은 당연한 것이다.

따라서 우리는 피해자를 의미하는 victim이라는 용어 자체가 원래 신에 대한 희생을 뜻하는 것이라는 사실을 염두에 둔다면 피해자는 자신의 고통을 초래할 만한 아무런 것도 하지 않았음에도 고통받는 사람임을 짐작할 수 있다.[4]

그러나 모든 피해자가 자신의 고통에 대해 아무런 책임도 없는 것으로 간주되지는 않는다. 범죄를 직접적으로 유혹하거나 조장하고, 남을 약취하거나 주의하지 않는 사람들이 범죄행위의 주요 표적이 되는 것이다. 그리고 그들의 행위는 도덕적 책임성이나 비난의 정도를 나타내는 지표이기도 하며, 그 정도에 따라 범죄행위의 비난이 가해자로부터 피해자로 옮겨갈 수도 있는 것이다.

피해자학의 시조라고 할 수 있는 Benjamin Mendelsohn은 설문조사를 통하여 범죄피해자를 피해자의 책임 정도에 따라 '완전히 죄가 없는 피해자'에서부터 '피해자 자신만이 유죄인 피해자'에 이르는 범죄피해자의 유형을 제시하였다.[5] 그의 분류는 주로 법률적 책임의 정도에 따라 분류되었지만, 동시에 죄가 없는 피해자는 좋은 사람이고 중간쯤의 사람은 그리 좋은 사람이 못되며 자신의 운명에 대해 전적으로 책임이 있는 피해자는 나쁜 범죄자와 동일할 정도로 도덕적 비난을 받아야 한다는 도덕적 기준까지도 내포하고 있다.

반면, Hans Von Hentig는 피해자의 취약성을 기준으로 범죄피해자를 분류하였다. 매우 어린 사람, 매우 늙은 사람, 여성, 정신질환이나 지능장애자, 소수인종이나 단순히 아주 외로운 사람들이 자신들의 통제할 수 없는 여건으로 인하여 범죄에 취약한 것으로 간주되었다. 이러한 유형의 범죄피해자는 물론 위의 Mendelsohn의 분류로 '완전히 죄가 없는 피해자'이다.[6]

물론 그는 자신의 도덕적 실패로 인해 고통받는 피해자에 대해서도 기술하고 있다. 예를 들어, 사기를 하다가 당하거나 가족을 학대하다 살해되는 사람 등이 여기에 속한다고 할 수 있으며, 이들은 자신의 고통에 대한 책임만큼 나쁜 사람으로 간주되어야 한다.

이러한 책임의 정도와 특성에 기초한 피해자의 분류는 적지 않은 사람에 의해서 다양하게 제시되어 왔다. 다음은 이들을 종합하여 현대사회의 규범과 연계하여 피해자의 책임을 설명하고자 피해자를 분류한 내용이다.[7]

(1) 비행적 피해자(misbehaving victim)

범죄피해자를 나쁜 사람으로 보는 상식적인 이유는 피해자들의 반사회적 행위 때문이다. 범죄피해자가 다른 사람의 범행표적이 되었을 때 만약 그들이 불법적인 것을 하거나 사회적으로 해로운 행동을 하였다면, 그들이 받는 고통과 상처는 그들 자신의 잘못된 행위에 대한 응보에 지나지 않는 것으로 간주되는 것이다. 나쁜 사람으로 간주되는 또 다른 범죄피해자는 다른 사람을 약취하려는 마음에서 다른 사람을 속이다가 오히려 사기의 표적이 되는 사람이다. 이러한 범죄적 유혹의 피해자들이 오히려 사기를 당하여 범죄피해자가 되었을 때는 그들이 일확천금이나 부당한 이득 등을 노렸기 때문이라는 점에서 동정받기 어려운 것이다.

실제로 최근들어 법원에서도 청와대를 사칭한 사람으로부터 사기를 당한 피해자에 대해서도 일정한 책임이 있음을 인정하기도 하였다. 그것은 자본주의사회에서 정당한 노동의 대가로 부를 축적하는 것이 하등의 문제를 일으키지 않는 반면, 부당한 이익이나 타인의 약취를 통한 부의 축재는 도덕적 문제를 유발시키기 때문이다.

범죄피해자를 나쁘게 보는 세 번째 이유는, 바로 피해자 자신이 범죄를 유발 내지 촉진시킨 경우에 해당된다. 예를 들어, 피해자의 잘못된 행위에 대한 자연스러운 반응, 즉 자신이 일탈행위의 표적이라고 판단한 합리적·이성적 사람에게서 기대되는 반응으로서 보복을 불러일으키는 경우이다. 이러한 경우를 우리는 흔히 피해자가 다른 사람이 자신을 해치도록 선동·자극했다고 본다. 물론 이러한 시각은 다른 사람의 재산에 대한 요구, 자기 어머니에 대한 희롱 등과 같은 범죄에는 해당되지 않는다. 이들 나쁜 피해자들의 상처는 때로는 합법적으로 정당화되고 있는 정당방위행위의 결과로 고려되기도 한다.

그러나 이보다 더 복잡한 것은 피해자에 대한 위협이나 선동, 착취 등이 순간적인 것이 아

니라 장기간에 걸쳐 지속되어 온 경우이다. 예를 들어 자신을 지속적으로 성폭행해 온 의붓아버
지를 살해한 여대생과 그의 남자친구나, 자신을 지속적으로 구타한 남편을 살해한 아내 등이 이
경우에 속한다고 할 수 있다. 이러한 경우에 결과적으로는 가해자일지라도 그 여성들에게 사회
는 동정의 박수를 보내기도 한다. 그런데 비난받아야 할 피해자와 비난받지 않아야 할 피해자의
구분도 앞장에서 기술한 피해자촉진(victim‒precipitated)에 의한 것이냐 아니냐 또는 피해자선동
(victim‒provocation)의 결과냐 아니냐에 따라 좌우되는 것으로 보인다.

(2) 유인피해자(enticing victim)

이 유형에 해당하는 가장 보편적인 범죄피해자는 일부 강간피해자라고 할 수 있다. 물론 지
극히 남성지배적인 사고에 기인할 수도 있지만 많은 강간범죄자가 자신의 피해자가 자신을 유
인 내지는 유혹하였기 때문이었다고 자신의 범죄를 정당화하는 데서 이러한 시각을 찾을 수 있
다. 실제로 Carol Bohmer는 판사들과의 면담을 통하여 판사들이 적지 않은 강간피해자들이 술
집에서 만난 낯선 남자의 차를 타고 따라가는 등과 스스로 '요청한' 경우로 판단하고 있음을 알
게 되었다.[8]

한편, 이러한 강간범죄에 대한 시각은 통상적인 범죄가 가해자가 피해자의 비용으로 자신의
만족을 성취하는 것인 반면, 강간은 피해자가 종종 일종의 만족을 얻게 되는 조우라고 간주하도
록 만든다. 따라서 이 경우에 피해자가 동정받지 못하고 나쁜 사람으로 간주될 수밖에 없는 것
이다.

이러한 관점을 Brownmiller는 '강간의 남성통념(the male myths of rape),' 즉 "모든 여성은
강간당하기를 원한다" 또는 "자신의 의지에 반해서는 강간당할 수 없다"는 등의 표현에서 찾을
수 있는 입장이라고 지적하였다.[9] 이 점에 대해서도 앞에서 피해자의 유책과 무책을 구분하는
기준의 하나였던 선동적 피해자(provocative victim)로 볼 수 있을 것이다. 그런데 강간에 있어서
피해자를 비난하고 비난하지 않는 것에 지대한 영향을 미치는 것은 그 여성의 저항시기와 강도
라고 한다. 즉, 빨리 그리고 강하게 저항할수록 여성에 대한 비난의 가능성은 적어지고 반대로
저항의 시기와 강도가 늦어지고 약할수록 비난의 여지가 많아진다는 것이다.[10]

(3) 조심성 없는 피해자(the careless victim)

Heinrich Applebaum 교수는 경찰이 범죄행위의 피해자에 대해서 강력한 제재를 가하지 않
는 한 범죄율은 계속 증가할 것이라고 경고한 바 있는데, 그의 이러한 경고가 바로 피해자들이

조심하지 않는 한 범죄피해는 어쩔 수 없는 것이며, 따라서 범죄에 책임 있는 사람은 바로 다름 아닌 피해자들이라는 주장과 상통하는 것이다. 다시 말해서, 범죄피해자들이 강도당하지 않도록, 도둑맞지 않도록 조심한다면 범죄문제는 해결될 것이라는 것이다.[11]

이와 같은 Applebaum 교수의 견해에 따르면, 피해자가 귀중품을 과시하고 야간에 외출을 한다면 당연히 범죄에 대한 책임을 피해자에게 물어야 하는 것이 아닌가 하는 것이다. 물론 많은 시민들이 스스로 자신의 범죄피해를 불러들이는 것처럼 전형적인 노상범죄의 피해자를 모두 아무런 죄가 없다고 보지 않는다는 상당한 증거가 있다. 즉, 가만히 있는 사람들이 범죄피해자가 되지는 않는다는 것이다. 따라서 조심성이 없어서 강도를 선동하거나 빈정대다가 폭행을 당하는 등 범죄피해자가 될 가능성을 스스로 자초한다고 간주하고 있다.[12]

그러나 다수의 범죄피해자는 사실 아무런 잘못이 없으며 책임도 없다. 그럼에도 불구하고 범죄피해자의 부주의한 면만을 강조한다면 이들 죄 없는 피해자들은 당연한 동정조차도 받지 못하게 하는 문제가 생긴다. 그렇지만 현대사회에서 자신의 신체와 재산의 보호를 경찰 등 공권력에만 의존할 수 없는 것이며 자신을 스스로 보호해야 한다는 규범이 엄연히 존재한다는 사실을 고려한다면 이러한 주장이 전혀 가치 없는 것은 아니다. 바로 누구나 간단한 열쇠에서부터 값비싼 전자감지장치에 이르기까지 각종 방범장치를 설치하고 용역경비서비스를 받고 있다는 사실이 이러한 입장을 대변해 주고 있다. 즉, 적어도 약간만 조심한다면 쓸데없이 범죄를 불러들이거나 초래하지는 않을 것이란 주장이다. 아무런 사전주의를 하지 않은 데 대한 일말의 책임은 피해자에게 돌아갈 수 있다는 것이다. 실제로 많은 재산범죄가 피해자의 부주의로 인하여 범죄자를 유혹하게 되었고 그래서 기회를 제공했다는 소위 '피해자촉진적 범죄'라는 사실이 이를 입증하고 있다.[13] 사실 이러한 주장이 피해자에 대한 책임을 지나치게 묻는다는 점도 간과할 수 없다. 그러나 일상적으로 상당한 설득력을 가지고 있는 것도 사실이다. 자율방범이나 이웃감시(neighborhood watch), 귀중품에 대한 표식(operation identification) 등을 강조하는 각종 표어나 공익광고는 바로 이런 점을 대변하는 것이다. 실제로 자동차의 시동을 걸어둔 채 자리를 비어 자동차를 도난당한 피해자에 대해서 보험회사가 보상을 거부하는 것들이 좋은 예라고 할 수 있는 것이다.

그런데 이 경우 피해자의 부주의로 인한 범죄피해에 대한 책임뿐만 아니라 피해자의 부주의가 범죄자를 유혹하게 되어 심지어 선량한 사람을 범죄인으로 만들게 된다는 보다 더 큰 책임까지 논하는 사람도 있다. 물론 부주의한 자동차도난 피해자들을 비난하는 입장은 보다 견고한 도난방지장치를 하지 못한 자동차회사가 즐겨 주장하는 것이다.[14]

(4) 보호받을 가치가 없는 피해자(victims who are undeservedly advantaged)

　　자본주의사회에서 재물이 가지는 가치는 대단한 것이다. 그러나 부의 소유가 정당하지 못하다면, 즉 대단한 재산을 소유한 사람이 부의 축적과정이나 방법에서 도덕적으로 부정하였다면 약탈적 범죄에 대한 정당한 표적이 될 수도 있다는 일부의 주장을 반영하는 입장도 있다. 이러한 주장은 특히 신범죄학이나 비판범죄학을 중심으로 많이 제기되고 있는데, 현실적으로는 급진적 정치집단에서 종종 자신들의 활동비를 마련하기 위한 방편으로 이들 부유층을 약취하면서도 그들 부유층의 재산 또한 어차피 가지지 못한 사람들을 약취한 것이기 때문에 상관없다고 생각하여 자신들의 행위를 정당화하고 있다. 즉, 그들의 피해자는 지금의 유리한 위치를 정정당당하게 확보한 것이 아니기 때문에 나쁜 피해자라고 간주하는 것이다.

　　실제로 많은 청소년범죄자를 조사해 보면 부자들의 돈이나 재물을 훔치는 것이 잘못되지 않았으며, 그 부자도 도둑질 이상의 부정한 일을 해서 돈을 모았다고 주장하고 있다.[15)]

　　이러한 입장은 대부분 범죄자들이 자신을 대변하기 위해 사용되는 것이지만 범죄자가 아닌 정상인 중에서도 적지 않은 사람들, 특히 하류계층의 사람들이 이와 같은 견해를 견지하고 있다. 더구나 범죄의 피해자가 개인이 아닌 기업의 경우에는 피해자에 대한 동정이 더욱 적어지며, 오히려 피해자의 도덕성과 윤리성을 비난하는 소리가 더 커진다. 이는 이들 기업들이 근로자를 착취하고 소비자를 약취하며 공정경쟁을 방해하는 등 부정한 기업활동을 통해서 이윤을 축적하기 때문이라고 한다.

제 2 절　범죄피해의 실상

1. 피해자조사(victim survey)

　　피해자조사는 원래 범죄의 정도를 측정하기 위해서 시도된 것이다. 일반적으로 공식적인 범죄통계표를 이용하여 범죄의 정도를 측정하는 것이 암수범죄라는 한계로 인하여 정확하게 측정할 수 없다는 비판에 따라 공식범죄통계표의 대안 내지는 그 보완책으로서 개발된 하나의 범죄지표이다. 그러나 범죄피해자조사는 범죄피해자가 존재하면서 분명히 확인할 수 있는 범죄에 대해서는 어느 정도 정확한 범죄의 정도 측정이 가능하다고 볼 수 있다. 그러나 상사범죄나 피해자없는 범죄에 대해서는 범죄의 정도를 측정하기 곤란한 점도 없지 않다. 상사나 기업범죄는 그 피해자가 자신이 피해자라는 사실을 인식하지 못하고 있는 것이고, 마약이나 매춘 등의 피해자없는 범죄는 피해자와 가해자가 동일인이거나 적어도 서로 동의한 불법이기 때문에 측정하기 곤란한 것이다. 따라서 범죄피해자조사는 전통적인 대인범죄나 재산범죄에 초점이 맞추어지고 있는 것이다. 결국 범죄피해자조사로서 사회전체의 범죄현상을 완벽하게 측정하는 데에는 한계가 있기 때문에 피해자조사에 의한 범죄피해자나 범죄피해의 정도와 특성도 당연히 이들 전통적인 범죄에 한정될 수밖에 없다. 그러나 이들 범죄가 경찰이나 기타 형사사법기관의 주요 관심의 대상이 되는 범죄이기 때문에 범죄의 정도를 측정하는 데 있어서 상호비교할 수 있다는 가정도 가능해진다.[16]

그러나 피해자조사에 따라 이들 범죄를 서로 다르게 조작화하기 때문에 모든 피해자조사가 서로 다를 수 있고 더불어 경찰에서 정의하는 대로 조작화하지 않는 경우도 있기 때문에 경찰자료와도 비교할 수 없는 경우가 생길 수도 있다. 물론 자동차절도와 같은 경우는 어느 조사나 경찰의 정의와 크게 다를 바 없지만 폭행의 경우는 경찰에서 계산하지 않는 사소한 사건까지도 피해자조사에서는 계산되고 있다. 이처럼 피해자조사와 경찰의 자료는 차이가 있을 수 있는데, 주로 경찰은 공식적으로 형사절차가 이루어진 사건에 대해서만 통계를 추정하는 대신 피해자조사에서는 조사대상자 스스로가 자신이 피해를 입었다고 생각하는 사건을 모두 계산하기 때문에 대부분의 경우 피해자조사에 나타난 범죄의 정도가 공식통계표상의 범죄보다 상당히 많다는 것을 알 수 있다. 그 외에 성범죄 등 피해자의 명예나 자존심 또는 수치심을 불러일으키는 범죄는 신고되지 않아서 경찰에 인지되지 않을 수 있다. 따라서 통계표에 잡히지 않으며, 설사 전통적인 범죄라도 피해자 자신이 떳떳하지 못한 경우나 보복이 두려운 경우, 경찰을 신뢰하지 못하는 등의 경우에도 경찰에 신고되지 않아서 공식통계표에 드러나지 않게 된다. 그러나 피해자조사에서는 통계적으로 모든 것이 반영되기 때문에 범죄피해자조사상 나타난 범죄와 피해의 정도가 더 심각한 것으로 나타나고 있다.[17]

한편, 범죄피해자조사의 또 다른 어려움은 피조사자에 의해서 확인된 범죄사건이 실제로 발생한 것인지 정확하게 알 수 없다는 사실이다. 때로는 피조사자가 느끼기에 그것이 범죄라고 생각되는 것이 범죄가 아닐 수도 있으며, 피조사자가 알지 못하는 범죄가 있을 수도 있는 것이다. 그리고 피조사자 스스로가 숨기는 사건도 있을 수 있고, 피조사자가 지나치게 확대해석하거나 과장할 수도 있으며, 기억하지 못하거나 잘못 기억할 수도 있다. 뿐만 아니라, 경우에 따라서는 피해조사가 전혀 될 수 없는 범죄도 있을 수 있다.[18]

　이와 관련된 또 다른 문제는 피해자조사가 대부분 전체조사를 못하고 표본조사를 한다는 데 있다. 표본조사의 생명은 표본의 대표성이라고 할 수 있는데, 피해자조사는 조사대상자의 대표성을 의심스럽게 할 여지가 있다. 표본의 대표성을 저해하는 한 가지 문제는 표본의 크기로서 전국적인 피해자조사시 이 문제는 더욱 심각해질 수 있다. 즉, 충분한 크기의 표본을 조사할 수 있는가 하는 문제이다. 결국 조사에 응한 사람들의 범죄피해에 대해서는 어느 정도 파악할 수 있지만 조사되지 않은 사람들에 대해서는 아무런 사실도 알 수 없다는 것이다. 그런데 오히려 조사되지 않은 사람들이 범죄 피해자일 확률이 상대적으로 더 높을 수 있다는 데 문제의 심각성이 지적되고 있다. 예를 들어서, 한 가정을 방문하여 16세 이상의 청소년·성인을 대상으로 조사하는 경우가 대부분인데 그 사람이 온 가족의 범죄피해에 대해서 완전하게 알 수 없으며, 특히 조사에서 제외되는 16세 이하의 청소년이 성인에 비해서 더 많은 범죄피해를 경험했을 수도 있다는 것이다. 결국 이들을 종합하면, 한편으로 기존의 범죄피해자조사가 사실은 범죄피해 정도를 과소평가할 수 있다는 지적도 나오고 있다.

　이처럼 범죄피해자조사가 적지 않은 문제점을 안고 있음에도 불구하고 범죄피해자조사를 고집할 필요성이 있는가? 물론 대부분의 학자나 실무계에서도 그 필요성을 인정하고 있다. 범죄피해자조사가 완전하지도 완벽하지도 않지만 적어도 경찰의 공식통계표보다는 낫다는 것이다. 물론 피해자조사가 성범죄 등에 있어서는 아무런 도움이 되지 못할 수도 있지만 강·절도나 자동차절도 등 대부분의 전통적 범죄에 대해서는 상당한 정보를 파악할 수 있는 것이 사실이기 때문이다.

2. 범죄피해자

　통상 범죄피해자라고 하면 실제로 범죄의 한 당사자로서 가해자의 상대를 의미하는 범죄의 직접적인 피해경험자를 일컫는 것이라고 생각할 수 있다. 그러나 이 외에도 직접적으로 범죄피해를 경험하지는 않지만, 이러한 직접적 피해에 못지않게 심리적·사회적인 폐해를 유발하는 간접적인 범죄피해자도 있을 수 있다. 이러한 간접적 피해자는 대체로 직접피해자의 가족을 뜻하는 수도 있으며, 한편으로는 소위 말하는 범죄에 대해서 공포와 두려움을 느끼는 사람까지도 포함시킬 수 있다.

(1) 직접적 범죄피해자

직접적인 범죄피해자란 범죄로 인하여 신체나 재산상의 피해를 직접 경험한 사람을 일컫는다. 그렇다면 여기서 범죄피해자는 얼마나 많으며, 과연 그들은 누구인가라는 의문이 제기되지 않을 수 없다. 대부분의 나라에서 어떤 시기에 어떤 형태로 누구를 대상으로 조사된 것이든지 범죄피해자조사상 나타난 범죄가 양적인 면에서 공식 통계표상의 범죄에 비해 상당히 높다는 공통점을 가지고 있다. 심지어 미국의 경우 살인범죄를 제외하고는 범죄피해자조사 결과 공식 통계가 실제 범죄피해를 무려 300~−500%나 과소평가하고 있다는 연구보고까지 나오고 있는 실정이다.[19]

물론 피해자조사가 처음에는 범죄에 대한 보다 타당한 측정을 가능케 하는 주요한 수단으로 시도되었는데 이들 피해자조사는 조사대상자에 대한 보다 상세한 조사를 포함하기 때문에 피해자에 대한 더 많은 정보를 얻을 수 있는 장점을 갖고 있다. 반면에 공식범죄통계에 의존한 전통적인 범죄연구는 피해자의 특성에 대해서 자세한 정보를 밝혀주지 못한다. 사실 이들 공식범죄통계는 피해자가 경찰에 사건을 신고하고자 하는 결정에 상당한 부분을 의존하기 때문에 실제 범죄피해라기보다는 피해자의 신고의사에 대한 명확한 표식이라고 보는 편이 나을지 모른다.

그러나 이러한 현상에 대한 예외도 있다. 차량절도나 살인과 같이 항상 경찰에 신고되고 기록되는 범죄는 공식범죄통계로서도 범죄피해에 대한 상당히 타당한 자료가 될 수 있다. 그러나 살인범죄는 피해자의 특성이 뚜렷하게 나타나기보다는 거의 전적으로 무작위적으로 분포되고 있음을 알 수 있다.

영국의 피해자조사에 따르면. 자동차절도는 차량 이용이 많은 사람이나 연립주택과 같은 주거밀집지역의 주민이 그 대상이 될 가능성이 더 많고, 폭행의 경우는 남자, 30세 이하, 독신 그리고 만취자일수록 피해가능성이 높으며, 강·절도는 남성에 비해 여성이 피해확률이 월등히 높은 것으로 나타났다.[20]

이들을 종합하면 결국 주거지역, 성별 그리고 연령이 범죄피해의 위험성을 결정하는 주요한 변수임을 알 수 있다.

우선 주거지역이란 도시와 농촌 간의 차이와 그리고 같은 도시 내에서의 지역간 차이라고 할 수 있다. 물론 농어촌에 비해서 도시지역에 주거하는 사람이, 그리고 상류층 주거지역에 비해 하류층 주거지역에서 범죄피해의 위험성이 더 높다고 한다. 이를 다른 한편으로 보면 부유층, 즉 상류층에 비해서 하류계층이 더 범죄로부터 고통받고 있다고 볼 수 있다.

범죄피해에 대한 성별비교에 따르면 분명한 차이를 볼 수 있는데, 결과는 당연히 남성이 여성에 비해 더 많은 위험성을 가지고 있다는 것이다. 그러나 범죄피해의 성별비교시 보다 세심한 주의가 필요하다. 그것은 여성에 대한 대인범죄는 강간 등의 성범죄로 인하여 남성에 비해 범죄피해자조사시 언급되지 않고 빠지는 경우가 많다는 사실이다. 더불어 가정폭력과 같은 경우 자신의 남편 등 가족의 범죄행위를 있는 그대로 자세하게 면담자에게 이야기하지 않는 경우도 고려되어야 할 것이다. 그 결과 여성이 남성에 비해 범죄피해의 위험성이 훨씬 낮다는 조사결과를 액면 그대로 받아들이는 것은 약간 지나치다고 보아야 한다. 그러나 성범죄와 같이 여성에게만 적용될 수 있는 특이한 범죄를 제외하더라도 남녀가 똑같이 피해자가 될 확률이 있는 전통적 노상범죄에서 남성이 여성보다는 범죄피해자가 될 위험성이 더 높은 것으로 알려지고 있다.[21] 그런데 이러한 결과는 여성의 신체적 취약성, 그리고 그로 인한 자기방어능력의 취약성 때문에 범죄에 대해 더 취약한 것이며, 따라서 범죄피해의 위험성이 더 높으리라는 일반적 인식과는 자못 다른 면이 있다.

일반적 인식과 다르기는 성별뿐만 아니라 연령과 범죄피해의 경우도 마찬가지다. 언뜻 생각하기엔 여성과 마찬가지로 범죄피해에 취약한 노인층이 젊은 층에 비해 범죄피해의 위험성이 더 높을 것으로 보이지만 사실은 그 반대로 나타나고 있다. 이러한 사실은 공식통계상이나 피해자조사에서 자명히 드러나고 있다.[22] 더욱이 최근 들어 학생층을 비롯한 청소년들의 범죄피해가 급증하고 있음도 범죄피해와 연령의 관계, 즉 젊은 층이 노인층에 비해 범죄피해의 위험성이 높다는 것을 심화시키는 요인이 되기도 한다. 이같은 사실은 최근에 있었던 서울의 범죄피해조사에서도 10대가 다른 연령층에 비해 거의 두 배 가깝게 범죄피해율이 높았다는 연구결과로 확인되었다.[23]

종합한다면 남성, 젊은 층, 도심거주 등이 각각의 비교집단에 비해 범죄피해의 위험성을 더 많이 가지고 있는 것으로 볼 수 있다. 그렇다면 이러한 범죄피해위험성의 차이는 무엇 때문일까? 우선 성별과 연령별 차이는 범죄에의 노출(exposure to crime risk)에 대한 차이라고 할 수 있다. 즉, 여성과 노인층이 젊은 층과 남성에 비해 사회적으로 활동을 적게 하기 때문에 그만큼 범죄의 위험성에도 적게 노출되어 범죄피해를 적게 당할 수 있다는 것이다. 이것이 바로 이들이 신체적으로는 범죄공격에 매우 취약하여 범죄피해를 더 많이 당할 것 같으면서도 사실은 그렇지 않은 이유라고 볼 수 있는 것이다.

지금까지 살펴본 피해자의 특성은 피해자의 지위와 행동에 따라 곧 범죄피해율이 달라질 수도 있다는 것을 알 수 있다. 즉 남성과 여성의 취약성 차이, 주거지역이라는 사회경제적 지위,

그리고 남녀 간의 지위 및 남녀 간, 연령별 행동유형의 차이가 곧 피해율의 차이를 야기시키는 주요 요인이라는 것이다. 따라서 범죄다발지역에 거주하는 젊은 남자가 야간업소에 근무한다면 그는 상당한 위험성을 안고 있는 것이다.[24] 이것을 우리는 앞에서 생활양식(lifestyle)이라는 입장에서 범죄피해를 설명하였다. 즉, 범죄위험성에의 노출 정도에 따라 피해의 위험성도 달라진다는 것이었다. 그러나 이와 같은 생활양식이라는 변수만으로는 범죄피해를 설명하기엔 충분치 못하다. 즉, 외출시간을 통제하고서도 노인층의 범죄피해율이 가장 낮았다는 사실이 이를 반증해 주고 있는 것이다.[25]

여기서 한 가지 중요한 사실을 발견할 수 있다. 노인층이나 여성이 그들의 생활양식 때문에 범죄피해로부터 조금은 안전할 수 있는 것인지, 아니면 그들이 특히 범죄에 대하여 취약하기 때문에 자신의 생활양식을 변화시킨 것인지, 즉 생활양식과 범죄피해위험성은 상호독립적인가 아니면 범죄의 위협이 생활양식에 영향을 미치는 것인가 하는 의문이 남게 된다. 즉, 여성과 노인은 그들의 범죄에 대한 두려움과 공포 때문에 더 많은 시간을 집안에서 보내게 되고 따라서 범죄위험성에 덜 노출되며 결과적으로 범죄피해도 적은 것은 아닌가? 만약 이러한 주장이 사실이라면, 우리 사회에서 실질적인 범죄피해자는 바로 이들이어야 한다. 우리는 이러한 범죄에 대한 공포(fear of crime)를 간접적인 범죄피해(indirect victimization)라고 한다.[26]

(2) 간접적 범죄피해자 – 범죄에 대한 공포

직접적 범죄피해가 범죄피해당사자에 대한 신체와 재산상의 손상 등 외형적 결과만을 초래하는 경우가 대부분이지만, 간접적 피해인 범죄에 대한 공포는 거의 모든 사람에게 심리적 불안과 공포를 야기시킨다는 점에서 그 피해의 범위와 정도가 직접적 피해에 비해 오히려 더 심각하게 간주되고 있다.[27]

범죄에 대한 공포는 다양하게 정의되고 있지만 보편적으로 시민이 느끼는 바 자신이 특정한 범죄의 피해자가 될 확률이나 가능성에 대한 추정 또는 범죄나 안전에 대한 막연한 두려움의 추정으로 정의 내릴 수 있다. 여기서 전자의 특정 범죄의 피해자가 될 가능성의 추정을 'specific fear'또는 'concrete fear'라고 하며, 후자의 범죄와 안전에 대한 일반적 두려움의 추정을 'formless fear 또는 generalized fear'라고 한다.

하지만 어떠한 형태이든 범죄에 대한 공포는 자신이 범죄피해자가 될 확률을 추정하는 것으로서[28] 이는 자신이 범죄피해자가 되는 것에 대한 불안과 걱정의 정도를 나타내는 것으로[29] 개념화할 수 있을 것이다. 그러나 단순한 재산범죄보다는 신체적 손상까지도 초래할 수 있는 대인

범죄의 피해자가 될 확률과 위험성에 대한 불안 및 걱정의 정도라고 정의하는 것이 보다 타당할 것으로 보인다.[30]

그렇다면 이러한 범죄에 대한 공포를 가장 많이 느끼는 사람은 누구인가? 한마디로 범죄의 위험성에 많이 노출되고 그 위험성을 인식하고 있으나 자신의 위험성을 통제하지 못하고, 위험으로부터 자신을 방어할 수 없어서 범죄피해의 가능성이 대단히 높은 사람이다. 또한 범죄피해의 결과가 크고 그 피해로부터의 회복 또한 어려운 사람이 범죄에 대한 공포를 가장 많이 느끼고 있다고 할 수 있다. 즉, 범죄의 위험성에 많이 노출되는 것 자체가 범죄피해의 가능성과 확률을 높이는 것이며, 또한 자신을 그러한 위험성 속에서 방어해 낼 수 없다면 범죄에 대한 공포를 더욱 많이 느낄 수밖에 없는 것이다. 또한 범죄로 인한 피해가 크다고 생각할수록 범죄에 대해 더 많은 공포를 느낀다. 물론 이 세 가지 요인, 즉 범죄위험성에의 노출과 위험성의 인식, 위험성의 통제와 자기방어능력, 그리고 피해결과의 심각성과 피해회복능력이 각각 독립적으로도 범죄에 대한 공포를 유발할 수도 있지만, 더욱 심각한 것은 이 세 가지 요인이 상호복합적으로 작용한 결과에 의해 나타나는 범죄의 공포이다.

즉, 위험성에의 노출이 심하더라도 자기방어능력이 있다면 별문제가 되지 않을 수도 있으나, 위험성에의 노출이 적더라도 자기방어능력이 부족하다면 범죄에 대한 공포를 많이 느낄 수 있는 것이다. 따라서 범죄위험성에의 노출이 심하고, 그 상황을 통제 및 방어할 능력이 없으며, 그 범죄피해를 회복할 능력마저 부족하다면 그 사람은 범죄에 대해 가장 많은 공포를 느낄 것이다.[31]

결국 모든 것을 종합해 볼 때, 범죄에 대한 공포는 확률(probability)과 취약성(vulnurability)의 문제로 귀착된다. 즉, 범죄위험성에의 노출(exposure to crime risk)은 바로 확률의 문제이며, 자기통제력과 방어력 및 피해결과의 심각성과 피해회복의 어려움은 취약성의 문제이기 때문이다. 이를 풀어서 본다면, 노출은 생활유형과 밀접한 관계가 있는 것으로, 야간외출이나 야간근무를 하는 사람, 범죄다발지역에서 거주하거나 일하는 사람 등이 범죄의 위험성에 많이 노출될 것이다. 그리고 당연히 경제적으로 부유하여 방범장비시설을 하고 경비원이나 경호원을 고용할 수 있으며 대중교통수단이 아닌 자가용을 주로 이용하는 사람에 비해 여성이나 노인 등 신체적으로 방어능력이 취약한 사람들, 즉 이러한 조처를 할 수 없는 사회경제적 지위가 낮은 사람이 범죄에 취약한 사람이라고 할 수 있다. 성범죄가 그 피해자에게 신체적, 심리적으로 심각한 피해를 야기시키며 그 피해로부터의 회복을 어렵게 하기 때문에 여성들이 이 점에서 취약한 편이며, 노인층은 신체적·경제적으로 방어능력도 부족하지만 피해시 피해결과도 심각하고 피해로부터의 회복도 어렵기 때문에 젊은 층에 비해 더 취약하다고 볼 수 있다. 따라서 바로 이들이 범죄에 대한 공포를 가장 많이 느낄 수 있는 것으로 간주할 수 있을 것이다.

■ 3 절 범죄피해의 영향

    범죄피해의 영향에 대해서 가장 많이 그리고 깊이 있게 다루어지는 것은 강간피해에 관한 것이라고 할 수 있다. 그러나 그 외의 범죄가 피해자에게 어떠한 영향을 어떻게 그리고 얼마나 미치는가에 대해서는 그렇게 많은 연구결과를 찾을 수 없다.[32] 물론 범죄피해는 오랜 시간을 두고 지속적이며 일관적으로 신체적·사회적·심리적 영향을 피해자에게 미치는 것으로 알려지고 있지만,[33] 의외로 대부분의 범죄피해자는 그렇게 심각할 정도로 실질적·감정적 문제를 겪지 않고 자신의 범죄피해를 이겨내는 것으로 보고되기도 한다.[34]

    그런데 범죄피해는 대부분 두 가지 범주, 즉 물질적 손실, 신체적 손상의 비용, 귀중품의 손실 등과 같은 객관적 범주와 주로 심리적 영향이라고 할 수 있는 주관적 범주에 의해서 측정될 수 있다.[35] 따라서 우리는 범죄피해의 영향이 상당히 다양하게 나타날 수 있음을 짐작할 수 있다. 실제로 영국범죄조사(British crime survey)의 결과에 따르면, 피해 당시 대단한 영향을 받았다고 답한 사람은 극히 일부에 지나지 않았으며, 41%가 실질적 문제를 겪었다고 답했으며, 33%가 감정적·개인적 문제를 느꼈다고 답하였고, 그중 13%는 걱정, 두려움, 자신감의 상실 등을, 그리고 9%는 좌절감, 곤혹감 등을 경험하였다고 답하였다.[36]

    만약 앞에서 언급된 것과 같이 범죄피해에 대한 공포와 두려움이 그 사람의 사회경제적 지위나 신체적 특성 등 그 사람의 취약성에 따라 달라졌거나 특정 부류의 사람이 다른 사람에 비해 범죄의 위험성이 더 많다면 범죄피해의 영향도 이처럼 피해자의 특성에 따라 달라질 수 있는가? 보편적으로는 노인, 여성 그리고 독신생활자, 저소득층 등이 범죄피해에 대하여 가장 큰 영향을 받는 것으로 알려지고 있다.[37]

    이를 구체적으로 살피기 위해서 Mawby와 그의 동료들은 영국 범죄조사자료를 이용하여 피해자의 특성, 가해자의 특성, 그리고 가해자와 피해자의 관계라는 세 가지 변수에 따라 범죄피해의 영향을 분석하였다.[38]

그들에 의하면, 우선 피해자의 특성으로서 여성, 노인 그리고 이혼, 별거자 또는 과부, 독신생활자 그리고 사회경제적 하류계층이 상대적으로 더 많은 영향을 받는 것으로 나타났다.

그런데 이러한 사회경제적 하류계층이 상대적으로 더 많은 영향을 받는 것은 그들이 감정적·개인적 문제를 더 많이 경험한다는 조사결과를 볼 때 단순히 경제적 손실의 영향이 크기 때문은 아닌 것 같다.

그리고 가해자의 특성에 따른 차이는 위의 피해자특성에 따른 차이만큼 분명하지는 않지만, 대인범죄의 피해자만을 고려한다면 노인범죄자가 가장 심각한 영향을 미쳤으며, 기타 가택범죄에 있어서는 범죄자가 어리고, 집단일 때 가장 영향이 심각한 것으로 조사되었다. 더불어 여성보다는 남성범죄자에 의한 범죄피해가 더 큰 영향을 끼치는 것으로 알려지고 있다.

끝으로, 가해자와 피해자의 관계에 따라 범죄피해자에 대한 영향도 달라지는 것으로 보고되고 있다. 가해자와 피해자의 관계는 가해자가 누구인지 모르는 경우, 가해자가 낯선 사람인 경우, 가해자가 면식 있는 사람인 경우, 그리고 가해자를 잘 아는 경우로 나눌 수 있다. 가택범죄에 대해서는 가해자가 누구인지 전혀 모르는 경우, 그리고 대인범죄는 범죄자가 누구인지 전혀 모르는 경우가 있을 수 없기 때문에 가해자가 낯선 사람인 경우가 가장 범죄의 영향이 적고, 반면에 가해자를 잘 아는 경우에 그 영향이 가장 많았다. 결국 범죄피해자에게 가장 큰 영향을 미치는 것은 낯선 사람에 의한 대인범죄가 아니라 피해자에게 잘 알려진 사람, 특히 배우자에 의한 대인범죄가 피해자에 대한 가장 큰 영향을 미친다는 것이다.

이러한 연구결과를 종합한다면, 실제로 신체적 손상의 고통을 경험한 범죄피해자는 그리 많지 않지만 대부분의 범죄피해자는 실질적·재정적·감정적·개인적 문제를 경험하고 있는 것으로 볼 수 있다. 그중에서도 여성, 이혼, 별거자, 편부모가정, 독신생활자, 노인층, 빈곤층 그리고 대인범죄피해자, 가해자를 잘 아는 피해자 등이 가장 심각한 영향을 받는 것으로 분석되고 있다.

그리고 일종의 간접적인 범죄피해라고 할 수 있는 범죄에 대한 공포도 사실 적지 않은 영향을 미치는 것으로 알려지고 있다. 우선 사람들은 감정적·정신적·정서적으로 불편하고 불안한 상태에서 생활하게 되며, 서로 믿지 못하는 불신사회가 된다는 것이다. 그 외에도 범죄에 대한 공포를 이기기 위해서 사람들은 야간외출을 삼가하며 자신의 생활유형까지도 바꾸어야 한다. 때로는 공포를 이기기 위해서 각종 방범시설과 장비를 구입·설치하는 등 범죄에 대한 공포의 결과가 사람들에게 적지 않은 영향을 미치고 있다.[39]

4 절 가해자와 피해자의 중첩(overlap)

전통 범죄학은 범죄자와 범죄를 하지 않는 비범죄자의 차이를 알려고 하였으며, 그만큼 가해자와 피해자를 상이한 이질적인 집단으로 여겨왔다고 할 수 있다. 즉, 범죄학에서는 다른 사람을 해치는 집단인 가해자와 다른 사람에 의하여 해를 입는 집단인 피해자라는 두 상이한 집단의 개인을 분리하여 다루었다. 그러나 최근에는 가해자와 피해자가 개인적 특성에서부터 범죄와의 경험에 이르기까지 여러 가지 공통점을 가진 것으로 밝혀졌다. 그래서 일부에서는 양자를 이해하지 않고는 범행이나 피해자화를 이해하기가 어렵다고까지 주장하게 되었다.[40]

전통적으로 범죄학에서는 가해자와 피해자 사이의 중첩(overlap)에 대한 이론적이고 경험적인 자세한 관찰이나 적정한 인지도 없이 오로지 가해자의 범행 유형화와 예측요인(범죄학, criminology) 또는 피해자의 피해자화 유형화와 예측요인(피해자학, victimology)에만 집중해왔다. 그러나 최근 들어, 이들 가해자와 피해자가 어쩌면 이질적이 아니라 동질적인 집단으로 두 집단 사이에는 상당히 중첩되는 특성들을 공유하고 있다는 주장이 제기되고 있다. 대체로 일상활동이론을 중심으로 논의되고 있는데, 이는 상당수의 범행이 가해자와 피해자가 시간과 공간적으로 공존해야만 가능하다는 특성에 기인한 것이며, 따라서 가해자와 피해자가 시공을 같이하는 동질적인 일상생활과 활동을 하는 동질적인 집단으로 상호 중첩되는 부분이 많을 것으로 관측하는 것이다.[41]

그러나 동시에 단지 가해자 모집단의 일부만 피해자가 되고, 모든 피해자가 다 가해자가 되는 것도 아니라는 점도 간과해서는 안 된다. 이처럼 특수성, 특정성(specificity)이 필요함에도 부족하다는 것은 가해자와 피해자 중첩이나 그 결여에 대한 독특한 과정이나 전례를 설명하는데 있어서 제한과 한계를 함축하는 것이다.[42]

그런데 범행과 피해자화 사이의 연계에 있어서 중요한 것은 바로 사회적 여건(social setting)이라고 한다. 특정한 폭력 사건에 있어서 가해자가 되는 사람과 피해자가 되는 사람이 종종 근접한 사회여건에 따른다는 것이다. 많은 경우, 처음엔 가해자가 궁극적으로 피해자가 되기도 하고, 반대로 처음엔 피해자가 궁극적으로는 가해자가 되곤 한다. 예를 들어, 살인은 가해자, 피해자, 그리고 많은 경우 방관자 사이의 역동적인 상호작용의 산물이라는 것이다. 가해자와 피해자 사이의 경계선은 희미하며, 양쪽 다 공격적으로 행동하여 체면을 살리려고 노력함으로써 폭력적 상황을 더 악화시킨다는 것이다. 길거리에는 자신이 존중받지 못하면 거칠게 행동하고 폭력에 호소하는 말썽꾸러기들이 많이 있는데, 그들 사이에 갈등이 빚어지면 가해자로 불리는 일부 승자가 있는 반면에 피해자로 불리는 일부 패자도 있게 된다는 것이다. 즉, 오늘 패자여도 다음번에 역할이 뒤바뀔 수도 있다는 것이다. 이처럼 가해자와 피해자를 폭력의 순환에 가담하는 유사한 집단의 개인들로 보는 새로운 시각이라 할 수 있다.

1. 가해자–피해자 중첩의 이론적 배경

(1) 일상활동/생활유형이론

가해자–피해자 중첩을 설명하기 위한 가장 보편적인 이론적 틀이라면 당연히 일상활동/생활유형 관점이라고 할 수 있다. 이 관점의 저변에는 위험한 생활유형과 일상활동이 잠재적인 피해자를 동기를 가진 범법자와 접촉하게 만들고, 피해자가 될 경향성이 높은 상황에 노출시키게 된다는 것이다. 여기에 부모와 같은 권위있는 성인의 감시와 감독이 부재한 상황에서 일탈적 동료와의 구조화되지 않은 사회화도 또한 범행에의 가담을 예측할 수 있게 하는 요소로 추가되고 있다.

가해자–피해자 중첩과 관련된 이론의 중심이라고 할 수 있는 생활유형/일상활동이론은 일상활동으로 인한 기회구조와 위험한 생활유형이 범행확률이나 피해를 경험할 가능성을 증대시키는데 미치는 영향을 중심으로 논의되는 것이다. 그 이론적 틀로서 이들은 "구조화되지 않은 사회화(unstructured socializing)"란 개념을 사용하는데, 이들에 의하면 일반적으로 범행에 기여하는 것은 반드시 청소년이 비행또래들과 보내는 시간이 아니라 범행을 하게 되는 상황을 유발하는 성인의 감시를 받지 않은 채 비행또래들과 보내는 시간의 정도에 달렸다는 것이다. 실제로 비행또래들이 피해자화(victimization)로부터 보호를 받을 수 있는 최상의 근원은 아니며, 따라서 청소년이 성인의 감시와 감독 없이 비행또래들과 보내는 시간이 많아질수록 그만큼 폭력적인 범행에 가담하고 피해를 경험할 가능성도 더 커진다는 것이다. 이들의 주장에 따르면, 비행또래가 비행적/범죄적 행위에 대한 유형, 무형적 보상을 제공하는 것으로 기능한다는 것이다. 이들 비행또래들이 비행/범죄행위에의 참여에 대한 사회적 지위나 명성을 제공할 수 있다는 것이다. 뿐만 아니라, 비행또래가 비행이나 범행을 더 쉽게 해주는 공범을 끌어들이기 쉬운 원천이기도 하다는 것이다. 이러한 비행/범죄가담이 청소년을 피해자화를 경험할 위험까지도 높이게 된다는 것이다.[43]

(2) 일반이론

일상활동이론 외에도 가해자-피해자 중첩을 설명하는 이론 중에는 자기통제라는 개인적 특성에 초점을 맞춘 Godfredson과 Hirschi의 범죄의 일반이론이나 보다 더 일반적인 이론이라고 할 수 있는 하위문화이론을 원용할 수 있다. 낮은 자기통제와 관련하여 일반이론은 사회화 (socialization)의 결여가 비행/범죄활동으로 이어진다고 주장한다. 특히 만약에 어린이의 부모가 어린이의 행위를 효과적으로 관찰하지 않고, 비행발생시 인지하지 못하고, 발생 후에도 그에 대응하여 처벌하지 않으면 실패한 사회화 과정이 부적절하게 사회화된 청소년을 만들게 된다는 것이다. 부적절한 사회화는 낮은 자기통제의 발달과 결과적으로 생애과정에서 비행/범죄활동에 가담하게 하는 근원으로 간주되는 것이다.

(3) 하위문화이론

이와는 비교되는 것으로, 하위문화이론은 범행과 피해자화가 모두 가능한 기회를 만들어 내는데 있어서 문화와 환경의 역할을 강조하고 있다. 이 하위문화이론은 갈등을 해결하기 위해서 무력의 사용을 권장하거나 지지하는 규범을 가지고 지키는 집단 중에서 폭력이 지배적으로 발생한다고 보고 있다. 폭력의 규범과 사회해체라는 특징으로 얼룩진 지역에서는 사람들이 가해자와 피해자 역할을 교대한다는 것이다. Anderson은 소수자 거주지역에 존재하는 소위 '거리 코드 (code-of-street)'라는 개념으로 설명하고 있는데, 그에 따르면 지역에 널리 퍼진 그러한 문화적 규범 하에서 사회화되는 이들 거주지역의 개인들은 자신의 사회적 지위를 높이려고 한다면 이들 문화적 규범들을 반드시 포용하고, 지역의 다른 사람들에 대해서 자신의 용맹함을 행사할 수 있어야만 한다고 주장한다. 이러한 행동 그 자체가 때로는 "거리 코드"나 사회적 지위가 높은 사람으로 인정받고 싶어하는 다른 사람들에 의하여 약취당하고 피해를 당하도록 취약하게 한다는 것이다. 실제로 다수의 연구에서도 하위문화, 지역 폭력에의 노출, 그리고 범행에의 가담과 피해자화의 경험 사이의 상관관계가 밝혀진 바 있다.[44]

2. 가해자 – 피해자 중첩의 평가

가해자와 피해자, 범행과 피해자화 사이의 일관된 상관관계는 피해자화와 가해행위 모두를 경험하는 고위험 집단의 존재를 파악하는 연구결과들로 확인되고 있다. 이들은 피해자화가 규범적 가치(normative values)를 약화시키고, 결과적으로 범행을 초래하는 것으로 설명한다. Wolfgang은 오래 전 이미 범죄피해자가 된 사람이 종종 자신의 범죄피해를 촉발(provocation)한다고 주장하였다. 즉, 그는 살인이 종종 살인피해자에 의한 또 다른 범죄에 의해서 촉발된다고 주장하였다. 물론 그렇다고 이와 같은 가해자–피해자 중첩이 절대적인 것은 아니며, 일부 행위에 대한 중첩이 알려지긴 하지만 예외적인 것도 있다는 것이다. 범죄행위와 피해자화 사이에 직접적이고 긍정적인 상관관계가 관찰되지만 약물사용에는 적용되지 않아서 약물사용이 범죄 피해자화 위험에는 관련되지 않는 것이 보고되기도 한다. 뿐만 아니라, 가해자–피해자 중첩이 일부 특정 집단의 개인들에게만 적용되는 것으로도 알려지고 있다. 예를 들어, 피해자화는 노인 범죄자에게만 범행의 증대와 상관되는 것으로 밝혀진 바 있는데, 이는 아마도 피해자화의 이질적인 유형에 기인한 것으로 해석되기도 하였다.[45]

대체로 선행연구들은 피해자화와 범행 사이의 상관관계는 피해자화와 범행 양자에 모두 관련된 공통의 위험요소의 기능이라는 제안을 한다. 좀 더 구체적으로는 일탈적인 생활유형이 피해자화와 범행 사이의 중첩에 책임이 있다고 주장하는 것이다. 피해자화와 범행 모두를 예측하는 것으로 파악된 일부 상황적이고 구성적인 변수로는 미혼이고 도심에서 밤시간을 보내는 것, 교육수준이 낮음, 연령이 어리고 낮음, 그리고 남자 등이 포함되었다. 이와 같은 주장을 보다 정교화한 것으로, 친 사회적(pro-social)인 활동에 참여, 가담하는 것은 범죄 피해자화의 위험을 낮추었으나 반면에 '비행적 생활유형(delinquent lifestyle)'에 참여하는 것은 강도, 절도, 기물손괴, 그리고 폭력 범죄의 피해자화 위험을 증대시킨다고 밝혔다.

종합하자면, 피해자와 가해자 양 집단의 동질성이 존재한다는 것이 지금까지의 선행연구의 검토결과라고 할 수 있지만, 아직도 이러한 유형화나 정형화가 모든 유형의 범죄행위에 적용될 수 있는지 여부는 의문으로 남아있다. 관찰된 중첩은 공유된 위험요소나 피해자가 되기 쉬운 비행적 생활유형에 기인하는 것으로 이해되고 있다. 그러나 최근에 들면서 중첩의 존재는 더 큰 지지를 받는 반면에, 공유된 위험요소나 비행적 생활유형에 대한 가설은 그 지지가 줄었다고 할 수 있다.

당연히 현재도 가해자–피해자 중첩의 존재는 폭 넓은 지지를 받고 있다. 흥미로운 것은 이 중첩은 가장 심각한 범죄, 즉 살인의 경우에 가장 분명한 것으로 보인다는 점이다. 살인범죄 가해자의 57%, 피해자의 50%가 과거 전과경력이 있었으며, 살인 피해자가 피해를 당하지 않은 비교집단보다 4~10배 과거에 체포된 경력을 가진 것으로도 밝혀지고 있다. 물론 이런 연구결과는 비단 살인에만 국한된 것이 아니라 다른 폭력범죄에도 적용되는 것으로, 단 5%의 가해자만 피해를 경험하거나 목격도 하지 않았던 데 비해, 74%의 피해자가 폭력의 피해자화나 적어도 한 번 이상 폭력을 목격한 것으로 보고되었다.[46)]

CRIMINOLOGY   **참고문헌**

1   William F. McDonald, "Criminal Justice and the Victim An Introduction," in William F. McDonald(ed.), *Criminal Justice and the Victim*, Beverly Hills, CA: Sage. 1976, pp.17~55.

2   Sandra Walklate, *Victimology: The Victim and the Criminal Justice Process*, London: Unwin Human, 1989, pp.52~80.

3   Ibid., pp.81~107.

4   Daniel S. Claster, *Bad Guys and Good Guys: Moral Polarization and Crime*, Westport, CN: Greenwood Press, 1993, p.151.

5   Benjamin Mendelsohn, "The Victimology," *Studes Internationales de Psycho-Sociologie Criminelle*, 1956, 1:25~36; Claster, *op. cit.*, p.160에서 재인용.

6   Hans Von Hentig, *The Criminal and His Victim Studies in the Sociology of Crime*, New Haven Yale University Press, 1948; Claster, *op. cit.*, p.160에서 재인용.

7   Andrew Karmen, *Crime Victims: An Introduction to Victimology*(2nd ed.), Pacific Grove, CA: Brooks/Cole, 1990, pp.113~120 참조.

8   Carol Bohmer, "Judicial attitiudes toward rape victims," *Judicature*, 1974, 57:303~307; Carol Bohmer and Audrey Blumberg, "Twice traumatized: The rape victim and the court," *Judicature*, 1975, 58:390~399.

9   Susan Brownmiller, *Against Our Will: Men, Woman, and Rape*, New York: Bantam, 1976, p.346.

10 Lans R. Shotland and Lynne Goodstein, "Just because she doesn't want to doesn't mean it's rape: An experimentally based causal model of the perception of rape in a dating situation," *Social Psychology Quarterly*, 1983, 46:220~232.

11 Claster, *op. cit.*, p.167.

12 J. L. Barkas, *Victims*, New York: Scribner's, 1978, p.ix.

13 Lynn A. Curtis, *Criminnl Violance*, Lexington, MA: Lexington Books/Heath, 1974, p.92.

14 Andrew Karmen, *Crime Victims: An Introduction to Victimology*(2nd ed.), Pacific Grove, CA: Brooks/Cole, 1990, pp.130~131.

15 Claster, *op. cit.*, pp.169~170.

16 Walklate, *op. cit.*, pp.25~26.

17 Walklate, *op. cit.*, p.26.; R. J. Mawby and M. L. Gill, *Crime Victims*, London: Tavistock Publications, Ltd., 1987, p.5.

18 Wesley G. Skogan, "Methodological issues in the study of victimization," in E. A. Fattah(ed.), *From Crime Policy To Victim Policy*, London: McMillan, 1986, pp.80~116.

19 R. Elias, *The Politice of Victimization*, Oxford University Press, 1986; Walklate, *op. cit.*, p.35에서 재인용.

20 Walklate, *op. cit.*, p.36.

21 R. G. Clarke, P. Eckblon, M. Hough, and P. Mayhew, "Elderly Victims of Crime and Exposure to Risk," *Howard Journal*, 1985, 24:1~9.

22 R. I. Mawby, "Crime and Elderlr: A Review of British and American Research," *Current Psychological Reviews*, 1982, 2:301~310.

23 최인섭, "범죄피해조사," 한국형사정책연구원 제5회 형사정책세미나자료, 1991, p.73 참조.

24 J. Garofalo, "Life－Style and Victimazation:An Update," in E. A. Fattah(ed.), *From Crime Policy to Victim Policy*, London: McMillan, 1986, pp.135~155.

25 Clarke *et al.*, *op. cit.*

26 John E. Conklin, "Dimensions of Community Response to the Crime Problem," *Social Problems*, 1971, 18:373~385.

27 Frank Klemente and Michael B. Kleimann, "Fear of Crime among the Aged," *The Gerontologist*, 1976, 16(3):207~210; Margaret T. Gordon and Stephanie Riger, "Fear and Avoidance: A Link between Attitudes and Behavior," *Victimology*, 1978, 3(3~4):395~402.

28 Frank Furstenberg Jr., "Public Reaction to Crime in the Street," *American Scholar*, 1971, 40:601~610.

29 Richard A. Sundeen and James T. Mathieu, "The Urban Elderly: Environment of Fear," in Jack and Sharon S. Goldsmith(eds.), *Crime and Elderly: Challenge and Response*, Lexington, MA: D. C. Heath and Company, 1976, pp.51~66.

30 이윤호, "범죄에 대한 공포: 그 원인과 반응," 한국형사정책연구원, 「형사정책연구」, 1993, 4(1):27~44.

31 이에 대한 자세한 논의는 이윤호, 상게논문, 32쪽에서 38쪽을 참조하기 바람.

32 M. Maguire, "Victim's needs and victim services Indications for research," *Victimology*, 1985, 10:531~559.

33 J. Shapland, "The victim, the criminal justice system and compensation," *British Journal of Criminology*, 1984, 24:131~149.

34 Walklate, *op. cit.*, p.42.

35 *Ibid.*, p.42.

36 R. I. Mawby and M. S. Gill, *Crime Victims*, London: Tavistock Publications, 1987, p.20.

37 M. J. Gay, C. Holton, and M. S. Thomas, "Helping the victims," *International Journal of Offender Theraphy and Comparative Criminology*, 1975, 19:267~269 ; M. Maguire, "The Impact of Burglary upon victims," *British Journnl of Criminology*, 1980, 20:261~275.

38 Mawby and Gill, *op. cit.*, pp.21~25.

39 이윤호, 전게논문, pp.38~40 참조.

40 C. Posick, "The overlap between offending and victimization among adolescents: Results from the second international self－report delinquency study," *Journal of Contemporary Criminal Justice*, 2012, XX(X):1~19.

41 M. T. Berge, Stewart, E. A., Simons, R. L., "The victim－offender overlap in context: Examining the role of neighborhood street culture," *Criminology*, 2012, 50:359~390.

42 JL van Gelder, Averdijk, M., Eisner, M., and Ribaud, D., "Unpacking the victim－offender overlap: On role differentiation and socio－psychological characteristics," *Journal of Quantitative Criminology*, 2015, 31:653~675.

43 D. W. Osgood, Wilson, J. K., O'Malley, P. M., Bachman, J. G. and Johnston, L. D., "Routine activity and individual deviant behavior," American Sociological review, 1996, 61:635~655; C. J. Schreck, Fisher, B. S. and Miller, J. M., "Social context of violent victimization: A study of delinquent peer effect," Justice Quarterly, 2004, 21:23~48; W. G. Jennings, Piquero, A. R. and Reingle, J. M., "On the overlap between victimization and offending: A review of the literature," *Aggression and Violent BEHAVIOR*, 2912, 17:16~26.

44 E. Anderson, Code of the Street: Decency, Violence, and the Moral Life of the Inner City, New York: W.W. Morton, 1999, in Jennings et al., op cit., pp.168~170에서 재인용; E. A. Stewart, Schreck, C. J. and Simons, R., "'I ain't gonna let no one disrespect me, 'Does the code od street reduce or increase violent victimization among African American adolescents,' *Journal of Research in Crime and delinquency*, 2006, 43:427~458; S. Nofoziger,

and Kurtz, D., "Violent lives: A lifestyle model linking exposure to violence to juvenile violent offending," *Journal of Research in Crime and Delinquency*, 2005, 42:3~26.

45 M. E. Wolfgang, Patterns in Criminal Homicide, Oxford, England: University of Pennsylvania Press, 1958, p.173, Jennings et al., op cit., 에서 재인용; P. Mayhew and Elliott, D., "Self−reported offending, victimization, and the British Crime Survey," *Violence and Victims*, 1990, 5:83~96.

46 L. M. Broidy, Daday, J. K., Crandall, C. S., Klar, D. P., and Jost, P. F., "Exploring demographic, structural, and behavioral overlap among homicide victims and offenders," Homicide Studies, 2006, 10:155~180; A. Dobrin, "The risk of offending on homicide victimization: A case control study," *Journal of Research in Crime and Delinquency*, 2005, 38:154~173; S. Fiegelman, Howard, D. E., Xiapming, L., and Cross, S. I., "Psychosocial and environmental cooorelates of violence perpetration among African−American urban youths," *Journal of Adolescent Health*, 2000, 27:202~209.

제 4 장
피해자에 대한 배려

지금까지 모든 시민이 자신을 범죄로부터 보호하는 데 대해서 지대한 관심을 가지고 있고 언젠가는 자신도 범죄의 피해자가 될지도 모르는 잠재적인 피해자임에도 불구하고 범죄피해자에 대해서 동정하지 않는 것은 의외로 놀라운 현상이지 않을 수 없다. 이러한 공공의 관심을 대변하는 기관에서 범죄피해자에 대한 관심과 이익을 파악하여 지원하고, 피해 이전의 상태로 회복시켜 줄 것으로 알고 있는 것이다. 그러나 사실은 적지 않은 피해자가 소위 말하는 '나쁜 피해자,' 즉 책임 있는 피해자로 인식되고 있기 때문에 피해자에 대한 동정심을 가지기가 쉽지 않다. 그러나 책임 없는 피해자들 그래서 당연히 동정받아야 할 피해자에 대한 동정의 부재에 대해서는 뚜렷한 이유를 찾지 못하고 있다. 어쨌거나 결과는 이들 책임 없는 피해자들이 형사사법제도로부터 잊혀진 당사자가 되고 있다는 것이다. 이러한 현실이 형사정책 및 제도가 과연 누구를 위하여 존재하는가라는 의문을 던져 주기도 한다. 즉, 형사사법이 시민을 범죄피해로부터 보호하기 위한 것이면서도 사실은 범죄에 대한 공포를 가지고 있는 잠재적인 범죄피해자뿐만 아니라 직접적인 범죄피해자까지도 전혀 고려되지 않고 잊혀지게 되기 때문이다.

법원은 범죄피의자나 피고인의 권익을 보호하는 데에 적극적이면서도 피해자의 권익에 대해서는 무관심했다. 심지어 법원뿐만 아니라 기타 형사사법기관은 물론이고 범죄학자들까지도 범죄피해자에 대해서는 별 관심을 갖지 않거나 무시해왔다. 그것은 범죄나 형사정책에 관한 책이나 논문은 거의가 범죄자의 특성, 범죄의 원인과 동기, 범죄자에 대한 처리와 처우 등 범죄자, 즉 가해자에 관한 것이지 피해자에 관한 것은 아주 보잘것없는 수준에 지나지 않는다는 것만 보아도 알 수 있는 것이다. 그뿐 아니라 형사사법의 경비와 관심도 거의 전부가 범죄피의자에 쏠리고 있다. 실제로 거의 모든 사람이 작고 큰 범죄의 직·간접적인 피해자임에도 불구하고 거의 아무런 조치가 행해지지 않고 있다. 그래서 혹자는 작금의 형사정책과 범죄학을 가해자 위주의 그것이라 하였으며, 현재까지 우리의 형사정책이 실패했다면 바로 이것을 가장 큰 이유로 꼽을 수 있다고 주장하기도 하였다.[1]

　　물론 범죄피해자에 대한 관심과 배려의 필요성을 전혀 느끼지 않는 것은 아니다. Reiff와 같은 사람은 자연 재난의 피해자가 처우되는 것과 범죄피해자가 처우되는 것을 비교하면서, 범죄도 일종의 재난의 하나로까지 인식되어야 한다고 주장되고 있는 지금, 범죄피해자에 대한 처우도 향상되어야 한다고 강조하였다. 예를 들어서 화재, 홍수, 가뭄, 지진, 태풍 등의 피해자에게는 국가의 보조와 지원이 제공되어 왔으나 범죄피해자에 대해서는 최근에서야 약간의 배려가 이루어지고 있는 실정이다.[2]

　　지금까지 왜 범죄피해자가 동정적으로 취급되지 않았었는지를 설명하려는 시도가 많이 있었다. 그 첫째가, 범죄피해자가 눈에 잘 띄지 않는다는 사실이다. 즉, 범죄피해자가 일반시민의 입장에서는 잘 알지 못하기 때문에 재난의 피해자처럼 눈에 잘 띄지 않는다. 이는 대부분의 전통적 범죄피해자가 가난한 사람들이기 때문에 대중의 주의와 관심을 끌 기회가 많지 않기 때문일 수 있다. 특히 폭력범죄를 보면 주로 하류계층의 사람들끼리 벌어지는 범죄행위임을 엿볼 수 있어 이 점을 부분적으로나마 입증해 주고 있다. 더욱이 일부 범죄피해자는 자신을 숨기려고 하기까지 한다. 성폭력피해자는 형사절차상 또는 사회적으로 모욕당하고 명예가 실추될까봐 범죄피해 자체를 숨기고 싶어 하며, 폭력범죄의 피해자는 차후의 보복이 두려워 범죄피해자로서의 신분이 알려지기를 꺼려한다.

　　범죄피해자가 일반적으로 동정적인 취급을 받지 못하는 두 번째 이유는, 범죄피해자의 이익을 의도적으로 무시하기 때문이다. 다시 말해서 범죄피해자에 대한 관심의 부족이 공개되고 알려지면 범죄피해자를 대신하여 많은 압력을 받게 되고 위협받게 될 수 있기 때문이다. 이러한 주장에 대한 가장 알기 쉬운 예가 혁신적 여권신장론자들의 주장에서 찾을 수 있다.

　　예를 들어 이들은 강간에 관한 법이 여성들의 권익을 보호하기 위한 것이 아니라 아버지와 남편의 딸과 부인에 대한 소유자로서의 재산권을 보호하기 위한 것이라고 주장한다. 이는 현실적으로 강간에 관한 법률이 성범죄피해여성의 필요한 권익을 보호하는 데 턱없이 부족한 점이 많다는 것에서도 확인되고 있다. 결국 이러한 남성우위의, 남성지배의 구조가 유지되기 위해서는 여성피해자들을 오히려 유책한 나쁜 여자로 몰아세워서 일반인의 눈에 띄지 않게 해야 했다는 것이다. 그렇지 않고서는 그 실체가 낱낱이 알려지게 되어 여성계로부터의 비난과 압력을 받게 되며 현재의 지위까지 흔들릴지 모르기 때문이다.

현행 형사사법제도와 절차상 범죄피해자가 무시되는 세 번째 이유는, 법률체계에 관련된 사람들의 심리에 의해서 영향을 받기 때문이라고 한다. 이는 범죄피해가 예측할 수 없는 것이기 때문에 피할 수 없는 것이라는 주장을 부정함으로써 범죄피해자의 책임을 강요하는 것이다. 이러한 주장의 저변에는 사람들이 일반적으로 이 세상은 정의로운 세상이기 때문에 좋은 사람에게는 좋은 일이 생기나 나쁜 사람에게는 나쁜 일이 생기게 된다는 신념이 존재하고 있다. 따라서 실제로 아무런 잘못이나 책임 없는 피해자에 대해서도 사람들은 그가 책임이 없는 것은 아니라고 믿게 되는 것이다. 그리고 그의 범죄피해는 어쩔 수 없는 것이 되어 사람들이 그를 비난하게 되는 것이다.[3]

그러나 공식범죄통계표를 보완하기 위해서 시도된 범죄피해자 조사를 계기로, 범죄피해자에 대한 학문적 관심이 고조되었다. 뿐만 아니라 범죄문제를 피해자의 관점에서 해석하고 이해하려는 노력도 시작되었다. 이러한 분위기에 편성하여 1973년에는 유엔의 지원하에 최초의 국제피해자학 심포지엄이 열렸으며, 1976년에는 'Victimology : An International Journal'이라는 국제적 학술지가 탄생하기에 이르렀다. 이러한 학술적 관심 외에 피해자에 대한 관심을 고조시킨 또 하나의 계기는 1960년대의 민권운동의 영향이다. 이것은 민권운동의 차원에서의 피해자에 대한 관심은 물론 대부분 범죄피의자의 권익에 대한 관심에서부터 시작하게 되었다. 즉, 법과 질서를 강조하며, 범죄자인 나쁜 사람에 대한 관심은 많이 가지면서 아무런 잘못이나 죄가 없는 피해자에 대한 관심은 왜 찾을 수가 없는가?라는 의문을 갖게 되고, 이것이 정치적인 논쟁으로 비화하여 드디어 일반의 관심사항이 되기에 이르렀다.[4]

피해자에 대한 관심을 표명하는 것 중의 하나가 피해자를 위한 사회봉사센터를 설치하여 범죄피해와 관련된 피해자들의 의료적·법률적·경제적 문제에 대해서 지원하고 상담해 주는 것이다. 대표적인 것으로 뉴욕의 '피해자봉사청(Victim Service Agency)'으로서 여기서는 500여 명의 직원과 1,700만 달러의 예산으로 운영되고 있다. 대부분의 경우는 이와 같은 봉사기관이 검찰에 소속되어 피의자를 찾아내고 법정에서 증언할 수 있도록 하고 있다.[5]

그 밖에 범죄피해자의 권리운동은 범죄피해자의 이익을 대변하는 과정을 공식화하는 입법화의 계기가 되기도 하였다. 이들 법률은 범죄피해자로 하여금 그들이 관련된 범죄사건의 재판과 가석방심사에서 자신의 의견을 개진할 기회를 주도록 명시하고 있다. 한편 판결 전 조사(presentence investigation)에서도 범죄피해자가 자신의 재물손상, 신체적·감정적 손상, 의료비,

일을 못한 결과 발생한 시간과 금전적 손실 등의 '피해자영향진술서(Victim Impact Statement)'를 보고서에 첨부하도록 하기도 한다. 이러한 노력들은 대부분 형사절차에 있어서 피해자의 지위와 역할 등을 고취시키는 것들이며, 그 결과 최근에는 '피해자권리장전(Victim's Bill of Rights)'의 필요성이 논의되기까지 이르렀다.

　　그러나 피해자의 권리에 관한 가장 혁신적인 개혁은 역시 특정 범죄피해자에 대한 국가의 금전적 배상을 입법화한 것이라고 할 수 있다. 이 프로그램은 주로 재산범죄보다는 폭력범죄의 피해자에게 배상하는 것인데, 범죄로 인한 고통이나 의료비 또는 임금손실 등은 배상되지 않으며 범죄의 직접적인 피해만을 배상한다. 그리고 보험이나 기타 공공기관으로부터의 이중적인 배상도 안 되며, 사건이 배상심사위원회(Compensation Board)에 회부되면 피해자의 선동·유발·조장 등 피해자의 책임성 여부를 검토하여 그 결과에 따라 배상액이 축소되거나 거부될 수 있기 때문에 피해자배상제도도 전적으로 아무런 잘못과 책임이 없는 피해자만을 관심의 대상으로 하고 있다.[6] 이처럼 범죄피해자의 형사절차상 지위와 역할의 확대나 피해자에 대한 봉사의 제공, 그리고 범죄피해의 배상 등과 같이 범죄피해자에 대한 관심이 고조되고는 있지만 아직도 피해자의 이익을 보호하고 피해자를 봉사하는 데 있어서 좋은 피해자와 나쁜 피해자라는 이분법적 기준이 적용되고 있다.

제 2 절   피해자에 대한 보상

1. 범죄피해자에 대한 공공보상제도

　　범죄피해자에 대한 공공보상이란 대체로 폭력범죄의 피해자에게 국가가 범죄로 인한 손실을 보상해 주는 것이라고 할 수 있다. 이는 1951년 Margery Fry의 「In the Arms of the Law」라는 책에서 범죄피해자에 대한 공공의 도움을 주창한 것을 시작으로 시행된 제도이다. 처음에는 범죄피해자에 대한 보상이 산업재해보상을 본떠서 범죄로 인하여 손실된 능력(loss of faculty)에 따라 주급으로 보상되는 것이었다. 점차 영국에서는 내무성에 범죄손상보상위원회(Criminal

Injuries Compensation Board)를 설치하기도 했다.

　이러한 범죄피해자 공공보상을 주창하고 지지하는 것은 형사사법운용에 있어서의 국가의 독점에 초점을 맞춘 다음과 같은 주장에 근거하고 있다. 우선 피할 수 없는 정당방위 등 극히 예외적인 경우를 제외하고는 개인에게 자구행위(vigilanty)를 허용하지 않고 국가가 범죄통제를 독점하고 있기 때문에 범죄문제에 대한 책임도 질 수밖에 없다는 논리에서 피해자에 대한 공공보상을 정당화한다. 두 번째는, 국가가 형벌을 독점하기 때문에 피해자가 가해자에 대해서 범죄피해를 청구할 수 없도록 하고 있으므로 국가가 이에 대한 보상을 대행해야 한다는 것이다. 세 번째는, 범죄의 원인이 상당 부분 사회적 문제에 기인하는 것이고, 사회문제는 당연히 국가의 책임이기 때문에 그로 인한 범죄와 범죄피해에 대해서도 국가가 책임을 져야 한다는 논리이다. 네 번째는, 지금까지의 형사정책적 관행이었던 가해자중심, 피해자무시의 기조에 대한 반성이다. 다섯 번째는, 국가의 책임성을 공공보상의 당위성으로 보는 것은 상당한 거부반응도 있을 수 있으나, 그럼에도 불구하고 공공보상이 시행되고 있는 것은 사회적 연대감이나 결속력의 강화라는 측면에서 피해자에 대한 일종의 복지적 시혜로서 공공보상의 정당성이 주장되는 것이다.[7]

　실제로 시행되고 있는 범죄피해자 공공보상제도는 다음과 같은 네 가지 특징을 가지고 있다. 첫째, 범죄피해자가 보상받을 권리가 있다는 주장을 수용하지 않았다. 즉 국가가 시민을 폭력으로부터 보호할 의무가 있고, 그 의무가 이행되지 않아서 범죄가 발생하였다면 보상의 의무도 있다는 주장에 기초한 범죄피해자보상권을 수용하지 않았다고 할 수 있다. 모든 시민을 모든 폭력범죄로부터 완전하게 보호할 수는 없다는 현실적 배경을 기초로 이것을 수용할 수 없다고 보았던 것이다. 두 번째, 가해자에 대해서 손상을 가하는 피해자의 권리는 범죄자검거율이 낮고 대부분의 범죄자가 빈곤층이라는 사실로 인하여 아무런 쓸모가 없기 때문에 정부가 폭력범죄의 상이한 피해자 간의 형평성을 맞출 책임이 있는 것으로 받아들인다는 것이다. 셋째는, 복지적인 측면에서 볼 때 복지제도를 통하여 필요한 서비스 등을 제공받는 복지수혜자와 범죄피해자 사이의 형평을 고려할 필요가 있다는 것이다. 따라서 의무감에서가 아니라 복지의 형평성이란 차원에서 피해자의 필요성을 충족시켜 줄 수 있다는 논리이다. 끝으로, 보상받을 자격이 있는 피해자와 그렇지 않은 피해자를 구분할 필요가 있다. 즉, 경찰에 신고하지 않고 범죄를 선동·유발·조장했거나, 가해자와 현재 관계가 지속되고 있을 경우 등은 보상의 대상에서 제외되어야 한다는 것이다. 이를 종합하면, 범죄피해자 공공보상제도는 타인의 행위로 인한 시민의 손상에 대해서 책임을 지지 않으나, 공공이 죄 없는 피해자에 대해서 동정심과 책임감을 느끼기 때문에, 지역사회를 대신하여 국가가 보상을 제공하는 것으로 요약될 수 있다.[8]

그러나 범죄피해자 공공보상제도에 아무런 문제가 없는 것은 아니다. 가장 중요한 것은 범죄피해자의 무지이다. 그것은 국가에 의한 피해자의 보상은 전적으로 피해자의 요청에 의해서만 개시될 수 있기 때문이다. 그러나 대부분의 범죄피해자는 보상제도 자체도 알지 못하는 실정이다. 두 번째는 재정적인 문제로서, 보상의 수준에 관한 것이다. 즉, 처음부터 보상의 대상을 폭력범죄의 피해자로 제한하고, 최소한의 보상을 제공하며, 소득의 손실분에 국한하는 것 등은 곧 국가가 재정적 긴축의 의지를 가지고 시작한 것이라고 볼 수 있다. 이와 관련하여 이러한 범죄자모방은 일종의 흉내에 불과한 것이라고 혹평하기도 한다. 다음은, 범죄피해자 공공보상제도의 가장 큰 한계라고도 할 수 있는 것으로 보상대상자를 전혀 책임 없는 피해자, 즉 선의의 피해자에게만 국한시킨다는 사실이다.[9] 끝으로, 공공보상제도는 공공보상의 대상으로 적합한 범죄가 과연 어떤 것인가 하는 문제이다. 물론 재산범죄, 과실에 의한 범죄 등은 제외되고 대체로 폭력성범죄에 한정하고 있는데, 여기서 폭력성범죄를 명확하게 규정하기가 쉽지 않다는 점도 지적되고 있다.[10]

2. 가해자에 의한 범죄피해자보상

만약에 범죄피해자에 대한 보상이 이루어져야 한다면, 그 범죄의 가해자가 배상하는 것이 당연한 것일지 모른다. 이러한 귀결은 반드시 범죄에 대한 책임이나 처벌의 의미에서뿐만 아니라 피해자는 물론이고 심지어 가해자에게까지도 이익이 될 수 있다고 한다. 즉, 피해자는 피해의 보상으로 이익을 얻을 수 있고, 가해자는 피해보상을 위한 노력을 통해 자기개선적 효과를 기대할 수 있어서 이익을 볼 수 있을 것이다.

이러한 범죄자에 의한 범죄피해자보상이 처음에는 보호관찰의 조건으로 가능하였으나, 후에 형사법정에서도 보상명령으로 이루어지게 되었다. 1972년 영국의 형사사법법(Criminal Justice Act)에서는 보상명령을 형벌에 대한 부가적인 처벌로 만들기에 이르렀다. 나아가 1982년에는 형사사법법을 개정하여 보상명령을 하나의 독립된 형벌로 만들게 되었다.

보상명령은 그것이 가지는 본질적인 도덕적 가치 또는 개선수단으로서의 가치로 인하여 정당화되지만, 그보다 더 중요한 매력은 범죄자가 자신의 범죄결과 얻어진 과실을 즐길 수 없도록 함으로써 범죄를 예방할 수 있다는 것이다. 즉, 범죄피해자에 대한 배상이 범죄의 처벌에 있어서 실질적인 요소로 인식하였던 것이다.[11] 다시 말해서 보상명령이 두 가지 강력한 범죄억제력을 가지고 있다고 가정하고 있다고 할 수 있는데, 그것은 범죄가 발각되어 처벌받을 확실성과 범죄자나 그 가족으로부터 범죄활동의 과실을 상실케 할 확실성에 의해서 범죄가 억제될 수 있다고 하는 것이다.

그러나 가해자에 의한 피해자보상은 다음과 같은 두 가지 어려움을 안고 있다. 하나는 대부분의 범죄자가 체포되지 않는다는 사실이며, 설사 체포되더라도 상당수의 범죄자는 자신의 형기로 인한 제약이나 경제적 무능력으로 인하여 범죄피해자에게 완전히 보상할 능력이 없다는 사실이다. 그럼에도 불구하고 가해자에 의한 피해자보상이 민사사건에만 국한되는 것을 원치 않아서, 앞에서 기술한 범죄피해자 공공보상제도가 재산범죄에까지 확대되어야 한다는 제안에도 부정적인 입장을 취하고 있다.[12]

그 밖에 보상명령의 문제라고 할 수 있는 것은 법원의 자세이다. 재판에 있어서 특정한 한 가지 유형의 명령을 하도록 의무를 부과하는 것은 적절하지 못하기 때문에 법원으로 하여금 보상명령을 명하도록 강제할 수는 없다. 그렇지만 법원에서도 보상명령을 적극적으로 명하려고 하지는 않고 있다. 이러한 법원의 자세는 보상의 가능성에 대해서 피해자들이 거의 알지 못하고 있다는 사실로 인하여 더욱 심각해질 수 있다. 그리고 가해자가 보상할 능력이 없을 때는 문제가 더욱 심각해질 수 있다. 바로 이 점이 법원에서 보상명령을 꺼려하는 중요한 이유 중의 하나가 되고 있다. 더불어 법원에서 자유형을 선고하여 범죄자를 구금할 때, 이에 더하여 보상명령을 부가적으로 부과하기가 쉽지 않다는 점도 지적될 수 있다. 특히 범죄의 유형에 따라 법원의 태도가 달라질 수 있는데, 법원은 특히 재산범죄보다 폭력범죄에 대해서 더욱 보상명령을 내리는 것을 꺼리고 있다.[13] 이러한 문제는 주로 형벌체계에 있어서 보상명령이 차지하는 목적에 관한 뚜렷한 지침을 제공하지 못한다는 점에서 발생할 수 있다. 그런데 이를 고려하여 1982년의 영국 형사사법법에서는 보상명령을 하나의 독립된 형벌로서 규정하였던 것이다.

물론 이러한 시도가 보상명령의 모든 문제를 해결할 수 있는 것은 아니다. 범죄피해자는 아직도 보상의 가능성에 대해서 불명확하고, 더욱이 범죄자가 기소되지 않는다면 보상의 기회마저 있을 수 없는 것이다. 더군다나 재정적 보상의 강조는 가난한 범죄자들로 인하여 그 적용이 제한받을 수밖에 없는데, 실제로 대부분의 범죄자는 가난하기 때문에 이 문제는 더욱 심각한 것이다.

한편 피해자의 관점에서 보면, 가해자에 의한 보상은 크게 중요한 것이 되지 못한다. 피해보상은 극히 일부 피해자에게만 적용될 수 있을 뿐만 아니라, 전반적인 운용체제가 법원에 초점이 맞추어져 있어서 피해자가 어떠한 보상이 적절한가에 대해서 자신의 의견을 개진할 기회조차 가질 수 없기 때문이다.[14]

범죄자에 의한 피해자에 대한 보상은 이처럼 금전적으로 보상하는 경우가 주가 되지만 때로는 가해자로 하여금 피해자에게 노동을 통한 보상의 방법도 이루어지고 있다. 앞에서 구금의 대안으로서 소개되었던 배상명령(restitution)의 일환으로서 범죄자에게 범죄피해의 일부를 피해자에게 노동을 제공함으로써 보상케 하는 것도 있다. 이 경우는 주로 가해자에게 피해자의 정원잔디를 깎게 하는 등의 방법으로 이루어질 수 있다.

그 밖에 위에서 지적한 것처럼 범죄피해의 보상에 있어서 피해자가 자신의 의견을 개진할 기회가 주어지지 않았다는 점을 고려하여 이를 해소할 수 있는 방안의 하나로서 제3자에 의한 가해자와 피해자간의 화해(reconciliation)와 중재(mediation)를 들 수 있다. 이러한 시도들은 물론 피해자에 대한 고려와 피해의 회복 내지는 보상을 위한 것 외에 비공식적 형사사법(informal justice)이라는 관점에서도 시행되고 있다.

이러한 제도는 가해자와 피해자로 하여금 갈등을 합의로서 협상토록 하는 것이다. 이는 형사사법제도에 의한 좌절감, 비인간화, 갈등 등을 야기시키는 공식적인 형사사법절차의 대안으로서 개인적 입장에서 문제를 해결하려는 데 의의를 두고 있다. 여기서 중요한 것은 가해자와 피해자를 훈련된 중재자의 면전에서 대면하게 하는 것이며, 이때 중재자의 역할은 적극적으로 개입하기보다는 어떠한 제안을 하는 등 중립적인 입장에서 합의를 이끌어낼 수 있도록 도와주는 데 그쳐야 한다. 가해자와 피해자 양자가 수용할 수 있는 합의의 책임은 어디까지나 가해자와 피해자 당사자에게 달려 있는 것이기 때문이다.

그래서 이러한 프로그램은 그 과정과 해결이 매우 중요한 의미를 가지는데, 이는 이 제도의 일차적인 목표로서 우선 서로 간의 입장을 이해하고 처지를 파악한 뒤, 쌍방의 합의를 통해 배상의무를 결정할 수 있도록 보다 실질적인 토의를 하게 함으로써 가해자와 피해자의 갈등해소를 용이하게 하는 것이다.[15)]

이러한 제도는 앞에 기술한 범죄피해자 공공보상이나 범죄자에 대한 보상명령에 비해 두 가지 장점을 가지고 있다. 첫째는, 가해자의 입장에서 그로 하여금 자신의 범죄의 결과에 대해서 생각할 수 있는 기회를 제공하며, 보상명령보다는 더 넓은 의미에서 배상을 제공할 수 있다는 것이다. 두 번째로, 피해자의 입장에서 본 장점은 보상과정에 보다 적극적으로 참여할 수 있고, 범죄자에 대해서 법원에서 보다 더 현실적인 견해와 동기를 알 수 있게 된다는 점이다.

그러나 이 제도도 범죄자가 붙잡혀야 한다는 전제가 충족되어야 하고, 이 제도에 적합하다고 판단되는 모든 가해자가 다 이 제도에 참여할 의사를 갖고 있는 것도 아니며, 마찬가지로 많은 피해자들도 이에 참여하기를 꺼려한다는 현실적 문제를 가지고 있다. 실제로 한 연구에 의하면, 면밀히 선별되고 철저히 안내받은 사건임에도 불구하고 34%는 가해자가 참여를 거부하였으며, 가해자가 참여하기를 희망한 경우에도 29%는 피해자가 참여하기를 거부하였다, 그러나 성사된 경우에 피해자들은 대체로 결과에 만족스럽게 생각하였으며 바람직한 대안이라고 인식하였다고 한다.[16]

그런데 이 제도는 어떤 경우에 가장 적합한 것이며 형사사법절차상 어느 단계에서 이루어져야 하는가라는 두 가지 쟁점을 남기고 있다. 첫째, 원래 이 제보가 구금의 대안으로 시작되었음에도 불구하고 대부분의 경우는 약간의 재산범죄경력이 있는 비행소년들뿐이라는 것이다. 물론 아식도 폭력범죄는 거의 없으며 최근에 와서야 상당수의 폭력범죄가 포함되고 있어서 이 제도에 대한 약간의 조정이 이루어지고 있다.[17] 두 번째는, 형사절차상 어느 시점이 가장 바람직한가의 문제로서, 경찰개입 이전, 경찰에 의한 공식절차의 대안, 법정절차의 대안, 선고 이전, 형의 조건, 구금형의 조건 또는 일부, 그리고 보호관찰부 가석방(parole)의 조건으로서 시행될 수 있다는 점에서 형사절차상 다양한 단계에서 시행이 가능하다는 사실을 알 수 있다.

그러나 이 제도는 선고 이전이나 보호관찰부 형의 유예(probation)와 같은 형의 조건으로서 가장 많이 활용되고 있다. 그래서 때로는 이 제도는 전통적인 선고절차의 대안이 아니라 피해자에게 참여기회를 확대하고 범죄자에게는 감형의 잠재성을 줄 수 있는 보완책으로 인식되고 있다.[18]

그런데 이러한 제도에 대해서 과연 일반대중은 어떻게 생각하고 있을까? 보편적으로 일반인들도 이 제도에 대해서 어느 정도 지지하고 있는 것으로 알려져 있다. 영국범죄조사(British crime survey)에 의하면 시민들은 우리가 생각했던 것보다 범법자에 대해서 덜 처벌적이며, 특히 피해자들까지도 범죄자에 대한 보상, 비공식적 경고, 또는 배상 등에 긍정적으로 답변한 것으로 나타났다.[19] 더욱이 이들 피해자들은 일반시민에 비해 범죄자에 대해 더 많은 처벌을 원하지 않는 것으로 밝혀지고 있다.[20]

종합해 볼 때, 가해자와 피해자는 물론이고 일반대중들까지도 가해자에 의한 피해자보상을 의미 있는 대안으로 받아들이고 있음을 알 수 있다.

제3절 피해자에 대한 사적 부조와 지원

지금까지의 전통적 형사정책과 형사사법의 관행은 가해자를 위주로 한 것이었다. 따라서 피해자에 대한 관심은 많지 않았음을 알 수 있다. 실제로 우리 주변의 많은 범죄피해자들이 자신의 문제를 가족, 친지 또는 이웃 등으로부터 도움을 받거나 스스로 해결하고 있음을 발견할 수 있다. 그러나 최근에 와서야 피해자에 대한 관심이 조금씩 고취되고 있다. 하지만 아직까지는 대부분이 민간분야의 자발적인 활동과 역할에 크게 의존하고 있는 실정이다. 이러한 민간분야에서의 자발적인 피해자부조와 지원은 대체로 여권운동이나 피해자에 대한 지원운동의 결과로 나타나고 있다.

물론 과거에 비해서 피해자의 권익신장에 대해 공적인 개입과 관심은 상당히 신장되었는데, 그 결과 이 분야에 대한 사적 개입과 관심은 상대적으로 줄어들 수밖에 없는 결과를 초래할 수도 있다. 그럼에도 불구하고 아직도 피해자의 권리향상에 있어서 사적 분야의 역할이 중요시되고 있는 이유는 어디에 있을까?

이 점에 대한 분명한 한 가지 요인은 국가의 재정적 여건과 자원조직의 독립성 및 경제성이라고 할 수 있다. 즉, 국가로서는 적은 비용이나 아무런 재정적 부담 없이도 피해자에 대한 배려를 할 수 있어서 좋고, 자원봉사조직의 관점에서도 정치적 고려나 통제를 받지 않고 자율적으로 피해자의 권익을 신장시킬 수 있다는 이점이 있기 때문인 것이다.[21] 물론 이러한 현상은 범죄피해자에 대한 공식적 정책의 부재가 상당부분 기여하였다는 점도 간과할 수는 없다.

1. 범죄피해에 대한 여권운동적 대응

(1) 성폭력위기센터

여권운동가들에 의한 성폭력피해자들에 대한 지원과 부조는 성폭력문제의 심각성뿐만 아니라 형사절차상 제2의 피해과정에 대한 인식에서 출발한다. 즉, 성폭력에 대한 사회적 인식이 여성피해자들로 하여금 경찰에 신고하기 어렵게 하며, 설사 신고하는 경우에도 오히려 가해자보다 더 나쁜 여자로 취급받기 일쑤인 형사사법관행과 절차로 인해 성폭력피해자는 이중의 피해를 경험하고 있다는 것이다. 따라서 이러한 여성계의 위기의식에서 출발점을 찾아야 한다는 움직임이 일게 된 것이다.

성폭력피해자에 대해서 피해자 선동·유발 또는 조장의 혐의를 지우지 않고, 피해자의 부주의를 탓하는 현실 속에서 이들 여성성폭력피해자를 위해 여성이 운영하는 여성운동조직은 어쩌면 당연한 것인지도 모른다.[22]

이러한 성폭력위기센터는 24시간 운영되며 상담, 법률 그리고 의료봉사를 제공하고 있다.

센터의 일차적 목표는 성폭력피해여성에게 다른 여성과 언제라도 이야기할 수 있는 장소를 제공하는 것이다. 더불어, 찾아온 여성의 희망에 따라 감정적 지원을 제공하거나 법률적·의학적 정보와 서비스를 제공하게 된다. 그뿐 아니라 성폭력의 현실에 대해서 대중교육을 실시하고 인지시키며, 성폭력 경험을 부정하거나 왜곡하는 사회적 오해 등을 논박하기도 한다.

여기서 중요한 것은 피해자에 대한 직접적인 지원과 부조에 그치지 않고 성폭력에 대한 태도를 변화시키고 교육시키는 것도 주요한 기능과 목표로 하고 있다는 사실이다. 이를 잘 반영하는 것이 바로 위기센터에서는 '피해자(victim)'라는 용어 자체를 사용하지 않는다는 것이다.

즉, 그것은 피해자라는 용어가 여성을 약취하는 것이 남성의 권리이자 자연스러운 것이라는 사고에 기여할 수 있다고 믿기 때문이다. 그래서 대부분의 여권운동가들은 피해자라는 용어 대신 '생존자(survivor)'라는 말을 즐겨 사용하고 있는데, 이 용어는 여성들이 성폭력에 저항하는 다양한 방법과 성폭력의 영향을 극복하기 위한 다양한 전략에 대한 관심을 불러일으킬 수 있기 때문이다.[23]

그래서 성폭력위기센터는 피해자에게 직접적인 서비스를 제공하거나, 지역사회에 대한 교육과 활동을 전개하는 일을 복합적으로 적절히 수행해 나가는 역할을 맡고 있다.

직접적인 서비스를 제공하는 경우는 말 그대로 상담이나 의료·법률서비스 등을 제공하는 것을 말하고, 후자의 경우는 대중교육, 형사사법기관에 대한 설득, 그리고 정치적 행동 등에 초점을 맞추고 있다. 뿐만 아니라 자원봉사자에 의존하는가 아니면 유급직원에 의해서 운영되는가에 따라서 센터의 형태는 달라질 수 있다.[24]

(2) 매맞는 아내를 위한 피난처

여성들을 위한 피난처는 대부분 가정폭력으로 인한 피해여성들을 위한 일시적인 보호소이다. 일차적으로는 가정의 평화와 부부간의 조화를 유지하는 것이 무엇보다도 중요하다는 사실에서 시작하며, 사회적으로 경찰을 비롯한 거의 모든 관계기관에서 가정폭력에 개입하기를 꺼려하는 풍조와 피해여성에 대한 공적 배려가 거의 이루어지지 않는 현실에 비해 점점 심각해지는 가정폭력의 위기의식을 기초로 하고 있다. 이들 여성피해자에게는 무엇보다도 기본적인 숙식문제부터 해결되지 않고 있으며, 사회복지요원에 의한 약간의 서비스는 이들이 필요로 하는 것을 충족시켜 주기에는 턱없이 부족하다. 더욱이 가정폭력 발생시 피해여성이 경찰에 신고하는 등 도움을 요청하게 되면 남편으로부터의 폭력이 더욱 심화될 수 있고, 여성은 더욱 보호받기 어려워질 수도 있는 어려운 상황을 맞을 수도 있다. 따라서 여성 스스로 가정폭력에 대응할 필요성을 느끼게 되고, 그 결과가 바로 이러한 피난처의 설치로 나타난 것이다.

대부분의 피난처는 여권운동으로부터 약간의 자원봉사적 지원을 받으면서 자치적으로 운영되고 있으며, 대개는 상호지지, 권력분할 그리고 자조 등이 주요 원리로 지켜지고 있다. 동시에 가정폭력에 대해서 성차별적 사회에 그 초점을 맞추기 때문에 피난처와 그 관리로부터 남성들은 철저히 배제되고 있다. 바로 이 때문에 피난처운동은 정치적·교육적이면서도 동시에 서비스 지향적인 것으로 초점을 맞추는 기초가 되고 있다.

따라서 대다수 피난처에서는 외부의 간섭을 원치 않으며, 자신들의 피난처운동을 여타의 유사한 일반적 사회운동으로 보지 않는다. 더불어 보편적인 자원봉사자로 생각하지도 않는다.

피난처운동가들은 사회에서의 여성들의 지위, 가족생활의 특성, 그리고 결혼에 있어서 여성의 위치 등에 관한 자신들의 사고와 생각에 의해서 동기를 부여받고 있다.[25] 이 때문에 모든 봉사자가 그들 스스로 가정폭력의 피해자는 아니며, 도움을 청하는 사람과 사회계층적 또는 인종적 배경이 다를지라도 도움을 주는 사람과 받는 사람 사이의 장벽이 최소화될 수 있는 것이다. 따라서 대부분의 피난처가 협동적 형태(cooperative style)를 택하고 있어서 직원들은 자신들을 관리자로 보지 않고 동료로 보며 또 도움을 받는 사람으로부터도 그렇게 보여지고 있다.[26]

(3) 학대받는 아동을 위한 집단운동

아동에 대한 성적 학대(child sexual abuse), 특히 근친에 의한 성적 학대(incest sexual abuse)의 문제는 그 피해자가 저항능력이 없고 인식능력이 없으며 가해자의 피부양자 내지는 피보호자 또는 최소한 잘 아는 관계의 사람이라는 사실 등에서 피해의 영향이 매우 심각하다고 할 수 있다. 그리고 피해자의 이러한 특성으로 인하여 이들에 대한 배려와 부조가 더욱 절실하다고 볼 수 있다.

그러나 아동성학대에 대처하기 어려운 이유의 하나는 피해어린이가 대부분 자신에게 죄책감과 노여움을 느낀다는 사실 때문이다. 물론 이러한 죄책감은 반드시 행위 그 자체로부터 유발되는 것이 아니라 그 행위가 알려진 데 대한 것으로부터 야기된다고 볼 수 있다. 피해아동들은 대부분 자신들에게 피해를 준 그 행위가 알려지게 됨으로써 자신의 가족이 붕괴된다고 믿고 있으며 그에 대한 책임이 바로 그 행위라고 생각한다. 이러한 의미에서 아동성학대피해자는 일반 성폭행 범죄피해자일뿐 아니라 재판을 통해 아버지 등의 학대자가 격리되기 때문에 또 다른 이중피해자가 되기도 한다.

그래서 이들 아동들에게 비슷한 처지의 친구들과 함께 있게 하여 서로의 어려움과 고통을 나눌 수 있도록 지원적 · 지지적인 환경을 제공함으로써 서로에게 결속력과 동조심을 제공하게 된다. 이렇게 함으로써 아동성학대피해자들이 가족의 권위구조와 상관없이 자신들의 문제를 해결해 나갈 수 있게 해 주는 것이다.[27]

2. 피해자권리운동(victim's rights movement)

형사사법에 있어서 범죄피해자의 권익은 다양한 형태로 나타날 수 있다. 위에서 제시한 것과 같이 피해자에 대한 다양한 유형의 공 · 사적 보상과 배려 등의 실질적인 것에서부터 형사사법절차와 과정에서의 피해자참여와 지위의 확보 및 인권의 신장 등 다양하게 피해자의 권익을 옹호하기 위한 운동이 이루어질 수 있다.

1985년 UN에서조차 피해자권리장전이라고 할 수 있는 '권력남용과 피해자에 대한 정의의 기본 원칙에 관한 포고(Declaration on the Basic Principles of Justice for Victims and Abuse of Power)'를 채택하였는데, Waller는 이 선언문으로부터 범죄피해자를 위한 처우의 기본 기준을 규정하는 사법정의의 네 가지 원칙을 제시하였다. 그것은 행정 및 사법절차에 대한 접근, 가해자로부터의 배상(restitution), 국가로부터의 보상(compensation), 그리고 피해자에 대한 부조라고 주장하였다.[28]

지금까지의 피해자에 대한 관심은 주로 피해자가 무엇을 필요로 하는가에 초점을 맞추고 있는데, 이러한 접근으로는 피해자에 대한 문제가 해결될 수 없다. 그것은 이러한 접근, 즉 피해자가 필요로 하는 것을 제공하는 방식은 피해자에 대한 배려의 시작에 불과한 것이지 진정한 해결책으로는 부족하기 때문이다. 즉, 피해자가 잊혀진 존재로 치부되는 현재의 형사사법과정을 그대로 두고서는 진정한 의미의 해결은 있을 수 없다는 것이다. 따라서 오로지 사법정의, 특히 피해자에 대한 사법정의의 실현이라는 측면에서 접근되어야 할 것이다.

예를 들어서, 특정 피해자에 대한 특정 도움과 부조가 필요하다고 하더라도 그 자체만으로는 필요한 도움과 부조를 국가가 제공하도록 의무 지을 수 없다는 것이다. 그러나 피해자의 권리를 기초로 접근한다면 도덕적으로 시민들이 국가에 대해서 도움을 요청할 수 있고, 이 점에 대해 국가에서도 이러한 시민의 권리를 이해해야 할 의무를 가지게 될 것이다.[29]

여기서 중요한 것은 범죄피해자가 자신이 필요로 하는 어떤 것(needs)과는 별도로 권리(rights)를 가지고 있다는 주장이다. 이러한 주장은 전통적으로 형사사법절차와 과정에 있어서 피해자의 지위와 위치 등 제반 권익이 과소평가되어 온 데서 출발하는 것이다.

그런데 이러한 범죄피해자의 권리가 강화되어야 할 경우가 크게 네 가지가 있다고 한다. 바로 형사사법과정에 있어서 적극적으로 역할을 할 수 있는 권리, 정보에 대한 권리, 재정지원에 대한 권리, 그리고 지원받을 권리가 그것이다.[30]

먼저 형사사법에 있어서 현재까지의 피해자역할은 매우 제한되거나 차단되어 있었다. 그러나 미국에서는 피해자의 진술을 허용하고, 영국에서는 보상제도의 적극적 활용을 위해서 선고 후 피해자의 진술을 선호하기도 한다. 한편, 이보다 더 바람직스러운 것으로서는 이와 같은 정식재판과정에서의 참여확대보다 실질적인 면에서의 중재 등을 꾀하여 피해자의 권한을 극대화시킬 수 있는 방법 등을 고려해 볼 수 있다.

두 번째는, 피해자도 범죄에 관한 정보와 지식을 알 권리가 있다는 주장으로서, 예를 들자면 경찰로 하여금 의무적으로 사건의 진행과정에 대해 피해자에게 통보하게 하는 것 등을 꼽을 수 있다. 또한 피해보상이나 가능한 지원 등에 대해서도 피해자에게 고지하며, 물론 검찰단계에서도 이와 마찬가지의 의무를 부과하여 피해자의 알 권리를 충족시켜 줄 필요가 있다.

즉, 피해자들이 보상제도에 대하여 많은 지식과 정보를 갖게 되면 더 많은 보상요구가 이루어질 것이기 때문에 피해자의 권익이 어느 정도 향상될 수 있는 계기가 될 수 있다.

또한 보상요구가 증대되면 세금이나 보험을 통하여 범죄피해보상제도가 확립될 수도 있고, 지금까지 일종의 국가적 시혜나 은전으로 여겨졌던 범죄피해자에 대한 공공보상이 피해자에 대한 하나의 권리로 정착될 수도 있을 것이다.

마지막으로, 우리가 가해자에 대해서 그들의 특성과 필요에 따라 적절한 전문적 처우를 제공하려고 노력하는 현 시점에서는 피해자의 책임유무를 떠나 전문가의 도움과 지원을 받을 수 있어야 한다. 왜냐하면 전적으로 비난받아야 마땅한 범죄자까지도 인간다운 처우를 받을 권리가 있다고 인정하고 있기 때문에 범죄피해자도 어떤 경우에라도 적절한 처우를 받을 권리가 인정되어야만 하는 것이다.

4절 회복적 사법과 피해자

1. 최근의 경향

현재 범죄피해자는 형사사법과정에 있어서 핵심적인 역할을 하는 것으로 인식되고 있다. 범죄신고, 증거의 제공, 범법자의 파악, 법정에서 증인으로서의 활동에 있어서 피해자의 협조가 없다면 대부분의 범죄가 알려지지도 않고 그 범죄자는 처벌될 수 없을 것이다. 피해자에 대한 이러한 관심은 공공관계에도 비교적 쉽고 큰 혜택을 약속하고 있다. 이를 위하여 지금까지 많은 프로그램과 정책이 제시되고 시행되고 있는데, 이들은 피해자들에게 사건의 전개에 대한 더 나은 정보를 제공하고, 피해자들이 자신의 견해를 밝히고 그것이 고려될 수 있게 하며, 증인으로서의 피해자가 법정에서 적절한 시설, 도움, 편의를 제공받을 수 있게 하려는 것이다.

피해자권리의 인식과 인정에 대한 압력은 오랜 역사를 가지고 있다. 1985년 UN총회에서 채택된 '권한 남용과 범죄피해자에 대한 사법의 기본원리 선언(Declaration of the Basic Principles of Justice for Victims of Crime and Abuse of Powers)'에서 정보와 처우에 관한 권리, 견해의 고려, 배상과 보상, 피해자 서비스의 제공을 포함하는 피해자 처우에 대한 기본적인 기준을 마련하였다. 1983년 유럽의회에서도 폭력피해자에 대한 '국가보상회의'를 개최하여 형사절차와 형법상 피해자의 역할, 피해자부조, 범죄예방에 대한 국제적 합의를 위한 초석을 놓기도 하였다. 공정한 재판에 대한 피해자의 권리와 피의자의 권리의 균형을 맞추는 것이 지속적인 학계와 실무계의 관심사항이 되고 있다.[31]

범법자를 기소하고 유죄가 확정되어 형을 선고하는 것이 피해자의 죄책감과 공범의식을 불식시키는 데 카타르시스적 영향을 미치는 것이 최선이라는 인식이 오래 동안 팽배해 왔다.[32] 부과된 제재에 따라 피해자는 재산상의 손실과 신체상의 손상에 대한 보상으로 이익을 얻을 수 있거나 범법자가 수용되면 안전감을 즐길 수도 있다. 반대로, 경찰의 둔감한 질문, 정보를 제대로 제공하지 못함, 지연, 아무런 설명도 없는 검사의 사건종결 등은 극단적으로 형사사법제도에 의한 이차적 피해를 초래하게 된다.[33] 피해자에게 안겨진 부담을 인정하고 인식하지 못하는 것은 또한 피해자로 하여금 형사사법절차로부터 발을 빼고 사건을 효과적으로 추구할 능력을 제한하게 된다.[34]

형사사법제도의 시발점으로서 경찰은 피해자의 경험을 형성하는 데 중요한 역할을 하게 된다. 그러나 불행하게도 경찰에 대한 초기 만족도는 일반적으로 높지만 사건의 진행에 따라 점차적으로 낮아지는 것으로 알려지고 있다. 이러한 불만은 경찰이 피해자에게 알릴 것을 제대로 알리지 않고, 경찰의 비효율성, 불공정, 비협조 등의 인식에서 초래된다고 한다. 그래서 피해자의 환멸은 경찰이 피해자를 제대로 돌보지 않고 아무것도 하지 않는다는 느낌이 커진 결과라는 것이다.[35] 이러한 비판에 직면하여 피해자의 신고에 따른 경찰 대응에 대한 기준을 마련하기에 이르렀다.

특히, 성폭력피해자에 대한 경찰의 대응을 향상시키기 위한 노력들이 다양하게 진행되고 있다. 별도의 면담실을 갖추고 특별히 훈련된 여성경찰을 배치하며, 아동성폭력의 경우 사회사업 전문가와의 합동면담을 실시하는 등이 경찰개혁의 몇 가지 예라고 할 수 있다. 이러한 노력에도 불구하고, 자원의 부족과 지속적인 문화적 저항이 성폭력피해자에 대하여 경찰이 보다 민감하게 대응할 수 있는 능력을 제한하고 있는 실정이다. 많은 경우 피해자는 피해자조사, 과학적 증거의 수집, 수사진전에 대한 정보의 제공에 있어서 민감성을 바라기 마련이다. 용의자의 신원조차 파악하기 어려운 대부분의 재산범죄에 있어서는 피해자에게 종결이유를 통지하는 것 이상 경찰이 할 수 있는 일이 별로 없다.[36]

(1) 피해자헌장(victim's charter)

1996년 영국의 피해자헌장에서 'One Stop Shop'과 '피해자진술(Victim Statement)'의 두 가지 개혁을 도입되었다. One Stop Shop은 사건 전반에 걸쳐 경찰을 정보제공의 유일한 기관으로 지정함으로써 피해자들에게 정보가 전달될 수 있도록 하는 것이다. 피해자가 서로 다른 여러 기관으로부터 정보를 얻어야 하는 어려움을 고려할 때 바람직한 시도라고 할 수 있으나 몇 가지 비판도 받고 있다. 우선, 경찰이 보석조건의 결정 등에 관해서는 설명하지 못하는 등의 문제가 있어서 검찰에 One Stop Shop의 책임을 지도록 하여 그러한 결정을 통지하고 설명할 수 있도록 변화를 시도하고 있다.

두 번째 개혁인 피해자진술은 용어 자체가 미국의 '피해자영향진술서(Victim Impact Statement)'와는 다른데, 그것은 미국에서는 피해자에게 양형에 대한 진술을 허용하지만 영국에서는 경찰관으로 하여금 범행이 피해자 자신과 가족에게 미친 신체적, 감정적, 재정적, 심리적, 사회적 영향에 관한 진술정보를 취합하게 한다는 차이점을 구분하기 위함이다.[37] 그러나 이 프로그램에 그리 많은 피해자가 참여하지 않았으며, 원래 기대했던 역할을 제대로 수행하고 있는지 여부에 대해서도 이론의 여지를 남기고 있다. 일부에서는 그 이유로 피해자의 기대감을 높임으로써 기대했던 것보다 만족도를 낮추게 되었다고도 한다. 형사사법 실무자들은 일반적으로 피해자진술을 환영하지만, 그것이 양형결정에 영향을 미쳐야 하는지에 대해서는 의견의 일치를 보이지 못하고 있다. 피해자진술이 양형결정에 큰 영향을 미치지 못한다는 사실이 피해자의 영향력에 대한 실무자들의 저항의 결과인지 아니면 그 원리에 대한 오인인지 또는 불만족스러운 결과 때문인지는 분명하지 않다.[38]

(2) 증인으로서의 피해자

취약하고 위협받고 있는 증인으로서의 피해자에 대한 우려에서 그 보호의 필요성이 제기되어 예를 들어, 일부 성폭력피해자에 대한 대질심문에 있어서 과거 성생활에 관한 제약 등과 같은 대책이 강구되고 있다. 이러한 대책의 성공여부는 형사사법 전문가들의 태도의 변화에 따라 좌우되지만 법원에서의 이차적 피해로부터 피해자를 보호할 수 있게 해 준다.[39]

미국의 피해자-증인 부조 프로그램(Victim-Witness Assistance Program)과 영국의 피해자지원(victim Support) 프로그램의 한 부분인 증인 서비스(witness service) 같은 제도는 법정에서 증인으로 소환된 피해자에게 정보와 자문, 충고, 지원 등을 제공함은 물론이고 더 나은 시설과 아동의 경우 신속한 처리 등을 보장하려는 것이다. 그 결과 증인에 대한 태도가 상당히 변화한 것은 물론이고 시설과 서비스도 더 좋아졌지만 아직도 위협으로부터의 보호와 정보의 제공이라는 면에서는 부족한 점이 많다고 한다. 가장 중요한 것은 이런 노력들이 아직도 증인석에서의 대질심문의 고통을 크게 완화시키지 못한다는 것이다.[40] 따라서 분명한 것은 아직도 증인으로서 피해자에 대한 지원, 시설, 보호 등을 향상시킬 여지가 많다는 것이다.

(3) 피해보상(compensation)

법원이 할 수 있는 처분 중에서 가장 분명하게 피해자 지향적인 것은 보상명령(compensation order)일 것이다. 이는 만약 형벌이 범죄자를 억제하지도 못하고 그렇다고 교화 개선시키지도 못한다면 피해자에게 범행으로 인한 고통과 손상에 대한 보상을 제공함으로써 제한적이나마 일부 좋은 성과를 거둘 수 있다는 생각에서 출발하고 있다. 그래서 영국에서 초기에는 부상, 손실, 손괴 등이 발생한 범죄에 대하여 형벌과 병행하여 보상명령을 할 수 있게 하였다. 이어서 보상명령을 단독처분으로 할 수 있게 확대하고 벌금과 보상이 동시에 처분될 때는 벌금보다 보상이 우선하도록 하였다. 이러한 시도는 전통적 형벌에 대한 보다 협의의 응보적 목적보다 보상의 중요성을 반영하는 형벌에 있어서 사고의 전환을 강조하고 있다. 이러한 전환은 더욱 강화되어 사망, 부상, 손실, 손상이 발생한 모든 사건에 보상명령을 고려하도록 법원에 요구하고, 그러한 사건에 대하여 보상이 처분되지 않을 때는 그 이유를 밝히도록 요구함으로써 더욱 확대시키고 있다. 뿐만 아니라, 보상이 가능한 부상의 범위도 확대하고, 최대 보상액수도 높이게 되었다.

한편, 국가에 의한 범죄피해자보상도 이루어지고 있는데, 그것이 범죄가 법과 질서를 유지할 국가의무의 실패를 반영한다는 인식에 기초한 것인지, 단순히 피해자의 협조를 구하기 위한 것인지, 아니면 공공의 동정심의 표현인지는 논쟁의 여지가 있다. 그러나 국가의 입장은 그것이 분명히 책임은 아니지만 무고한 폭력범죄피해자에 대한 사회의 책임과 동정을 반영하는 것이다.

잠재적인 수혜자로 하여금 신청을 못하게 억제하거나 스스로 부적절한 신청자라고 판단한 피해자에게 공지하지 않고, 신청의 정당성을 의심케 하는 정보를 당국에 제출하는 등 범죄피해보상제도의 수문장으로서 경찰이 중요한 역할을 하게 된다. 피해자가 일상적으로 보상제도의 존재에 대한 공지를 받을 수 있게 하는 전략이 없이는 경찰이 피해자로부터 보상제도에의 접근을 박탈할 수 있는 것이다.

(4) 기타 진전

영국의 1998년 범죄와 무질서 법(crime and disorder Act 1998)은 피해자와 관련된 중요한 대책을 담고 있다. 그것은 바로 청소년범죄자로 하여금 그 피해자에게 배상명령(reparation order)의 도입과 회복적 회합(restorative conferences)의 제공으로 요약된다. 뿐만 아니라, 피해자헌장도 피해자 옴부즈만(victim's ombudsman)까지도 도입하고 있으나 형사사법절차에 피해자의 참여를 확대시키는 것이 과연 피해자의 요구와 권리를 확보하는 것인지 또는 사법제도의 효율성과 목표를 향상시키는 목적에서인지는 논쟁의 여지로 남아 있다. 더구나 양형 이후에는 물론 보호관찰 당국이 피해자에게 가석방 조건에 관한 우려 여부를 확인시키기는 하지만 피해자 참여의 여지는 더욱 희박해진다.[41)

형사절차에의 피해자 참여 확대를 주장하는 데는 분쟁에 대한 한 당사자로서의 지위의 인정, 피해자에 대한 더 이상의 심리적 손상을 가할 위험의 축소, 피해자 협조의 증진, 그로 인한 사법제도의 효율성의 향상, 고통받는 손상에 대한 더 나은 정보의 확보와 그로 인한 양형에서의 범죄에 보다 상응한 처벌의 가능성 등을 그 이유로 들고 있다. 반대하는 입장에서는 공적인 의사결정에 사적 견해가 침투할 수 있으며, 검찰의 재량권에 대한 제한을 둘 수 있고, 피해자의 주관적 견해가 법원의 객관성을 침해할 수 있는 위험성이 있으며, 피해자가 형벌이나 용서를 바라는 데 따른 유사한 사건에 대한 양형의 차이 등을 그 이유로 들고 있다.[42]

2. 회복적 사법(restorative justice)의 추구

피해자조사에서 범죄피해자라고 해서 일반인들보다 더 처벌적이지 않고, 많은 피해자들이 직접적인 중재에 참여할 의향이 있으며, 또는 자신의 범법자로부터 금전적 또는 다른 보상을 받을 의사가 있다는 것이 일관되게 밝혀지고 있다고 한다. 여기서 형벌의 대안적 패러다임을 추구하는 관계자들이 다양한 형태와 모형의 배상, 또는 보상적 또는 회복적 사법을 점점 옹호하게 되었다.[43] 현재 보편적으로 불리는 회복적 사법이라는 용어는 피해자, 범법자, 지역사회의 회복과 관련된 다양한 이론을 그 속에 담고 있는 우산이라고 할 수 있다. 이와 유사한 개념으로 '지역사회 사법(community justice)', '긍정적 사법(positive justice)', '재통합적 사법(reintegrative justice)', '관계적 사법(relational justice)', 그리고 '전환적 사법(transformative justice)' 등 다양한 용어가 사용되고 있다.[44]

(1) 회복적 사법의 발전

회복적 사법의 이념은 여러 가지 뿌리에서 생성, 발전된 것이다. 그중에서도 가장 기본적인 근원은 역시 70년대 미국과 영국에서의 피해자-가해자 중재(victim-offender mediation)와 화합(reconciliation)이라고 할 수 있다. 중재는 양 당사자에게 중재자의 감독하에 중재를 통하여 법원에 가지 않고 분쟁을 해결하도록 하는 것이다. 중재자는 어떠한 결정도 하지 않으며, 어떠한 해결도 양 당사자의 상호 합의에 의해서 이루어지는 것이다. 현장에서는 중재제도가 선고에 대한 직접적인 대안으로써 또는 이미 구금된 가해자와 피해자 사이의 만남으로써 등 아주 다양한 형태로 운영되고 있으며, 그 목적 또한 피해자에게는 유형의 보상을 제공하고 가해자에게는 감형의 희망을 제공하기 위해서, 상호 이해를 증진시키기 위해서, 또는 갈등을 해소하기 위해서 등 다양하다. 물론 중재가 분명한 매력이 있지만 회의론자들은 법원의 그림자 속에서 실제로 운영될 수 있을지 의문을 제기하고 있다. 또한 피해자 지원론자들은 피해자에게 시간과 의지 등 추가적인 부담을 줄 수 있다는 것을 경계하고 있다. 중재가 비교적 그 심각성이 낮은 범죄에 대해서는 매우 성공적이었지만 강력범죄의 경우에도 공식적인 사법을 대신할 수 있을지 의문의 여지가 있다.[45]

회복적 사법에 중요한 또 다른 하나의 뿌리는 형사사법제도의 피해자 지향을 주장하는 학계의 목소리다. 이러한 주장은 범죄란 사회에 대한 잘못일 뿐만 아니라 종종 특정한 피해자에 대한 가해자가 가한 사적인 잘못을 반영하는 것이라는 주장에 근거하고 있다. 역사적으로, 국가가 피해자와 가해자로부터 분쟁을 빼앗아갔고 그 결과 피해자가 자신의 고통에 대하여 보상받고자 하는 권리도 빼앗아가게 되었다는 것이다. 좋게 하는 것(making good)이 형사사법제도의 일차적, 우선적 목표여야 하며, 그렇게 함으로써 부정적이고 전적으로 처벌적인 처분에의 의존을 줄이는 대신 그 자리에 범죄로 인한 특정한 손상을 수정하기 위한 긍정적인 시도를 도입할 수 있다는 것이다. 실제로도 전통적 형벌과 보상과 배상이 동시에 병존하고 있음을 알 수 있다. 이러한 시도에 문제가 없는 것은 아니다. 형벌적 특성이 없으며, 민사책임의 집행에 지나지 않으며, 피해에만 초점을 맞춤으로써 가해자의 유책성이 충분히 고려되지 않는다는 반대론이 만만치 않다.[46]

보다 최근에는 회복적 사법이 지역사회 사법모형의 영향을 많이 받고 있다. 그 결과, '가족집단회합(family group conferencing)', '회복적 회합(restorative conferencing)', '회복적 경고(restorative caution)', '지역사회 회합(community conferencing)' 등이 활발하게 실험되고 있다.[47]

(2) 회복적 사법의 실제

회복적 사법의 전형은 가해자와 그 가족, 피해자와 그 가족, 그리고 기타 관심 있는 지역사회 구성원, 회합진행자를 포함시키는 것이다. UN에서는 회복적 사법을 범죄의 영향을 받는 피해자, 가해자, 기타 개인이나 지역사회 구성원이 범죄로 인해 야기되는 문제의 해결과 함께 능동적으로 참여하는 과정으로 규정하고 있다. 따라서 중재와는 달리 양자 또는 삼자간 해결이 모든 관련자의 모임으로 대체되는 것이다. 집단적으로 범행, 범행상황, 피해자에 대한 영향, 제반 사회관계에 미친 영향 등을 논의하게 된다. 근본적 목적은 정보를 공유하고, 집합적으로 범행을 처리하는 최선의 계획을 수립하는 것이다.[48]

원칙적으로, 피해자가 회복적 사법에서는 핵심적 존재가 되는 것이나 실제로는 피해자의 참여수준은 매우 낮다. 그 이유 중의 하나는 피해자가 참여하는 수단 또는 방식의 부적절성에서 찾을 수 있다고 한다. 물론, 직접 회합에 참여하는 것 외에도, 예를 들어 피해자진술을 통해서도 참여할 수 있고 또는 자신을 위한 배상적 작업(reparative work)으로부터도 이익을 취할 수 있다. 더구나 피해자의 참여율에 의거하여 회복적 사법의 성패를 판단하는 것은 피해자에게 참여의 압박을 가하게 될 수도 있을 것이다. 기존의 증거만으로는 회복적 사법이 중심적으로 또는 심지어 원칙적으로라도 피해자에 관한 것인지 매우 불분명하다. 실제 분석결과에서도 12개 유럽국가 중에서 단 한 나라(덴마크)에서만 피해자－지향적이었고, 오히려 5개국은 가해자－지향적이었으며, 4개국은 혼합된 경우이고, 나머지 1개국은 특정 프로그램에 따라 달랐다고 한다.[49]

그렇다면 과연 회복적 사법은 실제로 얼마나 피해자에 관한 것이라고 할 수 있을까? 회복적 사법이 재처분율(reconviction rate)을 줄이는 데 기여하고 있다는 것을 보여주는 일부 증거가 있기는 하지만, 그것이 피해자의 이익에도 도움이 되는가, 피해자가 자신의 이익과는 크게 관련이 없는 목표를 증진시키기 위해서 이용되고 있는 것은 아닌지 의문이 남게 된다. 일부 프로그램에서는 실제로 피해자보다는 가해자의 재범을 줄이거나 피해자를 전환(Diversion)시키는 것을 더 강조하고 있다. 중재와 마찬가지로, 회복적 사법도 피해자에게 참여의 압력을 가하고, 시간과 선의에 부담을 주며, 가해자를 만나서 범죄와 그 영향에 대해서 다시 이야기해야 하는 데서 오는 심리적 비용 등을 가져다줄 수 있다. 피해자가 가해자가 겪게 될 결과에 책임이 있는 것으로 느끼고 그래서 심지어 그 진실성이 의심스럽지만 사과를 받아들이고 협조해야 할 것 같은 의무감을 느끼게 할 수도 있다는 것이다.[50]

그러나 아직도 회복적 사법이 형벌의 광범위한 패러다임에 도전해야 할 것인지, 형벌의 적정목표의 부분으로 남아야 할 것인지, 피해자·가해자·국가의 권리와 의무에 기초한 회복적 사법이 얼마나 더 발전할 수 있을지, 피해자와 가해자에게 충분한 안전장치는 제공하는지, 실질적 공정성은 확보할 수 있는지, 다수의 피해자 없는 범죄나 피해자가 불특정 다수인 범죄에도 적용될 수 있는지 등의 근본적인 의문은 해결되지 않고 있다. 더구나, 삼진아웃이나 강제양형 등 보수주의적 형벌추세가 강화되고 있는 현실 속에서 과연 회복적 사법이 그러한 형벌적 추세에 대응하거나 제재까지 할 수 있을지 귀추가 주목되고 있다.[51]

CRIMINOLOGY **참고문헌**

1 William F. McDonald, "Criminal Justice and the Victim An Introduction," in William F. McDonald(ed.), *Criminal Justice and the Victim*, Beverly Hills CA: Sage, 1976, pp.17~55.

2 Robert Reiff, *The Invisible, victim*, New York: Basic Books, 1979, pp.7~9.

3 McDonald, *op. cit.*, p.41.

4 Daniel S. Claster, *Bad Guys and Good Guys: Moral Polarization and Crime*, West Port, CN: Greenwood Press, 1993, p.189.

5 Anne L. Schneider and Peter R. Schneider, "Victim Assistance Prigrams: An Overview," in Burt Galaway and Joe Hudson(eds.), *Perspectives on Crime Victims*, St. Louis, Mosby, 1981, pp.364~373.

6 Andrew Karmen, *Crime Victims: An Introduction to Victimology*, Pacific Grove, CA: Brooks/Cole, 1990, p.312.

7 Hans-Heiner Kuhne, "Systems of Public Compensation of Crime Victims in Europe," 최인섭 역, "유럽에서의 범죄피해자 공공보상제도," 「피해자학연구」, 제2집 1993, pp.23~26.

8 R. I. Mawby and M. S. Gill, *Crime Victims*, London: Tavistock Publications, 1987, pp.41~43; Sandra Walklate, *Victimology: The Victin and The Criminal Justce Process*, London: Unwin Hyman, 1989, pp.52~80.

9 Mawby and Gill, *op. cit.*, pp.45~46.

10 Mawby and Gill, *op. cit.*, pp.45~46; Kuhne, *op. cit.*, pp.32~36.

11 Home Office, *Reparation by the Offender: Report of the Advisory Council of the Penal System*, London: HMSO, 1970, p.3.

12 Mawby and Gill, *op. cit.*, p.52.

13 R. Tarling and P. Softley, "Compensation Orders in the Crown Court," *Criminal Law Review*, 1976, pp.422~428; J. Vennard, "Magistrates' Assessments of Compensation for Injury," *Criminal Law Review*, 1979, pp.510~523.

14 Mawby and Gill, *op. cit.*, pp.53~54.

15 M. S. Umbreit, "Victim Offender Mediation with Violent Offences," *Judicature*, 1986, 69:202~204; T. Dittenhoffer and R. V Ericson, "The Victim/Offender Reconciliation Program: A Message to Correctional Reformers," *University of Toronto Law Journal*, 1983, 33:315~347.

16 Burt Galaway, "Implementing Penal-Corrective Process with Juvenile Burglary Offenders and their Victims," Paper to World Congress of Victimology, Orland, Florida, Mawby and Gill, *op. cit.*, p.55에서 재인용.

17 Dittenhoffer and Ericson, *op. cit.*; Umbreit, *op. cit.*

18 A. Karmen, *Crime Victims: An Introduction to Victimology*, Monterey, CA: Brooks/Cole, 1984, p.181.

19 Walklate, *op. cit.* p.121.

20 M. Hough and D. Moron, "Dealing with Offenders: Popular Opinion and the View of Victims," *Howard Journal of Criminal Justice*, 1985, 24:160~175.

21 R. I. Mawby and M. S. Gill. *Crime Victims: Needs, Services and the Voluntary Sector*, London: Tavistock, 1987, p.69.

22 Mawby and Gill, *op. cit.*, pp.79~80; Walklate, *op. cit.*, p.140.

23 L. Kelly and J. Radford, "The Problem of men Feminist perspectives on sexual violence," in P. Scraton(ed.), *Law, Order, and the Authoritarian State*, Milton Keynes: Open University Press, 1987.

24 J. Gornick, M. R. Burt, and K. J. Pittman, "Structure and Activities of Rape Crisis Centers in the Early 1Y80s," *Crime and Delinquency*, 1985, 31:247~268.

25 J. Pahl. Refuges for Battered Women: Social Provision or Social Movement?" *Journal of Voluntary Action Research*, 1979, 8:25~35.

26 R. Daniels, "Battered Women The Role of Women and Refuges," *Social Work Today*, 1977, 9:12.

27 L. Dominelli, "Father—daughter incest: Patriarchy's shameful secret," *Critical Social Policy*, 1986, 16:8~22.

28 I. Waller, "International standards, national trail—blazing, and the next steps," in M. Maguire and J. Pointing(eds.), *Victims of Crime: A New Deal, Milton Keynes: Open University Press*, 1988, pp.195~203.

29 R. I. Mawby, "Victims 'needs or victims' rights: Alternative approach to policy—making," in Maguire and Pointing(eds.), *op. cit.*, pp.127~137.

30 R. I. Mawby and M. S. Gill, *Crime Victims: Needs, Services, and the Voluntary Sector*, London: Tavistock, 1987, p.229.

31 A. Sanders and R. Young, *Criminal Justice*, London: Butterworth, 2000, pp.741~749.

32 Z. Adler, "Prosecuting child sexual abuse: A challenge to the Status Quo," in M. Maguire and J. Pointing(eds.), *Victims of Crime: A New Deal*, Milton Keynes: Open University Press, 1988, pp.138~146.

33 Maguire and Pointing, *op cit.*, p.11.

34 A. Cretney and G. Davis, "Prosecuting domestic assault: Victims failing courts, or courts failing victims?" *Howard Journal of Criminal Justice*, 1997, 36(2):146~157;C. Hoyle and A. Sanders, "Police response to domestic violence: From victim choice to victim empowerment," *British Journal of Criminology*, 2000, 40(1):14~36.

35 J. Shaoland, J. Willmore, and P. Duff, *Victims and Criminal Justice System*, Aldershot: Gower, 1985, pp.83~89.

36 J. Temkin, "Reporting rape in London: A qualitative study," *Howard Journal of Criminal Justice*, 1999, 38(1):17~41.

37 J. Morgan and A. Sanders, *The Use of Victim Statement*, London: Home Office, 1999, p.1.

38 E. Erez, "Who is afraid of the big bad victim? Victim impact statement as victim empowerment and enhancement of justice," *Criminal Law Review*, 1999:545~556; E. Erez and L. Rogers, "Victim Impact Statement and sentencing outcomes and processes," *British Journal of Criminology*, 1999, 39(2):216~239; A. Sanders, C. Hoyle, R. Morgan, and E. Cape, "Victim Impact Statement: Don't work, can't work," *Criminal Law Review*, 2001:447~458.

39 Sanders and Young, *op cit.*, pp.749~755.

40 P. Rock, "The victim in court project at the Crown Court at Wood Green," *The Howard Journal of Criminal Justice*, 1991, 30(4):301~310; J. Shapland and E. Bell, "Victims in the Magistrates' Court and Crown Court," *Criminal Law Review*, 1998:537~546; A. Riding, "The Crown Court Witness Service: Little help in the witness box," *Howard Journal of Criminal Justice*, 1999, 38(4):411~420.

41 M. Wasik, "Reparation: Sentencing and victim," *Criminal Law Review*, 1999:470~479; J. Dignan, "The Crime and Disorder Act and the prospects for Restorative Justice," *Criminal Law Review*, 1999:48~60; A. Morris and L. Gelsthorpe, "Something old, something borrowed, something blue, but something new? A comment on the prospects for restorative justice under the Crime and Disorder Act 1998," *Criminal Law Review*, 2000:18~30; I. Edwards, "Victim participation in sentencing: The problems of inco—herence," *Howard Journal of Criminal Justice*, 2001, 40(1):39~54; A. Crawford and J. Enterkin, "Victim contact work in the probation service: Paradigm shift or Pandora's Box?," *British Journal of Criminology*, 2001, 41(4):707~725.

42 N. Christie, "Conflict as property," *British Journal of Criminology*, 1977, 17:1~15; A. von Hirsch and N. Jareborg, "Gauging criminal harm: A living—standard analysis," *Oxford Journal of Legal Studies*, 1991, 11(1):1~38;

Ashworth, *op cit.*; B. Williams, "The Victims Charter: Citizen as consumers of criminal justice services," *Howard Journal of Criminal Justice*, 1999, 38(4):384~396.

43 R. E. Barnett, "Restitution: A new paradigm of criminal justice," Ethics, 1977, 87:279~301; M. Wright, "Victims, mediation and criminal justice," *Criminal Law Review*, 1995, pp.187~199.

44 T. Marshall, *Restorative Justice: An Overview*, London: Home Office, 1999, p.7.

45 G. Launay, "Bringing victims and offenders together: A comparison of two models," *The Howard Journal of Criminal Justice*, 1985, 24(3):200~212; H. Reeves, "The victim and reparation," *Probation Journal*, 1984, 31:136~139; B. Hudson, "Restorative justice: The challenge of racial and sexual violence," *Journal of Law and Society*, 1998, 25:237~256.

46 M. Wright, Justice for Victims and Offenders, Buckingham: Open University Press, 1991, pp.1~9; L. Zedner, "Reparation and retribution: Are they reconcilable?" *Modern Law Review*, 1994, 57:228~250; J. Dignan and M. Cavadino, "Towards a framework for conceptualising and evaluating models of criminal justice from a victims' perspective," *International Review of Victimology*, 1996, 4:153~182; D. Miers, "The responsibilities and the rights of victims of crime," *Modern Law Review*, 1992, 55(4):482~505.

47 Marshall, *op cit.*, p.7.

48 A. Morris and G. Maxwell, "The practice of Family Group Conferences in New Zealand," in A. Crawford and J. Goodey(eds.), *Integrating Victim Perspective within Criminal Justice*, Aldershot: Ashgate Darthmouth, 2000, p.209.

49 D. Miers, *An International Review of Restorative Justice*, London: Home Office, 2001, p.79.

50 J. Braithwaite, "Restorative Justice: Assessing optimistic and pessimistic accounts," in M. Tonry(ed.), *Crime and Justice: A Review of Research*, Chicago: University of Chicago Press, 1999, p.22.

51 D. Garland, *The Culture of Conflict: Crime and Social Order in Contemporary Society*, Oxford: Oxford University Press, 2001, p.143; A. Ashworth, "Victims' rights, defendants' rights and criminal procedures," in Crawford and Goodey(eds.), *op. cit.*, p.186; S. Levrant, F. T. Cullen, B. Fulton, and J. F. Wozniak, "Reconsidering Restorative Justice: The corruption of benevolence revisited," *Crime and Delinquency*, 1999, 45(1):3~27.

저자 이윤호 약력

동국대학교 경찰행정학과 졸

미국 Michigan State University 범죄학 석사, 박사

경기대학교 교정학과, 경찰학과 교수 역임

교학2처장, 대외협력처장, 행정대학원장 역임

동국대학교 경찰사법대학 교수 역임

사회과학대학장, 행정대학원장 역임

경찰사법대학장, 경찰사법대학원장 역임

입학처장 역임

국가경찰위원회 위원 역임

법무부 법무연수원 교정연수부장(개방형 임용 계약직 이사관) 역임

대한범죄학회 회장 역임

한국공안행정학회장 역임

한국경찰학회장 역임

한국산업보안연구학회장 역임

한국대테러정책학회장 역임

현 고려사이버대학교 경찰학과 석좌교수

동국대학교 명예교수

사단법인 목면사회과학원 이사장

저   서

"한국소년비행론", "한국형사사법정책론", "범죄학", "경찰학", "교정학", "피해자학",
"현대사회와 범죄", "범죄, 그 진실과 오해", "범죄심리학",
"연쇄살인범 그들은 누구인가", "청소년 비행론", "하루 한줄 행복에 물들다",
"세기와 세상을 풍미한 사기꾼들", "범죄 기네스북", "영화속 범죄코드를 찾아라",
"인생 프로파일링, 삶을 해부하다", "폭력의 해부"(역저), "세기의 오심"

공저자 이승욱 약력

미국 Michigan State University, 범죄학 학사, 석사, 박사

미국 University of Southern Indiana 조교수 역임

현, 미국 Texas A & M, San Antonio 조교수

제5판
범죄학

초판발행   2007년 9월 15일
제2판발행   2015년 2월 25일
제3판발행   2019년 5월 10일
증보판발행   2021년 1월 10일
제5판발행   2024년 7월 15일

지은이   이윤호 · 이승욱
펴낸이   안종만 · 안상준

편 집   양수정
기획/마케팅   정연환
표지디자인   이은지
제 작   고철민 · 조영환

펴낸곳   (주) **박영사**
               서울특별시 금천구 가산디지털2로 53, 210호(가산동, 한라시그마밸리)
               등록 1959. 3. 11. 제300-1959-1호(倫)
전 화   02)733-6771
f a x   02)736-4818
e-mail   pys@pybook.co.kr
homepage   www.pybook.co.kr
ISBN   979-11-303-2036-6   93350

정 가   32,000원